知非文集

民國初年祕辛研究

馬振犢 著

崧燁文化

知非文集：民國初年祕辛研究
目錄

目錄

自序

一　習作篇

南京國民政府成立後胡漢民曾出任主席質疑 ... 13
　　一 ... 13
　　二 ... 15
　　三 ... 18
邵元沖與張默君 ... 21

二　抗戰篇

「八一三」淞滬戰役起因辨正 ... 25
　　一 ... 25
　　二 ... 30
　　三 ... 33
1936～1937年國民黨政府國防作戰計劃剖析 ... 35
　　（一）1936年國民黨政府國防計劃分析 ... 35
　　（二）關於1937年國民黨政府國防計劃要點的研究 ... 39
　　（三）幾點結論 ... 43
蔣汪關係與華北危局 ... 45
　　一 ... 46
　　二 ... 47
　　三 ... 51
　　四 ... 54
華北地方實力派抗日態度之比較研究 ... 59
　　一、宋哲元求安不成 ... 59
　　二、閻錫山決心抗日 ... 64
　　三、韓復榘和日避戰 ... 67

3

目錄

四、結論 ... 70

開闢淞滬戰場有無「引敵南下」戰略意圖？ ... 73

關於台兒莊戰役背景的幾點考察 ... 81

 一、抗戰初期中方抗日戰略決策造成了日軍南北戰場分兵狀態，使其不能集中全力猛攻山東。 ... 81

 二、日軍打通津浦線作戰，是其西進侵華戰略之前提與保證。因此，日軍不可能在台兒莊地區作「主動的戰略撤退」。 ... 82

 三、中軍取得台兒莊大捷，是與戰役指揮者李宗仁將軍及其桂系武裝的抗日決心密不可分的。 ... 84

 四、台兒莊戰役前中共方面的輔助作用及其對戰役成功意義的評價 ... 85

再論抗戰後期周佛海思想之變化 ... 87

 一 ... 88

 二 ... 91

 三 ... 93

略論抗戰中後期正面戰場研究中的若干問題 ... 94

 第一，中國抗戰正面戰場進入戰略相持階段的具體標誌究竟為何？ ... 94

 第二，國民政府在抗戰進入相持階段後一段時間內究竟是「消極抗日」還是「積極抗日」？ ... 98

 第三，中國抗戰正面戰場究竟是否存在「戰略反攻」階段問題。 ... 101

平心靜論「八一三」 ... 106

 一、關於「八一三戰役」中方軍事戰略目的的再認定 ... 106

 二、中方建立西南抗日基地的準備與「引敵南下」戰略的關係 ... 107

 三、中方「引敵南下」轉移戰略重心是主導還是被迫 ... 108

 四、「引敵南下」戰略的相關史料再證明 ... 112

 五、幾點最後的結論 ... 113

筆談抗日戰爭與中國現代化進程 ... 116

 馬振犢（中國第二歷史檔案館研究館員）： ... 117

中國的抗日戰略 ... 119

 一、國民黨的決策機制與中方抗日戰略的形成 ... 119

二、戰爭爆發後的戰略應付 121
　　三、上海的主動出擊 123
　　四、外部因素對抗日戰略的影響 132
　　五、進入相持階段的戰略對策 135
　　六、太平洋戰爭爆發後的抗戰戰略 142
　　七、勝利前的戰略指導 144
　　八、結語 148

三　德意志篇

德國軍事總顧問與中國抗日戰爭 153
　　一 154
　　二 158
　　三 161
　　四 167
抗戰爆發前德國軍火輸華述評 176
抗戰爆發後德國軍火輸華述評 196
附文：深切懷念費路教授 211
1938年德國特使佛德祕密訪華述評 213
　　一、佛德訪華之背景 213
　　二、佛德來華及其成果 218
　　三、評價與結論 224
1920年代國民黨人的聯德思想與實踐 226
　　一 226
　　二 231
　　三 233
　　四 239
斯特凡尼訪華與中義關係 241
　　一、斯特凡尼訪華之行的雙邊關係背景 241
　　二、斯特凡尼訪華之行 243

三、斯特凡尼維護中義關係的努力 ……………………………… 251

四　特務篇

南京淪陷後國民黨地下市黨部的重建及活動 ………………………… 257
抗戰初期中蘇情報合作內幕初探 ……………………………………… 263
　　一 ……………………………………………………………………… 263
　　二 ……………………………………………………………………… 265
　　三 ……………………………………………………………………… 269
　　四 ……………………………………………………………………… 273
抗戰期間軍統組織南洋地區活動述評 ………………………………… 277
　　一、越南 ……………………………………………………………… 278
　　二、緬甸 ……………………………………………………………… 279
　　三、泰國 ……………………………………………………………… 284
　　四、菲律賓、新加坡、馬來亞 ……………………………………… 285
　　五、印度 ……………………………………………………………… 286
　　六、香港 ……………………………………………………………… 286
抗戰時期國民黨中統特務的對英合作 ………………………………… 288
　　一、中統與英國建立合作關係 ……………………………………… 288
　　二、中統助英訓練留印海員 ………………………………………… 292
　　三、中英合作建立緬甸情報網 ……………………………………… 296
　　四、中英在馬來亞的地下組織及其活動 …………………………… 301
　　五、SOE 在中國 ……………………………………………………… 311
試論戴笠在國民黨內的人際關係 ……………………………………… 318
　　一、戴笠與國民黨要員階層的關係 ………………………………… 319
　　二、戴笠軍統與地方派系首領的關係 ……………………………… 324
　　三、戴笠與陳立夫的複雜關係 ……………………………………… 325
　　四、陳儀與軍統的交惡 ……………………………………………… 327
　　五、結語 ……………………………………………………………… 330
1946：蔣介石與戴笠關係異變初探 …………………………………… 332

一、蔣介石與戴笠關係的肇始 333
　　二、蔣介石與戴笠關係的發展 334
　　三、蔣介石與戴笠關係之物極必反 341
　　四、結論 351
1949：國民黨特務機關的應變與結局 357
　　一、「中統」改組內調局走向崩潰 358
　　二、「軍統」變成保密局上演最後的瘋狂 363
　　三、真假保密局的鬧劇 368
　　四、覆巢之卵的歷史教訓 372
二戰時期中國情報系統的重大貢獻——以獵獲「珍珠港事件」及「德軍攻蘇」情報為例 374
　　一、國民黨電訊人員破譯日密通報美國 374
　　二、中共地下黨獲取「德軍攻蘇」情報通報蘇聯 392
　　三、簡單而明確的結論 397

五　暴行篇

日本軍隊對被害國婦女實施性暴行及原因探析 401
　　一 401
　　二 404
　　三 406
　　四 406
侵華日軍暴行與納粹暴行原因比較研究初探 408
　　一、德國軍隊戰爭暴行的原因 411
　　二、日本軍隊戰爭暴行的原因 418
　　三、德日軍隊戰爭暴行原因比較的結論 423
日軍大屠殺期間南京軍民反抗問題研究 425
　　一、大屠殺中南京軍民的反抗記錄 425
　　二、大屠殺中南京軍民的基本表現 426
　　三、南京軍民應變表現的原因分析 431

四、結語...442
　侵華日軍暴行與納粹暴行比較研究初探..................................448
　　　一、德日軍隊大屠殺暴行的動機與目的...............................450
　　　二、德日軍隊屠殺與暴行的規模、手段與方法比較.....................458

六　其他篇

　有關陳立夫檔案與其回憶錄比較之幾個問題..............................491
　　　附：本文參考之館藏陳立夫先生檔案索引.............................498
　吳佩孚蓋棺不能論定..499
　　　一、吳佩孚對日本及華北偽政權的態度...............................501
　　　二、吳佩孚對汪精衛漢奸政權的態度.................................507
　　　三、吳佩孚對國共兩黨的規勸警告及對抗日陣營的態度.................516
　「偶然」之中的「必然」——1926年「中山艦事件」性質論...............524
　　　一、有關事件發生時間的界定及其意義...............................525
　　　二、蔣介石及其親信在事件中的行為.................................528
　　　三、中國共產黨對事件之態度......................................534
　民國檔案中的謬誤及其鑑別處理..539
　　　一..540
　　　二..541
　　　三..545
　金陵一代地方文獻學家陳作霖..547
　辛亥革命前後的林森..557
　　　一..557
　　　二..558
　　　三..559
　　　四..562
　　　五..564
　南京國民政府時期蔣介石思想理論簡析..................................567
　　　一、蔣介石個人經歷對其思想形成的影響.............................567

二、蔣介石思想理論基礎來源........................569
　　三、蔣介石思想體系組成要點述評................576
　　四、蔣介石的三民主義儒學化思想及其實踐....581
宋子文、陳嘉庚與新馬華僑戰時捐款..................589
　　一..590
　　二..592
　　三..602
宋子文與「西部開發」..605
　　一..608
　　二..614
　　三..625
從六個事件看民國外交突發事件應對的成與敗....627
　　事件回放..627
　　歷史啟示..637
《蔣介石日記》原本與毛思誠作類抄、年譜比較初探——以1926年7月為例..639
　　一、毛思誠「日記類抄」與「年譜稿」的由來及其價值....642
　　二、毛思誠「日記類抄」改動及其年譜稿取捨之分析....645
　　三、蔣介石審閱「日記類抄」與「年譜」時的刪改分析....650
辛亥革命與南京..674
　　一、辛亥革命發生的歷史背景....................674
　　二、孫中山及其反清革命志士的起義........675
　　三、辛亥武昌起義的爆發............................676
　　四、南京的光復與中華民國臨時政府的成立....678
　　五、南京在辛亥革命中的歷史地位............685

本書作者簡介

知非文集：民國初年祕辛研究
自序

自序

　　人生百年，余今五十矣。

　　積三十年來生活的體驗，深感人生之意義即在於不斷努力前行。歷史長河之中，百年人生誠如白駒過隙，時光稍縱即逝，故余不必臨川亦感嘆曰：逝者如斯夫！

　　子曰：「三十而立，四十而不惑，五十而知天命」，此言道出人生之真諦。五十歲，恰是個尷尬的年齡，站在人生之途的中間點，瞻前顧後，進退失據，不免心生無限感慨：一為去日苦多，成功有限；二為來日雖長，卻不免是人生的光亮已過正午，即將步入夕陽西下之途，雖曰「老驥伏櫪」，然又有幾人能夠「志在千里」？故此，五十歲乃人生高速路上的驛站，理應於此梳理過去，盤算未來，以使自己今後寶貴的十年工作時間，不再碌而無為，不再拘於苟且，而是要活出真我，活出價值，這樣，才能在耳順之時，心懷滿意地退出崗位，開始新的生活。為此，一年之前，萌生出編輯一本論文集的設想，以為前三十年的學術努力做一階段性的保留，不是為了顯示，更非以為總結，而只是一次中途的回顧。

　　《淮南子·原道訓》有云：「伯玉年五十，而有四十九年非。」故稱五十為「知非之年」，此說於偏激之中或有一定道理，取其「應知」之意，定名為《知非文集》，引為留念。

一　習作篇

一　習作篇

▍南京國民政府成立後胡漢民曾出任主席質疑

發表於《民國檔案》，是為在陳鳴鐘副主編指導下的一篇習作。

　　1927年4月18日南京國民政府成立後，胡漢民曾否出任主席，這是一個值得探討的問題。我們認為，如果從1927年4月18日南京國民政府成立起至同年8月13日蔣介石下野這一時期南京國民政府稿紙判行頁的形式以及其所收到的來文來電上的稱謂加以判斷，所謂胡漢民曾任主席之說，實難置信。謹為此文，以抒所見。

一

　　建國以前，一般的私人著作中，多謂胡漢民在南京國民政府成立後，曾出任過國民政府主席。陳公博《苦笑錄》亦謂：「南京國民政府成立，……胡展堂先生在上海被請出來當國府主席。」其所持之理由，當為下列諸端：

　　（一）當時各方文電中，多稱胡漢民為南京國民政府主席或主席委員。

　　（二）1929年國民黨中央執行委員會黨史史料編纂委員會編纂的《民國十八年中國國民黨年鑑》確稱胡漢民曾被推選為國民政府主席。《年鑑》所刊國民黨第三次全國代表大會推選的中央執監委員照片頁均附本人簡歷。其中胡漢民之簡歷稱：「國民革命軍克服東南，與中央委員蔣介石、吳稚暉諸同志定計清黨，定都南京，被推為中央宣傳部長、政治會議主席及國民政府主席、軍事委員會常務委員」。

　　（三）某些政制史著作認為南京國民政府成立，仍沿用1925年7月1日所公布的《中華民國國民政府組織法》（簡稱《粵法》）。錢瑞升《民國政制史》謂：南京國民政府成立，「大體上仍沿用十四年公布之國民政府組織法」。至1927年9月國民黨中央特別委員會成立，又另推國民政府委員，「根據十六年三月國民政府組織法（簡稱《漢法》——引者）組織國民政府」。陳之邁《中國政府》謂：「至於十六年四月在南京的國民政府，則未修改組

織法，理論上仍用十四年七月一日之法。」按《粵法》，國民政府採合議制，置主席一人，又於委員中推定常務委員五人。國民政府主席為五常務委員之一，亦即國民政府委員會議主席。按《漢法》，國民政府採合議制，僅推定常務委員五人，不置主席。南京國民政府成立，既「大體上」或「理論上」仍沿用《粵法》，自應推定主席，因此胡漢民出任國民政府主席也就有了「法」的依據。

（四）胡漢民在其自述中強調說他自己在南京國民政府成立後，確曾出任過國民政府主席。據胡漢民《革命過程中的幾件史實》載：1931年2月28日，胡對蔣介石云：「民國十六年，同你進南京，哪一個主席不是我做了？中央黨部、政治會議、國民政府的主席是我，甚至軍事委員會的主席也是我。但我可以使人不稱我為主席，而仍稱我為胡先生，他人能做得到嗎？」

但是，如果我們以此和其他資料相對照，就會發現若干可疑之點。在同一本《民國十八年中國國民黨年鑑》中，所刊的1929年3月19日譚延闓在國民黨第三次全國代表大會上所作的《政治報告》中，提到了廣州國民政府主席為汪兆銘、又提到了1928年2月1日國民黨二屆四中全會推定譚延闓為國民政府主席，而獨不提南京國民政府在成立後曾推胡漢民為國府主席。特別是1936年6月17日南京國民政府在胡漢民逝世後予胡飾終之典的《國葬令》中，稱胡職銜為「國民政府委員、前常務委員、立法院院長」，亦即謂胡在當時的政府中職務為國民政府委員，以前的職務為國民政府常務委員及立法院院長。

建國以後，在臺灣譯印、出版的專著中，有的仍沿用所謂胡漢民出任南京國民政府主席舊說。特別是《「蔣總統」祕錄》一書，甚且說明將胡推為主席係於1927年4月17日南京國民黨中央政治會議所決定。原文云：「於4月17日正式舉行中央政治會議，議決：『國民政府於本月十八日開始在南京辦公。』國民政府主席、中央政治會議主席推舉胡漢民擔任。……在政治會議中又決定了國民政府祕書長鈕永鍵、總政治部主任吳敬恆等各部的負責人。」也有人對胡出任主席一說提出不同的看法。張其昀《黨史概要》云：「南京國民政府成立，胡漢民以常務委員代理國民政府主席。」陳天錫《戴季陶

先生編年附記》云：當時「張人傑（靜江）為主席。」陳錫璋《廣州樞府史話》採張其昀之說。蔣永敬在其1981年出版的《民國胡展堂先生漢民年譜》中云：「國民政府奠都南京後，展堂先生代理國民政府主席。」其註釋有云：「按原國民政府主席汪兆銘及原代理主席譚延闓均在武漢。應以代理為是。」

究竟胡漢民當時曾否出任國民政府主席或以常務委員代理國民政府主席，實有進一步探討的必要。

二

為了進一步探討南京國民政府成立後胡漢民是否出任主席或代理主席這一問題，我們曾經對這一時期的南京國民政府檔案作了一些研究分析。

這一時期南京國民政府檔案對這一問題所提供的情況有兩個方面：一是南京國民政府稿紙判行頁的形式，一是政府所接來文來電的稱謂。

關於這一時期南京國民政府稿紙判行頁的形式：據我們所接觸到的檔案，南京國民政府稿紙判行頁並無「委員會議主席」欄，而只有「國民政府常務委員」欄，常務委員均在此欄下簽署（如圖1）。這與廣州國民政府稿紙判行頁的形式，迥然異趣。廣州國民政府稿紙判行頁，首為「委員會議主席欄」，次為「常務委員」欄，而「委員會議主席」欄較「常務委員」欄為高（如圖2）。委員會議主席、常務委員分別在相應欄下簽署。

知非文集：民國初年祕辛研究
一　習作篇

國民政府常務委員

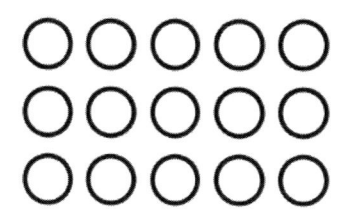

〇〇〇〇〇
〇〇〇〇〇
〇〇〇〇〇

圖1

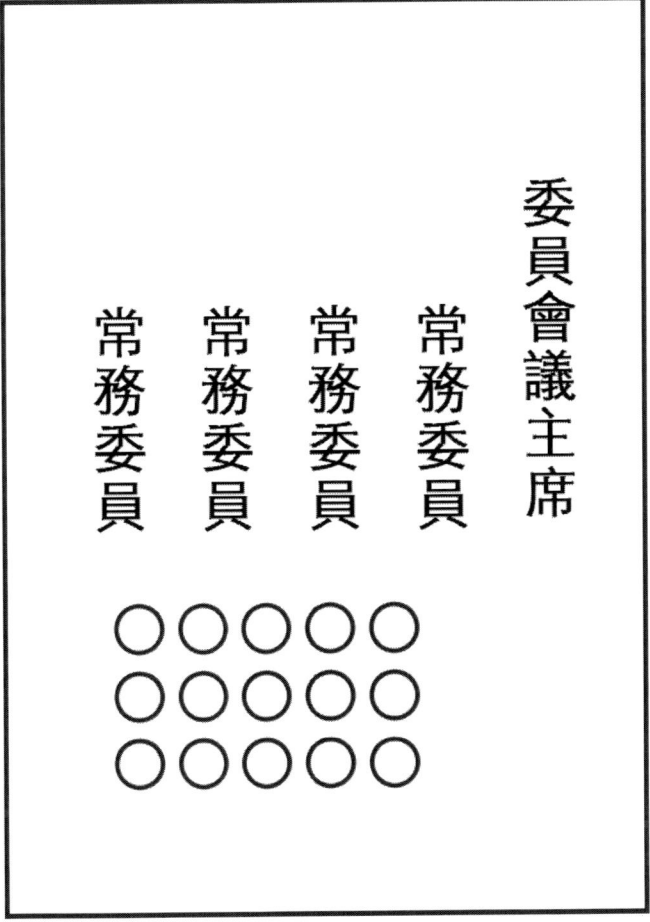

圖 2

　　1927 年 9 月以後，南京國民政府雖經改組，但其稿紙判行頁的形式，一如改組以前。

　　關於各地來文來電的稱謂：據我們所接觸到的這一時期南京國民政府所收來文來電，1927 年 5 月中旬以前無稱胡為「主席」或「主席委員」者，稱胡為「主席」或主席委員的來文來電，始於 5 月中旬，現選列如下：

　　1927 年 4 月 20 日福州駐軍來電稱「汪主席」。

知非文集：民國初年祕辛研究
一　習作篇

　　1927年4月23日、24日廈門兩份來電分稱「胡委員展堂」、「國民政府胡委員」。

　　1927年4月28日江蘇省句容縣黨部來電並稱「汪主席」、「蔣總司令」。

　　1927年5月1日江蘇省吳江縣來電並稱「汪主席」、「張主席」。

　　1927年5月17日福建省同安縣來電稱「胡主席」。

　　1927年5月17日福建省雲霄縣來電並稱「汪、譚、胡各主席」、「蔣總司令」。

　　1927年7月1日杭州張人傑、蔡元培來電並稱「胡主席」、「蔣總司令」。

　　1927年7月4日上海陳群來電稱「胡主席」。

　　1927年7月6日洛陽馮玉祥來電稱「胡主席」。

　　1927年7月9日上海林虎、陳群來電並稱「蔣總司令」、「胡主席委員」。

　　1927年7月16日上海各界討汪大會來電並稱「胡主席」、「蔣總司令」。

　　1927年7月19日上海民眾反日經濟大同盟委員會來電稱「胡主席」。

　　1927年7月24日馮玉祥分別致電寧漢雙方，稱胡為同志，稱汪、譚為主席。

　　1927年7月26日雲南省來電稱「胡主席」。

　　1927年7月28日洛陽馮玉祥來電稱「胡主席展堂」。

　　1927年8月3日、4日、7日雲南來電稱「胡主席」。

　　南京國民政府檔案中所提供的情況，對我們進一步探討胡漢民曾否出任國民政府主席或代理主席這一問題實有裨益。

三

　　根據這一時期南京國民政府檔案對胡漢民是否出任或代理主席一職所提供的情況，我們認為所謂胡漢民出任主席之說，實難置信。

這一時期南京國民政府稿紙判行頁無「主席委員」欄，及至 1927 年 9 月國民黨中央特別委員會成立，依《漢法》改組南京政府後，政府稿紙判行頁形式仍沿用未變。然而時隔不久幾日，1927 年 10 月 8 日主持國民政府工作的常務委員李烈鈞、蔡元培曾聯名提出一份《國民政府應推舉一主席委員以利政務案》，連同《國民政府組織大綱》，一併由國民政府祕書處函請國民黨中央特別委員會討論，雖然我們沒有看到國民黨中央特委會對此案所作出的議決和是否推定了主席人選，但與此相應的是自此以後國民政府稿紙判行頁的形式就有了改變，改用了廣州國民政府稿紙判行頁的形式，增加了「委員會議主席」一欄。只是未見有人在此欄下署名。一個機關公文用紙形式必然反映它本身的組織情況。機關組織形式有了變化，其公文判行形式必然會作出相應的變動。由此推知，《國民政府應推舉一主席委員以利政務案》可能經過國民黨中央特別委員會的議決而又一時未能確定主席委員人選。其後國民黨中央特別委員會已不能再起什麼作用，蔣介石的回國與準備再起，使國民黨中央特別委員會始終沒能推定國民政府主席。

　　從這一時期國民政府稿紙判行頁無「委員會議主席」一欄，我們認為南京國民政府成立後，與其說是沿用《粵法》，毋寧說沿用《漢法》。

　　臺灣出版的由國民黨中央委員會黨史史料編纂委員會編纂的《革命文獻》叢書，在其附錄的歷年國民政府委員名單中，廣州時期國民政府置主席，即「委員會議主席」，因而名單中有「委員會議主席」項。1927 年 3 月國民黨二屆三中全會後，在武漢的國民政府不置主席，因而國民政府委員名單中無「委員會議主席」項，只有「常務委員」項。1927 年 4 月 18 日在南京成立的國民政府的委員名單，和同年 9 月經國民黨中央特別委員會改組的南京國民政府委員名單均無「委員會議主席」項。1928 年 2 月國民黨二屆四中全會所通過的《國民政府委員人選案》中載明國民政府主席為譚延。兩相對比，更進一步說明這一時期南京國民政府所沿用者為《漢法》。

　　如果確認南京國民政府成立後沿用《漢法》，那麼胡漢民的出任主席就無「法」可依了。所謂以國民政府常務委員身分代理國民政府主席，亦無可自圓其說。

知非文集：民國初年祕辛研究

一　習作篇

南京國民政府在1927年4月18日成立後至5月中旬間所接來文來電中無稱胡為「主席」或「委員會議主席」，我們認為這是可以理解的。臺灣出版的《革命文獻》所錄的1927年4月17日南京中央政治會議第73、74兩次會議記錄，只言國民政府於4月18日開始在南京辦公，而無推定胡為主席的記載，說明了南京這兩次中央政治會議，並沒有推定胡為國民政府主席，此其一。4月18日在南京舉行的「慶祝建都南京與恢復國民黨黨權大會」上，蔡元培代表南京國民黨中央授「國民政府」大印，而胡漢民代表國民政府受印，當時及事後的國民黨官書都如此記載，而不言國民政府主席胡漢民受印。在南京國民政府成立前三天（4月15日），南京國民黨中央監察委員會致函遷漢前國民政府常務委員汪精衛、譚延、宋子文、張人傑、胡漢民、伍朝樞、古應芬等七人，請「依照政府定在南京之政策」，未赴寧者請即「遄赴」，「行使職權」。胡漢民以前廣州國民政府常務委員身分來寧行使職權，與張人傑、伍朝樞、古應芬等組成國民政府，並代表國民政府受印，這是順理成章的事，也是胡漢民再次出山的依據。此其二。又：「慶祝建都南京與恢復國民黨黨權大會」還通過《請汪兆銘、譚延來京行使職權案》，如果此時期胡僅為來寧行使職權的國民政府常務委員，固與此案無牴觸，如果此時期胡已被推為國民政府主席，那麼何以對原未解職的國民政府主席汪精衛與代理主席譚延？上述蔣永敬在《民國胡展堂先生漢民年譜》中所作之按語，當即據此。此其三。

1927年5月1日江蘇吳江縣致電南京稱：「汪主席」、「張主席」。這裡所稱的「張主席」，當係張人傑。據上引陳天錫《戴季陶先生編年附記》所云，當時「張人傑（靜江）為主席」，是否此時南京方面又踢開汪精衛，恢復《粵法》，而另推主席，且擬以張人傑為國民政府主席呢？5月中旬以後，南京政府所收來文來電中有稱胡為主席者，其中包括了張人傑、蔡元培、林虎、陳群以及馮玉祥等人的來電，能以此而證實胡漢民在5月中旬以後被推為國民政府主席嗎？如果答覆是肯定的，那麼為什麼南京國民政府的稿紙判行頁形式不做相應的變動？而這一時期南京政府稿式所反映的情況又是和《革命文獻》所附歷年國民政府委員名單中這一時期不列「委員會議主席」項是一致的。再者，吳江縣來電並稱「汪主席」、「張主席」，張人傑從來

沒有承認過他曾任過此職。7月24日在馮玉祥致寧、漢雙方電報中又為什麼稱汪、譚為主席而稱胡漢民為「委員」呢？這裡也許不排除這樣一種可能，繼張人傑以後，南京確曾擬以胡漢民為國民政府主席，但未經過任何形式加以確認。如果正式推選胡為主席，必須首先自此時起確定南京國民政府成立，其本身組織依《粵法》，或另制定一新的國民政府組織法。凡此種種皆必先通過中央常務會議議決。根據我們所接觸到的資料，南京國民黨中央並沒有做出此類相應的決定。我們認為南京方面請胡來寧，主持國民黨中央常務委員會、政治會議、國民政府及軍事委員會全面工作，這是事實。胡漢民《革命過程中幾件史實》所述「哪一個主席不是我做了」一言，也可以此而理解，但是胡的任何一個「主席」職務，均未透過任何法的形式加以確定。這也可說，胡漢民所謂「使人不稱我為主席而仍稱我為胡先生」亦在此。如果情況果真如是，那麼當時親南京的各方以及寫馮玉祥在函電尊稱胡為「主席」，大體上也出之於此。然而馮在同時電寧漢雙方時，又尊重事實稱胡為「同志」，這也許就是馮對胡兩種不同稱謂的來由。

綜上所述，我們認為胡漢民在南京國民政府成立以後未曾出任國民政府主席，即以常務委員正式代理國民政府主席之說亦不可信。鑑於所接觸到的資料尚不全面及水平所限，我們的看法是否正確，敬請海內外學者不吝賜教。

▍邵元沖與張默君

載《民國檔案》

邵元沖（1890-1936），字翼如，浙江紹興人。早年曾參加同盟會。1911年東渡日本求學，始識孫中山。辛亥革命後回國，任上海《民國新聞》總編輯。同盟會改組為國民黨後，任上海交通部評議員，編輯部主任。1913年3月，宋教仁被袁世凱派人刺殺於上海，凶手匿居租界，邵元沖據法理與租界當局力爭，促成罪犯引渡。同年7月赴江西湖口參加討袁之役，任長江各軍總司令部祕書長，失敗後復去日本。1914年加入中華革命黨，任《民國》雜誌編輯。後受任中華革命軍紹興司令官，奉命由日返國圖浙江，以事洩敗。

知非文集：民國初年祕辛研究
一　習作篇

1915年12月5日參與上海肇和艦反袁起義，1916年赴山東任中華革命軍山東戒備司令，與居正舉兵反袁，亦告失敗。

1917年9月，廣州軍政府成立，孫中山任大元帥，邵元沖在大元帥府任機要祕書代行祕書長事。1919年赴美留學，先後肄業於威斯康辛大學與哥倫比亞大學，並奉孫中山令視察海外黨務。1923年11月參加赴俄考察團，在莫斯科與蔣介石相晤。復由俄去德遊學。1924年國民黨第一次全國代表大會在廣州召開，選舉邵元沖為候補中央執行委員，不久遞補為中央執行委員。旅歐期間，邵元沖對馬克思主義理論及各種社會主義學說有所涉獵。

1924年，邵元沖歸國，入粵後，任代理國民黨中央執行委員會常務委員兼政治委員會委員、大本營法制委員會委員、粵軍總司令部祕書長、黃埔軍校政治教官兼代理政治部主任等職。同年冬，隨孫中山北上，為行營機要祕書、北京《民國日報》社社長、北京政治分會委員。孫中山逝世時，他為遺囑證明人之一。

1925年，邵元沖一度南下任潮梅海陸豐行政長。11月又至北京參加「西山會議」，後去上海，主持所謂上海「國民黨中央執行委員會」，和其他「西山會議」派分子共同反對孫中山「聯俄、聯共、扶助農工」三大政策，與廣州國民黨中央對立，受到廣州國民黨第二次全國代表大會的書面警告。

1926年3月，邵元沖在上海籌建「中山學院」。上海國民黨「中央執行委員會」召開所謂「第二次全國代表大會」時，邵元沖被推選為「中央執行委員」。同年5月，蔣介石邀其赴粵，任國民黨中央執行委員會青年部部長。次年南京國民政府成立，邵元沖出任浙江政治分會委員、浙江省黨部改組委員會委員兼宣傳部長，浙江省政府委員兼杭州市長。因將杭州市工程局公款十餘萬元存入滬行，遭杭人責難而辭去杭州市長職務。

1928年初，邵元沖任廣州政治分會祕書長。4月返回上海，創辦《建國》週刊，大力為蔣介石從事理論宣傳工作。1929年《建國》週刊遷南京，改名《建國月刊》，邵元沖出任社長。1929年3月被選為國民黨中央執行委員，政治會議委員，並任國民黨黨史史料編纂委員會常務委員。1930年任考試院考選委員會委員長，1931年任國民政府委員、立法院副院長、代理院長。同

年冬被選為國民黨第四屆中央執行委員，兼政治會議委員、宣傳委員會主任委員。1933 年解除代理立法院長，仍任副院長。1935 年春，辭宣傳委員會主任委員職。後赴陝西祭黃帝陵。是年冬又被選為國民黨第五屆中央執行委員，兼國民黨中央黨史史料編纂委員會主任委員。

1936 年 10 月，邵元沖入桂考察。12 月應蔣介石電召入陝，適逢西安事變，被圍於西京招待所，12 日晨，因跳窗逃跑被西北軍士兵開槍擊傷，14 日死於陝西省立醫院。卒年 46 歲。

邵元沖擅書法，喜收藏碑帖古籍。著有《孫文主義總論》、《建國之路》、《美國勞工狀況》、《中華革命黨略史》、《讀書目錄》、《國家建設論》等及詩文若干集。

張默君（1884-1965），原名昭漢，出生於湖南湘鄉。先後肄業於上海務本女子學校師範科及上海聖約翰女子書院文科。早年加入同盟會，武昌起義發生後，曾赴蘇州參與說服蘇撫程德全起義。後主辦《江蘇大漢報》，組織「神州女界協濟社」。1918 年赴美，留學於哥倫比亞大學。1920 年歸國，任南京江蘇省立第一女子師範學校校長。1924 年在上海與邵元沖結婚。1927 年後，歷任國民黨上海政治分會委員、杭州市教育局局長、考試院考選委員會專門委員、立法院立法委員、國民黨中央監察委員、中央評議委員等職。1965 年因患胃癌死於臺北。其一子名天宜，早逝，一女名英多。

二　抗戰篇

二　抗戰篇

▍「八一三」淞滬戰役起因辨正

　　載《近代史研究》

　　「八一三」淞滬戰役是抗戰初期一次著名的反擊日本侵略之役，歷時三月餘，中日雙方投入了主要兵力，使中日戰爭的主戰場從華北移向華中，其結果直接影響了抗戰全局。長期以來，關於這一戰役的起因與作用一直存在著兩種不同的觀點，簡言之，即是關於戰役的發動者是中方還是日方的爭論。由於事關對於國民黨政府在抗日初期對日方針政策的估價，弄清這一重要問題將有助於正確、全面地研究抗日戰爭的歷史。

一

　　「八一三」淞滬戰役的起點是1937年8月9日發生的上海「虹橋機場事件」。為了闡明「八一三」戰役的起因，有必要回顧一下8月9日以前中日雙方的軍事態勢及在上海地區的戰備情況。

　　長江中下游地區為中國政治、經濟重心所在，以經濟中心上海與政治中心南京相連接的寧滬地區是中國當時的心腹要地。因此，上海便成為中國的東大門及保衛首都的屏障，在戰略上具有重要的地位。由於這一原因以及地理上接近日本，上海一向被日本軍閥視為侵略中國的入口要道，成為中日矛盾衝突的敏感地帶。1932年「一·二八」戰役時，日軍就曾經攻擊上海迫使國民黨政府遷都洛陽，藉以鞏固其在東北的侵略利益，接著又逼迫國民黨政府簽訂了妥協讓步的《上海停戰協定》，藉此日軍得以在上海地區駐紮大批海軍陸戰隊，修築了大量戰備設施。上海從此成為中日戰爭又一個潛在的爆發點。

　　1937年7月7日日本發動全面侵華戰爭後，日本政府與軍方確立了吞併華北、徹底擊敗中國軍隊、逼降中國政府以實現滅華的最終目標。7月29日，日軍參謀本部制定了《中央統帥部對華作戰計劃》，規定首先占領平津地區

完成華北作戰，同時準備一部分兵力，預備在「迫不得已」時對青島及上海發動進攻。

對於中國的東南地區，日本帝國主義雖然垂涎已久，但是由於當時戰事集中在華北，在開戰之時，日方並無在上海作戰的具體計劃，只不過考慮到了在青島與上海兩地派兵保護日僑的可能。所以在《對華作戰計劃》中寫明「在情況不得已」時才對青、滬作戰，而所下達的「兵力編制及任務」，也只限於在平津及青島附近的布置，尚未計劃向上海派遣正規陸軍。[1] 7月9日，日軍參謀本部在其《處理華北時局要領》的命令中明確規定：「即使抗日行動波及華中華南，陸軍仍以不出兵為原則。」[2] 日方之所以如此計劃，不外乎出於以下的原因：第一，遵循集中全力吞併華北的戰略方針。日軍準備以「行使必要的實力來收拾事態」，透過逼降中國政府實現「全面地打開重建日華關係新局面」的目的。這說明他們此時尚無武力消滅國民黨政府的具體部署。第二，對日蘇發生軍事衝突的嚴格防備。「參謀本部曾預想到在中國事變中對蘇作戰的問題」，「判斷本年11月左右將面臨對蘇危機」。因此日軍不便過久地拖延與擴大對華作戰，而只希望以「必要的力量在10月底以前完成對華作戰計劃」。日方甚至規定「以上作戰不能達到目的時，即使當時的形勢有所變化，也要停止陸上兵力之積極作戰……將必要的部隊調到滿洲及華北待機，整頓對俄作戰的準備」。[3] 出於這種考慮，中日戰爭開始後，日方在華中華南地區首先採取的措施便是撤退僑民之類。由於駐防區域及掩護僑民撤退，日本海軍在中國沿海地區及長江中下游異常活躍起來，並以青島及上海兩地為據點，開始參與侵華戰爭。

根據「一·二八」後的「停戰協定」，上海地區駐有日本海軍陸戰隊三千餘人，他們以紅口陸戰隊本部為中心構築了八十餘處陣地，並進行了儲存戰備物資與集中海軍艦隻、陸戰隊兵力的工作。7月，華北戰爭爆發時，以長江方面為「警備區域」的日本海軍第三艦隊長谷川清司令官正在臺灣指揮演習，聞訊後即趕赴上海。7月11日，他在上海召集了「特別警備會議」，根據日本海軍省7月8日下達的緊急訓令，討論海軍「保護日僑問題」。會議決定駐華海軍分成三組特務艦隊。上海方面由長谷川清親自指揮。7月16日，長谷川向日本海軍軍令部提出報告，認為有必要在上海、南京一帶發動戰爭，

全力消滅中國海空軍，同時派遣陸軍五個師團攻占上海與南京，將中國政府置於死地，以盡快結束戰事。「如果局限戰域，則有利於敵方兵力之集中，深恐將使我方作戰困難。為制中國於死命，須以控制上海、南京為最要著」。[4]8月4日長谷川又一次請求東京增兵上海，但得到的答覆是「要謹重行事」，「待繼續觀察形勢再作考慮」。8月7日上午，日海相米內光政向陸相杉山元送交了準備提交內閣的《請緊急派遣陸軍進駐青島、上海案》，但內閣並沒有討論這一提議。[5]直至8月上旬末，日方的作戰方針仍然是「陸軍僅派至華北，為保護日僑可動用海軍，勿須陸軍出兵上海」。[6]直至「虹橋機場事件」前夕，我們尚未發現日本最高軍政當局有在上海開戰的計劃及下達明確的作戰命令。然而，日本海軍由於急於加入對華戰爭，其領導機關與下屬艦隊不顧一切地開始了在華中、華南的備戰。上海地區因地理與歷史的原因，是其備戰的重點區域。對於日本海軍在上海的備戰，日本政府與陸軍方而並沒有表示出積極態度，駐上海的日軍只有少量海軍陸戰隊而沒有正規陸軍，因此日方沒有在上海大戰的準備。直至8月中旬上海戰事全面爆發後，日方才匆忙從各地抽調陸軍增援上海。[7]

以上便是8月9日以前日方在上海地區的備戰情況。由此，我們只能得出結論說，日方此時還沒有具備對上海地區發動全面進攻的必要條件。

但是，中國方面的情形就不同了。自「一·二八」事變以後，國民黨政府即意識到日軍如再由上海入侵，將輕易威脅國都南京，故而對寧滬杭腹地的防禦計劃給予了相當重視。出於自身防衛的需要，自1931年起，國民黨政府開始在這一地區構築國防戰備設施。經過數年的努力，花費了一百幾十萬元的資財，修成了三道國防作戰線。第一是上海至杭州國防線，第二是吳江至福山國防工事（蘇福線），第三是無錫至澄江（江陰）國防工事（錫澄線）。到1937年，全部工程已基本完成。毫無疑義，這些備戰工作的目的是為了對付日寇的侵略。1935年秋，中國最高軍事當局著手制訂了完整的《國防作戰計劃》，其主要目的是阻止日寇擴大侵華戰爭。這份計劃由軍事委員會銓敘廳廳長林蔚主持制訂，其總方針規定：「為保全國土的完整，維持民族生存起見，應拒止敵人於沿海岸及平津張以北之地區，作韌強之抗戰。隨戰爭之推移相機轉移攻勢，將敵人殲滅之」。它將察哈爾、河北、綏遠、山西、

二　抗戰篇

山東、江蘇、浙江、福建及廣東九省劃為抗戰區，其中又進一步劃為6個防衛區。規定「各防衛區如遇敵人襲擊應盡力抵抗以保國土」，「在開戰初期各區應按預定計劃在統一指揮下盡力拒止敵人登陸或侵入內地」。計劃還具體規定：在鄭州、開封、徐州、海州和寧滬杭一帶設置防禦。鄭汴徐海地區由劉峙負責，寧滬杭地區由唐生智負責，並在中央軍事委員會內設一執行部主持其事。寧滬杭地區內又設三個分區。南京分區（南京至鎮江）由南京警備司令谷正倫負責；滬杭分區（浙東沿海至黃浦江以東）由張發奎主持，在嘉興設立蘇浙邊區司令部；「京滬」分區（自無錫、江陰至上海）由張治中指揮，並計劃以湖南全省、安徽南部、江西北部駐軍為京滬杭地區後援部隊。《國防作戰計劃》規定：在江浙方面，「駐江南部隊應集結於京滬線及首都附近，一面任淞滬方面之增援，並相機撲滅上海之敵勢力，一面防止長江內敵艦之侵擾以維護首都，……海州、吳淞、乍浦、澉浦、鎮江、海門、溫州等地各配置海岸守備部隊以防止敵之登陸」[8]。僅就這一計劃具體內容來看，很顯然，中國方面對於防禦日軍侵略是有比較全面的設想的。

中國方面在寧滬杭地區的備戰工作並沒有僅僅停留於紙面。1936年張治中向國民黨最高當局建議，劃分全國為若干防區，以寧滬為核心著手準備抗日工作。他的建議被採納，根據對日作戰實際需要，陸續分設了四大地區。寧滬杭一帶為京滬警備區，由張治中任警備司令（「八一三」後改為第三戰區，以馮玉祥、顧祝同為正副司令），其所屬有張治中的第九集團軍，駐蘇州河以北沿黃浦江地區，張發奎的第八集團軍駐蘇州河南與浦東地區。張治中上任後，積極著手對日抗戰準備工作。他在陸軍軍官學校內設立了一個「高級教官室」，以軍校教育處長徐權為首，專門主持制訂「京滬分區」防禦計劃及實施，以後又擴充組織，為嚴格保密起見遷往蘇州留園辦公，改名為「軍校野營辦事處」，其內部分設政治、軍事兩個組，陸續對滬寧間各重要地區進行了具體調查，對防禦作戰的兵力部署、指揮系統、防線設置、兵員補充、後勤供應，甚至發動民眾、輿論準備等多方面的問題進行了研究設計。根據綜合分析，他們認為：日本發動侵華戰爭，上海必然是戰場之一，我們不能重演「九一八」和「一·二八」被動挨打的教訓，應在敵方發動戰事以前，主動出擊進攻，徹底摧毀日軍在滬軍事據點，然後封鎖海岸，確保寧滬安全。

他們的這一戰略設想得到了最高當局的同意。除此以外，張治中還主持了一些實際備戰工作，曾組織五個師的演習，模擬阻擊日軍登陸。1936 年底又組織軍事參謀人員到蘇州、常熟、太倉、瀏河、吳淞一帶進行考察與布置，同時進行了一些組訓民眾工作，寧滬鐵路沿線各火車站也奉命進行了軍運準備。按照《一二八停戰協定》，安亭—太倉—七丫口一線以東地區不許中方軍隊駐紮，因而上海只駐有中方一個保安總團（約二個步兵團）的兵力。為防備不測，張治中提議派一加強旅偽裝成保安隊進駐上海虹橋地區，並得以實現。京滬警備司令部又與上海市合作，在市區設置了防禦工事，阻止日軍由黃浦江登陸。「七七事變」後，張治中又提出立即封鎖長江水道，圍殲長江上游日艦，但這一計劃被國民黨行政院祕書黃浚密告日方，使日艦得以迅速逃脫，並將漢口日海軍陸戰隊轉運上海，加強了日軍駐護兵力。[9] 種種事實表明，國民黨政府在寧滬杭地區進行了抵抗日本侵略的先期準備。對於國民黨軍政當局的這些工作，應實事求是地給予評價和肯定。

這裡應當指出的是，1937 年以前國民黨的抗戰準備是極不充分的。在反共政策沒有改變以前，國民黨當局是以反共為主、抗日為輔的，所進行的抗戰準備只是有限的防衛措施。直至西安事變以後，國共達成了第二次合作，國民黨才改變其立場轉向抗日。到全國抗戰爆發，國民黨當局原先所進行的抗戰準備才發揮了較大作用，才可能有抗日的主動表現。

華北戰事開始後，國民黨最高當局立即召開各部會署負責人及軍事首腦會議商討對策，在進行外交交涉並允諾讓步的同時，又命令軍隊保衛國土抵抗侵略。7 月 19 日蔣介石在廬山發表談話，強調「盧溝橋事變的推演，是關係中國國家整個生存問題」，公開表明了抗戰決心。8 月 0 日國民黨政府召開了第一次最高國防會議，決定了對日作戰方針「以長期抗戰為原則」。[10] 中國統帥部認為：華北是一大平原，有利於日軍機械化部隊及大兵團活動，並距日方東北補給基地較近，附近又有冀東等地偽組織活動，所以形勢於我不利。如果全面開戰，我方應充分利用在淞滬間既設國防工事，在此投入重兵用以牽制敵人兵力，保衛政治、經濟中心，同時還可能使日軍觸犯列強在華利益引起國際干預。[11] 一旦上海開戰，應爭取迅速殲滅上海日軍，封鎖海

洋；如戰事不利，則可退守蘇福國防線打持久戰，藉以待機調停戰事，阻止日軍侵略。8月7日，各地軍事將領雲集南京商討作戰計劃。

中國方面對於淞滬地區抗日的準備與計劃，造成了中方發動「八一三戰役」的客觀條件。

二

正當華北戰事愈演愈烈之時，日本當局唆使在華的軍隊、浪人到處尋釁鬧事，製造衝突糾紛。七、八月間，在上海連續發生了日本海軍陸戰隊隊員宮崎貞雄「失蹤」及「虹橋機場」事件，一時成為新的衝突焦點。特別是在「宮崎事件」被中方妥善應付後，「虹橋事件」的處理便成為能否維持上海和平的關鍵。

1937年8月9日，駐上海的日本海軍陸戰隊第一中隊長大山勇夫與一等水兵齋滕要藏駕車衝擊虹橋機場，被中方機場保安隊擊斃。這就是所謂的「虹橋機場事件」。由此，中日雙方大舉增兵上海，開始了直接衝突。「虹橋事件」是「八一三」事變的起點。在此期間內，日方開始向上海增兵，「司令長官決心增強海軍兵力，命令在佐世保待機的部隊進入上海」[12]。日本駐滬海軍陸戰隊的兵力從原來的三千餘人猛增為一萬二千餘人，從長江開入黃浦江的日艦亦達29艘。中國政府也於同時下令調遣京滬警備司令張治中所部之八十七、八十八兩師部隊向上海市區推進，並迅速設立了作戰指揮部，在江灣─吳淞間布置了防線。上海形勢急劇惡化。8月11日下午，日本駐滬總領事岡本季正赴上海市政府訪市長俞鴻鈞，交涉「虹橋事件」。岡本首先質問中國政府對事件的態度，其次提出兩點要求：（一）將上海保安隊撤退；（二）將保安隊已築工事悉數拆除。中國方面對此無理要求堅決予以拒絕。俞鴻鈞回答岡本：中國政府必將此事照外交方式解決，但日方尚在交涉之際即大舉增兵上海，這是赤裸裸的威脅。然而，「我方抱定方針非威脅可改變」。岡本威嚇無效，只好退出。次日下午，有各國代表參加的「淞滬停戰協定委員會」在租界工部局召開會議，俞鴻鈞在會上痛斥日方要求中國撤軍之荒謬，他聲明「惟我國軍隊在本國領土行動有絕對自由之權，此則未容他人置喙」，

並提出以日方先撤兵為讓步條件。岡本對此不能回答，會議乃以無結果而告終。[13]

「虹橋事件」是由日軍挑起的。中國保安隊擊斃在中國領土上橫行的日軍完全是正義的。在這次事件中，中方一改過去妥協退讓方針，自始至終採取強硬立場，對日方的挑釁行為及無理要求予以堅決的回擊。

「虹橋事件」為淞滬戰役點燃了導火線，但就8月9日至月底大戰全面展開這段時間內的情況分析，中日雖都決心在上海一戰，然雙方的作戰計劃與準備工作卻大有不同。

事變發生後，日本軍政當局開始重視上海方面的局勢。「海軍中央部研究了解決大山事件的方案，決定了向中國方面提出要求事項，在採取外交措施的同時，和第三艦隊進行了聯絡，要求慎重行事。儘管事態的最後解決只能訴諸武力，但在陸軍派兵的情況下，攻擊開始的時間也須在動員後的20天，因此當前要盡可能不使事態迅速惡化。」「在10日的閣議上……再次確認了就地保護上海僑民的方針，答應準備派遣陸軍部隊。」[14] 日方利用外交談判拖延時間，從各地調派了三個師團的陸軍趕運上海。日軍參謀本部此時的觀點是：「上海方面已超出單純的保護僑民目的以外，具有給中國方面以沉重打擊的意義。」[15] 因此，其在8月20日制定的《作戰計劃大綱》中規定：「以上海派遣軍（以五個師團為基幹）擊敗上海周圍之敵，而後以一個軍（大概以三個師團為基幹）確保上海周圍的重要陣地線，切斷上海、南京間的聯繫並謀求占領地區的穩定」。[16] 這表明，日軍在戰役開始時只計劃攻占上海而沒有在華中大戰的具體部署和準備。即使在開戰以後，日軍參謀本部第六百號命令仍規定：「華中方面軍的作戰地區大概定為聯結蘇州、嘉興線以東」，「意在預期方面軍主力不超過該線」。[17] 曾任中國戰場高級指揮官的今本熊男的回憶也說明日方在初期並無使華東成為主戰場的計劃[18]，日軍在華中作戰的決心是逐步確定的。

然而，中國方面在「虹橋事件」發生後即決定了開戰措施與大戰計劃。事件發生後，在對日採取強硬外交的同時，國民黨最高當局宣布從此進入對日抗戰，命令參加廬山會議的將領回到各部隊，開始全面抗日部署。8月11

日晚，國民黨政府軍事委員會命令：「張司令官治中率八十七、八十八師於今晚向預定之圍攻線挺進，準備對淞滬圍攻。」8月13日深夜，蔣介石下令張治中發動總攻擊，決定將第五十六師主力、第五十七師的一部及獨立第二十旅向前推進，採取逼向南下在長江方面作戰的敵之側面的有利態勢。[19] 中國軍隊源源不斷開赴上海戰場。張治中所率領的參加過「一·二八」戰役的部隊士氣高昂，進入南翔指揮所的一些士兵甚至拒絕下車，要求一直開赴前線參戰。中日雙方劍拔弩張。到8月13日上午九時許，中國軍隊在部分日軍士兵首先越過對峙線的情況下，奉命發起全面攻勢，揭開了淞滬百日大戰的序幕。8月14日中國政府發表《自衛抗戰聲明書》，宣布「實行天賦之自衛權」。

　　8月18日，蔣介石派陳誠、熊式輝赴滬視察戰況，20日返回南京。陳誠向蔣匯報說：敵對南口在所必攻，同時亦為我所必守，是則華北戰事擴大已無可避免，故敵如在華北得勢，必將利用其快速裝備沿平漢路南下直撲武漢，於我不利，不如擴大滬事以牽制之。蔣對此表示：「一定打。」陳誠又說：「若打，須向上海增兵。」蔣即派陳誠為第七集團軍總司令率部赴滬增援[20]，至此，淞滬大戰再次升級。8月20日國民黨政府軍事委員會將全國劃分為南北五個戰場，下達了如下作戰方針：「國軍一部集中華北持久抵抗，特別注意確保山西之天然堡壘。國軍主力集中華東，攻擊上海之敵，力保淞滬要地鞏固首都。另以最少限度兵力守備華南各港口。」[21] 這就是國民黨抗日初期戰略設想的基本原則。從這裡我們可以看出，國民黨軍發動上海抗戰是有目的、有計劃的，而且早已做了必要的準備。

　　上海戰事開始後，由於中國軍隊未能及時攻克虹口日軍據點，貽誤了戰機，使日本援軍得以登陸，雙方激烈混戰。日軍20萬人憑藉強大的火力與優勢的裝備，海陸空配合作戰，中國方面投入40餘萬兵力，由蔣介石親自指揮，雙方反覆衝殺互相包圍，猛烈的戰鬥使雙方傷亡慘重，中國參戰官兵表現了高度的獻身救國精神，與日軍拚死搏鬥，使日軍寸步難進，付出了慘重代價，戰事持續膠著。但中方由於裝備落後，供給不足，也遭受了極大損失，特別是由於中方最高決策者的指揮錯誤，動搖不定反覆無常，幻想國際力量的干涉，導致軍事指揮上朝令夕改，失去了一次次奪取勝利及有組織按計劃退守

蘇福線的機會，使中軍逐步陷於被動。最後，當日軍大量增兵並從杭州灣迂迴包圍上海之時，中軍連續放棄了兩道國防工事而潰退下來，堅持了三個月之久的淞滬抗日之役歸於失敗。11月9日上海失守，而日軍則不斷「擴大作戰」，突破了「制令線」限制，最終使得中方戰略計劃歸於破產。

三

根據以上論述，我們可以明確以下幾點。

第一，「八一三」戰役是中國發動的。中方在戰事開始時處於主動地位，這一點完全可從中方的作戰準備、戰略計劃以及日方參戰經過諸種事實中得到證實。第二，中方戰鬥的結果沒有達到預期的目的，反由主動變為被動。日本方面雖然戰前在上海沒有充分準備，還沒有形成在上海進行大戰的計劃，但在開戰後隨著戰事擴大而傾全力參戰，上海方面逐步成為其「主戰場」。它逐步增至75個師的兵力，並利用在上海周圍的勝利準備新的攻勢，以攻擊南京和其他地區。日本政府內閣的決策也相應地由在上海附近以擊退敵人勝利結束戰局升級為「放棄不擴大方針」，最後成為「不以國民政府為對手」。由於不斷「擴大作戰」的需要，日軍從本土、臺灣、朝鮮、東北抽調了大批援軍參戰，甚至從華北戰場抽出了主力部隊，並投入了偽滿軍隊。[22]日本政府初期規定的「十月底前結束戰事」的時限及「不得越過蘇州—嘉興線以東」的地限也隨之廢除了，最後日軍直趨南京。所以說，上海戰役的結果是日方從中方手中奪取了戰爭主動權，變得更為主動。第三，國民黨政府發動上海抗戰的目的，依事前的計劃，在戰術上是以積極的攻勢清除日軍駐滬部隊，封鎖海洋，保衛寧滬安全。據史料判斷，也有吸引華北日軍分兵南下的意圖，最後在客觀上也達成了這一目的。[23]國民黨發動上海抗日的戰略目的是要向日本及英美各國顯示自己的力量，希望以此迫使日寇放棄滅華企圖，同時爭取英美的干涉調解，達成妥協停戰阻止日本滅華的政治目的。「中樞除積極準備發動全面抗戰外，仍秉不求戰而應戰之一貫主張，準備徹底犧牲。若寇方能停止侵略恢復七月八日前之狀態，則猶可（原文如此）最後一線希望。」[24]這說明，上海與華北的抵抗，都是為了恢復「七七事變」前不戰不和的局面。第四，「八一三戰役」的結果，使日本對華戰爭陷入持久作戰，粉碎其「速

二　抗戰篇

戰速決」的迷夢。這正是「八一三戰役」的作用與意義所在。當然國民黨政府雖然出於政治及軍事上的需要而主動在上海對日作戰，表現出了一定的抗日積極性，但沒有驅逐日本侵略者收復全部國土的遠大計劃，抗日決心尚缺乏堅定性與徹底性。

【注】

[1]《日本帝國主義對外侵略史料選編（1931-1945）》，第 240 頁。

[2] 日本防衛廳戰史室：《中國事變陸軍作戰史》，第一卷第 156 頁，轉引自《汪精衛集團投敵》一書。

[3]《中國事變陸軍作戰史》，第一卷二分冊第 30 頁。

[4] 二史館藏：《中國現代史大事月表》，1937 年 7-9 月本。

[5]《中國事變陸軍作戰史》，第一卷二分冊第 1 頁。

[6] 日本防衛廳編：《日本大本營陸軍部》，第一部第四章。

[7] 據重光葵《昭和的動亂》一書載：「對於中國的作戰計劃，自從 1932 年第一次上海戰役以來，海軍認為上海及華中揚子江流域應為對華作戰的重點，陸軍省不贊成，以為中國不是日本的對手，只要動用駐在華北的少數部隊便可。」這說明了日本陸海軍在侵華途徑上存在分歧。

[8]《國防作戰計劃》，中國第二歷史檔案館藏國民黨軍事委員會檔案。

[9] 余湛邦：《抗日戰爭中的張治中將軍》，《團結報》，1989 年 8 月。又見《八一三淞滬戰役紀略》，載《上海文史資料選輯》，1980 年第五輯。

[10]《盧溝橋事變發生後統帥部重要會議記錄》，二史館藏國防部史政局及戰史編纂委員會檔案。

[11] 這一時期英國在華投資的 72%，美國在華資產的 64% 都集中於上海。國民黨當局認為在上海開戰必將導致英美出面干預，造成停戰結果。

[12]《中國事變陸軍作戰史》第一卷二分冊第 2 頁。

[13] 二史館藏《抗戰史料叢稿》第十種《戰紀》，「上海之戰」第三冊。

[14]《中國事變陸軍作戰史》第一卷二分冊第 2 頁。

[15] 同上書第 20 頁。

[16] 同上書第 30 頁。

[17]《中國事變陸軍作戰史》，第一卷二分冊，第 94 頁。

[18] 參見蔣緯國：《蔣委員長如何戰勝日本》，第 21 頁。

[19]《中國事變陸軍作戰史》，第一卷二分冊，第 16 頁。二史館藏《淞滬會戰張發奎文電》亦載：8 月 12 日張給蔣介石、何應欽發電稱：「文白兄方面，似已決心主動。」何在來電上批覆：「可。已令保安隊即開淞江，歸張文白指導共同作戰。」

[20] 二史館藏國民政府軍事委員會戰史會檔案：《陳誠私人回憶資料》。

[21] 虞奇：《抗日戰爭簡史》上冊，第 135 頁。

[22] 據《中國事變陸軍作戰史》第一卷二分冊載：此期從華北戰場調往上海的日軍部隊有第六、第十八、第一一四等各師團。

[23] 此期日軍在華北與上海兩個戰場兵力情況變化如下：8 月，華北為 9 個師團，上海為 2 個師團，9 月，華北為 8 個師團，上海為 5 個師團；9 月 5 日日軍統帥部決定抽調華北兵力南下，「把主作戰轉移到上海方面」，華北日軍減為 7 個師團，上海日軍則增為 9 個師團。

[24] 二史館藏《抗戰史料叢稿》第十種《戰紀》，「上海之戰」第三冊。

1936～1937 年國民黨政府國防作戰計劃剖析

載《民國檔案與民國史學術討論會論文集》，檔案出版社

　　1936～1937 年是國民黨政府從堅持「攘外必先安內」錯誤政策逐步轉向團結抗日政策的時期。在這兩年中，隨著國民黨當局政略方針的改變，其國防戰略思想也發生了根本的變化，其中最明顯的標誌便是其國防作戰計劃內容的更改與修正。作為國家政略思想的體現與戰略方針的產物，1936～1937 年的國防計劃不僅可以為我們提供研究國民黨政權確立抗戰方針的具體時間，而且還可以清楚地反映出在抗戰前夕，國民黨領導集團對於敵情、國力及未來抗戰戰略、戰術設計的具體構想。本文擬就此問題，對這兩年中民黨政府參謀本部秉承最高當局旨意而擬定的國防作戰計劃以及實施情況作一點分析。

（一）1936 年國民黨政府國防計劃分析

　　1936 年初，南京國民黨政府在內外交困情況下制定出了《民國廿五年度國防計劃大綱草案》、《國防設施綱要草案》、《作戰計劃》等數份文件，具體規劃了 1936 年國防軍事主要任務。當時的南京政府一方面在國際上受到日本帝國主義的嚴重威脅，自身預感到「現時整個的國家均陷於非常的狀

態，環境險惡危急」[1]。另一方面卻在中國國內堅持反共內戰，拒絕中國共產黨團結抗日的倡議，其基本的政治方針仍為「安內攘外為現時我國之國是」[2]。由於這一錯誤決策，當局將自己置於對內對外兩面為敵的境地。其1936年度國防計劃明確規定在全國範圍內劃分「抗戰區」、「警備區」、「綏靖區」、「預備區」四種區域，以分別執行「剿共」與「抗日準備」兩項任務。

關於「綏靖區」內的反共作戰，《國防計劃大綱》中規定：「綏靖區內各國軍應在最短期按預定計劃將破壞國脈之共產黨殲滅之」。《作戰計劃》中則進一步明確部署了對陝甘、川黔及湘鄂邊地區紅軍的圍剿計劃，同時強調指出：「至小限度，在抗日期間務封鎖之，不使其外竄」。這表明國民黨當局內戰立場並未改變，並且拒絕聯合共產黨共同抗日。儘管如此，由於日本侵華嚴峻局勢所迫，南京政府也不得不考慮防範與抵抗外敵入侵的辦法。

對1936年國民黨政府國防計劃中有關抗戰內容的分析可包括以下幾個方面。

其一：國民黨政權對日本侵略嚴重性的認識及對日本侵略軍力量的估計。1936年國防計劃闡述到：「暴日現正急進，實現其傳統的大陸政策。既橫占我東北四省以為根據地，更進而蹂躪冀東、察東，控制平津，支配冀察兩省軍政，近拊齊魯，遠窺綏遠。……故其陸軍主力便於由東北向西南進展，更仗其海軍空軍之優勢，隨時可能於青島、連雲港、長江、杭州灣、福州、廈門等處掩護其陸軍之一部任意登陸」[3]。因此，可以認定「今日我國之預想敵國應以侵略我國最急，加我危害最甚之日本為預想敵國，故凡國防軍事一切建設準備，當以日軍為對象而籌劃之」。[4]對於日本可能動用的侵華力量的預測，《作戰計劃》認為：一旦戰事發生，日本陸軍可調動120萬兵力，海軍駐華艦隊、空軍常備飛機3000架即可全部出動。但由於蘇美英在遠東軍力的威脅，日軍所得用於對我侵略者，亦不過其一部而已」[5]。基於這種認識，當局錯誤地以為一旦開戰，日軍「控置對蘇聯之兵力必且較侵我者為多」。[6]日軍的入侵將使我防不勝防，而彼乃尚有餘力以應付歐美各國。」[7]分析以上內容可以得出兩點結論：（1）此時，國民黨當局對日寇的亡華野心與手段已經有了相當明確的認識與充分的估計。（2）當局認為日本不會以

全力侵華,其陸軍兵力大部將用於對抗蘇美等國。事實上,這種「樂觀」估計與後來的戰爭實際很不相符,1937年7月開戰之始,日本便以在「十月底前結束戰事」為目標,在中國戰場投入了16個師團的兵力,其兵力總數為其部署在中國東北軍隊數之兩倍餘,為其部署在本土與朝鮮軍隊數之四倍。[8]

其二:關於對日抗戰總方針的確定與戰略計劃的設計。基於上述認識,南京政府確定對日作戰的總方針是:「為保全國土完整,維持民族生存起見,應拒止敵人於沿海岸及平津以東與張家口以北地區,不得已時逐次占領預定陣地,作韌強之抗戰,隨時轉移攻勢,相機殲滅之。」[9] 根據這一方針之宗旨就是要拒敵於內陸之外,依靠陣地阻擊戰制止敵人入侵。當局為此又進一步劃出五道自北向南的「抵抗線」。為便於指揮,在「抗戰區」內又劃分出冀察、晉綏、山東、浙江、福建、粵桂五個防衛區,並詳細確定了各區駐軍部屬與防衛線。

1936年國防計劃中值得注意的一點是其關於抗戰發動時間的設計:「國軍與預想敵國開戰時期最好是預想敵國在西伯利亞酣戰時,則國軍進出黑山白水之間,一舉將敵殲滅之,復興民族握東亞之牛耳不難也,但不得已時,受預想敵國襲擊時,則抗戰區內之國軍盡力抵抗,求時間之餘裕,以待國際間之變化」。[10] 這就充分表明了南京政府在轉變內戰立場前,對發動抗日的根本態度。從其作戰總方針及對開戰時間預期來看,國民黨政府是本著消極的態度來準備抗日的。由於這些指導思想的錯誤,其關於抗戰總方針與開戰時機的預計結果都與以後戰爭實際相背離。

在《國防計劃大綱草案》有關「作戰指導要領」中,南京政府確定:「以四川為作戰總根據地,大江以南以南京、南昌、武昌為作戰根據地,大江以北以太原、鄭州、洛陽、西安、漢口為作戰根據地」。對於這一決策的制定,國民黨當局付出過許多努力,並以此構成了國民黨政府抗戰戰略路線的主體。具體的工作內容包括:(1)建立四川總根據地。根據中國的地理態勢,為有效地抵抗從東部及北部入侵之敵,建立大西南基地便是抗戰必由之路。1927年南京國民黨政權建立後,為了「統一全國」,蔣介石一直在進行著分化、消滅盤踞四川及西南的地方軍閥的努力。當南京政府被日本無止境的侵略所

壓迫決心抵抗時，「謀川」之舉便有了新的意義。經過南京政府多種努力，1935年2月10日，其轄下的四川省政府在重慶成立，結束了川境長期分裂割據的局面。3月，蔣介石親自飛渝，設立「軍事委員會委員長重慶行營」，把持了川省軍政大權，以致1936年「兩廣事變」、「西安事變」先後發生時，四川方面都未發生異動。1937年6月，蔣介石派遣何應欽入川，以「縮編軍隊」、「軍民分治」為目的，召開「川軍整軍會議」。結果達成了控制川軍武裝的預期目標。[11] 南京政權經營四川的結果，客觀上為抗戰爆發後建立以四川為中心的後方根據地創造了必要的條件。（2）作為長江南北共同的作戰基地，南京政府認為華中重鎮武漢是「國防作戰中心」。1935年4月起，當局便在「武漢行營」內特設「武漢城防整理委員會」，先後由蔣介石的親信錢大鈞、陳誠主持，在武漢周圍長100公里範圍內建立了環形防線，並對長江內之日軍艦隻及漢口日租界內潛伏勢力作出了「殲滅性的處置」計劃。總計用於修建武漢國防設施的經費總額高達913228元。[12]（3）國民黨的統治中心寧滬地區，由於地處沿海，必為日軍入侵要道，對其國防設備建設，當局予以了相當重視。1931年起，國民黨政府就開始在這一地區修築工事，前後花費了一百餘萬元的資財，修成三道國防線：上海至杭州、吳江至福山（蘇福線）、無錫至澄江（錫澄線）。到1937年，全部工程已基本完成。南京政府採納張治中等人的建議，開始了以寧滬為核心的抗戰準備工作，由張治中出任「京滬警備區司令長官」，具體負責指揮，在南京陸軍軍官學校內設立了一個「高級教官室」，專門設計制定「京滬區」防禦計劃，並負責實施工作。他們具體制定了在緊急情況下採取先發制人軍事進攻手段消滅駐滬日軍，而後封鎖海岸阻敵入侵的作戰方案，並進行了實戰演習，1936年底又組織人員在蘇州、常州、太倉、吳淞一帶進行了考察部署。向上海增派了武裝。這些努力為以後中國方面發起「八·一三」淞滬抗日之役做了必要的準備。南京政府幾年中在長江上中下游三地區的備戰努力及其在1936年的國防計劃都向我們展示了這樣一個事實，即：當局試圖以長江一線作為未來抗日戰爭的主戰場，這項戰略意圖已為以後的戰爭所驗證。

除上述內容而外，國民黨政府在1936年國防計劃中還就重要的工礦企業、學校、機關內遷提出了積極的設想。「各重要工廠、學校均應設法遷移

於根據地或總根據地。」[13] 依照這一計劃，在次年開戰時才演出了中國現代史上規模宏壯的工礦學校大舉西遷的一幕，這對於保護國家生產、科學研究力量，維持抗戰物質供給起了重要作用。此外，1936 年國防計劃還包括調整戰時工農業生產、地方行政機構戰時軍事化等多項內容。這些有關政治、經濟、軍事各方面的設想，較為全面系統。但就各條文具體內容而言，有些則不免顯得官樣化，空泛不實。

總之，1936～1937 年的國防計劃充分表明了南京國民黨政權在繼續進行反共反人民內戰的同時不得不準備對付日本入侵的態度。由於國民黨當局堅持「安內攘外」的錯誤政策，其 1936 年的國防計劃中關於國防總方針的規定從總體上分析是錯誤的，當然，我們應該承認其決心抵抗侵略以及具體的備戰工作具有積極的作用。

（二）關於 1937 年國民黨政府國防計劃要點的研究

進入 1937 年以後，南京政府的內外方針逐步發生了轉變。由於西安事變的促動與影響，蔣介石被迫放棄了他的「安內攘外」政策，開始趨於團結抗日。國民黨逐步接受了中國共產黨建立抗日民族統一戰線的倡議，在中國國內達成了第二次國共合作。這一切促使南京政府在停止「剿共」內戰後，開始集中精力考慮怎樣抵抗日本的侵略。

1936 年底國民黨政府參謀本部奉命擬訂《民國廿六年度國防作戰計劃》，次年 1 月完成「甲案」與「乙案」兩套草稿。3 月修訂完畢，經參謀總長程潛，次長楊杰、熊斌審定後，送交廬山，由軍政部次長陳誠轉呈蔣介石審閱。這份作戰計劃甲、乙兩案，根據對日採取的消極與積極兩種不同的作戰態勢，分別擬定了抗擊日軍侵略的具體戰鬥計劃。

在關於內戰的條文中，1937 年國防計劃在其「消極之甲案」作戰指導第十四條中規定：「作戰期間如『赤匪』尚未肅清，則內地未列入戰鬥序列之國軍，繼續清剿及綏靖警備之責。並統編總預備軍，待命集中」[14]。而在其「積極之乙案」中則已完全取消了反共作戰的內容，更改為：「作戰期間，負有綏靖地方之國軍未列入戰鬥序列者，則編為預備軍，待命集中」。[15] 這說明

二　抗戰篇

1937年的國民黨政府至少已將其基本立場轉向了抗日方面，準備或已經取消了繼續內戰的計劃。這是國民黨從內戰轉向抗日的開始。

1937年國民黨政府國防作戰計劃是一份專門對付日本侵略的計劃。我們僅就這份計劃甲、乙兩案中關於抗戰設計的幾個要點稍加分析，便可對國民黨當局在抗戰爆發前夕關於抗日作戰的戰略戰術思想有一個基本的了解。

其一：對日軍軍備實力的估計及其侵略中國時機、地域之判斷。《民國廿六年度國防作戰計劃》（以下簡稱《計劃》）甲乙兩案中預測，由於蘇美等國在遠東軍事力量的牽制，倘若中日兩國單獨開戰，日軍除留大部以防俄、留守本土等等而外，可以動用侵華的兵力「以十二至十四個師團為最高額」，若日本對蘇、美、中同時開戰，則在中國戰場取攻勢時使用35至40個師團，守勢時或在20個師團以下，但日海軍及空軍力量則「足以擾亂我海疆而有餘」[16]。至於日軍的侵略路線，《計劃》認為「其主戰場以華北為中心，並以有力之一部沿平綏路西進及由山東半島、海州等處登陸，截斷我南北聯絡線，策應其主力軍之作戰，以囊括我華北全部，同時以一部由揚子江口及杭州灣上陸……威脅我首都，並以臺灣部隊向閩粵沿海岸登陸，期助援其主力軍作戰進展容易」[17]。關於開戰時間的預測，《計劃》認定，日軍如擴大侵略步伐，而對華北、綏遠、山東、福建、淞滬等要地再犯一步時，便可能以局部軍事行動而揭開戰爭之序幕。[18] 以上這些估計基本上是切合實際的。對於開戰時機的認定充分表明了國民黨政府決心抵抗日本侵略不再讓步的態度，而對於日軍侵華兵力的預測，由於受到最高當局錯誤觀念的左右，仍然對敵手估計不足。事實上，日軍在開始戰爭時，除駐東北之關東軍（4個師團）外，1937年9月便在中國戰場投入了16個師團的兵力。1941年太平洋戰爭爆發後，日軍在中國戰場取守勢時駐兵仍達35個師團，1945年戰爭結束時已多達51個師團，占日軍外侵總兵力的一半以上 [19]。這大大超過了《計劃》中的預計。

其二：國民黨政府對日抗戰總方針及作戰指導、戰略部署概要。關於對日抗戰方針，《計劃》乙案規定：「國軍以復興民族收復失地之目的，於開戰初期，以迅雷不及掩耳之手段，於規定同一時間內，將敵在中國以非法所

強占領各根據地之實力撲滅之。並在山東半島經海州及長江下游亙杭州灣迤南沿海岸，應根本撲滅敵軍登陸之企圖。在華北一帶地區應擊攘敵人於長城迤北之線，並乘好機，以主力侵入黑山白水之間，採積極之行動而將敵陸軍主力殲滅之。」而《計劃》甲案則以較為保守的觀點，以拒止日軍在中國沿海登陸，阻止敵人越過天津—北平—張家口一線為主要任務，同時明示：「不得已時應逐次占領預定陣地，作韌強之抗戰，隨時轉移攻勢，以求最後之勝利。」關於作戰指導，《計劃》甲案以「守勢作戰」為原則，制定出「於不得已時實行持久戰，逐次消耗敵軍戰鬥力、趁機轉移攻勢」的方針。此案還計劃以平漢路為重點集中兵力，在華北與敵決戰，而後逐步後撤預定防線。在敵後則「採用游擊戰術，以牽制敵軍並擾亂其後方」。《計劃》乙案基本內容與甲案相同，只是沒有關於退卻安排的計劃。根據作戰需要，《計劃》規定劃全國為山東、冀察、河南、晉綏、徐海、江浙、閩粵 7 個作戰區及陝甘寧青、湘鄂贛皖、川康、滇黔、廣西 5 個警備區，並分別規定了第 1 至第 5 方面軍分別在山東、冀察、晉綏、江浙、閩粵各地的具體部署與戰鬥任務。

比較之下，《計劃》甲案中有關作戰指導方針與戰略部署的設想比乙案的內容更加切合戰時實際。首先，這一時期中國軍隊陸軍總數計有步兵 18 個師、獨立步兵 46 個旅、騎兵 9 師併 6 個獨立旅、砲兵旅又 20 個獨立團。但是由於治安、訓練及裝備等原因，其中只有 2 個師的步兵併 9 個獨立旅、9 個騎兵師、2 個砲兵旅及 16 個獨立團可以開赴第一線作戰。[20] 僅就作戰兵力而言，欲達成《計劃》乙案所規定的目標顯然是不實際的。其次，關於各大戰區國防工事修建情形，依照「以首都為中心逐次向國境線推進」、「先完成各陣地之骨幹，……以後逐漸加強」的原則，當局積極進行建設，至 1937 年 2 月止，除冀察、晉綏兩區分由宋哲元、閻錫山負責外，河南區國防工事已近全部完成，而國防腹地江浙區國防線的修建亦加快速度進行，完成了基礎工程。長江、沿海各要塞砲臺也進行了改造與增建。其國防工事建設總支出已達 717 萬餘元。就抵抗侵略之防禦戰而言，按照《計劃》分甲案部署，這些國防設施將發揮出至為重要的作用。再者，關於中國當時海空軍建設：空軍方面，據 1937 年 10 月的統計，共有 9 個飛行大隊 26 個中隊，包括轟炸、驅逐各 3 個大隊，偵察 2 個大隊，攻擊 1 個大隊，另外並 5 個直屬中隊、4

個運輸隊的兵力，全部飛機總數600餘架。其中可用於第一線作戰者僅200架。而海軍情形更不如空軍，「未能作大量之建設」。[21] 根據這些情況分析，中國的抗戰只能是以守勢防禦為方針。南京政府在實踐中逐步認清了這一點，這才導致了「以空間換時間」、「積小勝為大勝」的持久抗戰思想的形成。

其三：關於抗戰時期各方面總動員備戰應戰部署的設計。除軍事方面外，《計劃》中還包括戰時交通、通信、衛生、物資、治安等多方面的內容。在交通方面，擬將全國鐵路、水運統歸「最高統帥」直轄或授權使用，公路分屬各集團軍兵站使用；建立戰時通訊系統；在漢口、南昌、南京、徐州、太原、鄭州、西安設立主要兵站，在年底前儲存野戰軍50個師3個月之軍糧、一個半月之彈藥、6個月之燃料；在戰時醫療救護方面，「作戰初期須準備兵站醫院二十個」，在武昌、漢口、南昌、西安、南京設立重傷病院；組織四支守備軍分任津浦至平漢南段、隴海及湘贛諸鐵路之警備。[22] 除上述內容外，有關戰時防空、民眾動員、江海岸要塞之備戰、組建化學兵團等等內容，《計劃》中也都作了相應的安排。

及至盧溝橋事變發生，當局實際上已基本完成了《計劃》中所擬各項主要任務。總計已在全國設立軍需總庫6所（金陵、蚌埠、信陽、華陰、南昌、武昌），分別負責京浦、京滬、津浦、平漢、隴海、福建、浙江之補給任務。下轄之各分庫、獨立庫達29個，又成立野戰倉庫15所，以南昌、武昌為全國核心庫。[23] 其中軍用品之儲備量為：（一）彈藥：長江北岸各地共貯存約6000萬發，武昌存4000萬發，南京存1億發。總計可供20個師三個月之用。（二）軍用糧秣：存儲量為50萬人、10萬匹馬一個月之用數。（三）燃料：汽油儲備300萬加侖、航空汽油250萬加侖。[24] 關於戰時醫療救護方面，已成立後方醫院10所，可收容1萬病員；臨時醫院20所，可容納1萬病員，加舊有醫療機構，總計可收容8萬傷病員。儲備了100個師六個月所需衛生材料。[25] 其餘如南京、武漢等重要都市防空設施也都已著手布置。由於戰爭在7月初爆發，《計劃》中所列內容並未能全部完成。

綜上所述，1937年國民黨政府的國防作戰計劃，客觀地分析是一部具體周密的抗日作戰方案，其中「甲案」以長期作戰為準備，比單純拒敵入侵之

「乙案」更切實可行。因此，國民黨政府參謀本部參謀次長楊杰在審閱兩案後的批示中明確指出了這一點，並建議以中日雙方是否單獨開戰為區別條件，進一步修改這兩套方案，使之更加實際。總的看來，兩套方案基本點是相同的，它可以證明，南京政府在1937年的國防戰略思想中已經確立了抗日第一的原則。

（三）幾點結論

比較1936～1937年南京政府制訂的兩套國防作戰計劃方案，我們可以得出以下幾點結論：第一，關於國民黨政府真正確立抗戰路線的時間，根據其兩年中國防計劃內容的更變，我們可以看出：1936年年底至1937年年初是當局真正開始全力致力於抗戰的時間界限。在此之前，自1934至1936年，國民黨政府始終是將反共內戰作為其「國防」主要內容的，只是在經歷了艱難的轉折以後，隨著國共二次合作的醞釀與建立，1937年的國防計劃才以抗日為其唯一的內容。只有這樣，南京政府才有可能正視日本侵略的現實，做出符合民族根本利益的抗日抉擇及計劃。第二，國民黨政府在抗戰的準備階段做了一些實際的工作，其中一些國防建設與設計經以後的抗戰實際證明是有遠見的，並且在走上抗日道路以後，當局為實施抗日計劃也付出了積極的努力。如建設國防工事線、開展敵後游擊戰的計劃、確立四川根據地、部署武漢城防、重要廠礦學校內遷、整軍、戰略物資儲備等等，在戰略上確立持久戰的思想，這些對於爭取抗戰最後勝利都具有很大意義。其他又如對日軍入侵時間、地域的估計，對敵我實力對比的預測等也都被證明是正確的。至於對戰爭初期，中國軍隊應採用之「先發制人」的戰略，清除日軍在華據點的設想，雖未成功地付諸實施，但就當時的情況分析，也是值得肯定的有效計劃。第三，分析這兩年的國防作戰計劃，我們還可以看出，國民黨政府設計的抗日方案立足點是不夠正確的。由於其發動抗戰的根本原因是受到日軍侵略的致命威脅而被迫自衛，並且對抗戰前途缺乏明確認識，故而不論何種對日作戰計劃，均將最後希望寄託於「國際形勢的變化」，即蘇、美、英等國對日本的干涉、牽制乃至宣戰。其「不得已」發動抗戰是為了「等待國際間之變化」，收復失地則更待於日蘇「在西伯利亞酣戰」。南京政府不相

信、不依靠中國人民的力量，甚至不願聯合中國國內一切抗日黨派共同救國。這種錯誤一直延續到抗戰開始後的戰爭全過程。因此，南京政府的1936～1937年國防作戰計劃在樹立必勝信心，客觀估計國際形勢，確立正確的「持久戰」路線，發動和組織人民抗日力量，團結各愛國黨派、各種社會力量一致對外等多方面都缺少正確的認識，暴露出或盲目樂觀或悲觀失望的情緒，以及在戰術上主張單純的陣地戰，與強敵拚消耗，片面強調拒敵於國門之外和不求最後勝利的臨時性、自欺性觀點，缺乏對抗戰的堅定信念與必勝信心。這些都是由於南京國民黨政權抗戰戰略思想錯誤所造成的必然結果。

對於以上這些成績與錯誤，我們都應予以實事求是的評價，以求得歷史的真實與公允。

【注】

[1] 中國第二歷史檔案館藏國民黨國防部史政局及戰史編纂委員會檔案（簡稱二史館檔案）：《民國廿五年度國防計劃大綱草案》七八七-1356。

[2] 《民國廿五年度國防計劃大綱草案》，二史館檔案：七八七-1356。

[3] 《一九三六年度作戰計劃》，二史館檔案：七八七-1507。

[4] 《民國廿五年度國防計劃大綱草案》，二史館檔案：七八七-1356。

[5] 《一九三六年度作戰計劃》，二史館檔案：七八七-1507。

[6] 《一九三六年度作戰計劃》，二史館檔案：七八七-1507。

[7] 《一九三六年度作戰計劃》，二史館檔案：七八七-1507。

[8] 耿成寬、韞文編：《抗日戰爭時期的侵華日軍》，春秋出版社，第4頁。

[9] 《一九三六年度作戰計劃》，二史館檔案：七八七-1507。

[10] 《民國廿五年度國防計劃大綱草案》，二史館檔案：七八七-1356。

[11] 《四川省政府及重慶行營成立經過》、《劉湘與蔣介石勾心鬥角》等，《全國文史資料》第5、33輯。

[12] 二史館藏《陳誠私人回憶資料》，《民國檔案》，1987年第1期，第13頁。

[13] 《一九三六年度國防設施綱要草案》，二史館檔案：七八七-1357。

[14] 《民國廿六年度作戰計劃（甲案）》，二史館檔案：七八七-1509。

[15] 《民國廿六年度作戰計劃（乙案）》，二史館檔案：七八七-1508。

[16] 《民國廿六年度作戰計劃（甲案）》，二史館檔案：七八七-1509。

[17]《民國廿六年度作戰計劃（乙案）》，二史館檔案：七八七-1508。

[18]《民國廿六年度作戰計劃（甲案）》，二史館檔案：七八七-1509。

[19] 徐德源：《太平洋戰爭期間日本法西斯陸軍兵力編成與部署變更述略》，《遼寧大學學報》，1986年第2期。

[20]《盧溝橋事變前之中國軍備情況》，何應欽對國民黨五屆三中全會軍事報告（1937年2月）《中華民國重要史料初編——對日抗戰時期緒編（三）》，第351頁。

[21]《盧溝橋事變前之中國軍備情況》，同上出處。

[22]《民國廿六年度作戰計劃（甲案）》，二史館檔案：七八七-1509。

[23]《盧溝橋事變後國民黨政府軍事機關長官會報第十六至卅二次會議記錄》，《民國檔案》，1987年第3期，第17頁。

[24]《盧溝橋事變後國民黨政府軍事機關長官會報第一至第十五次會議記錄》，《民國檔案》，1987年第2期，第4頁。

[25]《盧溝橋事變後國民黨政府軍事機關長官會報第十六至卅二次會議記錄》，《民國檔案》，1987年第3期，第17頁。

蔣汪關係與華北危局

載《民國檔案》，1990第2期。

《盧溝橋事變與八年抗戰》，北京出版社

1932年3月，蔣介石拉攏汪精衛進入南京政府，由此開始了蔣、汪合作的國民政府時期。在論及這一時期的蔣、汪關係，特別是雙方在對日外交問題上的態度時，一般史論都認為，蔣、汪的立場是基本甚至完全一致的。然而，根據蔣、汪二人的言行及其在應付華北危局態度上的變化細膩分析，我們卻可發現，在肯定蔣、汪負有喪權辱國共同責任的前提下，由於雙方在對日關係根本指導思想上的不同，在處理對日外交特別是華北危機問題時，蔣、汪有合作一致，也有矛盾與分歧，而其中最具根本性的還是爭奪政治權利，利用華北問題的處理達成各自政治目標的矛盾因素。本文擬就這一問題做出一點分析，從這一角度探討一下南京政府處理華北危局策略的前因後果。

二　抗戰篇

一

　　這一時期蔣、汪合作的政治基礎是「攘外必先安內」的國策。在這一基礎之上，蔣、汪在內政外交上就有了許多共同認識。

　　在對內政策方面，在合作前期，蔣、汪之間的關係是比較穩固的，這主要表現在反共的共同目標及其平息黨內糾紛的一致冀望上。汪氏對於蔣介石圍剿紅軍的努力自始至終給予了全力的讚揚與支持。他在許多場合發表演講評論，咒罵共產黨與紅軍是「洪水猛獸」，竭力鼓吹「軍事剿共為治標，政治剿共為治本」的反共政策。在施政方針上，他全力配合蔣介石，集中人力物力財力推進對蘇區的圍剿。而在另一方面，在處理國民黨內各派系間矛盾時，汪氏從自己的利益出發，亦對蔣氏表示了一定的支持。1934年2月，蔣、汪曾聯名發表「真電」，號召在國民黨內開展一場「團結統一運動」。他們聲稱中央「對於各地方間偶生差池無不務為容忍，委曲求全」，現在為了實現「真正的統一」，中央與各地方勢力間宜「親密合作」，「多做平凡救國圖存之工作」[1]，這場「團結統一運動」的主要目標是針對兩廣方面以及閻錫山、馮玉祥等地方軍閥勢力的。需要指出的是，蔣、汪在目標一致的背後卻又各自隱藏著私心。在蔣介石方面，認為他的「剿共」戰事已經取得相當成績，今後「安內」的任務將轉移到平息黨內分歧上來，運用政治、軍事各種手段將地方軍閥勢力削除，以達成以他為中心的黨內統一。為了實現這一目標，利用汪的政治影響尤為適當。在汪精衛方面則幻想充分利用他組閣後的內政外交大權有所建樹，透過「團結統一運動」，樹立自己的威信，擴大自身影響與號召力，最終達成在國民黨內與蔣氏分庭抗禮平起平坐，一個政治領袖（汪），一個軍事領袖（蔣）的政局。

　　由於政治目標上的一致，在這一階段處理中日關係及華北問題時，蔣、汪之間表現了密切的合作與一致。

　　1933年5月，長城抗戰結束後，在華北出現了兩套代表南京政府的機構，其一是以汪派人物黃郛為首的行政院北平政務整理委員會，另一是蔣介石的代表何應欽為首的軍事委員會北平軍分會。這兩套主要用於維持華北危局辦理對日交涉的機構，實際成為蔣、汪雙方在華北的代理人。「塘沽協定」

簽字前後，何、黃秉承蔣、汪的旨意進行了一致的行動。5月31日，在汪精衛直接授意下，黃郛派熊斌與日方代表岡村簽訂了喪權辱國的《塘沽停戰協定》，這一協定的實質即是承認以長城一線為中日「國界」，將大片國土拱手讓敵。協定成立後，汪精衛致電何、黃表示「倘因此而招國人之不諒，反對者之乘間抵隙，弟必奮身以當其衝」[2]。簽約消息公布後，舉國抗議。汪精衛為了掩飾其賣國行徑，果然出面為黃郛辯護，說「塘沽協定」是在「不喪權不辱國原則之下」，「專討論軍事部分」，「決非屈服」。為了平息全國人民的抗議浪潮，汪精衛提出兩項解決中日矛盾之方法，對內宣揚「以國力收復失地」，對外主張由「國聯及簽約各國共同負責來解決中日糾紛」[3]。汪氏這套理論即是蔣介石「攘外必先安內」政策在處理華北問題上的具體表現，這表明此時蔣、汪對於華北危局處理意見是完全一致的。何應欽與黃郛執行蔣、汪的指示，在停戰後以十分屈辱的姿態從日本人手中討回了長城以南停戰區域的「掛旗」權，而實際控制權仍在日本與漢奸掌握之中。何、黃二人甚至還默認了日偽軍對被察哈爾抗日同盟軍收復的多倫的重新占領。在這場賣國醜劇中，汪精衛活動於臺前，蔣介石支持於幕後，雙方關係中「合作」性占據了主導地位。

二

　　手握軍事大權的蔣介石，堅定地推行他的內政外交政策，並不顧及這些政策是否會影響他與汪氏的「合作」關係。在外交方針上，蔣氏推行親英美路線，這就和執行親日政策的汪氏產生了矛盾。1933年4-5月，南京政府派行政院副院長兼財政部部長宋子文前往美國出席世界經濟討論會，並與美國朝野進行了政治經濟合作會談，簽訂了五千萬美金的「棉麥借款」合約，擴展經濟合作。5月19日，宋子文與羅斯福總統發表了聯合宣言，中美關係有了實質性的進展。宋子文又赴倫敦出席了世界經濟會議，在會上他宣布「吾人歡迎西方之資本與技能」[4]。經過他的各國巡訪活動，國聯成立了對華「技術合作委員會」。一時間，英美路線取得了很大進展。宋子文在回國途中路經日本，他拒絕了日本政府的會談邀請，給了日本以相當難堪。宋氏的歐美之行得到了蔣介石的高度讚許，表明了蔣氏在對日政策上的根本態度，同時

亦加深了蔣、宋與汪之間的分歧。汪氏對蔣、宋「面向歐美背朝日本」的態度十分不滿，加上宋的行為招致日本政府強烈反應，東京聲明反對中國引進第三勢力來對抗日本，並以「必要的自衛行動」相要挾。對此汪氏在8月28日紀念週上發表講話，針對宋氏大借款表明「對於國際的經濟及技術援助」不可「藉以縱橫捭闔，重貽東亞及世界之糾紛。」他強調不宜多求外援，並比喻說「我國此時如大病臨危」，「與人拉攏求援便是病重如進補品，危險孰甚」[5]。其矛頭所指十分明顯。

蔣介石為了鞏固統治基礎，利用英美抵抗日本緩解華北危局，採取了一系列重大措施，除了加深反共內戰並謀求黨內統一而外，在財政經濟方面亦邁出了重要步驟。他依靠孔祥熙整頓稅收整理財政，又在英國特派財政顧問李滋羅斯的直接參與下以一千萬英鎊貸款為準備，進行了幣制改革，統一了全國貨幣金融，以財經統一來保證政治統一。這一重要改革是蔣氏根本傾向西方的表示，得到了西方各國的支持與好評，而日本則採取了不合作的抵制態度。汪精衛對蔣介石在內政外交上的專斷十分惱火，他曾試圖以強調「法治」為名，透過制定多種法律法規來限制蔣的權力，然而法律對蔣不起作用；他又支持胡漢民等人的主張，反對「軍人干政」，結果又遭蔣介石的回擊。汪氏亦無可奈何。在政治鬥爭方面，手無寸鐵的汪自然是難以與蔣為敵的。

如果說蔣介石的內外政策已在不同程度上與汪產生了分歧矛盾的話，那麼這時在處理華北問題上他們雙方似乎仍然是有著共同的語言。

「塘沽協定」成立後，日本政府內閣與軍部之間就對協定的評價產生了不同意見。在1934年1月召開的日本內閣第65次會議上，強硬派軍方勢力終於占據了主導地位，會議通過了龐大的軍費開支預算，確立了逼迫南京政府承認偽滿、放棄抗日、與日本合作反共的對華方針。關東軍並於1月間借「龍門所事件」向中方提出了華北與偽滿間通車、通郵、設關的「三通」要求。與此同時，日本外務省訓令在華北外交人員，以「小讓大不讓」為原則，就地解決「對華外交懸案」，日本的方針是要以軍事與外交相配合，剛柔相濟達成目的，在「中日親善」煙幕下逼迫中方與偽滿「三通」。

坐鎮華北的黃郛，無法應付日本人的攻擊，匆匆飛往江西向蔣、汪請示對策。汪精衛自南京趕至江西，與蔣商討了華北局勢，決定：為了應付日本，通車、通郵、設關都可相機行事，但絕不能承認偽滿，他們要黃「相機應付」[6]。對此，不僅全國人民反對，就在國民黨內部，反對派呼聲也愈來愈高。4月13日，南京政府立法院召開討論華北局勢祕密會議，會上出現了反對華北退讓政策的高潮，眾人矛頭直指黃郛，要求將其撤辦並拒絕「三通」。黃郛無奈，宣布請假養病。

　　4月間，日本駐華大使有吉明分別在寧滬訪問了汪精衛與黃郛，探聽中方對於解決華北問題的態度。在會談中，儘管汪、黃向他一再聲明在華北問題上蔣介石的態度與他們一致，但狡猾的日本人已經看出了其中的破綻。有吉回到南京，匯報說南京政府內部有黃、汪一派「悉知東亞大勢，以自己獨得之見地謀得以隨行國策者」，他們與蔣、宋「歐美信賴派」相對立，日本方面必須鼓勵「親日派」頂住「英美派」的壓力與日本合作。外務省根據有吉的報告很快做出四點決議，決定充分利用「悉知東亞大勢」分子的勢力，與中方直接交涉，迫其讓步，解決中日「懸案」。5月2日，日本駐南京總領事須磨與汪精衛會見，汪氏對他說：中日間問題純屬地方性質，傾向由華北當局地方解決，但以不損害主權、不割讓領土為原則[7]。

　　在「地方解決」的方針下，汪精衛多次派員赴日商討華北「三通」問題，經過與有吉、須磨及日本外務省亞細亞局佐藤等人的穿梭訪問，在與汪、黃、蔣會談中產生了「華北通車方案」。5月30日，汪氏在中政會上作了關於《通車辦法大綱》的「沉痛演說」，他稱此舉為「無辦法中想辦法」，是萬不得已之舉。會議批准了「通車辦法」，並電促黃郛早日北上辦理通車事宜。經過「多方努力」，7月1日，首次「平瀋」特快通車，當日便遭到愛國志士的襲擊，中國國內輿論界也就此發表了大量對蔣、汪政府的抨擊言論。

　　蔣氏在通車問題上之所以向日方妥協，其重要目的之一是想透過這一讓步，使華北危局得以根本緩解，進而廢除遭國人痛罵的「塘沽協定」。這種希望無疑將成為泡影。日本外務省發表一紙聲明，說如果中方想廢除「塘沽

協定」，那麼就必須再簽訂一項滿足日方各種要求的新協定，輕而易舉地粉碎了蔣氏的夢想。

　　由於中國國內輿論的抨擊以及日本人的不合作態度，更因為蔣介石要親自控制華北對日本交涉大權，親日派黃郛無力抵擋來自國民黨內外的反對，遲遲不肯北上復職，向蔣鬧起情緒來。汪精衛對此十分著急，親自上廬山見蔣，要求其放權。蔣介石為了避免對日外交出現大波折，終於答應給予黃郛處理華北政務全權。汪精衛於是得意地向黃郛宣布：「關於外交之原則固由中央決定、中央負責，而執行此原則及就近處理一切已發生或可發生之糾紛，則有賴黃委員長之坐鎮也。」[8] 蔣介石放權之後，華北與偽滿間的通郵、設關得以很快實現。

　　在處理「三通」危機問題上，蔣、汪之間雖然依舊保持了目標上的一致，但亦顯露了矛盾的端倪。蔣氏的意圖是要透過汪、黃來辦理對日外交，解決中日矛盾。這一手具有兩重作用，一為緩解中日矛盾，繼續維護蔣氏渴求的中日和局；另一方面，他對汪、黃的利用也是為了做自己的「代罪羔羊」，實際大權卻不肯放鬆。在這種情形下，汪、黃只好穿梭於南京、廬山、南昌等地，追蹤蔣氏請示方策。蔣介石甚至還在私下容忍庇護國民黨內反汪勢力對汪派降日外交的猛烈攻擊，孫科主持立法院會議屢屢猛烈抨擊汪、黃在華北的行為，5月4日還通過《外交建議案》，主張喚起民眾，促使國聯阻止日本侵華，並明確提出要求：「中日外交應切實由中央負責」[9]。這就明白地道出了蔣氏的心聲，亦暴露了蔣、汪在對日交涉華北問題上的矛盾。其後，「歐美派」又聯合監察院長于右任彈劾汪派鐵道部長顧孟餘在華北通車一事上「喪權辱國」，但這一彈劾案被汪氏操縱中政會加以否決。此舉證明汪氏對蔣已有一定抵抗能力，蔣介石想打擊汪派而操其於股掌之中已不是件容易的事情。不僅如此，這一輪爭鬥的結果，蔣氏為黃郛「罷工」所脅迫，交出了處理華北事務的「全權」，這就使汪氏勢力又一次膨脹，從而埋下了蔣、汪更大爭鬥的禍根。

三

　　進入 1935 年後，日本在華北軟硬兼施連連得手，更加積極地推行全面的政治、軍事、經濟攻勢，開展所謂「啄木鳥」外交。在進攻華北的成功經驗中，日方已深知南京政府內汪派力量對日本的特別作用，只要充分利用親日派力量可以「不戰而勝」。1月23日在日本第67次議會上，廣田外相發表了讚揚南京政府積極反共及在華北讓步政策的演說，並表示日本將「力求其善鄰之實現」。他要求中國政府進一步取締抗日，以謀求兩國關係進一步之改善。

　　蔣氏得知日本有「對華親善」之表示不禁喜出望外，而汪氏則更是欣喜若狂。他們分別發表演說，表示對廣田的演講「有深切之諒解」，「願以滿腔的誠意」，「裁制一時衝動及反日行動，以示信義」。在「中日提攜」高調聲中，蔣介石派王寵惠在赴海牙途中經過日本，會見岡田首相等人，說明中國並無拉攏歐美抗日之意。而後，雙方外交公使升級為大使，日本決定對華貸款。為了不得罪西方，蔣介石又將駐西方各國使節升格以示「公平待遇。」

　　在日本政府對華大施「親善」煙幕的同時，關東軍卻在察東不斷製造事端，雖然何應欽奉令繼續以讓步求和，但關東軍與華北日軍遵照「逐漸削弱國民政府在華北的政權勢力」的既定方針仍向華北「一意邁進」，直接提出了要南京政府讓出華北的赤裸裸的要求。5月間，關東軍藉口中方違約及天津租界兩漢奸被刺案，揚言要有所行動。接著，日本外務省與陸軍部亦分別發表聲明，誣衊中方製造事端。在華各地日方軍政要員紛紛開展活動威嚇中國政府，汪精衛在蔣的贊同下召開會議研討對策，決定令駐日大使蔣作賓與廣田外相交涉，但被廣田拒絕。

　　6月間，何應欽在請示南京之後答應了日方撤退河北省政府及駐河北的中央軍、解散抗日團體、賠償撫卹被刺漢奸等六項要求，可是日方並不滿足，又提出了新的更多的條件。何應欽為了討好日方，於6月8日發出命令，取締平津兩市反日活動，他對日本記者發表談話，說明蔣介石及南京政府處理華北問題的方針在於「達到中日親善提攜」，「蔣委員長並主張凡於中日兩

國國交有礙之事情，必須一律加以改善」[10]。日本方面向何應欽提交一份備忘錄，重申了從河北撤退國民黨機構、中央軍以及地方政府官員等一系列要求。何應欽急電報告南京，汪精衛接電「徹夜苦思」，「並召集中央負責同志共議」，結果認為「51軍本已調川陝甘，排外本已禁止，只須重申前令；關於河北省黨部取消可由中央祕書處密令處理，不見痕跡；至於中央軍，現駐河北只有二師，即使撤退，其它軍隊為數尚眾，忍痛承諾較之平津重開戰禍為害較輕」[11]。於是，電令何應欽。全部接受了日方的要求。同日，南京政府並在汪氏主持下頒布《敦睦友邦令》，宣布對「妨害國交」者將予嚴懲。

「河北事件」未了，緊接著又發生了「察北事件」。為了平息關東軍在察北的挑釁，6月18日汪精衛主持行政院會議，決定免除宋哲元察哈爾省主席一職，改由秦德純代理，又因為黃郛仍未北上，決定由王克敏代理北平政整會委員長職。秦德純在日人逼迫下簽訂了出賣察省主權的《秦土協定》。7月6日何應欽又回函日方梅津美治郎，重申答應日人的條件，這就形成了所謂「何梅協定」，以這兩個協定為基本，蔣、汪政府完成了對華北主權的出賣。

在這場出賣華北主權的醜劇中，汪精衛雖然在原則目標上與蔣一致，但在實際過程中已超越蔣的許可範圍而直接在操縱華北對日交涉，他丟開黃郛直接主持對日交涉，又打著蔣的旗號抵擋國人的斥責。6月10日，他在給孔祥熙的密電中說：關於《何梅協定》的交涉，「今晨報告國防會議，頗起議論，謂宜由介兄處決，經弟懇切說明，當華北糾紛初起，弟即電介兄，至不得已時，當由弟負責決定，如介兄不以為然，可加改正」。「故已電敬之，囑其相機辦理，弟決共負責，以待介兄續電矣」。表明他對華北問題決心「獨立負責」的態度，不僅如此，他還對蔣的牽制發牢騷說：「若事事取決於介兄，無論時不我待，且介兄遠在前敵，若後方同志一毫不負責任，何以對之？」至於他的對日外交能有什麼結果，汪氏亦表示悲觀：「如此退讓能否告一段落尚未可知，只有盡力做去，時局艱迫，至於如斯，尤恐影響金融，危及財政，真乃百憂交集」[12]。雖然前途未卜，但汪氏仍要按照自己方針「盡力做去」而毫不猶豫，特別是他在未請示蔣的情況下即撤銷宋哲元察省主席一職之舉，足證其已羽毛漸豐，不再把蔣氏放在眼裡了。

由於華北中日交涉自戰區接收、通郵、通車、設關到察東、河北事件、「何梅」、「秦土」協定之成立，汪氏的親日態度愈來愈為日人所理解，汪精衛在日本人眼中的身價亦越來越高。汪氏權力膨脹，在南京政府內已形成一股不容忽視的勢力並對蔣產生了威脅，所以蔣、汪矛盾不可避免地擴大尖銳起來並日趨公開化。6月19日在關於華北談判的國民黨中央政治會議上，「親歐美派」及「抗日民主派」聯合向汪發起了攻擊。蔡元培質問汪氏：「對日外交究持何策？際此時局，殊有請外交當局說明之必要。」汪回答：「對日外交這幾年來均持忍辱求全四字而行，現在亦復如是。」蔡又問：「忍辱云云我輩固極明白，求全如何卻望予以解釋。」汪尚未及回答，吳稚暉在一旁即諷刺道：「求全兩字極易解釋，簡而言之，是只忍辱以後求整個國家能完完全全送給敵人，勿興抗敵之師而糜爛地方罷了」[13]。汪聞後憤然退席，但仍未能阻止住對他的斥責，孫科更拍案大罵：「不料以一二小人公然賣國」。面對中國國內反對派的攻擊而蔣介石又不肯出面支持甚至暗中縱容，汪精衛決定採取強硬措施抵抗。6月30日，汪精衛突患「嚴重膽結石症」在上海住入醫院，從此閉門謝客，罷官而去。8月，汪由青島致電南京中央表示：「月餘以來，標病雖去，本病未治。今若不自量度，仍然尸位，一身不足惜，貽誤國事，何堪設想？為此瀝誠懇請准予辭去行政院長兼外交部長職務。」同時，汪派各大員亦相隨提出辭呈。南京政府內一時混亂，頭面人物四處奔走，從中斡旋，試圖挽回局面。8月11日，葉楚傖等抵青島，代表國民黨中央對汪表示挽留。13日，國民政府主席林森派文官長魏懷亦專程赴青島慰問。15日，國民黨中央電汪「務望打消辭意……迅速到京以固中樞」[14]。但汪氏並不為此所動，他要等待蔣介石的出場。此時，日本陸相發表談話稱：「汪氏辭職將使中日合作前途受極大挫折，同時日本深感今後失卻與此東方偉大政友接觸機會，尤屬不幸。」日本軍部亦發出恐嚇，說汪之辭職是南京政府反對派對「對日外交理解派」的無端攻擊，中國對日方若因此而發生重大變化，則中日前途不可預料[15]。汪氏見日人出來撐腰更加膽壯，他一面四處遊覽，一面對外宣稱「集大病於一身」，「堅辭各職」。

　　蔣介石眼看汪氏此舉竟招來內亂外哄，事態嚴重，不得不自四川飛廬山，會見各方要員討論善後，駐日大使蔣作賓等從中日外交大局出發力勸蔣復汪

職，蔣氏束手無策，連電汪氏請上廬山一談，汪竟拒絕。8月21日，雙方在南京會晤，長談二次。蔣氏為了完成統一四川穩固西南及追剿紅軍的計劃，只得再次讓步以保全「中日和局」，他答應立即明示對日外交方針，由汪全權負責中日間政治、經濟合作，取消中政會對行政院的政治、外交、財政監督，對汪放手，但蔣堅決不允許汪氏所提中日軍事合作一項。除此而外，他對汪做了最大讓步。汪氏在國民黨中政會上宣布復職，汪派中委全部出席，而宋子文、陳立夫等拒絕參加，說明其中矛盾已到了不可調和的地步。

蔣介石深知，汪的企圖是利用辭職向他要挾索取更大的權力，最終在日本人的幫助下在國民黨內形成一股政治勢力，搶占一塊地盤，與他抗衡，進而爭奪國民黨最高統治權，所以他時時提防著這個政治敵手。但蔣氏更深刻地認為目前還不可改變「安內攘外」的國策，否則將危及其統治，而現在能為日人接受維繫中日關係的唯一人選就是汪精衛。他只有依靠他來辦理中日交涉，為他分擔「賣國」責任。但是其中有一個原則不可破壞，這就是無論汪氏或日本都不能動搖他的軍權根本，所以他嚴詞拒絕了「中日軍事合作」的媾和條件。

在這種思想指導下，在華北舞臺上只能繼續延續著賣國醜劇。

1935年6月，日本為加速華北特殊化，開始策動華北漢奸武裝暴動，同時又加緊對華北經濟開發投資，企圖由經濟控制而過渡到政治控制。8月，蔣、汪、日三方妥協，決定由宋哲元出任平津衛戍司令。10月18日，日本策動漢奸在香河暴動，發生「香河事變」，成立了「自治政府」。日本人向宋哲元施加壓力，逼其宣布華北脫離南京政權而自治。

就在這時，1935年11月1日，在國民黨四屆六中全會開幕式上，汪精衛遇刺受重傷，不得不中斷了他的政治活動。這一偶然的突發事件改變了蔣、汪關係的歷史，亦改變了南京政權對華北政策的基點。

四

汪氏的被刺使日本對華工作失去了一個理想的對手，於是他們轉而集中力量猛攻宋哲元，企圖與華北當局直接交涉，達成華北自治脫離南京政府的

目的。土肥原等人連連威逼宋氏早日表態，宋哲元在日人壓力之下，一方面致電南京提出「還政於民」口號，要求中央給予華北自主權力，另一方面對日本的要求搪塞敷衍，以拖延應付。此時日外相廣田並向南京提出了「改善中日關係三原則」，以此作為「中日提攜」的前提。

在南京方面，蔣介石亦不得不開始直接與日人交涉華北問題及其他中日「懸案」。11月20日，日本駐華大使有吉明到達南京訪問蔣氏。在會談時，有吉對中國政府宣布實行幣制改革表示不滿，認為此舉觸犯了日本在華經濟及對華貿易利益。有吉還要求蔣介石對廣田所提三原則明確表態。蔣介石在答辭中除了向有吉委婉解釋中國幣制改革的必要性而外，對「三原則」問題「原則上完全贊同，但無對案」[16]。他又對日本大使特別表示：希望中日交涉過程中任何問題都由中央政府交涉，勿在地方作枝節交涉，反對日本在華北的分裂行動。這是南京政權對日本歷來在華北侵略性要求的少有的強硬表示。這暗示了一種趨向，即南京政府對華北問題的態度已由汪氏的軟弱開始轉向蔣氏的「軟中有硬」策略。

11月24日，河北薊密區行政督察專員殷汝耕被日人收買，在通縣成立了「冀東防共自治委員會」，宣布河北22縣「獨立」。宋哲元急電南京請示對策。26日，南京政府行政院做出六項決議：（1）撤銷北平軍分會；（2）華北政務收歸中央軍事委員會處理，（3）特派何應欽為行政院駐平辦事長官；（4）宋哲元為冀察綏靖主任；（5）將「獨立」區專員公署撤銷；（6）明令通緝漢奸殷汝耕。[17] 這些措施不僅有力地打擊了華北分裂的陰謀，而且將華北大權收歸南京政府，難怪引起了日本人強烈反應。日本駐南京總領事須磨27日在會見孔祥熙時當面指責中國政府懲辦殷汝耕，日本內閣訓令廣田外相對華交涉，逼南京承認華北偽政權，反對何應欽北上，同時關東軍一部開入關內，日本浪人在天津鬧事，要求保護殷汝耕。宋哲元無法應付日本的挑釁與華北民眾抗日高潮，電請辭職，南京不准。蔣介石再次會見日本大使，要求日方停止「華北自治」運動，他答應如果日方做到這一點，南京政府就可以考慮接受廣田三原則，與日方研究解決華北問題的措施。有吉拒絕取消華北偽組織，進而還要求中方承認廣田三原則並具體化。結果雙方不歡而散。28日，南京外交部就日本策動「華北自治」及日軍侵占豐臺車站，向日政府

提出抗議。並同時電告各國，通報中方不承認偽組織之立場。日本人急不可耐，限令宋哲元在11月30日前宣布自治，為宋所拒。

12月2日，南京政府代表何應欽抵達北平，宋哲元向他報告了華北局勢並明確表態：絕對聽令於中央政府，不向日人屈服，並說明他與日人之間並無任何祕密協定。其後，宋氏又發表了「本人責任從此當可減輕，此後一切困難問題，當悉聽命何部長負責處理」的宣言[18]，退居西山，表示了他對南京政府削其權力的不滿情緒。

對於何之北上，日方大為惱怒，日本大使有吉於11月26日會見新任南京政府外長張群時，明確指出日方認為何之北上是中日關係之「倒退」而非「進步」，他暗示，何不去則華北問題難以解決，只有非蔣嫡親的宋哲元才是日方願意合作的對象。

何應欽為了挽回華北危局，電請南京批准於12月11日宣布成立「冀察政務委員會」，負責華北政務，以宋哲元任委員長兼河北省主席。又向宋氏交回了權力。冀察政務委員會是南京向日方妥協的產物，也是蔣介石此時還不肯與日本撕破臉皮的必然結果。日方認為，有了「冀政會」，既已驅逐南京勢力於華北，並為下一步「自治」鋪平了道路，而南京卻認為，「冀政會」仍是自己的下屬機構，它破壞了日本「華北全面自治」的計劃並造成對日緩衝作用，符合最高國策之需。事實上，由於全國人民抗日浪潮不斷興起以及南京政府的干預，已經決定了「冀政會」最終不可能成為日本的傀儡工具。

1935年11月，國民黨「五全大會」在南京召開，這是一次具有一定歷史意義的大會，它標誌著國民黨的內外政策開始由「安內」向「攘外」轉變，也是蔣、汪關係中的一個較大轉折點。

大會重申，最高統帥權在於「本黨文武兼備偉大崇高之領袖」，「全黨同志聽其指揮」。同時宣布應蔣介石的要求，授予中央政府處理外交事務「進退伸縮之全權」。大會後產生的中央執、監委擴大了各派系代表面，但明顯減少了汪系人數，削弱了汪派力量，這明確地顯示蔣介石已完全占了上風。12月，五屆一中全會安排黨政機構成員，汪精衛連發三封電報辭職。7日蔣介石接替汪氏出任行政院長，由張群接任外交部長。汪精衛出任中央政治會

議主席，又因病由副主席蔣介石代理職務，汪氏失去了全部權力，汪派人馬職權亦紛紛被替換。汪精衛一氣之下轉滬養傷。蔣介石為了緩和關係親赴上海探視，但並未見效。1935 年 12 月 25 日，汪系外交得力幹將、親信分子唐有壬在滬被刺身亡，汪精衛坐臥不安，他計劃再拉胡漢民共同反蔣，又被蔣捷足先登將胡穩住，胡漢民拒絕來滬與汪會見。1938 年 2 月 29 日，汪精衛終於以認輸姿態離滬赴歐「轉地休息」。蔣、汪合作的歷史自此告一段落。

「五全大會」之後，蔣介石按照他的外交方針開始了一系列行動。他積極拉攏各派力量，初步造成「團結一致共赴國難」的局勢。在他指示下，國民黨某些要員主動地與中共方面建立了直接聯繫。雖然中國國內「剿共」與鎮壓抗日的大氣候尚未根本改變，但南京政權畢竟開始了邁向團結抗日的第一步。

新任行政院長的蔣氏在會見滿腹狐疑的日本大使時一改汪氏的笑臉姿態，駁斥日方觀點。他宣布華北問題不應只看作地方問題，而應當從整個中日外交出發，解決中日間一切「懸案」。蔣介石提出了「整個談判」中日外交的方針，用以抵抗日本以局部事件解決而分裂華北的陰謀。[19] 遵照這一方針，中國駐日大使代表丁紹於 1936 年 1 月 28 日拜訪日外務次官重光葵，轉達南京政府訓令，建議舉行中日會談，對兩國間政治、經濟、文化等一切問題作全面會商。南京政府外長張群在與日方大使等要員的會談中亦一再聲明：「在進行商討解決中日雙方問題時，日方在華北一切行動務須停止，否則，不良影響之所及，一切問題將無從解決。」「我方感覺貴方要求無厭，太難應付，此後吾人如不求兩國關係根本的調整，將所有糾紛告一段落，則中日前途不堪設想。」「我國所最希望者，中日問題有一根本解決之方法。」[20] 此後，南京政府在華北與日本的交涉與爭鬥便按照蔣介石的方針走上了制止分裂「整個交涉」之路。這對比汪氏在華北問題上軟弱退讓外交及其「中央對日交涉難有整個計劃」[21] 的言論不能不說是一個明顯的進步。

綜上所述，在處理華北危局及與日本不斷的妥協與鬥爭之中，蔣、汪雙方合中有分，分中有合，由於雙方對日關係指導思想的不同，最終還是走向了分裂。蔣介石在推汪精衛於臺前應付華北危機時，始終同意汪氏在華北採

取對日妥協立場,儘管蔣、汪妥協各自的目的不同。但由於汪氏的行為比蔣的計劃走得更快更遠,超過了蔣的容忍限度,故而雙方間不斷產生矛盾摩擦,蔣介石被迫多次向汪妥協。汪的被刺使彼此矛盾有了一個轉機,蔣介石不得不站到臺前與日本直接交涉華北問題。由於蔣的根本立場是準備抗日,更由於日本方面步步緊逼,蔣介石一反汪氏態度,對日採取較為強硬的抗拒姿態,提出了「整個解決」中日懸案的主張,與汪氏的立場相對立,這也就是蔣介石邁向抗日的第一步。

從蔣、汪關係的變化及其對華北時局的影響經過的考察中,我們可以把握住南京政府處理華北危局政策的脈搏。

【注】

[1]《國聞週報》第十一卷第9期。
[2] 中國第二歷史檔案館藏國民黨政府行政院檔案:《汪精衛致何應欽、黃郛電》。
[3]《國聞週報》第十卷23期。
[4]《國聞週報》第十卷第3期。
[5]《國聞週報》第十卷第25期。
[6] 張同新《蔣、汪合作的國民政府》,黑龍江人民出版社,1988年版,第298頁。
[7] 中國第二歷史檔案館藏國民政府外交部檔案:《汪精衛與須磨會談紀錄》(1934年5月2日)。
[8]《國聞週報》第十卷第2、35期。
[9] 中國第二歷史檔案館藏國民政府立法院檔案:《外交建議案》(1934年5月4日)。
[10]《國聞週報》第十卷第3、31期。
[11]《民國檔案》,1989年第2期第27頁。
[12]《民國檔案》,1989年第2期第27頁。
[13] 張同新:《蔣、汪合作的國民政府》,第365頁。
[14]《國聞週報》第十二卷32期。
[15] 張同新《蔣、汪合作的國民政府》第367頁。
[16]《民國檔案》,1988年第2期,第23頁。
[17]《國聞週報》第十二卷47期。
[18]《國聞週報》第十二卷48期。

[19] 中國第二歷史檔案館藏國民黨政府行政院檔案：《蔣介石與日本大使會談記錄》。
[20]《民國檔案》，1988 年第 2 期，第 23 頁。
[21]《國聞週報》第十卷 21 期。

華北地方實力派抗日態度之比較研究

載《民國檔案》1993 第 2 期。

《第二屆近百年中日關係史國際研討會論文集》，中華書局

抗日戰爭爆發之前，中國北方五省（晉綏察冀魯）地方政權實際掌握在以宋哲元、閻錫山、韓復榘為代表的地方實力派手中，他們並不完全聽從南京中央政府的命令，保持著自身內外政策的獨立性，因而在戰前對日關係與戰後抗日態度上都體現了各自不同的特色。因為華北五省地處抗日前線，又是日本軍閥長期覬覦之地，故各種勢力之間的矛盾錯綜複雜，其最終鬥爭結果，對中國抗日戰爭正面戰場造成了嚴重的影響。在這當中，主政河北平津的宋哲元、掌握晉綏的閻錫山與把持山東的韓復榘三巨頭與日本的關係及其抗日態度，成為影響中國抗戰的重要因素。本文試圖從他們三人與日本關係之比較研究入手，尋求抗戰爆發後華北戰場戰事成敗得失之根源所在。

一、宋哲元求安不成

宋哲元與日本的關係經歷了從抗日到妥協求安最後被迫再次抵抗的複雜過程，這一變化源於他保持華北獨立性的幻想。

早在 1933 年初宋哲元主政察哈爾時，他就曾率部在喜峰口、羅文峪等地參加「長城抗戰」，與日本作過拚死搏鬥，贏得了「自九一八以來北方戰場首次之勝利」，他亦曾作為「抗日英雄」而被國人所稱道。由於南京政府的對日妥協與退讓，日軍不斷南侵，「長城抗戰」成果盡失，而宋氏的二十九軍卻被命令開往南方參加「剿共」內戰。宋氏汲取「中原大戰」之教訓，絕不願再參加此種「內耗」，決心「槍口對外」。他「為國家，為地方計」，決定「挺身而出」[1] 率部乘隙開入河北，搶佔平津，造成了控制華北地方之事實。從此走上了對日交涉的第一線。

宋哲元的突然介入，打破了蔣日之間達成的妥協局面，出乎雙方的意料，但卻很快地得到了雙方的認可，這是因為從日本方面來看，宋氏是原西北軍舊部，與蔣介石有歷史舊怨，並為蔣所不容。雖然他有抗日歷史，但他與南京政府過去和現在都有著深刻矛盾，而且手握重兵。只要「引導得法」，那麼，宋氏將會成為日本促成「華北自治」分裂中國之理想人選。所以，日本致力於拉攏脅迫宋氏，企圖使之「將來不得不和日滿提攜」。[2]而從南京政府方面來看，日本軍閥對於華北地方「志在必得」，政府方面因「攘外必先安內」，無法顧及華北，已經準備「忍辱」相讓，宋氏的突然進入，雖然含有抗命的成分，但宋及二十九軍畢竟是中國的軍隊，與其將華北讓日，不如讓宋來掌握，何況宋氏居間，一方面可作緩衝，另一方亦可限制其發展，兼收一舉兩得之效。於是蔣介石順水推舟，要宋哲元「完全負起北方的責任」，並希望二十九軍「務必忍辱負重，苦撐華北局面」，「三年後方可言戰」。[3]這樣，宋哲元及其二十九軍便成為夾在蔣日之間的第三種力量，成為河北與平津的實際統治者。

從1935年6月至1937年7月的兩年時間中，宋哲元被迫在蔣日之間「走鋼絲」，為了自己及二十九軍的利益，他不得不收斂抗日的鋒芒，改變對日策略，以求得日方對其存在的容忍。這一「化敵為友」的過程對宋氏來說，是十分痛苦的，他曾坦白地說過：「對日本前倨而後恭，不但國人不諒解，而且良心也過不去。」但嚴酷的現實亦使他清楚地認識到「只要設法使二十九軍不參加『剿共』，能在華北站住腳，以後的事『逆來順受』，便可運用自如了」。從這一點出發，他萌發了與日方直接交涉，以求保全自己地位與華北地盤的想法。

在處理與南京政府的關係方面，宋哲元準備與南京保持一種不即不離的關係。他曾對部下表示：「咱們對中央絕不說脫離中央的話，對蔣介石絕不做他個人玩弄的工具。」[4]其意圖在於求得在中央政府旗幟之下擁有處理華北地方事務之自主權。

宋哲元為其對日關係定下的一個原則是「捨小利而保大權」，具體地說就是「只要大權能歸我們所有，地方上的小利即或為日方稍為染指，為顧全

大局計亦未嘗不可」。[5] 這種方針之確定雖然在主觀上是出於無奈，並且保持了一定的原則分寸，但他的讓日方「稍為染指」及與中央政府「不即不離」的態度，在外界看來卻充滿了投靠日本的傾向。當時中國國內輿論對宋及二十九軍擅自進入華北，把持地盤，「依賴日本」向中央政府施加壓力，以求「自主」之舉措，多有非議。特別是1935年12月冀察政務委員會成立之後，表面上宋氏與日本華北駐屯軍打得火熱，並屢次致電南京政府，要求「下放權力」，力圖「自治」，在華北經濟開發上又允諾與日本人合作，還鎮壓「一·二九」愛國運動，這一切都給人以「宋日合流」之印象，增加了南京政府對宋的疑心，亦為國人所不諒。但實際上，宋哲元在華北並沒有做過一件出賣國家主權危害民族利益的事情，除了在政治上從不簽署任何賣國協約而外，即使在較為複雜敏感的「經濟合作」方面，亦未邁出什麼實際性的步驟。

本來，宋哲元與日本商談「合作開發華北經濟」的真實意圖是在於希望利用日本的財力與技術發展華北經濟，從而壯大自己的力量，增加與南京方面抗衡的資本。這一方面是由於其自身不斷發展的政治、軍事的需要，另一方面也是為了反抗南京政府的壓迫。蔣介石出於排斥異己的本性，為了防止西北軍在宋哲元領導下「東山再起」，除了在政治、軍事各方面加緊限制排斥外，在財政方面亦採取了壓縮手段，儘管這一時期二十九軍兵員增加了三倍，但南京政府每年核撥的軍費卻減少了五分之四，以財政困難，從「長城抗戰」時的「月津貼30萬，改為12萬，繼又減為6萬元」。宋哲元因此對蔣介石「極為不滿」，他一再要求南京「如數照付」應允的款項，但無結果。[6]不得已，他決定自力更生發展經濟，以求自給。為此他準備對日本「捨小利」而換來「大利」。

日本為了進一步勾引宋哲元「下水」，並加緊其對華北之經濟侵略，向宋提出了一系列「經濟合作」的要求，如修築津石鐵路、開發龍煙鐵礦、開闢航空線路、向日本輸出華北棉花、長蘆餘鹽等。1936年9月，雙方經過協商，宋哲元與日華北駐屯軍司令田代皖一郎達成了合作開發華北「四原則八要項」方案。為了避免「越權」，宋哲元及時向南京政府報告了這些協議的內容。11月間，國民政府行政院兩次下令，對宋日協議做了否決，表示凡涉外經濟合作「非經中央核准，依法不能生效」。[7]阻止了宋哲元單獨與日交

涉的活動。宋哲元也沒有再堅持原議，表示聽從中央命令。以後，他便以「彼此雖曾協商，但實現非咄嗟間可立致」[8]為藉口，對日方的緊逼進行搪塞與拖延，最終沒有與日本簽約。

除了經濟侵略之外，日本對宋哲元更加緊進行政治攻勢。1935年10月，關東軍奉天特務機關長土肥原賢二親自出面找宋，逼他「促成華北自治」。宋哲元一面對之軟頂硬磨，一面明確表示了自己「不脫離中央政府」的態度。土肥原惱羞成怒，拿出一份《華北高度自治方案》，以最後通牒方式逼宋在11月20日中午前簽字發布，宋哲元進退兩難，最後只好一走了之，藉口探親避往天津，使日人陰謀不能得逞。日本人看拉宋無望，這才轉而扶植漢奸殷汝耕成立「冀東防共自治委員會」，另砌爐灶。這正好說明了宋哲元堅持愛國立場，而使日本陰謀不能得逞。

宋哲元在對日關係上堅持了基本的愛國立場，在方式上採用靈活變通的辦法，「表面親善，實際敷衍，絕不屈服」，「不說硬話，不辦軟事」，並在中日開戰前夕做了一些軍事準備，對學生愛國運動也由鎮壓轉而實行保護，並委託代表向中國共產黨方面表達了他擁護抗日民族統一戰線之態度，受到了毛澤東主席的覆函稱讚。[9]

宋哲元對於他在華北之艱難斡旋深感煩惱，同時，他又堅定地認為他可以繼續堅持下去，蔣日雙方都不至於對他撕破臉皮。然而，他對日本的侵略野心認識過淺了，由於他對日本不肯俯首貼耳，日本軍方已經認定宋哲元「不甘受人利用」，決心以武力製造事端，盡快驅逐宋氏，進兵華北。加上西安事變以後中國內部民族抗日統一戰線形成，更刺激了日本軍閥的侵華野心。於是，他們迫不及待地發動了七七盧溝橋事變，準備武力占領華北，製造第二個偽滿傀儡。

盧溝橋戰事爆發之時，宋哲元正在山東樂陵原籍休養，他對日軍行動的真實目的尚缺乏認識。接到前線的報告，他命令部隊「撲滅當前之敵」，但「只許抵抗，不許出擊」[10]，準備像以往應付日軍挑釁一樣，在反擊之後，仍然停戰保和，維持華北「三足鼎立」之局面。

可是他萬沒想到，日軍對他已起殺念。7月11日下午，宋攜家人回天津時，日本特務在鐵軌上埋下炸彈，企圖重演「皇姑屯事件」，因炸彈遲爆，宋氏倖免於難。19日，宋哲元在由津赴平途中再次遇上日人之刺殺，又因地雷故障未能得手。

此時的宋哲元，因尚弄不清南京政府對七七事變的真實態度，不便決斷。更因認不清日軍的企圖，未能下決心抵抗侵略。他幻想經過自己的軟硬兼施可以平息此次事變。所以，他在接到南京政府派兵北上增援的電報時，首先想到的便是「恐中央軍北上漸次奪其地盤」。[11] 加上日方為掩護其增兵而大放和談煙幕，挑撥宋蔣關係，「謂日軍此次行動係擁護冀察利益，拒止中央軍來占冀察地盤」。[12] 為安撫日方和阻止中央軍北上，宋哲元在天津與日本華北駐屯軍新任司令香月清司舉行了會談，並「派了張自忠、張允榮與日方議定三條」，作為解決事變的條件。他在回到北平後為向日方顯示「和平誠意」，竟下令拆毀北平城內防禦工事，打開城門，犯下了一個不可挽回的重大失誤。他還拒絕接受各方的援助，公開對外表示「和平解決已無問題」。[13] 7月22日，蔣介石親自致電宋哲元，對其拆除工事之舉給予了嚴厲批評，告誡其對日本人要「刻刻嚴防、步步留神、勿為所算」；「此次勝敗，全在兄與中央共同一致。無論和戰，萬勿單獨進行」[14]，並要他把與日議和條件上報中央，立即去保定布置抵抗，由中央撥調4個師加強平津防守力量。

對於中央的批評與指示，宋哲元還是認為不能全信，他唯恐南京方面尚未下定抗日決心而意在奪他的地盤，或讓他與日本殺個兩敗俱傷，南京再居中漁利。於是，宋一面對外宣稱已做好抗日準備，「絕不怕日軍壓迫」，一面又以二十九軍「兵力大部在平津附近，故先到津部署」為由，拒去保定，對北上之中央軍「則均令其止於河北南境」。[15] 他還密電老上級馮玉祥，請其「探詢中央內情」，[16] 以供決策參考。

7月23日，南京政府專使在北平與宋見面，對他分析了日軍擴戰意圖，轉達了中央決心武力抗日的立場，並解釋蔣宋間誤會。宋哲元表示自己「向以國家為前提，以民族利益為依歸，本中央意旨辦理，喪權辱國之事絕不去做」。他同時並表示，「華北局面難辦，責任不在我身上，主要問題是《何

梅協定》、《塘沽停戰協定》，你們給日本人簽下賣身契」；「我有決心，絕不屈辱，將來即會與日人成立何種協定，必較以往之《何梅協定》為佳」。[17] 此次會談，使宋對日本之幻想逐步減弱。次日，他停止了從北平周圍的撤兵行動，但為時已晚。

24日，日方代表今井武夫等人又來見宋，迫其繼續撤兵。宋哲元回答一個月以後再辦，日人問為什麼？宋竟回答「眼下天氣太熱，等涼快點再辦」。日人聞之哭笑不得，今井認為「他這種對時局漠不關心的態度，毋寧說是挑逗我們發火」。[18] 在這種形勢下，宋哲元想以「不喪權辱國」的「局部讓步」來使日軍停止侵略，保全自己的地盤與利益，已經是不可能的了。日軍利用宋哲元的麻痺贏得了時間，向華北開來了大批援軍。26日，日軍按計劃準備完畢，同時向北平、廊坊等地發起了進攻，宋哲元這才意識到「敵有預定計劃，大戰勢所不免」。他立即下令「抵抗任何進一步的侵略」，「固守北平，誓與城共存亡」，並電促中央援兵北上。[19] 但只可惜這一切都已遲了。

由於各地守軍倉促上陣準備欠周，而日軍攻勢兇猛，雖然中軍將士拚死力戰，但終歸抵抗不住，包括二十九軍副軍長佟麟閣、一三二師師長趙登禹在內的一批將士壯烈殉國，平津等地戰事很快陷於失敗。28日下午，宋哲元在北平召開了最後一次軍政長官會議，決定留下張自忠為代理人，繼續與日交涉，為「和平」做最後努力，而宋自己卻率部後撤保定「指揮所部繼續抗戰」。之後，平津華北大部分地區很快淪於敵手，正面戰場戰線隨之向西延伸。作為抗日第一戰役的平津之戰就這樣因內外交錯的原因，在短期內便以中國軍隊的全線撤退而告結束了。

二、閻錫山決心抗日

華北失守後，日軍很快西進，兵鋒直指山西要地，企圖攻陷太原，堵塞平漢路中軍西退之路，完成包圍聚殲中軍華北主力之計劃。

負責守衛山西的第二戰區司令長官是以「山西王」而聞名的閻錫山。

閻錫山是一個以具有濃厚的封建割據思想，在山西苦心經營多年創造了一個「獨立王國」而著稱的地方軍閥。早年他因不滿於蔣介石的「統一」，

曾聯合馮玉祥等發動空前規模的「中原大戰」，企圖推翻蔣介石政權。戰事失敗後，馮玉祥的西北軍被蔣分化瓦解，而閻錫山卻以他豐富的政治經驗，利用蔣日矛盾，逃往日本勢力控制下的大連，求得日人的庇護而逃過了這一關。

說起閻錫山與日本人的關係，可追溯到他青年時代赴日留學時期。他在日期間結識了不少日本人士，了解了明治維新後日本依靠軍國主義對外侵略掠奪而不斷發達的歷史，從而決心效法日本。他參加了推翻清王朝的革命，透過武裝鬥爭挽救國家，同時建立私人的武裝，打出自己的天下。在閻錫山的思想深處，對日本軍閥十分欣賞，對其所宣揚的「有強權無公理」、「優勝劣敗」、「弱肉強食」的理論深信不疑，同時，由於對日本的充分了解，他又對日本的侵華野心具有深刻的認識，對日本的干涉與侵略十分警惕。

閻錫山中原大戰反蔣失敗避居大連時，曾十分謹慎地就利用日本勢力反蔣一事與日方進行過討論，日本人對閻氏竭盡拉攏威逼之能事，想要他公開出面充當日本的走卒。1931年春，日本人派漢奸趙欣伯請閻出山「以其治晉之方救之東北」。「拯救」在張學良統治下「水深火熱的東北民眾」，並坦言「此為東北人之希望，亦為關東軍之意見」。閻錫山一眼識破日本要他當傀儡的企圖，堅決不見趙欣伯。1931年夏，閻錫山曾一度準備聯合原西北軍石友三、韓復榘兩部起兵反抗南京政府，並約日本人共同行動，日方表示將進兵東北，抄張學良的後路。但這一計劃因內部生變而流產，閻錫山因此曾向日方表示歉意，他同時也獲悉了日方將在東北「有所行動」的情報，於是決定立即返回山西，免生意外。他答應了日方的條件，表示回晉後繼續發動反蔣，重金租用了一架日本飛機飛回山西。部下問他：「你回山西，不怕蔣介石和張學良壓迫嗎？」閻答：「恐怕不久全國就要行動起來反對他們，他們將自顧不暇，對我也無可奈何。」[20] 果然，一週之後便發生了震驚中外的九一八事變，南京政府頓時陷入內外交困之中，再也無法顧及閻錫山的潛回山西之行，只能聽之任之了。

閻錫山利用日本的幫助和侵略東北之機實現了東山再起的計劃，而後，他便十分聰明地收起了反蔣大旗，拋棄了對日方的諾言，讓日人上了一個大

當。這是因為他從來也沒有把日本人視作知己。他不可能也沒有必要來對日本盡責去反對南京政府。

出於對日本軍閥之了解，閻錫山對日軍在九一八後的不斷南侵保持著十分警惕的態度，他認為一旦中國淪為日本殖民地，也就意味著他的地盤與統治將不復存在。雖然過去他曾一度與日本合作，但如果日人侵占到他的勢力範圍以內，他也將起而反抗。因為對他來說，日本的威脅與南京的威脅一樣，都是致命的，不能不加以抗拒。

1936年後，日軍已入侵熱河、冀東、察哈爾，從北面威脅山西。太原、歸綏等地頻頻發現日軍活動，閻錫山為了對付這種威脅，明確表示了抗日的決心。他曾屢屢告誡部下說：「日本以亡我國為目的」，「在日本國策上來看，統治我國為其唯一方策」。[21]是年8月間，他提出了「守土抗戰」的政治口號，並將其對內政策做了重大修改，準備「聯共抗日」。他停止了反共活動，並透過張學良與陝北中國共產黨建立了聯繫，還邀請共產黨人去山西與他「共策保晉大業」。

1936年11月，閻錫山為了遏制日本的南下，決心乘日軍及偽蒙軍進犯綏遠之時「以晉綏軍全體在平綏線上與敵一拼」，[22]發動了著名的「綏遠抗戰」。傅作義將軍指揮部隊經過激戰，收復了綏北重鎮百靈廟，取得了重大勝利，鼓舞了全國人民的抗日熱情，南京中央政府亦派團前往慰問。一時山西成為全國抗戰之熱點。但閻錫山之抗日不是為了國家，而是為了「自保」。正當傅作義準備率部乘勝追擊敵軍之時，閻錫山卻電令立即停止行動，其原因即出於他的「自保」原則。只要日本不進攻山西、綏遠，他用不著為了蔣介石去抗日，但如果日本進兵山西威脅閻氏生存，那他將作全力抵抗。

七七事變發生後，閻錫山以他和日本打交道之經驗，知道在華北已不可能取得和平。他「派張蔭梧赴天津，有最懇切函致宋明軒，勸其接受中央之援助，協同抗戰，不可妄聽漢奸之挑撥」。[23]8月間，他還親自赴南京，參加最高國防會議，接受山西抗戰部署。

8月6日下午，閻錫山在與軍政部長何應欽的談話中具體表明了他對抗日戰略的有關設想。他提出在戰略上應實行持久戰，「放棄土地無關重要」，

「最好在敵傲慢之下，第一次會戰需求得勝利，以正世界觀聽，爾後再將軍隊疏散實行持久戰」。「我宜在有利之地形與之作戰，使其飛機、戰車、大砲皆失作用」。「我非支持一年不能得蘇俄之援助」。[24] 這些談話說明閻氏對持久抗戰抱著贊成與支持的態度。從他對敵情的分析、對敵人本質的認識及其對抗戰的戰略設計來看，閻氏對於抗日是有著比較正確的態度和有所準備的，這一切為山西當局的抗戰奠定了基礎。

戰爭開始以後，閻錫山率領第二戰區國民黨軍與共產黨領導的八路軍共同作戰，相互配合，充分體現了舉國一致抵抗侵略共赴國難的團結精神。1937 年 10 月間，日軍統帥部下令開始「太原作戰」。閻錫山率部居守忻口陣地，南京方面又給山西派來了援軍。以後整整一個月時間內，敵我雙方在忻口一線開展了空前激烈的大戰，經過無數次衝擊，中軍陣地屹然不動，實為抗戰開始以來所少見之戰績。由於日軍指揮官坂垣征四郎在戰前曾憑藉他與閻錫山過去的同學關係考察過山西，他利用山西地理特徵攻入該防線薄弱環節，破壞了中軍「大同會戰」計劃，晉北不久失守。閻錫山及時調兵布置在內長城一線，決心以平型關為中心，再與日軍較量。中第八路軍在平型關打了一個漂亮的伏擊戰。是為抗戰以來中軍著名勝仗之一。11 月初，中軍被迫撤出忻口陣地，太原隨即淪陷。但忻口戰役大大消耗了日軍的力量，並使其在華北圍殲中軍主力之企圖破產。山西的作戰對抗戰正面戰場總體戰局產生了深刻的影響。

三、韓復榘和日避戰

占領山西之後，日本華北派遣軍主力轉而開回冀南，開始了南下打通津浦線之作戰。在此之前，日本華東派遣軍已經攻占上海、南京，國民政府撤往武漢。華東日軍曾欲北上打通津浦線，因在淮河一線遭到中軍沉重打擊，不能前進。日軍統帥部只得命令華北派遣軍由北向南發起南下之役，首當其衝的攻擊目標便是山東省。此時山東省正處於原西北軍舊將，後因叛馮投蔣而受封山東的韓復榘統治之下。

韓復榘行伍出身，沒有文化，早年跟隨馮玉祥，因作戰勇敢，逐步升為西北軍一員大將。後因生活腐化追逐酒色，他受到馮玉祥的嚴厲批評，因而

二　抗戰篇

萌發私心，加上蔣介石的蓄意拉攏，終於在蔣馮大戰前夕率部叛馮投蔣，並參加了中原大戰，為蔣介石守衛山東。戰後，蔣介石便把山東封給了韓氏。

韓復榘在山東的統治一直持續到抗戰爆發以後，在這近八年的治魯期間，韓復榘以他的充滿封建主義與江湖英雄特色的性格在山東省大搞行政「改革」，「整頓」社會。在處理對蔣關係上，他將山東境內國民黨勢力排擠出境，保持自己統治的獨立性。

在對日關係方面，韓復榘因在歷史上與日本沒有什麼淵源，故而他的對日原則是有利則行，無利則止。他在蔣日矛盾中同樣處於夾縫中間之地位，平時他不願開罪任何一方，相反地卻要利用他的這一特殊地位居中漁利。由於山東不像冀察那樣是中日衝突前沿所在，故而在戰前得以稍安無事。日本人對韓採用以拉攏為主的策略，而韓則以自己利益為基本出發點，對日本有利則和，無利則拒。

1935年11月間，日本駐濟南領事館武官花谷受命與韓交涉共同開發山東礦產事宜，並脅迫韓氏公開宣布「山東獨立」，與南京中央斷絕關係。韓氏雖傾向「獨立」，但又怕因此招來國人抗議，引起南京報復，最終未敢答應。日人仍強行威逼，韓復榘不禁惱火，斥責日本之無理，並拒絕去天津響應「華北自治」活動，又表現了「豪氣」的性格，宣稱不怕與日本撕破臉皮。[25]

韓復榘在戰前處理其對日關係問題時，與他對付南京政府的態度相仿，都是以自己的利益為衡量取捨一切之標準。當與日合作於他有利時他就幹，所以，日本要他搞「山東獨立」，他便提出以日軍保證不進入山東為原則，否則就不幹。其本質還是要確保山東統治權掌握在他的手中，而不願做一個傀儡。由於日方不能答應他的條件，更因為包括他屬下在內的絕大多數人反對他分裂中國，故而這一陰謀最後沒有成功，韓復榘終究沒有坐上日本的賊船。相反地透過這一事件，他卻察覺了日本的野心。到抗戰前夕，他與日本的關係已處於低潮。韓氏在公開場合曾明確表示他將「站在自家人一邊」而「不得不得罪日本了」。[26] 但是，他的這一表示並不意味他已下定抗日決心，在抗日問題上，他還留下了一條「尾巴」，這就是要保護他的軍隊與利益，

不願為國家與民族而棄捨一切。這種傾向在抗戰爆發後逐步演化發展，最終導致了他的不戰而逃。

抗戰開始後，韓復榘立即電請南京政府撥調砲兵部隊來山東協防。當日本放出「不擴大事變」煙幕時，韓氏笑道：「這是日本人的緩兵之計，想藉機調動力量，仗一定要打，日本人不拿下北平不得罷休。」由此可見他比宋哲元的戰略眼光還要高上一籌。韓復榘下令各部隊安排好眷屬後勤，集中待命。他又下令要駐濟南的日僑及日本領事館人員立即撤走。他對日本領事說：「你們把我韓復榘當漢奸看，那你們瞎了眼！你們明天不走，你們的安全我就不負責了！」他對部下說「他們希望我們中立，真是異想天開。」[27]

1937年7月30日，韓復榘應召去南京參加最高國防會議，臨行前他致電中央政府，「主張抗戰到底」，「態度良好」。[28]但在南京期間，他向蔣介石提出抗日作戰建議卻受到了冷落，加上他觀察蔣介石，覺得他「一肚子心事卻一點也不吐露」，使其頓起疑心。他回濟南後對左右說：「我看蔣介石並無抗日決心。」[29]

這次進京的結果使韓氏認為中央政府並無抗日決心，這便使他的抵抗意志一落千丈。回魯後，他立即通知全體照常工作，不要「聽信謠言」，又召見日本領事及僑民代表，表示他並未出任抗日軍職，日僑留去與否，「聽其自便」，凡未離開者，「照舊保護」，意在讓日本人對他放心。同時，日軍飛機在濟南投下致韓信件，勸告韓氏不要與日為敵，日本特使又祕密來濟見韓，說只要韓不參加抗日，則日本亦不打韓，日軍不想在山東駐兵，但須途經山東運兵。韓深知日方騙術，堅決表示不論是駐兵或是運兵他都不許日軍過山東，於是會談遂告破裂。[30]

由於韓復榘對抗日態度轉向消極，使山東救亡工作陷入一種混沌局面，戰備工作未能開展。韓氏公然表示他將率部撤退保全實力。他宣稱，只要保住軍隊，「退到天邊，也能有吃有喝，誰也不敢輕視我們」。

進入10月以後，華北形勢緊急，戰火迫近山東，韓復榘被任命為第五戰區副司令長官。11月，日軍攻擊魯北，韓復榘在黃河北岸視察部隊時被日軍包圍，險些喪命，他突圍逃回濟南，惱怒地喊：「打！打！幾乎回不來！」

69

表現了強烈的厭戰情緒。韓復榘認定南京政府無誠意抗日，他也決定不做蔣介石的「犧牲品」。他說：「我認為山東是守不了的，我們打不過日本人，唯一的辦法就是保存實力，把軍隊撤到平漢路以西，等待國際上的援助，然後再反攻，別的出路沒有。歐美是不會讓日本獨吞中國的，這些道理蔣介石肚子裡比我明白得多，還裝什麼樣子。」[31]「我們就有這幾萬人，這個家底犧牲完了，蔣忽然跟日本又來什麼協定，華北就沒有我們的份了。」當部下問他還抗不抗日時，他著重地說：「我們要最後參戰。」[32] 這番話道出了韓氏內心的真實思想。

在這種避戰思想指導下，韓復榘下令將全軍輜重運往河南，軍隊從魯北戰場全線撤退，準備過河南最後撤往漢中，與劉湘的川軍合作，共同拒止蔣介石中央政府入川，「和日倒蔣」。[33] 在中華民族外患臨頭之際，這種不顧大局製造內亂的計劃，無疑是一種背叛國家與民族的行為。

蔣介石接到第五戰區司令長官李宗仁報告韓部異動的情報，表示他「早已知道」。當韓部放棄濟南，將山東戰場各要點拱手讓敵之後，蔣已決定對其採取斷然處置。1938 年 1 月，韓復榘在開封被誘捕，25 日以「抗令擅自撤退」等罪狀被判處死刑，隨即槍決。韓氏之被正法，罪有應得。其餘部隨後在李宗仁指揮下參加了魯南抗日戰役，打出了「台兒莊大捷」的勝仗。由此可見韓復榘個人之棄責逃跑對山東戰場乃至整個正面戰場已產生惡劣影響。

四、結論

綜合河北宋哲元、山西閻錫山、山東韓復榘三人戰前與日關係、戰後抗日態度及其對戰爭之影響後果，我們可以說，在當時特定歷史環境下，其個人對日關係之不同，直接成為影響中日戰爭進程的重要因素。

宋、閻、韓三人的對日態度有其共同的一面，但又具有完全不同的一面。他們在戰前對日關係的共同點是在於與日方相互利用來抗衡蔣介石政府的排擠與打擊，借助日方的幫助與支持，增強自己的力量。由於他們都處於地方實力派的地位，最終不能為蔣介石所容忍。時時遭到蔣的打擊，不得而利用

蔣日矛盾，在蔣日之間「走鋼絲」，其目的在於求平衡之中保住自己的地盤與地位。其中宋哲元身居蔣日矛盾中心地區，處境最困難；閻錫山在中原大戰後求庇日本人幫他恢復了生機；韓復榘則設想利用日本促成「山東獨立」。閻韓兩人位居對日衝突之二線地區，矛盾相應較少。而日方則本其分裂中國、製造混亂之一貫宗旨，對反蔣實力派一概給予支持、資助，最終拉攏其走向分裂中國之路。正如日軍駐北平特務機關長松室孝良在其上關東軍密報中所說的那樣：「中國實力派之大部採個人或小集團的繁榮主義，缺乏為國為民的觀念，因此就形成獨霸一方、獨裁私兵的狀況。」「故以後帝國對華工作應以破大的對象、尋獲小的對象，以分散其勢力集中，增加彼此之疑嫉」為目的。[34] 但隨著日本與華北地方實力派相互「合作」的深入，矛盾也因此而產生了，日本支持他們的目的是要他們宣布「華北自治」、「山西反蔣」、「山東獨立」，這無疑是要宋閻韓叛國投日，在這種大是大非的原則問題面前，他們三人雖表現不盡相同，但在戰前都基本堅持了忠於祖國的立場，所存在的差別也就是態度堅定性之差異。

　　閻錫山對日本亡我之心認識較清，故而在回到山西後便拒絕再與日本合作，相反地卻以較為積極的姿態，聯共聯蔣起而抗日，其結果使山西之抗日在戰前的「綏遠抗戰」、戰後的「忻口戰役」中走在了全國的前列。在這一時期內，其積極抗日的態度與行為是應該受到肯定與讚賞的。至於在抗戰後期他又重新與日方勾結謀求「和平」，那是另當別論的，也是事出有因的。宋哲元雖然在河北沒有幹一件賣國之事，但是他受日方的矇騙，認為日本真的可以助他反蔣並維持華北局面，故而對日始終持著妥協求安的態度，力求息事寧人，保住自己的利益，甚至在日本頻頻對他下毒手之時，依然相信日本不會對他動武，以「一萬」之努力去追求「萬一」之和平，犯下了貽誤戰機自毀長城的錯誤，直接造成了平津戰事的很快失利，等到他明白「大戰不可免」時，已經為時晚矣。河北之失守，對抗日正面戰場造成了重大影響。而韓復榘則更是糊塗，受個人學識水平所限，他以為可以利用日本促成他「山東獨立」的夢想，但日本卻拒絕了不在山東駐兵的條件，其實際上就是不能讓韓對蔣日雙方搞「獨立」，而是要他投日對蔣介石搞「獨立」。韓復榘意識到了這一點，最終拒絕與日「合作」出賣山東，這是應予肯定的。但是他

二 抗戰篇

卻擺不正自己小集團利用與國家民族大義之關係，並且認為抗戰必敗，為保住自己的勢力，他最終竟置國家利益於不顧，棄戰逃跑，最終受到應有的懲罰。因為他的過失，使山東北部中部以及濟南、泰安等大城市不戰而失，對中國抗日造成了巨大的不利影響，加速了日軍侵華進程，這一後果是十分嚴重的。以上這些便是閻、宋、韓三人對日態度不同點，這些不同和差異是造成抗戰正面戰場上山西之抵抗、平津之淪陷、山東之棄守的根本原因所在。

宋哲元之妥協、閻錫山之抵抗、韓復榘之逃跑皆發源於他們對日本認識之不同，這些出自戰場外的因素卻嚴重影響了抗戰正面戰場之戰局，這些歷史經驗與教訓是不能不加以總結的。從中我們也可以得出結論，即中華民族的團結與中國國家的統一是抵禦外侮振興中華的前提與基本條件。

【注】

[1] 轉引李世軍：《宋哲元與蔣介石關係始末》，載陳世松《宋哲元研究》，四川省社會科學院1987年版，第15頁。

[2] 轉引陳世松前引書，第70頁。

[3] 轉引陳世松前引書，第16頁。

[4] 轉引陳世松前引書，第76頁。

[5] 齊協民《宋哲元與冀察政權》，載《天津文史資料選輯》第四輯。

[6] 中國第二歷史檔案館館藏檔案，（五）589。

[7] 《民國檔案》，1986年第4期，第55頁。

[8] 《宋故上將哲元將軍遺集》（上），臺北傳記文學出版社，1985年版，第568頁。

[9] 《毛澤東書信集》，人民出版社，1983年版，第40頁。

[10] 何基灃等：《七七事變紀實》，見全國《文史資料選輯》第1輯。

[11] 何基灃等：《七七事變紀實》，見全國《文史資料選輯》第1輯。

[12] 《民國檔案》，1989年第2期。第6頁。

[13] 《今井武夫回憶錄》，中國文史出版社，1987年版，第3頁。

[14] 《蔣介石致宋哲元電》（1937年7月22日），中國第二歷史檔案館館藏檔案七八七。

[15] 《歷史檔案》，1985年第1期，第66頁。

[16] 《民國檔案》，1987年第2期，第16頁。

[17]《歷史檔案》，1985年第1期，第66頁。
[18]《今井武夫回憶錄》，中國文史出版社，1987年版，第37頁。
[19] 武月星等：《盧溝橋事變風雲篇》，中國人民大學出版社，1988年版，第295頁。
[20] 蔣順興等：《山西王閻錫山》，河南人民出版社，1990年10月版，第111頁。
[21] 閻錫山：《應付國難之我見》，載《閻百川言論輯要》第9冊，1935年12月版，第26頁。
[22]《閻錫山致蔣委員長電》1936年9月6日，中國第二歷史檔案館館藏檔案七八七。
[23]《民國檔案》，1987年第2期，第3頁。
[24]《民國檔案》，1987年第3期，第13頁。
[25] 參見《一代梟雄韓復榘》一書，中國文史出版社，1988年版。
[26] 何思源：《我與韓復榘共事八年的經歷和見聞》，參見《一代梟雄韓復榘》，第70頁。
[27] 何思源：《我與韓復榘共事八年的經歷和見聞》，參見《一代梟雄韓復榘》，第71頁。
[28]《民國檔案》，1987年第3期，第13頁。
[29] 梁漱溟：《七七事變前後的韓復榘》，見《一代梟雄韓復榘》，第224頁。
[30] 王道生：《大本營派我到韓部》，見《一代梟雄韓復榘》，第234頁。
[31] 汪東林：《訪梁漱溟問答錄》（五），見《人物》，1986年第6期，第53頁。
[32] 何思源：《我與韓復榘共事八年的經歷和見聞》，參見《一代梟雄韓復榘》，第72頁。
[33] 何思源：《我與韓復榘共事八年的經歷和見聞》，參見《一代梟雄韓復榘》，第73頁。
[34]《民國檔案》，1987年第4期，第33頁。

開闢淞滬戰場有無「引敵南下」戰略意圖？

載《抗日戰爭研究》

國民政府發動淞滬會戰是否有計劃地誘敵南下，改變日軍進攻中國的路線（從由北往南變為由東向西）？關於這一問題，在大陸學者與臺灣學者之間存在著觀點分歧。余子道先生在《抗日戰爭研究》1992年第3期發表的《論

抗戰初期正面戰場作戰重心之轉移》一文中對此做出了否定的結論。他認為：「引敵南下」，改變日軍侵華路線是「出乎蔣介石意料之外的」，是戰後「總結戰爭時人為地所追加的一種概括」。他的最有力的論證是：至今仍沒有披露過「任何一種說明這一決策形成過程的檔案材料，足以令人置信」。余先生的論證具有相當的說服力。但是，根據現有的資料為線索進行考察，完全排除國民政府在發動淞滬會戰過程中具有某種程度的「引敵南下」的戰略意圖，也不一定妥當。

早在盧溝橋事變初起時，國民政府及其最高統帥蔣介石即在淞滬一帶加緊備戰部署。「八一三」淞滬戰役是中國軍隊主動發起的戰略攻勢，其目的就是牽制日軍在華北戰場的兵力，避免日軍迅速沿平漢路南下，造成對中國不利的情況。8月18日，蔣介石派陳誠、熊式輝赴滬視察戰況。陳、熊二人於20日返回南京，向蔣介石匯報。陳誠說：「敵對南口在所必攻，同時亦為我所必守，是則華北戰事擴大已無可避免，故敵如在華北得勢，必將利用其快速裝備沿平漢路南下直撲武漢，於我不利，不如擴大滬事以牽制之。」蔣對此表示：「一定打！」陳誠又說：「若打，須向上海增兵。」蔣即派陳誠為第十五集團軍總司令，率部赴滬增援。[1]

據載，蔣介石在戰爭爆發前就曾明確指出：「這一仗打起來，上海、南京都不能守，我之所以要打，是因為我在日本讀書的老師，如今都身擔大任，日本人對中國的戰略戰史的研究，有時比中國人還深刻。現在我們與日本人打仗，不怕從南方打也不怕從北方打，最擔心的是日本人由盧溝橋入山西再經漢中入四川，這是當年忽必烈滅亡南宋的戰略。如果日本人到西南，從雲南、貴州到廣西一抄，我們即便保守南京、上海，這個仗也打不下來。現在唯一的辦法是在上海作戰，引導他沿江西上，屆時他就敗了。」[2] 蔣介石的這一分析，比陳誠更深遠一些，但其中「引敵南下」的戰略意圖，兩人則是一致的。又據當年在抗戰初期參與軍機的徐永昌在日記中所載：1937年10月16日，蔣介石約見徐永昌會商軍情，他曾談到自己對於北方日軍渡黃河南下的擔心。徐氏在日記中寫道：「余以為只要上海不失，山西能堅固一半，海州方面不出事（恐敵攻上海不下急而由海州上陸威脅我徐州，則心腹受敵矣）。蔣先生以為海州決無事。又一二戰區兵力不足。」「蔣先生以為，敵

如越黃河南下，斯真不『得』了。」[3] 這足證蔣氏集中兵力在上海與日軍作戰是有充分設計的，是避免日軍主力從河南、山西渡黃河南下的戰略謀算。

8月20日，國民政府軍事委員會下達的作戰令也證實，淞滬戰役發動之初，國民政府已決心集中中國陸軍主力在華東戰場與敵一拚。當時規定的作戰指導方針為：「國軍一部集中華北持久抵抗，特別注意確保山西之天然堡壘；國軍主力集中華東，攻擊上海之敵，力保淞滬要地，鞏固首都，另以最少限兵力守備華南各港口。」[4] 這項指令發布後，長江以南中軍停止北調，紛紛向淞滬戰場增援，中央軍及各地方軍陸續開抵淞滬地區。8月底，在隴海線東部機動待命的胡宗南部第一軍以及由漢口向保定輸送，先頭部隊已抵達鄭州的第十八軍，均奉命轉赴華東戰場，這就形成了在淞滬彙集重兵展開大戰的態勢。

「八一三」以後，在中軍猛烈攻擊之下，日軍統帥部被迫不斷向上海戰場增兵救援，從其本土、朝鮮、臺灣、東北等地抽調了部隊，最後竟抽調了正在華北戰場上作戰的部隊南下增援淞滬日軍。9月5日日軍統帥部決定，「把主作戰轉移到上海方面」。此時日軍在中國南北戰場上的作戰師團比例數已由8月間的2：9改變為9：7[5]，中方在事實上已達到了「引敵主力南下」的戰略目的。

由於日軍發動全面侵華戰爭首先是從華北開始的，故而8月20日，中軍大本營頒布的《國軍作戰指導計劃》中尚稱「主戰場之正面在第一（戰）區，主戰場側背在第二（戰）區」。但隨著戰事的迅速發展，主戰場很快便轉到了華東，這顯然是中方統帥部執行「引敵南下」的戰略決策造成了作用。

當然，我這裡所引證的上述種種資料，只是為分析研究國民政府及蔣介石指導發動淞滬戰役的戰略意圖尋找一些線索。除此而外，目前我們確未發現其他更直接更有力的檔案資料。但是，既然這是最高統帥部的祕密軍事謀略決策，沒有留下公開的文字資料，也許會是保守軍事機密的緣故。

聯繫到全面抗戰開始前，國民政府蔣介石有關對日戰備的戰略構想和戰略部署：引敵沿長江西進，中國軍隊逐步自東向西撤退，以西南西北為持久

抗戰之根據地，這種設計與淞滬戰役引敵南下西進，在戰略思想上是一脈相通的。

　　蔣介石認為：「強國之國防，重邊疆，取攻勢；弱國之國防，重核心，取守勢。」[6] 因此，他主張中國的抗戰，應在防禦性戰略守勢原則下進行國防準備，「中國同日本作戰，即無所謂決戰」。[7] 當時，蔣介石左右的中外軍事專家亦曾不約而同地建議過「向西」後退以求持久抗日的主張。例如，中國著名軍事理論家蔣百里，就曾分析未來的抗日戰爭不僅是一場全面戰爭，而且是一場十年八年的長期戰爭。在戰爭初期，中國軍隊會在日軍猛攻之下守不住沿海地區而後退，所以應以湖南一帶的內陸省份為中國抗戰之後方基地。雖然中國可能失去上海、南京等大城市，但這並不意味著抗戰的失敗。「中國因為是農業國家，國力中心不在都會，敵人封鎖了與內地隔絕的上海，只是一個死港，點綴著幾所新式房子的南京，只是幾所房子而已，它們與中國的抵抗力量，完全沒有影響」。[8]「我們對於敵人制勝的方法就是事事與之相反，就是他利於速戰，我卻用持久之方針來使他疲弊，他的武力中心放在第一線，我們卻放在第二線，而且在腹地內深深地藏著，使他一時有力沒用處。」[9]

　　蔣介石的另一位高參，德籍軍事總顧問法肯豪森，也提出過類似的建議。1935年8月20日，他就中國未來抗日戰略問題專門向蔣呈送了一份《關於應付時局對策之建議》。他在這份建議書中寫道：「對海正面有重大意義者，首推長江，敵苟能控制中國最重要之中心點至武漢一帶，則中國之防力已失一重要之根據……於是直至內地，中國截分為二。」如果開戰後「固守南京、南昌」，「此種作戰方式足使沿海諸省迅速陷落，於此陸軍所必需戰具迅即告罄，無大宗接濟來源，川省若未設法工業化，能自造必要用品，處此種情況必無戰勝希望，而不啻陷中國於滅亡」。「終至四川為最後防地，富庶而因地理關係特形安全之省份，宜設法籌備使作最後預備隊，自有重大意義。」[10]「因南北兩大幹路更重要者為長江」，「故必華方寸土不肯輕棄，仿二十一、二年淞滬及古北口等處成例，方能引起長江流域有利益關係之列強取積極態度」。對於北方戰場「最後戰線為黃河，宜作有計劃之人工泛濫增厚其防禦力」。[11] 法肯豪森明確建議蔣介石以長江一線為未來抗戰之主戰

場，希望以此來延續抵抗而引起國際干涉，不得已時則放棄東南沿海退保四川，作為抗日最後基地。他還進一步提出，在四川這個「造兵工業最良地方」，「由重慶經貴陽修築通往昆明之鐵路，使能經滇越路得向外國聯絡，有重要意義」。[12]

蔣百里與法肯豪森有關抗日戰略地理設計之建議，對蔣介石產生了重要影響，蔣氏在抗戰準備過程中欣然採納了蔣百里與法氏將抗戰軍力「深藏腹地」、「經營四川根據地」以及「以長江為抗戰主線」等戰略主張，「製造黃泛以增加防禦力」的意見，後來也在戰爭中予以採納實施。由此可見，向西退卻以防敵將中國南北一截為二，阻止敵由華北西進後迅速南下等策略，早就盤旋於蔣介石的腦際了。

1935年，蔣介石選擇四川及西南作為未來抗日基地，派遣了以賀國光、康澤為首的「參謀團」、「軍事委員會別動隊」數千人的龐大幹部隊伍入川，把握了川省政治要害。蔣氏還親自飛渝，建立「軍事委員會委員長重慶行營」，進行直接控制，這一切便奠定了「建立抗戰後方基地」之基礎。7月4日，蔣介石明確宣布了他對於未來抗戰戰略路線之設想：「對倭應以長江以南與平漢路以西地區為主要陣線，以洛陽、襄陽、荊州、宜昌、常德為最後陣線，而以四川、貴州、陝西三省為核心，甘肅、雲南為後方。」[13] 這就是他「以南方為主線」、「以西南為後方」的抗戰戰略方針。

根據這一戰略方針，國民政府還下決心在長江流域建立國防設施準備。1935年起，蔣介石下令在長江中游的武漢重鎮籌建「國防作戰中心」；在東南對日前哨重地寧滬杭地區則大力修建國防工事，到1937年，全部工程已基本完成。1936年後，國民政府又採納了張治中等人的建議，祕密開始了以寧滬為核心的全面戰備工作，為此特別成立了「京滬警備區」，以張治中為司令，制定了詳細的作戰、訓練、通訊、後勤、運輸、宣傳乃至民眾訓練等全面工作計劃並立即付諸實施，取得了實際的成效。他們甚至計劃，一旦開戰，立即以精兵攻擊上海日租界及日本駐軍營地，將之一舉殲滅，而後封鎖海岸，拒止日軍登陸，同時封鎖長江水道，與武漢方面聯合作戰，消滅長江內日本軍艦，達成先發制人的目的。[14] 為此，蔣介石將其最先整訓完畢的全

部以德式武器裝備起來的國防軍第八十七、八十八兩師精銳部隊調給張治中統率。與此同時，國民政府還大力做好開發西南及抗戰基地建設的先期準備。這些事實均表明，國民政府確實早就準備以長江一線為未來抗日戰爭之主戰場。

1936年7月，蔣介石在接見即將回國的英籍財政顧問李滋羅斯爵士時說：「對日抗戰是絕對不能避免的，由於中國力量尚不足擊退日本的進攻，我將儘量使之拖延。但當戰爭來臨時，我將在臨海地區做可能的最強烈的抵抗，然後逐漸向內陸撤退，繼續抵抗。最後，我們將在西部某省，可能是四川，維持一個自由中國，以等待英美的參戰，共同抵抗侵略。」[15] 這是蔣氏對未來抗戰戰略設計的最直接的說明。

在側重長江一線備戰的同時，國民政府對北方地區的防務也做出了詳細的規劃與設計，在北方重鎮平、津、張以及太原、開封、鄭州、洛陽等地都部署了國防設施。不過重點在南而不在北，國防工事全都修築於黃河以南以及新建交通幹線戰略通道大都在長江以南流域。

軍事後勤通訊補給方面的安排，也把重點放在長江流域。國民政府在其《民國廿六年度作戰計劃（甲案）》中，曾指定在全國範圍內設立主要兵站7所，其中4所在江淮流域（漢口、南昌、南京、徐州），3所在黃河一線（太原、鄭州、西安）；主要野戰醫院5所，南方4所（武昌、漢口、南昌、南京），北方1所（西安）。至戰爭爆發，建成軍需總庫6所，用以分別供給南北各戰場之中軍軍需，其中南方4所（武昌、南昌、南京、蚌埠），北方2所（信陽、華陰）；野戰軍備倉庫15所，其中核心庫兩所，分別位於南昌、武昌；在全軍彈藥貯存方面，長江北岸各地共貯存約6000萬發，而南方僅南京、武昌兩地，貯存量已達1.4億發之多。[16] 這些數據再次證明國民政府早就部署以長江一線為未來抗日戰爭的主戰場。

以上種種事實，均旁證了國民政府淞滬之役引敵南下的戰略謀算是完全可能成立的。

余子道先生文章中還強調，「八一三」之役的結果並未能改變日軍侵華路線，其依據是：「八一三」後日軍依然按照其既定計劃，在1938年1月

至 2 月間，重新調兵華北，欲打通同蒲、津浦兩線，占領豫魯間戰略要區，然後再南攻武漢或北攻潼關。他並引李宗仁將軍的論述為證，說明日軍只有先打通津浦線，而後才能西進。

我認為，日軍在「八一三」以後打通津浦線之作戰，並不表明日軍又要從北線西進。日軍攻占南京後，確曾調兵北上，但所謂淞滬戰役改變日軍作戰路線，是指改變其由北西進然後南下的路線，並不是說自上海之戰後，日軍便完全放棄其他戰線的攻勢而專攻長江。日軍攻打津浦線不能說明其恢復由北線西進之戰略。況且打通津浦線之戰是先由其華中方面軍發動的，只因在淮河一線遭到了中軍猛烈抵抗，不能前進，這才轉令其華北方面軍主力第二軍等部從山西戰場調頭發起南下之役。[17] 可見，日軍這時仍然是以南線為重點而以北線為輔助的，不能因日軍攻打津浦線而證明淞滬之戰未能引敵南下。其後，中軍在魯南台兒莊等地的成功作戰，迫使日本華北方面軍主力不斷南下增援，最後竟傾全力於徐海之間，這恰恰造成了日軍主力向南線集結的事實。李宗仁將軍在其回憶錄中的原文是這樣寫的：「敵人在京滬線得手之後必定要打通津浦線以清除其右側面的威脅，然後才可以西進。」[18] 這段敘述也正好說明，日軍打通津浦線的作戰是為了更順利地從南線西進。

台兒莊之役後，第五戰區主力成功突圍，撤向華中地區。為防止日軍主力再次北調，沿北線西進而造成南下攻擊武漢的不利局面，國民政府按既定方針於 1938 年 6 月初炸開黃河花園口大堤製造黃泛，在戰略地理上成功地斷絕了日軍沿北線西進之通道，使北線日軍之攻勢完全停止。北線日軍為避免滅頂之災，動用了海空軍力量幫助陸軍後撤。[19] 這樣便消除了日軍攻占潼關南下武漢、西進西安從而威脅川陝抗日根據地的致命隱患。這一「迫敵南下」之舉措，可視為中軍「引敵南下」戰略的進一步補充與完善。此後日軍進攻武漢，只能循沿江西進的路線。

綜上所述，儘管現在沒有直接的證明資料，但從我們現已掌握的資料線索來看，似不能完全否定國民政府發動淞滬戰役，具有引敵南下，迫使日軍變由北南進為由東西進的戰略意圖。聯繫抗戰準備階段，中方在長江一線部署防衛，加強西南抗日後方基地建設，籌謀與日開戰後逐步西撤之事實，倒

使人相信，國民政府在發動「八一三」淞滬戰役時，具有引敵南下的戰略意圖，是完全可能的。

【注】

[1] 國民政府軍事委員會戰史會檔案《陳誠私人回憶資料》，中國第二歷史檔案館館藏。

[2] 蔣緯國：《中日戰爭之戰略評析》，載《中華民國建國史討論集》第 4 冊，臺北國民黨黨史會 1985 年版。

[3]「中央研究院」近代史研究所編：《徐永昌日記》，第 4 冊（民國廿六年一月到廿七年十二月），臺北，1991 年影印版。

[4] 虞奇：《抗日戰爭簡史》（上），臺北黎明文化事業股份有限公司，1977 版，135 頁。

[5] 據日本防衛廳戰史室《中國事變陸軍作戰史》，第 1 卷第 2 分冊，中華書局，1981 年版，第 20～30 頁。

[6] 張其昀：《黨史概要》第 1 冊，臺北中央文物供應社，1979 年版，第 675 頁。

[7] 見《敵乎？友乎？》一文，載《中華民國重要史料初編——對日抗戰時期》緒編（三），臺北，1981 年版，第 618 頁。

[8] 陶菊隱：《蔣百里先生傳》，中華書局，1984 年版，第 184 頁。

[9]《蔣百里先生全集》第 4 冊，臺北傳記文學出版社，1971 年版，第 152～153 頁。

[10] 此處檔案原稿旁有圈閱者寫「最後根據地」字樣。

[11]《民國檔案》，1991 年第 2 期，第 24～27 頁。

[12]《民國檔案》，1991 年第 2 期，第 24～27 頁。

[13] 張其昀：《黨史概要》第 2 冊，第 1014 頁。

[14] 見《張治中回憶錄》，文史資料出版社，1985 年版，史說《八一三淞滬戰役紀略》，上海，《文史資料選輯》，第 32 輯。

[15] 蔣緯國：《中日戰爭戰略評析》，前引書，第 10 頁。

[16]《民國廿六年度作戰計劃》（甲案），中國第二歷史檔案館藏檔案，七八七，1509。

[17]《李宗仁回憶錄》（下），廣西區政協，1980 年版，第 707 頁。

[18]《李宗仁回憶錄》（下），廣西區政協，1980 年版，第 707 頁。

[19][日] 防衛廳防衛研究所戰史室：《中國事變陸軍作戰史》第 2 卷第 1 冊分冊，中華書局，「中華民國史資料叢稿」，第 81 頁。

關於台兒莊戰役背景的幾點考察

發表於《台兒莊大戰和中國抗戰——台兒莊大戰，55週年國際學術研討會論文集》，山東大學出版社

　　55年前的台兒莊戰役是一場中國軍隊以弱勝強的成功戰例。這場戰役之所以成為抗戰初期中國軍隊取得的一場較大規模的勝利之戰，其原因除了中方戰役指揮比較得當而外，還有其在戰略背景上的更深一層的因素。這當中，既有日軍在戰略決策上的失誤，更有中方在戰略指揮上的成功因素。聯繫台兒莊戰役的發生背景加以考察，我們便可明瞭其根源之所在。

　　當今日本史學界一些學者，由於受到日方資料的片面影響，對台兒莊戰役持有不同看法，而另一部分右翼分子，出於掩飾侵華戰爭中日軍劣跡之需要，對台兒莊戰役持有完全否定一說。他們強調日軍在魯南是作「主動之戰略撤退」，根本不是吃了敗仗，試圖為侵略者貼金。為了批駁這種錯誤觀點，還歷史以本來面目，並從一個側面彌補台兒莊戰役研究之不足，本文試圖就這一戰役之發生背景從以下幾方面開展討論。

一、抗戰初期中方抗日戰略決策造成了日軍南北戰場分兵狀態，使其不能集中全力猛攻山東。

　　抗戰爆發後，由於日本在華北啟釁，造成了敵我以華北為主戰場之戰局。國民政府最高當局依據其既定戰略計劃，一面派出有力部隊北上增援，並嚴令督促華北守將宋哲元率部抵抗，一面積極籌劃在東南要地上海開展主動軍事行動，圍殲上海日本駐軍，而後封鎖海岸，拒止後續日軍登陸。此時正巧遭遇日本海軍第三艦隊按捺不住侵略野心，計劃在中國南方沿海開闢第二戰線。於是大戰一觸即發。8月13日，蔣介石先發制人下令上海中軍發起主動攻擊，掀開了淞滬「八一三」大戰的序幕。[1] 於是，中日戰爭第二戰場正式開闢。經過歷時三個月的慘烈搏殺，中軍雖然最終撤守淞滬，但在客觀上卻達成了吸引日軍主力從華北戰場南下，將淞滬戰場演變成中日戰爭主戰場的戰略目的。這一重要的戰略局面之改變，不僅決定了今後中日戰爭的總體戰略路線，而且也給後來的台兒莊戰役創造了必要的前提與條件。它迫使日軍

侵華主力作戰路線從由北向南轉變為由東向西，並使徐州會戰前的中日戰事在華北與東南兩大戰場上同時展開，大大地分化了日軍的兵力，使其不可能從北方集中全部兵力而發起南下之役，從而使津浦線守軍因力量對比懸殊而無力抵禦。這是中軍後來得以集中優勢兵力抗禦進而圍殲孤軍深入魯南的日軍的前提條件。

「八一三」戰役爆發後，日軍為了實現速戰速決三個月取勝的計劃，不惜傾全力於南方戰線，於11月中旬攻略上海，12月中旬攻占南京，南線戰事至此告一段落。中軍主力沿長江一線西撤，東南地區僅留下第五戰區李宗仁將軍所率領的各支非嫡系「雜牌」部隊及部分中央軍。日軍為了穩定占領區，首先急需清除來自其右側面的第五戰區部隊之巨大威脅，同時亦是為了溝通南北兩大戰場，使其在華北與東南兩片占領區連成一片，因而日軍下一步的作戰目標，必然是要消滅津浦線及徐淮地區守軍。而中方統帥部為了爭取時間，重新在華中地區部署軍隊準備再戰，亦命令第五戰區全力對敵作戰，以拖住敵軍的西進步伐。因此，位於南北兩大戰場之間的魯南徐淮海地區成為正面戰場上一個新的主作戰區域，便成為戰局發展之必然。究其根源，還是因為中方的「引敵南下」戰略造成了日軍分兵西進的局面。這種狀況之出現，較之日軍主力攻下華北後再沿平漢路西進轉而南下，與在中國沿海各地登陸之部隊「迅速會師武漢，迫使中國軍隊主力向東南旋轉，背海決戰」[2]造成的對中壓力險境要輕鬆得多，也是台兒莊一役中軍奪取勝利的戰略基礎條件。

二、日軍打通津浦線作戰，是其西進侵華戰略之前提與保證。因此，日軍不可能在台兒莊地區作「主動的戰略撤退」。

日軍占領南京後，一方面標誌著前一階段戰事之告一段落，另一方面，他們也需要規劃下一階段的作戰目標。

1938年1月18日，日本華中方面軍在畑俊六大將指揮下，開始實行北上打通津浦線之作戰。經過激烈戰鬥，日軍占領了明光、池河。中國守軍炸毀淮河鐵路大橋，退往淮河北岸拒守，淮河戰役由此開始。日軍的這一舉措，是其以長江一線為西進主攻方向的戰略行動必不可少的保障。從戰略角度考

慮，不失為一項正確的選擇。但是，經過月餘反覆激烈苦戰，日軍北上之舉並未成功。在張自忠、于學忠等部將士的猛烈反擊之下，南線日軍被迫放棄已占領的陣地，退回淮河南岸。敵我兩軍在淮河一線形成隔河對峙局面。日軍北上打通津浦線之企圖至此完全失敗。這場發生在抗戰初期的淮河阻擊戰，使日軍損兵折將三千餘人而敗歸，實在是出乎其意料，不僅給予氣焰囂張的日本軍閥以迎頭痛擊，而且直接為後來的台兒莊之役創造了不可缺少的基礎條件。

日軍在南線攻擊失敗以後，不得已將北線原作輔攻的部隊加強力量，從山西調來第五師團等生力軍作為主攻部隊，開始由北向南打通津浦線作戰。[3] 北路日軍指揮官貪功心切且蔑視中國軍隊之戰鬥力，在不得南線配合情況下孤軍深入，結果犯下了大錯，造成了台兒莊一役的失敗。正如毛澤東同志在《論持久戰》一文中所指出的那樣：日軍「津浦南段打小蚌埠時，北段不動；北段打台兒莊時，南段不動」。[4] 雙方如此不配合，結果造成兩頭皆敗。

至此，我們可以明瞭，日軍在占領南京、太原之後的下一步作戰目標是無論如何都要打通津浦線，消滅第五戰區主力，以清除其側翼之威脅，鞏固占領區。而不論是由南北上或由北南下，日軍在不受到沉重打擊時是不可能放棄這一戰略企圖而主動地作出「戰略撤退」的決定的。戰後日方一些人為了掩飾台兒莊的戰敗，將日軍在魯南的敗退說成是「符合華北方面軍與大本營談妥的總歸要撤的方針」的，是一種主動的「撤離」，「自台兒莊後退並不是敗退」、「所以並沒當成問題」。[5] 這些觀點不值一駁，且不論其並沒有提供什麼有力的史料根據，就是從當時戰局一般背景推論，在日軍於華北、東南連連得手凶焰高漲的情況下，以「常勝之皇軍」忽然在台兒莊「轉進」，其唯一的解釋便是他受到了沉重的打擊，否則他們又為何要「自壞傳統」？日本防衛廳防衛研究所編印的《中國事變陸軍作戰史》一書，在其第二卷第一分冊中對台兒莊戰役記載是：日軍因「聯絡不上」而「主動轉進」。雖然這份「官書」仍不肯坦白明書「戰敗」字樣，但「轉進」即是退卻，「脫離戰場」更可明確理解為「撤退潰逃」。這一點還可從當時日軍師團長電令其部隊「中止轉進」的命令中得以證實。日軍主戰台兒莊的瀨谷支隊之所以敢於「從全面情況著眼」而一反日軍自吹之傳統，抗命後退，足見其在慘敗之

餘實已無力再戰。因此，戰役結束後，瀨谷啟支隊長被勒令退伍，以「破壞日軍傳統」之罪「把瀨谷少將編入預備役」，[6]而所謂華北方面軍與大本營談過的「總歸要撤」的決定則更不存在。事實上，雖然當時日軍大本營對中國戰場前線部隊超越命令許可，一味自由行動擴大戰事之舉多有不滿，認為這樣做會有失控之虞，但在海陸兩軍的強烈要求之下，大本營最後亦不得不放棄原定的「休整鞏固」計劃與「穩定占領區」之戰略設計，而批准了華北方面軍「旨在鞏固占領區進行有限掃蕩」的「南進」申請，正如秦郁彥所說的那樣：「統帥部終於信賴第二軍之建議，增加一部分軍隊，唯許其掃蕩作戰」，「驅逐眼前之敵」，「第二軍此舉使日本中央的戰局不擴大方針為之瓦解」，「當時日本軍人之驕橫大有『將在外君命有所不受』之概」。[7]

種種證據表明，日軍從戰略到戰術都對打通津浦線之舉志在必得，非遇重大打擊，他們絕不可能在台兒莊作主動之「轉進」。台兒莊一役是中軍大勝而日軍大敗了，又因為這一勝利是在敵強我弱戰略大背景下取得的，因此就更加顯得其意義重大。

三、中軍取得台兒莊大捷，是與戰役指揮者李宗仁將軍及其桂系武裝的抗日決心密不可分的。

「九一八」以後，以李宗仁、白崇禧為代表的國民黨桂系地方實力派，鑑於國難當頭，民族危亡，曾一再呼籲蔣介石及其南京政府「先國難而後私仇」，[8]停止內戰一致抗日，但蔣氏置若罔聞。不得已他們才樹起「抗日反蔣」旗幟，發動「兩廣事變」，並積極擁護和推動第二次國共合作。「七七」事變發生，桂系與中共方面祕密達成了共同抗日綱領，並堅定地致電南京政府，表示了「誓本血忱，統率全體將士與廣西全省一千三百萬民眾擁護委座抗日主張，任何犧牲在所不惜」的決心。[9]

抗日戰爭開始後，李宗仁受命組織和指揮第五戰區。南京失守後，李宗仁以戰略家的眼光看出：「敵人在京滬線得手後，必定要打通津浦線以清除右側面的威脅，然後才可西進。」「我如能在津浦線上將敵人拖住數月，使武漢後方有充分時間重行部署，則我們抗戰還可繼續。」「如我軍在津浦線上的抵抗迅速瓦解，則敵人一舉可打下武漢，囊括中原，是我方無喘息機會，

則抗戰前途不堪設想。」[10] 他認為日軍在新勝之後殺氣騰騰，以為打通津浦線不過「旅次行軍」，但「驕兵必敗」，只要我們集中力量抓住戰機，攻防得當，戰勝日軍是完全可能的。

當韓復榘率部避戰逃跑，棄守魯北魯中以後，李宗仁面對險惡戰局，鎮定自若，設法團結一切抗日部隊，主動收留了被其他戰區排斥的川軍、東北軍等多支「雜牌武裝」，給他們補充裝備械彈，並賦予信任、委以重任，調動了大家的抗日愛國熱情，加上戰略戰術指揮應用得當，最後終於取得了來之不易的一次空前勝利。正如第五戰區在戰後總結報告中所述的那樣：「最高指揮官之鎮靜於前方士氣之影響極大。徐州二月上旬敵由兗州南下、蚌埠北進時，岌岌可危，戰區司令部本應早已離徐後撤，然以長官之鎮靜處之，不僅得地支持三個月之久，且獲台兒莊之勝利。」這一勝利「第一為李司令長官之堅決沉著，看破戰機，集中主力機動使用」之結果[11]。所以，李宗仁對於台兒莊大捷是立下了首功的，而白崇禧等人翼贊有方也是值得肯定的。他們之所以能夠在這場戰役中指揮得當，這完全源於他們正確的抗日政治立場與持久抗戰的軍事路線。台兒莊大捷後，中共方面高度讚揚與肯定了李、白等人的功績，而武漢國民政府最高當局卻阻止對李宗仁的宣傳，要求把功勞歸功於蔣介石，不免顯得心胸狹窄。

四、台兒莊戰役前中共方面的輔助作用及其對戰役成功意義的評價

過去大陸史學界在談及台兒莊一役時，曾有人詳細探討了中共與台兒莊大捷的關係，其基本內容有以下幾方面：一是戰前中共領袖之一的周恩來曾在武漢向白崇禧明確提出過關於第五戰區防衛津浦線作戰方針的建議。他提議在「津浦線南段採取以運動戰為主、游擊戰為輔的聯合行動」，使南線日軍不敢貿然北上支持華北方面軍南下作戰，在魯南中軍則必須採取運動戰與陣地戰相結合的方針，守點打援，達成各個擊破敵人的目的。[12] 白崇禧聽了這些建議十分贊同，並在赴徐州協助李宗仁指揮作戰時，採納了這些方針，最終取得了勝利。此外，3月間，周恩來、葉劍英還曾派遣張愛萍以八路軍代表的身分趕赴徐州，敦促李宗仁抓住戰機組織會戰，李宗仁同意周恩來等

二　抗戰篇

人的意見，表示「請秉周主任，請他候我捷音！」[13] 再者，在台兒莊戰役期間，活動在淮河流域的中方共產黨游擊隊，積極配合戰役，襲擾日軍，有力地牽制了南路敵人，保障了魯南中軍的成功作戰。[14] 而活動在五戰區國民黨軍內部的地下共產黨員也在戰役中發揮出了先鋒作用等等。對於這些史實，我們不應忽視。但無論如何，這些都是戰役成功的輔助性因素而不是決定因素，不能提高到一個不恰當的位置。在肯定其意義的前提下，不能過於拔高，否則會造成「過猶不及」之弊。台兒莊大捷之功勞主要是屬於李宗仁及其所部廣大的愛國將士的，其中也包括了參加戰役的指揮與作戰的共產黨人的功績。這正像我們在評價八路軍平型關一役的勝利時用不著過分強調是「在第二戰區閻錫山司令的領導下」之類的提法一樣。我們應當以實事求是的態度來看待歷史、研究歷史。

在查閱日本方面有關台兒莊戰役的資料時，我們多次發現郭沫若先生在《抗日戰爭回憶錄》一文中的一段話曾屢屢被日人引用，作為日軍在台兒莊非敗主動撤退之根據。這段話的原文是這樣的：「想起來，也許是走運，開展宣傳週的第三天碰上了台兒莊的大勝利，當時消息說，……敵人板垣、磯谷兩師團主力已被我方殲滅，今天來看，這消息簡直令人噴飯，事實上是敵人自台兒莊一帶作戰略撤退，以便全面進攻，而我們的『軍師們』把這個加以誇大了，其是所謂擴大宣傳，這雖然是『軍師們』慣用的手段，但確使當時的一般人陶醉在勝利之中了。」[15] 雖然我們一時不能詳切了解作為中國文壇與史壇巨星之一的郭沫若先生在說這段話時的背景與具體情形，但就歷史事實而言，這段評論與歷史事實真相是有出入的。當然，在台兒莊戰役究竟殲滅了多少日軍的確切數字上，國民政府方面的宣傳確有「擴大」之處，這在當時是為了政治宣傳與鼓舞民心士氣之需要，但是台兒莊之戰確實擊潰了日軍瀨谷、坂本兩個旅團，取得了重大勝利，這一點是不容否認的。有關台兒莊一役殲敵數目尚可繼續探討，但日軍絕不是主動作「戰略撤退」，而是戰敗逃跑。這是歷史事實，不容否認。從這一點出發來分析，當今日本一些人仍然使用這段缺乏史料根據的話來為日軍戰敗作辯護，這種手法也就顯得十分拙劣了。從這一事例中，我們應當汲取應有的教訓，不要讓別人鑽了我

們民族內部鬥爭的空子。歷史告訴我們，民族的團結、國家的統一是抵禦外侮、振興中華的前提與保證。

以上幾點探討，其目的在於從研究台兒莊戰役背景的有關幾方面問題中追尋這一戰役中方取得勝利之原因所在，不足之處敬請各位同仁賜教。

【注】

[1] 關於「八一三」戰役之起因及結果，請參閱拙著《八一三淞滬戰役起因辯證》一文，載《近代史研究》，1986年第6期。

[2] 蔣緯國：《中日戰爭戰略評析》，載《中華民國建國史討論集》第4冊，第109頁。

[3]《抗日戰爭時期國民黨正面戰場重要戰役介紹》，四川人民出版社，1985年版，第43-53頁。

[4]《毛澤東選集》第2卷，人民出版社，1991年版，第505頁。

[5] [日]森松俊夫：《日本軍台兒莊大敗）之真相》，轉引自《台兒莊戰役資料彙編》，中華書局1989年版，第300頁。

[6] [日]秦郁彥：《日中戰爭史》，第七章《軍事作戰概史》。

[7] [日]秦郁彥：《日中戰爭史》，第七章《軍事作戰概史》。

[8]《李宗仁回憶錄》（下冊），廣西政協文史委，1980年印行，第658頁。

[9] 中國第二歷史檔案館館藏檔案七八七。

[10]《李宗仁回憶錄》（下冊），廣西政協文史委，1980年印行，第707頁。

[11] 二史館編：《中國現代政治史資料彙編》第3輯，第32冊。

[12] 程思遠：《政壇回憶》，廣西人民出版社，1983年版，第116頁。

[13]《張愛萍與台兒莊大戰》，載《光明日報》，1991年9月3日。

[14] 革命軍事博物館藏：《新四軍戰績匯刊》。

[15] 載《郭沫若文集》第9卷，第55-56頁，轉引自《台兒莊戰役資料選編》，中華書局，1989年版，第300頁。

再論抗戰後期周佛海思想之變化

載《學海》

二　抗戰篇

眾所周知，周佛海是汪偽集團中的第三號人物，他「下水」為奸是其在「抗戰亡國」思想指導下主動的自覺行為，並且有一套漢奸「和平」理論以為根據。然而，在其投敵後，幾年來奴才生涯，也使其思想心態發生了一些變化。這些變化，使其在抗戰後期產生了欲擺脫日方箝制，暗裡向渝方「輸誠效力」。這種思想隨著戰爭之發展、日本之敗象畢現而愈益強烈。本文試圖從這一角度入手，探討一下周佛海及其勢力集團在抗戰後期行為指導的根源所在。

一

周佛海自始至終參與了汪氏的「和平運動」，是汪偽政權的主要策劃者與統治者。他對於抗日的「低調」態度及策劃「和平運動」叛國理論可見於他叛逃前後的許多言論中。概括起來說就是他堅決地認為中國不能抵抗日本的侵略，只能以「和平」方式來結束這場戰爭，「戰必大敗，和卻未必大亂」。並且，他與汪精衛都相信日本人是「有誠意」與中國「和平提攜合作」的，使他們可以在「不至亡國」的條件下求得苟安。出於這種動機以及他在重慶政府內部的派系矛盾，而積極參加了汪精衛集團的叛國活動。1940年3月，汪精衛在日本占領下的南京成立了偽政府。周佛海在偽政府內以其資歷及「和運功績」擔任了黨政要職，主管財政、警務、特務等要害部門，堪稱汪偽政權之臺柱。在這一時期裡，他死心塌地投靠日本，幫助日軍進行侵略戰爭，掠奪中國財產資源，出賣民族利益。太平洋戰爭爆發後，他又積極主張以偽政府名義「參戰」，對日本表忠心。但是隨著世界反法西斯同盟的形成，德國逐步陷入困境，日本被迫轉攻為守，其在中國戰場上又代之以利用偽政權誘降重慶政府的政治戰略，周佛海的思想發生了急劇的變化。從1943年下半年開始，周佛海的思想動態主要有三方面的內容：一是對世界反法西斯陣線的勝利心存恐懼，對日軍在中國戰場的日趨衰落無可奈何地嘆息；二是對日方的態度，由依賴、幻想變為動搖、抱怨甚至某種程度上的反感；三是在絕境中企圖尋求生存的一線希望，對重慶政府由對立勸降轉變為溝通聯繫，暗中效力，直至最後公開投靠。

在對待日方的態度方面，雖然在投敵之初周佛海亦曾為「爭面子」等枝節問題與日本人有過矛盾爭執，但總的說來他認為日方「所作所為均較合理」，「我覺得日本當局和在野有識之士是有誠意的」。[1]他尤其對於日本人把他及汪精衛等作為中國「新的政治力量」來對待是感激涕零的。但是隨著與日方「合作」的加深，由於日本侵略者一點也沒有答應他們哪怕是形式上的「獨立自主」的要求，而且又總習慣於以使喚奴才的姿態來利用他們，周氏感到不滿，特別是在1943年以後，戰爭結局逐漸明朗，日本「必短命無疑」。[2]日本加緊搜括中國資產，而且不給偽政權留一點；偽政權統治地區經濟政治形勢日趨惡化、物價暴漲及金融紊亂，周佛海頓生悔意。他在《日記》中寫道：「冷靜考慮」之後，「深覺在漢在渝時對日本之觀察甚為錯誤，今事實表現在在足以證明抗戰派之理論正確」，而他自己對日本「認識不足，固罪有應得」。當然，他的這些言論是其在決定再次投靠蔣政府之後而發，其中亦不免含有為自己開脫罪責，試圖說明自己苦心「本意」的意圖，但無論如何，周氏有此認識，足證其在當時已對日本人產生了反感。

周佛海認為，「中國問題之解決必在世界問題解決之後」，因而他對國際間戰爭局勢之發展至為關心。在日軍發動太平洋戰爭並一度取得勝利時，他極力主張以偽政府名義「參戰」，幻想以進一步為日本全球戰略效力來換取自身地位之提高。然自1943年以後，歐洲戰場及太平洋戰局朝著有利於盟國的方向發展，日軍不斷遭到失敗，周佛海擔憂不已。他在《日記》中寫道：「反軸心軍幾如入無人之境，德尚有抵抗能力耶？士氣已喪，物質精神兩俱不能振作矣。」美軍在太平洋戰場開始反攻後，周佛海唯恐美軍將在華登陸，與日軍決戰，而使南京偽府首當其衝，成為日本的炮灰與陪葬。《日記》中記有：「近日歐亞兩方均有急轉直下之勢。德國……不能撤退，美國……深入日本防衛內圈。東西雙方進展如此之速，且犧牲較預期為小，均出意料之外。常預料戰事必於民國卅五年結束，以目前情形觀之，恐不出明年。但美軍如於中國登陸，化大陸為戰場，即使將日軍擊退，一則中國之破壞損失恐非數十年所能恢復。……大勢所趨，非中日兩國所能單獨決定，悲哉！」「歐洲今年，亞洲明年，苟無意外奇蹟必生強大變化，吾人無力轉移局勢，唯有坐待暴風雨之來臨而且犧牲。」他哀嘆：「兵力上、物質上、精神上均將江

二　抗戰篇

河日下,大亂之情形想今年年內即將逐漸實現。」「治安情形愈下,中下級幹部人心渙散各謀出路,將來之形勢必將愈劣。」「大勢所趨,若無救濟之策,相對唏噓而已。」法國維希政府及義大利法西斯政權相繼滅亡之後,周佛海對照之下已清楚地意識到了其自身的下場,在《日記》裡絕望地說:「墨索里尼政府復與我南京政府運命彼此,誠流淚眼觀流淚眼,斷腸人慰斷腸人也。」「貝當政府之下場之悲慘,應付之困難,均為吾人龜鑑。」「南京與維希處境同,用心同,將來之遭遇亦必同也。」依照他的分析,「蓋時局一有變化,至少有三層風波必須阻擋:第一,時局愈緊,戰局愈不利,日本對華亦必愈緊。苟軍事政治均失利,日方必不反省,自責自己辦法之不對,而必怨我政府之不協力或無力,將來一切怨毒必叢集我政府少數要人之身,尤以其少壯軍人為然,此種波濤必極洶湧。如果被迫撤兵,尤將焚殺,使我膏腴之地變成焦土。此其二。長江下游遍布新四軍,如果日本撤兵,重慶之正規軍未到而共產黨先來,且青黃不接之時,當時之保安隊、警察必與地痞流氓勾結肆行掠劫。當時之保安隊、正規軍來,而民族英雄之氣焰必使人難受。此其三」。「應付之難,實屬空前。」「余輩大有為大浪捲去而沉入海底之可能也。」「瞻念前途,憂心曷極。」「中國、個人出路兩均黑暗,心煩意亂,三時不能成寐。」他甚至準備「必要時也許自裁」。為了擺脫煩惱,周氏及大小漢奸們縱情酒色,尋歡作樂。在這種情況下,周寄希望於以其效力於渝方之行動求得蔣介石日後對其諒解與包庇。

　　對於重慶方面,周佛海一向採取了比汪精衛更為和緩的態度,因為他原本就是屬於蔣系的要員,並且在歷史上與汪有宿怨。抗戰爆發前夕,蔣介石為了拉攏汪精衛與他合作,暗令親信周佛海「多與汪先生接觸」,藉以冰釋前嫌化敵為友。誰知在抗日問題上,周、汪之間產生了共鳴,周佛海遂成為汪派對日謀和「低調俱樂部」主要分子,最後直至叛蔣投汪,共同叛國,這一結果也是出乎蔣氏預料的。但無論如何,周佛海在個人感情上是傾向蔣氏的,他曾坦言:自己與蔣介石「因為主張不同,事實上不能不處於對立的地位,在私情上是萬分難受的」。他曾一再說明:「吾輩雖參加和運,但不可忘記娘家,無論娘家對吾輩諒解與否均不忘記。」[3] 因此周佛海投敵後對蔣介石仍然是言必稱先生且不妄加攻擊,他反覆說明當初離渝是因為他相信自己的

主張是正確的，雖然「兩個政府的對立在一個時候是難免的」，「但是過了相當的時期……無形中是會逼著重慶政府與中央政府合併而使中國統一的」，「重慶方面只要是和我們主張相同的人我們是極端歡迎的」[4]。這也就是說：周佛海相信一旦抗戰失敗，重慶政府就會主動投到他這邊來。然而到了戰爭後期，周氏自己的思想發生了動搖，他所希望的日軍勝利、蔣汪合作之結局均成泡影，而他不願看到的抗戰勝利即將成為事實，他逐漸相信自己下錯了賭注，故而必須盡快回頭，以輸誠的姿態與渝方溝通聯繫。他透過被捕的渝方特務與戴笠建立了祕密聯繫，致電蔣介石表示懺悔效忠，得到了蔣的回電「恩准」，周佛海受寵若驚，同時他又將蔣介石的回電密存起來，以備今後佐證之用。此時周佛海的對渝態度已完全由勸降而轉變為投降。

二

周佛海為效忠重慶，從以下幾方面做了一些工作。

第一，進一步加強與渝方聯絡，透過提供情報、營救渝方被捕人員等手段來顯示自己的價值與作用。1942年10月，他派遣被俘的渝方特務程克祥潛回重慶，與蔣介石直接聯繫。1943年5月，程回到南京，向周轉達了蔣的意見：要他「悔過思改」，並「暫留敵營戴罪圖功」。周在家中開設了祕密電臺，直接與重慶通報，建立了頻繁的聯繫。據周佛海在《日記》中記載，從1943年5月至1945年6月兩年時間內，周直接與重慶通報80餘次，幾乎每週都有聯絡。在此期間，經周佛海「允予營救」的渝方被俘要人就有國民黨江蘇省黨部主任馬元放、胡宗南的代表洪復禮以及蔣伯誠等人。在軍事部署方面，他命令偽軍對渝方武裝「不予攻擊」，取「和平相處」態度。周佛海經過長期努力與渝方許多要人都恢復了聯繫，其中有案可查的就有胡宗南、顧祝同、何應欽、戴笠、戴季陶、陳布雷、陳誠、陳立夫、陳果夫等等。其中他還與顧祝同利用轄區相鄰之便合作走私物資，大發國難財，並開展聯合剿共行動。1945年初，周佛海根據渝方命令搶先出任偽上海市長，為占領並確保寧滬杭要地做準備。1月3日，周佛海接到戴笠來電，同意他的做法，這對於「絕境求生」的周氏來說無疑是像注射了一支「定心劑」。2月15日，周佛海向重慶提交了一份透過日蔣和平求得寧渝合併與日本「體面」撤軍的

計劃，這集中體現了周氏集團對於時局發展的最大希望。他們認為，謀求日蔣單獨媾和是使他們免受懲罰的最好途徑。在日蔣雙方默許之下，周氏在其中做了許多牽線搭橋的工作，但由於日蔣雙方要價相差太遠，討價還價不成，渝方對周氏的計劃未予答覆，使之最後落空。

第二、周佛海為取悅渝方挽救頹運，在偽政權之內做了一些「善後」準備工作。首先在內部實行「大換班」，以「軍政一元化」來改革其政權體制，派遣心腹把持各要害部門及重要地方，排斥陳公博及汪精衛遺孀陳璧君的「公館派」勢力，增設蘇杭等地綏靖公署，嚴密控置偽「中儲行」及「財政部」稅警團武裝，兼任上海市長，把握東南腹地，為日後應變創造條件。在軍事上，他將偽軍主力用以加強寧滬杭地區守備力量，把隴海路以北、商丘以東的偽軍盡可能地南調，以確保南京安全。如將山東吳化文部偽第三方面軍調安徽，將河南的偽第二方面軍孫良誠部調駐蘇北，偽第一方面軍一部調駐南京，偽十二軍項致莊部調浙江。同時，周佛海提出要給偽軍各部增補彈藥裝備，加強實力。並警告偽軍各將領「必須團結始有出路，各人各部各謀出路必不可能生存」。他甚至預料在戰爭結束後假如蔣介石仍不能寬恕他的話，他便可以憑藉這些軍隊另立局面，以蘇北「作混亂時期喘息之地」。在財政金融方面，周佛海也為迎接蔣介石準備了一份「厚禮」。他採取經濟緊縮政策，一方面要求日本放鬆控制，改變「實權操諸日人之弊」。[5]請偽「中儲行」的日本顧問出面讓日方同意限制「中儲券」的使用，減少貨幣發行額，同時命令「中儲行」發行局「祕密保存數百萬紙幣於緊急時備中國官民使用」，命令發行局長將「日方所欠我款項之財目須抄副本二通，分別密藏於各處」，防備遺失，以免今後「無法向『國家』交待」。[6]

第三：周佛海深知寧渝日三方有一個共同的敵對目標，就是中國共產黨。因此，他加緊反共。在反共中，他利用自己的特殊地位，與渝方合作交換情報多達20餘次。而且還出動偽軍與渝軍共同合擊共產黨武裝。1945年夏初，周佛海就派張海帆率偽警衛軍按事前預定計劃，配合渝方二戰區馬志超部聯合「會剿」茅山地區的新四軍。周還建議重慶「保全實力，預備戰事結束後對付共黨」。[7]

三

面對如此危局，偽政權中人人自危，各尋出路，其中亦不乏準備靠攏中國共產黨而謀自身出路者，周佛海對「聯共」的態度是怎樣呢？這在其《日記》中亦可找到答案。

1943年3月8日，新四軍司令部參謀處馮少白科長奉軍長陳毅、政委劉少奇之命密赴上海採購物資，偵察敵情。馮少白的姑父邵式軍，時任汪偽財政部稅務署長兼蘇浙皖稅務總局局長。邵帶馮見周佛海。周與之會談了一小時，結論是對中共方面之用意「殊難揣測」，但他也沒有一口回絕，表示要「一面與之周旋，一面監視其發展」。他還說到「公博對此事亦頗注意，允與馮晤談」。以後，8月13日，周佛海又與邵式軍再一次談到了與「馮龍（少白）聯絡問題」。12月22日，周佛海與日本參謀本部辻政信大佐談及此事，辻氏問周「有無與中共聯絡之必要與可能」，周回答說：「聯繫並非不可能，但必須先定一方針，如一時彼此利用，恐反為中共所乘，殊不可也。」明確表示了他反對向共產黨方面投降的態度。當他得知陳公博想將一部分人馬投新四軍時，立即密報重慶。

儘管周佛海在抗戰後期為了絕境求生而向蔣介石押下生命賭注，並在戰爭結束前後為蔣立了大功，特別是在日軍投降而蔣軍未到之際為蔣介石穩住了寧滬杭重要地區，但他的一切努力並沒有能挽救他的前程，在中國國內外正義力量的強大壓力下，蔣介石不得不把他送上審判臺，最後，還是蔣介石同意其投誠的密電救了他一命，改死刑為無期徒刑。

【注】

[1]《汪精衛國民政府成立》，上海人民出版社，1984年版，第797頁。
[2]《周佛海日記》，上海人民出版社，1984年版，第563頁。
[3]《周佛海日記》，上海人民出版社，1984年版，第319頁。
[4]《汪精衛國民政府成立》，上海人民出版社，1984年版，第802頁。
[5]《周佛海日記》，上海人民出版社，1984年版，第550頁。
[6]《周佛海日記》，上海人民出版社，1984年版，第550頁。

[7]《周佛海日記》，上海人民出版社，1984年版，第364頁。

略論抗戰中後期正面戰場研究中的若干問題
載《中國人民抗日戰爭紀念館文叢》

1938年10月底，武漢失守，中國抗日戰爭進入戰略相持階段。

民國史學界傳統觀點認為，在這一時限之後，國民政府及其領導下的軍隊在正面戰場上的抗日戰事，已逐步陷入消極及停滯階段，相反地卻將其主要精力轉向中國國內反共溶共之爭，製造了若干次「反共高潮」。在國際反法西斯戰爭戰略全局上，中國國民政府也以「等待」的姿態，讓美英蘇盟國去抵抗日本，直至迎來最後勝利。這些觀點之論據，在於過去被廣泛反覆引證的若干史料，並且是偏重於中共黨史研究角度的觀點，故成一家之言。

隨著民國史研究的不斷深入，新的史料不斷發掘，促使我們對傳統觀點作出再思考與探索，從中得出符合史實的真實結論。本文擬就中國抗戰進入中後期以後，正面戰場研究中的若干問題，談談自己的一些觀點與看法，以求教於史學界同仁。

第一，中國抗戰正面戰場進入戰略相持階段的具體標誌究竟為何？

武漢戰役結束後，日軍在中國正面戰場上的戰略攻勢已接近頂點。毛澤東曾在其所著《論新階段》一文中對此做出過精闢的分析：「敵人占領武漢之後，他的兵力不足與兵力分散之弱點所給予他的極大的困難，必將發展到他的進攻階段之最高度，這就是我之正面主力軍的頑抗與我之敵後廣大領土內游擊戰爭的威脅，所以加給敵人兵力不足與兵力分散現象上的極大困難。」「對日本的整個國力來說，他要北防蘇聯，東防美國，南對英法，內鎮人民，他只有那麼多的力量，可能使用於中國方面的用得差不多了」，這「就不得不使其總的戰略進攻接近了一個頂點」[1]。毛澤東在這裡所做出的敵方戰略進攻「接近」了一個頂點的估計，是十分準確而精闢的論斷。

從「七七」事變到武漢失守這一年零三個月時間內，日軍已占據中國全部領土的23%，但在實際上，日軍只占據了華北主要城鎮交通線以及華中、華南的部分地區。在淪陷區廣大的農村範圍內，以八路軍、新四軍為主體的我敵後抗日武裝已逐步掌握了戰爭的主動權。

日本是一個人力、物力、財力均極有限的彈丸之國，其軍力雖經大力擴展，但用以侵略地大物博人口眾多的中國，戰事一久，其作戰首尾不能兼顧、經不起長期大規模戰爭消耗之窘態已現端倪。到1938年底，日本陸軍總兵力，已由戰前的17個師團擴充為34個師團外加5個獨立混成旅團和一個騎兵集團，其國內留守兵力僅餘兩個師團，陸軍主力之大部均已派往國外作戰，其中除駐紮朝鮮的一個師團和駐防臺灣、東北的8個師團、1個獨混旅團之外，投入中國關內戰場的部隊總數已達23個師團、4個獨混旅團和1個騎兵集團，占全部兵力之三分之二[2]。在中國戰場上，日軍在華北投入了9個師團，在華南使用了3個師團，在華東地區及長江中下游沿線使用了5個師團，這樣，日軍只有5至6個師團的兵力可供用於武漢及華中地區作戰，再除去用於保衛武漢之兵力，剩餘日軍想要再向西或向南發動大規模的進攻已是力不能及的了。

受對華戰爭的影響與制約，日本國內的政治經濟狀況亦逐步陷入困難境地，1938年度的國民經濟計劃只完成了80%，嚴重的電力不足與糧荒使全國都陷入了極困難的狀態。為解決軍費困難，日本陸軍省曾計劃用減少參戰兵力的方法來節省開支，並測算出每削減一個赴華參戰士兵便可節省2000日元。陸軍省據此提出方案，準備在1939年內將對華參戰總兵力從85萬降為70萬，到1941年減為40萬。但這一計劃一經提出，就遭到中國派遣軍上下一致的強烈反對，最後雖然裁兵計劃沒有實行，但日本國內已不可能再對華增派一兵一卒了。當時日軍大本營參謀次長澤因茂曾描述說：「外強中乾是我國今日之寫照，時間一長就維持不住了。」[3]

鑑於這種狀況，日軍大本營於武漢戰役之後，明確指示中國派遣軍改變進攻態勢，以「確保占領區」為下一步作戰指導方針，把主要兵力用於對中國敵後戰場根據地實行大規模的「掃蕩戰」、「治安戰」，以圖「穩定後方」。

在正面戰場上則停止戰略進攻，對國民政府及軍隊實行「以政治誘降為主、軍事打擊為輔」的方針，在軍事上以局部戰術攻勢來達成全局戰略守勢上的有利地位，不斷地消耗中方軍隊的戰鬥力，配合以政治、經濟、外交等手段，瓦解中國抗日陣營，從而達成不戰而勝的目的。

占領武漢之後，日本華中派遣軍司令官畑俊六大將曾擬定計劃，準備立即發兵攻占長沙，但卻未得到大本營之批准。他後來在《關於武漢廣州兩戰役善後處理的形勢判斷》一文中寫道：「國民黨軍隊雖自開戰以來屢吃敗仗，受到打擊，經過攻占漢口和廣州之戰，其戰鬥力更會下降。但遺憾的是，仍擁有相當大的兵力，保持著餘力。其主力軍（尤其是中央軍）大概部署在湖南、江西及貴州省方面，強有力的一個兵團群部署在河南西部及西安方面。」「其中江西、湖南兩省是抗戰的屏障。」他原擬「在長沙方面發動新的作戰」，「豈料不獲同意」。因此，他再次向日軍統帥部提出建議：「在作戰上大致已經達到前進限度的目前形勢下，進行政略尤其謀略的重要性更加大了」，但在軍事上「如對本來已被壓縮的蔣政權採取放任，也將成為嚴重禍根，帶來後患，因而應適當地進行促使其崩潰的各項工作，為支援此等工作，必要時應進行一部分作戰」[4]。11月間，畑俊六在對德國柏林《金融報》記者發表談話時也曾公然表示：「倘有必要，將跟隨華軍至重慶、昆明。」[5]

由於日本華中派遣軍指揮官的這種積極態度，導致在占領武漢後日軍的戰略攻勢並未立即停止。

當時中國方面對於日軍的繼續進攻是有所預料與準備的。

10月31日，蔣介石發表《武漢撤守告全國軍民書》，表示武漢保衛戰之意義「厥在掩護我西部建設之準備與承接西北交通之運輸，故保衛武漢之軍事，其主要意義原在於阻滯敵軍西進，消耗敵軍實力，準備後方交通，運積必要武器，遷移我東南與中部之工業，以進行西北西南之建設」。[6] 按照蔣介石的計劃，西南地區的防禦體系是以衡陽為中心，以黔滇川為基地，因此，廣州、武漢、長沙都不是防禦重點。在廣州、武漢失守後，國民政府軍事當局認為日軍已經取得對湖南南北夾擊之態勢，下一步進攻長沙是不可避免的，而中方亦不必死守長沙。時任湖南省政府主席的張治中，對蔣介石棄

守長沙的意圖深為了解，故在武漢會戰後期，他就開始做放棄長沙之準備。武漢失守，張治中下令搬遷湖南省政府，11月上旬，搬遷工作已近完成。

中國國內一般輿論，在當時形勢下幾乎都認為日軍繼續進攻湖南是不可避免的。《新中華報》1938年11月10日曾在「時事分析」專欄中發表《敵占武漢後繼續前進》一文，文章寫道：「敵人在占領武漢後，繼續向西向南推進，並未停止其進攻行動。我們早已指出：以後敵人的進攻方向，當為長沙、南昌及西北。……比如武漢敵人，現在以其主力繼續南下，中心目標，當然在奪取長沙，這幾天戰事已經發展至湘鄂邊境，咸寧、汀泗橋、蒲圻、嘉魚、崇陽相繼失守，敵已進入湖南邊境，離岳州——長沙門戶——已經不遠了。」

11月12日，日本軍隊攻占岳陽，並以一部分兵力繼續向新牆河一線作試探攻擊。中國統帥部根據自身判斷，決定「以衡山為防禦中心」，在必要時棄守長沙。為汲取武漢匆忙撤退之教訓，不給敵人留下一草一木，湖南省府決定在撤退前舉火焚城，以顯示「焦土抗戰」之決心。13日，當局在忙亂驚慌之中，竟誤信傳聞，提前放火，將長沙城繁華市區燒得一乾二淨。這場大火燃燒3天3夜，「雖遠在數十里外而光可燭人，猶如咫尺」[7]，總計焚屋5萬多間，居民生命財產損失無算。

然而，長沙燒了，日軍卻沒有到來。國民政府在氣急敗壞之中悟出了一個道理，這就是他們日夜所盼的日軍「攻勢已竭」的時刻終於到來了，這就使得國民政府最高當局終於享受到了一份在慘痛之後的「意外之喜」。這一事實告訴重慶政府，張牙舞爪的日軍終因疲憊力竭而不得不中止了他們在中國正面戰場上連續的大規模攻勢，中國抗戰的相持階段已經到來了。

蔣介石在分析這一現象時曾以十分興奮的口吻宣布說：「日軍占了武漢並且接著占領我們岳州以後，照敵人的理想，他何嘗不想一鼓挺進攻占我們長沙和南昌，然而他進到岳州以後，就不能再攻進來，這就證明他的力量不夠，氣勢已竭。」[8]

日軍攻占岳陽後，雖面對中方長沙焚城棄守之舉而不能趁亂攻占，其中基本原因正如前述。從戰略角度分析，日軍大本營的指令造成了決定性作用，

而促使大本營作出這種停止攻勢決定的因素正是其內外交困和力量已竭。雖然日軍前線指揮官尚有繼續進攻之野心，然事實上已無力遂其所願。

直至次年9月間，日軍為配合汪偽政權之出臺而重新發動「第一次長沙會戰」之時，其力量不足之弱點依然明顯，並導致其在長沙市郊「望城而返」，其中除中方守軍頑強抵抗之外，日軍無力持久作戰仍是其主要因素。

綜上所述，中國抗戰戰略相持階段到來的具體標誌是1938年11月12日岳陽失守後日軍之主動罷兵。這種結論似乎更符合歷史事實。

第二，國民政府在抗戰進入相持階段後一段時間內究竟是「消極抗日」還是「積極抗日」？

傳統的觀點都認為武漢失守後，隨著抗戰戰略相持階段的到來，國民黨的內外方針已轉變為「積極反共、消極抗日」，並以許多事例證明自五屆五中全會以後，國民黨已由「聯共抗日」轉向「排共反共」，而其抗日戰線則基本停留在一個較為穩定的局面上，沒有太大的變化。對此，筆者認為應作進一步的具體分析研究。

從一方面考察，此時重慶政府的對內政策由「聯共」轉向「排共反共」，這是不可否認的事實。

抗戰開始以後，中國共產黨領導的八路軍、新四軍深入敵後，廣泛開展人民游擊戰爭，先後開闢了10多塊敵後根據地及游擊作戰區，其武裝力量也在與日偽的鬥爭中不斷壯大，八路軍兵力到1938年10月已發展到15萬餘人，新四軍發展到2.5萬人[9]。共產黨在敵後透過自己的艱苦奮鬥壯大了力量，造成了有力的革命聲勢，雖然大有益於全民族抗戰，但卻引起了國民黨方面的嚴重不安，他們唯恐共產黨「利用抗戰壯大」，以致威脅到自己，故而不惜置民族大義於不顧，在各地開展「反共」活動。

根據「第二次南嶽軍事會議」的精神，國民政府軍事委員會制定了《第二期作戰指導方針》，對敵後作戰場之作戰指導方針，他們明確提出要「策應敵後之游擊部隊，加強對敵後方之控制與擾襲，化敵人後方為前方」，「游擊戰重於正規戰」。同時計劃派遣60個師的兵力深入敵後作戰，為此還專

門舉辦過「游擊幹部訓練班」。[10]這些設計，雖然說明了國民黨當局對於此階段在敵後開展抗日作戰的態度還是積極的，但其加強敵後作戰的目的之一也是為了反共，是要在敵後與中共爭地盤。當時，留在敵後的國民黨軍多數是在抗戰初期因日軍進展迅速而未及撤出的部隊，如石友三、朱懷如、秦啟榮等部。這些部隊既沒有深厚的民眾基礎又沒有開展敵後游擊戰的經驗，因此在戰爭中實際並沒有發揮出太大的作用，相反卻在反共摩擦方面製造了一系列事件，而正中重慶政府之下懷。在此期間發生的「確山慘案」、「博山慘案」、「皖南事變」等等正是其具體表現。

另外，我們也應看到，這一時期國民黨在正面戰場上的抗日態度也是積極的。此時期，國民政府根據相持階段的戰略特點，改變了抗戰初期那種以陣地為核心的單純防禦作戰方針，確立了「連續發動有限度之攻勢與反擊，以牽制消耗敵人」的方針。其作戰目的是「一定要鞏固軍事防禦，打退敵人可能的戰役進攻」。[11]顯然，這是在鞏固防禦、積聚力量的基礎上，利用適當時機以攻為守、控制戰場主動權的高明一著。當然，這種攻勢作戰是局部的、有限的，但在戰略相持階段則是十分必要的和正確的。

遵照這一方針，國民政府及其軍隊在「抽調部隊輪流整訓」以期恢復部隊戰鬥力之同時，也布置各主要戰區部隊發動了一系列較大戰役，並取得了不少戰果。總計在武漢失守後3年左右的時間內，中軍在正面戰場上組織了南昌、長沙（第一、第二次）、隨棗、桂南、棗宜、豫南、上高、晉南（中條山）等9次較大規模的戰役，占整個抗戰時期22次大會戰的41%，其中雖有因日軍的進攻而引發的戰事，但也有由中軍主動發起的攻擊作戰，如1939年底發生的「冬季攻勢」便是如此。除了較大規模的會戰之外，從武漢失守到太平洋戰爭爆發的一段時間內，中軍在正面戰場上還進行了各類大小戰鬥496次，占全部抗戰時期戰鬥次數的44%，其中中軍傷亡人數達137.6萬，占抗戰全部陣亡將士總數的43%。這些數目，超過了抗戰第一階段及太平洋戰爭爆發後至抗戰勝利的第三階段的數目。

上述事實表明，進入相持階段後，國民政府實行的是既抗日又反共的政策，在其反共「積極性」大漲的同時，在對日抵抗方面也沒有立即消沉，而

是從正面戰場到敵後戰場，都保持了一種較為積極的抗日態度，只不過因為戰場形勢及敵我力量對比的變化，這種積極性不像防禦階段拚命抵抗時那樣顯著罷了。

重慶政府真正消極抗日是始於太平洋戰爭開始以後，那時，中國政府在一度積極準備聯合英美反攻日本而遭到盟國冷遇之後，不得已才真正消極下來，「等待勝利」。

有人認為，國民黨在抗戰中期積極反共是為了對日投降作準備，反共是投降的序幕。關於這一點，從當時的戰爭形勢看，儘管已進入了戰略相持階段，但日本的侵略依然是國民黨政權最嚴重的威脅。抗日是出於民族利益之大局，是解決重慶政府第一號敵人——日本的侵略之威脅所必需；而反共則是出自其階級私利的考慮，是為了消除戰後共產黨奪取政權的潛在的威脅，是居於第二位的需要。在中日民族矛盾超過了中國國內階級矛盾的時期，孰重孰輕，蔣介石應該是有其衡量標準的。正因如此，一旦日軍攻勢加劇或中國國內外抗日壓力增加之時，他便不敢破壞抗日民族統一戰線，不敢公開反共，而面臨製造民族分裂成為歷史罪人的危險，相反地卻要中國國內各種力量在他領導下共同抗日，更不可能自毀政權公開投降，去做日本人的奴才。但是，只要日軍一旦停止進攻，正面戰場稍有穩定，他即按捺不住地進行反共，企圖削弱共產黨的力量。這種「反共」行動是以不與共產黨公開決裂為限度的，每當其反共活動使國共合作瀕於破裂之時，他便會在中國國內輿論壓力下使之緩和下來，使之不至於對抗戰大局與民族根本利益產生致命性的破壞。例如，在國共摩擦的最高潮「皖南事變」發生後，國民黨便又有所收斂，宣布這一事件「純屬軍紀，與政治無關」等等 [12]，以求不使國共合作徹底破裂。

因此，我們可以說，國民黨的反共與投降是兩個性質不同的問題，兩者間並沒有必然的聯繫，更沒有因果關係。為了民族利益與自身生存，國民黨必須抗日；為了階級利益和維護其統治地位，國民黨需要反共。可以說在太平洋戰爭爆發前的戰略相持階段，國民黨的抗日與反共都是「積極」的。如果說其中還有差別的話，那只是在各階段、各地方其「積極」傾向有所不同。

因此，我們不能簡單地給其做出「積極反共、消極抗日」的結論，更不能說蔣介石及其政府的「積極反共」目的是為了對日投降。

第三，中國抗戰正面戰場究竟是否存在「戰略反攻」階段問題。

要搞清這一問題，首先必須對國民政府最高當局對抗戰戰略發展階段的認識進行一些考察。

抗戰爆發後，國民政府統帥部確立以「持久消耗」戰略，為中國抗戰「最高戰略思想」，並認為這一戰略之實施包括了前後兩個階段。蔣介石曾就這一問題闡述說：「這次抗戰，依照預定的戰略政略來劃分，可以說只有兩個時期。」[13]「自廣州失守、武漢撤退以前是第一期，武漢退出以後是第二期。第一期的任務，在於儘量消耗敵人的力量，掩護我們後方的準備工作，確立長期抗戰的基礎，完成我們第二期抗戰戰略與政略的一切佈置。第二期的任務，就是要承接前期奮鬥的成績，實現我們第一期中所佈置的一切計劃，發揮我們抗戰的力，轉敗為勝的時期。」[14] 也就是說，中國抗戰在經過防禦退卻之後，可以很快直接轉變到戰略反攻時期，「轉敗為勝」，其間不需要經過一個「戰略相持」階段。

由於國民政府匆忙投入全面抗戰，缺乏對於整個戰爭過程的理論研究與探討，雖在戰前提出過一些較為正確的抗戰戰略的指導思想，如沿長江一線節節抵抗、以西南為抗日基地以圖「持久抗日」等等，但就全盤「國防戰略設計」而言是遠遠不夠完整的，加上從戰爭一開始，當局就把結束戰事的希望寄託於國際力量的干預與參戰，故而對於怎樣依靠自己的力量進行「戰略反攻」，根本未來得及作任何設想，因而最高當局始終未曾拿出過一份像樣的「反攻」計劃。

與之相反，1938年5月，中共領袖毛澤東發表了著名的《論持久戰》一文，提出了對於中國抗日戰爭戰略發展三階段的科學解釋。他認為，中國抗戰必然要經過戰略防禦、戰略相持最後達成戰略反攻三大階段。而其中又以改變敵我力量對比的戰略相持階段為整個戰爭最困難而又是最重要的階段，它是第三階段「反攻與收復失地」階段的基礎。《論持久戰》發表後，在社

二　抗戰篇

會上引起了廣泛反響。經周恩來的介紹,「抗戰三階段」理論也傳達到了國民黨上層人物中,白崇禧深為讚賞,認為這是克敵制勝的最高戰略方針。後來白崇禧又把它向蔣介石轉述,蔣也十分贊成。在蔣介石的支持下,白崇禧把《論持久戰》的精神歸納成兩句話:『積小勝為大勝,以空間換時間』。」[15] 但可惜的是,國民黨人並沒有真正完全接受毛澤東的「三階段」持久抗戰理論。

武漢失守後,抗戰即將進入相持階段,隨著正面戰場戰事的相對減弱,蔣介石重新調整戰略,把精力轉向對付共產黨,並未真正致力於積蓄力量準備反攻。太平洋戰爭爆發後,重慶政府逐步進入「消極抗戰」階段,徹底放棄了依靠自身力量反攻的打算,要坐等盟國援助,以增加自己實力,準備在戰爭結束後與共產黨爭一高低。對於抗日正面戰場,則儘量維持現狀,最終造成了勝利前夕正面戰場上空前規模的豫湘桂大潰敗。

然而,就在豫湘桂戰役發生前夕,隨著國際反法西斯戰局的不斷好轉,國民政府眼見日本之失敗已成定局,為了在最後勝利到來時不致十分被動,便不得不強振精神,開始籌劃將來的「反攻」計劃。

1944年2月,國民政府統帥部召開了有第3、4、6、7、9等戰區主要將領參加的「第四次南嶽軍事會議」,蔣介石在會上首次提出了他的「戰略反攻」設想。他說:「我們的抗戰,經過這整整五年的奮鬥犧牲,到今天已經到了一個新的轉折點,就是第二期抗戰已將結束,我軍向敵反攻決戰的階段——第三期抗戰開始的時候到了。」[16] 他論述說:「敵人在我國境內的不過六個軍,而我們用以抗戰的有一百二十個軍,以二十個軍來對付敵人一個軍。」[17] 在數量上我方占有絕對優勢。從戰場態勢上來看,「以現在敵軍正面之廣,空隙之大,兵力之弱與士氣之衰落,我們真的要打它哪一點,就可以打它哪一點。」所以,「今後的戰局,敵我的形勢已經完全轉換過來了,現在我們是處於主動的地位,處處採取攻勢,而敵寇則是處處受敵,被迫退守」。[18] 舉行戰略反攻的條件已經具備了。他說:「在今年五六月的時候,我們第一、三、四、五、六、七、九各戰區一定要實行反攻」,由於「可能遭遇兩種不同的情況,所以反攻作戰「必須準備兩種不同的方案」:一是準

備抵擋日軍可能發動的先行攻勢，二是中方主動發起反攻。蔣介石提出，如果日軍先發動攻擊則我軍除以主力部隊作正面抵抗外，每個戰區都要抽調兩個精銳的軍按照預定目標，主動側擊敵後各大城市，作為戰略反攻之先聲，同時破壞敵人的攻勢，使之首尾難顧。按照預定計劃，第9戰區將反攻武昌，第6戰區反攻宜昌，第5戰區反攻漢口。如果「敵不先來進犯，而我們到了五六月間，準備完成之後，必須堂堂正正地實行反攻」。[19]

蔣介石在第四次南嶽軍事會議上提出的「戰略反攻」設計，是國民黨最高當局關於「抗日戰略反攻」計劃的最明白、最具體的闡述，當然具有積極意義。但是，如果就當時中國戰場上敵我百萬大軍相對陣的實際而言，這寥寥數語的「反攻計劃」未免顯得過於空泛。它既不是一國統帥關於反攻戰略的直接命令，也不是全軍指揮關於反攻作戰的完整計劃，而僅僅是一種政治軍事的號召與表態。蔣介石之所以要做出這種表態，與其說是出於軍事目的，不如說是為了政治上的需要。一個足以為證的事實是：國民政府實際上從未對戰略反攻進行過具體的研究、準備和部署，國民政府軍事委員會也從未制定過任何一個有關反攻的詳細作戰計劃。

蔣介石之所以要大談「反攻」，其基本原因多半是出於國際政治與外交上的需要。太平洋戰爭開始後，英美盟國執行「先歐後亞」的國際戰略，將其主要力量放在歐洲戰場，欲先打敗德國，而在亞洲及太平洋戰場採取消極態度，希望以抬高蔣介石身分來換取中國擔負主要的抗日責任。蔣介石從中國政府首腦的角度出發，為維護中方利益，同時也是為了保存自己實力，相反地卻一再呼籲英美「迅速改變先解決德國後解決日本之戰略」，「運用優勢之海空軍，先擊破日本」[20]。他認為這樣「太平洋形勢，即可大定，不待歐陸、北非戰局揭曉，而日本必由主動變為被動，由被動而趨於消滅」[21]。為了達到這一「借刀殺日」的戰略目的，蔣介石希望透過渲染「反攻」，製造聲勢，吸引盟國注意力，有助於引其上鉤。

在這一動機支配下，蔣介石的「戰略反攻」計劃之特色，便可用以下三句話加以概括，這就是「保存自己、利用盟軍、打倒日本」，即仍然是以「消極抗日」為宗旨。為了解決「不肯犧牲又要求勝」的矛盾。蔣介石只好粗略

地設計出一項奇特的「反攻戰略計劃」，即準備動用少量的部隊（每戰區兩個軍），在一個較大範圍內（第1、3、4、5、6、7、9戰區），攻擊幾個重點（武漢、宜昌）。由此可見，這種「反攻」行動，既無主攻方向，亦無戰略配合，一切舉措，在於全面開花式地「造聲勢」、「造影響」。況且，當時日本在中國大陸及東亞地區還有200萬陸軍主力，其中在中國戰場（包括東北）就有130萬兵力，1000餘架飛機以及千餘艘戰車戰艦，這些部隊並未受到任何重創，具有較強的戰鬥力。按照蔣介石的「反攻計劃」部署，根本不可能輕易打倒日本。所以說，這種所謂的「反攻」充其量只是一種姿態，其「反攻計劃」在戰略思想上是極不成熟的。

在「反攻」作戰戰術設計上，由於受到戰略指導思想的限制，也顯得十分被動和消極。其「反攻」戰術指導是以「跟進」為基本原則，即試圖透過攻擊幾個地方據點或在盟軍發動大反攻之後，迫使日軍撤退，而後中軍沿襲「跟進」，逐次收復失地，並未準備以消滅敵人有生力量來奪取最後勝利。

在這種戰略戰術指導下，蔣介石便把希望寄託在外力作用之上，一方面想讓美國擴大在華空軍力量，利用盟軍進行「空中反攻」，「直接為我們所盼望之總攻鋪平道路」[22]，把日本「炸死」。一方面又寄希望於日軍內部在盟軍打擊下分裂，產生內亂，從而創造機會，早日結束中日戰爭。但是，後來的戰爭事實充分證明，儘管有了中美空軍優勢之支援，國民政府軍依然沒能擋住日軍的「一號攻勢」，在豫湘桂戰役中一敗塗地。更談不上什麼「反攻」了。這種消極抗戰的戰略直接造成了國民政府軍隊普遍的渙散、麻痺、動搖以及投機取勝之心理，反而給抗戰帶來了更大的損失。至於1945年春夏之際國民政府軍在廣西、廣東部分地區發動的局部「反攻」作戰，那只不過是在日軍實施「戰略收縮」行動之後，國民政府軍相應的「跟進」作戰行動，並不具備真正意義上的「反攻」性質，故不能視之為正面戰場上的「戰略反攻」階段之體現。

據此，可以認為，國民政府統帥部只是提出了「反攻」的戰略號召，但並無真正意義上的「反攻」戰略計劃與行動。在中國正面戰場上並不存在「抗戰反攻」階段。由於中國國內外各方面諸多因素之作用，中國抗日正面戰場

從戰略相持階段末期及準備反攻階段急速進入了全面勝利階段，這裡面，雖然有美國的原子彈及蘇軍參戰等外部因素，但最主要和最基本的還在於中國人民艱苦卓絕的勢力奮鬥和慘重犧牲，最終拖垮了日本帝國主義，使之在內外交困絕望之中宣告投降。所以，抗戰的勝利是屬於全體中國人民的，尤其是共產黨領導的在敵後戰場之反攻作戰成績顯著。正面戰場雖然沒經過大規模反攻，但其依然是中國抗戰最基本與最重要的兩條戰線之一，其抗戰歷史功績與作用是應予首肯的。

【注】

[1] 毛澤東：《論新階段》，載《中共黨史參考資料》第八冊，第189頁。
[2] 李惠等：《侵華日軍序列沿革》，解放軍出版社，1987年版，第271頁。
[3] [日]《中國事變陸軍作戰史》，第三卷第一分冊，第96頁。
[4] 《中國事變陸軍作戰史》第二卷第二分冊，第53-56頁。
[5] 《申報》1938年11月6日。
[6] (臺)吳相湘《第二次中日戰爭史》（上），綜合月刊社，1973年版，第462頁。
[7] 《新華日報》1938年11月6日。
[8] 蔣介石：《第一次南嶽軍事會議開會訓詞》，見《蔣總統集》第一冊第1058頁。
[9] 《中國共產黨歷史》（上卷），人民出版社，1991年版，第506頁。
[10] 周恩來、葉劍英：《關於蔣介石訓話主要內容以及具體軍政步驟的報告》（1938年12月），見《中共黨史教學參考資料》第16冊，第102頁。
[11] 《毛澤東選集》第二卷，人民出版社，1991年版，第588頁。
[12] 《中國現代史大事記》，黑龍江人民出版社，1984年版，第216頁。
[13] 蔣介石：《第一次南嶽軍事會議開會訓詞》，見《蔣總統集》第1058頁。
[14] 蔣介石：《以事實證明敵國必敗及我國必勝——在國民黨五屆五中全會上的演說》，見（臺）《蔣總統集》第1090頁。
[15] 程思遠：《政壇回憶》，廣西人民出版社，1983年版，第119頁。
[16] 蔣介石：《第四次南嶽軍事會議訓詞》，《蔣總統集》第1484-1485頁。
[17] 蔣介石：《第四次南嶽軍事會議訓詞》，《蔣總統集》第1484-1485頁。
[18] 蔣介石：《第四次南嶽軍事會議訓詞》，《蔣總統集》第1484-1485頁。
[19] 蔣介石：《第四次南嶽軍事會議訓詞》，《蔣總統集》第1485頁。

[20]《蔣介石致宋子文轉駐美軍事代表團團長熊式輝電》，載（臺）《近代中國》第43期。

[21]《蔣介石致宋子文轉駐美軍事代表團團長熊式輝電》，載（臺）《近代中國》第43期。

[22]《史迪威資料》，中華書局，1978年，第435-436頁。

平心靜論「八一三」

載《抗日戰爭研究》

有關1937年中國軍隊發起「八一三淞滬戰役」戰略意圖及其作用問題之討論，沸沸揚揚已經進行了數年之久，關鍵的分歧在於中方發動此役有無「引敵南下」的戰略意圖之爭。辯論雙方引據同樣的一些史料但觀點各異，主要表現為：一、對現有史料的理解分析不同；二、對某些關鍵史料可靠性的認識有分歧；三、對有關檔案史料缺乏的原因理解各異。當然只要我們本著實事求是的科學態度與知錯必改從善如流的作風，這些分歧完全是可以透過相互交流共同探討而漸趨一致的。鑑於對此問題的討論已充分地展開，其史實背景也已有了清楚的介紹，本文中不擬重複敘述，只想就「八一三淞滬戰役」中的幾個熱點問題，闡述個人的一些新的見解如後，欲使之最大限度地符合有關歷史的真相，從而對有關「八一三淞滬戰役」的起因及其意義的評價之爭論，有一個比較完滿的結束。是否能達成這一目的，敬請各位專家學者不吝賜教。

一、關於「八一三戰役」中方軍事戰略目的的再認定

中方主動發起「八一三淞滬戰役」，自然有其軍事、政治、外交等多方面的目的。但就軍事戰略目的而言，中方在上海作戰的戰略意圖究竟為何？作為否定「引敵南下」論的代表性作品，《淞滬戰役的戰略企圖和作戰方針論析》[1]一文論述說：「淞滬之戰確有吸引敵軍兵力、牽制敵軍在華北的進攻，打亂其預定計劃的意圖和目的。但是說當時蔣介石已經設定了改變日軍作戰方向……的戰略謀算……並無任何事實根據。」[2]此種觀點似有結論過早之嫌。就該文中所引據的史料看，蔣介石曾在1938年1月11日的開封軍事會

議上說：「我們此次為什麼要在上海作戰呢？就是要打破敵人的戰略，使他們不能按照預定計劃集中兵力侵略我們的華北。」[3] 對此，我們不禁要問，所謂「要打破敵人的戰略，使他們不能按照預定計劃集中兵力侵略我們的華北」其實際的含意是什麼？難道僅僅是限於「吸引」、「牽制敵軍嗎」？退一步言，「吸引」敵軍轉攻上海是手段呢還是目的？前文的觀點認為是手段，也就是說，上海作戰的目的是為了配合華北戰場的抗戰。但我們根據開戰前幾年南京國民政府在長江流域經營國防準備的多種設想與努力及蔣介石的軍事顧問蔣百里、德國軍事顧問團長法肯豪森（Falkenhausen）明確提議「以長江流域為未來抗日戰爭之主戰場」，聯繫蔣介石當時尚未有效控制華北地區的歷史背景等多種原因綜合分析[4]，我們依然可以認為，中方要「打破敵人的戰略」，必須就要「引敵南下」，它本身就是一種戰略目的，而不是為了實現其他目的服務的一種手段。否則中方為何要早早地把最精銳的德式裝備的部隊部署在華東？

二、中方建立西南抗日基地的準備與「引敵南下」戰略的關係

持否定論的文章認為，中方建立西南抗日基地的準備與「引敵南下」戰略間並無直接的關係，「至今並無任何論據能夠對此作出肯定的回答……想以四川和西南為抗戰基地的構想來證明蔣介石作出過引敵南下西進的決策，是沒有說服力的」。對此，我們只要再回顧一下蔣緯國的一段回憶便可有結論。

蔣緯國在《中日戰爭之戰略評析》一書中曾記載到，「八一三戰役」開始前，蔣介石明確地說過：「這一戰打起來，上海、南京都不能守。我之所以要打是因為我在日本讀書時的老師，如今都身擔大任，日本人對中國戰略戰史的研究有時比中國人還深刻。現在我們與日本人打仗，不怕從南方打也不怕從北方打，最擔心的是日本人由盧溝橋入山西再經漢中入四川，這是當年忽必烈滅亡南宋的戰略。如果日本人到西南，從雲南、貴州到廣西一抄，我們即便保守南京、上海，這個仗也打不下來。現在唯一的辦法是在上海作戰，引導他沿江西上，屆時他就敗了。」[5] 由此分析，中方上海作戰與建立「四川基地」之間有無必然的聯繫不是一目瞭然之事嗎？

三、中方「引敵南下」轉移戰略重心是主導還是被迫

解決這一問題的關鍵就是對 1937 年 8 月 20 日國民政府軍事委員會下達的「國軍一部集中華北持久抵抗……主力集中華東，攻擊上海之敵」一紙作戰指導計劃的真偽考定問題。

前引論文曾指出軍委會「8·20」華東作戰指導計劃「是一件以訛傳訛的史料」，並以此為據指責有關的臺灣學者作偽，導致這份史料「嚴重的失實，在方法上是以結果演繹原因，導致其結論與歷史事實相背離」。[6] 這一觀點，遂成為持否定論者的觀點支柱。

對上述看法，史學界早有質疑，認為其結論過於武斷。經查考，該件史料出自臺灣「國防部史政局」所編印的《抗日戰史：全戰爭經過概要（三）》第 255 頁。該指導計劃全文如下：「國軍以一部集中華北，重疊配備，多線設防，特注意固守平綏路東段要地，最後確保山東、山西，力求爭取時間，牽制消耗敵人。以主力集中華東，迅速掃蕩淞滬敵海軍根據地，阻止後續敵軍之登陸，或趁機殲滅之，並以最小限兵力守備華南沿海各要地。」至此，我們至少可以明白：1. 這段史料不是「何應欽 1955 年所作的……一種概述」，更不是臺灣學者們的「以訛傳訛」；2. 同時我們也認為，在大陸保存的民國檔案中現在尚未發現這件史料的原稿及副本，但這並不是確認其存在與否的唯一根據；3. 這件檔案來自臺灣的史料書，具體保存在何處，未見公布。

除此之外，需要解決的另一個相關的問題就是，「8·20」華東作戰指導計劃與同一天中方大本營所下達的關於華北戰場的另兩份作戰命令《國軍作戰指導計劃》、《戰爭指導方案》在內容上是否有矛盾的問題。

前引文認為在這兩份「華北作戰命令」中曾明確指出當時的「主戰場在第一戰區」，中方在第一、第二戰區總的作戰指導方針是堅守平綏路、南口、萬全等地，使之「始終為國軍保有」，以達成「平津方面之敵絕不敢冒險南下」[7] 的戰略目的。這樣一來，便與同日中方軍委會下達的「華東作戰指導計劃」內容相左，因此可以反證後者的不真實。其實不然，只要我們細加分析便可

明瞭，這幾份作戰方案並不是相互矛盾互不相容的，而是各有所指各為所用的。

由於當時日軍是在華北發動的戰爭，中方首先要對付華北日軍的進攻而不可能棄之不顧，因此當時中方的抗戰主戰場客觀上也只能在華北，但這並不是意味著中方不會另有所圖，對華北中軍的作戰指導方針只是即時性針對性的，我們可以視之為華北戰場中方的應戰方案。細細分析這兩份文件，我們倒可發現，中方指揮當局在當時作為主戰場的第一戰區，採取的是較為被動的應戰政策，在主戰場側背的第二戰區，則採取了較為積極的固守抵抗方針。前文中所謂的要使「敵絕不敢冒險南下」的命令，則指的是蔣介石所講的日軍在占領華北後沿平漢線或津浦線自北向南的南下，而不是指被淞戰牽引空海運到華東戰場的南下。對於這一點，當時中方的前線主將之一的陳誠，有下面精彩的說明：

「我以裝備關係，不能在華北平原決戰，因此在華北方面……行縱深配備，多線設防，以主力毅然使用於淞滬方面……不惜任何犧牲，予以強韌作戰，雙方作戰重心乃由華北移至華中……所獲政略上之成效尤偉。」「此役強韌之作戰大出敵作戰指導預想之外……就全國地形言，如當時在黃河流域與敵作戰，殊不若在長江流域利用湖沼山地較為有利也，由此戰役演成之結果，使敵被我誘引，不得不逐次被動增援，使在華之敵軍，不能任意行動，造成我華北有利之形勢，尤其使山西之我軍有準備之餘裕，結果在山西之敵軍，始終不能西越黃河一步。此實為我戰略上最大之成功。」[8] 陳誠的這段說明再次證明了「引敵南下」是中方主動的戰略設計，而體現這一設計的便是那份軍委會「8·20」華東作戰指導計劃。

僅從作戰指揮方針上來看，與在北方的決策相比，南京當局似乎更積極致力於淞滬第三戰區的作戰指導。儘管在本戰區「作戰指導方針」中並未明書以「引敵南下」，改變其戰略路線為目的，但在實際上是貫徹實施了這一方針。「對於侵入淞滬之敵，應迅速將其掃蕩，以確保京滬政治經濟重心」，[9]「迅速圍殲上海市附近之敵人，並打破其沿海沿江登陸之企圖」。[10] 同時，

二　抗戰篇

在 8 月 20 日中方下達的幾份作戰令中都明確規定，全部海空軍力量投入上海戰場，協同陸軍即將發動的攻擊作戰。[11]

以上事實說明，中方在「8·20」時，對北方採取的是應戰抵抗；對淞滬採取的是出擊制敵。

南京國民政府要在長江一線擺開對日戰場的設想並非一時的倉促決定。早在七七事變發生後的 7 月 30 日晚，軍政部長何應欽在南京主持了軍事長官會報第 20 次會議，通過了 8 項決議，其中就包括了：對上海日本海軍陸戰隊之應付計劃；對漢口日租界之掃蕩計劃；長江中下游各要塞之阻塞及對日艦之掃蕩計劃[12] 等等，這些決議充分說明了當局在長江一線開戰的戰略意圖，它與南京政府多年來在寧滬間修築三道國防戰線、制定殲滅漢口日租界計劃、經營武漢國防中心以及在西南籌建「最後根據地」的設想是一脈相承的。

8 月 11 日下午，在何應欽主持的另一次會議上，與會的中國共產黨軍事將領發表了他們對我方抗戰戰略的看法。儘管當時中共的軍隊都在北方戰場，但朱德說：「第一第二戰區為主戰區，兵力已有相當多，但仍須準備兵力於該兩戰區，因敵必不以大兵在他方策動也。故在長江上海占先制，以各個擊破敵人，以各方面之勝利而鞏固主戰場之勝利。」[13] 葉劍英也發表了講話，他不贊成在上海大打，認為「我之重點在上海，雖勝利不能轉移全局，如在平綏線置重點則可轉移全戰局，而破壞敵人整個計劃」。[14] 朱德、葉劍英的這番話，可從側面與反面證明，當時在會議上確實討論了在上海開戰「引敵南下」的戰略計劃。

在這種情況下，加上戰前已經制定好的「一旦開戰二戰區即以全力先圍攻上海之敵，以屏障首都」的作戰計劃[15]，南京政府於 8 月 11 日下令京滬警備司令張治中率第八十七、八十八師等精銳部隊，開始總攻上海日軍據點，打響了「八一三淞滬戰役」。

這次戰役的戰術目標是圍殲淞滬日軍，而後封鎖海岸拒止日軍登陸；其所宣示的戰略目標是「鞏固首都及保有經濟策源地」。儘管我們從多方資料中可以考察出「八一三戰役」的戰略目標絕不止於此，但從現有檔案史料出

發，我們可以認為在 1937 年 8 月中旬時，中方尚沒有宣示出明確的「引敵南下」的戰略計劃，但無論如何，「八一三戰役」在開始階段就是有其戰略意圖的，並不是「走一步看一步」，更不能說其「作戰指導方針具有相當的不確定性」。[16]

戰事開始後不到一週，蔣介石派陳誠赴淞滬視察，於是就有了以前多次引用過的陳誠向蔣建議「擴大滬戰」以避免「敵如在華北得勢，必將利用其快速裝備沿平漢路南下，直撲武漢，於我不利」的情況，和蔣介石「一定打」的決策。[17] 儘管我們現在對陳誠的建議本身存在著見仁見智的差別，但不可否認的是陳誠建議的含意就是引敵主力南下，破壞其「自北而南」的侵略計劃，而不僅僅是為了牽制日軍在華北的進攻。[18] 其後，陳誠便奉命率十五集團軍赴滬增援[19]，上海戰事便逐步擴大成為中日的主戰場。

8 月 20 日蔣介石的決策及當日軍委會下達的作戰指導計劃向我們展示了這樣一個事實，到 8 月 20 日後，中方已經有了明確的在上海擴大戰事「引敵南下」的決定及其實際行動。其目的是為了使日軍主力從華北轉移到淞滬，在客觀上造成其只能沿長江「由東向西」進攻的結果。對於這一點蔣介石沒有說，但他做了。從「8‧13」到「8‧20」，短短的一週時間內，中方作出了在上海大打的決定與布置，如果沒有戰前的充分思想準備，如此迅速果斷的決策是極難想像和解釋的。

果然，在中方的激戰之下，到 8 月底，上海日軍陷入了困境，日軍參謀本部鑑於日軍在淞滬戰場的傷亡數已達華北戰場的兩倍，且「打開上海方面的悲慘狀況」陷入「苦戰」，於是決定向上海大舉增兵，加派 3 個師團 1 個旅團及空軍來滬參戰。9 月中旬，日軍在滬兵力已達陸軍 5 個師團 15 個大隊 12 萬人。9 月 6 日，中方「大本營情報」載：「當初東京計劃，決以第三艦隊在華南各海口為牽制動作，待華北軍事發展，後以陸戰隊屢戰屢敗，南口相持不下，乃不得不變更戰略，側重滬戰……敵前日續到援軍 2 個師團，昨日多加入作戰，雙方死傷均巨，明日尚有 2 個師團到滬，主力戰必在 8 日午前。」[20] 11 日，軍委會第一作戰組又獲情報：「日軍參謀本部對華戰略有所變更，因我方在上海一帶兵力雄厚，不易得手，擬在大批援軍開滬後下總攻

擊令。」[21] 這說明日方在 9 月中旬已將侵華戰略做了變更，將淞滬作為其侵華戰爭的主戰場。

對於淞滬主戰場的具體形成日期是 9 月還是 10 月中旬的問題，我以為不必過分計較，其關鍵是淞滬最終成為了中日的主戰場，時間的早晚並不影響對我方戰略設計的評價。

四、「引敵南下」戰略的相關史料再證明

曾有觀點認為，滬戰「引敵南下」戰略不成立的主要理由之一就是缺少當時決策者及參與軍機人士的個人記錄及其回憶資料，但實際上僅就蔣介石而言，便有比較完整的系統資料說明他的這一思想的存在與形成過程。

1934 年 4 月底，蔣介石在廬山與來華訪問的德軍名將塞克特（Seeckt）討論中國對日國防戰略時，有過以下一段論述。蔣介石主張對日國防重點區域應在長江流域而不在華北。他對塞克特將軍說，一旦中日開戰，他準備在必要時放棄華北而集中全部力量保衛長江流域，所以「抗日之發動必須在江西剿共之後」，「蔣對華北感到悲觀，他說自己未能控制住黃河以北地區，而北方軍無用，不同於南方軍隊，隴海線以北的人對政治不感興趣，他們甚至不知道日本人是敵人」，所以，「為了替代北方防守，蔣說要不惜代價建設強化據點」，「他決定只有 16% 的軍事預算可用於華北，因而那裡只能選擇戰略要點構築國防工事」，「他又表示從政治上來看，長江以南遠比長江以北地區重要，況且華北的地方實力派軍隊沒有任何軍事價值」。[22]

1935 年 7 月，蔣介石又一次明確提出：「對日應以長江以南與平漢線以西地區為主要陣線，以洛陽、襄陽、荊州、宜昌、常德為最後陣線，而以四川、貴州、陝西三省為核心，以甘肅、雲南為後方。」[23]

1936 年 7 月，蔣介石在接見即將離任的英籍財政顧問李滋羅斯時對他說：「對日抗戰是不可避免的，由於中國的力量尚不足以擊退日本的進攻，我將儘量使之拖延，當戰爭來臨時，我將在臨海地區做可能的最強烈的抵抗，然後逐步向內陸撤退，繼續抵抗，最後將在西部某省，可能是四川，繼續維持一個自由中國，以待英美的參戰，共同抵抗侵略者。」[24]

其後，蔣介石又在中日開戰之初，有過本文前引之「現在我們與日本人打仗……唯一的辦法是在上海作戰，引導他沿江西上，屆時他就敗了」這一段論證。

「八一三戰役」結束後，蔣介石在 1938 年 11 月 5 日「第一次南嶽軍事會議」的訓詞中說：「在去年平津失陷的時候，我們不能將全國所有的部隊調到華北去與敵人爭一城一池的得失，而要將我們主力部隊，作機動的使用，節節抵抗，逐步消耗敵人，一定先要誘他到長江流域來……孫子兵法上說：『凡先處於戰地而待敵者逸，後處戰地而趨戰者勞，故善戰者致人而不致於人。』我們能誘敵深入……完全是以逸待勞步步致敵而不為敵所致。」[25]

當時參與軍機的中方軍委會作戰部部長黃紹也曾回憶到：「八一三事變的發生是出乎日本意料之外的，亦可以說日本是被動的，我國是主動的，最高統帥的決策，是要以主動的姿態，先把上海的敵軍根據地摧毀……即使不能把敵人根據地剷除，亦須吸引其兵力到這方面，以攪亂其既定的計劃。」[26]

以上所引證的蔣介石在戰前戰後的一系列的講話及黃紹的回憶都可作為「八一三戰役」之「引敵南下」戰略意圖的證據，至此所謂當年「參與軍事機密的主要將領都未說過有這樣的一個重大決策」[27] 之說可視為並不符合實際。

五、幾點最後的結論

關於「八一三戰役」「引敵南下」戰略是否存在及如何評價的問題，我以為根據現有的資料及研究結果可得出以下幾點結論：

（一）「八一三戰役」是存在「引敵南下」、「改變日軍侵華路線從由北向南到由東向西」的戰略目的的，有許多史料可對此加以證實。如蔣介石、陳誠、法肯豪森等人的講話及書面建議、報告；南京國民政府經營寧滬漢川國防線與國防基地的行為；設計湘贛「國防中心區」的計劃；修築浙贛鐵路線；「圖川」及建設西南大後方等等戰略措施。如果根本否認了這一戰略構想的存在，那麼上述這些史實將無從得到合理的解釋。

二　抗戰篇

　　（二）七七事變後，日本軍方的企圖是在華北戰場一舉擊潰或圍殲中方主力。以達成速戰速決逼降中國的目的。而中方則依據戰前的設想，決心與日本開展持久戰。實行這一戰略的第一步就是主動發起「八一三淞滬戰役」以打破日本的戰略企圖。因此，從全盤戰局分析，中方不可能按照日方的意圖，把主力開往華北去與日軍決戰。這一思想在「七七」之後我方對於華北戰局的作戰指導方針中已有明確的宣示。8月前後的華北主戰場是由日本侵略造成的客觀存在，不是中方的選擇；而9月以後的華東主戰場才是中方的選擇。試圖用8月之前我方指揮華北主戰場戰事的文件來證明9月以後華東不是中日主戰場，這從邏輯上來說也是不通的。「八一三淞滬抗日之役」是我方實施「持久抗戰」戰略的一個開始。

　　（三）依迄今為止所發現的史料考察與分析，從「七七」到「八一三」，中方具體的應戰方法客觀上來看應當說是存在著一個變化的過程的。由於戰事的突然爆發及華北地方實力派對與日和談存在著幻想，開戰之後，中方一面應戰，一面忙於協調內部，期望能夠一致對外。南京中央召開最高軍事長官會報，研討對敵抵抗方針，會上各方將領提出了許多意見，會議記錄也並不完全。許多極具價值的提案甚至沒能記錄，如有關將四川劃入第一戰區的提議便是如此。[28] 在這種情況下，若以未見到正式文件為唯一的理由便輕率根本否定中方有「引敵南下」的戰略思想，似覺過於草率武斷。

　　（四）最後，我們在肯定「引敵南下」的戰略設計的同時，必須申明的是，我個人從未說過「引敵南下」是蔣介石在戰前就早已設計好了的作戰計劃。[29] 我在《開闢淞滬戰場有無「引敵南下」戰略意圖》一文中的原話是「這足證蔣氏集中兵力在上海與日軍作戰是有充分設計的」，[30] 意即指「八一三戰役」是有充分設計的，而不是特指「引敵南下」。我認為，「引敵南下」一直是一種盤旋於蔣介石等人腦際的戰略思想，而不是一項已經明確的可以公布示人的戰略計劃。由於開戰後中方沒能實現「趕敵下海封鎖海岸」的預案，上海戰事陷入膠著狀態，此時因為中方最高領導層早已有了要把日軍引來長江流域以己之長克敵之短的設想，故而自然地便產生了陳誠的建議與蔣介石的大打決定。至此，滬戰便具有了「引敵南下」的戰略含意。「引敵南下」的目的絕不僅僅是為了使日軍分兵以支援華北戰場我軍的作戰，而直接是為

了改變日軍「自北向南」的侵華路線，其客觀結果便是吸引日軍主力到華東，使其進兵路線一變而成為「由東向西」。對於這一設計與結果，蔣介石等中方指揮者，說了也做了，只不過沒有高度概括為前述「八個字」而已。

總而言之，「八一三戰役」「引敵南下」改變日軍侵華路線是中方的戰略意圖，但它只是一種在戰前設想的並被後來戰爭實際所證明是正確的戰略意識，而不是一份曾經公布過的作戰方案。這就是我的最後的結論。

【注】

[1] 載《抗日戰爭研究》，1995 年第 2 期，第 26-44 頁。

[2] 同上出處，第 29 頁。

[3] 蔣介石：《抗戰檢討與必勝要訣》，載《蔣委員長訓詞選輯》第 2 冊，第 554 頁，中國第二歷史檔案館藏。

[4] 請參見拙著《開闢淞滬戰場有無「引敵南下」戰略意圖》，載《抗日戰爭研究》，1994 年第 2 期。

[5] 《中華民國建國史討論集》第 4 冊，臺北，國民黨中央黨史會，1985 版。

[6] 余子道：《淞滬戰役的戰略企圖和作戰方針論析》，載《抗日戰爭研究》，1995 年第 2 期，第 39 頁。

[7] 中國第二歷史檔案館編：《抗日戰爭正面戰場》（上），《國軍作戰指導計劃》（1937 年 8 月 20 日），江蘇古籍出版社，1987 年版，第 4-5 頁。

[8] 陳誠：《八年抗戰經過概要》，第 9-10 頁，中國第二歷史檔案館館藏。

[9] 《抗日戰爭正面戰場》（上），《國軍作戰指導計劃》第 5 頁。

[10] 「國防部史政局」：《抗日戰史》淞滬會戰（一），第 9 頁，「我軍作戰指導」。

[11] 《抗日戰爭正面戰場》（上），《國軍作戰指導計劃》第 13 頁。

[12] 《盧溝橋事件第 20 次會報》，載《民國檔案》，1995 年第 2 期，第 14 頁。

[13] 《8 月 11 日下午四時談話會》，載《民國檔案》，1995 年第 2 期，第 21 頁。

[14] 同上出處，第 22 頁。

[15] 《抗日戰爭正面戰場》（上），《國軍作戰指導計劃》第 6 頁。

[16] 《抗日戰爭研究》，1995 年第 2 期，第 35 頁。

[17] 《陳誠私人回憶資料》，載《民國檔案》，1987 年第 1 期，第 14 頁。

[18] 《抗日戰爭研究》，1995 年第 2 期，第 37 頁。

[19]《陳誠私人回憶資料》，載《民國檔案》，1987年第1期，第14頁。

[20]《抗日戰爭正面戰場》（上），《國軍作戰指導計劃》第271頁、第273頁。

[21]《抗日戰爭正面戰場》（上），《國軍作戰指導計劃》第273頁。

[22] 德國聯邦軍事檔案館藏：《塞克特與蔣介石會談記錄》（1934年5月4日），No：02-4415，p.207。

[23] 張其昀：《「中華民國」史綱》第4卷，臺北，中華文化出版事業委員會，1954年版，第211頁。

[24] 蔣緯國：《中日戰爭戰略評析》，載《「中華民國」建國史討論集》第4冊，臺灣，國民黨中央黨史會，1985版，第10頁。

[25] 蔣介石：《第一次南嶽軍事會議開會訓詞》，載《蔣委員長訓詞選輯》第3冊，第454-455頁。

[26]《黃紹竑回憶錄》，廣西人民出版社，1991年版，第339頁。

[27]《抗日戰爭研究》，1995年第2期，第31頁。

[28]《8月11日下午四時談話會》，朱德講話中「四川劃入第一戰區不相宜」等內容，載《民國檔案》，1995年第2期，第22頁。

[29]《抗日戰爭研究》，1995年第2期，第35頁。

[30]《抗日戰爭研究》，1995年第2期，第214頁。

筆談抗日戰爭與中國現代化進程

載《抗日戰爭研究》

編者按：2006年4月21日至4月24日，由浙江省民國浙江史研究中心、杭州師範學院近代史研究所及《抗日戰爭研究》編輯部聯合舉辦的「抗日戰爭與中國現代化進程」學術研討會在杭州舉行，20餘人出席了會議。會議的主旨，是想推動研究者從一個不算很新，卻少為人們重視的視角，對抗日戰爭的歷史進行審視。這個視角就是「現代化」。而關於歷史研究中的「革命範式」與「現代化範式」，兩者的異同比較，最近較為引人關注。究其原因，除了史學方法方面不斷深入的探討之外，歷史為現實服務的功能受到重視，也似是原因之一。以往對於抗日戰爭史的研究，無論是宏觀或是微觀，大致不脫民族民主革命的視角，是因這段歷史確實與之密切相關。而今天的現實發生了變化，以抗日戰爭為開端的中國復興，不僅走向了正軌，而且有了不

斷加速的跡象。因此，重新總結歷史的經驗以為現實服務，不僅是重要的，也是必要的。本次筆談，雖然只是在上述主旨下的一種粗淺嘗試，但見仁見智，或者多少能給讀者一些啟發。本組筆談是從會議發言中挑選而經言者整理過的。需要說明的是，由於筆談內容廣泛，故不做歸類，僅以收稿時間排序。

筆談人：袁成毅、范展、金普森、蘇智良、王希亮、馬振犢、李仲明、左玉河、馬勇、榮維木

馬振犢（中國第二歷史檔案館研究館員）：

抗日戰爭使中華民族經歷了一場血與火的殘酷洗禮，從而實現了整個民族的浴火重生。這場鍛鍊與考驗是全面的、深刻的，且具革命性。其中，抗戰對於中國民眾近代意識的開啟和民智的提高，具有特別的作用和深遠的歷史意義。

鴉片戰爭後，列強用大砲轟開了封建中國閉關的大門，中國被迫開始與西方各國打交道，雖然中西交涉對話在不平等的狀況下進行，外部世界的影響不斷滲入，但就普通城鄉民眾而言，屢屢的割地賠款和局部的中外戰爭，並未能根本衝擊和影響到他們日常的生活模式，對內地的普通民眾來說，外患可能也就是賦稅的加重和洋人洋貨的湧入而已，這使他們本已艱難的微薄生計雪上加霜。儘管中國的革命志士流血犧牲，推翻了封建王朝建立了共和國，但孫中山先生所提出的透過訓政來開啟民智從而實現民主憲政的設想，因多種因素而未能實現，因此就民眾教育和思想啟蒙而言，到全面抗戰爆發之前，中國社會仍處於民智未開的混沌狀態之中，普通民眾尤其是內地閉塞地區的人民，甚至對外部的世界一無所知，基層民眾的思想意識還停留在封建制度殘留階段，他們對國家民族的生存危機並無切身的認識和感受。而當局忙於平定反抗和剿滅異己的內戰，根本無暇亦無力顧及民眾教育和思想、知識的啟蒙，近代教育系統初創，尚來不及發揮出有效的功能。是偉大的全民族抗日戰爭，給中國予重生的機會，中華民族經歷了一次殘酷戰火的洗禮。為了求得這場民族存亡大戰的勝利，中國所有的黨派團體，所有的民族地區，社會各界的力量空前地團結起來，發揮出了前所未有的智慧。在國共第二次

合作的巨大政治影響力之下，中國的政治體制及其運作得以改善，人們的民主意識空前加強。中國共產黨政治活動的合法化，使之在民眾宣傳、社會動員方面的特長得到了充分發揮，以周恩來、郭沫若等為主的國民政府軍事委員會政治部第三廳，在抗戰民眾動員、宣傳、鼓動等方面，發揮出了卓越的領導作用，取得了巨大的成就，中國國內教育、文化、藝術界人士紛紛行動起來，在城市鄉村，舉辦各種形式的通俗易懂的宣教活動。他們宣傳抗戰、啟迪民眾、普及文化，提高人民的民族民主意識和愛國主義覺悟，號召人們有錢出錢，有力出力，為民族抗戰貢獻力量。其參加人數之多，教育形式之豐，受惠民眾之廣，效果之顯著，為歷史所罕見。在這場全民族抵抗侵略求生存的洪流中，上至達官貴人，下至貧民村夫，統一了意志，增強了團結，社會各階層之間得到了聯繫與溝通，民眾的精神面貌得以改觀。為了贏得戰爭，國共兩黨都意識到要發動民眾才能爭取抗戰的最後勝利。儘管還存在思想和行動上的差距，但在強敵入侵，國難臨頭之時，大方向和目標得到了統一。抗戰時期「愛國獻金運動」、「救國公債勸購活動」、「知識青年從軍運動」等等，都得到了人民群眾的熱烈響應，是為民眾覺醒的明證。上至軍事委員會委員長蔣介石、副委員長馮玉祥，下至人力車夫乃至街頭乞丐，都根據所能，獻出了自己的一份錢財和力量；海外僑胞毀家紓難；千萬青年踴躍投筆從戎奔赴殺敵前線；他們都懂得，覆巢之下無完卵，要保住自己和家庭，就必須先保衛國家。這些百年以來前所未有的新氣象，標誌著一個古老民族的覺悟和復興的開始。

　　抗戰時期中國社會與民眾近代思想意識的啟蒙和提升，具體表現在：第一，國難當頭民眾團結救國目標的高度一致；第二，把抗戰與建國融為一體，建國的內涵已不僅僅是維持戰爭的物質建設需要，而且更重要的是民主思想的初步教育和普及；第三，在中共領導下地區民主選舉制度的實行和其示範影響，包括組織各種民眾團體和從掃盲開始的各類啟蒙活動，意義深遠；第四，民主黨派的建立和活躍，形成了在野的政治制約力量；第五，抗戰大大提升了中國融入國際社會的過程，開拓了中國人的視野，推進了中國的國際化。

這些前所未有巨大而本質性的進步，不僅是奪取抗戰最後勝利的重要保障條件，而且為後來中國的新誕生，奠定了一方面的社會政治基礎。

置之死地而後生，在論及全民抗戰給中國現代化進程帶來的歷史性影響時，應當注意到，中國民眾的覺醒是其中最重要的一個方面。

中國的抗日戰略

2001 年哈佛大學「中日戰爭國際共同研究」夏威夷第二次會議論文，發表於「中日戰爭國際共同研究之二」──《戰略與歷次戰役》，社會科學文獻出版社

1937 至 1945 年發生的中日戰爭是中國和世界近代歷史上的一場著名的戰爭，在這場戰爭中，中國國民黨及其國民政府作為中國的執政者，指導了抗日作戰，在中國共產黨及其軍隊的合作下，最終打敗了日本侵略者。國民黨確定的抗日軍事戰略對於取得這場戰爭的勝利具有重要的作用。因此，研究國民黨的抗日戰略的形成與變化過程就對於研究整個抗戰歷史具有特別的意義。

一、國民黨的決策機制與中方抗日戰略的形成

戰前中國實行的政治體制是「以黨治國」的集權統治，即所謂「一個政黨、一個主義、一個領袖」。清末以來，中國雖然經過了疾風驟雨式的民主革命，建立了共和國，其政權形式比封建時代有了歷史性的進步，但其實質並未發生徹底的改變。在一個擁有幾千年封建傳統的國家，封建君王思想和實施獨裁統治的習慣根深蒂固，深入社會底層。民國初期，國家剛剛從清王朝的舊巢中脫胎而出，從國家領導人到普通百姓，皆深受封建思想的浸淫，這種狀況，決非經過一兩次革命所能徹底改變。辛亥革命之後，儘管國家政治體制發生了變化，在國民黨人效仿西方共和制國體建立的中華民國政權機構內，國家大政方針的最後裁定權仍然掌握在國民黨最高領袖蔣介石一人手中，在軍事作戰領域內尤其如此。因此其抗日戰略的形成與制訂也不能例外。在這種情形下，中方的抗日戰略基本上是以蔣介石個人的意志觀點為導向，

其他人的意見只能給蔣造成參考輔助作用，而一般不能在公開場合進行討論和辯論研究，更無法直接對蔣的決定形成否決。這是當時中國有別於西方國家的不同點，也是中國的決策機制的實際情況。

國民黨的軍事決策體系是怎樣運作的呢？概括地說，就是以一人為中心而形成的一部官僚機器。

因此，在這個意義上說，研究中國抗日軍事戰略的形成與制定過程，實際上就是對蔣介石基本抗日戰略思想形成的研究，雖然它不是全部，但卻是其基本的內容，而這種思想，在戰前就已經開始形成了。

我們首先對蔣介石國民黨在抗戰前關於未來中日戰爭的設計和謀劃進行簡單的回顧。

在戰前的內外方針與國防政策方面，當時蔣介石的觀點是有錯誤的。他對內厲行「攘外必先安內」的政策，把主要精力用於剿共內戰；在外交戰略上則實行防蘇甚於防日的方針。「認為當今中國的威脅，蘇俄第一，日本第二」。在這種思想指導下，其抗日戰略的制訂便呈現出先天不足的特徵。他把主要精力以及軍力、財力都用在了內戰上，對於日本軍閥的不斷侵略，只能採取步步退讓的方法。直到1935年後，「剿共」內戰取得了一定的進展，加之日本的威脅加劇，中國國內抗日呼聲高漲，使當局逐步意識到再不準備抗日，政府有倒臺的危險，這才開始進行若干的思考與準備。當時蔣的許多謀士，包括軍事家蔣百里與德國軍事總顧問法肯豪森等人在內，都曾向他提出過具體的抗日戰略設想，其中包括了持久戰思想的萌芽和「引敵南下」的戰略設計等等。這些分析建議對於蔣介石肯定產生了一定的影響，是直接造成他後來確定戰略政策的基礎。以至於在1935年後，國民政府的國防指導方針便逐漸地轉向以抗日為中心，並在實際工作中進行了一些實戰的準備。但縱觀其戰前的抗日戰略，其主導思想仍是「應戰而不求戰」，以及「以戰求和」，以「恢復九一八前的態勢」為首要的目標。

二、戰爭爆發後的戰略應付

1937年「盧溝橋事變」爆發時，蔣介石正在盧山準備召集全國各黨派人士及社會名流舉行談話會，共商國防大計。他在聽取有關「七七」事變的匯報之後，立即下令「通飭一體戒備，準備抗戰」。[1]

7月8日，蔣介石電令正在四川辦理整軍的軍政部長何應欽火速回京，擬定軍事動員、作戰計劃等項事宜。9日又下令調遣兩師兵力「向石家莊或保定集中」，準備抗戰。[2]13日，他向宋氏明確表示：「盧案必不能和平解決，……中正已決心運用全力抗戰，寧為玉碎，不為瓦全，以保持我國家及個人之人格。」[3]他同時十分自信地表示：「平津國際關係複雜，如我能抗戰到底，只要不允簽任何條約，則在華北有權利之各國必不能坐視不理，而且重要數國外交皆已有把握，中央決宣戰。」[4]蔣氏的這一講話，確定了國民黨對日作戰的方針，對國民政府初期抗戰造成了動員作用，受到了全國人民的擁護。

7月17日，蔣介石在第二次盧山談話會上發表了著名的講話，提出了解決「盧案」四項強硬條件。他鄭重表示：「萬一到了最後關頭，吾人當然只有犧牲，只有抗戰。」但是，「我們的態度只是應戰而不是求戰，應戰是應付最後關頭必不得已的辦法。」「在和平根本絕望前一秒鐘，我們還是希望和平，希望以和平外交方式，求得盧事的解決。」「如果戰端一開，那就地無分南北，人無分老幼，無論任何人皆有守土抗戰之責任。」[5]

自7月11日開始，南京國民政府軍事機關各主要長官、幕僚及有關人員在軍政部部長何應欽官邸舉行連續會議，緊急商討對付盧事方針及中國國內軍備動員、兵力調遣等應戰措施。到8月12日止，會議共舉行了33次，這些會議對於制定抗戰初期南京政府政治、軍事方針具有重要意義，其所涉及的內容有：

第一，關於派遣參謀本部次長熊斌北上，向宋哲元轉達南京政府抗戰決心的決定。

第二，調遣中央軍北上，做好應戰準備。

第三，商討目前對日謀略與外交方針。中方最高軍事會議主張「現在我準備未周，開戰難操勝算」，因此「我們希望緩兵，以完成我方準備。即對長江設備完成，可以確實控制長江之安全而保長江之樞紐，則無論實行持久戰或殲滅戰，乃有把握」。「故目前中央宜表示強硬，而任宋明軒之妥協運動之進行，如果結果不超出中央期望之外，則中央可追認之，否則，中央仍予以否認。至軍事準備尤不可忽」。

第四，關於國民黨內各地方實力派對盧事的反應。除了位於第一線的宋哲元部而外，桂系李宗仁、白崇禧決心參加抗戰。山東韓復榘「態度良好」，他致電南京政府「抵抗日本之侵略」，其戰略為「實行持久戰」。四川劉湘通電「請纓抗日，並謂遵令整軍待命」。[6]

第五，關於接納中共領導的紅軍參加抗日作戰，標誌著國共合作抗日的正式告成。

總括南京國民政府對盧溝橋事變的態度，仍然為「應戰而不求戰」，但蔣介石是抱著不惜與日本全面開戰之意圖來調兵遣將的，準備以軍事實力來與日本周旋一時，最終迫使日方適可而止，雙方各讓一步，達成事變的最終和平解決。

事實上，南京中央政府的意圖並沒有得到很好的貫徹，華北的戰事在地方實力派宋哲元的妥協求安撤防指導下，很快歸於失敗。日軍占領北平、天津之後，兵分三路，沿平綏、平漢、津浦路向西、向南前進，戰事不斷擴大。

8月20日，國民政府軍事委員會鑑於目前戰局，制定並頒布了《戰爭指導方案》，將全國劃分為5個戰區。晉綏戰場被劃分為第二戰區，閻錫山被任命為戰區司令長官，負責統一指揮該區域的作戰部隊。該戰區的作戰任務規定為：「打破敵慣用包圍行動之企圖，使其對我第一戰區不敢放膽施行正面之攻擊，同時牽制熱河以東之敵軍，使其對青島、淞滬之作戰，不能轉用兵力。」[7]

8月上旬，日軍獨立混成第十一旅團在第五、第十師團等部配合下向察綏和山西的前哨要地南口發起猛烈進攻。閻錫山在嶺口召集軍事會議，布置

了設在繁峙、沙河間的「口袋陣」，以圖圍殲日軍坂垣部隊。但在具體實施時，由於判斷錯誤擅改部署，被敵從平型關右側後繞襲成功，中軍退守平型關。10月13日，忻口戰役開始。激戰至26日，娘子關陣地被打開缺口，忻口戰場腹背受敵。11月8日，日軍攻擊太原。晚9時，守城部隊全部撤退，太原城失守。[8] 太原失守，標誌著中軍在山西正面戰場的抗日戰事基本結束。閻錫山所部退往晉南地區。而日軍因在山西消耗過甚，一時亦無力繼續追擊作戰，北方的戰事暫時停息下來。

三、上海的主動出擊

北方戰場戰事的擴大暴露了日本全面侵華的企圖。國民政府統帥部不得不面對現實，確認現在已不再是談論是戰是和的時候，而是面臨著怎樣打的抉擇。

長江中下游地區，為中國政治、經濟重心所在，以經濟中心上海與政治中心南京相連的寧滬地區是中國當時的心腹要地。因此，上海便成為中國的東大門及保衛首都的屏障，在戰略上具有十分重要的地位。對於中國的東南地區，日本帝國主義雖然垂涎已久，但是由於當時戰爭集中在華北，在開戰之時，日方並無在上海作戰的具體計劃，只不過考慮到了在青島與上海兩地派兵保護日僑的可能。

根據「一·二八」後的「停戰協定」，上海地區駐有日本海軍陸戰隊3000餘人，他們以虹口陸戰隊本部為中心構築了80餘處陣地，並儲存了必要的戰備物資。7月，華北戰爭爆發，以長江方面為「警備區域」的日本海軍第三艦隊司令官長谷川清正在臺灣指揮演習，聞訊後他即趕赴上海。7月11日，他召集了「特別警備會議」，向海軍軍令部提出報告，認為有必要在上海、南京一帶發動戰爭，「如果局限戰域，則有利於敵方兵力之集中，深恐將使我方作戰困難。為制中國於死命，須以控制上海、南京為最要著」。[9] 但至8月上旬末，日方的作戰方針仍然是「陸軍僅派至華北，為保護日僑可動用海軍，勿須陸軍出兵上海」。[10] 直到「虹橋機場事件」前夕，我們尚未發現日本最高軍政當局有在上海開戰的計劃及下達明確的作戰命令。然而，

由於日本海軍急於加入對華戰爭，其領導機關與下屬艦隊不顧一切地開始了在上海的備戰。

此時，在中國方面，自 1932 年「一・二八」事變以後，國民政府意識到日軍如再由上海入侵，將輕易威脅國都南京，故而對寧滬杭腹地的防禦計劃給予了相當重視。自 1931 年起，國民政府開始在這一地區構築國防戰備設施。經過數年的努力，花費了一百幾十萬元的資財，修成了三道國防作戰線，即上海至杭州國防線、吳江至福山國防工事（蘇福線）、無錫至澄江（江陰）國防工事（錫澄線）。到 1937 年，全部工程已基本完成。毫無疑義，這些戰備工作的目的是為了對付日寇的侵略。

1935 年秋，中國最高軍事當局還著手制定了完整的《國防作戰計劃》，其內容包括阻止日軍擴大侵華戰爭。這份計劃總方針規定：「為保全國土的完整，維護民族生存起見，應拒止敵人於沿海岸及平津張以北之地區，作韌強之抗戰。隨戰爭之推移相機轉移攻勢，將敵人殲滅之。」它將察哈爾、河北、綏遠、山西、山東、江蘇、浙江、福建及廣東 9 省劃為抗戰區，其中又進一步劃為 6 個防衛區。計劃在鄭州、開封、徐州、海州和寧滬杭一帶設置防禦。寧滬杭地區由唐生智負責，並以湖南全省和安徽南部、江西北部駐軍為京滬杭地區後援部隊。[11] 僅就這一計劃具體內容來看，很顯然，中國方面對於防禦日軍侵略寧滬是有比較全面的設想的。

中國方面在寧滬杭地區的備戰工作並沒有僅僅停留於紙面。1936 年後，京滬警備區司令張治中，積極著手對日抗戰準備工作。他在陸軍軍官學校內設立了一個「高級教官室」，專門主持制訂「京滬分區」防禦計劃及實施，以後又擴充組織，改名為「軍校野營辦事處」，內設政治、軍事兩個組，陸續對滬寧間各重要地區進行了具體調查，對防禦作戰的兵力部署、指揮防線、後勤補充乃至發動民眾、輿論準備等多方面的問題進行了研究設計。根據綜合分析，他們認為：日本發動侵華戰爭，上海必然是戰場之一，我們不能重演「九一八」和「一・二八」被動挨打的悲劇，應在敵方發動戰事以前，主動出擊進攻，徹底摧毀日軍在滬軍事據點，然後封鎖海岸，確保寧滬安全。他們的這一戰略設想得到了最高當局的同意。除此以外，張治中還主持了一些

實際備戰工作，如曾組織5個師的演習，模擬阻擊日軍登陸；1936年底又組織軍事參謀人員到蘇州、常熟、太倉、瀏河、吳淞一帶進行考察與布置等，寧滬鐵路沿線各火車站也奉命進行了軍運準備。

「七七事變」後，張治中又提出立即封鎖長江水道，圍殲長江上游日艦的建議，但這一計劃被國民政府行政院祕書、日本間諜黃濬密告日方，使日艦得以迅速逃脫，並將漢口日海軍陸戰隊轉運上海，加強了日軍駐滬兵力。[12] 種種事實表明，國民政府在寧滬杭地區進行了抵抗日本侵略的先期準備，而在這些準備中包含了一定程度上先發制人的戰略目的。

華北戰事開始後，中國統帥部認為：華北是一大平原，有利於日軍機械化部隊及大兵團活動，並距日方東北補給基地較近，附近又有冀東等偽組織活動，所以形勢於我不利。如果全面開戰，中方應充分利用在淞滬間既設國防工事，在此投入重兵用以牽制敵人兵力，保衛政治、經濟中心，同時還可能使日軍觸犯列強在華利益引起國際干預。[13] 一旦上海開戰，應爭取迅速殲滅上海日軍，封鎖海洋。如戰事不利，則可退守蘇福國防線打持久戰，藉以待機調停戰事，阻止日軍侵略。

中國方面對於淞滬地區抗日的計劃與準備，造成了中方發動「八一三」戰役的客觀條件。

8月9日發生的「虹橋機場事件」為淞滬戰役點燃了導火線，但就8月9日至月底大戰全面展開這段時間內的情況分析，中日雖都決心在上海一戰，然雙方的作戰計劃與準備工作卻大有不同。

事變發生後，日本軍政當局開始重視上海方面的局勢。「海軍中央部研究了解決大山事件的方案，決定向中國方面提出要求事項，在採取外交措施同時，和第三艦隊進行了聯絡，要求慎重行事。儘管事態的最後解決只能訴諸武力，但在陸軍派兵的情況下，攻擊開始的時間也須在動員後的20天，因此當前要盡可能不使事態迅速惡化」。「在10日的閣議上……再次確認了就地保護上海僑民的方針。答應準備派遣陸軍部隊」。[14] 日方利用外交談判拖延時間，從各地調派了三個師團的陸軍趕運上海。日軍參謀本部此時的觀點是：「上海方面已超出單純的保護僑民目的以外，具有給中國方面以沉

重打擊的意義。」[15] 因此，其在 8 月 20 日制定的《作戰計劃大綱》中規定：「以上海派遣軍（以五個師團為基幹）擊敗上海周圍之敵，而後以一個軍（大概以三個師團為基幹）確保上海周圍的重要陣地線，切斷上海—南京間的聯繫並謀求占領地區的穩定。」[16] 這表明，日軍在戰役開始時只計劃攻占上海而沒有在華中大戰的具體準備。即使在開戰以後，日軍參謀本部第六百號命令仍規定：「華中方面軍的作戰地區大概定為聯結蘇州—嘉興線以東」，「意在預期方面軍主力不超過該線」。[17] 曾任中國戰場高級指揮官的今本熊男的回憶也說明日方在初期並無使華東成為主戰場的計劃，[18] 日軍在華中作戰的決心是逐步確定的。

然而，中國方面在「虹橋事件」發生後即決定了開戰措施與大戰計劃。事件發生後，在對日採取強硬外交的同時，國民黨最高當局宣布從此進入對日抗戰，命令參加廬山會議的將領回到各部隊，開始全面抗日部署。8 月 11 日晚，國民政府軍事委員會命令：「張司令官治中率八十七、八十八師於今晚向預定之圍攻線挺進，準備對淞滬圍攻。」8 月 13 日深夜，蔣介石下令張治中發動總攻擊，實現「趕敵下海封鎖海岸拒敵登陸」的作戰計劃。同時，決定將第五十六師主力、第五十七師的一部及獨立第二十旅向前推進，採取逼向南下在長江方面作戰的敵之側面的有利態勢。」[19] 中國軍隊源源不斷開赴上海戰場。

8 月 13 日上午 9 時許，中國軍隊在部分日軍士兵首先越過對峙線的情況下，奉命發起全面攻勢，揭開了淞滬百日大戰的序幕。

8 月 18 日，蔣介石派陳誠、熊式輝赴滬視察戰況，20 日返回南京。陳誠向蔣匯報說：敵對南口勢所必攻，同時亦為我所必守，是則華北戰事擴大已無可避免，故敵如在華北得勢，必將利用其快速裝備沿平漢路南下直撲武漢，於我不利，不如擴大滬事以牽制之。蔣對此表示：「一定打。」陳誠又說：「若打，須向上海增兵。」蔣即派陳誠為第十五集團軍總司令率部赴滬增援。[20] 至此淞滬大戰再次升級。蔣介石的這一決心體現了國民政府最高當局對中日戰爭的總體戰略部署。

8月20日，國民政府軍事委員會將全國劃分為5個戰區，下達了如下作戰方針：「國軍一部集中華北持久抵抗，特別注意確保山西之天然堡壘。國軍主力集中華東攻擊上海之敵，力保淞滬要地鞏固首都。另以最少限度兵力守備華南各港口。」[21] 這就是國民政府抗戰初期戰略設想的基本原則。從這裡我們可以看出，國民黨軍發動上海抗戰是有目的、有計劃的，而且早已做了必要的準備。在明知北方戰事擴大不可避免之時，中國最高統帥部仍決定將中國軍隊之精銳投入上海戰場，以期促使日軍分散兵力和改變侵華路線。雖然此舉有其政略外交與戰術上的考慮，但不可否認，從上海戰事擴大的客觀效果聯繫中方戰前在滬寧間的戰備成績來考察分析，這一決定對整個抗日戰爭正面戰場的戰略影響具有關鍵性的意義。可以說，如果沒有上海方面的激烈抵抗而單憑北方戰場苦撐後的敗退，以後的戰局很可能出現如陳誠所意料的日軍從北方戰場西進後南下占領武漢，斷絕國民政府的退路並合圍夾擊，使中方陷入滅頂之災的局面。由於當時華北地區在西北軍掌握中，南京政府對北方戰場作戰的指揮不可能得心應手，萬一出現失控，將會造成破壞大局的後果。而在淞滬戰場的抵抗則正可以收以我之長克敵之短之效。從這一點來看，淞滬戰役之意義不在戰鬥之輸贏得失，戰役發動後在戰略上中方既已首先贏得了主動，爭得了至關重要的戰略上的主動權，而中國所得的這一分又是在敵強我弱的形勢下爭得的，這也就是「八一三」淞滬戰役對於抗戰全局的最大意義之所在。

8月20日，國民政府軍事委員會發布新的作戰指導計劃：「國軍以一部集中華北，重疊配備，多線設防特注意固守平綏路東段要地，最後確保山東、山西，力求爭取時間，牽制消耗敵人，以主力集中華東，迅速掃蕩淞滬敵海陸軍根據地，阻止後續敵軍之登陸，或趁機殲滅之，並以最小限兵力守備華南沿海各要地。」[22] 其基本方針是在上海戰場集中主力部隊，直接殲滅上海日軍，阻止其援軍登陸以保護寧滬安全。從此，長江以南國軍停止北調，紛紛向淞滬戰場增援，中央軍及廣東軍、廣西軍陸續派出主力軍赴滬。8月底在隴海線東部機動待命的胡宗南部第一軍以及已由漢口向保定輸送、先頭部隊已抵鄭州的第十八軍均奉命轉向華東戰場南下增援。自8月上旬至9月中旬，淞滬戰場中國部隊及其陸續開到之大批後援部隊總計約70萬人在地域

狹窄、水網密布的淞滬三角地帶與不斷登陸的日軍開展了一場空前激烈的搏鬥。由於中國官兵的頑強抵抗，使日軍兩個師團陷入上海苦戰中，傷亡4000餘人，而不得推進兵力。日軍上海派遣軍司令部及第三艦隊司令官，不得不再次急電東京求援。9月6日，日本「決定增派第九、第十三、第一〇一師團及臺灣守備隊（重藤支隊）到上海」，[23]日方不惜代價投入陸海空重兵，準備突破中方淞滬防線占領上海，而我方守軍持久鏖戰損失過大，「每小時死傷輒以千計」，軍力逐漸不濟，這樣整個淞滬戰局開始發生不利於我的變化。延遲到10月21日，中國軍隊全線停止進攻而轉入防禦。

10月底，日軍統帥部為了改變目前困難狀況迅速解決上海戰事，決定再次向淞滬戰場派兵，使淞滬戰場日軍全部兵力達兩個軍9個師團，這個數目已比華北戰場日軍全部兵力還多了2個師團。從這點來看，上海戰局的發展已實現了中方「引敵南下」的戰略意圖，但就實際戰況而言，日軍的壓力已超過了中方所能承受的限度，特別是11月5日三個師團的日軍在杭州灣登陸之舉，抄了中方的後路，出乎中方統帥部的預料，成為導致上海戰局發生逆轉之關鍵因素。

此時日軍已從前後兩面對中國軍隊形成夾擊包抄之勢，滬杭鐵路已被切斷，中國軍隊面臨被圍殲之危險。8日晚，中國統帥部決定上海守軍全線向吳福國防線轉移。但是由於戰局變化太快，中方撤退令下達過遲，「部隊已陷於極度紊亂狀態，各級司令部已很難掌握其部隊了」。[24]11日，上海淪陷。

從「八一三」戰役的發生背景、發動經過、戰役發展及其對抗戰全局的影響等方面綜合分析，我們可以得出以下幾點結論：

第一，「八一三」戰役是中國發動的。中方在戰事開始時處於主動地位，這一點完全可從中方的作戰準備、戰略計劃以及日方參戰經過諸種事實中得到證實。

第二，戰役最後，中方沒有達到預期的目的，反由主動變為被動，其中原因是多方面的。從宏觀角度來看，當時中國的綜合國力與軍力都比不過日方，暫時的局部的失敗在所難免。從具體戰役指揮上看，中國方面在如此狹窄的江南水網地帶投入70萬重兵與強大的敵人開展拚消耗的陣地戰，使中

方主力戰鬥部隊遭受了巨大的損失，使得接踵而來的南京保衛戰嚴重缺乏參戰生力軍，很快歸於失敗，甚至對整個抗戰初期正面戰場都產生了不利影響。

第三，國民政府發動上海抗戰的目的，依事前的計劃，在戰術上是以積極的攻勢清除日軍駐滬部隊，封鎖海洋，保衛寧滬安全。據史料判斷，也有吸引華北日軍分兵南下的意圖，最後在客觀上也達成了這一目的。[25]國民政府發動上海抗日的戰略目的是要向日本及英美各國顯示自己的力量，希望以此迫使日本放棄滅華企圖；或最低限度拖延戰爭進程，遲滯日軍侵略步伐，同時爭取英美的干涉調解，達成妥協停戰阻止日本滅華的政治目的。「中樞除積極準備發動全面抗戰外，仍秉不求戰而應戰之一貫主張，準備徹底犧牲。若寇方能停止侵略恢復7月8日前之狀態，則猶可（原文如此—引者注）最後一線希望」。[26]這說明，上海與華北的抵抗，都是為了恢復「七七事變」前不戰不和的局面。

第四，「八一三」戰役的結果，在戰爭中給予來犯之日軍以迎頭痛擊，大量殺傷了日軍，迫使其一再增兵，動用了主力野戰軍。同時亦為中國沿海工業內遷及政府機構轉移贏得了寶貴的時間，並極大鼓舞了全國人民的抗戰熱情。在戰略上使日本對華戰爭陷入持久作戰，粉碎了日方「速戰速決」的美夢。這正是「八一三戰役」的實際作用及最大意義所在。

戰後幾十年來，國民黨方面的史家與學者對「八一三」戰役進行了詳細的研究與論述，他們較多地肯定了對這場戰役「引敵南下」戰略作用與意義的評價，把它歸結為是國民政府有預謀的設計，認為由此改變了日軍的侵華戰略路線從「由北向南」而變為「由東向西」，這使得中國軍隊避免了被日軍從平漢路南下包抄在華東與華中圍殲的滅頂之災，改變了整個抗戰的戰略大局，蔣介石的這一謀劃其意義重大而深遠。但在事實上，我們根據現有的史料客觀地分析，「八一三」戰役「引敵南下」戰略作用與意義是實際存在的，但如果說它是戰前的具體預謀與計劃則不免有言過其實之嫌，國民黨當局戰前是有這樣的意識的，這從前面的論述中可以得到證明，但它的確不是一份明確的作戰方案，而只限於一種朦朧的感覺。「八一三」戰役之發起，直接

二　抗戰篇

的目的是要「趕敵下海」保衛首都和「攪混水」引來英美的干涉。「引敵南下」是它的結果而不是起初的動因，這一意圖是在戰役過程中逐步形成和明確的。

上海戰事急轉直下，使中國首都南京全面暴露在日軍的槍口面前。經過3個月淞滬大戰的中國軍隊，其精銳已經喪失殆盡，其主力部隊向宣城、蕪湖方向撤退，另外相當一部分軍隊則集中退入鎮江、南京地區。這些殘破的軍隊稍事補充便又充當了保衛南京的主力部隊，以致南京保衛戰從尚未開始就顯示了失敗的徵兆。

從當時的戰場形勢及敵我力量的對比兩方面來說，南京保衛戰是注定要失敗的。但不幸的是，國民政府最高統帥部並沒有像對待上海作戰那樣來對待南京作戰，整個南京戰役沒有制定一份像樣的周密的作戰計劃。而作為最高統帥的蔣介石不僅不能公開表明自己象徵性防守的作戰意圖，而且也沒有正視現實，聽取正確的建議，做好應變善後工作，只是原則上做出了「要守」、「準撤」的命令。從戰前蔣介石的講話和下令撤退的時間來看，蔣氏對於南京守城戰必然失敗是心中有數的，他的堅守兩個月的要求以及帶兵來援的允諾都是不可能實現的。但蔣氏為了他自己及其政府的臉面，為了政治、外交上的需要，卻對死守南京的計劃與措施「堅定不疑」，這實際上是對參戰部隊的遺棄性的處置。

在這樣的情況下，中外注目的中國首都保衛戰迅速地以中方的戰敗而告結束。此役的失敗對於整個抗日戰爭正面戰場的影響不僅僅在軍事上，更重要的是在於政治上，因為它影響了中國的國際聲響和國人的抗戰情緒。

就軍事戰略方面而言，上海戰役失敗後，孤城南京已無多少戰略價值，此時中國軍隊所需要的是替換、撤退、整補，以重新聚集力量抵抗日軍下一步的進攻。但南京貴為中國首都，完全棄守有礙國民政府形象，從政治及國際影響角度考慮，南京要守，但不可死守、固守，因為在敵強我弱形勢下，死守是不可能的也是不現實的。

如果說蔣介石下令守衛南京的意圖在於完成其預定戰略計劃，進一步引敵南進的話，那麼，他付出的代價未免太大了。這次戰役最後造成的事實是，南京城雖然堅守了幾天，但隨之而來的卻是抗戰開始以後正面戰場上最嚴重

的慘敗。日軍為了報復與發洩獸慾殺害了三十萬中國士兵及平民，燒毀了城內 1/3 的房屋建築，搶掠損壞了無數財產，中國首都的精華被毀滅一空。這在全國人民心中及世界觀感上所造成的影響並不比棄守南京要輕。當然，這並不是說南京不要守，也不是說日軍不遇抵抗就會改變其獸性，問題關鍵不在於守不守，而是怎樣守。如果當時中國統帥部能夠比較清醒地分析形勢，對南京戰役作出客觀合理的部署，為守城部隊進退提供詳密的計劃與周全的安排，那麼，此戰起碼不會造成撤退時的混亂與潰逃。即使中國守城部隊能夠在給予日寇痛擊之後有秩序地撤走，那對於抗戰全局及國際視聽的影響也許會好得多。

　　這裡，還有一個值得討論的問題，就是對於南京保衛戰的戰略地位的評價。過去，多數學者認為南京保衛戰不是一次完整的戰役，而是正面戰場眾多戰鬥中的一次戰例。近年來，南京一些學者經過從南京保衛戰的戰役發起、敵我雙方態勢以及作戰計劃部署等多方面論證，認為南京之役是一個獨立的完整的抗日戰役。筆者認為如果從抗戰全局高度來綜合考慮，將南京之役看成是「八一三」淞滬戰役的直接後果和階段性結束之戰更為恰當。雖然中方在南京戰役前有部署有計劃，但這一切都是匆忙進行的，缺乏冷靜周密的部屬與處置。另外從日軍方面看，攻打南京之日軍部隊就是在上海作戰的部隊，而且日本最高當局事前亦無準備攻占南京之明確計劃，直至 12 月初，華中方面軍已兵臨南京城下時，日軍統帥部才發出了含有承認事實意味的「大陸命第 8 號」作戰命令：「華中方面軍司令官須與海軍協同，攻占敵國首都南京。」[27] 所以，縱觀整個華東戰場，日軍在蘇州以西的行動含有華中方面軍的獨立行動的因素，只不過得到了日本內閣與統帥部的承認而已。日軍從上海到南京的作戰是一氣貫通的，沒有產生間隔。所以，從敵我雙方的主要因素上分析，我們認為南京之役雖然可以稱之為一次規模不大的戰役，但其在戰略上的從屬性大於它的獨立性。從這一點出發，不必過分強調南京保衛戰的獨立性及其作用。

四、外部因素對抗日戰略的影響

　　德國駐華大使陶德曼與蔣介石的德國軍事顧問團團長法肯豪森等人，秉承德國政府旨意，在南京政府軍政界要員中開展廣泛活動，散布「和談」空氣，欲調解中日戰爭。法肯豪森向孔祥熙、白崇禧等「指出戰局的嚴重」，要他們注意「如果戰爭拖延下去，中國的經濟崩潰，共產主義就會在中國發生」。[28] 南京政府內以汪精衛為首的「對日主和派」更藉機推波助瀾，要求與日和談，停止抗日軍事。

　　這種情形在一定程度上，直接干擾與影響了中國軍隊的抗戰戰略的制定與部署。當日軍在杭州灣登陸，上海守軍陷入兩面夾擊之後，本來中軍完全可以按照作戰計劃主動撤離戰場，進入吳福線既設國防工事繼續抵抗日軍，但蔣介石認為，九國公約會議已開，期待已久的國際干涉馬上就要實現，更重要的是德國人的積極調停或許對日軍的進攻會有所滯制，因此，中國軍隊應該在淞滬堅持下去，以利於中日和談與國際干涉之進行。他復令中國軍隊堅守陣地，已撤出的部隊重新返回，未撤出的不許再撤。這樣，致使中軍前線陣地陷入一片混亂，並直接造成了隨之而來的大潰逃。這是蔣介石受德國調停等外部因素的影響，脫離戰場實際，以政治、外交干擾軍事戰略，而造成的戰役失利的典型事例。

　　比較中日兩方的情況，我們發現，日本是軍方在戰爭上掌握著絕對的主動權，以致在華北及淞滬戰場上都出現了日本內閣的政令追隨著前方軍令及戰爭發展而不斷變化的情況。日方貫徹的是戰爭第一、戰場需要第一，政治外交都是為了軍事戰略服務的宗旨。而中方則以政治、外交等非軍事因素來左右戰爭指導，結果造成軍令朝令夕改，前方將士無所適從，使整個戰爭偏離了戰爭規律。

　　除此而外，在當時中國內部，蔣介石的中央與實力尚存的地方實力派之間的矛盾，並沒有因抗戰而完全去除，一旦面臨生死考驗，就會出現問題。如抗戰初期的山東省主席韓復榘避戰自保，就是一個影響到抗日戰略的大事件。

對日本的蓄意侵略，韓復榘在戰前及戰爭開始階段早已有了認識。他曾明確表示「主張抗戰到底」。[29]「七七事變」後，他還向蔣提議「各路同時出擊」日軍。但到他在南京開會期間，韓復榘根據自己的觀察，認為「我看蔣介石並無抗日決心」。[30] 此次進京給韓氏造成不良的印象。8月2日，他回到濟南後便停止了抗戰的準備工作。但對於日本方面誘其「中立」的企圖，韓復榘仍深知日本用心，堅決表示不管是駐兵或是運兵，日軍都不准進入山東。日韓關係「遂告破裂。」[31]

當日軍攻占南京以後，華北日軍發動了南下打通津浦線戰役，試圖將南北戰場連成一線。日軍攻入山東後，韓復榘率部棄守濟南，向河南撤退，使魯北魯中失陷，給全盤抗戰造成了惡劣的影響。蔣介石為了嚴肅紀律，特別在鄭州召開會議，將韓復榘正法。

韓復榘在全面抗戰開始後，因擺不正國家民族利益和個人利益的關係，在大敵當前之際避戰自保棄土失責，試圖繼續在敵我之間鑽空子，最後終於受到了國法的制裁。雖然在這當中不能排除外界因素對他的影響，但關鍵原因還在他自己把個人利益置於國家利益之上。這是在抗戰中少有的地方實力派影響抗日戰略的例子。除此而外，在整個抗戰期間，並沒有其他地方派系軍隊不聽調遣的例子。相反地，在團結抗戰問題上，國民黨內各地方派系首腦及其軍隊對於全民族抵抗侵略的神聖抗戰都表現出了高度的覺悟與勇敢的戰鬥精神。如川系劉湘部，從抗戰開始就派兵出川，在山西戰場上對日作戰；桂系、滇系及原東北軍、西北軍各部隊都全面投入了抗日戰爭，他們對於中央政府的抗日戰略是持著完全擁護的態度的。

日軍攻占南京後，並沒有全力追擊向浙皖境內撤退的中國軍，而是集中力量回頭攻打津浦線，欲清除南北戰場日軍西進的側翼，以確保其下一步作戰及占領區之安全。國民政府統帥部為了贏得時間重新部署軍隊，準備再戰，命令第五戰區在魯南徐海地區全力對日軍作戰，以拖住敵人西進的步伐。以司令長官李宗仁為首第五戰區雖由桂系、川軍及西北軍各地方派系軍隊合組而成，但他們在李宗仁的領導下，以徐州為中心，團結一致，對沿津浦線南下的日本華北方面軍和沿津浦線北上的日本華中方面軍實施了腹背作戰。於

是，抗日主戰場上便演出了淮河、滕縣、臨沂、台兒莊、徐州會戰的壯烈一幕。最後竟造成了抗戰開始以來最大的一次「台兒莊大捷」的勝利，圍殲日軍主力一萬餘人，極大地鼓舞了抗戰軍民的鬥志，對抗日全盤戰略造成了有利的影響。這也說明了地方派系軍隊的抗日決心與態度。

日軍攻占徐州後，下一個戰略目標便是武漢。日軍統帥部計劃，以主力由徐州沿隴海路西南，再沿平漢線南下攻打武漢。另以華中方面軍由合肥趨信陽，溯長江而上武漢，作為輔攻，準備在武漢地區捕捉並圍殲中國主力軍。

蔣介石對北方日軍之兇猛進攻憂心忡忡。在戰略上遏制日軍在北線西進的步伐，他根據程潛提出的阻敵方案，決定在鄭州東北的花園口把黃河南岸堤壩掘開，讓河水向東南方豫、皖、蘇地區流去，淹沒敵軍。

6月11日，滔滔黃水，一瀉千里，經過隴海路湧入皖境，越過淮河、運河，直趨長江。豫皖蘇3省20餘縣頓成一片澤國，造成了數千公里的黃泛區，給人民生命財產造成了巨大的損失。[32]

黃河決口在一定程度上也達到了國民政府阻止日軍西進的戰略目的，給侵華日軍造成了較大的威脅。以機械化部隊及騎兵為主的土肥原師團，陷入泥濘與大水之中不能自拔，造成了前後部隊的分離。而更重要的是，黃河決口阻斷了日軍從北方戰線西南之路，日軍現代化部隊無法在北線展開，使其進兵中原的計劃頓成泡影。決口之後，西進日軍陷入洪水圍困之中，準備東撤。光是17、18兩日，日軍由鐵路線東撤兵力即達萬餘。同時，日本空海軍亦全力投入了救援被圍部隊的工作，「在16日至24日之間給兩個師團投下補給糧秣、衛生材料等，合計約61噸半」[33]。日軍統帥部原定作戰計劃被打亂，只好變更戰略進攻路線，改以華中方面軍繞道合肥、安慶，沿長江一線主攻武漢。這樣，便演成武漢會戰之結局。這在抗戰戰略上具有重要意義。

日軍占領徐州，溝通了南北戰場。本來日軍可以南北兩地齊頭並進，以北線為主拿下隴海線，使南、北、西三個戰場連成一片，然後直取西北再下西南，占領中國軍隊西退基地而後給予圍殲。但因黃河決口，大片河泛區使南北戰場處於隔絕狀態，從而形成同蒲、平漢北段、津浦三條縱線長期分立的狀態，日軍因此不得不繼續以長江一線為戰略主攻路線，而將北方戰場戰

事停頓下來。這一局面直至抗戰末期也未改變。這種戰局變化適應了國民政府所期望的長期抗戰的戰略需要，使抗戰後方基地西南地區得以保存。這雖然不能完全歸功於黃河決口，但其中河泛之作用亦應給予如實的肯定。

五、進入相持階段的戰略對策

1938 年 6 月 13 日，日本內閣召開御前會議，正式作出決定：進攻武漢，徹底打擊國民政府。日本大本營陸軍部認為「攻占漢口作戰是早日結束戰爭的最大機會」，只要占領武漢就可摧毀國共合作抗日的基地，就可以控制中原，支配中國。[34]

針對日軍的進攻，國民政府軍事委員會於 6 月 5 日召開會議，討論武漢防守的問題。會議最後決定調集兵力，部署保衛武漢之戰鬥。[35]

中國統帥部鑑於以前南京保衛戰演成甕中之鱉的慘重教訓和武漢三鎮在地理位置上無險可守之情形，決定一改過去守城阻擊的作戰方式，把防守作戰重點放置在武漢外圍地區。在江南，以浙贛山區為新成立的第九戰區的主戰場，在江北，以鄂豫皖交界處大別山地區為第五戰區主戰場。統帥部位居武漢，居中協調指揮。

國民政府調動百萬大軍與日軍進行武漢會戰，總兵力超過敵軍一倍，並且占有地利之優勢，按理說應該有所成功。但在整個戰役中，由於蔣介石始終是以消極防禦的陣地作戰來節節抵抗日軍，加上國民黨軍內部腐敗作風以及由此造成的大量內耗，致使戰鬥力受到嚴重影響，結果會戰未達預期的目的。

日軍第一〇六師團以輕敵姿態冒險深入萬家嶺西北，中軍統帥部果斷決定將留在廬山準備游擊戰的第六十六軍葉肇部調下山來參加決戰，10 月 6 日至 9 日並向敵發起總攻。終將被圍之敵大部殲滅，這就是武漢會戰中著名的「萬家嶺大捷」。此戰挫敗了日軍突破南潯線之企圖，對全國抗日戰局產生了積極影響。

在長江以北武漢外圍戰場，以李宗仁將軍為首的我第五戰區官兵亦投入了空前激烈的戰鬥。經過數月的激戰，中方軍隊在給日軍大量的殺傷與遲滯

後，基本達成了戰略目的，於 10 月 27 日下令武漢守軍全線撤退。武漢保衛戰至此全部結束。

廣州、武漢失守後，抗日戰爭發展到了一個新階段——戰略相持階段。國民政府最高當局在徐州會戰時所設想的日軍轉攻為守的戰略階段終於到來了。

毛澤東在其所著《論新階段》一文中對此階段日軍的態勢曾作過以下的分析：「敵人占領武漢之後，他的兵力不足與兵力分散的弱點將更形暴露了。如果他要進攻西安、宜昌、長沙、南昌、梧州、福州等地並做占領之企圖，他的兵力不足與兵力分散之弱點所給予他的極大的困難，必將發展到他的進攻階段之最高度，這就是我之正面主力軍的頑抗與我之敵後廣大領土內游擊戰爭的威脅，所以加給敵人兵力不足與兵力分散現象上的極大困難。」「在日本的整個國力上說來，他要北防蘇聯、東防美國，南對英法、內鎮人民，他只有那麼多的力量，可能使用於中國方面的用得差不多了」，這「就不得不使其總的戰略進攻接近了一個頂點」。[36]

攻下武漢之後，華中派遣軍總司令畑俊六大將曾擬定計劃，準備立即攻打長沙，但未得大本營的批准。不僅如此，大本營還明確指示在華日軍改變作戰態勢，以「確保占領區」為指導方針，把兵力轉向日占區戰場，對共產黨武裝及抗日根據地實行大規模的「掃蕩戰」、「治安戰」，以穩定後方。在正面戰場上停止戰略進攻，對國民政府及軍隊實行以「政治誘降為主，軍事打擊為輔」的方針，在軍事上以局部戰術攻勢來達成全局戰略守勢上的有利地位，不斷地消耗中國軍隊的戰鬥力，配合以政治、經濟、外交等手段，對中國實施反消耗戰，以瓦解中國抗日陣營，從而達成不戰而勝的目的。

由此正面戰場便得到了一個相對較為穩定的時期。

然而，中國當局當時並沒有認識到這一點。

武漢失守後，戰火燃到湖南省境內，蔣介石及中國統帥部估計日軍將繼續南下，故而決定「以衡山為防禦中心」，[37] 準備在必要時放棄省府長沙。為了不給敵人留下一草一木，以張治中為首的湖南省政府，汲取武漢匆忙撤

退之教訓，準備在敵人入城前便舉火燒毀長沙，以顯示「焦土抗戰」之決心。結果發令過早，敵軍未至而自毀城市，引出一場鬧劇。

「長沙大火」案發生後，日軍卻按兵不動，國民政府在氣急敗壞中悟出了一個道理，這就是他們日夜所盼的日軍進攻「氣勢已竭」的時刻終於到來了。這使得國民政府最高當局終於享受到一份在慘重損失之後的「意外之喜」。蔣介石在分析這一現象時曾十分興奮地宣布說：「日軍占領武漢並且接著占領我們岳州以後，照敵人的理想，他何嘗不想一鼓挺進攻占我們長沙和南昌，然而他進到岳州以後，就不能再攻進來，這就證明他的力量不夠，氣勢已竭。」[38]

為了面對新局勢及時調整中方的戰略部署，1938年11月25日至28日，蔣介石在南嶽主持召開了有第三、第九戰區各部隊指揮人員參加的「第一次南嶽會議」。蔣介石在會議上作了重要講話，他首次提出了把中日戰爭劃分為第一第二兩個時期的理論。他認為以岳陽淪陷前為第一時期，即日軍進攻我們防禦的時期。他說：「就一時的進退看，表面上我們是失敗了，但從整個長期的戰局上說，我們已經依照預定的戰略，陷敵軍於困敝失敗莫能自拔的地位。」中軍已經實現了「消耗敵人，疲睏敵人，誘敵深入於有利我軍作戰」陣地的目的。他評價這一時期中軍戰略的指導特點是：「我們能誘敵深入，處處地方我軍是先處戰地以待敵，敵人處處是後處戰地而趨戰，在我們完全是以逸待勞，步步制敵而不為敵人所制。」[39]「長沙大火」以後，日軍無力繼續南下，說明他們已經「陷於進退維谷」的境地，抗戰已進入一個新階段，這一新階段的到來說明我們的第一期抗戰戰略已經成功。「第二期抗戰就是我們轉守為攻，轉敗為勝」的時候，現在就應著手把這種戰略「布置完成」。[40]

第一次南嶽會議制定了新的全面抗日戰略，強調在第二期戰略階段到來以後，主要要把整訓軍隊、提高軍隊素質、增強作戰能力放在重點突出的地位，並計劃在一年內分三期將整訓軍隊工作完成，以迎接對日戰爭總反攻階段的到來。這項計劃總的戰略意圖是立足於依靠自己的力量爭取對日實行總反攻。應該說這還是一項積極的戰略。但其中也有不足之處，即它缺乏對敵我力量過渡演變的預計，以為中方可以直接從戰略防禦轉入戰略反攻，缺乏

二　抗戰篇

對居於兩者之間的一個較長的「戰略相持」階段的科學認識。在這一點上，中共領導人則要高出一籌。毛澤東於1938年5月發表了著名的《論持久戰》，對抗日戰爭的發展階段做了科學的解釋。他認為中國抗戰必然經過戰略防禦、戰略相持而達成戰略反攻三個階段，而其中又以改變敵我力量對比的戰略相持階段為整個戰爭的最困難亦是最重要階段，它是第三階段「反攻收復失地階段」的前提與基礎。《論持久戰》發表後在社會上引起了廣泛反響，周恩來還把其基本精神向國民黨上層人物作了介紹，「白崇禧深為讚賞，認為這是克敵制勝的最高戰略方針，後來白崇禧又把它向蔣介石轉述，蔣也十分贊成。在蔣介石的支持下，白崇禧把《論持久戰》的精神歸納成兩句話：『積小勝為大勝，以空間換時間』。」[41]

第一次南嶽軍事會議還根據戰場形勢的新變化，重新調整劃分了各戰區作戰區域及戰鬥序列。會議決定設立戰地黨政委員會以及增設桂林、天水行營，以加強對全面抗戰的指導。會後，國民政軍事委員會特地根據會議決議制定了一份《第二期作戰指導方針》，提出了「發動有限度之攻勢反擊」，「策應敵後之游擊隊，加強敵後方之控制與擾襲」的具體作戰指導原則。[42]

以第一次南嶽會議提出的第二期抗戰戰略決策為標誌，國民政府完成了從戰略防禦向戰略相持階段的過渡。由此，正面戰場抗日戰爭亦進入了一個新階段。

1938年底，國民黨副總裁汪精衛投敵，日軍為了配合汪偽政權之出臺，在1939年中「決定乘加快在華建立中央政權的勢頭，於9月下旬把敵第九戰區軍隊消滅在贛湘北境地區，挫敗敵軍抗戰企圖」。[43] 由此造成了「贛湘作戰」之起因。

重慶國民政府軍事委員會針對戰局變化，決定中軍後撤掩護湘桂、湘黔鐵路，必要時準備放棄長沙，戰術上採用步步抵抗或讓開大路之方法。蔣介石認為主動讓開大路將給外界視聽造成不良影響，因而決定採用節節抵抗辦法，誘敵深入，在株洲、瀏陽、醴陵等地部署預備兵力，在長沙附近與敵決戰。[44] 在湖南守將薛岳的指揮下，中國軍隊和民眾破壞了戰區內的道路橋梁，處處設伏、不斷截擊，使日軍陷入被動挨打的局面。9月30日，在經過多次外

圍戰鬥後，日軍在對長沙發動最後攻擊，隨即主動撤兵，僅餘少數部隊掩護作戰。10月14日，戰場已恢復戰前態勢。第一次長沙之役結束。國民黨方面對此勝利十分興奮，譽之為「湘北大捷」。

「湘北大捷」對國民政府的抗日戰略產生了十分重要的影響。其一，重慶政府由此確認了日軍攻擊力量已達極限，從而增強了堅持抗戰的決心。其二，在當時蘇日達成「諾門坎停戰協定」、德國軍隊席捲歐洲、英法諸國新敗之後，「湘北大捷」之訊傳出，對世界人民反法西斯鬥爭的勇氣是個很大的鼓舞。此役在中國國內外造成了有益的影響，第一次長沙戰役是進入相持階段後正面戰場上發生的第一場典型的戰例，在抗戰戰略與戰術上都具備了在相持階段中各戰役的代表性特徵。具體來說，在戰略上，日軍為準備和發動太平洋戰爭，必須抽調兵力開赴南洋，因此必須在中國戰場收縮兵力，鞏固占領區穩定戰線。對重慶政府採取以政治攻勢為主、以軍事攻勢為輔的方針，在軍事上不再是以攻城略地為作戰目的，而只以局部的出擊與攻勢，打擊中國軍隊，捕捉殲滅其有生力量，「打痛他而不是打死他」，以此來協助其政治、外交攻勢，達成在全局上「不戰而勝」解決中國事變的目的。客觀顯示其對武力消滅中國政府已失去信心。當然，這種變化是由於日軍力不從心造成的，並非出於什麼別的原因。在這一戰略思想指導下，日軍才從距長沙幾十里處自動撤回原防，這也是後來正面戰場諸役中日軍每每忽然未敗先退的原因之所在。

在戰術上，中軍在此次戰役中採用的是節節抵抗，誘敵深入，讓開大路，集重兵於後方要地，待日軍孤軍深入疲憊不堪之時，加以重兵圍殲。其結果往往使日軍非潰即退，收到較為理想的效果。以後在二戰長沙、三戰長沙乃至整個相持階段各戰役中，中軍多採取此種戰術。日軍因為處於戰略守勢，無法糾集大量軍隊開展全面攻勢和持久之鬥，即使占領某些城鎮亦無法固守，最後無論勝敗與否都不得不撤兵原防。

此種以「空間換兵力」之戰略戰術，是國民政府軍事當局根據保存實力的原則，利用日軍無長久耐力的弱點和華中華南地理特徵所制定的符合戰地實際的作戰方法。它同時也說明國民黨軍在正面戰場上抗日作戰積極性的下

降。這一現象是國民政府當局面對變化的國際國內形勢調整抗戰戰略的必然結果。

「長沙之役」後，國民黨當局於1939年10月底在南嶽召開了「第二次南嶽會議」，明確中國政府對於抗日的立場與態度。蔣介石在會上發表講話說：在「湘北大捷」之後，國民政府堅定信心，絕不與日本妥協，堅持抗戰。但是，隨著歐戰的爆發，只有等待「世界問題得到解決之日，始能獲得抗戰的最後成功」。「世界問題尚未解決以前，我們如就要與日本妥協講和，這就是自取失敗！自取滅亡！」「所以今後我們只有繼續努力，抗戰下去！」「無論日俄停戰或蘇俄進軍波蘭，與我國抗戰並沒有什麼妨礙，而且我們抗戰始終是靠自己努力，只要我們自身能持久奮鬥，愈戰愈強，國際形勢就會朝有利於我們的方面著著好轉」。[45]

由此可以看出，此時蔣介石對抗日的態度是：受湘北之役的鼓舞，挫抑了失敗主義情緒，堅信依靠自己的力量能夠維持住抗日戰線；同時認為中國抗日戰爭最後必須與世界反法西斯戰爭同時結束，與世界人民共同迎來最後勝利。這樣，今後在正面戰場上我軍抗日的戰略指導方針便是「靜觀時局、保存實力、待機而動」。簡而言之，就是要執行一種在政略上「等待勝利」，在戰略上「待機而動」的方針。此種戰略的核心，把「最後反攻，打倒日本」的希望寄託於外部世界的力量，而最終放棄自己的主觀努力。這比較「第一次南嶽會議」時蔣氏所提出的「第二期戰略反攻」即「尋找機會，轉向大規模的攻勢，以驅逐入境之敵」[46]的戰略思想要退後了一大步，顯得十分消極。

此種「消極」戰略思想之出現，是源於當局對抗戰「持久性」的消極認識，以及從蔣介石開始自上而下地認為中國在抗擊日軍方面已經「打夠了」、「付出的已經太多」這樣一種情緒。蔣介石一直認為，日本不僅是中國的大敵，而且是英、美、蘇諸國的大敵。抗戰初期，他要求美英阻止日本侵略的希望落空，對列強已經充滿抱怨。現在歐戰爆發，日本南進跡象已現，蔣介石認為英美諸國終究不得不被德、日拖入戰場，以其強大的國力來與法西斯對陣，而已在抗日戰場上艱苦奮鬥了三年的中國應該歇口氣了。何況中國共產黨的

力量正在抗戰中快速壯大，勢將成為今後的心腹大患，國民黨必須為今後解決中國國內問題留點力量。

何應欽在國民黨五屆五中全會上解釋這一時期的作戰指導計劃時說：「國軍的第二期作戰是：一方面保持我軍的有利形勢，繼續消耗敵人的力量，同時在另一方面，積極進行部隊的整備訓練，培養戰鬥力，尋找機會，轉向大規模的攻勢，以驅逐入境之敵。」具體地說：「一、各戰區的第一線，要保持從武漢轉進後的狀態，並以約三分之一的兵力，加強擴大敵占區內的游擊，以牽制和消耗敵人的兵力，造成於我軍有利的形勢，以便今後作戰的順利進行。二、將全部正規軍分三期實行整備訓練，待訓練結束後，預定開始大規模的反攻，但在情況有利時，隨時進行反攻。三、努力從事積聚武器、調整指揮機構，整備交通，擴充空軍等各項工作。」這說明政府當局在此階段並沒有放棄正面戰場的抵抗。由於日軍在戰略上退居守勢，國民黨軍在戰略上亦相應擺脫了被追擊的狀態，反而「相機而動」地開展了一些局部攻勢作戰。這種「等待政略」與「局部主動戰略」的矛盾現象，是不足為奇的，因為它們是一對矛盾的兩個方面。

筆者也認為，從實際情況來看，此一時期國民黨在正面戰場上的抗日態度也是積極的。國民政府根據相持階段之戰略特點，改變了抗戰初期那種以陣地為核心的單純防禦作戰方針，確立了「連續發動有限度之攻勢與反擊，以牽制消耗敵人」的方針。其作戰目的是「一定要鞏固軍事防禦，打退敵人可能的戰役進攻」。[47] 顯然，這是在鞏固防禦、積聚力量的基礎上，利用適當時機以攻為守、控制戰場主動權的主動之舉。當然，這種攻勢作戰是局部的、有限的，但在戰略相持階段則是十分必要和正確的。

遵照這一方針，國民政府軍在「抽調部隊輪流整訓」以期恢復部隊戰鬥力之同時，部署各主要戰區部隊發動了一系列較大戰役，並取得了不少成果。總計在這三年左右的時間裡，國民政府軍隊在正面戰場上組織了南昌、長沙（第一次、第二次）、隨棗、桂南、棗宜、豫南、上高、晉南（中條山）等9次較大規模的戰役，另外還有1939年冬季攻勢暨桂南會戰，隨棗、棗宜會戰，上高會戰，以及後來的中條山戰役，長沙三戰等。其中值得一提的

有「浙贛戰役」和「常德保衛戰」。這些戰役占整個抗戰時期22次大會戰的41%。其中雖有因日軍進攻而引發的，但亦有由我軍主動發起的戰役，如1939年底的「冬季攻勢」便是如此。

從武漢失守到太平洋戰爭爆發的一段時間內，中軍在正面戰場上進行了大小戰鬥約計496次，占全部抗戰時期戰鬥次數的44%，其中中軍傷亡人數達137.6萬，占整個戰爭時期中方傷亡數之43%，超過了抗戰第一階段及太平洋戰爭後至抗戰勝利的第三階段之數目。

上述事實表明，進入相持階段以後，國民黨當局實行的是既抗日又反共的政策，即其在「反共」積極性提高的同時，在對日抵抗方面並沒有消沉，而是從正面戰場到敵後戰場，都保持了較為「積極」的態度，只是因為戰場形勢及敵我力量對比之變化，這種積極性不像防禦階段拚命抵抗時那樣顯著。國民政府消極抵抗真正是始於太平洋戰爭爆發後。

就整個抗日戰略全局而言，這階段的變化發展相對前階段是越來越少了。

六、太平洋戰爭爆發後的抗戰戰略

1941年12月，日本在中國事變無法在短期內解決的情況下，孤注一擲地對英美發動了太平洋戰爭。

蔣介石意識到歷史給了他一次難得的機會。早在中國抗戰爆發之初，蔣介石就認為中日戰爭的最後結束只能是在國際範圍內得以解決。對於堅持抗戰，「蔣介石的堅定，並不是由於他相信中國自身能夠聚集起足夠的力量把日本人趕出去。而是由於他確信日本遲早會捲入與某個或某幾個大國的糾紛中」。[48] 雖然這一期望的實現來得太慢，但是這一時刻畢竟到來了。機不可失，蔣介石及其政府要利用這一歷史性的機會以及中國人民5年苦戰日本軍閥的資本來提高自己的國際地位，寄希望在戰後解決世界問題時能夠擁有一份發言權和決策權。蔣氏的這一動機，在他回答軍令部部長徐永昌關於中國對緬甸出兵支援英美抗日指導方針問題時有明確表現。徐永昌在向蔣介石匯報時說：「在目前狀態下，中國策略似有兩條路線可循，其一，聽其自然，希望不靠自身努力而日本被盟軍擊敗，如此則戰事結束時中國將無戰勝之威；

其二,及時利用其物資,殫精竭慮使中國之努力成為日本失敗之重要因素。」蔣介石立即表示「中國所採取者應為第二路線」。[49]

這樣,便構成了中國出兵緬甸參加盟軍抗日作戰的近期目的與遠期戰略目的。

中國政府對於出兵緬印戰場抵抗日本南進是抱有十分積極的態度的。因為除了軍事的考慮,中國政府派兵入緬還有其政治與外交目的。

太平洋戰爭爆發後,英美首腦面臨著在歐亞兩個戰場上對德義日三個法西斯國家的作戰,他們與中蘇組成了世界反法西斯同盟,並確定了「先歐後亞」的戰略。為保證在歐洲對德義的作戰,他們需要中國發揮出牽制日本軍力的戰略作用,給予重慶政府大量的軍事與經濟援助。蔣介石利用這一機會,一方面盡可能多地取得外援鞏固自己的地位,另一方面在中國戰場上儘量地節省力量消耗,以準備戰後對付中共。這樣,除了派出中國遠征軍出國配合盟軍抗日以外,在中國國內正面戰場上就沒有發動什麼影響到戰略發展的大戰役。而日本則一面將部分主力軍調配南洋,一面又集中力量回頭對付日益壯大的中共武裝在占領區的抗日活動,也無力再對國民黨發動大戰。中日戰爭主戰場由正面轉向敵後,蔣介石及其政府在戰略上開始執行靜觀待變的方針。

與此同時,重慶政府加強了對日本與汪偽政權的工作,以爭取在政治軍事上的主動權。蔣介石的手下多方派出祕密人員在香港、南京等地與日方進行「謀和」商談,並對汪偽政權進行分化拉攏。這些工作虛虛實實,一面獲取敵方情報,一面對美英造成壓力,凸現了蔣政權的作用,而這也可算得上是一種戰略性的舉措。

這一時期,日軍主力在占領區對中共軍隊開展了攻擊,在東北基本驅逐了抗日游擊隊;在華北對八路軍開展了大規模的「掃蕩戰」,執行殘酷的「三光政策」;對南方新四軍開展「清鄉」作戰,而八路軍與新四軍也對日軍進行了「百團大戰」和「反清鄉」。國民黨軍隊趁機積極進行反共,各地反共摩擦不斷出現,最後演成了「皖南事變」的國共內戰。這種形勢也在客觀上造成了中日正面戰場上的相對平穩狀態。

中國遠征軍在緬甸的作戰取得了重大的成果，成功地掩護了英美聯軍的撤退，對日軍的突進給予了沉重打擊。這些成果在盟國軍事、政治、外交上意義較大，但對中國國內的抗日態勢並未發生根本性的影響。

七、勝利前的戰略指導

抗戰爆發後，國民政府統帥部確立以「持久消耗戰略」為中國抗戰「最高戰略思想」，但進入相持階段之後，「持久戰略」逐步變成了「靜觀待變」，中國軍隊並沒經過認真有效的整訓，最後竟在最後勝利前夕導致了中方自抗戰以來少有的大被動，造成了在正面戰場上一次空前規模的豫湘桂大潰敗。

然而，就在豫湘桂戰役發生前夕，隨著國際反法西斯戰局的不斷好轉，重慶當局也看到了日本的失敗已成定局，為了在最後勝利到來之時不致十分被動，便也不得不強振精神，開始籌劃未來的「反攻」。

1944年2月，國民政府統帥部召開了由第三、四、六、七、九等戰區主要將領參加的第四次南嶽軍事會議。在會上，蔣介石改變口氣，首次提出了有關抗日戰場戰略反攻的初步構想。他說：「我們的抗戰，經過這整整五年的奮鬥犧牲，到今天已經到了一個新的轉折點，就是第二期抗戰已將結束，我軍向敵反攻決戰的階段——第三期抗戰開始的時候到了。」[50]他論述說：「敵人在我國境內的不過六個軍，而我們用以抗戰的有一百二十個軍，以二十個軍來對付敵人一個軍」，[51]在數量上我方占有絕對優勢。從戰場態勢來看，「以現在敵軍正面之廣，空隙之大，兵力之弱與士氣之衰落，我們真的要打它那一點，就可以打它那一點」。所以，「今後的戰局，敵我的形勢已經完全轉換過來了，在我們是處於主動的地位，處處要採取攻勢，而敵寇則是處處受敵，被迫退守」。[52]舉行戰略反攻的條件已經具備了。他說：「在今年五六月的時候，我們第一、三、四、五、六、七、九各戰區一定要實行反攻。」蔣介石提出，如果日軍先發動攻擊，則中軍除以主力部隊作正面抵抗外，每個戰區都要抽調兩個精銳的軍按照預定目標，主動側擊敵後各大城市，作為戰略反攻之先聲，同時破壞敵人的攻勢，使之首尾難顧。按照預定計劃，第九戰區將反攻武昌，第六戰區反攻宜昌，第五戰區反攻漢口。如果

「敵不先來進犯，而我們到了五六月之間，準備完成之後，必須堂堂正正的實行反攻」。[53]

蔣介石在第四次南嶽軍事會議上提出的「戰略反攻」設計，是國民黨最高當局關於抗日「戰略反攻」計劃的最明白最具體的闡述，當然具有積極意義。但是，如果就當時中國戰場敵我幾百萬大軍相對陣之實際而言，這寥寥數語的「反攻計劃」未免顯得過於空泛和單薄，它既不是一國統帥關於反攻戰略的直接命令，也不是全軍指揮關於反攻作戰的完整計劃，而僅僅是一種政治的與軍事的號召和表態。蔣介石之所以要作出這種表態，與其說是出於軍事目的，不如說是為了政治上的需要。一個足可引以為證的事實是，蔣氏實際上從未對戰略反攻進行過具體的研究、準備和部署，國民政府軍事委員會也從未制定過任何一個有關反攻的詳細作戰計劃。

蔣介石之所以要不惜篇幅地大談「反攻」，首先是出於國際政治與外交上的需要。他希望美英盟國用先解決日本的方法，來擊破東西法西斯「軸心國」聯盟，改變二次大戰之格局。為此，他指示中國駐美軍事代表團團長熊式輝，向盟國華盛頓「太平洋作戰會議」提出他的這一主張，要求盟方「接納我方建議，迅速改變『先解決德國後解決日本』之戰略」，「乘此時機，運用優勢之海、空軍，先擊破日本」。[54]

為了達到這一目的，蔣介石提出了「戰略反攻」的口號。

蔣介石關於「戰略反攻」計劃的基本特色，可概括為「保存自己，利用盟軍，消滅敵人」12 個字，即仍然是「消極抗日」。為了解決「不肯出力又要求勝」的矛盾，蔣介石只好在他的「反攻戰略計劃」上大做文章，即準備動用少量的部隊（每戰區兩個軍），在大範圍內（第一、三、四、五、六、七、九戰區），攻擊幾個重點城市（武漢、宜昌等）。由此可見，蔣介石的「反攻」既無主攻方向，亦無戰略配合，一切舉措，在於全面開花式地「造聲勢」、「造影響」。況且，當時日本在中國大陸及東亞地區還有陸軍 200 萬兵力，其中中國派遣軍尚有 130 萬兵力、1000 架飛機以及千餘艘戰車戰艦，這些部隊並未遭受到任何形式的沉重打擊，仍然具有較強的戰鬥力，按照蔣介石「反

攻講話」的布置，根本不可能輕而易舉地取得最後勝利。所以說，蔣氏的「反攻」充其量只是一種姿態，其「反攻計劃」在戰略上是極其不成熟的。

據此，我們認為，蔣介石及其政府在抗日正面戰場「反攻」問題上的態度只是說說而已。國民政府只提出了「反攻」的戰略號召，並無切實可行的「反攻」戰略計劃與行動。

進入1943年後，日本大本營為了使南洋守軍與中國派遣軍建立直接聯繫，擺脫被動扭轉戰局，決心孤注一擲，動用中國派遣軍主力，開展一次空前規模的攻勢作戰。日軍計劃一舉突破中國軍隊的防線，沿平漢、粵漢、湘桂鐵路線向前推進，徹底打通中國大陸通往東南亞半島的交通線。此次戰役日方稱之為「一號作戰」。中國方面根據這一戰役作戰地域特點，稱之為「豫湘桂戰役」。

當時正面戰場上的中國軍隊總兵力達650萬人，編制上有340多個步騎兵師。但這支部隊經過長期與敵對峙，指導思想上消極避戰，養成了散漫、腐朽之習氣，其戰鬥力已較抗戰初期大為下降。總計豫湘桂戰役，共打了8個月，我方損兵五六十萬，「放棄了河南、湖南、廣西、廣東等省的大部分和貴州、福建省的一部分領土，總計面積約20萬平方公里，丟掉了大小城市有146座，6000餘萬人淪陷在日軍奴役之下」，[55] 國家人民的生命財產遭到了空前嚴重的損失。

這次空前的潰敗，充分暴露了國民政府的政治腐敗、戰略錯誤與指揮無方。但蔣介石卻故意文過飾非，說戰役之慘敗情形「不足為奇」，「戰局根本絕無危險」。他甚至把戰敗的原因統統歸罪於美軍在華指揮官史迪威在緬北過多地動用了中國精兵，使中國國內戰場無兵可用和盟方對華接濟太少，他甚至說「華東幾均淪陷，史將軍不能不負此重大責任」。[56]

豫湘桂戰役大潰敗，從戰略上講有兩個原因：一是國民政府的「防共重於抗日」的思想所致。在戰役開始階段，我們看到的北方情形是，一方面中軍在河南戰場一敗塗地，而另一方面幾十萬國軍卻用於圍困中共陝甘寧邊區。二是抗戰後期消極抗日造成的國民黨軍隊素質下降、內部矛盾激化，各種腐敗現象增長所致。在整個戰役中，中軍各部間私自保存實力；敵軍未至即聞

風而逃。豫中會戰，湯恩伯部行動遲緩，致使包圍日軍之部隊反被日軍包圍擊潰；衡陽一戰，「圍繞在附近各縣我軍」為數頗眾，「卻沒有什麼部隊肯熱心去救」，[57] 甚至連蔣的手令也無人肯聽，無奈之下蔣只好祈求上帝佑助，這是對在衡陽城內浴血苦戰的軍隊的一種不負責任的荒唐行為。總之，豫湘桂戰役所反映的是，不是敵人太強大，而是國民政府太腐敗了。

然而大陸交通線的打通，並未能挽救日軍必然失敗的命運。此時，一方面美軍在太平洋戰場迅速挺進，已經攻入日本的防衛內圈。另一方面中美空軍已掌握了中國戰場的制空權，日軍打下的大陸交通線，在盟機大肆攻擊下，「實際上這條紅線上天天在冒火光」，大批橋樑、車站、機車甚至鐵路機修廠都被炸爛，「大陸交通線」已沒有實際價值。

為打擊中美空軍挽回最後之局，日本中國派遣軍司令岡村寧次決定於1945年春夏之際開展局部攻勢，發動豫西鄂北戰役和湘西戰役（芷江戰役），以摧毀豫西、湘西我空軍基地為作戰目的。為反擊敵軍，中軍投入部隊6個軍11個師計20萬人與日激戰，共傷亡1.9萬餘人，殲敵2萬餘。[58] 重慶《大公報》曾轉引《紐約日報》的評論說，這場戰役「為一九三七年亞洲戰爭發生以來，華軍首次以其與敵同等之武器在中國國內與日軍作戰。在空軍密切掩護下，具有優良裝備之華軍，現已粉碎日軍進犯重慶東南二百五十英里芷江美軍基地之企圖。此一佳音，可視為中日戰爭轉折點之暗示」。[59]

湘西戰役是日本投降前發生在中國正面戰場上的最後一戰，以中軍全勝而告結束，敵軍連芷江機場都沒看見便大敗而歸。從此，日軍結束了在中國戰場上的全部戰略進攻。

面對最後的戰局，1945年秋，日軍統帥部決定改變原來的戰略，集中兵力加緊防守日本本土、朝鮮及中國沿海核心地區。為此，下令立即從中國西南收縮戰線，把戰略重心轉向以日本本土為中心的「最後防衛圈」，布置「大陸決戰」。

重慶政府鑑於「湘西會戰我軍勝算在握，廣西敵軍抽調，遂提前發動反攻桂柳作戰」，「決定提前攻略桂柳，與湘西方面相策應，開拓總反攻之機運，遂令陸軍總部，以第二方面軍奪取南寧，第三方面軍一部沿黔桂鐵路直取柳

州，主力沿桂穗路攻略桂林，將桂境之敵各個包圍而殲滅之」。[60]5月初中國第二方面軍開始行動，26日收復南寧，7月3日占領龍州、憑祥，將日軍驅出國境。第三方面軍也於5月20日占領河池，6月14日克服宜山，29日又收復柳州，然後沿桂柳鐵路前進，7月28日收復桂林。這便是所謂的「桂柳反攻」戰役。但明眼人一看就清楚，此役雖然光復了桂、柳、南寧等重要城市，但都未捕捉到敵軍主力，也未發生什麼大戰鬥，殲敵甚少。連重慶統帥部人士亦承認「反攻桂柳各部隊……雖有絕對優勢之步兵，並未能遇敵歸路，捕捉殲滅之，歷次戰鬥皆然」。[61]可見，其實質上是趁日軍收縮戰線之機的「跟進」，嚴格來說還算不上是「反攻」。這種「跟進」式的「反攻」充分反映了國民政府消極抗日的戰略姿態。

八、結語

　　在整個抗日戰爭期間，中國的抗戰戰略是以蔣介石為首的國民黨政府所制定和執行的國家戰略。總結上述，我們可以看出，這一戰略總的來看是成功的，但它又是很不完整和欠周密的，在很大的程度上具有變化性和臨時性的特徵。在1930-1940年代，中國始終處於內憂外患之中，艱難的客觀條件和國民黨人固有的弱點，使他們不可能對抗日戰爭的戰略作出理想的未雨綢繆。但從更高的出發點來看，中國的持久抗日戰略是成功的，因為它包含了國共兩黨領袖在內的中國精英階層的共同認識，這是中國克敵制勝的法寶。

　　對於國民黨抗日戰略的具體認識，可以分為以下三點：一、在抗戰爆發前，蔣介石把主要精力用於剿共內戰，對內嚴行「攘外必先安內」，在外交戰略上則實行防蘇甚於防日的方針。在這種思想指導下，其抗日戰略的制訂呈現出先天不足的特徵。但他的許多謀士，包括軍事家與外籍顧問等人在內，都曾向他提出過具體的抗日戰略設想，這其中就包括了持久戰思想的萌芽和「引敵南下」的設計。這些對於蔣介石肯定產生了一定的影響，是直接造成他後來確定戰略政策的基礎。到1935年後，國民政府的國防指導方針便逐漸地轉向以抗日為中心。其主導戰略思想是「應戰而不求戰」，以及「以戰求和」。二、抗戰開始後到武漢戰役，是國民黨的抗日戰略發展形成的主要階段。在這一階段中，蔣介石明確提出了持久抗戰的方針，並將毛澤東在《論

持久戰》一書中闡述的抗戰三階段理論轉化成他的「積小勝為大勝」、「以空間換時間」，並在有意無意之中地開始執行「引敵南下」的戰略意圖，結果在客觀上取得了改變日軍侵華路線，使之深陷戰爭泥潭的效果，而中國則達成了以己之長克敵之短的目的，這才使得國力相差懸殊的中日兩國在戰場上形成了對峙，使抗戰在戰略上能夠順利過渡到相持階段。三、太平洋戰爭爆發後，蔣介石政府認為苦撐待變的目的已達到，今後打敗日本，端賴美英列強，故對抗日轉而採取「靜觀待變」的戰略，要以最小的犧牲，換取最大的價值，保存實力以準備戰後解決中國國內問題。在這種戰略思想之下，不僅抗戰積極性有所減退，在「豫湘桂戰役」中一潰千里，就連最後的反攻作戰，也成了口頭的號召。中國對日作戰的重擔不可避免地落在了中共武裝的肩上。四、就國民黨內非蔣的地方實力派而言，他們在抗戰中的表現，根本上是忠於國家民族的，並對抗戰出力甚多犧牲很大，立下了汗馬功勞。他們對於持久抗日戰略是擁護的，除個別的軍閥如韓復榘外，並沒有破壞抗戰的現象發生。這表明，在國難當頭之際，中國人是團結一致經得起考驗的，中華民族的脊梁是堅不可摧的。

中國的抗日戰略為民族的反侵略歷史留下了豐富的內涵，其中的經驗教訓值得認真地思考總結。中國人民在抗日戰爭中所表現出的精神、智慧、毅力和勇氣將萬世流芳。

【注】

[1]《蔣介石通飭各行營主任各綏靖主任各省主席各特別市長電》，（1937年7月10日），載（臺）《中華民國重要史料初編——對日抗戰時期》，第二編（二），第37頁。
[2]《蔣介石致孫連仲電》（1937年7月9日），中國第二歷史檔案館藏「委員長侍從室電稿」。
[3]《蔣介石致宋哲元電》，1937年7月13日，二史館館藏國民政府軍令部戰史會檔案七八七。
[4]《蔣介石致宋哲元電》，1937年7月13日，二史館館藏國民政府軍令部戰史會檔案七八七。
[5] 蔣介石《在廬山談話會上的講話》，二史館館藏檔案七八七。

[6]《民國檔案》，1987 年第二期，第 7 頁，第 10 頁，第 5 頁。

[7]《南京國民政府大本營關於全面抗戰作戰指導方案等訓令四件》，《民國檔案》，1987 年第一期。

[8]《第二戰區忻口會戰紀要》，二史館館藏檔案七八七。

[9]《中國現代史大事月表》（1937 年 7-9 月本），二史館館藏。

[10] 日本防衛廳編《日本大本營陸軍部》，第一部，第四章。

[11]《國防作戰計劃》，二史館館藏檔案七八七。

[12]《余湛邦憶抗日戰爭中的張治中將軍》，載《團結報》1984 年 8 月；又見《八一三淞滬戰役紀略》，載《上海文史資料》1980 年第五輯。

[13] 這一時期英國在華投資的 72%，美國在華資產的 64% 都集中於上海。國民黨當局認為在上海開戰必將導致英美出面干預，造成停戰結果。

[14]《中國事變陸軍作戰史》，第一卷，第二分冊，第 2 頁。

[15]《中國事變陸軍作戰史》，第一卷，第二分冊，第 20 頁。

[16]《中國事變陸軍作戰史》，第一卷，第二分冊，第 30 頁。

[17]《中國事變陸軍作戰史》，第一卷，第二分冊，第 94 頁。

[18] 蔣緯國：《蔣委員長如何戰勝日本》，第 21 頁。

[19]《中國事變陸軍作戰史》，第一卷，第二分冊，第 16 頁。二史館館藏《淞滬會戰張發奎文電》亦載：8 月 12 日張給蔣介石、何應欽發電稱：「文白兄方面，似已決心主動。」何在來電上批覆：「可。已令保安隊即開淞江，歸張文白指導共同作戰。」

[20] 國民政府軍事委員會戰史檔案：《陳誠私人回憶資料》，二史館館藏檔案。

[21] 轉引自虞奇：《抗日戰爭簡史》，上冊，第 135 頁。

[22] 蔣緯國主編《抗日禦侮》，第五卷，第 17 頁。

[23] 日本防衛廳防衛研究所戰史室：《中國事變陸軍作戰史》，第一卷，第二分冊，第 28 頁。

[24] 張發奎：《八一三淞滬戰役回憶》，載（臺）《傳記文學》第 60 期。

[25] 此期日軍在華北與上海兩個戰場兵力情況變化如下：8 月，華北為 9 個師團，上海為 2 個師團；9 月，華北為 8 個師團，上海為 5 個師團；9 月 5 日日軍統帥部決定抽調華北兵力南下，「把主作戰轉移到上海方面」，華北日軍減為 7 個師團，上海日軍則增為 9 個師團。

[26]《抗戰史料叢稿》，第十種，《戰紀》，「上海之戰」第三冊，二史館館藏。

[27] 日本防衛廳研究所戰史室：《中國事變陸軍作戰史》，第一卷，第二分冊，第109頁。

[28] 施子愉譯：《抗戰初期德日法西斯誘降的陰謀》（1937年10月—1938年1月）。

[29]《盧溝橋事變後國民黨政府軍事機關長官會報紀錄》（第21次），載《民國檔案》，1987年第3期。

[30] 梁漱溟：《七七事變前後的韓復榘》，第224頁。

[31] 王道生：《大本營派我到韓部》，載《一代梟雄》，第234頁。

[32] 朱振民：《爆破黃河鐵橋及花園口決堤執行記》，載《文史資料選輯》第54輯，第177頁。

[33]《中國事變陸軍作戰史》，第二卷，第一分冊，第81頁。

[34] 毛磊等：《武漢抗戰史要》，第328頁，湖北人民出版社，1985年版。

[35]《國民政府軍事委員會會議紀錄》，1938年6月5日，二史館館藏檔案七八七。

[36] 毛澤東：《論新階段》，載《中共黨史參考資料》第八冊，第189頁。

[37] 史說：《長沙大火見聞錄》，載《上海文史資料選輯》第6輯。

[38] 蔣介石：《第一次南嶽軍事會議開會訓詞》見《蔣總統集》第一冊，第1058頁。

[39] 蔣介石：《第一次南嶽軍事會議開會訓詞》見《蔣總統集》第一冊，第1082頁。

[40] 蔣介石：《第一次南嶽軍事會議開會訓詞》見《蔣總統集》第一冊，第1082頁。

[41] 程思遠：《政壇回憶》，第119頁。

[42]《第一次南嶽軍事會議文件》，二史館館藏檔案，七八七全宗。

[43]《中國事變陸軍作戰史》，第二卷，第二分冊，第145頁。

[44] 賀執圭：《記第一次長沙會戰》，載《湖南文史資料選輯》，第十八輯。

[45]《蔣委員長南嶽黨政軍聯席會議訓詞（一）》，二史館館藏檔案七八七。

[46] 何應欽：《對國民黨五屆五中全會軍事報告》，1939年1月，二史館館藏檔案。

[47]《毛澤東選集》，第二卷，588卷，人民出版社，1991年版。

[48] [英]F.C.瓊斯等：《1942-1946年的遠東》，第227頁，上海譯文出版社，1972年2月版。

[49] 中國第二歷史檔案館編：《中國現代政治史資料彙編》，第三輯，第41冊。

[50] 蔣介石：《第四次南嶽軍事會議訓詞》，《蔣總統集》，第1484-1485頁。

[51] 蔣介石：《第四次南嶽軍事會議訓詞》，《蔣總統集》，第1484-1485頁。

二　抗戰篇

[52] 蔣介石：《第四次南嶽軍事會議訓詞》，《蔣總統集》，第 1484-1485 頁。

[53] 蔣介石：《第四次南嶽軍事會議訓詞》，《蔣總統集》，第 1485 頁。

[54]《蔣介石致宋子文轉駐美軍事代表團團長熊式輝電》，載（臺）《近代中國》第 43 期。

[55] 鴻鳴：《蔣家王朝》，第 200 頁，香港中原出版社，1988 年版。

[56]《中華民國重要史料初編——對日抗戰時期》，《戰時外交》（三），第 686 頁。

[57] 參見熊向暉回憶錄《地下十二年與周恩來》。

[58]《湘西會戰王耀武之文電》，二史館館藏檔案七八七。

[59] 重慶《大公報》，1945 年 5 月 15 日。

[60] 張秉均：《桂柳反攻作戰》，載（臺）《中國現代歷次重要戰役之研究》第三冊，第 79-81 頁。

[61] 張秉均：《桂柳反攻作戰》，載（臺）《中國現代歷次重要戰役之研究》第三冊，第 91 頁。

三　德意志篇

德國軍事總顧問與中國抗日戰爭

　　載《檔案與史學》。《中日戰爭期間的德國軍事顧問》，載（臺）《歷史月刊》。《蔣介石身邊的德國軍事顧問》，載《民國春秋》。

　　民國時期的中德關係是民國外交史中不可忽視的一個重要方面，而德國赴華軍事顧問團則是中德關係史上主要內容之一。1920、1930年代，德國軍事顧問團在歷任德國顧問的帶領下，活躍於中國大地上，在南京國民政府的「安內攘外」以及重建近代化軍事工業過程中發揮了重要的作用。可以說，德國軍事顧問團的工作，在一定程度上直接影響了南京國民政府的發展，就其規模、影響與作用而言，抗戰前的德國顧問團，直可以與戰後美國軍事顧問團比較，只不過在當時，德國因受國際環境之制約，其對華活動往往處於保守祕密的狀態。軍事顧問團的活動也因此而鮮為人知罷了。今天，隨著大量有關史料及研究成果之問世，這段歷史之隱密逐漸大白於天下，引起了後人濃厚的研究興趣。

　　關於德國軍事顧問團的在華活動，過去在大陸史學界零散的研究成果中，主要是敘述其在幫助蔣介石政權進行「剿共」內戰方面的歷史活動，並由此而得出結論說，德國軍事顧問是帝國主義者支持蔣政權鎮壓中國革命的工具，是帝國主義伸向中國的侵略之手。對於這一點，我們應該承認，德國軍事顧問的確曾在幫助南京政府進行反共內戰方面起過一定的作用，但從他們在華整個歷史活動總體分析，我們可以發現，德國顧問團幫助中國政府整軍備戰的主要目的是為了加速中國國防的現代化，經他們訓練、武裝的軍隊，其主要的作戰目標是一直覬覦中國領土的日本軍隊。歷任德國總顧問對於中國國防假想敵的認識也一致確認為日本，並以他們各自的觀點及分析，向國民政府最高當局提出了對日國防的戰略建議。

　　有關這一問題的討論目前在大陸史學界才剛剛起步，本文試圖圍繞這一論題，初步進行一些探討，給德國軍事顧問團（以其歷任總顧問為代表）對

三　德意志篇

於中國抗日戰備之作用及其活動作一個比較適當的歷史定位。不足之處，敬祈中外學者指教。

一

德國軍事顧問之來華，起源於 1926 年 11 月，鮑爾上校（Max Bauer）應蔣介石之邀，來華為蔣「提供軍事及工業參謀諮詢服務」。當時蔣介石已準備與中共及蘇俄分裂，為了尋找適當的外國顧問來替補蘇聯軍事顧問撤走後所遺空缺，蔣介石透過多方渠道，找到了鮑爾等人，又經過多次洽商和艱難的努力，勉強得到了德國政府的默許。1928 年 11 月，鮑爾率領第一批顧問團員 25 人，踏上了中國的土地。

鮑爾在華工作僅歷時半年，就因患病去世。他的主要工作一是參與中國北伐結束之後國民政府當局「軍隊編遣」工作，幫助擬定方案；二是為中方高級軍官教授現代軍事知識，提供現代整軍建軍方案，三是發展中國與德國工商企業巨頭的關係，積極為德方開拓中國市場，參與中國軍事工業的創建。接替鮑爾統率顧問團的克里拜爾（Kriebel）在他代理顧問團長的一年任期內，隨蔣奔波於內戰前線，參與蔣桂戰爭及蔣馮之戰。由於他不太善於應付內外關係，引起顧問團內部矛盾激化，最終於 1930 年 5 月辭職下臺。他在任期間也與鮑爾一樣，沒能就中日矛盾與對日國防發表什麼見解。

第三任德國軍事總顧問佛采爾（Wetzell）中將於 1930 年 5 月 24 日正式抵達中國履職。他在中國工作了 4 年，參加了中原大戰、江西「剿共」以及「一二八淞滬抗日」及「長城抗戰」，為蔣介石的「安內攘外」提供了全方位的參謀服務。

佛采爾抵達中國之初，正值蔣桂馮閻「中原大戰」開場之時，佛采爾馬不停蹄地趕往內戰前線，率領各位德國顧問，全力輔佐蔣系中央軍開展「討逆」作戰，他甚至乘上了蔣介石的專列，與蔣同食同住共生死，[1] 在他有效的參預下，南京政府軍隊以「中央突破擴張兩翼」的戰術，瓦解了馮閻反蔣軍的戰線，並成功地進行了蔣軍歷史上第一次大規模步炮空聯合作戰。佛采爾及其德國步炮空軍事顧問在這場戰役中立下了汗馬功勞。

「一·二八」淞滬抗日戰役開始後，第十九路軍奮起抵抗，蔣介石派遣中央軍增援上海。佛采爾總顧問跟隨由德國顧問一手培訓出來的中央軍「模範師」第八十八師赴滬參戰。這是德國軍事顧問第一次出現在中國抗日戰場上。

佛采爾此去上海的目的，並非要指揮對日作戰，而是為了具體考察德國顧問們為中國練兵的實際成效，考察經過特訓後中國「模範師」的實戰能力。經過跟蹤觀察，佛采爾得出了滿意的結論。事後，佛采爾在他致蔣介石的一份報告書中稱：四年來在德國顧問團的精心培訓之下，陸軍第八十八師「確已成為一種教導部隊」，他建議在第八十七、三十六師等部隊中積極推廣德式訓練經驗，使之「於短期內練成新式勁旅」。佛采爾希望中央軍校亦能「切實遵照鈞座所示途徑，決心按德式教育之實驗，建設中國陸軍」，他對該校「各項成績均極滿意，且深信該校造就之數千軍官，將來必能有益於中國陸軍」。[2]

1933年初，日本繼續侵華，出兵占領熱河。3月，中國守軍被迫發動「長城抗戰」，反擊日軍的侵略。佛采爾總顧問又率領由他訓練的中國第七軍北上，參加了「長城抗戰」的布置與指揮工作。3月24日，佛采爾在戰役進入尾聲之時向南京政府最高當局呈送了一份《對攻擊侵入熱河日軍我國應取之軍事行動之意見》的報告，報告中寫道：「當前長城戰役已告沉寂，乃由於日軍於古北、喜峰諸口及其他各要隘經試探性攻擊後未能得逞，實為其（日偽兩國）兵力不足之故。我軍若欲獲得勝利，未始不可由喜峰、古北兩口同時出擊而奪回承德、寬城線內之失地，擊退日軍至相當地點。然而日軍為對其國民以自衛為藉口，必要求軍事上之擴大，果爾，我方無足夠之預備可資使用，基於戰略、政略之估量得失，不如將主動權暫委諸於日軍，敵越長城繼續作戰，則我方可採用攻勢以還擊敵人，其利遠勝於出擊，局部小規模之攻擊，可由前方部隊主動。得失足可抵償，並似可利用當前沉寂之時機繼續部隊訓練，保持攻擊精神，加緊陣地之工事較宜。」[3] 他的這種建議後來為中方所採納。

佛采爾此次北上，時間長達半年之久。「塘沽停戰協定」簽字後，他又參加了部署北方國軍防務的工作，隨後即赴南昌，參加了對中央紅軍的第五

三　德意志篇

次「圍剿」。他提出了「分區圍剿」及「分進合擊」的戰術建議，深得蔣介石的讚許。並在第五次「圍剿」中貫徹運用。

正在這時，德國軍界元老之一、具有「國防軍之父」美譽的塞克特將軍（Seeckt）應邀訪華，由於佛采爾及顧問團行動的保密性，故而後人甚至包括連當時中共紅軍將領都把蔣軍的「新式戰術」與塞克特聯繫在一起，傳出塞克特為蔣介石籌劃「剿共」新戰略的猜測，並被後來史家引為根據。其實塞克特沒有參與「剿共」戰事，甚至也沒到過南昌，真正在前線助蔣「剿共」的是佛采爾而不是塞克特。[4]

佛采爾在華輔蔣在軍事上連連得勝，滋長了一些驕傲自大心理，並與中方高級將官發生矛盾，特別是在「剿共」戰爭之中，經常發生爭吵，每遇戰事失利，佛氏便指責蔣軍軍官無能，不能如實執行他的計劃，而軍官們則反言佛氏不了解中國國情，雙方各不認帳，對軍事行動不無影響。

在軍事之外，佛采爾使華期間對商業及貿易工作不很熱心，他不願費心於介紹德國軍工貿易企業對華商務，而將之悉數委託給自己的助手布凱斯特（Bukist）辦理。布凱期特是一名久居中國的商人，在華關係複雜，他利用這一機會在中德貿易中大做手腳，牟取厚利，引起了中方官員不滿。佛采爾經布氏介紹與中國財長宋子文建立了密切關係，並在組訓新式中國軍隊工作中得到了宋子文的積極支持。「宋氏常以國家預算外之財源，支持佛采爾所欲建立之特種部隊」，[5] 並企圖把這支軍隊練成自己掌握的武裝。「長城抗戰」期間，佛采爾還曾邀請宋子文一同北上視察軍隊，宋氏並發表了主張堅決抗日的演講，蔣介石對佛采爾引宋插手軍界之舉十分不滿，再加上軍方、經濟界官員對於佛氏的不斷告狀，遂起意準備「換馬」，準備用塞克特取代佛采爾。

佛采爾雖不甚熱心商務，但他對中國國防軍的建設卻傾注了心血，他將前任總顧問開辦的「教導隊」、「教導團」擴充為「教導師」，並進一步推廣其訓練經驗到其他師團，1933 年又幫助中方組建了 10 個砲兵營，引進了德國生產的卜福爾 15cm 輕榴彈砲及 7.5cm 高射炮。他還建議中方組建工兵、汽車、高射炮、海岸要塞、電信等新兵種部隊，開設首都演習場、射擊場、

建立砲兵及航空觀測機隊,使中國軍隊向國防現代化邁出了一大步。在軍事教育方面,佛采爾親自兼任中央軍校總教官,並幫助建立了各軍兵種訓練學校及培訓班,完善了軍事教育門類,佛采爾還曾致函蔣介石,就中國軍事指揮體系的改造,從上自軍事委員會下到各部隊兵種機關職能劃分、效率培養等提出了一整套建議,他的這些建議深得蔣介石之讚許。

1934年2月及5月,佛采爾針對當時中國國防工作及準備對日抗戰的實際,向蔣介石寫了兩份整理部隊建議書。在這兩份文件中,佛采爾對中國未來抵抗日本的戰略戰術、軍事裝備、兵種武器之改進部署以及採用新式練兵方法等多方面內容,提出自己的設計。佛采爾在報告最後總結說:「中國陸軍顯著之進步,為近四年來中央軍校所施後起之軍官訓練」,「華北戰事足以證明德人在中央方面所旋用之德國訓練與戰鬥原則完全適當」。「中國人民確能練成良好陸軍,中國亦應如他國在此基礎上建設陸軍,逐漸發展,自有造成強大國軍之必要」。

蔣介石對佛采爾的建議十分重視,並在卷首附上了如下批語:「中以為意見甚對,非此不能使陸軍進步也」。[6]

佛采爾雖然具有較高軍事才能,但他在工作中卻不會處理好人事關係,特別是在「剿共」戰事中反對蔣介石把「模範師」投入反共戰場,認為此「無謂消耗」有違抗日國防本意,他甚至主張由南京政府出資,重新訓練、裝備退入關內的張學良東北軍,發揮其對日本的國仇家恨,將其訓練為抗日勁旅。這大大地觸犯了蔣介石排斥異己「不計一切反共到底」的大忌,蔣氏決心要讓佛采爾「讓賢」。蔣介石對塞克特說:「佛將軍之忠誠與作戰經驗能力皆極可佩,但建軍工作不盡令人滿意,至於政治與外交(亦可能包括人事關係)彼亦未甚注意」。[7] 蔣氏的這番評語,注定了佛采爾為中國政府「勞而無功」的結局。

總的來看,鮑爾與克里拜爾在主持顧問團期間並未涉及中國抗戰。而佛采爾對於中國抗戰的貢獻則是從「整軍備戰」的總體角度出發的考量。真正對中國抗戰做出貢獻的是他們的後繼者塞克特與法肯豪森兩位將軍。

三　德意志篇

二

繼佛采爾之後來華出任軍事總顧問的是塞克特將軍。

漢斯·馮·塞克特（Hans Von Seeckt）是德國國防軍元老，曾主持一次世界大戰後德國重建軍隊工作。人稱「國防軍之父」，在德國軍界享有崇高的聲望。因此，他在退休之後便成為蔣介石急欲聘請來華的重點對象。

1933年4月，他啟程來華作短期訪問，中國政府給予他熱烈的歡迎。5月間，塞克特在廬山與蔣介石舉行了3天長談，就中國新式國防軍之建設與訓練問題發表了他的見解。他的主要觀點是：中國練兵貴在精而不在多，國防軍有60個師即可夠用。可透過訓練「教導部隊」逐步擴大普及面，練兵需要一個相對穩定的環境及自給的兵工業，不能完全依賴購買外國武器，在創辦中國軍工企業方面他可以幫忙，介紹德方企業對華合作。蔣介石對此深表贊同與感謝。隨後，塞克特奔赴中國華北對日前線，視察了華北軍隊。6月底，他謝絕了蔣介石留華聘請，登輪回國。作為對於中方盛情之回報，塞克特臨行前向蔣介石提交了一份《陸軍改革建議書》，具體闡述了他的訪華經驗所得及對中國整軍備戰之建議。

塞克特在建議書中詳細說明了他的建軍思想，闡述了建設中國新式國防軍之必要，當然塞氏所策劃的建軍目的已不僅僅是為了中國的內戰，而是更多地為了對付日本的侵略。例如，在闡述中國軍隊更新裝備的重要性時，塞克特寫道：「九一八事變後，日本窺伺中國，若無相對砲兵與之抗衡，（中方）在未來的抗日戰爭中防禦和獲勝的可能性將微乎其微。」「如不加強訓練和供應足夠的武裝配備，將來在戰場上勢必遭受嚴重損失甚至潰不成軍。」[8]對於戰時交通建議，他寫道：「中國如無相當的工業基礎，現代化的軍隊將無從建起，獨自地與有效地生產自己的武器以及發展具有戰略性的交通系統，在日本入侵時可以迅速地輸送部隊至危急的地區，實為當前首要之任務。」[9]在這份《建議書》中，塞克特還就中國未來抗日戰爭的實際，提出了他關於加強長江中下游防備的建議：「在長江流域各重要據點，有設置魚雷和炮臺的必要，以封鎖敵艦的通航和侵襲，為保障國家政治及軍事中心的安全，防範任何危機的發生，依本人看來，似為刻不容緩的急務。」令蔣介石特別滿

意的一點，是塞克特在《建議書》中提出了大力加強蔣氏對軍隊獨裁統治的建議：「必須建立一支在您本人統帥下經過正規訓練的軍隊」，「整個軍事體系，包括訓練、管理、發展，必須置於一位最高統帥之下」，「由於最近數次對抗日本軍事行動中的顯示，今後在任何情況下，絕不能再允許地方或較高軍事當局有任何獨自為政之舉。」[10]

蔣介石高度讚賞塞克特的這份《建議書》，並將之廣泛下發各軍事及有關單位，研討執行。此後，他更堅定了請塞克特來華充當他最高顧問的決心。經過多方努力，1934年3月，塞克特第二次來華，出任蔣介石的軍事總顧問，並以其助手法肯豪森將軍取代佛采爾管理顧問團。

蔣介石給予塞克特以最高的行政及生活待遇，委以自己「代理人」之頭銜，此後近一年時間內，塞克特為中國的整軍及軍工企業之創建，做了大量工作，並直接參與了中國抗日戰備籌劃工作。

塞克特對中國抗日戰備的貢獻主要表現在以下幾方面：第一，他為中國的抗日國防軍建設提出了初步設計。應蔣介石的請求，他重新為中方審定了新式軍隊整訓擴充計劃。塞克特認為：目前中國政府「剿共」內戰已近尾聲，但中國內部並不穩定，更何況有日本的強大威脅，中方絕不可貿然裁軍。眼下之計是要集中有限的財力、物力，趕快組建一支小型核心武力，新編6個全新的「國防師」，同時加緊培訓軍官，準備擴編國防軍之用。當時蔣介石及其手下以中國國內戰事尚未結束，各處兵力不敷使用，不如先給舊式軍隊更換武器，增加戰鬥力，以求早日「安內」，然後再去「攘外」。塞克特堅決反對這種「修補」方法，甚至以辭職回國相要挾，使蔣介石同意了他的組建「模範軍」的計劃。[11]到抗戰爆發時，初步編成了一支規模不大的「德式中央軍」（German trained Chinese Central Army）在「八‧一三」抗日戰役中，這支部隊發揮了重要作用。

第二，塞克特還就中國抗日戰略設計提出了一些獨到見解。蔣介石曾要求塞克特為其制定一整套長短期「應變」防禦措施，塞氏同意先為中方制定在長江中下游地區的防禦計劃。

1934年4月底到5月初，蔣介石與塞克特就中國未來抗戰戰略部署進行了討論。蔣介石主張對日國防重點區域應放在長江流域而不在華北，他對塞克特說，一旦中日開戰，他準備在必要時放棄華北而集中全部兵力防衛長江流域。他又解釋說，只有16%的國防預算可以用於華北。塞克特則不同意蔣的意見。他認為這樣做的結果會使日軍很容易繞過這些要塞，長驅直入，於整個抗戰大局不利。蔣介石堅持說：「那麼日本人無論如何不能夠占領這些要塞。」[12]他還說，從政治上來看，長江以南地區遠比江北地區重要，況且在華北的中國地方實力派軍隊沒有任何軍事價值。塞克特說：「那麼，是否在華北一旦危險時可以抽調在江西剿共的部隊北上？」蔣介石給予否決，他說：「當務之急是剿共，在江西剿匪戰事未完成之前，不可能抽調主力部隊去對付日本人。」[13]塞克特沒有辦法，他最後只好表示，對蔣介石的華北防禦方案不承擔任何責任。[14]不過他仍然答應了蔣介石的請求，為其設計了從上海到南京間的江南國防工事圖，這座被稱為「中國的興登堡防線」的國防體系建成之後，成為中國抗日戰備的重要工程之一。[15]

蔣介石又委託塞克特全權負責長江與沿海地區之布防，塞克特認為這項任務艱巨，非一人可以完成，他推薦了空防顧問施太秋中將（Streccius）及海防顧問拉維上尉（Rave）參加工作。1934年，中國首都南京舉行了第一次空防演習，蔣介石在塞克特陪同下參觀了演習並對德國顧問團的工作成績給予高度評價。[16]

第三，塞克特還對中國國防工業及交通建設做出了重要貢獻。他曾建議國民政府在江南修建鐵路網，並介紹德國著名企業奧托·俄普夫（Otto-Wolff）公司投資於此項計劃，參與了浙贛等鐵路幹線的修建工作。

塞克特一貫認為，有效的國防實力要以相應的工業基礎作後盾，否則現代化國防之建設將無從談起。他建議蔣介石以德國的技術與資金援助為「工作起點」發展中國軍工企業。這樣便把中國國防現代化與德國的經濟利益緊密聯繫在一起了。在他的建議下，南京國民政府在抗戰前幾年籌建了一批遍布全國各地的兵工廠，如太原、濟南、昆明、重慶、南寧、廣州等均有設置，並對江陰、鞏縣等舊軍工廠進行了技術改造，能夠生產從步槍子彈到德式迫

擊炮、100毫米口徑大砲、防毒面具等多類軍火裝備，這些國防企業的發展為後來中國堅持長期抗戰提供了必不可少的物質保證。[17] 塞克特為此做了極細膩的工作，他甚至詳細計算了中國6～18個整編師每月所需的軍火數量，並規劃了一批兵工企業建設進度計劃。[18] 他的工作得到了蔣介石及德國國防部雙方的好評。

1935年3月，塞克特因年老體弱，遵醫囑辭職回國，結束了他的旅華生涯，並於1936年底病逝於家鄉。南京政府為其舉行了隆重的追悼大會，何應欽代表蔣介石致悼詞，盛讚塞克特「為中國軍官團樹立了良好的榜樣」。他為中國抗日戰備所做出的開拓性貢獻將永存歷史。

三

塞克特臨回國時，曾以「最誠懇之心情」向蔣介石推薦他的助手亞歷山大·馮·法肯豪森（Alexander Von Falkenhausen）將軍接替他的工作，成為最後一任德國顧問團長。

法肯豪森是一位職業軍官，他早年曾任德國駐日本大使館武官，對日本軍隊有過較多研究。他出任德國軍事顧問團長後，在中國工作了4年多時間，直到中國抗戰爆發後，他還參加了正面戰場抗日作戰，最後在1938年6月間被德國政府「勒令率團回國」。法肯豪森在華的主要工作是協助國民政府部署對日國防，提供抗日戰略參考意見，繼續訓練中國國防軍，協助中國發展國防工業。抗戰爆發後，他便直接參與了戰役參謀及指揮工作。所以說，法肯豪森對中國抗戰所做出的貢獻超過了他的幾位前任。他是中國的「患難之友」，並以他自己的豐富閱歷、經驗學識對中國的抗日戰爭做出了重要的貢獻。

1935年3月法肯豪森正式出任顧問團長。

當時中國的形勢是：國民政府在迫使紅軍長征北上後，自以為「剿共」戰事已近完成，加上日本不斷在華北挑釁，中日關係緊張，抗日國防迫在眉睫。以法肯豪森為首的德國軍事顧問團工作重心自然也就轉移到中國對日國防方面來。

三　德意志篇

　　1935年8月20日，法肯豪森向蔣介石提交了一份《關於應付時局對策之建議》，全面闡述了他對於中國國防及抗日戰略的構想。他指出：「目前威脅中國最嚴重而最迫切者，當然日本。日本對中國之情，知之極悉。其利害適與中國相反，故必用盡各種方法破壞中國內部之團結與圖強，至少設法遲延其實現。華方宜求時間餘裕，作整軍經武之用，故日方益求急進。」[19] 他批評了國民政府對日本在華北製造事端的「一味退讓」，指出「日方苟遇真實抵抗，則局勢迥異」，中政府應有「堅韌意志」，「斷無不抵抗而即承認敵方要求，沉默接受。鄙意民氣即是造成抵抗意志，故不容輕視。苟領袖無此種意志，則人民亦不肯出而抵抗。」[20] 這種勸告正中蔣介石對日妥協政策之要害，正可謂一針見血。

　　按照法肯豪森的預計，一旦日本對華發動軍事攻擊，華北地區首當其衝，同時長江流域各海口也將受到侵犯。因此，中國軍隊必須在戰略上確立一個「集結兵力區域」，以此為基地來部署對日國防。這個區域範圍大概在徐州—鄭州—南昌—南京一線，中軍應在此區域向北推進，以「滄縣—保定為絕對防禦線」，「最後戰線為黃河」。長江陸防須推進至上海附近，南京作為首都「宜固守」，華中則以南昌、武昌作為戰略支撐點，全國以四川為「最後防地」。法肯豪森最後寫道：「綜結言之，就民族、政治、經濟、心理、軍事上各種情況，俱有前方應戰之必要，萬不可不戰而放棄寸土」。「仿二十一、二年淞滬及古北口等處成例，方能引起與長江流域有利害關係之列強取積極態度。中國苟不於起首時表示為生存而用全力奮鬥之決心，列強斷不起而干涉。」[21]

　　法肯豪森這份報告書提出了幾個具有重大戰略意義的建議。第一，他主張以長江一線為未來抗日戰爭的主戰場，「因南北二大幹路更要者為長江」，故而他贊同蔣介石的見解，提出自長江下游寧滬、中游南昌武漢，到上游之四川，建立層層防禦體系，以之為未來抗日戰爭的主戰場。第二，關於長江一線防禦，法氏主張「東部有兩事極關重要，一為封鎖長江，一為警衛首都，二者有密切之連帶關係。屢聞長江不能守之議，竊未敢贊同」。「長江封鎖於中部防禦最關重要，亦即為國防之最要點，防禦務須向前推進。江防須封鎖江陰，陸防須利用許多地險及天然便於防禦之地形，推進至上海附近。」

「南京為全國首都,必應固守,故極宜增築東正面及東南正面之工事。次之為南昌、武昌,可做主支撐點,宜用全力固守,以維持通廣州之聯絡。」「終至四川為最後防地,富庶而因地理關係特形安全之省份,(旁批:最後根據地)宜設法籌備使作最後預備隊,自有重大意義。」[22]

　　第三,法肯豪森還明確提出了「黃河宜作有計劃之人工泛濫,增厚其防禦力」的具體建議。後來抗戰爆發後,國民政府在花園口掘開黃河大堤,以水代兵,阻止了日軍在北線的西進攻勢,這不能不說是法肯豪森的一項有價值的見解。第四,法肯豪森在報告中還提出建立四川抗戰根據地的戰略構想,他認為四川是個「富庶而地理關係特形安全之省份」,「實為造兵工業最良地方。由重慶經貴陽建築通昆明之鐵路,使能經滇越路得向外國聯絡,有重要意義。」[23]「川省若未設法工業化能自造必要用品,處此種情況,必無戰勝希望,而不啻陷中國於滅亡。」[24] 法肯豪森在這時不僅指出了四川工業化為抗戰提供軍需的前景,而且指出了開闢西南外運交通線以獲得抗日外援的必要性及重要意義。

　　法肯豪森的戰略建議後來逐項被國民政府採納,並在以後的抗戰實踐中加以運用,最終為持久戰,「以空間換時間」奪取抗戰的最後勝利奠定了必要的基礎。在這個意義上來看,這不僅是法肯豪森而且是整個德國軍事顧問團對於中國抗戰事業的重要貢獻。他以這份建議書為藍圖,開展部署,以之確定為顧問團的工作指導。他根據德國重建國防軍的經驗,按照塞克特的設計,迅速著手訓練與裝備了全副德國裝備的 8 萬中國軍隊,更之以全副德式裝備,另成立了若干砲兵團與裝甲旅,準備在戰事一旦發生之後,迅速馳援前線。其中第八十七、八十八師重點駐紮在寧滬國防要地,在後來的「八一三」淞滬抗日之役中發揮了作用,給予野心勃勃的日本侵略軍迎頭痛擊。

　　到抗戰爆發時為止,在法肯豪森主持下,中國軍隊整編 30 萬人的計劃已完成了 80%,這一計劃未能全部完成的原因,一是由於時間的不足,二是由於在「剿共」完成後投入「整編」的部隊比蔣介石與塞克特達成的協議數

目為多,而「新編師」與舊式部隊之間也存在一些矛盾,使蔣介石不得不放寬選擇「整編」的標準,以求內部公平與穩定。[25]

蔣介石十分珍惜他的經過德國顧問整訓的軍隊,並改變了他過去的作法,不用之於內戰而專待抗日。1936年10月間,軍政部長何應欽曾透過國民黨中政會代祕書長朱家驊去勸告蔣介石,將新編部隊調往陝西「剿共」,替換不願打內戰的東北軍,但被蔣介石拒絕了。[26] 蔣介石對於這些新編軍寄予未來抗日之厚望,德國顧問團的工作無疑在增加蔣介石的抗日決心方面造成了一定作用。

法肯豪森在其任職期內,對中國的軍事教育及中德易貨貿易也投入了許多精力。有關這兩方面的工作,在其前任佛采爾及塞克特主持工作期內已經初步奠定基礎,形成規模,各項工作得以有條不紊進行,法肯豪森的任務在於領導督促各部門德國顧問的具體工作,並對中德關係加以協調,在其任內加以進一步的擴充與推進。值得一提的是,法氏在介紹德國投資商及出口商對華合作時,頗能堅持公正立場,以中國的利益及需要為出發點,而不對德方商人唯利是圖之舉加以無條件袒護,尤其對納粹黨人要求他「站在德國利益方面」之舉,「很不以為然」,「認為他們此種立場,不僅會損傷德國的信譽,也將削減商業方面的利益」。他公開宣布:「因為我在中國服務。唯有介紹適合中國需要的物品,才算稱職。」[27] 當時中德易貨貿易及工業合作,已由雙方政府專職部門管轄辦理,有些德國奸商賄賂中國主管官員,以高於國際市場的價格對華推銷德貨,有時並不符合中方要求。他們希望法肯豪森利用其與蔣介石等中方大員的關係,促成他們的生意,法氏對此堅加拒絕。他堅持以中國實際需要為出發點,表現了一個正直軍人的作風。例如,主辦德國對華貿易的「合步樓」(Hapro)公司準備對華供應一批國防軍械,法氏認為,「這種武器固然適合於歐洲戰場,但依中國人之需要卻沒有考慮的餘地,因此我曾代表中國提出異議。」「我常竭力介紹於中國有利益而適合中國實際情況的物品及列定公平的價格,而不顧慮到原產地的情形和商號,上述立場我一直堅持到底。」[28]

法肯豪森這樣做的結果，不免開罪了許多德國官員及商人。以至於1936年5月間德國國防部部長助理、希特勒的親信萊謝勞（Reichmann）將軍訪華，與蔣介石會商中德合作事宜時，竟把身為德國顧問團團長的法肯豪森晾在一邊，不讓他參加會談。[29] 由此可見他們彼此矛盾之深。

　　法肯豪森以自己的行動贏得了中國友人的信賴，賦予他籌劃中國抗日國防之重任，並讓他參與了中國最高軍事機關的工作。法肯豪森曾向蔣介石拍胸脯說「足以把日本人趕出長城。」他的樂觀態度使蔣介石備受鼓舞，堅定了他的抗日決心。

　　1936年11月13日，國民政府軍事當局鑑於日本軍隊在中國華北的頻繁挑釁，針鋒相對地舉行了大規模軍事演習。法肯豪森率領德顧問團參加了這次演習，中方共計出動了5個師的兵力，演習獲得了圓滿成功。法肯豪森對演習部隊的表現給予了高度評價，其後，他與蔣介石一起參加了閱兵式。

　　不久之後，法肯豪森又應蔣介石之邀與9位美國空軍顧問一起視察了杭州筧橋航空學校，他對由義大利援建的這所航空訓練基地位置海口表示了異議，認為這太容易遭受敵方攻擊，「容易發生危險，如果深入內地，毗鄰南京，則情勢較為優越」。[30]

　　1937年6月，中日戰爭迫在眉睫，法肯豪森又應蔣介石心腹要員陳誠之約，與義大利籍海岸防禦專家諾達爾多洛（Notartolodi Villarosa）一起對南京以下所有長江堤防各要塞砲兵陣地進行了戰前最後一次的巡視。在江陰要塞，法氏登上炮臺查看了從德國進口的十五cm口徑大砲，並觀看了要塞阻擊快艇過江的演習。[31]

　　據法氏記載，當時來自德國的先進軍品裝備正快速裝備中國軍隊各主要部隊，如桂永清的「首都教導總隊」裝配了全套德式武器，並擁有克虜伯（Krupp）公司生產的野戰重榴彈砲。此外，德國生產的特別適於中國士兵使用的Stocdes—Brand式輕手榴彈、西門子公司生產的大型探照燈也分發到基層部隊手中，首都南京城防也配備了德製88毫米高射砲及德式防空警報系統。在南京街道上，可以看到75毫米克虜伯大砲和亨舍爾及M.A.N型坦克；梅塞施米特（Messerschmitt）和斯圖加（Stuka）型戰鬥機即將被

進口補充在中國國內裝配的容克斯飛機。中國海軍已向德國訂購了 12 艘潛水艇和幾艘戰艦。[32] 上述已運抵中國的武器裝備。有效地增強了中國軍隊的作戰能力，在抗戰爆發後發揮了重要作用。正如當時在華考察的德國《民族觀察》（Voelkische Beobachter）雜誌記者報導的那樣；「整師整師的（中國軍隊）從步槍、坦克到鋼盔，都是由我們德國國防軍使用過的德式軍品裝備起來的。」[33]

除法肯豪森之外，顧問團內其他顧問們也在各自崗位上為中國的國防事業盡職工作，其中值得一提者如受中央政府之委託，施太乃斯中將（Lt. Gen. Streccius）前往對日前哨的山東省、斯達克少將（Gen. Starke）前往山西省，協助當地地方部隊籌劃國防布置。

施太乃斯是防空專家，原先一直在蔣身邊及航空委員會工作，他受蔣介石之命前往山東，協助當地實力派人物、省主席韓復榘籌劃國防；而斯達克少將則去山西協助閻錫山晉軍準備抗日。[34] 關於他們在晉魯兩省的活動，因其一貫的嚴格保密制度，在史料中並無任何記載，因此無從描述。這種嚴格的保密雖然有效，但有時卻產生了較大的負面影響，列強各國及中國國內輿論，皆知德國顧問在華活動，參與軍機，卻又不知他們在幹什麼，於是有關德國顧問為日本刺探中國軍情的傳聞便漸漸傳播開來，以至於對顧問團的工作造成了較大干擾，中國政府當局不得不出面調查、闢謠，並重申對德國顧問的信任。

到抗戰爆發為止，法肯豪森率領德國軍事顧問為中國的抗日準備做了許多有價值的工作，從戰略決策到作戰計劃，從引進武器到訓練部署，國民政府抗戰準備的每一環節都有德國顧問參與其中。在這當中，法肯豪森的貢獻是顯著的，可以說，抗戰爆發前三年是中德軍事合作的高潮時期。如果沒有德國顧問的參與指導，中方的抗戰準備也很難達到戰前的水平。而法肯豪森則進一步樂觀地認為照這種速度發展下去，如果抗戰遲一、二年爆發，日本人將不可能侵入中國內地。[35]

為了表彰法肯豪森的工作，1937 年 5 月 17 日，蔣介石親自下令，「派法肯豪森為軍事德國總顧問」。[36] 將中國國防軍事大權全盤委託給法氏，再

一次表明了他對法氏的信任。而在這一時期，德國總顧問的權限也達到前所未有之高度，就連主管對華易貨貿易的德國合步樓公司派來中國之技術人員也應法氏之請，統由他一手管轄。[37]

德國軍事顧問團在中國的頻繁活動，引起了日本方面的極大不安，他們深恐中國國防力因此而加強。因此，日本政府透過外交途徑向欲與他們結盟的德國政府傾頻施加壓力，要德國人不要插手中國備戰。德國元首希特勒及其黨羽，雖然偏向日方，但由於在華顧問團屬德國軍方控制，此刻尚未被納粹黨掌握，故對日本的要求未能予以滿足。在這種情況下，惱羞成怒的日本軍閥，終於按捺不住侵華野心而發動了對中國的全面侵略。

四

七七事變爆發後，蔣介石於 7 月 17 日在廬山發表談話，宣布開展全民族反對日本侵略的戰爭，正面戰場上中國軍隊的抗日作戰由此開始。

當時德國軍事總顧問法肯豪森正在南京，擬率隨員赴廬山休養。

也許是出於職業軍官對於戰爭即將到來的敏感，法肯豪森鑑於北方軍情緊張，曾於 7 月 5 日以《總顧問辦公廳公函》（第 7500 號）向中方發出《關於整理軍平時駐地暨彈藥補給之建議》一份文件，他認為「目前時機已屆，亟宜指定各整理師固定及永久之平時駐地」，主張將已整訓完畢之國防軍立即開赴各國防要點，搶占戰略要點陣地，以備不測之需。同時「先以屯儲兩批彈藥（等於八日所需）分別補充部隊及戰線附近彈藥庫」。法肯豪森認為目前華北形勢最危險，日本不久將會在華北首先開戰，故主張「以甲種師（二十個師）戰鬥力為最強，且特宜於北正面作戰」，「乙種師（十師）大概用於華中」，「北正面最重要之地區為黃河以北之冀省，而東正面最重要地區則為上海正面」。接著他在文件中詳細擬定了南北兩大戰場我方兵力部署及具體軍師駐地、彈藥補給、兵員補充的方案，希望中方立即照此辦理。[38]

7 月 7 日，軍政部參事王觀洲奉命上報對法肯豪森總顧問建議書的審查意見，他認為：「總顧問主張，平時即駐重兵於前線，藉以迅速占領國防要點，掩護集中，甚有見地，似可採納」。但他同時又結合中方實際，指出了中軍

三　德意志篇

受種種內外因素制約，「保定、滄縣以上平時即駐重兵，又非事實之可能。」對法氏的布兵計劃進行了適當修正。[39] 不過從這份文件中我們仍然可以看出德國總顧問的戰略眼光及對中國抗戰的有效幫助。

就在中方往復討論同時，日本已在華北發動了「盧溝橋事變」，並大舉向中國增兵，實行全面侵略，而中方「紙上談兵」的計劃終未來得及實施。

7月10日，法肯豪森率領克魯馬赫（Krummacher）上尉等登輪，離開南京，於次日抵達牯嶺，蔣介石立即召見了法肯豪森。法氏向蔣介石表示他將準備返回南京指揮作戰，蔣介石卻要他在山上休息幾天，靜觀戰事之發展。

法肯豪森隨即拜訪了蔣介石的澳籍顧問端納，同他討論了北方戰爭，兩人一致認為「日本的措施和要求苛刻之至，即使（中國）政府竭盡各種善意的心計和努力，亦無法阻止或挽救此一意外事變」。目前「情勢嚴重」。[40]

第二天上午，蔣介石再次召見法肯豪森，同意他立即下山返回南京，法肯豪森強調了時間的重要性，並「聲稱我們必須準備應付此一嚴重的長期戰爭，這場戰爭必定是全國性的，而且必須全力以赴。蔣委員長亦領首為然」。[41]

7月14日，法氏返回南京，此時北方戰爭已展開，但掌握華北政權的冀察地方當局還想與日方談判解決事變，從而保住地盤，臨戰準備不足。南京中央軍部隊因受「何梅協定」限制不能開往河北，日軍利用這一時機，向華北大舉增兵，準備放手擴大戰事。幾天後，蔣介石回到南京，他立即委派法肯豪森動身前往中央軍在華北的指揮中心保定市參與軍機，法肯豪森抵達保定後與華北前線中方指揮官會商了抗日作戰方案。

由於華北地方當局的猶豫態度，冀察當局的實權人物宋哲元對日方還抱有幻想，連蔣介石及中央政府的備戰令也不肯執行，法肯豪森作為一個客卿顧問，自然也不能發揮什麼特殊作用。26日，華北日軍完成了增援部署計劃，向中軍發動了全面攻勢，儘管中方守軍進行了激烈的抵抗，但終因準備不足，30日，北平、天津先後失守，華北戰事告一段落。

法肯豪森此時已回到南京,向蔣介石報告了華北情況。在此前後,他曾得到柏林方面某外交官員打來的電報,要他運用對蔣介石的影響力,說服蔣放棄武力抗日計劃,與日本作「符合德國利益」的妥協,法肯豪森沒有照辦,他說:「如在當全中國人民對日充滿憤恨之際,余所提之談和建議,將被彼視為背叛友人之不忠行為。」[42]

　　鑑於日本海軍已在上海一線準備發動新的進攻,8月13日,國民政府軍事當局下令採取「先發制人」的手段,以原駐紮在寧滬一線的八十七、八十八師精銳部隊圍殲上海日本駐軍,「八一三」淞滬戰役就此打響。

　　擔任主攻任務的兩師部隊是德國軍事顧問一手訓練下整編出的精銳之師,擁有德式裝備的強大火力,上陣之後,開始階段一路衝殺進展順利。

　　法肯豪森認為八十七、八十八師的投入戰場實為考察德國顧問整軍工作的大好時機,因此不顧德政府的禁令,立即趕往上海前線協助指揮前線戰事。

　　「八一三」淞滬戰役持續了三個月之久,經德式訓練之中軍在日軍強大援軍攻擊壓力下,成功地抗擊了日軍無數次瘋狂進攻,顯示了較強的戰鬥力。因為「八一三」戰役中中方參戰部隊從裝備到戰術,從訓練到指揮都與德國密切相關,故當時有些日本及西方人士稱此戰役為「德國戰爭」(The German War)。當時日本陸軍的水準堪稱世界一流。但在中國軍隊頑強抵抗之下,猛攻三個月而未得推進其攻勢,這一事實充分證明了經過德式訓練裝備的中國軍隊作戰能力比以往有了較大提高,當然,在這當中官兵們保家衛國的精神所激發的勇氣和力量也是不能低估的因素。

　　11月5日,日軍新援兵力從淞滬南邊杭州灣登陸,對上海守軍形成包抄之勢。因中方最高指揮機關的這一關鍵性疏忽,使中軍主力在淞滬陷入被圍,直接導致了上海防禦戰的崩潰。8日,中國軍事當局決定上海守軍全線向吳福線國防工事轉移,但因戰局變化太快,「部隊已陷於極度紊亂狀態,各級司令部已很難掌握其部隊了」,結果演成了無秩序的大潰退。在這種混亂情況下,部隊抵達既成國防工事後無人接應,」既無守備部隊又無指示文件,各部很難找到工事構築,即使找到後又無法打開工事大門。因此各路電話紛紛打到大本營匯報情況索取鑰匙,侍從室派人到處找工兵指揮,蔣介石聞訊

也氣得跳腳大罵。但戰事混亂至此，一時也無法扭轉。部隊越過吳福線，繼續後撤錫澄線。25日日軍占領無錫，中國軍隊在潰退之中再次棄守錫澄線，就這樣，經過幾任德國總顧問設計，耗費了100多萬元資財修建的「東方興登堡」國防線，在中國軍隊潰退之中沒起任何抗敵作用而被捨棄了，聞之怎能不令人扼腕嘆息！

上海戰役的另一直接後果是中方經德式訓練的「中央軍」精銳部隊幾乎喪失殆盡，德國顧問團的工作成果迅速消失。[43] 重整與補充一時恐不能辦到。在這種情況下，又因蔣介石忽視了法肯豪森關於防守南京的戰術建議，1937年12月間開展的「南京保衛戰」沒守幾天便告結束，而德國顧問團的大多數團員都隨國民政府後撤，遷往華中抗戰中心武漢。

雖然中國丟失了平津、上海、南京等大城市，但從整個中日戰局著眼，中方卻依靠自己的抵抗與謀略，一步步地達成了吸引日軍主力從華北南下，以長江一線為中日主戰場，以及「以空間換時間」的戰略目的，這也正是符合了法肯豪森總顧問的戰略思想：「以機動的戰術在廣闊的國土上，打擊首尾不能兼顧的侵略者。如同第一次世界大戰中德軍在東非殖民地與強大的英軍作戰方式相似。」[44]

德國顧問團撤往武漢之後，其主要任務僅在於參謀作戰計劃及巡察長江沿岸各要塞之防禦，其具體的工作對象和內容如練兵、教學、維護新式兵器等等皆告結束。總顧問法肯豪森及一部份高級顧問在此期間參與了德國政府交付的以駐華大使為主要負責人的「陶德曼調停」工作，企圖說服中日雙方停戰講和。法肯豪森曾對孔祥熙、白崇禧等人指出「戰局之嚴重」，要他們注意「如果戰爭拖延下去，中國的經濟崩潰，共產主義就會在中國發生」。[45]他希望中方在能夠接受的條件下與日方談判停戰。但另一方面法氏也繼續在協助國民政府最高當局指揮正面戰場抗戰，盡他的一份力量。

日軍占領南京後，急於溝通南北兩大戰場，使其占領區聯成一片，於是，日軍發動了旨在打通津浦線南北兩端的作戰。1938年4月，在魯南重鎮台兒莊，第五戰區司令長官李宗仁將軍指揮所部，擊潰日本精銳部隊的進攻，並成功地圍殲了孤軍深入中方內線的日軍1萬餘人，贏得了轟動一時的「台兒

莊大捷」。這是抗戰開始以來中軍在正面戰場上取得的最大一次勝利。此役給予日軍以迎頭痛擊,鼓舞了全國人民的抗戰意志,並向全世界表明了中國軍民的抗戰衛國決心,受到了中外正義輿論的熱烈歡呼。

「台兒莊戰役結束後,各國駐華武官紛紛前往戰地參觀。當時美國駐華武官史迪威會見了法肯豪森,與他討論了戰果」。美國女作家巴巴拉·塔奇曼在她的《史迪威與美國在華經驗》一書[46]中這樣記載道:「德國首席軍事顧問法爾肯豪森將軍因中國軍隊沒按他的計劃行動,氣得狠命地揪自己的頭髮。他說:『我告訴委員長要向前推進,要發動進攻,要乘勝前進,可是,他們什麼行動也沒有採取,日軍很快就會把8到10個師的部隊調到徐州前線,到那時就來不及了。』白崇禧與史迪威和德國顧問們一道分析了這場戰鬥,白崇禧對進攻的經驗不感興趣。仍念念不忘靠拖垮日軍取勝的理論。」[47]「這位了解日軍個性頗深的德國顧問對史迪威預料,日軍將會捲土重來進攻徐州,果然不出所料,徐州不久即陷於敵手,日軍轉而進攻河南。」[48]

巴巴拉·塔奇曼的這段記載是否完全如實有待研究,但她至少反映了這樣一個事實,即法肯豪森本人及其同事們在抗戰初期的確是與中國人民同心同德地反抗日本的侵略,幫助中國的反侵略事業。儘管法氏出於一個德國軍人的習慣及觀點,對於台兒莊大捷後中軍乘勝擴大戰果抱有不合實際的過高期望,但其對中國抗戰勝利之熱切期望已躍然紙上,令每一個中國人不能不為之感動。

抗戰開始後,由於德國政府採取親日的遠東政策。使中國國內及國際上反對日本侵略的人士對德國顧問在華參與抗戰軍事行動的可靠性產生了懷疑。加上德國顧問行動神祕,更加加深了中外輿論的疑惑。

1937年8月12日,國民政府軍事委員會辦公廳根據武漢警備部所獲情報發出致軍政部密函一件,轉達了外電關於德日雙方就德國顧問供給日方中國軍事情報達成協議的消息,引起了中方的極大憂慮,該文如下:

「案準外交部情報司本年八月七日密函開:頃據上海密報:『據哈瓦斯社方面消息,日德之間已有密約,由德籍顧問供給日方關於我國之軍事祕密,日方允於事後與德以青島及山東之權益』等語。查所報告各節關係重大,相

三　德意志篇

應密達查照。等由。準此，案關國防，相應密達，即希嚴切注意為荷！此致軍政部。中華民國廿六年八月十二日。國民政府軍事委員會辦公廳（印）。」[49]

經過中方軍事委員會縝密調查，確認這一消息尚無事實根據。21日，軍委會又向軍政部等各有關機關發出公函，命令各部門「對於德顧問等應照常信任服務」，「各機關須徹底令知各級遵照」。25日，軍委會又一次密令各部屬機關將8月12日關於防範德國顧問的密函「即行一併銷毀」，以免讓德國顧問探知而影響雙方友好關係。[50]這一場風波至此告一段落。不僅如此，因為這一緣故，連軍需署呈報在該署服務的德顧問申萊克聘約到期，「不擬繼續聘請」一案，也由軍務司下令「暫勿庸議」，大有愧對德人聊以補償之心態，中國官方對德顧問之優遇，由此可見一斑。[51]

1938年4月下旬，正當徐州會戰緊張時刻，德國外交部便照知中國駐德大使：德國政府為了對中日戰爭採取完全中立的態度，認為德國軍事顧問此時在華服務有偏袒一方之嫌疑，因而打算令之撤離中國。但中方藉顧問是以個人名義與中國政府簽約等藉口，想盡方法拖延，希望德國政府以兩國關係大局為重，不要實行這一決定。

法肯豪森及顧問團全體成員，在獲知德政府決定後，起初皆不願離華，4月30日，法氏為此向德政府呈送一份報告，指出他們都是以個人資格受聘於中國政府，而聘用合約要到1939及1940年才滿期，現在離華，在法律上、經濟上皆有困難。連陶德曼大使也支持顧問團的意見。但德方最高當局聯日棄華決定已定，納粹外交部長里賓特洛甫以希特勒的名義下令陶德曼大使就此立即與中方交涉。拖至6月中旬，蔣介石只得同意，大部份德國顧問可以離開，但要求法肯豪森作為德方駐華使館武官留下，並須留5～6人處理善後。20日，里賓特洛甫又一次強行電令陶德曼，以中斷中德外交作威脅，立即撤退全體顧問，「本部長亟待留華全體德國顧問凡職務未停者一律立即停止，並盡速離華，必要時雖違反中國政府意旨，亦在所勿恤」，如顧問們再不願離華，「即認為公然叛國，國內當即予以取消國籍及沒收財產處分。該顧問等毋再猶豫為要。」6月24日，德方下令召回駐華大使陶德曼。[52]

蔣介石終於意識到，中德關係已到了無可挽回的地步，6月25日，他最後批准全體德國顧問於半月內離職回國。

1938年7月5日，在軍政部長何應欽的陪同下，法肯豪森率最後一批顧問團員離開漢口赴廣州取道香港回國。臨行前，他們紛紛向中國政府起誓：為中國保守抗戰軍事祕密，絕不用之來反對中國。[53] 其忠誠之心溢於言表，令人起敬。

至此，德國軍事顧問團結束了他們幫助中國抗戰的歷史。但中國人民不會忘記他們的真誠幫助。

從佛采爾到法肯豪森，來華幾任德國軍事總顧問都為中國的抗戰做出了他們的貢獻，尤其是塞克特與法肯豪森，以他們的軍事學識與經驗對中國抗戰做出了重要貢獻。雖然德國政府在納粹外交政策指導下，曾對發展中德關係舉棋不定或只圖實惠，但德國軍事顧問團在此問題上與納粹政府的方針是保持了距離的，有時是背道而馳的，這是歷史的事實。

對於德國軍事顧問團特別是其幾任團長對於中國抗戰之貢獻，過去由於多種原因，史學界研究較少，我想，現在已經到了還歷史本來面目的時候了。希望本文之寫作能夠發揮拋磚引玉之效。

【注】

[1] 王洽南：《德國顧問在南京時期工作的回憶》，載（臺）《傳記文學》第27卷第四期，第54頁。

[2] 中國第二歷史檔案館館藏檔案：《德總顧問佛采爾建議書》七六七全宗。

[3] 傅寶真：《在華德國軍事顧問史傳》，載（臺）《傳記文學》第二十五卷第三期第101頁。

[4] 參見何友良《塞克特並未為蔣介石製定碉堡戰術》一文，載《近代史研究》1990年第3期。

[5] 傅寶真：《在華德國軍事顧問史傳》，載（臺）《傳記文學》第二十五卷第三期第96頁。

三　德意志篇

[6] 二史館館藏檔案：《德總顧問佛采爾建議書》（1934年2月14日）、《佛總顧問整理部隊意見書》（1934年5月23日），見《民國檔案》1988年第四期，第33～37頁。

[7] 轉引自傅寶真文，同前出處，第100頁。

[8] 引自辛達漠：《德國外交檔案中的中德關係》，載（臺）《傳記文學》第四十一卷第六期，第119頁。

[9] 引自辛達漠：《德國外交檔案中的中德關係》，載（臺）《傳記文學》第四十一卷第六期，第119頁。

[10] 引自辛達漠：《德國外交檔案中的中德關係》，載（臺）《傳記文學》第四十一卷第六期，第118頁。

[11] 德國聯邦軍事檔案館館藏檔案 W02-44/5，第203頁《塞克特致蔣介石函》（1934年5月3日），轉引自柯偉林《蔣介石政府與納粹德國》第151頁，中國青年出版社，1994版。

[12] 德國聯邦軍事檔案館藏：《塞克特與蔣介石會談記錄》（1934年5月4日），No：W02-44/5，第209頁。轉引自柯偉林書第355頁。

[13] 德國聯邦軍事檔案館藏：《塞克特與蔣介石會談記錄》（1934年5月4日），No：W02-44/5，第207頁，轉引自柯偉林書第355頁。

[14] 德國聯邦軍事檔案館藏：《塞克特與蔣介石會談記錄》（1934年5月4日），No：W02-44/5，第207頁，轉引自柯偉林書第235-237頁。

[15] 同前引柯偉林書，第151頁。

[16] 傅寶真：《色克特將軍第二次使華》見（臺）《傳記文學》第十卷第二期，第99頁。

[17] 同前出處，柯偉林書，第260頁。

[18] 吳景平：《從膠澳被占到科爾訪華——中德關係1861-1992》，福建人民出版社，1993版，第138頁。

[19] 見《民國檔案》1991年第二期，第24頁。

[20] 見《民國檔案》1991年第二期，第25頁。

[21] 見《民國檔案》1991年第二期，第27頁。

[22] 見《民國檔案》1991年第二期，第27頁。

[23] 見《民國檔案》1991年第二期，第27頁。

[24] 見《民國檔案》1991年第二期，第25頁。

[25] 見柯偉林書第263頁。

[26] 見柯偉林書第 385 頁。

[27] 辛達謨：《法爾根豪森將軍回憶中的蔣委員長與中國》，（臺）《傳記文學》第二十一卷第 1 期，第 66 頁。

[28] 前引辛達謨文，（臺）《傳記文學》第十九卷第 6 期，第 87 頁。

[29] 辛達謨：《法爾根豪森將軍回憶中的蔣委員長與中國》，（臺）《傳記文學》第二十一卷第 1 期，第 66 頁。

[30] 前引辛達謨文，（臺）《傳記文學》第二十一卷第 1 期，第 67 頁。

[31] 同上出處，第 68 頁。

[32] 見柯偉林書第 263 頁。

[33] 見柯偉林書第 261 頁。

[34] 傅寶真：《抗日初期法爾克豪森與德顧問之撤退》載（臺）《傳記文學》第四十六卷第 6 期，第 111 頁。

[35] 傅寶真：《法爾克豪森與中德軍事合作高潮》載（臺）《傳記文學》第三十三卷第 6 期，第 105 頁。

[36] 《國民政府軍事委員會辦公廳函》二史館館藏檔案七六七 75。

[37] 《法肯豪森關於來華德籍顧問任用及管理問題致王文宣函》（1937 年 6 月 30 日），二史館館藏檔案七七三 643。

[38] 《總顧問辦公廳公函》（壹宇第 7500 號）（1937 年 7 月 5 日），二史館館藏檔案七七三 7。

[39] 《軍政部參事王觀洲簽呈》（1937 年 7 月 7 日），二史館館藏檔案七七三 746.

[40] 辛達謨：《法爾根豪森將軍回憶中的蔣委員長與中國》，（臺）《傳記文學》第二十一卷第 1 期，第 68 頁。

[41] 辛達謨：《法爾根豪森將軍回憶中的蔣委員長與中國》，（臺）《傳記文學》第二十一卷第 1 期，第 69 頁。

[42] 傅寶真：《在華德國軍事顧問史傳》，載（臺）《傳記文學》第二十卷第 1 期，第 97 頁。

[43] 據資料統計，從 1937 年 8 月 13 日到 12 月 15 日間，經德國顧問整編的 30 萬中央軍至少損失了 1/3，有人估計為 60% 之多，層軍官死傷萬餘人。──見柯偉林書第 265 頁。

[44] 傅寶真：《抗戰初期法爾克豪森與德國顧問團之撤退》，（臺）《傳記文學》第四十六卷第 6 期，第 111 頁。

[45] 施子愉譯《抗戰初期德日法西斯誘降的陰謀》（1937年10月—1938年7月），見《近代史資料》1957年第三期。

[46] BarbaraW·Tuchman，Stiwelland Amrican Experience in China1911-1945，NewYork，MacMillan1971.《史迪威與美國在華經驗》（上、下），中文版，商務印書館，1985年1月第一次印刷，第259頁。

[47] 同上出處，第261頁。

[48] 傅寶真：《抗戰初期法爾克豪森與德國顧問團之撤退》，（臺）《傳記文學》第四十六卷第6期，第111頁。

[49] 二史館藏檔案七七三643。

[50] 二史館藏檔案七七三643。

[51] 二史館藏檔案七七三643。

[52] 吳景平：《從膠澳被占到科爾訪華——中德關係1861-1992》，第197-198頁。

[53] 吳景平：《從膠澳被占到科爾訪華——中德關係1861-1992》，第198頁。

抗戰爆發前德國軍火輸華述評

載《民國檔案》

　　抗戰爆發之前德國軍火輸華是中德雙方開展「以貨易貨」貿易的兩大基本內容之一，也是南京國民政府時期中德外交關係的重要組成部分。就國民政府方面而言，其對德關係之開展，除了工業及外交需要之外，主要就是出於軍事目的的需要，而且也是促使中德關係發展的原始動因之一。在中德軍事合作方面，從德國進口軍火是與引進顧問、發展軍事工業並立的三大內容之一，是一項「引遠水救近火」的燃眉之需。南京國民政府自1927年開府以後、忙於連綿的內戰，近有「安內」之爭，遠有「攘外」之需，以中國國內脆弱落後的兵工業基礎遠不能滿足戰爭之需要，故而國府當局不惜血本向國外購買軍火，德國以其軍火質量的優越以及願意對華以貨易貨而成為中方首選之軍火進口國。

　　中方以其高品位的國防戰略原料——鎢、錳、銻、鉛等以及棉麻等農產品，向德方換取槍、炮、軍械以及軍工業生產機械，這就是中德間著名的「易貨貿易」的主要內容，而且也是德國赴華軍事顧問團所從事的重要工作之一。

由於篇幅所限，本文只能僅就抗戰前德國軍火輸華這一問題加以研究，而對於與之有密切關聯的德國軍工業機械及技術輸華問題，及其對於中國發展軍火自給業的作用暫不涉及，特予說明。

德國軍火軍械之輸華早於清末就已開始，南京國民政府成立後不久就與德國開展了軍火貿易。當時南京國民政府一方面繼續開展「統一」軍事作戰，另一方面亦積極準備軍隊之整建，希望引進外國先進的整軍方法及裝備，改造自己的軍隊，提高其作戰能力。蔣介石以其對於德國人的一向好感，認為德國軍隊訓練精良、武器先進，頗足效法，於是決定吸取其技術經驗，以為中國軍隊改造之借鏡。為此，他在南京開府之前，就已開始了對德聯絡工作。1927年12月，蔣介石的第一任德國軍事總顧問鮑爾抵達中國，在上海與蔣介石會見，由此開始了南京方面與德國的軍事經濟合作。

鮑爾來華除了軍事任務外，還負有促進中德經濟合作之使命，這也是他在未得到德國威瑪共和政府批准的情況下受德國大財團贊助啟程來華的基本動因之一。在與蔣介石前後一週的長談中，他向蔣介石「詳細介紹了德國最新軍火工業發展的情況並強調了德產新式武器在現代戰爭中的有效作用」[1]，引起了蔣氏對德國軍火的濃厚興趣。不久之後，蔣介石便派遣以陳儀為首的中國考察團在鮑爾陪同下赴德考察政治、軍事及軍工技術，陳儀在德國與克虜伯、西門子等大公司簽訂了價值100萬馬克的意向性合作及貿易合約，購買了一大批軍火[2]，這是南京國民政府向德國大批購買軍火的開始。以後幾年中，在中方的迫切需求及歷任赴華德國軍事總顧問的積極推動下，中德軍火貿易急速發展起來。儘管由於「凡爾賽條約」的明文禁止，德國威瑪共和政府不敢坦然同意對華出售軍火。為了逃避責任，德國政府還曾於1928年4月及1930年4月兩次頒布《對華武器禁售令》，但在實際上，這些禁令只不過是一種躲避外交責任的花招而已，並無實際約束作用。

1933年1月希特勒上臺後，德國在納粹黨政策指導下向整軍及恢復經濟之途急速邁進。1933年德國退出國聯和裁軍會議，放手發展軍備，軍費支出猛增，從1932年占國民收入2%上升到1935年的占17%，1937年更達22%，軍事工業在國民經濟中得以優先發展，1933年後，德國外貿進口也由

三 德意志篇

以生活資料為主轉為以軍需原料為主。納粹黨要員之一的戈林曾坦率地說過：「我們從1933年以來，就已竭盡全力擴充軍備。不錯，我們承認，如果我們把褲腰帶勒緊，那是因為我們只為我們的軍備進口原料，這是比吃飯更重要的事」[3]。德國軍工業生產的迅速發展，要求更多地從國外輸入德國所缺乏的製造軍火所必須的鎢、銻等稀有礦產，而作為世界藏鎢大國的中國，以其豐富之礦產資源成為德方重要的原料進口國。儘管納粹德國政府對中國亦並無好感，對發展德中關係也並非重視，但其陸軍需要在中國試驗整軍及使用新式武器之經驗，國防經濟部門需要獲取並貯藏中國戰略礦產原料，工業巨頭及軍火商人需要對華推銷其產品及擴大銷售，於是，這些「實力方面」便形成了德方內部推進德華貿易的堅定力量，使得中德間軍火貿易能夠不斷發展起來。

1932年春，南京國民政府根據「中原大戰」所得經驗，決定採納德國軍事顧問之建議，透過瑞典商人向德方購買卜福斯（Bofors）山炮48門及相應的觀測通訊器材，成立了一個2團制砲兵旅[4]，到1934年春，在南京政府對「福建人民政府」作戰時，這支砲兵部隊就發揮了重要的作用。

在來華德國軍事顧問的大力遊說推動之下，德國軍火輸華規模迅速擴大。1933年7月，南京政府行政院長宋子文訪德，一次就與德方簽訂了包括1000挺機槍在內的價值5千萬馬克的軍火購買合約。是年底，德國軍火商萊茵公司又在中國首都南京舉辦了一次德式軍械展覽會，試圖擴大德國軍火的對華銷售，在德國駐華公使陶德曼（Trautmann）的幫助下，這批參展武器用瑞士輪船運到中國，中國軍政部次長參觀了炮火試射表演，並對德方的試驗表示感謝。[5]

在中德雙方努力推動下，德國軍火在中國軍械進口總額中的比例數有了明顯上升，根據海關報告資料顯示，其發展概況如下表統計：

年份	數值（海關兩）	所占總數百分比
1928 年	3208897	28.1%
1929 年	1203500	31.5%
1930 年	4008800	25.7%
1931 年	3402714	28.0%
1932 年	1640645	20.4%
1933 年	3964444	19.6%

其中 1929 年及 1931 年其數高居第一位，1928 年為僅次於挪威之第二位，1930 年僅次於日本仍為第二位，1932 年及 1933 年分別次於法國及比利時為第三位。[6]

1934 年 1 月，來華主辦中德經濟合作的「德方代表」漢斯·克蘭（Hans Klein）在德國國防部、經濟部及國家銀行的支持下，聯絡一批對華有貿易關係的廠商成立了一家「德國工業品貿易有限公司」（簡稱 HAPRO「合步樓」公司），資本總額 20 萬馬克，專營中德易貨貿易事宜，其後，合步樓公司遂成為德國軍火輸華的主要承擔者。是年 7 月，克蘭在廣州與中國廣東地方當局簽訂了一份《中德互換貨品合約》，準備向兩廣地區大規模提供德國軍火，在南京中央政府的抗議及交涉下，8 月間，克蘭又赴江西廬山，與南京政府財政部長孔祥熙進行了有關談判，並簽訂了《中國農產品與德國工業品易貨貿易合約》，中德間易貨貿易由此正式拉開序幕，德國軍火之輸華亦從此納入兩國間貿易之正軌。

在此前後幾年中，雖然蔣介石在江西忙於展開剿共軍事作戰，但他並沒有停止整理軍隊的工作。1934 年 2 月，他採納德國軍事總顧問佛采爾的建議，決定以陸軍第八十七、八十八師及第三十六師為試點，對中央軍展開德式整訓，以期訓練改組為「教導總隊」，推進「全面整頓中國陸軍」的步伐。按計劃，受整訓的三個師將全部換配德式裝備。

5 月間，德國前國防部長、享有「國防軍之父」美譽的塞克特（Sceckt）將軍來華訪問考察，並於不久之後再次來華出任第三任德國軍事總顧問，蔣介石對塞氏十分敬重，言聽計從。他希望塞克特把戰後重整德國陸軍的經驗

全盤移植到中國來，為中國訓練出一支較為先進的國防軍。1933 年 6 月，塞克特曾在其上蔣介石建議書中提出了一系列重要建議，其中關於武器裝備之供應，塞氏認為，從長遠觀點出發中國必須發展自己的軍事工業。他寫道：「九一八事變後，日本窺伺中國，若無相對砲兵與之抗衡，在未來抗日戰爭中防禦和獲勝的可能性將微乎其微，如不加強訓練和供應足夠的武器配備，將來在戰場上勢必遭受嚴重損失甚至潰不成軍。」他建議中方以歐洲及德國軍工企業為基礎，武裝中國軍隊並逐步增加軍火自給，改變軍火完全依賴外購之弊端，以免今後在關鍵時刻受制於人[7]。蔣介石對此深以為然。

在推動中德易貨貿易方面，塞克特將對華提供德國軍火及援建軍工業之任務全盤委託給克蘭及其「合步樓」公司，克蘭因此成為塞克特援華建軍計劃的執行人，「合步樓」對華供應軍火從此成為一項「官督商辦」的貿易。1935 年 5 月，德國經濟部長沙赫特（Schacht）致函中國財政部長孔祥熙，承認克蘭與中方簽訂的「易貨協定」並進一步允諾對華提供一筆信用貸款以促進這項貿易之開展[8]。

1934 年 4 月，蔣介石按照塞克特的建議準備籌建中國重炮部隊，中方按照德國軍火商的要求，透過瑞士索羅托公司（Solothurn）為代理人向德國萊茵金屬公司訂購了 24 門 15cm 口徑野戰重榴彈砲併 24000 發砲彈，總計價值 900 萬馬克，因中方無現金支付，萊茵公司希望德國政府出面擔保，而後才能以延期付款方式成交。德國國防部力促政府同意擔保，而外交部則持反對態度，雙方爭持不下，上報希特勒裁決。希特勒認為現在對華供應重炮將引起國際上日、英、法等國反對，給德國帶來麻煩，故而「表明其堅定立場，不允許此項交易進行」，經沙赫特居中說項，又決定拖延到 1935 年以後再說[9]。蔣介石向德國總顧問塞克特求援，塞克特本著不干涉具體貿易事項的原則加以婉拒，引起一次小小的不快。這批軍火最後還是在 1936 年中運到了中國，裝備了一個摩托化重榴彈砲團，並在「八一三」抗日之役中發揮了重要作用，而其最後代價則是中方以德方急需的鎢礦砂換來的[10]。

1935年3月，塞克特因健康原因辭職回國，他的助手法肯豪森（Falkenhausen）將軍接替其職務，成為最後一任駐華軍事顧問團長，負責繼續完成為中國建軍的使命。

　　1934年10月24日，法肯豪森在致其駐德聯絡人畢克曼（Brinckmann）的一封公文中曾說明，到1935年春，中國為完成整編部隊的計劃向德方訂購及即將交貨之軍火物資包括：1) 15cm 萊茵鋼防空大砲24門；2) 3.7cm 萊茵鋼地面野戰炮20門；3) 7.5cm 萊茵鋼反地雷長程炮20門；4) 毛瑟24型步槍數千枝；5) 西門子公司通訊器材（價值數十萬墨西哥銀元）；6) 蔡司望遠鏡（價值數十萬元）；7) 15cm 炮之機動戰車100部；8) 德製坦克車36部；9) 120米長全套架橋軍用設備（包括舷外發動機浮袋等設備）；10) 其他設備如探照燈、竊聽機、無線電對講機，80～100公里西門子電纜等（價值數十萬銀元）。

　　以上訂購物資加上每門大砲所配一千發砲彈，總價值超過1500萬銀元。以上這批軍火訂貨統由俞大維所掌的兵工署全權負責訂購事宜。[11]

　　法肯豪森認為當時最急切的整軍任務有三項內容：其一：立即編練一支可資作戰之機動部隊；其二：立即著手加強長江一線布防及國防要塞之建設，以在未來抗日作戰中確保江南之安全；其三：努力發展中國自給自足之軍火工業。為了完成其中第二要項任務，他建議蔣介石「根據同時呈鈞座之五年計劃，設計兵器與彈藥之補充」[12]，「購辦國內不能自造而必不可少之兵器，最要者為江陰附近封鎖長江之水雷（100具）及十二與十五cm各種要塞炮之必要彈藥（每炮50發）」[13]。法肯豪森並具體擬劃了各類槍彈每月擬增加供應數量，其中需自外國購買者為步兵槍彈3千萬發，「絕對應購者最初為1千萬發鋼心尖彈。」[14] 從法氏報告分析，當時中國武器彈藥之貯存，僅可供部隊作戰三個月之用，中國國內兵工生產之嚴重不足，導致國防軍火依賴外購情形日益嚴重。

　　中國政府為加速對日國防建設，按照法肯豪森等人建議，除一方面加緊國防軍整訓外，另一方面亦積極開展對德軍火採購工作。

三　德意志篇

1931年4月，中國財政部長孔祥熙向蔣介石報告了對外軍火購貨情況，其中自德軍火購貨包括以下內容：

卜福斯高射炮 16 門；大砲牽引車 32 輛；高炮配件 14 件（7 月初在瑞士交貨）；15cm 大砲 12 門；10.5cm 大砲 36 門；輕機關槍 5000 枝；（8 月前在漢堡交貨）；坦克車：中型 6 噸 12 輛、小型 2 噸 12 輛，4.7cm 坦克砲彈 3200 發。（9 月前交貨）；4.7cm 坦克砲彈 6000 發（11 月前交貨）；甘響駁殼手槍 5000 枝配彈 500 萬發（6 月前交貨）；廿四年式七九步槍一萬枝並子彈 1 億發（1935 年 2 月前在漢堡交貨）；飛機炸彈樣本 5 種（共 215 枚）（6 月前到滬）；坦克車：中型 4 輛、小型 4 輛，4.7cm 坦克砲彈 2860 發（1935 年 5 月 1 日前交貨）。[15]

據國民政府資源委員會統計處處長孫拯 1935 年 9 月 29 日編定之「中德易貨貿易數量統計表」顯示，從 1929 年到 1934 年，德國軍火輸華數值變化如下。（原表限「軍用軍械軍火」類物資，不包括各種儀器及通訊器材）：

年份　　數值	1929 年	1930 年	1931 年	1932 年	1933 年	1934 年
價值（國幣千元）	1666	6279	5302	2964	6756	3507
占全年進口總值百分比（%）	1.83	6.79	4.33	2.73	6.26	3.76

1929～1931 年德國軍火輸華數值統計表

若以 1929 年為基數 100 計算，德國軍火之輸入價值指數 1930 年為 361.88；1931 年為 318.25；1932 年為 117.91；1933 年為 405.52；1934 年為 210.50。[16] 這些數據因出於當時主管長官之手，可認為據有較高的可信價值。

又據兵工署軍械司司長徐培根於 1935 年 12 月間報稱：中方對德軍火訂貨價值已超過一億馬克，是年內已由德運華之械彈有：1) 2cm 高射炮 12 門；2) 3.7cm 高射機關炮 6 門；3) 79 步槍鋼心彈 2300 萬粒；4) 3.7cm 戰車炮 60 門；5) 79 重機槍子彈 500 萬粒；6) 3.7 平射炮砲彈 14 萬 2 千顆；7)

2cm 高射砲彈 36000 顆；8）探照燈 9 架；9）聽音機（竊聽機）6 架；10）鋼盔 9 萬 5 千頂。[17]

　　1936 年 2 月中國組成了以顧振為團長的代表團赴德訪問，在前任赴華軍事總顧問塞克特的幫助下，代表團會見了希德勒等德國軍政經濟首腦，磋商推進中德易貨事宜，獲得了很大成功，雙方確認了易貨貿易的具體原則，德方並向中方貸款 1 億馬克用以易貨，雙方簽訂了貸款協定。中方每年可用 2 千萬馬克向德方進口軍火及工業設備，而以 1 千萬馬克農礦產品償付德方，為期十年。這意味著中方每年可獲得德方 1 千萬馬克之信用貸款用於購買德國軍火及工業設備，其利在於「我國既不須付現，得巨量之軍火，現時購辦軍火之款似可劃作建設國防工業及開發供給德國農礦各物所需現款之用。」[18] 這筆交易對中國發展國防事業無異是一種「雪中送炭」之舉。

　　顧振代表團在德國期間還以「似甚迫切」的需求向德方訂購了一批軍火，同時並商定了軍火付款三原則：「訂貨時付價 30%；裝船時付價 40%；在上海交貨後付價 30%。」[19] 德方國防部對此給予了有力的支持。「由其軍備儲量中抽撥一切，迅速供運，以應鈞座之緩急。」「當盡現有存量，立予供運。」[20] 據資料顯示，當時代表團對德方提供的軍火訂單如下：

三　德意志篇

訂單號	貨物名稱	訂貨數量	1938年10月止交貨情況	備註
	A.陸軍訂貨			
1001	鋼盔	220000	已到	
	花樣（鋼盔）	241000	已到	
1002	3.7cm練習炮彈	3000	已到	
1003	SMK子彈（79 鋼心彈）	30000000	已到	
1004	SS子彈	100000000	已到	
1004a	子彈盒	6000000	已到	
1005	燃料車	1	已到	
1006	3.7cm防戰車炮	124	已到	
1006a	上項124門炮中20門為摩托機化	(20)	已到	
1006b	上項124門炮中104門為馬牽	(104)	已到	
1006d	3.7cm防戰車炮瞄準鏡	124	已到	
1007	3.7cm防戰車炮附車	20	已到	
1008	3.7cm防戰車炮炮架牽引架	104	已到	Itt14/1
1009	3.7cm防戰車炮炮彈	24000	已到	

1936年5月中國代表團訪德期間訂購軍火訂單[21]

續表

10020	6噸戰車	15	已到	6个連
10030	偵查鋼甲車	1（連）	已到	
10040	10.5cm 炮連同每炮 1000 發炮彈	60	4 已到，36 途中 20 須再訂	l.F.H18 炮
10040	上項 10.5cm炮彈	60000	已到 8016 發	
	B、海軍訂貨			
11001	15cm炮	4（1連）	已到	SKL
11001	15cm炮	4（1連）	運貨途中	SKL
11003	輕汽油快艇	3	已到[22]	
11003	上項快艇用魚雷	24	已到	
11004	快艇隨護艦	1	製造中	
11006	江道封鎖線及指揮儀器		製造中	
11010	8.8cmSKL45炮	20（5連）	已到	
11010c	8.8炮連探照燈	8	製造中	
11020	快艇（地 Diesel 摩托）	5	製造中	
11020	上項快艇用魚雷	40	製造中	
11021	水雷布艇	1	製造中	
	C、空軍訂貨			
12001	2cm 高射炮	120（10 連）	已到	
12002	2cm 高射炮炮彈	3000	已到	
12011	3.7cm高射炮	60（10 連）	已到	Flak1s 摩托化
12012	上項高射炮炮彈	18000	已到	
12021	炮兵探照燈連全部裝備	1（連）	已到	摩托化

註：根據資源委員會主任翁文灝 1936 年 3 月 19 日致顧振團長電，上表所列訂貨計劃已作下列調整，並註明「此單與前開各單稍有出入，惟盼以此單為主。」

三　德意志篇

12002 高射炮砲彈增至 36 萬發；要求一個月內起運。

10020 增訂：載重車 12 輛；2cm 戰車砲彈 1 萬 5 千顆；3.7cm 戰車砲彈 1 萬 5 千顆；汽油車 6 輛。

另加：江防要塞用 15cm 帶盾長射程要塞炮 7 門併彈藥 3 千 5 百發爆炸彈；射擊指揮器材全份。海軍用 15cm 猛烈開花彈 450 顆；前撞碰炸引信 150 顆；前撞計時引信送藥 600 發；鋼殼 10.5cm 猛烈開花彈 900 發；前撞碰炸引信 300 顆；前撞計時引信 2.7cm 練習藥彈 3 千發。[23]

從上表中我們可以看出，這批軍火後來在抗戰爆發前後絕大部分已運抵中國，有效地支持了中國的抗日作戰。

為確定顧振代表團訪德成果，進一步推進中德關係，1936 年 7 月，德國國防部要員萊謝勞將軍（Reichenau）應邀訪華，把中德合作推向一個新高潮。萊謝勞在與蔣介石會談中，曾根據他個人意見，提出了由德方直接為中方裝備六十個國防師的建議，並由德方負責派遣軍事顧問負責全部整訓工作[24]，這一設計在當時國際背景下未能得到德國最高統治者的批准。

直接軍事合作雖然告吹，但中德間軍火買賣卻在緊鑼密鼓地進行著。1936 年 3 月 15 日，中國負責農產品對德易貨的中央信託局與德方禮和洋行簽訂了購買高射炮指揮儀的訂貨合約。8 月 8 日負責礦產品易貨的中方資源委員會又與德國西門子公司簽訂了「軍用電話特種工具購貨合約」，4 月間，克蘭又把合步樓公司股份所有權讓予德國國防部，並增資 300 萬馬克擴大經營，作為一家國營公司，使中德易貨貿易更具實力基礎。

雖然中德易貨是基於雙方友好的基礎之上，但在具體履行過程中仍不免存在若干麻煩。例如關於軍火價格之爭便是一例。

1935 年 11 月 24 日，中國軍政部長何應欽致函資源委員會主任翁文灝，就德方「交來之各項定械迄今不知其價格」一事提出質詢，認為「此項物品間有與中國國情不甚相合之處」，要求「本部將派員……前赴德國，實地考察各項軍械之制式是否合用及價格是否公允。」[25] 由此引發了對於德國輸華軍火價格之爭論。為了平息中國軍方對德國軍火性能價格之疑慮，1936 年 5

月13日，德國國防部長柏龍白（Blomberg）按照顧振等人的建議致函蔣介石，表示「對於實行供給中國國民政府軍器與工業設備及此項工業品之估價，敝部謹作左列之保證：（一）一切由國防部為中國軍事機關所建議之器械子彈，均係德國陸軍所備用，其型式效能，隨時均與德國兵工發展程度以並進。（二）軍器及工業設備之估價，係以德政府對於各項同等物品自行採辦之價格為根據。……（三）德國供給品在德國國內之驗收，係由國防部指定機關專任之。」[26]對於德國人的保證，蔣介石仍不放心，他覆函柏龍白寫道：「據顧（振）首席代表返國報告……凡中國所購物品其價格概與德政府為自用計所出之價格相同，以上種種了解，鄙人均深為滿意，唯有一點須述及者，照敝國法律規定，……以後對於貴國為中國政府所購物品之帳目單據，擬由中國政府每年派員至貴國查閱，諒必能得貴國同意也。」[27]這場有關德國售華軍火價格之爭一直沒有平息，由於德商（包括克蘭在內）試圖在中德軍火貿易中賺取最大利潤，即使德國軍方開價不高，但最後貨物抵交中國人手中之時，其售價早已超過國際市場之價格。難怪蔣介石在1936年12月7日致何應欽、翁文灝密電中痛斥「此等商人惟利是圖得寸進尺。」[28]

在德國方面，為了爭奪商業利益，幾家軍火企業也在對華貿易爭奪戰中進行了激烈交鋒。萊茵金屬公司與克虜伯公司曾為對華出售野戰榴彈砲一事展開爭鬥。陶德曼公使認為「德國在華商業將會因此面臨傷害。」在他建議下，德國外交部轉告國防部方面盡快促成兩大公司達成妥協，「如果德國政府認為萊茵金屬公司應獲得這個訂單，克虜伯公司則將在其他軍火交易中得到優先權。」[29]德國外交部還通知駐華軍事顧問團團長法肯豪森，請其「勿干涉武器交易」，不要介入萊茵公司、克虜伯以及波弗公司等的在華商業角逐。[30]

1934年12月間，德國駐上海總領事克里拜爾（Kriebel）向柏林報告說：中國政府曾要求將對德軍火貿易集中到萊茵公司一家進行，中國財政部已委託中央銀行新成立的機構對德方接洽此事，德方認為：此舉「將首開先例，並對原有在華公司造成嚴重損失，此外這也意味（會）泄露生產機密」，因此堅加拒絕。[31]其實中方這一建議在很大程度上是為了擔心「若干不受南京

控制的省政府會得到（德方）供應（軍火）」，因為南京堅決要求「對外軍火交易將來必須在德國製造商與中國中央政府之間直接進行」。[32]

無論如何，自從《中德易貨協定》成立後，兩國間軍火貿易有了飛躍發展。一項統計表明，1935、1936、1937 年三年間，德國軍火輸華價值在其全年軍火出口總值中的比率已由 8.1% 上升為 28.8% 和 37%，[33] 到 1937 年，中國政府所列國家預算中的「購械費」三千萬元已全部納入中德易貨項目預算範圍之內 [34]。有關 1936 年至 1937 年中德軍火貿易統計數表如下：

附表一：1936 年度中國政府對德易貨輸華軍火訂單 [35]

區分	品種	已訂購數	尚需訂數	用途	備註
步兵武器	79馬克沁機槍		1131 枝	補充三十個調整師之高射機槍每機槍連配一排（2枝）	每機槍連配一排（2枝）
步兵武器	2cm高射炮	120 門		補充二十個調整師之高射炮用每步兵團配一排（2門）	每步兵團配一排（2門）
步兵武器	3.7戰車炮	124 門	100 門	補充十個調整師用	每步兵團配屬一連（6門）
炮兵武器	10.5cm榴彈炮	60 門	60 門		
高射武器	3.7高射炮	60 門			編成 10 個連
要塞武器	新15cm要塞炮	8 門			
要塞武器	新7.5cm要塞炮	14 門			
裝甲武器	6噸中型戰車及全部車輛	一全連			
裝甲武器	4噸半裝甲汽車及全部車輛	一全連			

附表二：1936年9月至1937年2月間德國輸華軍火統計表 [36]

到貨時間	兵器品名	數量	接收編組機關	發予部隊
九月末	2cm高射炮（機械化）	12門（3連×4）	防空學校	防空學校及新十五（師）防空之用
	3.7cm戰車炮（機械化）	20門（2連×6 3排×2）	交通兵學校	一連編入戰車營，二連暫歸交通兵學校，二門發給該校作教學用。
	3.7cm高射炮（機械化）	6門（1連）	防空學校	
	探照燈（機械化）	1全連	防空學校	
	8.8cm迫擊炮（兼高射用）（固定式）	4門（1連）	江陰要塞	江陰要塞
十月末	8.8cm迫擊炮（兼高射用）（固定式）	4門（1連）	江陰要塞	南通要塞
	6噸級戰車	14輛（1連）	戰車教導營	戰車教導營
十一月末	2cm高射炮（馬牽引）	24門（4連）		
	3.7cm戰車炮	24門（4連）		
	3.7cm高射炮	12門（3連）	防空學校	高射炮第四營
	8.8cm高射兼迫擊炮	4門（1連）	南京要塞	南京要塞
十二月末	2cm高射炮（馬牽引）	24門（4連）		
	3.7cm戰車炮（馬牽引有前車）	24門（4連）		
	3.7cm高射炮	12門（3連）	防空學校	高射炮第五營
	8.8cm高射兼迫擊炮	4門（1連）	南京要塞	南京要塞
	裝甲汽車	1連	戰車教導營	戰車教導營
一月末	2cm高射炮（馬牽引）	36門（6連）		
	3.7cm戰車炮（馬牽行有前車）	24門（4連）		
	3.7cm高射炮	18門（5連）	防空學校	高射炮第六、七營

三　德意志篇

二月末	2cm高射炮	24門（4連）		
	3.7cm戰車炮	32門（5連）		
	3.7cm高射炮	12門（3連）	防空學校	高射炮第六、七營

附表三：1937年春季中國政府對德軍火訂單[37]

訂單號	貨物名稱	訂貨數量	交貨情況	備註
A、陸軍訂貨				
10041	Maxim機關槍	900	先撤銷	再新訂
10042	Mauser毛瑟手槍	30000	先撤銷	再審核
10042M	上項手槍子彈	12000000	先撤銷	再審核
10043	戰車連用vickers汽車		已到	
B、海軍訂貨				
11030	15cmSRL55炮	4（1連）	製造中	
11031	縮小之海防瞄準圈	6	製造中	
C、空軍訂貨				
12041	2cm高射炮	120	可撤銷	
12041M	上項2cm高射炮炮彈	360000	可撤銷	
12042	3.7cm高射炮	60	可撤銷	
12042M	上項3.7cm高射炮炮彈	180000	可撤銷	
12043	3.7cm高射炮	20	可撤銷	護路用
12044	2cm高射炮	24	可撤銷	鐵道部訂

附表四：1937年夏秋中國政府及海軍部對德軍火訂單[38]

A、陸軍訂貨				
10051	3.7cm防戰車炮之補充用件	124	先撤銷再訂	（1）
10052	3.7cm防戰車炮之補充用件	124	先撤銷再訂	（2）
10053	3.7cm防戰車炮炮彈	50000		補件已到
（10009）10054	載重車	144	先撤銷再訂	

10055	3.7cm防戰車炮補充零件	124	先撤銷再訂	（中國駐德）商專處訂
B、海軍訂貨				
11051	250噸魚雷潛水艇	2	製造中	
11052	250噸水雷潛水艇	2	製造中	
11053	500噸魚雷潛水艇	1	製造中	
11054	預備魚雷	240	製造中	
11055	預備水雷	500	製造中	
11056	潛艇隨護艦	1	製造中	
C、空軍訂貨				
12051	2cm高射炮補件	120	可先撤銷再訂	新訂
12052	3.7cm高射炮補件	60	可先撤銷再訂	新訂
12053	高炮隊隊部補件	15	可先撤銷再訂	新訂
12054	2cm及3.7cm高炮隊補訂	各項車輛	可先撤銷再訂	新訂
L2055	2cm3.7cm鐵道防空用	各項車輛	可先撤銷再訂	新訂

據美國學者柯偉林統計，1936年中國對德訂購軍火總值為64581000馬克，德方交貨值為6405000馬克，占是年德國軍火總出口額23748000馬克之37.07%。[39] 而據英國學者福克斯統計：1936年中國訂購軍火價值64581000百萬馬克，德方實際交貨為23718000百萬馬克；1937年中國訂購60983000百萬馬克，德方實際運交82788600百萬馬克。[40] 福克斯的這一高達數億億馬克之統計顯然是不正確的。

三　德意志篇

　　德國對華出售軍火絕不是為了援華抗日，而是為了換取其在國防工業發展中不可缺少的鎢砂等礦產原料。據資料顯示，當時世界上鎢產量80%集中在亞洲，而中國又是亞洲產鎢大國，1932年至1938年7年間，中國鎢產量占世界總產量之37.6%，德國每年需輸入世界鎢產量之半數，其中60～70%從中國進口，1935年更達90.6%。因此，德國人願意以軍火同中國易砂來節省大筆的外匯。到1938年時，中國鎢輸出量79%輸往德國，而從德國進口之軍火則占其進口總額之80%。[41]

　　中德間這種急速發展的經貿關係完全是基於互相利用的需要，缺少政治基礎的保障。相反地，德國與中國的敵人日本卻在反蘇反共的政治目標上達成了完全的一致。德國納粹政府的這種「二元化」遠東政策之結果，勢必導致其對華政策嚴重的不穩定，對華軍火供應因此面臨著不斷的麻煩。

　　根據上文分析，我們可以得出以下結論：

　　一、德國軍火之輸華，其早期作用包含有用於中國內戰的目的。中德軍火貿易開始於1928年，在其開始階段，德國軍火被用於中原大戰、江西剿共以及平息十九路軍反抗、「兩廣事變」等內戰，從當時具體情形分析，在這些內戰過程中，德製軍火初步嶄露頭角，尤其是德式砲兵武器的威力剛剛逐步為南京政府及其軍隊所認識。從德國軍火輸華的品種、質量、數量來看，1935年前主要以陸軍槍彈野戰武器為主，重型武器不過為坦克大砲，這是與當時中央軍作戰需要及一般裝備水準相適應的，且從其輸華數量分析，遠不如後來抗戰時期之水平。在另一方面，在這些內戰中，南京方面的對手所擁有的武器裝備也並不先進，中央軍對於新式武器的需求也不是如抗戰後那樣迫切。總體來看南京政府軍隊在內戰時期還是以舊武器裝備為主。如果說在抗戰前德國軍火輸華有為內戰服務性質的話，那麼與其後來服務於抗戰的重要性相比較，則明顯地處於第二等的次要地位。

　　二、德國軍火輸華的主要作用是幫助中國建立了抗日國防軍並支持了中國的早期抗戰。1935年以後隨著日本侵華步伐加緊，中國國內趨於團結抗日的大局漸漸形成，從1935年春蔣介石派陳誠出掌「陸軍整理處」，負責全面整軍工作開始，中國軍隊由「內戰型」向「國防型」轉變，這一整軍計劃

與德國有著緊密的關係，全盤工作都有德國軍事顧問參與指導，按德式組織訓練方式進行，其結果當然也是以德式裝備全面改裝中國軍隊，使其接近於現代戰爭之要求。到抗戰爆發之時，便出現了以八十七、八十八、七十六師為代表的以全副德式武器裝備起來的「示範軍」部隊。可以推論，如果抗戰遲幾年爆發，則中國軍隊的武器裝備及作戰能力將會有進一步的提高。正因如此，在1936年以後便出現了中方購買德國軍火之高潮，其中以顧振率中國代表團訪德及孔祥熙兩次訪德為重點，訂購了大批海陸空軍裝備及軍火，大到飛機潛艇，小到手槍子彈，細到電話電線，無所不包，這一方面表明了中德外交、經貿關係之發展，另一方面也說明了中國軍隊在軍種、質量、能力上的進步，這些進步縮小了中國軍隊與當時號稱世界一流的日本軍隊之間的差距，其直接效果便是抗戰爆發初期中國軍隊在「八一三」、「台兒莊」以及武漢會戰中抗戰能力的提高，其中德國軍火之作用是顯而易見的。

正如評價德國軍事顧問對中國抗戰的作用一樣，在肯定其成績的同時，我們必須看到對於德國軍火輸華，應該有一個歷史的、客觀的分析。最基本的一點是：從德國方面來看，絕沒有一點幫助中國人民反抗日本侵略的主動性與積極意義。納粹德國與日本侵略者是一丘之貉，希特勒與戈林等納粹頭目完全是為了獲取中國資源的自身需要而對中國網開一面，勉強默許軍火輸華。

因此，我們最後只能得出結論說：儘管戰前德國軍火之輸華在客觀上也在一方面幫助了中國的抗日國防建設，但就其本質而言它只不過是一種商業生意，其在政治上的影響與作用不過是其商業性質的副產品。

【注】

[1] 傅寶真：《在華德國軍事顧問史傳》，（臺）《傳記文學》第二十三卷第3期第9頁。
[2] [美] 柯傳林：《蔣介石政府與納粹德國》，中國青年出版社，1994年版，第三章「南京顧問團的建立」一節所提供的資料。
[3] 烏布利希：《法西斯德國帝國主義》柏林1952年版第25頁，轉引自《現代國際關係史》，知識出版社出版。

[4] 辛達謨：《德國外交檔案中的中德關係》（三），（臺）《傳記文學》第四十一卷第 6 期第 116～120 頁。

[5] [德] 郭恆鈺、羅梅君主編：《德國外交檔案 1928～1938 年之中德關係》第 158 頁、第 164 頁，臺北「中央研究院」近代史研究叢刊（11）1991 年 4 月版。

[6] 轉引自王正華《抗戰時期外國對華軍事援助》，臺北正中書局，1988 年版，第 51 頁。原資料出於《中華民國海關華洋貿易總冊》，民國十九至二十年年刊。

[7] 引自《德國外交文件》C 輯第 1 卷第 774～776 頁，英國政府文書局，倫敦版。

[8] 辛達謨：《德國外交檔案中的中德關係》（四），（臺）《傳記文學》第四十二卷第 2 期第 127～128 頁。

[9]（德）郭恆鈺、羅梅君主編：《德國外交檔案 1928～1938 年之中德關係》第 158 頁、第 164 頁，臺北「中央研究院」近代史研究叢刊（11）1991 年 4 月版。

[10] 傅寶真：《色克特將軍第二次使華》，（臺）《傳記文學》第三十卷第 2 期第 97～98 頁。

[11] 辛達謨：《德國外交檔案中的中德關係》（五），（臺）《傳記文學》第四十二卷第 3 期第 82 頁。

[12]《總顧問法肯豪森關於應付時局對策之建議》（1935 年 8 月 20 日），馬振犢主編《中德外交密檔 1927～1947》廣西師範大學出版社，1994 年 10 月版，第 177 頁。

[13]《中德外交密檔》第 177 頁。

[14]《中德外交密檔》第 178 頁。

[15]《孔祥熙為對德訂購武器事致蔣介石函》（1934 年 4 月 26 日），中國第二歷史檔案館館藏檔案（三）22586。

[16]《中德外交密檔》第 211 頁。

[17]《中德外交密檔》第 234 頁。

[18]《中德外交密檔》第 361 頁。

[19]《中德外交密檔》第 234 頁。

[20]《中德外交密檔》第 356～358 頁。

[21] 中國第二歷史檔案館館藏檔案廿八（2）2101。

[22] 此三艘快艇來華後分配江陰雷電學校使用，編為「岳飛中隊」，在抗戰中損失一艘，戰後仍存二艘。

[23]《中德外交密檔》第 364 頁。

[24] 傅寶真：《法爾克豪森與中德軍事合作高潮》，（臺）《傳記文學》第三十三卷第 6 期第 102 頁。

[25]《中德外交密檔》第 233～234 頁。

[26]《中德外交密檔》第 244 頁。

[27]《中德外交密檔》第 245 頁。

[28]《中德外交密檔》第 249 頁。

[29]《陶德曼致柏林報告》，二史館館藏檔案廿八（2）。

[30]《德國外交部致法肯豪森電》，二史館館藏檔案廿八（2）。

[31]《克里拜爾致柏林報告》（1934 年 12 月），二史館館藏檔案廿八（2）。

[32]《翁文灝致克蘭電》（1936 年 1 月），二史館館藏檔案廿八（2）。

[33] 此統計出自 [美]William Kirby"Developmental Aidor Nco—Imperialism？German Industry in China（1928-1937）"。轉引自王正華《抗戰時期外國對華軍事援助》第 57 頁。

[34]《何（應欽）上將抗戰期間軍事報告》（上冊）第 115 頁，二史館館藏檔案七八七。

[35] 資料來源：（臺）國防部史政局檔案《整軍建軍方案》570·3/5810。

[36] 資料來源：（臺）國防部史政局檔案《整軍建軍方案》570·3/5810。

[37] 中國第二歷史檔案館館藏檔案廿八（2）2101。

[38] 中國第二歷史檔案館館藏檔案廿八（2）2101。

[39]William C.Kirby：Germany and Republican China p.220.

[40]JohnP.Fox：Germany and the Far Eastern Crisis1931～1938，（London School of Economics and Political Science1982）p241.

[41] 傅寶真《色克特將軍第二使華（續）—在華德國軍事顧問史傳》（十）（臺）《傳記文學》第三十卷第 2 期，第 90 頁。這一數據當然僅指當時南京政府進出口數額而言。當時德國除了向中國中央政府提供軍火外，也向廣東、廣西、冀察，甚至偽滿政權出口軍火，據 1936 年 3 月 26 日顧振自德電告中國國內，華北宋哲元對德私訂進口步手槍子彈共一千萬粒，3.7 防坦克炮 50～100 門並砲彈，偽滿訂購手槍彈 50 萬粒，廣西購步槍 25000 枝，廣東亦訂購機關槍若干。（見《中德外交密檔》第 368 頁）因篇幅所限，本文對德國向中國地方當局提供之軍火數目不擬討論。

知非文集：民國初年祕辛研究

三　德意志篇

▋抗戰爆發後德國軍火輸華述評

載《歷史的足跡——紀念德國漢學家費路教授 65 歲誕辰》，（港）新大陸出版有限公司

　　有關德國軍火與中國抗日戰爭的關係問題，長期以來一直為學術界所關注，但因研究資料闕如，很少有成果問世。但隨著民國時期抗戰軍事史與中德關係史研究工作的不斷深入，我們越加發現，德國軍火在中國抗日戰爭中的地位與作用是那麼的重要，兩者的關係不但影響到中國抗戰的勝敗大局，而且是這一階段中德雙邊關係的晴雨表，還在某種程度上影響到中國的戰時外交政策。因此，無論就抗戰軍事史還是中德關係史研究而言，開展德國軍火與中國抗日戰爭的關係問題的研究都有著十分重要的意義。

　　對於抗戰爆發之前德國軍火輸華狀況及其作用之述評，已有拙著《抗戰之前德國軍火輸華述評》（載《民國檔案》1996 年第 3 期）一文發表，到 1937 年七七事變爆發之時，正是中國努力爭取大量引進德國軍火的高潮期，中國全面抗戰開始後，德國輸華軍火的作用已經由「安內攘外」的雙重用途而轉變為完全的對外抵抗侵略的單一作用，而且前期預訂的德制軍火在抗戰爆發之時陸續運抵中國，立即投入了抗日戰場，發揮出了「及時雨」的非常重要的作用。據多方資料證實，在八一三淞滬戰役、長江江陰、馬當要塞阻擊戰、台兒莊戰役等抗戰前中期戰役中，德國輸華軍火都發揮出了非常重要的作用。例如，1999 年底在長江九江段清淤過程中竟發現了 1938 年初中日長江作戰中，中方所用的 1937 年 4 月 12 日剛從德國出產的水雷。這說明了德製軍火在當時確實是給中國的抗戰造成了「雪中送炭」的作用。甚至我們可以說，如果沒有這些優質的軍火供應支撐，中國正面戰場的抗日作戰，能否堅持和爭取到這樣的效果，還是一個疑問。

　　七七盧溝橋事變爆發後，中國國家體制轉入戰時軌道，正如戰前所估計的那樣，全面抗戰的開始使中方對於外購軍火軍備的需求愈加迫切。開戰前夕，中國政府派出了以行政院副院長、財政部長孔祥熙為首的中國代表團出訪歐美各國，尋求外交及軍事支援，德國自然是其出訪重點目標之一。

孔祥熙率領翁文灝、陳紹寬等經軍界大員於1937年6月9日抵達柏林，遍訪德國財政部長沙赫特、國防部長柏龍白、外長牛賴特等各部門負責官員，甚至還拜會了戈林、希特勒等納粹黨首領，竭力爭取他們同意繼續對華友好，供應軍火，進行易貨貿易，在德方「親華」派人物幫助下，初步達成了目的。雙方經過會商，制定了下列易貨原則：1.所有德方供給中國之軍器，統由中國軍政部或其他指定機關接洽辦理；2.代表德方實施一切貨運供給之機關仍為國營合步樓公司；3.中國政府再度聲明，同意所有德國軍火及其他各貨之由德國政府供給中國者，均由中國以中國國內農礦產品抵償[1]。

此外，德方還重申了接納中國軍官及見習士官來德國國防軍中深造以及德方為中國海軍訂造潛水艇之條件。這一協議，使得德國軍火繼續輸華得到保證。

孔祥熙訪德期間，還向德方訂購了大批軍火，其中包括各類輕重武器，不久即裝船運華，及時趕上了在上海發生的抗日戰役。當時中國對德軍火訂貨之情形如表1所示：

表1：孔祥熙訪德期間訂貨表[2]

品名	訂貨數量	至1937年底供貨及改訂情況
一、陸軍方面		
防毒面具	50萬具	撤銷40萬訂貨，10萬在運華途中
聽音機（竊聽器）	27架	
SSPatronen：子彈	1000萬發	
子彈	5億發	已到貨（貨號10072）
其中：ss式	4.5億發	1.6億發已到貨，餘3.4億發撤銷以後再訂
SMK式	5000萬發	（貨號10073）現在途中

三　德意志篇

二、空軍方面		
Hs123附衝轟炸機	100架	減為12架（在運途中），餘撤銷
飛機子彈	12萬發	
燃燒彈	10萬枚	在運途中
10公斤飛機炸彈	5萬枚	在運途中
50公斤飛機炸彈	1.1萬枚	3000枚普通性及8000枚緩性炸彈均在運途中
150cm探照燈及附帶件	50套	減為29套（27套在途中，2套再議）餘撤銷
60cm探照燈	36套	在運途中
8.8cm摩托化高射炮	24門（6個連）	先撤銷以後再訂

　　隨同孔氏訪德的中國海軍部長陳紹寬，在柏林與德方海軍司令達成合作協定，由中方派遣80名海軍軍官前往德國受訓，隨同艦艇、潛艇出航，並向德方訂購潛艇數艘，德方甚至同意將海軍中正在服役之一艇撥售中方等等，這些計劃後因中日戰爭的爆發而停止執行。

　　中日戰爭爆發後，德國居中十分為難，它與日本有反共同盟關係，與中國有軍經合作關係，不便左右袒護，只能表示中立，「萬一戰爭擴大，德政府必抱定平允態度」，「甚盼能和平解決」[3]。22日，日本駐德大使正式向德方提出停止對華出口武器的要求，被德方婉拒。德國外長強調：「德國武器輸往中國，保持適當的限量，中德經濟之發展是基於純粹商業基礎並非經由德日談判所能解決。」[4] 8月初，孔祥熙復訪德國，得到了國防部繼續供華軍火之保證。他通知德方準備取消在德訂購之潛艇並增訂價值1000萬馬克之槍彈。17日，德國元首希特勒宣布了他的遠東政策：原則上堅持同日本合作的觀念，但目前必須在中日間保持中立。關於對華軍售，「只要中國用外匯支付或用原料抵償，過去按中德協議已同意運華的武器和物資就要盡快運往中國，並相對地運回原料，此事必須盡最大的可能瞞住日本人」。但對下一步對華提供貸款或新的軍火訂貨應予拒絕。[5]

中國方面對此卻未能覺察，相反地對德國支援中國抗戰還抱有極大希望。孔祥熙結束二次訪德之時還致函希特勒，保證中方將繼續供德鎢砂以換取軍火。[6]

抗戰開始後，美英法等西方列強唯恐開罪日本惹禍上身，因此採取隔岸觀火的態度，遑論支持中國抗戰，蘇聯表態支持中國，但有關軍援正在洽商中，遠水不救近火，在這種情形下，中國對德國軍火之依賴越發加重。

到1937年11月1日止，中方又向德方追加訂單催運軍火以供抗戰前線之需，其補充訂單包括：

105cm榴彈砲36門併砲彈3.6萬發；3.7cm高射炮30門併砲彈19.8萬發；15cm海防重炮4門併砲彈900發，砲彈引信2000個、引信火藥2000單位；8.8cm海防炮射擊吊引機器4架、砲彈320發、砲彈引信火藥1350單位；6ME瞄準測量儀器2架；Henschel汽車100輛。[7]

另外還要求德方緊急提供下列武器：

步槍10萬枝；機關槍1萬～1.2萬挺；105cm榴彈砲80門併砲彈2000發；以及2cm和3.7cm口徑高射炮並砲彈若干，總價值5億馬克的軍火武器。[8]

抗戰爆發後，中方對德訂購武器訂單做了較大修整，撤銷了一批遠期及重型裝備訂貨，增加了陸軍急需的槍砲彈訂貨，例如對德潛艇訂貨，即「由500噸一艘、250噸四艘另潛艇母艦一艘配魚雷240具、水雷500具」縮減為「250噸二艘各配魚雷10具，另配魚雷100具」，將節餘資金「移購陸軍武器」[9]。

戰前，中方曾根據蔣介石的手令向德方下過一份軍火訂單。

三　德意志篇

表2：根據蔣介石手諭指示對德所訂購軍火

品名	訂貨數量	至1937年底供貨及改訂情況
一、陸軍方面		
輕型戰車全套	120輛	已全部撤銷
2.5噸Diesel重油摩托機	400台	已全部撤銷
腳踏摩托車（兩輪）	120輛	已全部撤銷
腳踏摩托車帶附車（三輪）	70輛	已全部撤銷
1.5噸摩托機修理工作車全套	20輛	已全部撤銷
2.5噸摩托機修理工作車全套	11輛	已全部撤銷

品名	訂貨數量	至1937年底供貨及改訂情況
二、空軍方面		
2cm 高射炮	240 門	已撤銷
3.7cm 高射炮	120 門	已撤銷

　　但從開戰後的修訂結果來看，這批訂貨已基本撤銷。而尚未取消的訂貨還有：載重車 72 輛；腳踏摩托車 130 輛；汽車補充零件若干；鋼甲偵察車 4 輛；鋼甲車用 2cm 砲彈 4800 發，2cm 高射炮連用之通信工具 9 套；快艇用散霧酸液若干單位；8.8 及 15cm 炮用電話及指揮儀若干部；18cm 輕迫擊炮砲彈 4.556 萬發，另加德方補償前欠軍火數：防戰車炮炮管 10 架；防戰車炮砲彈 5 萬發及各類機器若干，以上軍火總價值約 200 萬馬克。連同孔氏在德訂貨以及戰後追加新訂貨，共計抗戰爆發初期中國對德軍火訂貨總價值達 5300 萬馬克之巨[10]。

　　由於德方按照希特勒指示要求中方以外匯支付武器價款，否則便中止交易，「我不付款，德不撥貨」，中方不得不在戰時外匯異常吃緊的情況下，於 1937 年 9 月撥出專款 1030 萬美元（折合 2500 萬馬克）支付德方，以求維持軍火供應。從這一例證也可看出，德國以軍火援華之商業性質。9 月間，一架德國民航飛機在中國新疆失事，由於在處理過程中雙方產生矛盾，德國航空部長戈林對華態度一落千丈。在此前後，作為納粹黨要員之一的戈林已

奉希特勒指示出任「四年經濟計劃執行人」，插手經濟領域，掌管德國外貿大權，並於 10 月間正式接管「合步樓公司」。由於他的親日疏華態度，曾一度下令停止供華軍火，使中德關係驟然降溫。10 月 20 日，在國防部長柏龍白調解下，供華軍火以更隱蔽的方式恢復運輸，由丹麥輪船運往新加坡的一家公司，然後再轉運中國。柏龍白命令有關方面對此嚴加保密[11]。

德方之所以最後同意繼續供華軍火，其中還有一國際戰略原因。中國抗戰爆發後，8 月 21 日，蘇聯出於自身利益之需，公開同情中國抗日，簽訂了《中蘇互不侵犯條約》，並答應對華供應軍火。一向視蘇聯為大敵的希特勒認為，如中蘇聯盟對德國全球戰略不利，中國對蘇購買軍火之副作用，遠比德國停止輸華軍火之意義要大得多。因此，他不得不繼續默許對華輸出軍火。據統計，1937 年 12 月間德方起運兩批軍火輸華，其中品種數量如下：

（1）1937 年 12 月初起運之軍火：

50 公斤飛機炸彈 2500 枚；10 公斤飛機炸彈 20000 枚；燃燒彈 25000 枚；150cm 探照燈 2 套；防毒氣罩 10 萬隻；3.7cm 高射砲彈 72000 發；105cm 大砲 36 門併砲彈 3600 發；步槍子彈 3000 萬發；15cm 海防重砲 4 門併砲彈 400 發、測量儀器 2 件；8.8cm 砲彈 320 發；13cm 高射砲汽車及零件 13 套；輕迫擊炮砲彈原鋼 25000 發；HS123 速墜轟炸機 12 架。

以上軍品價值 1900 萬馬克。

（2）1937 年 12 月 15 日起運之軍火：

50 公斤炸彈 8500 枚；10 公斤炸彈 308000 枚；燃燒彈 75000 枚；150cm 探照燈 27 架；聽音機 18 架；60cm 探照燈 36 架；3.7cm 高射炮砲彈 54000 發；3.7cm 防戰車炮砲彈 50000 發；步兵子彈 2000 萬發（以上價值 1500 萬馬克）；7.5cm 高射炮 24 門（連）併砲彈 92000 發，另外還有 JU86 戰鬥轟炸機（數不詳）。

以上軍品價值 2500 萬馬克[12]。

這些軍火運華後，對支持中國軍隊在正面戰場上的抗日作戰發揮了重要作用。與此同時，用德國設備建立的中國兵工企業及由德式槍械武裝、德國

顧問訓練的中國陸軍「示範部隊」已全力投入抗日作戰之需，發揮了有力的效能。據、中方統計，光是赴滬參與八一三戰役的德國軍事顧問就達71人之多[13]。難怪一些西方人士及日本人將上海八一三淞滬抗戰稱為「德國戰爭」（The German War）。

1937年12月8日，德國國防部經濟署署長托馬斯（Thomas）致電孔祥熙，表示對德訂購之HS123轟炸機及JU86式戰鬥機已裝運，不能退貨。10日及23日，他又分別致電何應欽、孔祥熙及克蘭，催促中國對軍火訂貨付現，「此間外匯之奇缺實為無可諱言之事」，並表示中德易貨前景堪憂，似不能長久繼續。次年1月24日、2月3日，托馬斯又兩次致電中方，以加緊付款為條件答應對華繼續供給軍火[14]。

12月11日，翁文灝報告孔祥熙：德方已交貨價值253萬5千多馬克，合國幣330萬元[15]。資源委員會還透過克蘭轉告德方，希望仍以易貨方式取得軍火，中國努力每月供德原料300萬～500萬馬克，希望德方增加對華貸款以利易貨[16]。

進入1938年，中德關係開始出現逆轉。2月初，希特勒改組政府，「親華派」官員紛紛去職，在日本壓力下，納粹德國為了自己的全球戰略利益開始逐步疏遠中國。2月20日，德國宣布承認偽滿。中國政府為了繼續得到軍火，維持中德關係，對德方的不友好行為保持了克制態度，僅僅抗議一下而罷。

蔣介石眼看中德關係難以挽回，準備儘量多買些軍火。12月底他致電資源委員會，命令「已在進行中之事需積極進行切勿中止」[17]。1月間，他指令孔祥熙透過其子、中央信託局祕書孔令侃在香港辦理對德訂貨，購辦一批最急需之作戰武器。他表示：「中國政府正在商洽借款之中，短期內當可結束。一俟結束後，中國政府即可對於德國十二月間已運出並準備起運之軍火分期償付外匯，其詳細規定當亦可通知德國。因種種關係，此項問題之解決較緩，本國無任抱歉也。」[18]

這批急訂武器有：步槍 30 萬枝配子彈 3 億發；自來得手槍 3 萬枝配子彈 3000 萬發；重機關槍 2 萬挺併子彈 2 億發；迫擊炮 500 門併砲彈 100 萬發；3.7cm 戰車防禦炮 500 門併砲彈 50 萬發[19]。

3 月 1 日和 2 日，蔣介石又電令駐德商務專員譚伯羽向德加訂一批武器，包括：迫擊炮 300 門併砲彈 90 萬發；20 響駁殼手槍 2 萬枝併手槍子彈 4000 萬發；Hochkiss（哈乞開斯）1.32cm 單管高射炮 300 門，每門配砲彈 5000 發[20]。

其後 3 月中，這批價值 3000 多萬馬克之軍火由德轉運至香港[21]，其作用及意義是不言而喻的。

3 月 3 日，德方又藉口中蘇訂立貸款協定而進一步降低中德關係，宣布停止接納中國陸海軍學員赴德學習；4 月 27 日，德國外交部通知中國大使，以影響其中立政策為理由，準備召回其赴華軍事顧問團。同日，戈林再次下令禁止德國軍火運銷中國。5 月 3 日，希特勒訪問義大利，商談德日義合作事宜，應日本的強烈要求，下令國防部立即停止軍火輸華。這當然是納粹黨首腦從全球政治利益出發的考慮，要使經濟利益服從於政治利益的需要，準備在遠東「棄華聯日」。

但德國軍方及企業界人士卻不願輕易失去中國。合步樓公司負責人普萊轉告翁文灝說，德國政府雖做出了上述表示，但供華軍火仍在祕密裝船運往中國，易貨協定仍要執行。克蘭亦轉告孔祥熙等，表示將繼續對華祕密提供軍火[22]。德國經濟部及軍事工業署認為，目前對華協議易貨額仍高達 3.8 億馬克，一旦停止供華軍火，中國訂單就會落入別國手中，這對德國軍火製造及運輸業是一個巨大的損失。駐華大使陶德曼也認為，停止中德軍火貿易不僅是經濟損失，會使德國在華 4 億馬克的投資受到損害，其在政治上的副作用也不能低估，甚至會影響到戰後，德國從此將被排除在中國經濟建設之外，名利皆失。經過兩派磋商，達成一項諒解：戈林的禁令不包括已同中方達成的協定，合步樓公司仍可起運中方以外匯支付的軍火訂貨。合步樓、西門子、克虜伯等大公司還聯名上書德國政府，表示他們賠不起對華違約造成的賠償費，要求政府取消對華禁令[23]。

三　德意志篇

蔣介石針對德方的背信，一方面警告陶德曼表示：在義大利等國仍在對華供應武器的情況下，德國突然中止貿易將「嚴重影響中德關係」，另一方面密令孔祥熙致電中國駐德商務專員，盡一切可能最多地把已訂好的軍火運回中國國內。7月9日，中國兵工署又與香港禪臣洋行簽訂了15萬挺機槍的購料合約。經過德方友好人士的暗中協助，原定7月起運的一批軍火乃假借芬蘭、盧森堡等國商人的名義祕密運出德國，輾轉運華。這批軍火計有：

克虜伯生產15cm榴彈砲砲彈6000發；4.7cm砲彈18000發；毛瑟槍5000枝；合步樓公司槍彈3700萬發，以及汽車備件、水雷等；其餘毛瑟步槍15萬枝，4.7cm坦克砲彈32000發未及交貨運出[24]。

德國軍事工業署署長托馬斯甚至要求中國人，不要把委託提貨人的名稱告訴他們，以免使他們為難。正因為有了這種幫助，中德軍火貿易在這樣困難的條件下才得以繼續下來，不過如此複雜的買賣過程也給中方帶來了諸多不利，如萬一轉交途中軍品數量、質量產生問題，中方無法追究，德國軍火的進口渠道由此開始曲折不暢，中國政府為維持抗戰大局計，不得不轉向他方覓取支持以備不測。

其後的5～6月間，德國對華關係在希特勒干涉下急劇降溫，駐華軍事顧問團連同陶德曼大使一起被勒令回國，中德關係已到崩潰的邊緣。

8月間，德方一些主張繼續對華交往的人士繞過納粹首腦，嘗試恢復中德貿易。經濟部部長馮克（Walter Funk，前任經濟部長沙赫特的助手）派其親信「國社黨對華經濟顧問」佛德（Hellmuth Woidt）以「合步樓公司專員」名義來華，探求雙方繼續經濟合作的可能性。10月4日，佛德與孔祥熙見面，他表示希望繼續對華易貨以求互利，中方對此當然持贊成態度。

經過雙方磋商，達成了一份協議，同意延長易貨及信貸合約一年、中方可向德方訂購2000萬馬克貨物，但每年須向德方提供7000萬馬克的原料，其中一半為鎢、錫、銻等礦產，德方則貸給中方1億馬克，年息五厘[25]。在協議繼續合作的前提下，佛德還與中方清理了過去易貨欠帳，並提出了處理意見。據合步樓公司統計，當時中德雙方易貨總帳如下：

中德雙方清理易貨貿易總帳合步樓公司報告[26]

（1）自 1934 年 8 月中德貨物互換合約實施以來中方對德訂貨總值為 4 億馬克以上。

（2）經過部分撤銷訂貨後訂貨總值降為 3.89 億馬克。

（3）1937 年秋季前進口德貨以「互換合約」為依據辦理。

其長期訂單內容為：

A：已實施之長期訂單：

☆鋼鐵廠、軍工廠設備：7200 萬馬克

（包括琶江口兵工廠擴充部門）

海軍快艇及母艦　1600 萬馬克

潛水艇及其母艦、水雷、魚雷設備：4200 萬馬克

☆水雷布放艇、內河水雷、15cm

海防重炮等其他軍備　1000 萬馬克

以上共計　1.4 億馬克

B. 至 1937 年 10 月止由德國運到之軍火　5000 萬馬克

C.1937 年內中方追加軍械訂單　1.99 億馬克

（其中蔣介石交下訂單為 5800 萬馬克、孔祥熙交下訂單為 9200 萬馬克）

以上德方總計輸華軍火價值（包括已交貨及未交貨者）總計為 3.89 億馬克。

至 1937 年 10 月止，中方輸德礦產原料價值 2150 萬馬克，加上德方貸給中方之 1 億馬克信用借款，計 1.215 億馬克。德方供華軍火、工業品總計價值 1.9 億馬克，減去上述款額 1.215 億馬克，中方尚欠德方未抵償數為 6850 萬馬克。

三　德意志篇

抗戰爆發後中方對德短期軍械之緊急訂貨，1937年11月1日由德國防軍裝備中緊急抽運來華，該項軍火價值：

1. 孔祥熙以往訂單催辦者：1400萬馬克

2. 孔祥熙臨時追加訂單：3700萬馬克

3. 其他舊訂單價值：200萬馬克

共計：5300萬馬克

中方已匯德方1030萬美元（據德方要求以現匯付款）價值2550萬馬克，尚欠2760萬馬克（約為1100萬美元，1美元約為2.475馬克）。

關於易貨欠帳處理辦法，雙方議定：孔祥熙在德訂貨所欠交貨物，一部分由合步樓公司保留，以付現款為交貨條件，另一部分約合720萬美元的貨物，包括22億發步槍子彈併數萬發15cm及2cm大砲砲彈，由中方在4個月內以3000～4000噸鎢砂、3000～4000噸錫及3000噸銻進行易貨交換，德方同意中方撤銷不急需的軍火訂貨2億馬克，中方仍可向德派遣海軍學員，向德訂購潛艇合約繼續執行。[27]

1938年8月19日，合步樓公司代表普萊致函孔祥熙，報告中德易貨狀況：（1）截至8月19日，中方付交德方美金1257.5萬美元，德方已交貨及在運途中貨計值724萬美元，結存美金533.5萬美元；（2）自1937年9月4日至1938年8月19日輸華軍火以美金結帳，其後仍恢復以貨易貨方式，希望中方交付鎢錫礦砂等原料，並以「即予起運為先決條件」；（3）「雙方貨值清算應以國際市價為根據」[28]。同時中方駐德商務專員譚伯羽亦報告中國國內：「合步樓」所購1300萬馬克軍火及JU飛機正交涉起運，仍以易貨方式償付[29]。

佛德來華是由於合步樓公司（此時已由戈林手下轉歸經濟部管轄）及有關方面極力運動放鬆對華貿易管制的結果，也是因為德方並未從中國淪陷區日偽當局手中撈到任何經濟利益所致。為實現獨霸中國的目的，日本違背了對德諾言，對德義在中國占領區的利益亦加以排斥，並不許其購買原料，這就使得希特勒、戈林等人不得不放鬆對中國政府的貿易禁令，以求得到德方

必需的原料資源。10月19日，佛德代表德政府在重慶簽署了新的易貨協議，規定雙方易貨額每月可達1000萬法幣，約合750萬馬克[30]。希特勒與戈林的對華軍火禁運令自此失效，大批德國軍火又源源運往香港，轉至中國抗戰前線。

1939年4月，德國外長里賓特洛甫（Ribbentrop）又曾準備阻止中德易貨，被經濟部婉拒，馮克稱：為了德國「每天進口30萬馬克原料」的必須，只好請外交部「諒解」。為了照顧面子，答應運華武器今後將以散件形式交付，由中國接收後組裝。里賓特洛甫只好答應。[31]

5月間，中國交通部、兵工署分別又與德國西門子公司香港辦事處及奧托公司簽訂了軍用電話機及卡車購貨合約。9月1日，德國發動對波蘭侵略戰爭，挑起了世界大戰，但對華貿易仍未中止，只是為中國製造的潛艇等大型裝備被德方徵用，未能交貨[32]。11月，孔祥熙又曾向德國駐華代辦畢德（Bidder）建議簽訂一項擴大易貨協議，允諾5年內增加對德提供鎢砂，甚至可將供蘇聯鎢砂轉運德國。在里賓特洛甫干涉下，這一協議最終未能簽訂。但馮克等人依然表示樂觀[33]，甚至設想到歐戰結束後，德國幫助中國發展軍火及國防工業，中國繼續對德提供原料。

最後到1940年9月27日，德國為全球戰略之需與日本、義大利結成軍事同盟，法西斯軸心集團形成。德國政府為了「尊重日本在建立大東亞新秩序中的領導地位」，不能不全面捨棄中國，停止易貨貿易，而此時（1940年5月）合步樓公司仍有價值9900萬馬克的訂貨需向中國交付[34]。其中中方所付款項一直留到戰後才得清算。

1941年7月1日，德國承認日本扶植的汪偽政權，中德斷交，德國軍火輸華至此徹底結束。據戈林估計，德方為此將損失1億馬克的軍火交易額，而實際上損失則高達2.82億馬克[35]。由此可見，為了政治及全球戰略，德方也付出了極大的經濟代價。

綜上所述，抗戰爆發後德國軍火輸華對於中國抗日作戰具有重大的意義與作用。在抗戰爆發初期對中國軍隊的幾大抗日戰役造成了重要的保障作用，有效地提高了中國軍隊的作戰能力。

三　德意志篇

　　比較戰爭爆發前後德國軍火輸華作用之不同點，我們可以發現：第一，此批德國軍火輸華的主要作用是及時地支持了中國的早期抗戰。在1936年以後出現的中方購買德國軍火之高潮，這是與中國國內團結抗日的局面逐漸形成相適應的。其中以顧振率中國代表團訪德及孔祥熙兩次訪德為重點，訂購了大批海陸空軍裝備及軍火，大到飛機潛艇，小到手槍子彈，細到電話電線，無所不包，這一方面表明了中德外交、經濟關係之發展，另一方面也說明了中國軍隊在軍種、質量、能力上的進步，這些進步大大縮小了中國軍隊與當時號稱世界一流的日本軍隊之間的差距，其直接效果便是抗戰爆發初期中國軍隊在「八一三」、「台兒莊」以及武漢會戰中抗戰能力的提高，對於當時軍火不能自給的中國來說，為了支持大規模的抗日戰爭，德國軍火之作用是顯而易見的。況且在當時國際環境下，西方列強對中日戰爭袖手旁觀，不肯資助中國，蘇聯軍火尚未到達，是德國軍火填補了這段「真空」，從這個意義上來看，對德國軍火在中國整軍備戰及初期抗戰中的歷史作用應有切實的肯定的評價，這一點也不過分。退一步言之，如果沒有這大批的德國軍火源源來華，中國抗戰正面戰場能否抵抗到如此成績是很難設想的。

　　第二，戰爭爆發後，中國方面對德國輸華軍火品種數量之需求，比戰前有了較大變化。孔祥熙訪德期間即取消了一批重武器及大型高精度武器的訂單而代之以大數量的普通槍彈、炸彈的訂貨單，其目的是為了最大限度地滿足抗戰前線的實際作戰需要，為了與日本決一死戰，中國也不得不中斷了中長期的軍備改善計劃而應急需。這是戰前與開戰後軍火訂單的一個明顯的變化。

　　第三，正如評價德國軍事顧問對中國抗戰作用一樣，在肯定其成績的同時，我們必須看到，對於抗戰爆發後德國軍火輸華，應該有一個歷史的、客觀的分析。最基本的一點是：從德國方面來看，絕沒有一點幫助中國人民反抗日本侵略的主動性與積極意義。納粹德國與日本侵略者是一丘之貉，希特勒與戈林等納粹頭目完全是為了獲取中國資源的自身需要而對中國網開一面，勉強默許軍火輸華。在這裡，我們當然應該看到德國政府內部「親華派」人物在這當中的積極促動作用，也不否認陶德曼大使、法肯豪森、塞克特及其他對中國有感情的德方人士，以個人的資格幫助中國抗戰之舉，但在希特

勒的控制下，他們的影響是很有限的。總體來看，不論是德國防部、經濟部還是其他企業公司，其之所以竭力保持對華貿易，根本是為了自身的需要。正如中國中央信託局副總經理凌憲揚在1939年3月一份報告中所分析的那樣：「德方屢藉口以政治關係不得不對我國表示冷淡，而暗中仍供給軍火助我，實則運來軍火……價格亦較市價為高，目的在賺我外匯，同時則向我國換取德方切需之農產品。德國於我國艱苦抗戰之時，不但在政治上拋棄數年來之中德友誼以偏護侵略，即中國國內輿論亦對我橫加侮蔑，而我國對於德國商人則仍顧念數年之友好精神，予以種種便利。」[36]這表明，即便是在當時，中方對德政府之舉動亦有本質的認識。這種十分勉強、脆弱的合作，隨著世界兩大陣營對立的形成，在納粹世界戰略的壓力下很快便歸於崩潰滅亡了。

因此，我們最後只能說：儘管德國軍火之輸華在客觀上幫助了中國的抗日戰爭，但就其本質而言，它只不過是一種商業生意，其在政治軍事上的影響與作用不過是其商業性質的副產品，它既不是德國的意圖，也不是他的目的。

【注】

[1] 秦孝儀主編《中華民國重要史料初編——對日抗戰時期》，第三編，戰時外交（二），臺北，中央文物供應社，1981，第705～706頁。

[2] 中國第二歷史檔案館（以下簡稱二史館）館藏檔案，廿八（2）2101，根據幾表綜合而成。

[3]「中華民國外交問題研究會」編《盧溝橋事變前後的中日外交關係——中日外交史料叢編（四）》，臺北1966年版，第503頁。

[4]「中華民國外交問題研究會」編《盧溝橋事變前後的中日外交關係——中日外交史料叢編（四）》，臺北1966年版，第504頁。

[5]《里賓特洛甫備忘錄》，（1937年8月17日），《德國外交政策文件》，D輯第1卷 No.478，第750頁。

[6]《孔祥熙致希特勒函》，（1937年9月3日），見郭恆鈺、羅梅君《德國外交檔案》，臺北，1991，第60頁。

[7] 見二史館館藏檔案，廿八（2）2101。

[8] 見二史館館藏檔案，廿八（2）2101。原訂單為德文稿，不完全。

[9]《陳紹寬致蔣介石電》，（1942年1月4日），二史館館藏檔案，載《陳紹寬文集》，海潮出版社，1994，第292頁。

[10] 見二史館館藏檔案，廿八（2）2101。

[11]《海德——林希備忘錄》，1938年10月22日，《德國外交政策文件》，D輯第1卷，No.52，第722頁，轉引自柯偉林，Germany and Republican China，第234頁。

[12]《翁文灝致蔣介石電》及統計表，二史館館藏檔案，廿八（2）2101。

[13] 張水木：《德國對中國抗日戰爭之調停》，臺灣中研院近代史研究所編《抗戰建國研討會論文集》上冊，臺北，1985，第271頁。

[14]《托馬斯致克蘭等電》，二史館館藏檔案，廿八（2）2101。

[15]《翁文灝致孔祥熙電》，（1938年12月11日），二史館館藏檔案，廿八（2）2101。

[16] 克蘭：《與中國政府商洽之結果》，二史館館藏檔案，廿八（2）2101。

[17]《翁文灝致孔祥熙電》，（1938年12月11日），二史館館藏檔案，廿八（2）2101。

[18]《蔣介石批覆》，二史館館藏檔案，廿八（2）2101。

[19]《蔣介石致孔祥熙等電》，（1938年1月14日），《中華民國重要史料初編——對日抗戰時期》，第二編，作戰經過（二），第290頁。

[20]《中華民國重要史料初編——對日抗戰時期》，第三編，戰時外交（二），第708～709頁。

[21] 程天放：《使德回憶》，臺北，正中書局，1979，第264頁。

[22]《普萊致翁文灝函》，二史館館藏檔案，廿八（2）2101。

[23]《合步樓公司報告》，二史館館藏檔案，廿八（2）2101。

[24]《譚伯羽致蔣介石電》，（1938年7月2日）《譚伯羽致孔祥熙電》，1938年7月8日，《中華民國重要史料初編——對日抗戰時期》，第三編，戰時外交（二），第711～712頁。

[25]《齊焌致蔣介石呈》，（1938年10月10日），《民國檔案》1995年第3期，第25頁。

[26] 二史館館藏檔案，廿八（2）2101。

[27]《民國檔案》1995年第3期。

[28]《普萊上校呈院長函譯文》,（1938年8月19日）,二史館館藏檔案,廿八（2）2101。

[29]《蔣介石致孔祥熙等電》,（1938年8月25日）,二史館館藏檔案,廿八（2）2101。

[30] 柯偉林,Germany and Republican China,第246頁。

[31] 柯偉林,Germany and Republican China,第246頁。

[32]《陳紹寬致蔣介石電》,1942年1月4日,《陳紹寬文集》,第292頁。

[33]《中華民國重要史料初編——對日抗戰時期》,第三編,戰時外交（二）,第696頁。

[34] 柯偉林,Germany and Republican China,第246頁。

[35] John P.Fox,Germany and the Far Eastern Crisis,1931～1938,第316頁。

[36] 凌憲揚：《辦理中德易貨案意見書》,（1939年3月1日）,馬振犢主編《中德外交密檔》,廣西師範大學出版社,1994,第344頁。

附文：深切懷念費路教授

載《民國檔案》

　　十幾年前,當我第一次結識來自民主德國洪堡大學的費路教授時,他給我的印像是還帶有較濃政治色彩的一個「德國同志」。以後,隨著與他交往的逐漸增多,他高尚的人格魅力、深厚的學術修養和幽默風趣的言語給我以強烈的感染與吸引。在他的影響下,我開始對中德關係史發生興趣,並開始參與我館與他主持下的洪堡大學的學術合作。

　　費路教授是一位信仰堅貞的共產黨人,在民主德國時代,他曾是東德共產黨的一名學者型幹部,具有很深的馬克思主義理論修養,並致力於發展中德友好的事業。中國開始實行改革開放以後,有一段時間,德國的共產黨人對此不太理解,費路也曾認為「包產到戶」等政策可能會利於資本主義因素的滋生。後來,當中國社會主義現代化建設取得飛速發展後,費路很快地改變了他的看法,十分贊同中國的路線與方針。1998年春天的一個早晨,在柏林自由大學的林蔭道上,他曾十分認真坦誠地對我說：「中國同志們選擇的

道路是正確的，社會主義的希望在你們。我們現在的任務是尋找一條在資本主義民主體制下為廣大人民的利益而奮鬥的新途徑。」其意切切，令人動容。

費路教授畢生從事中德文化交流和中德關係史的研究，早在 80 年代初期，中國與東歐各國恢復關係後，他就頻繁往來於中德各大學及研究機構之間，促進雙邊的學術交流。費路教授在近 20 年間，曾主持多項的中德關係研究項目，出版了多本中德關係史資料集。他致力於近代中國名人在德國活動的歷史研究，並撰寫發表了許多的論文與研究成果，在中德學術界享有盛望。在中國近現代史學界，費路教授是中國史學界同行們知名的老朋友，生活中的他決無專家的架子，無論是學界長輩或者青年學子，都樂於和他交朋友，大家在一起，一杯清茶，坐論古今，忘懷之處，暢談大笑，其樂融融。他的博學慎思、幽默風趣，給人留下了難以忘卻的印象。

費路教授曾多次來到中國第二歷史檔案館訪問，促成了我館與柏林洪堡大學及自由大學的學術合作關係，我們共同編輯出版了《中德外交祕檔》等書。他與我館結下了深厚的友誼，不論是館領導還是研究人員，都很喜歡這個德國前輩。特別是近年來，費路教授的生活與學術研究環境不太理想，身體狀況也不如從前，幾度動了手術。面對困難，他仍然保持了樂觀的態度，繼續為他的理想和事業而努力。無論是在中國還是德國，每次與他見面交談，我都深為他的精神和人生態度所感動。在他的身上，我看到了一個正直和有修養的學者對事業對人生的樂觀向上的態度。

2001 年是費路教授 65 週歲和退休之年，他的海內外友人與學生，共同發起為費路教授出版一本紀念文集，以頌揚這位德高望重的學者一生的成就，表達學界同仁對他的敬仰。正當這本彙集了眾多中、德、日學界同仁一片真情的紀念文集，歷經年餘努力即將付梓之際，友人從遙遠柏林帶來了費路教授因心臟病復發突然逝世的噩耗，聞之令人不禁扼腕長嘆，潸然淚下。冥冥之中，我不禁想起，接到紀念文集邀請撰文信後，我曾一時有過不舒服之感，按照中國人的習俗，這一般是應在人過世後方可為之，這點疑惑曾令我有剎那間的不安，覺得似乎應該換個方式向其致意。然而我又寬慰地想，這也許是國際上的慣例，不足為怪。後來，當我突然得到先生不幸而去的消息，而

這本唾手可得的紀念文集竟然真的成為我們獻給費路教授最後的禮物，那時心中的感覺真可謂五味俱湧，複雜的感受難於言表。最為可惜的是，費路教授竟沒有親眼看一看這本彙集了我們真摯情感的書，這才是最大的歷史性的遺憾。

嗚呼！逝者已去，其精神卻將長存。我們懷念費路教授，就要像他那樣地做人與做事，忠貞執著，對學術事業精益求精，對生活樂觀向上，嚴以律己，寬以待人。如果，我們能夠做到這些，就是對費路教授最好的悼念。

安息吧，尊敬的費路教授，您畢生為之奮鬥的事業，一定能夠獲得最後的成功。

1938年德國特使佛德祕密訪華述評

載《民國檔案》

1938年6月，正當中國抗戰進入高潮，武漢會戰激烈開展之際，納粹德國為了自己的全球戰略目標，迫於日本的壓力，下令撤退赴華軍事顧問，召回駐華大使，公開表明其親日的外交政策，使中德關係陷入最低點。在這種逆境之中，8月間，忽又發生了一件與當時中德關係極不協調的事件——德國國社黨「經濟顧問」、經濟部要員赫爾曼·佛德（Dr. Hellmath Woidt）受德方派遣祕密使華，欲與中方繼續洽商兩國經貿合作，維持雙邊關係。佛德這次訪華完成了雙方積欠多年的易貨貿易結算，並與中方草簽了繼續易貨發展雙邊關係草約，取得了重要成果，在中德外交關係史上留下了重重的一筆。然而，其訪華成果最終卻化為烏有，不幸成為戰時中德外交關係最後的一頁，其中的複雜變化給後人留下了許多歷史之謎。本文擬透過對佛德訪華之分析研究，為此期中德關係及抗戰時期國民政府對外政策，特別是對德日集團的態度做一初步分析。

一、佛德訪華之背景

抗戰爆發以後，德國政府在開始階段在中日之間持「中立」立場，希望在與日本保持政治軍事同盟關係的同時，繼續保持同中國的經濟關係，以期

獲得中國的農礦產品，供應德國經濟之需要。但是日本方面對其「盟友」繼續供給中國軍火物資之舉十分惱怒，對德國軍事顧問參與中國抗戰更不能容忍，他們頻頻對德施壓，不惜以中止對德國關係相威脅，要求德方停止對華關係，撤退顧問，公開表明親日態度。

　　納粹德國元首希特勒，一度曾計劃以介入中日衝突當調停人來化解矛盾，但自他命令駐華大使陶德曼調停中日戰爭之舉失敗之後，為了德國的全球戰略利益，不得不決心親日疏華。1938年5月，希特勒訪問羅馬，與義大利、日本達成了建立「軸心國」戰略同盟的計劃。他隨即下令停止對華軍火輸出，6月間又下令召回駐華大使，撤退軍事顧問，滿足了日本的全部要求。[1] 至此，中德雙邊關係降至十年以來最低點。

　　對於希特勒的這一抉擇，德國政府內部的意見並不完全一致。在對華關係問題上，德國政府內部納粹黨人與非納粹黨人士向來有區別，而在納粹黨內部也存有一些不同看法。

　　1933年希特勒上臺後，納粹黨人一時尚無法控制全部政權機構，經濟、外交乃至國防各大部門，都由非納粹的專業技術人士掌握，他們雖然在「振興德國」方向上保持目標一致，但在具體工作方面卻存在分歧，前經濟部長沙赫特（H·Schacht）、國防部長柏龍白（W·Blomberg）、外交部長牛賴特（K·Neurath）等人都是德國政府中的「親華派」。他們從德國的實際經濟利益出發，希望保持對華友好，繼續以德國軍火工業品換取中國農礦產品，為自身本部門的工作提供方便與保障。但納粹黨人卻並不持相同觀點，以戈林（H·Goreing）、里賓特洛甫（J·Ribbentrop）等納粹要人為代表的「親日派」勢力，認為只有法西斯日本，才是他們在遠東的盟友與未來稱霸世界的夥伴，中國人是和黑人一樣的「三流種族」，[2] 中國與日本相比是個「弱者」，不值得重視。但是，為了德國眼前獲取戰略原料的實際利益需要，從希特勒開始，納粹黨人認為可以與產鎢大國中國保持一種正常的外交經貿關係，這種脆弱的允諾在中日戰爭爆發後國際局勢變化衝擊下，很快便化為烏有了。

到 1937 年前後，德國經濟獲得了長足的發展，重整軍備工作也大致完成。希特勒開始準備下一步的對外擴張。這就需要進一步加強軍事獨裁，實現「純潔政府」和「一切權力高度集於元首手中」的目標。為此，1938 年 2 月 4 日，希特勒下達《改組政府令》，將國防、外交兩部一併改組，由自己兼任陸海空軍元帥，撤銷國防部長一職，以里賓特洛甫代替牛賴特出任外交部長，不久之後，又以馮克代替沙赫特出掌經濟部，完全實現了德國政府納粹化的政治目標。於是以後便有了德中關係的急轉直下。先是在 2 月間，德國正式承認偽滿洲國，而後又中止貿易、撤退顧問、召回大使，最後直至在 6 月間雙方中斷往來，外交關係跌至斷交前夕的最低點。

面對德方一系列的不友好舉動，國民政府方面處於無可奈何的境地。就在希特勒 5 月 3 日下令停止軍火輸華之後，9 日蔣介石召見了德國駐華大使陶德曼，對德提出了嚴重警告。[3] 當時中方對於德方最後舉措之擔心有幾方面：對於撤退顧問，擔心一旦顧問驟然撤出，會影響中國軍隊業已形成的工作秩序，並擔心顧問回國會洩露中方軍事機密，這兩點倒也不是最重要的，對於中國抗日戰局來說，最直接的致命影響將是軍火供應之中斷，因為當時中國尚不能生產重武器，唯有依賴外援，而德國是中國主要的武器進口國，這一點比顧問團問題更使蔣介石感到著急。據資料統計，僅在 1938 年 1 月中國進口的 3 萬餘噸軍火中，絕大部分就來自於德國。2 月間，德國又運華 12 架德制 HS123 型轟戰兩用機。3 月間，一批價值三千多萬馬克（合一千餘萬美金）的軍火又自德運抵香港，計包括迫擊炮 300 門、高射炮 300 門、駁殼槍 2 萬支等等。[4] 在中國抗日進入高潮之際，這些軍火對中國軍隊作用是不言而喻的。

中國方面急於維持中德貿易關係，不是為了討好德國，而是為了在當時列強袖手旁觀，蘇聯軍援未到的情況下，保住軍火進口之重要渠道，以維持抗日戰場軍隊之作戰。但無論這種願望多麼迫切，畢竟只是一廂情願，在希特勒的命令之下，德方繼續疏遠中國，4 月底，里賓特洛甫下令撤回赴華軍事顧問團，召回駐華大使。1938 年 5 月 30 日，中國外交部在駐德大使程天放的一再請求之下，批准其辭職回國，改派外交部常務次長陳介接替。

三　德意志篇

　　對於中德關係陷入如此困境，德方也有不滿意見，而這種意見主要是來自經濟與軍工部門。德國經濟部與國防部軍事工業署從自身利益角度考慮，認為德國一旦停止向中國交付軍火，那麼今年中國的軍火訂貨單就會落到別國手中，這對德國的軍工企業以及遠洋運輸行業將是一個很大的損失。據德方統計，當時中德間軍品貿易已簽約需履行的合約額高達2.8億馬克。[5] 這是一筆巨額的商業交易、其利潤可觀。陶德曼大使也強烈反對中止中德軍火貿易和其他經濟往來。他向德國外交部指出：德國目前的做法，不僅會使約4億馬克的德國在華投資受到損害，而且在戰後中國的經濟建設中，德國也將被摒除在外。德國經濟部和外交部的一些官員經過磋商後，達到一項祕密諒解：有關對華軍火禁運令不包括已經同中國達成的協定；合步樓公司仍可接受中方以外匯支付的軍火訂貨。

　　中方為了盡可能多地得到一些軍火，在希特勒禁令下達之後，便以行政院長孔祥熙的名義急電中國駐德商務專員譚伯羽，令他用一切努力把已購好的軍火盡快啟運到中國國內。譚伯羽接電後馬上四處活動，得到了一些對希特勒禁令不滿人士的暗中幫助。他們一方面決定讓合步樓、克虜伯、西門子等大公司企業聯名上書政府，藉口負擔不起違約金的損失，要求政府同意繼續按合約對華供貨，另一方面決定改變運輸交貨方式，用更祕密的方法租用貨船，以第三方的名義來從德提貨。德國國防部國防經濟署長托馬斯還曾十分坦白地告訴中方，為保守祕密，望中方不要把委託第三方的國名及有關商號名稱告訴他，以免他居中為難。結果，中國訂購軍火得以假借芬蘭、盧森堡等國商人名義運出德國，這在當時高度獨裁下的德國實在是十分不易的行為，因為托馬斯等人本來完全沒有必要去幹這種「背叛元首」的事，其基本原因之一便是他們很認真地認為這樣做是有利於德國國家的根本利益的，因此與「元首」的思想並不矛盾。而正是因為這一點「思想差距」，便成為後來佛德祕密訪華的起因。

　　導致佛德訪華的直接動因是德國經濟部主管官員試圖在中德政治關係破裂的情況下，欲採用「政經分離」的方式，繼續維持中德易貨貿易而使德國經濟對礦產原料之需求不致中斷供應的設想。當時，在沙赫特之後出掌德國經濟部的是馮克（DR. Funk Walter），他是一個納粹黨官員，曾任

黨中央宣傳部副部長，但他在對華關係上卻與戈培爾不同，而是持友好立場。在中德中止貿易之後，馮克曾同意容克斯飛機公司對中方退還已交付的飛機預付款，戈林出面阻止說：「償還意味著支持蔣介石！」馮克不理睬他，私下保證透過德華銀行對中方退款[6]。此時的經濟部副部長是布林克曼（Brinkmann）原為沙赫特助手，與沙關係密切觀點相似，由於博得戈林好感，出任副部長，實際掌握經濟部大權。正是由於這一層關係，布林克曼繼續對華態度友好，並從經濟部工作實際需要出發，爭得了馮克的支持。

布林克曼與馮克以及托馬斯等人都是德政府中的部門負責人，他們之所以敢做出派佛德訪華的抉擇，必定是要經過他們的主管——德國元帥、航空部長兼普魯士總理，時又兼任「四年經濟計劃局」[7]負責人的戈林的同意，至少是他們認為有充分的理由可以使戈林同意這一措施，而不加批評。這一「充分理由」就是德國從中國日占淪陷區並沒有得到日本許諾供給的礦產原料。按照希特勒的算盤，他與日本方面已達成協議，一旦他與重慶政府斷絕關係，他將會從日本在中國華北等地扶植的傀儡政權處，得到農礦原料之繼續供應，因此他在疏遠國民政府方面有恃無恐。

但日本卻不是可以信賴的，在耍手腕搞欺騙方面，一向以「政治是不講良心與信譽」而標榜的希特勒，這回卻「小巫見大巫」，上了日本人的大當。當日本占領中國華北之後，德國人要與華北日偽當局做生意，以德國工業品來交換天津產的羊毛等原料，日本人卻不肯履行諾言了，他們抱著獨占中國的既定方針，決心不讓包括德國在內的歐洲列強分享其侵略果實。8月間，日方以軍事需要為由，規定華北占領區農礦產品只能向日「滿」出口，其間廠家也只准向日本公司訂貨，[8]德國人被毫不留情地排擠出去了，面對親日政策結出的「苦果」，德國人只能「打落了牙齒往肚裡咽」，有苦難言，自認倒霉。但德國經濟生產之需要卻一日不可斷絕原料供應。在政治原則與經濟實際產生矛盾的時候，本來就持有不同態度的經濟界官員，便開始了這項祕密的行動。

二、佛德來華及其成果

1938年8月5日，中國軍事委員會祕書齊（專任中德外交翻譯）上呈財政部一份《關於中德關係現狀之報告》，聲稱瀕於死亡的中德關係又透露了一絲希望。他寫道：「中德關係自顧問題以來更顯隔膜，我國上下對德不能不抱懷疑態度。除由職等電詢克蘭先生請其協助澄清局面外，合步樓駐漢代表普萊上校亦曾屢電德方負責人員，促進德政府對於中德關係之努力。頃據合步樓接柏林來電，內稱德國經濟部（查經濟部長為馮克，四年經濟計劃獨裁戈林將軍所舉薦次長為布林克曼，他二人是沙赫德為經濟部部長時之左右手）擬派合步樓專員名佛德者（Dr. Woidt）乘飛機來華，其使命為說明德政府對於中德經濟關係之立場，並希能消中國政府對德之懷疑，而求更進一步之合作（貨物互換合約等促進辦法）。佛德君將於八月三日抵港，擬於五、六日來漢，亦可轉渝。德政府並將電駐漢代辦，正式轉達我政府以為介紹，合步樓代表普萊上校今日赴港，候接來漢，擬請賜予接見」。[9]

赫爾曼·佛德原為上海德國普通電料公司經理，後回國進入政界，現為德國經濟部親信要員，「國社黨黨部對華經濟顧問，並與外交部方面甚為融洽一致」，「奉經濟部命為合步樓公司全權專員，與中國政府暨中央信託局洽商貨物互換合約共同進行之辦法，必能使兩國經濟關係更有重要進展，消釋中國方面對德之疑慮」。[10] 由於佛德的身分及在華特殊經歷，使他成為德國經濟部最佳的赴華代表，8月6日，在普萊上校的陪同下，佛德由香港抵達漢口，與中方接洽。

對中國國民政府來說，在德國當局接二連三地採取不友好行動之後，佛德的來訪確實使之喜出望外，以為此乃扭轉大局的一線契機，引起有關當局的高度重視。當時中國的戰時外交政策，仍是以「爭取外援、利用列強、以夷制夷」為基本方針，蔣介石本一貫的原則，仍對列強出面「調停」抱有很大期望，而德國，因其與日本的同盟關係及對華軍火貿易，成為中國戰時外交重要對象，蔣介石對德國寄以厚望，因此這才極力忍耐德方的不友好之舉。現在德方主動派大員來聯絡，自然熱情接待。

中方派出國民政府軍事委員會辦公廳主任張群及經濟部長翁文灝，超規格地接待了佛德一行，鑑於武漢即將淪為戰區，雙方商定移地重慶繼續談判。

10月4日，佛德在重慶與國民政府行政院院長孔祥熙見面。佛德表示：他是受德國政府委派來華，向中方表示德國願與中國進行事實上合作的誠意，目的是純從經濟角度出發，「擬將德國與西班牙之貿易辦法實行於中國」。[11] 他進一步解釋說：自從中日戰爭爆發以來，德國在華北的商務日益衰減，德商紛紛要求德國政府出面幫助；德國政府原來指示他前往華北地區調查，但他本人最大目的在於增進德國和國民政府的合作，不願因華北之行而引起中方的疑慮，所以直接與國民政府進行接洽。佛德並且提出，希望中國方面繼續向德國提供以礦產為主的大批原料，這樣不但中國可早日獲得軍火，而且兩國在經濟、政治等方面的關係都將獲益匪淺。[12]

中方回答說：對於佛德「代表德國政府」的這種表態十分歡迎，中德間恢復友好合作已指日可待，這對於中國持久抗戰大局將產生極為有利的影響。為此中方同意立即恢復雙邊貿易與交往。雙方經過月餘協商，10月初，佛德已和中方口頭達成如下各點協議：

1. 明確規定《中德易貨協定》及信貸合約繼續有效，其有效期暫定為1年。

2. 在本合約範圍內，中國若付以現款時，德國則按國際市場價格及出口貨物價格計算，向中國提供軍械及彈藥除外的各軍事工廠所用的一切材料、半成品、汽車等。

3. 中國不需提供其他擔保，即可在德國訂購2000萬馬克的貨物；德國循環不停地向中國提供總計1億馬克貸款，年息僅為5厘。

4. 中國方面每月向德方供給800萬元法幣的原料（依正式匯兌計算，若以普通匯價，合1200萬元法幣），1年之內向德國提供約合7000萬馬克的原料；中國供給原料中須有50%為礦產，即每月須向德方提供鎢、錫各500噸，銻300噸。

5. 今後各項貨品採購，買主與賣主雙方可直接進行，合步樓公司和中央信託局僅作為會計、統計暨顧問機構。

6. 中國政府組成中央採購統制委員會，由交通部、軍政部、經濟部、財政部、軍事委員會各派 1 名代表組成，負責審核中國對各項貨品的訂購申請並監督其採購範圍及預算情況。德國方面應派技術專家來華協助該委員會工作。[13]

佛德來華談判所取得的第二項成果，是第一次對合步樓公司自成立以來所經營的全部中德易貨帳目進行了清理核對。

佛德來華的第一個頭銜就是「合步樓公司全權專員」，當時專門經營中德貿易的「合步樓公司」已從一個私營企業被戈林的「四年經濟計劃局」吞併一年有餘，其對華業務陷於困難，德國經濟部與國防經濟署認為如此下去將對德國經濟不利，因此極力向希特勒力爭，最終使合步樓公司由「四年經濟計劃局」改歸經濟部所轄，這樣便使「合步樓」業務少受納粹黨遠東政策之干擾。因此，佛德才得以以「合步樓」專員名義堂而皇之地使華，而無需牽涉其他方面。

佛德在渝與中方清理了歷年來雙方易貨貿易之欠帳及餘款，並提出了處理意見，計劃了下一步新的易貨內容。據他的統計，當時中德雙方易貨總帳目如下：

中德雙方清理易貨貿易總帳合步樓公司報告 [14]

（1）自 1934 年 8 月中德貨物互換合約實施以來中方對德訂貨總值為 4 億馬克以上。

（2）經過部分撤銷訂貨後訂貨總值降為 3.89 億馬克。

（3）1937 年秋季前進口德貨以《互換合約》為依據辦理。

其長期訂單內容為：

A：已實施之長期訂單。

①鋼鐵廠、軍工廠設備：7200 萬馬克（包括琶江口兵工廠擴充部分）

②海軍快艇及母艦：1600萬馬克

③潛水艇及其母艦、水雷、魚雷設備：4200萬馬克

④水雷布放艇、內河水雷、15公斤海防重炮等其他軍備：1000萬馬克

以上共計1.4億馬克。

B：至1937年10月止由德國運到之軍火5000萬馬克。

C：1937年內中方追加軍械訂單1.99億馬克。

（其中蔣介石交下訂單為5800萬馬克、孔祥熙交下訂單為9200萬馬克）

以上德方總計輸華軍火價值（包括已交貨及未交貨者）總計為3.89億馬克。

到1937年10月止，中方輸德礦產原料價值2150萬馬克，加上德方貸給中方之1億馬克信用借款，計1.215億馬克。德方供華軍火、工業品總計價值1.9億馬克，減去上述款額1.215億馬克，中方尚欠德方未抵償數為6850萬馬克。

抗戰爆發後中方對德短期軍械之緊急訂貨，1937年11月1日由德國國防軍裝備中緊急抽運來華，該項軍火價值：

1、孔祥熙以往訂單催辦者：1400萬馬克

2、孔祥熙臨時追加訂單：3700萬馬克

3、其他舊訂單價值：200萬馬克

共計：5300萬馬克。

中方已匯德方1030萬美元（據德方所求以現匯付款）價值2550萬馬克，尚欠2760萬馬克（=1100萬美元）。

關於易貨欠帳處理辦法，雙方議定：孔祥熙1937年6月間訪德時，在德訂貨所欠交貨物，一部分由合步樓公司保留，以付現款為交貨條件，另一部分約合720萬美元的貨物，包括2.2億發步槍子彈併數萬發15cm及2cm

大砲砲彈，由中方在 4 個月內以 3～4 千噸鎢砂、3～4 千噸錫及 3 千噸銻進行易貨交換，德方同意中方撤銷不急需的軍火訂貨 2 億馬克以節省開支，中方仍可向德派遣海軍學員，向德訂購潛艇合約繼續執行。[15]

以上這些協議條款之達成，就當時中德關係而言絕對是一巨大進步，超出中方的預料。佛德的觀點代表了德國經濟部等的「親華」意向，但他卻不能代表希特勒與戈林最高權力決策者的根本立場。

佛德與中方達成的上述 6 項協議條款及清理雙方帳目並善後辦法立即被電告柏林請示批准。經過馮克與托馬斯等人的努力，柏林最高當局居然很快批准了「佛德對華協議」。這又是一次意外之舉。

正如前述，就希特勒、戈林而言，他們對中國的觀念是認為中國對德無足輕重，因為有鎢砂供應之需，仍可同意對華貿易，給中國一些軍火；一旦日本反對過甚，他們自然是要為「親日」而「疏華」的，因為「親日」是德國既定的全球戰略，不容變更。但是，自德國為親日而疏華之後，日本並未給予他們相應的回報，並且連答應的條件也推翻了，這不禁使德國人有上當感。希特勒曾在一次會議上抱怨說：「我發現，自從 1938 年 8 月以來日本就沒有和我們無條件合作過。……我和日本人的結盟總是不受歡迎，我們在遠東必須不停頓地推進我們的事業……」[16] 此外，講求「實用主義」的希特勒的外交政策本身也是變化不定的。

進入 1938 年後，在歐洲大陸，德國與英法關係趨於緩和，由於英法當局實行「綏靖政策」，對希特勒連連讓步，9 月又達成了《慕尼黑協定》，希特勒在慶幸自己的歐洲政策步步成功之餘，他對日本支持的依賴也減少了。鑑於日本的不守信用和德國經濟發展的實際需要，希特勒等納粹領袖對於經濟部恢復對華關係之舉採取了不再阻礙的放手政策。

1938 年 10 月 19 日，佛德正式代表德方在重慶與國民政府簽訂了新的《易貨協議》。除了「口頭協議」內容而外，又進一步明確規定雙方每月的易貨額為 1000 萬元法幣（合 750 萬馬克）。這一正式協議的簽署，實際上推翻了 4 月間的「對華貿易禁令」，此後德國軍火及其他工業品又經合步樓公司之手源源運往中國。在香港，合步樓公司代表路德維希·韋爾納（Ludwing

Werner）與中國軍方開設的一家偽裝公司合作，將軍火、機器經廣州或繞道海防運往中國後方。[17]

從此以後，一度瀕於死亡的中德關係又有了一個短暫的恢復階段。雖然這種恢復僅限於雙方繼續維持半明半暗的易貨貿易往來，但在客觀上卻停止了雙邊關係下降的勢頭。

1939年4月，德國外長里賓特洛甫又曾準備阻止中德貿易，被經濟部婉拒，馮克稱：為了德國「每天進口30萬馬克原料」的必須，只好請外交部「諒解」。為了照顧面子，經濟部答應運華武器今後以散件形式交付，由中國接收後組裝。里賓特洛甫只好答應。[18]

5月間，中國交通部、兵工署分別又與德國西門子公司香港辦事處及奧托公司簽訂了軍用電話機及卡車購貨合約。9月1日，德國發動對波蘭的侵略，挑起了歐洲大戰，但對華貿易仍未中止，只是為中國製造的潛艇等大型裝備被德方徵用，未能交貨[19]。11月，孔祥熙又曾向德國駐華代辦畢德（Bidder）建議簽訂一項擴大易貨協議，在里賓特洛甫的干涉下，這一協議最終未能簽訂。但馮克等人依然表示樂觀[20]，甚至設想到歐戰結束後，德國幫助中國發展軍火及國防工業，中國繼續對德提供原料。

最後到1940年9月27日，德國為全球戰略之需與日本、義大利簽訂了軍事同盟條約，法西斯軸心集團形成。德國政府為了「尊重日本在建立大東亞新秩序中的領導地位」，不能不全面捨棄中國，停止易貨貿易，而此時（1940年5月）合步樓公司仍有價值9900萬馬克的訂貨需向中國交付[21]。佛德訪華的實際成果至此全部消失。

1941年7月1日，德國承認日本扶植的汪偽政權，次日中國政府發表了對德義斷交宣言，中德關係徹底破裂。希特勒曾在托馬斯對其背棄中國表示異議時，頗為自鳴得意地說：「在政治中是不講信譽和良心的，……必要時可以撕毀一切」。[22]

三、評價與結論

佛德訪華是抗戰期間中德關係史上的一件大事,儘管它進行得十分祕密,長期不為人知,但卻具有重大意義。

第一:從其訪華的直接效果來看,佛德訪華及其所簽訂的協議不僅對過去中德易貨進行了清帳小結,更重要的是規劃了其後雙方貿易的計劃,其內容雖然僅限於經濟貿易,但在當時的背景之下,中德之間經貿的發展,其作用與影響則早已遠遠超出了單純經濟的範圍,具有了很大的軍事價值與政治作用。進一步分析,維持當時的中德貿易對中國的抗日戰爭具有重要的作用,因為保證德國軍火繼續來華是支持中國抗日戰場的必要措施之一,這對中方來說具有十分重要的軍事戰略意義,這一點是顯而易見的。這是佛德訪華成果有利於中國抗戰的一面。

第二:佛德訪華及其成果對維繫中德雙邊關係亦具有重要意義。佛德來華之時,他的身分只是德國經濟部的代表,但當他離華的時候已是德國政府的正式代表,擁了代表最高當局的簽約權。他的訪華及其簽訂的協議把瀕於斷絕的中德關係又向回拉了一步,造成了「起死回生」的作用,雖然其中根本原因並不在佛德,但其「開路」的功勞是極具價值的。佛德訪華是德政府內部「親華派」的勝利。就當時中德雙邊關係價值與作用分析而言,這種關係並非是因為雙方之間互相有什麼好感,而是出於一種基於各自實際需要的考量。中國需要德國的軍火,德國需要中國的原料。但等到1939年歐洲戰爭爆發之後,實際上中國已沒有再對德供給多少原料,由於戰區不斷擴大,波及礦產省區,戰時中國在蒐集農礦原料方面已無從保證,其後的中德貿易幾乎都是中國用十分緊張的外匯向德方購買軍火,到1940年5月之後,這種勉強維持的貿易也就中止了,中德兩國各自進入了兩大對立的陣營,直至1941年12月9日中國對德宣戰。這樣看來,佛德訪華及成果,客觀上有利於中國。

第三:佛德訪華就戰時中國抗戰外交而言也具有一定影響,它使重慶政府保持了一條與日本歐洲盟國相聯繫的渠道,它是蔣介石尋求以外交手段調停結束中日戰爭政策的具體實踐,只不過因為這條路有悖於當時客觀的國際

環境實際，並且違背了中國人民抗戰到底的決心，因此，它完全是行不通的，歷史事實也證明了這一點。

無論如何，1938 年德國代表佛德對中國的訪問及其成果，仍不啻為中國抗戰外交及中德關係史上一件具有重要影響的事件。對之加以探討，將有助於對抗日戰爭及中德關係歷史做全面客觀的深入研究。

【注】

[1] 程天放：《使德回憶——柏林最後五個月》，載（臺）《傳記文學》第七卷第 6 期，第 29 頁。

[2] 希特勒：《我的奮鬥》，西藏文藝出版社，1994 年 8 月版。

[3][英] 福克斯：《德國與遠東危機 1931～1938》，牛津大學出版社，1982 年版，第 315 頁。

[4] 程天放：《使德回憶——柏林最後五個月》，（臺）《傳記文學》第七卷第 6 期第 20 頁。

[5] 吳景平：《從膠澳被占到科爾訪華——中德關係1861至1992》，福建人民出版社，1993 年版，第 200 頁。

[6][美] 柯偉林：《蔣介石政府與納粹德國》，中國青年出版社，1994 年版，第 293 頁。

[7]「四年經濟計劃局」是希特勒為統一控制經濟、外貿而成立的一個特別機構，擁有凌駕於有關各部委署之上的大權。

[8] 前引柯偉林書，第 287 頁。

[9] 二史館檔案三十（2）、489（3）。

[10] 二史館編：《中德外交密檔》，廣西師大出版社，1994 年版，第 31 頁。

[11]《克蘭致翁文灝函》（1938 年 8 月 10 日），二史館檔案二十八（2）2101。

[12] 前引吳景平書，第 203 頁。

[13]《齊焌致蔣介石呈》（1938 年 10 月 10 日），《民國檔案》，1995 年第 3 期，第 25 頁。

[14] 二史館檔案二十八（2）2101。

[15]《民國檔案》，1995 年第 3 期，第 25 頁。

[16] 恩斯特普雷塞森：《德國與日本：1933 年至 1941 年的極權主義外交研究》，紐約，1969 年版，第 218 頁。

[17] 前引柯偉林書第 294 頁。

[18] 前引柯偉林書第 295 頁。
[19]《陳紹寬致蔣介石電》（1942 年 1 月 4 日），二史館檔案二十八（2）2101。
[20]《中華民國重要史料初稿——對日抗戰時期》第三編，戰時外交（二），第 696 頁。
[21] 前引吳景平書第 208 頁。
[22] 前引吳景平書第 213 頁。

1920 年代國民黨人的聯德思想與實踐

載中國社科院近代史所等編《1920 年代的中國》，社會科學文獻出版社

1920 年代，以孫中山為首的中國國民黨人正在與把持民國北京政府的北洋軍閥集團進行著艱苦的鬥爭。在這場關係中國前途與命運的鬥爭中，由於雙方實力對比的差距，國民黨人不得不借助和利用一切可以利用的力量，為北伐革命事業服務。其中便包括了借助於外國的勢力和經濟的支援。在當時的世界諸國中，可以給革命黨人幫助的國家之一，便是剛剛遭受第一次世界大戰失敗的德國。

德國之所以願意和可能與中國在野的反對派發生關係，出於兩點原因：第一，因為第一次世界大戰的戰敗，其已失去在華列強之一的地位，事實上再也不能與英美等國共享特殊權利；第二，北洋政府的對德宣戰，使德國對其失去了友好與信任，轉而希望中國有新的政權上臺。而德國的這種態度正適合了孫中山革命黨人的需要，雙方一拍即合，開始了暗地裡的接觸與合作。而這種合作直接為後來幾十年間國民黨當權者與德國的密切關係奠定了基礎，在中德外交乃至民國外交史上有著重要的意義。

一

在中德關係發展史上，到清朝末期，德國已成為帝國主義列強之一，充當了侵華的急先鋒。它曾公然出兵霸占中國膠州灣，擴大在華勢力，進行了赤裸裸的侵略與掠奪，並參與了支持袁世凱、反對孫中山領導的中華民國臨時政府的陰謀活動，隨後又扶植北洋軍閥北京政府，繼續對華進行侵略。直

到第一次世界大戰爆發，北京政府在協約國列強慫恿下鬼使神差地對德宣戰並取得了「勝利」，雖然並未「收回國權」，但卻從此改變了中德雙方的地位，德國由列強之一下降為戰敗國，中國從被侵略國一變而為戰勝國，雙方地位由此接近，德國主動放棄了其部分在華特權，而中國也主動結束了對德戰爭狀態，中德關係在表面上得以「平等相處」，使雙方關係呈現出了在當時中國屈辱外交中與眾不同的一點「特色」，而正是由於這一緣故，中國人在面對「天下烏鴉一般黑」的列強之時，忽然發現了這一隻長出了少許白毛的特殊者，於是頓生好感，此實乃今後幾十年中華民國領導人始終對德滿懷甚至帶有某種偏愛的「友好之情」的根源所在，也是中德友好關係得以迅速發展的基本原因之一。

孫中山在其領導的推翻清王朝及反對北洋軍閥統治的革命中，形成了一套代表革命黨人的外交理論及方針。孫中山認為，為了完成中國民主革命的任務，推動中國經濟的發展，挽救中華民族危亡，必須盡可能地爭取西方強國的援助，而在列強各國之中，德國便是其謀求外援的重點對象之一。「國父認為可作中國之友者，應為美國與日本，其次即為德國」。[1]

早在1913年，孫中山就曾提出過一種創建「大陸同盟」區域組織的設想，他計劃以中、俄、德、奧、土（耳其）、波（蘭）六國為核心成立聯盟，以樹立國際上另一新興勢力。2月間，孫中山在日本訪問時，曾與日本首相桂太郎談及此一設想，並曾計劃派其祕書戴季陶為代表，赴歐聯絡各國，只因經費困難，終未成行。[2] 由此可見，當時孫中山將中德聯盟視為歐亞大陸和平穩定的基礎因素之一。

孫中山在旅居歐洲時期曾在倫敦大英博物館研究過德國的歷史經驗，並曾數次訪問過德國。在他的眼中，德國是「世界上最具活力的國家」，俾斯麥政府則是歐洲「最有競爭力的政府」，一個「真正的萬能政府」，他讚賞俾斯麥武力統一德國並「透過不斷增強的支持與社會福利的增加」來鞏固國家的手段。他把德國的經驗融會到他的三民主義之一「民生主義」的理論之中，希望吸收德國在社會改良與發展方面的經驗，「運用國家的權力來緩和

工人的貧困」。孫中山進一步發揮說：「俾斯麥實行的是一種國家社會主義，」「這一原則就是我們所說的民生主義。」[3]

第一次世界大戰開始後，對於北京政府對德斷交及宣戰之舉，孫中山持反對的態度，他認為當時中國對德並非必須宣戰不可，並一針見血地指出，段政府之「與德絕交，非以公道絕交，非以防衛絕交，而以賄絕交也」。[4]他對這種「視國家如同兒戲」的行為進行了堅決鬥爭。孫中山致電北京參眾兩院「主張勿加入協約」，並致電「英相盼勿慫恿中國參入協約」，同時還致電北京「民友會」、「同政學會」及「政友俱樂部」等相關團體，籲請抵制對德宣戰案。最後，他致電段祺瑞，「痛陳參戰之利害，而勸其勿輕率從事」。[5]他要求透過外交途徑，和平解決中國與德奧乃至各列強間存在的一切問題。

當時孫中山對中德關係有如下之認識：「以國際地位言之，其與吾國利害相同，毫無侵略顧忌，而又能提攜互助策進兩國利益者，則德國是也。惜乎國人……徒以德國大戰失敗，為不足齒列，而不知其固有之人才與學問，皆足資助吾國發展實業，建設國家之用也」。[6]德國不但在科技知識上有卓越的表現，即其建國之經驗也多可為我所借鑑，「中山先生很景仰當時德國所採行的社會福利、勞工保險、解決勞資對立以及防止資本主義過分膨脹等政策，民生主義也採取了其中若干精神。尤以計劃將交通（鐵路）、郵電以及若干重要重工業收歸國營」。[7]

基於這種認識，孫中山堅定了他的聯德決心。

1917年3月，孫中山旅居上海時，便和德國駐滬領事有過接洽，德方希望孫中山領導的力量能夠推翻依靠日本反對德國的段祺瑞政府，並允諾給予孫中山財政援助。「一個月後，孫宣稱已準備好，並要求200萬美元來運動陸軍和海軍，德國官員如數支付了這筆款子，以作為孫建立獨立政府和煽動全國對北京政府的不滿的費用」。[8]孫中山率海軍艦隊南下廣東開展護法運動，其所需30萬銀元開拔費「即係出自此項德援」。[9]

孫中山在廣州組建護法軍政府之後，便派曹亞伯為代表赴德聯絡，希望德方繼續履行承諾，提供財政支持，並向華南鐵路及礦業項目投資。曹亞伯

還攜帶了孫中山所擬的中德軍事合作計劃及全面經濟合作計劃，準備與德方交涉。但等他在 1918 年 11 月底到達柏林時，雙方的這種剛剛起步的合作，卻因德國戰敗和孫中山被桂系軍閥排擠離粵而告中止。

1920 年，孫中山重返廣州，就任廣州政府非常大總統，在籌劃北伐的同時，他又計劃聯德，於 1921 年 7 月再派代表朱和中赴德洽商發展雙邊關係，希望德方承認廣東政府，提供軍事、經濟援助。當時西方列強都願在北京政府中尋找代理人，而蘇俄革命政權剛剛成立，處境困難，尚無法顧及援助中國革命黨。孫中山對德國寄予厚望，指示朱和中與克虜伯等德國大企業進行了接觸，表示廣州政府願為德國投資華南發展貿易提供優惠條件。後來，孫中山的第二次聯德之舉又因陳炯明叛變迫其離粵而告中斷。朱和中此次赴德，還向德外交部轉達了孫中山關於締結中德俄三國聯盟的構想，德方對此反應冷淡，加上陳炯明在《香港電訊》上有意洩密，使孫中山聯德計劃再一次受挫。[10]

1923 年，孫中山重回廣州建立了革命政權。他三派代表鄧家彥為總統顧問，在德遊說工商財軍各界發展對華合作。孫中山設想：「中國以物資人力，德國以機器科學共同合作，發展中國之富源，改良中國之行政，整頓中國之武備。總而言之，即借德國人才學問，以最速時間，致中國於富強。」孫中山還托鄧家彥向德方官員轉交了他的一封信，信中寫道：「要擺脫凡爾賽條約的束縛，沒有比幫助中國建立一支精良、強大、現代化的軍隊更好的辦法了。那時，讓中國為你們說話……你們須在遠東預先準備一支無形的軍隊，以備在任何情況下，響應你們求援的召喚……」[11] 就在孫中山發出此函的同時，德國遠東協會總幹事林德經過香港，「國父又曾派李其芳往商面談」，李氏後來回憶說：「民十二回國，途經香港，遇李烈鈞，因隨之入粵，……入總理室，……余即出陳德國前任總理米舍愛力士致陳炯明函一道，總理大悅，問所言何事，余曰：按米氏遊遠東，路過廣州與陳詳說中德文化及實業合作事：（一）陳將派學生百名赴德專攻專門技術；（二）改組廣東大學，仿同濟方式；（三）設克虜伯炮廠於廣州；（四）設容克飛機場於廣州。各種詳細計劃，總理大感興趣，謂必促其實現。余謂遠東協會總幹事林德即將來華，日間到港，此事當他亦知情及參加討論，……（總理）囑余明晨起程，

三　德意志篇

並代表歡迎林德，及談一切合作計劃……余至港。二日，林德即乘德國郵船沙蘭號到港，余即與之赴申，舟中經談一切，林須俟同濟開幕後再赴日本逗留數月，赴粵日期，未能決定。」[12]

鄧家彥在德國廣泛活動，提出了一些雙方合作項目供德人選擇，如德方投資參與開掘廣西煤礦及在兩廣建立大型工業企業，派遣農藝師到江西輔助農業生產，派專家到廣東幫助政府管理商業貿易以及廣東擬聘請魯登道夫、佛采爾、塞克特等德軍名將為孫中山軍事顧問等等。此外，孫中山還在1924年又聘請德國西門子公司派駐廣東的代表古斯塔夫·阿曼博士為其私人顧問，並即派遣他以「全權密使」身分赴德，透過私人關係拉攏德商向廣東投資，同時，招募德國退伍軍官來華充當教官。孫中山擬出的聘請對象名單為：政治顧問由一次大戰末期德國首相高級助理興芷擔任，經濟顧問由前任膠州德國高級專員裡許拉麥爾出任，並由其負責起草《土地改革法令》，軍事顧問則由前述德國將軍中請一人出任。[13] 阿曼在德國活動結束，聘請了以凡爾特·契爾魯騰伯格海軍上尉為首的一批德國退伍軍官10餘人來華，於1924年秋抵達廣東，受聘於廣東政府，其中數人進入黃埔軍校充任軍事教官。[14] 而德國一些大企業公司，如克虜伯、西門子、法本等企業也對來華發展事業極感興趣，初步表示了向廣東投資的意向，並積極支持德國軍事顧問來廣東，為其促進軍貿生意、介紹合作對象鋪路開道。其中有些企業還特別向廣東派來了考察人員，開始了具體的合作談判。[15]

當時德國威瑪共和政府，是戰後建立的新政權，正與北京政府恢復關係不久，急欲進一步發展關係，對於孫中山廣東革命政府的合作要求，反應謹慎而小心。由於德方尚未考慮在外交上公開承認南方政權，故不可能公開支持孫中山的革命，又因《凡爾賽條約》所限，也不能同意對廣東派遣高級軍事顧問，從而使得孫中山不得不轉向蘇俄尋取軍事支持，這才有蘇聯軍事顧問團之來華。在這一大前提下，孫中山的各種聯德努力便不可能有大的實際進展。總的看來，威瑪政府冷淡地對待了孫中山的多次熱情聯絡。不過，他們並不反對德國國內大企業財團對廣東的經濟合作，希望以此為其復興經濟尋找產品市場打開新途徑。

綜上所述，孫中山及其革命黨人從一開始就確立了對德友好的「聯德」政策，希望德國能夠以其資金、才力及經濟實力，援助中國革命並幫助中國建設。這種願望在一次大戰之後，隨著德國的衰落與中德平等地位之建立而更加強烈，然而德方出於自身環境所限，並顧慮中國內戰尚未見分曉，未給予積極響應，這就使得孫中山的「聯德」方針未見實效。但孫中山的這些主張，為後來蔣介石領導下的南京國民政府發展對德關係定下了基調，產生了深遠的歷史影響，由此可見，國民黨人的「聯德」思想是一貫的，有其深刻的歷史原因。

二

繼孫中山之後成為中國國民黨領袖的蔣介石，在其對外方針上有他自己的一套觀點。北伐戰爭前後，蔣介石根據他先前率團訪俄的經驗和其一貫的政治立場，認為蘇聯的「擴張主義」將成為中國未來的大患，共產主義理論絕不適合於中國，於是他對於孫中山的「聯俄聯共」的政策，開始產生懷疑及反對的心理。蔣介石認為，未來中國之外患，一是蘇俄，一是日本，兩者相比較，蘇俄的威脅居於首位，因此，當孫中山逝世之後，蔣介石在逐步掌握國民黨統治權力的同時，便有計劃地開始疏遠蘇聯，首先是利用「中山艦事件」，打擊中國共產黨及蘇聯軍事顧問的力量，削減其影響，而後又公然反對堅持國共合作的武漢國民政府，於1927年在上海發動反蘇反共的「清黨」，隨即在南京組建了他自己的「南京國民政府」，最後發展到「對俄絕交」，並唆使東北軍對蘇軍挑起軍事行動。1927年12月14日，南京國民政府發表對蘇聯斷絕邦交令，中蘇關係降到最低點。

對蘇交惡之後，蔣介石急於尋找新的國際力量來填補蘇聯顧問撤退所留下的空缺。在當時國際背景之下，英美法等各國列強由於尚摸不清蔣介石的政治立場，對南京政府持懷疑觀望的態度，害怕滿嘴反帝高調的蔣介石真的會一朝取消他們在中國的殖民主義權益，因此不願與蔣政權過於親密。而德國因一次大戰戰敗後失去了在世界各地的霸權利益，但其在工業基礎、經濟技術等方面又擁有雄厚實力，可被中國引為外援，故此蔣介石自然地便把眼

光投向了德國，對發展中德關係寄予厚望，並積極主動地開始了他的聯德工作。

第一次世界大戰結束後，德國面臨戰敗之後國內社會經濟混亂不堪的局面，《凡爾賽和約》又使德國背負了沉重的政治、經濟負擔，國內社會動盪，人民生活水平急劇下降。人心思變，希望有一個強有力的政府來領導德國擺脫危機，重入正軌。以阿道夫·希特勒為首的「國家社會主義德國工人黨」（簡稱納粹黨）利用這一時機，拋出了該黨《二十五點綱領》，大肆鼓吹「民族主義」，以「廢除凡爾賽和約」、「建立一個強大的中央集權國家」為號召，蠱惑人心，在社會上賺取了大批的支持者，形成了一股新興的政治勢力。1929年以後世界性經濟危機的爆發，使本來脆弱的德國經濟雪上加霜。大資本財團及其政治勢力急需尋求強者來挽救德國，為自己尋找「新的生存空間」。進入30年代後，德國法西斯勢力便在大資產者的有力支持下，急速膨脹起來。1930年9月，德國國會改選，納粹黨一躍成為國會中第二大黨，法西斯主義勢力瀰漫全國，其理論則遠播海外。

1920、1930年代，當法西斯主義剛剛出現之時，不僅德國，即使是在中國，許多人都把它當成一劑救國救民的良藥。然而法西斯主義最終在德國形成氣候，自然與德國民族特性有一定關聯。「如果說德國向中國輸出武器和工業設備，中國向德國運送戰略礦產，是中德關係紐帶的物質方面的話，那末，中國對德國國民性、歷史與政治生活的感知，則構成兩國關係的另一個無形的但卻是重要的方面」。「1933年以後，隨著中德關係的日益強固，德國在中國政界和知識界的活躍分子中所產生的魅力則變得頗為普遍，而國民黨和政府的領導人物又都認為，除了中德合作的軍事——經濟基礎之外，還可以從德國本身不斷獲得啟示和鼓勵。」[16]

德國人「忠誠、率直、執著、認真」的優良品德，一旦在戰後混亂的社會條件下，被納粹主義分子利用，並導之進入從雪恥到稱霸的歧途，轉而就變成為一種威脅和平的反動力量，產生了第三帝國這個世界戰爭的策源地。但在當時，這種所謂的德國民族精神卻完全適用於中國貧窮落後的國情，並作為醫治中國社會痼疾的良藥而被中國知識界所嚮往。中國人正希望以這種

認真、勤儉、遵紀、執著的精神來重建自己的國家。在開始階段，法西斯主義的對外侵略、殘暴掠奪奴役的面目尚未暴露，其名稱尚未腐臭。相反地，它作為有力地增強國家機器的統治效能的良方，對於那些具有濃厚封建主義傳統、缺少民主精神的國家，還具有極大的誘惑力，當時的中國便是如此。

蔣介石十分贊同向德國學習這種民族精神，他曾對即將赴德留學的次子蔣緯國說：「中國應該向一個穩健紮實而不是充滿幻想的國家學習，我們不能憑幻想辦事，從日本人那裡，我們沒有什麼可學的——他們的產品製作太低劣了。美國人太愛幻想，英國人太遲鈍。德國是唯一可以從中學到一點東西的國家。他們可以給我們打下底子，從而培養發揚我們自己的穩定堅實的作風。」[17] 蔣介石還曾進一步明確地號召：「德國民族的偉大精神乃是我們未來的榜樣。」[18]

就蔣介石個人來說，他因早年留學日本，並投身反清革命，深受日本軍國主義教育的影響，對武裝力量之培養嚮往之至。蔣介石對於俾斯麥在統一德國過程中所奉行的「鐵血政策」以及穩重沉著幹練的作風十分佩服，他崇拜德國民族的尚武精神，萌發了向德國學習，建立強大軍事力量的熱望。在他留學日本期間，便致力於學習德語，1912 年及 1918 年，他也曾兩度準備尋機赴德留學，他曾在《軍聲》雜誌上發表文章，讚揚德國的軍事教育與軍事訓練制度，主張中國向德國學習。在蔣介石掌握國民黨大權後，他身邊的一些頗具影響的重臣如張靜江、戴季陶等人也積極向蔣建議聯德，以獲取軍事及經濟援助，這些勸告對蔣產生了較大影響。精神上的崇拜與客觀實際需要的共同作用，使蔣介石堅定了他的聯德決心。

三

當時在中國，知識界及軍政界人士普遍地對法西斯主義甚感興趣，大量的出版物都在介紹、評論法西斯主義，並具體論述其與中國、與國民黨及其三民主義的關係。[19] 包括希特勒《我的奮鬥》、《墨索里尼自傳》、《德國國社黨黨綱》等法西斯主義經典之作，都在很短時間內被譯為中文，在書店及報攤上廣泛出售。1937 年，南京「外交學會」甚至編纂出版了德國國社黨官方文件和聲明專集《希特勒執政後之德意志》。而國民政府黨政軍大員如

胡漢民、汪精衛、戴季陶、宋子文、孔祥熙等人紛紛出訪德義，考察學習。大批的中國留學生、軍校學員、商界、軍界專訪團被派往德義學習，試圖全盤移植法西斯主義模式到中國。作為國民黨的最高領袖，蔣介石本人雖不曾訪德，但他對法西斯主義亦懷有濃厚的興趣，並視之為學習「德國經驗」中重要的一方面，溶入了他聯德計劃之中。

蔣介石透過他的軍事顧問，特別是顧問團中的納粹黨員，如克里拜爾等人，及時地了解德國納粹黨的情況，他尤其對於納粹黨的組織與管理方法、對其黨的領袖如何在黨內「維持最嚴格的紀律，怎樣對可能出現的黨的敵人或異己派別採用嚴厲的制裁措施，從而使那些措施獲得完全成功」[20]甚感興趣，急欲效仿。為此，他曾在1932年12月特派代表專程赴德採訪，並與納粹黨魁戈林見了面。

蔣介石雖然一步步登上國民黨領袖地位，但他領導的是一個派系林立、一盤散沙的政黨以及貧窮落後混亂的中國，要想確保其有效能的統治，增強其軍事力量並成功地實施「安內攘外」的方針，必須首先大大地加強中央政府對國家的控制，於是，引進法西斯主義統治方法成為蔣介石最關心的事情。他對德國納粹式的「西方國家正在向上的政黨」[21]的崇拜幾乎到了「心有靈犀」的地步。他認為，以中國傳統封建文化思想加上法西斯主義理論，就是今日中國由亂變治的救世法寶。1931年5月，蔣介石在南京召開的國民會議上說：「法西斯蒂之政治理論，本超象主義之精神，依國家機體學說為根據，以工團組織為運用。認為國家為至高無上之實體，國家得要求國民任何之犧牲，為民族生命之綿延，非以目前福利為準則，統治權乃與社會並存，而無後先，操之者即系進化階段中統治最有效能者。」「挽救迫不及待之國家危難，領導素無政治經驗之民族，是非藉經過有效能的統治權之施行不可。」他並把建立這種「有效能的」獨裁統治說成是「民意」，「今日舉國所要求者，為有效能的統治權之行施，以達到解除民眾痛苦之目的」。[22]

蔣介石學習法西斯模式強化獨裁統治之舉並不僅僅停留於言論，更主要的還是他的行動。他在一生中堅持採用的「權隨人移」以及組織和依靠特務組織等手段，其中都有他學習效仿德國法西斯的成份。

1927年南京國民政府成立起，到1937年中國全面抗戰爆發的十年間，中德外交關係在雙方努力下，有了十分顯著的進展，中德兩國從此建立了在平等互惠基礎上的全方位的合作。這種合作在其前期（1931年佛采爾總顧問來華之前）的具體表現形式是中方與德國顧問私人間的聘用關係，而在此後期則表現為中德雙方政府間合作關係，雙方的工業合作及「易貨貿易」蓬勃發展，使中德關係達到了前所未有的高度。

　　當時在德方內部，其對華政策並非意見一致。德國共和政府的首腦及外交官員，對與中國的合作顧慮重重，生怕因小失大，因違反《凡爾賽和約》招來國際制裁，而以國防部為代表的軍方人士，以及德國國內大企業家財團巨子，從自身利益出發，急欲發展對華合作，以解決本部門的實際困難。在這種情形下，德國的對華關係便呈現出一種矛盾複雜的狀態。

　　1926年夏季，蔣介石透過朱家驊，聯絡德國軍隊退役軍官來華出任他的顧問，由此拉開了南京國民政府對德合作的序幕。而這一時期的中德間外交關係，也因德國軍事顧問的來華，開始變得紛雜起來。

　　當時德國駐華公使博鄴率公使館長駐北京，他秉承德國政府的旨意，對以鮑爾為首的德國軍事顧問團準備來華幫助蔣介石打內戰之舉，持堅決反對態度，曾公然要求鮑爾辭職回國，而另一方面，德國政府因搞不清中國國內尚在發展變化的政局前景，對南京政府的前途不能認定，一時難以下決心與蔣介石合作。蔣介石有鑑於此，對德方開展了一連串外交攻勢，以期獲得柏林官方的支持，除派遣資深外交家蔣作賓出任國民政府首任駐德公使外，並派遣了「兩個軍事代表團與一個經濟代表團，分別由陳儀、張治中與孫科率領，訪問德國各地，試圖磋商中德軍事與工業合作及學習德國的長處」。[23]陳儀的代表團持有蔣介石親筆信，並有鮑爾作為介紹人，在德廣泛活動，以聘請軍事顧問為主要目的，而以孫科為首的代表團，背景卻不很明朗。

　　孫科此次德國之行，試圖向德方人士介紹孫中山「建國大綱」及「實業計劃」中有關中國建設之藍圖，爭取德國的財政與技術幫助。「最首要者，為十五萬公里鐵路、港口及重工業建設計劃」。6月7日，孫科向德國外交

部送交了這一計劃，孫科認為，要完成這一計劃，決非某一家或數家德國企業與公司可以承擔，必須有德國政府的支持。

德國政府此時正值改組之際，左翼派別在內閣中占主導地位，政府所關心的焦點從工商利益轉向勞工問題，對發展海外經濟持慎重態度，另又據駐華使館報告，德外交部認為孫科充其量是個「不管部部長」，是否已得到南京政府的支持尚未可知，「政府實在無意在其認為不太安全的地區從事冒險與投資」。[24] 儘管如此，德方仍給了孫科相當禮遇，介紹他與全德工業聯合會建立了聯繫。該會是德國一個重工業和工業銀行的組織，孫科在與之接洽時邀請該會派遣一個工業代表團訪問中國，這項邀請直到兩年後才付諸實現。與孫科同時訪德的國民黨元老胡漢民則與德國政府國務祕書長許伯商討了有關兩國邦交的問題。[25]

孫科的訪問的確引起了德國工業界來華投資的興趣。1929 年 1 月，全德工業聯合會建立了一個特別的中國委員會，由該會副主席佛羅溫出任主席，具體籌辦組織考察團前往中國的事務，並「以一種德國工業界積極投入的態度蒐集所有與中國經濟建設相關的訊息，據此提出進一步的計劃或項目」。[26]

中方為歡迎這一考察團，也組織了由政府有關部門代表組成的籌備委員會，孫科任主任，但各部門在對德合作具體項目上卻「均未達成一致意見」。[27] 由於這一緣故，1929 年 2 月 10 日，中國財政部長宋子文電告德方代表團推遲訪華日期至秋季，理由是：「我們那時將向你們呈獻更多的東西。」

但實際原因是中方內部的矛盾，國民政府財政部長宋子文想把中德合作建設項目置於他的財政改革基礎上並受財政部控制，而孫科則想把「建設項目置於他的部（鐵道部）領導之下」。[28]

中方的內部矛盾給德方一個機會，使他們得以認真考慮對華合作中的一些現實問題，以統一對華合作的步驟，並使德方較為冷靜地分析中方國情及其對德合作中的經濟支付能力。經過反覆醞釀，中國考察團終於最後組成，團長由全德工聯會主席團成員之一的海因里希·瑞滋曼擔任，他是薩克森工業家聯合會主席，考察團團員則幾乎全為德國企業家及銀行家，包括鋼鐵、機械、鐵路、電力、國家銀行等各界代表。

遲至 1930 年 3 月 1 日，中國考察團終於啟程來華。德方的訪問目的並不在於簽訂多少經濟合作項目，而主要是考察中國經濟狀況，與中國領導建立私人關係，並與他們探討「那些基於孫中山設想，且有必要性與可行性的項目」。[29] 考察團在華訪問了三個月，他們在中方官員陪同下訪問了若干省份的 13 個城市。考察團回國後，在德國工聯會特別會議上作了口頭報告，以後又整理出了一份長達 200 頁的對中國經濟全面的、「包羅萬象」的報告，主要內容是他們指出中國目前局勢雖然仍在動亂而不適合於德國投資，但相信此種內亂不久之後即可結束，中德合作長遠前途非常樂觀，工業界應為未來作好準備、鋪好道路，以奠定中德長久合作之基礎。[30]《全德工業聯合會中國考察團報告》發表後，不僅在德國廣為流傳，且透過中德外交渠道送到了蔣介石、宋子文、孔祥熙、何應欽、胡漢民、朱家驊、陳儀等十餘位與德國有關係的中國中央大員及許多省級官員手中，使中國的領導層對於德方對華認識及對華合作態度，有了深刻理解。

中國考察團訪華之行，嚴格地說來只是德國產業與金融界急於打入中國市場的一次嘗試，而此時德國共和政府卻在本質上對華持著另一種態度。

戰後的德國，因受《凡爾賽和約》的限制，威瑪共和政府不敢也不願與蔣介石急速發展關係，起初他們仍然是以北京政府為中國合法政府，蔣介石的對德聯絡工作歷盡艱難，一波三折，最後終於聘請了一批德國軍事顧問來南京服務，但他們都是以私人名義與南京政府簽約的，德國共和政府一再對外否認這些德國人具有任何官方身分及背景。但德國顧問的服務，確實給蔣介石留下了極好的印象，從而更堅定了他的聯德決心，他希望德國來華顧問團升級，聘請職位更高、人數更多的德國軍事、經濟專家，同時積極謀求發展雙方外交關係以及全面的經濟合作。

南京國民政府於 1928 年 6 月完成「第二期北伐」，初步達成了在全國範圍內的統一。7 月 7 日，國民政府發表宣言，表示「現在統一告成，國民政府……對於一切不平等條約，特作下列之宣言：（一）中華民國與各國間條約已屆滿期者，當然廢除，另訂新約。（二）其尚未滿期者，國民政府應即以相當之手續解除而重訂之。」[31] 南京國民政府外交部長王正廷向北京各

國駐華使館發出通知，請他們派員來寧與國民政府接洽外交，修訂條約。各國徘徊觀望，不願南遷，而德國因無歷史包袱之累，首先同意與南京國民政府建立聯繫。

1928年8月17日，德國駐華公使卜爾熙抵達南京，就另訂新約問題與南京政府外交部長王正廷會商數次，簽訂了《中德關稅條約》。[32] 這份條約之簽訂，在形式上達成了雙邊的平等地位，可在當時國人卻認為「且新約中之不平等反較為甚」，因為它提高了作為戰敗國的德國的在華地位，於是全國輿論大譁，群對外交當局表示不滿，外交當局亦頗受其苦，然事已成就，亦只能徒喚奈何而已！[33] 但無論如何，這是南京國民政府第一次與德國簽訂外交條約，標誌著雙方正式外交關係之開始，並為後來德國工業產品及資本投入中國市場創造了基本條件。

從此以後，中德雙方外交關係即以德國軍事顧問團的在華活動及中德經濟貿易合作為兩條主線的基本內容，廣泛地開展起來。

德國共和政府雖然對發展對華關係不太熱心，但在軍事、經濟兩方面「拖牽」之下，不得不以比較被動的姿態開展對南京國民政府的接觸工作。

1929年1月，蔣介石委派資深外交家蔣作賓出任南京政府首任駐德公使，德國政府對蔣氏到來給予了熱情的歡迎。蔣公使曾致電南京當局匯報說：「賓抵柏（林）時，德國表示誠懇歡迎，政府機關報及一般輿論發表對華親善言論，指頌國民革命成功，並與兩國國際地位相提並論，措詞尤為懇切。」懇切倒是懇切，只是這種「單純而近乎完美的」[34] 關係，實質上是因為雙方政府間並無多少實際利益衝突而顯得一團和氣罷了。雖然中方滿懷「單相思」式的熱情，德方倒很像一個被追求的女子，竭力想把雙邊關係限制在「平常式友誼」範圍之內。對於中方的「熱情」，他們除在經貿活動中努力發展關係外，在一般國際關係中也採取對華友好的姿態，注意幫助中方維護主權利益，如1929年7月19日，中俄因「中東路事件」而斷交，德方曾受中方委託，在調停工作中維護中國的利益，受到了中方的好評。10月9日，德國政府曾致函中蘇雙方，要求各自釋放在中蘇邊界衝突中所拘捕的對方人員。是年夏，南京國民政府為孫中山舉行奉安大典，德國政府遣使來華致唁。

到了 1931 年之後，中德兩國國內都發生了較大變化。這種變化使得中德雙邊關係有了突破性的發展。

四

綜觀 1920 年代國民黨人的聯德思想及其實踐，我們可以發現，這一時期國民黨人的聯德思想與努力給其執政後的對德關係奠定了基礎，對後來蔣介石南京國民政府的對德友好外交產生了深遠的影響。因此我們可以說，20年代自孫中山開始到蔣介石繼續的國民黨的聯德政策，其動因即有現實的政治與軍事、外交的需要，而更深層次的是出於國民黨主要領導人對德國的讚賞與好感。在國民黨與德國的關係上，前者是處於主動地位的。德國方面雖然在此時期內自顧不暇，但為了擺脫戰敗困境，恢復在華的地位，他們對國民黨人的示好，在總體上是採取了接納的態度，因此造成了雙方後來關係升溫的結果。而自 20 年代末期國民黨掌握政權統一全國後，中德雙方的友好合作，對中國的國防軍事建設、對外貿易乃至全面抗戰，都產生了十分重要的作用。國民黨的對德關係遂成為民國外交史上不可或缺的一頁。

【注】

[1] 傅啟學：《中山思想本義》，第 140 頁。臺灣「國父遺教研究會」1981 年印。

[2] 黃季陸：《孫中山先生與德國》，臺灣《中華學報》第 7 卷第 2 期，第 50 頁。1980 年版。

[3] 張其昀：《國父思想與德國文化》，載張其昀《中德文化論集》第 1-2 頁，臺灣 1966 年版。

[4] 孫中山《中國存亡問題》，載《國父全集》第 2 冊，第 105 頁。中國國民黨中央黨史會 1978 年編印。

[5] 上述各電均見《國父全集》第 3 冊，第 436-446 頁。

[6] 孫中山《外交上應取的態度》，載《國父全集》第 2 冊，第 857 頁。

[7] 傅寶真：《德國與我國抗戰前南方內陸工業區發展及其背景分析》，臺灣《逢甲學報》，第 21 期，臺中市逢甲工商學院，1988 年版，第 53 頁。

[8] [美] 柯偉林：《蔣介石政府與納粹德國》第 39 頁，中國青年出版社，1994 年版。

[9] 許智偉：《國際孫逸仙先生學術研討會的經過及其影響》，載《東方雜誌》復刊第 12 卷第 10 期，臺北商務印書館，1980 年 4 月版，第 9-10 頁。

[10] 法斯：《1921 年 -1924 年的孫逸仙與德國》，載《東方檔案》1968 年第 36 期，第 3 頁。

[11] 該函原件現存波茨坦德國中央檔案館，德國駐華使館文件 Nr.2232，B131-32。又見《1921 年 -1924 年的孫逸仙與德國》，《東方檔案》，1968 年第 36 期，第 145 頁。

[12] 黃季陸：《孫中山先生與德國》，第 59-60 頁。

[13] 參見傅寶真：《在華德國軍事顧問史傳》，載臺灣《傳記文學》第 23 卷第 3 期，1973 年 9 月版，第 6 頁。

[14] Gustav Amann：Chiang Kai-Shekunddie Regierungder Kuomintang in China，HeideIberg1936.（德）古斯塔夫·阿曼：《蔣介石及國民黨在中國的統治》第 128 頁，海德堡 1936 年版。

[15] 吳景平《從膠澳被占到科爾訪華 - 中德關係 1861-1992》第 128-129 頁，福建人民出版社，1994 版。

[16]《蔣介石政府與納粹德國》，第 177 頁。

[17]《1978 年 1 月 5 日柯偉林採訪蔣緯國記錄》，載《蔣介石政府與納粹德國》，第 180 頁。

[18]《德國駐華軍事顧問團工作紀要》，第 4 頁，「國防部史政局」1969 年編印。

[19] 有關這方面的具體統計可參見《蔣介石政府與納粹德國》，第 187-189 頁。

[20] 德國聯邦檔案館藏《1932 年 12 月 19 日恩斯特·鮑爾致戈林函》，轉引自《蔣介石政府與納粹德國》，第 189 頁。

[21]《民眾論壇》社論，第 12 卷第 5 期，第 7 頁，1936 年 3 月 1 日。

[22] 河陽等著《蔣介石揭密》，第 322 頁，中共中央黨校出版社，1994 年版。

[23] 傅寶真：《德國與我國抗戰前南方內陸工業區發展及其背景分析》，臺灣《逢甲學報》，第 21 期，第 55 頁。臺中市逢甲工商學院出版。

[24] 傅寶真：《德國與我國抗戰前南方內陸工業區發展及其背景分析》，臺灣《逢甲學報》，第 21 期，第 55 頁。

[25] 陳紅民：《胡漢民評傳》，第 201 頁，廣東人民出版社，1989 年版。

[26] 全德工業聯合會《商務報告》第 11 卷第 2 期，1929 年 1 月，第 31 頁，德國外交部政治檔案（15）BD.2。

[27]《歡迎德國工業考察團籌備會第一次會議紀錄》，1929 年 1 月 21 日，載《鐵道部公報》，1929 年第 3 期，第 143 頁。

[28]《埃德曼斯多夫（北京）致外交部》，1929年2月10日，德國外交部政治檔案（17）。

[29] 德國聯邦檔案館藏《西爾維爾伯格遺件NO：243》，載《全德工業聯合會備忘錄》，1930年11月1日，第3-4頁，轉引自《蔣介石政府與納粹德國》，第338頁。

[30] 德國聯邦檔案館藏《西爾維爾伯格遺件NO：243》，載《全德工業聯合會備忘錄》，1930年11月1日，第3-4頁，轉引自《蔣介石政府與納粹德國》，第338頁。

[31]《南京國民政府關於重訂條約的宣言》，1928年7月7日，《中華民國外交史資料選編（1919-1931）》第456頁，北京大學出版社，1985年版。

[32]《中華民國外交史資料選編（1919-1931）》，第478頁。

[33] 洪鈞培《國民政府外交史》，第1集，上海華通書局，1930年版，第297頁。

[34] 張水木：《對日抗戰期間的中德關係》，臺灣《近代中國》第35期，1983年6月30日出版，第544頁。

斯特凡尼訪華與中義關係

載《民國檔案》

在中國近現代對外關係史上，中義關係通常是被人們忽視的內容。然而，實際的情況卻是，民國時期的南京國民政府與義大利墨索里尼政權之間，曾保持過比較密切的合作關係，這種關係就如同當時外冷內熱的中德關係相類似。在法西斯政權執政時代，義大利也曾對華保持過比較友好的雙邊關係，其在政治、軍事、航空工業等方面，對中國有過一定的影響。只不過因兩國在二戰中最後分別歸屬兩大交戰集團的原因，對這段歷史，中方後來不再願意提及。

阿爾貝托·德·斯特凡尼（Alberto De Stefani）是1930年代前後，義大利與中國關係史上的一個重要人物，他的對中義關係的認識、貢獻及其使華經過，對研究這一時期的中義關係，具有重要作用。

一、斯特凡尼訪華之行的雙邊關係背景

南京國民政府成立後，其對外關係主要以日俄英美為對象，義大利作為二流的列強國家，開始階段並未被南京所重視。但義大利政府雖然傾向於德

日法西斯國家，他們對中國這個大的殖民地市場還是比較重視的。早在1930年代初，義大利政府就表示出了一些增強對華關係的願望。

1931年9月18日，日本攻占中國東北三省後，義大利在國聯組織內，曾謹慎地對中日戰端表現出了一種表面「公平」的態度，並沒有無原則地一味袒護日本。按照外交部長迪羅·格蘭第（Dino Grandi）的指示，義大利對由國聯組織的「李頓調查團」表示支持，希望以國際力量來介入滿洲問題。「李頓調查團」來華後，在最後的報告中，譴責了日本的侵略行為，但並未給予糾正，他們在日本的淫威下，想以促成一項妥協性協議的結果，來化解中日之爭，實際上是造成了客觀上庇護日本的作用。

當時義大利駐華領事加利亞·齊亞諾（Galeazzo Ciano），是義大利元首墨索里尼的女婿，已經在華供職數年，他充當了義大利「對華新政策」中的一個重要角色。齊亞諾後來參與了1932年5月《中日淞滬停戰協定》的調解與訂立，發揮了一定的作用，因此他被任命為義大利駐華全權公使，隨後他著手於發展義大利在中國影響的工作，重點是拓展其在華政治、軍事和經濟領域的參與力度，取得了一些實效。

從1932年到1935年，中義間有關軍事及工業方面的物資貿易已經開始，在農業方面，中方向義大利購置農機設備的計劃也在進行中。中義雙方透過發展多方面的貿易，關係得到了加強。特別是1933年以後，義大利航空專家受國民政府之聘來華，參加了南昌飛機製造廠的創建和管理，義方還向中國出售了航空器材及其生產設備，這對於當時中國航空事業和國防建設貢獻良多。[1] 抗戰開始時，中國空軍主力戰機中，從義大利進口的亞菲特BR-3輕型轟炸機和薩伏亞S-10重型轟炸機，因其航程遠而占有重要的位置。[2]

1935年10月，義大利發動了侵略阿比尼西亞（衣索比亞）的戰爭，國際聯盟通過決議，以經濟與財政手段來制裁義大利，中國出於遭受日本侵略的切身之痛，認為對「義大利侵略行為的認定和嚴懲，可作為一項引申為此時中國與日本兩者關係的有利的例證形式」，因而贊同國聯制裁義大利的侵略行為，表示了堅決的態度。由此中義雙邊關係一度惡化。但中國終究不想失去義大利這個盟友，次年開始中國便嘗試與義大利恢復關係。1936年下半

年後中義合作重新啟動，但自此以後，因為羅馬與東京的關係日趨密切以及德國與美國在對華航空合作領域內與義大利的強力競爭，中義關係並沒能再向前進一步地發展。[3]

1936年底，義日間的密切關係終於導致了義大利在遠東外交戰略上邁出了重要的一步，日本以其在衣索比亞首都阿的斯阿貝巴（Addis Abeba）公使館降格為領事館，來換取義大利在日本占領下中國瀋陽領事館的繼續開館，這樁不光彩的交易被中國視之為義大利朝著承認偽「滿洲國」的方向邁出了第一步，引起了中方的極大不滿。

10月24日，義大利與德國間「同盟協約」（Collaboration Pact）簽字，「羅馬—柏林軸心」形成。而在此前後德國又與日本簽訂了「反共產國際協定」（Anti-Comintern Pact），這就為德義日法西斯「軸心」的形成奠定了基礎。

在這種國際背景下，義大利對華外交政策開始變得模糊，搖擺於「敵」、「友」之間。一方面他們從自身的貿易關係和在遠東的影響出發，對中國表示關注；另一方面又受到與日本軍事戰略聯盟關係的制約，不得不與中國疏遠。當時義大利的對華關係遭遇到了與德國對華關係同樣的困難。

在這個時刻，艾爾伯特·德·斯特凡尼開始了他歷史性的中國之旅。

二、斯特凡尼訪華之行

艾爾伯特·德·斯特凡尼（Alberto De Stefani）是義大利國家法西斯黨（NPF）領導人中的一位比較特殊的人物，他在黨內的職務是主管經濟的官員，但作為一個本著寬容原則的「自由主義」經濟學家和持完全「唯生產理論」的人，他的觀點與法西斯「中央集權下的統治經濟」理論存在著很大的分歧。起初，他以政治經濟學與財經學教授的身分出任羅馬大學新成立的政治學院院長，後來在1922年，他擔任了義大利政府的財政部長，不久又出掌財政金融聯合部門，一直任職到1925年春天，終因與大企業家發生矛盾而被迫辭職。[4]

在同一時期，因為他與墨索里尼（Mussolini）的關係沒有處理好，他的政治地位也趨於下降。1924年，義大利最主要的反法西斯組織領導人之一賈科諾·馬特奧第（Giaeomo Mat teotti）被暗殺，對此，斯特凡尼表示嚴重不滿，他曾發表辭職聲明以示抗議。後來，在法西斯黨的壓力下又被迫表示屈服，他撤回了抗議。

離開政府職位以後，他與學者同行一起，開展了有關農村經濟政策的研究活動，他還進行了關於沼澤地排水和灌溉設計項目的科學研究。一年之後，由於他不滿意現行社會制度的言論並沒有減少，進一步加深了當權者們對他親猶太、親英國立場的疑慮。他的處境開始不妙。為了自身安全及利益考慮，1932年，他不顧周圍人們的反對，回到當時著名的法西斯黨魁格蘭·康西里奧（Gran Consiglio）身邊，重入法西斯政壇。1935年，斯特凡尼宣布他支持「萊瓦爾—霍爾」計劃（Laval-Hoare Plan）以結束對於衣索比亞的戰爭，這項計劃由法國外交部長皮埃爾·萊瓦爾（Pierre Laval）和英國外交大臣雷金納德·霍爾（Reginald Hoare）共同擬定，其內容為同意按照義大利占領者的利益來分割衣索比亞。這說明他此時已經重新投入法西斯陣營。[5]

以上就是艾爾伯特·德·斯特凡尼應中國政府之邀，以一名高等顧問身分來華執行使命前的背景。中方之所以邀請斯特凡尼來華，是出於兩方面的原因，其一是加強中義關係的願望，二是對其以財經專長幫助中國整理金融的期望。

1936年前後，南京國民政府透過訪義的軍事家蔣百里和駐義大利外交官薛光前，了解到斯特凡尼的情況。當時薛光前是中國駐羅馬大使館的一位年輕隨員，他因入學於羅馬大學政治學院，成為斯特凡尼的學生，受他指導準備畢業論文。1935年9月，國民政府高等顧問、中國軍事戰略家蔣百里將軍作為蔣介石的特使訪問羅馬，他在義期間，研究了德國與義大利的戰時軍事動員問題，準備為中國對日的戰備蒐集資料。斯特凡尼把薛光前推薦給蔣百里，三人間建立了特殊的關係，斯特凡尼和薛光前都參與了蔣百里的研究工作。[6] 蔣百里回國之後向蔣介石提交了一份有關國防力量現代化的研究報告，他在報告中強調了空軍在現代戰爭中的作用，並說明為了在國防戰備中徹底

改善工業及交通結構，需要有堅強的經濟基礎作保障。蔣百里較為深刻地闡明了為成功地實現國家抗日總動員，現時財經政策與軍事戰略的密切關係，而這些思想之產生確實受到了斯特凡尼觀點的影響並有其直接參與論證。[7]

由於上述原因，加之斯特凡尼的專長及他與墨索里尼比較密切的關係，在蔣百里等的熱情推薦下，斯特凡尼成為中國拉攏的重點對象。為了讓他能夠受邀來華，中方不惜繞著圈子，請納粹德國經濟部長的赫爾曼·沙赫特（Hjalmar Schacht）出面，轉達盛意。這招果然見效，斯特凡尼答應受聘擔任中國政府的名譽高等顧問，來華進行訪問。按照他與中方的約定，來華期間為六個月（包括往返旅程），從 1937 年 2 月中旬至 8 月中旬，「每月聘金美幣五千元，另貼來回旅費，每次義幣四萬呂耳（當初約合七千餘元）。」[8] 在華期間，還奉蔣介石之令，由軍事委員會辦公廳發給其「視察旅費國幣一萬元。」[9] 這種禮遇表明了中方對於斯特凡尼抱有很大的希望。

在他使華之前，很顯然的是，斯特凡尼因自己的特殊地位，在義大利政府中已經成為對華關係中的重要人物。1936 年 12 月 12 日，他與國家元首貝尼妥·墨索里尼（Benlto Mussolini）以及外交部長加利亞·齊亞諾（Galeazza Ciano）進行了會見。在談話中，斯特凡尼報告了他準備訪華的計劃，得到了墨索里尼對中國友好的表示。會見後，斯特凡尼說：「正如領袖（指墨索里尼）所強調的那樣」，「為了有助於在中國與日本間進行調解，我們將基於策略上的理由而保持與雙方的友好關係。」「希望建立一個有秩序的、獨立的、在遠東擁有強大政治軍事力量的中國。」他同時也強調了齊亞諾所主張的「義大利應適時地與日本建立友好關係」的觀點，但他否認「滿洲國將可能被承認或者存有在這一方面的任何行動意圖——即使這是不正確的但卻是事實上的存在。」[10]

1937 年 3 月，當斯特凡尼第二次會見墨索里尼之後，他更加堅定了自己的印象，他在自己的《使華日記》中，記錄到墨索里尼曾向他詢問有關「支持中日間調解工作、促使中國擺脫英國勢力影響的自治自立工作」以及「勸告中國採納非官方的民眾組織計劃與在中國尋找合適的地方發展與我們同樣的制度」等等問題。[11] 斯特凡尼從一個親華政策擁護者的角度來理解這些指

示，並加以執行。但是從當時的國際形勢大局出發，他對於義大利對華立場可能會發生變化也充滿了憂慮。關於這一點，他從來自羅馬有關方面的通信中得到了確定與否認兩方面的傳聞，在斯特凡尼的內心中，總存在這樣一種祈望，他希望中義關係能向好的方向發展。事實上，在1937年初，當斯特凡尼前往中國去完成他的使命之時，義大利對於中國政府的態度起碼是在形式上仍表現出一定程度上的同情與關心，雖然當時義大利並未在調解中日關係方面做出什麼舉動。

1937年3月初，斯特凡尼懷著這種隱約擔心的心情，在他的顧問薛光前的陪同下啟程，乘義大利維多利亞號海輪，於3月28日抵達中國上海。[12] 按照中方的聘約，他應該在中國逗留半年，對中義關係和中國的財經改革提供諮詢服務。但因7月間中日戰爭爆發，他在華只待到9月，便提前離開中國返回義大利，經過一段漫長的旅程後，10月他回到了家鄉。

因為斯特凡尼的訪華之行負有為中國改革行政、經濟及財政提供參謀意見的重任，中方十分重視他的訪問。在斯特凡尼抵達南京之前，國民政府專門設立了一個辦公處，由專門委員薛光前負責，安排他的訪問日程和接待工作，提供了良好的生活待遇。僅該辦公處每月的經常開支費就達2100元，甚或超出，如1937年8月費用開支達2741元，以供斯特凡尼在廬山、上海間旅行之用。[13]

斯特凡尼在南京受到了很多的優待，他住在國民政府要人的居住區西康路21號[14]，用有專門的臥車、管家、僕傭、警衛與司機，[15] 住所內裝置了無線電通話機，以便他隨時「與羅馬及北平等處通話，」[16] 斯特凡尼的辦公處則安排在風景秀麗的中山陵園衛崗8號原孔祥熙公館內。

斯特凡尼在中國訪問了一批重點省市，包括山東、河北、山西、湖北、湖南，以及濟南、青島、天津、北平、漢口和長沙。在這些地方，他會見了各地方官員，省長、市長及駐軍的將領、各地方顯要人物及工業及商業階層、各大學及文化界的代表人物。在訪問期間，他還發表過幾次演講，論述的中心內容是關於國家的重建和統一問題。到達南京之後，他又會見了國民政府

和軍界高官及經濟、財政專家，闡述了他對於中國財政經濟體系改革計劃及各種細節事宜。

為了給斯特凡尼「研究國防財政問題」提供最大的方便，資源委員會奉軍委會辦公廳之令，發文到財政部、司法部等有關部門，要求他們提供研究工作所需要的資料。從有關檔案記載來看，斯特凡尼要求中方提供的資料有：關於煙草生產銷售和稅收方面的數據資料，詳細到各省各地區各種煙草生產廠家名稱和生產能力以及銷售情況、稅收統計；關於各級司法機關司法訴訟過程所收取的各種費用的收繳統計材料及統計報表，包括各級司法機關訴訟狀、訴訟費份等及其價目、司法罰金收入、法院對人民使用司法機關訴訟狀的各種規定等等。財政部還組織人力以每千字6元的酬勞將各種財政法規材料翻譯成英文，供斯特凡尼參考。[17]

1937年6月，斯特凡尼應蔣介石邀請抵達江西廬山，接受蔣的會見。在廬山期間，他又提出了另外的一些建議與計劃，其內容包括改革中國稅收系統，開徵財產稅、所得稅等等，以及通過國家總動員法的有關問題。7月下旬，中日戰爭全面爆發後，斯特凡尼被派往上海與宋子文一道工作，制定穩定國家通貨及國家財政的計劃，他在那兒逗留到8月中旬。當八一三淞滬戰役打響後不久，他在作為蔣介石個人赴羅馬代表的蔣百里以及薛光前陪同下，從上海經香港返回義大利。

在斯特凡尼訪華期間，他曾定期向羅馬義大利法西斯黨國外事務總祕書送交了多份機密報告，其中基本的內容是有關中國「法西斯主義」力量發展活動以及有關中國共產黨與中國反共活動的情報。如在1937年春的一份報告中，他指出了在中國的總體政局方面所發生的變化，他預期中日關係將更趨惡化，而蘇聯方面則將利用這一時機，以「在中國開展一次全力的宣傳運動」為目的，達成實行共產主義宣傳的效果。斯特凡尼在報告中寫到，在當時的中國，「報紙、圖書、小冊子以及雜誌，除圖畫外的一切出版物，包括了有傾向性的文章及新聞、短篇傳記及對於領袖（指墨索里尼）、希特勒總理、西班牙民族運動領袖（指佛朗哥），甚至包括日本的軍隊統帥與政界要人的誣侮性漫畫現在都被公開出售，這種狀況與日俱增」。他同時也指出，

「中國當局對於共產主義以及親蘇的團體協會組織，特別是對於批評德國與義大利對外政策的多種現象的軟弱的壓制亦正在逐步加強。」[18] 斯特凡尼認為：改變局面的方法是有必要在中國與日本之間達成一個「最後協定」，以造成一種使中國「回到反共立場上來」的局面。斯特凡尼甚至強調說：「我們擔心，還是在這一問題上，不要因為行動太遲而無法消除現在非常廣泛的特別是在青年中間的（共產主義）宣傳影響。」[19]

斯特凡尼表示了他對義大利保持其對華政策一貫性的信心，甚至認為今後這種友好關係將被賦予新階段的特徵。直到 1937 年 7 月，日本全面的侵華戰爭開始後，他對中義關係的信心似乎也沒有動搖。戰爭爆發後的第 10 天，7 月 17 日他在廬山與蔣介石見面，他們就中義關係和中日戰爭進行了簡短而明確的交談。蔣介石滿懷希望地要求義大利出面調停中日戰爭，而斯特凡尼則勸說蔣介石趕快集中權力來應付時局的變化。以下是他們會談的記錄：

蔣介石委員長與斯特凡尼顧問會談紀要

日期：1937 年 7 月 17 日

時間：下午 5：00-6：00

出席人：蔣介石委員長，蔣夫人，斯特凡尼顧問，蔣百里將軍

翻譯：薛光前

蔣介石：顧問先生在此起居還好嗎？生活愉快嗎？

斯特凡尼：本人生活非常愉快。衷心感謝閣下的誠摯關懷與照顧。但面對近來中日衝突事件，使我對貴國及閣下所承擔之沉重壓力感到十分憂慮。

蔣介石：蔣百里將軍告訴我你已經對中日間最近發生的問題作了非常詳細的研究。在此，我還希望能聽一聽先生對於中日事變所導致的世界形勢變化的分析。

斯特凡尼：至於中國如何來應付目前的危機以及應採取何種對策，我認為閣下必須下定決心，做出自己的計劃，而不用受鄙人言論之影響。關於世界形勢之變化，主要還取決於中國態勢的發展，為其左右。舉例來講，閣下

作為全中華民族的領袖，國人對您的信賴、擁護之持續，將會形成在戰爭危機階段的政治領導中心。應該是事事服從您的命令，而不必要透過什麼會議來討論一切。例如在戰時財政準備工作方面，如果閣下沒有一個領導權力中心作為有效的控制手段，那就將很難產生工作效率。因此，我的意見是，閣下應立即要求你的政府授予你處理目前危機的最大權力，這種權力授予，並非貴國首創，其他國家的領袖們在他們的國家處於相似情況下時通常都會這樣做。我相信，如果您在此危急關頭向貴國政府及人民請求如此權力，是不會有任何人能夠起而反對的。

蔣介石：我同意先生所說的一切，你能否概要闡述一下貴國領袖墨索里尼先生對於這次中日事變的態度？

斯特凡尼：我目前對此尚不完全清楚。在離開義大利之前，我去向國王陛下告辭後見到了墨索里尼。當時我向他詢問到：「現在義大利在你的領導之下，你的對華政策如何？你是否希望中國強大起來呢？」他回答說：「是的」。由這句話我明白了他的對華態度是非常好的。因此，我的態度是：「我熱愛中國就如跟我熱愛我的祖國一樣，我從心底發出肺腑之言：中國目前正處在一個重建時代，只要不危害其主權，任何妨礙其重建工作的事情都要努力避免，這樣重建國家的工作才能完成。五年左右，或許在未來五年中，如閣下能夠僅用三年時間來加強特殊的地位，我將確信你的不可動搖的權威與穩固有力的領袖地位，中國也將不僅會有足夠的力量面對敵人的侵略保衛自己，而且還能夠戰勝其對手。這就是我的見解，同時也是墨索里尼的意見」。

蔣介石：先生所說非常正確。中國一貫是在尋求和平，這樣她才有時間致力於重建。如果日本願透過合法途徑與中國談判，而不是訴諸武力侵犯其主權，中國願透過和平的方法來解決問題。但事實上日本每天都在向中國增兵。從其政府聲明中十分明顯地可以看出，他企圖分裂中國的領土，在華北製造另一個「滿洲國」傀儡政府。在這樣的情況下，中國不得不奮起抵抗以保衛自己的國家。

北平是中國具有五百年歷史的故都，目前其重要性超過了南京，如果北平被日本人占領，就等於中國就要亡國，這就標誌著我的出於全面謹慎考慮

的妥協政策的結束。如果日本始終貫徹其野心勃勃的計劃，那不僅中國與日本將成為世仇，而且作為日本壟斷的結果，列強各國也將在對華精神及物質合作各方面遭受損害。

因為我把墨索里尼先生看作是最誠摯的朋友，所以我告訴你我們最後的決定。如果墨索里尼能夠幫助保持遠東的和平與中國人民的平安，我們將感到無比欣慰。

斯特凡尼：我將把閣下剛才所言函告墨索里尼，在蔣百里將軍與我完成這封信件起草工作後，我們將在郵發前呈送閣下閱覽。

蔣介石：很好。我非常感謝你對中國如此關心。因為另有公務，我先告辭了，請先生再坐坐，繼續會談。

以下為蔣夫人講話摘要：

近幾年來，中國為了集中精力致力自強，她容忍了來自那個侵略霸道鄰國的多次進攻與侮辱。世人在錯誤的引導下，以為中國是一個弱者，無能的民族，沒有自我防衛的能力。現在，我們的敵人已經派兵深入中國領土，再次侵略。我們不得不以戰鬥來捍衛我們的獨立與主權。這就是為什麼委員長受到全中國人民支持的原因，因為他能夠真正地保衛中國的領土及其主權。在這種危急時刻，只要我們的敵人還侵占著我們的一寸領土，委員長將堅持戰鬥到最後勝利而不惜任何犧牲。「寧可站著死，絕不跪著生」，每一個中國人都將為了挽救自己的祖國而戰鬥到最後一口氣。有人說中國政府是從蘇聯取得幫助來抵抗日本，這不是事實。這也許是日本散布的謠言，委員長已經與共產黨努力奮戰了十年，要他與他們妥協是不可能的，委員長對墨索里尼先生予以充分信任，當科特·齊亞諾（Conte Ciano）任義大利駐華大使期間，兩國之間保持了非同尋常的友誼。我們對於在中國航空委員會內工作的義大利軍事顧問，絕沒有隱瞞任何事情。這充分顯示了中國人對義大利比對其他國家更真摯。我希望閣下將對墨索里尼先生重申委員長的陳述，我們希望得到他的全力聲援與支持。[20]

從蔣介石與斯特凡尼暫短的會晤中，我們可以看出，蔣的意圖是在摸清義大利墨索里尼政府對於中日事變的態度，並爭取義大利出面調解，制止中日戰事擴大化，並強調了中國被迫應戰的態度，宋美齡則論述了中國對義大利友好的表示。斯特凡尼也表示了義大利對華友好的態度，並希望蔣學習墨索里尼的獨裁統治。這次會晤雖然短暫，但它卻是中國抗戰初期的一項重要的外交活動，也是中義關係史上的一件大事，它充分表明了當時中義雙方在遠東局勢看法上的異同，意義重大。

按照原擬計劃，斯特凡尼在中國聘用合約應到9月5日止，後「奉鈞示延長一月至10月5日為止」[21]，但因八一三淞滬戰役的爆發，戰火逼近上海，斯特凡尼遂決定提前結束他在中國訪問回國。

為了表彰他的服務，中國政府授予他青雲勳章（Distinguished Blue Cloud Decoration），另又「蒙批諭繼續聘請其為名譽高級顧問，酌給微俸。」[22] 按照蔣介石的指示，由軍需署照國民政府最高文官的待遇，月支薪金800元，三個月一付，由中國駐義大使劉文島轉交。[23] 蔣介石特別指示，這項待遇「並無期限」、「不必停支，以維繫關係」[24]。這是中方給予一個外國人的最高榮譽和待遇，以至於斯特凡尼本人都覺得「無功受祿，曾有不願領取之表示」，他還主動放棄了回國旅費二萬呂耳的領取。[25]

在到達義大利之前，他在香港向新聞界發表談話，宣稱「雖然中國並不喜歡戰爭，但他依然準備作戰」，「中國以其民眾的及軍事的力量，已經顯示出其作為世界政治平衡的國際新要素的作用，因此中國的前途將不會失敗」。[26]

三、斯特凡尼維護中義關係的努力

斯特凡尼與蔣百里及薛光前之間友好合作一直持續到他回到義大利之後，直到1938年11月蔣百里去世，在《蔣百里全集》中還曾收入了斯特凡尼的一些來信，這是他們之間密切關係的證明。

事實上，斯特凡尼回國後，並沒能在促使義大利政府在介入和調解中日戰爭方面取得什麼效果。他曾與墨索里尼再次見面，但墨氏「接見史氏之時

間甚短，態度顯然冷淡，只囑其向外交部提供關於在中國擔任高等事務顧問之報告。此事史丹法尼（即斯特凡尼）認為不宜，而未奉行。」[27]

由於當時國際舞臺上已經和即將發生的政治局勢變化，隨著兩大國際陣營對壘局面的正式形成，義大利對華態度的惡化趨勢將不可避免。

在這種情況下，斯特凡尼堅持義大利必須對華友好表現了他在政治上天真的一面。當時在歐洲，英法對於德義的綏靖主義政策惡果已現，1938年3月德國吞併了奧地利，同年9月「慕尼黑會議」簽署條約，認可德國吞併捷克蘇台德地區（Sudeten），這種妥協一直持續到一年後德國進攻波蘭為止，這是英法兩國對於納粹法西斯所做出的實質性讓步。與此同時，在遠東方面，在日本的全面進攻面前，中國共產黨與國民黨正式開始了第二次合作。8月，中蘇簽訂了《互不侵犯條約》，這些事實證實了斯特凡尼關於日本發動侵略後南京政府將改變其反共反蘇政策的預計。

斯特凡尼堅持對華友好的觀點與努力在當時的義大利沒有得到當權者的認可與重視，而他同情中國的言行也給自己帶來了許多的麻煩。「1937年10月15日，斯特凡尼著《中國之軍隊》一文刊登於都靈之《新聞報》（此報之重要性在義大利居第二位）。當時日本駐義大使向意政府提出質詢，並有一……武官，至該報總經理處，提出抗議。因此之故，斯特凡尼經宣傳部部長阿菲愛里之傳達，受到墨索里尼之警告。」其後，日本使館武官還親自出馬訪問斯特凡尼，向他解釋日本對華政策，斯特凡尼當面回答他，希望日本為自己的利害考慮，在「尊重中國領土完整及政治、經濟獨立之原則下，對中國成立和平。」日本武官說：「日本為勝利者，當繼續戰爭至最後的結局。」[28]

當時義大利政府高估了日本而低看中國，認為中日戰爭將在1937年內或最遲在1938年上半年結束。當齊亞諾外長就此詢問斯特凡尼時，他回答說：除非雙方自願結束，否則可延長三年四年，或竟至無數年。[29]

1938年6月，斯特凡尼又寫了一篇關於汪精衛生平和他政治結局的文章，由薛光前翻譯成中文，在11月16日的漢口《掃蕩報》上發表，文章的題目就叫《蔣委員長之叛徒》。當時在義大利國內，所有的報刊都在為日本

人的走狗汪精衛投日叫好，把他說成是「中國人民的真正代表及中國合法政府之首腦，」而斯特凡尼的文章則「明白指出汪精衛絕不能代表中國民眾之意識，且認為汪精衛亦無足以代表中國民意之人格也。」他找到齊亞諾，要把文章在義大利公開發表，得到了同意。斯特凡尼另外還寫了其他的文章，「闡明中國抗戰由於民族需要，而日本之勝利並無把握」。[30]

1938年後，他根據多方面的事實觀察，得出了義大利對華政策已經發生「向後轉」的結論。他指出，現在國際形勢的變化超過了幾個月來他在呈送蔣介石有關世界政局的多份報告中所做的預期。面對新形勢，如何進一步維持和發展中義關係，斯特凡尼認為需要以新的刺激來促使墨索里尼重視中國。

正如前述，中國參與譴責義大利入侵衣索比亞是中義發展關係中的一個重要障礙，為了克服這一障礙，斯特凡尼和蔣百里商量，準備起草一份關於中義外交基本原則的文件，在義大利發表。在這份文件中，首先一點是中國承認義大利對於衣索比亞的絕對統治權，第二點是義大利許諾支持中國人民的爭取自主獨立的立場，即抗日的行動。他們同時還想透過這份文件，為確認日本占領中國與義大利占領衣索比亞兩者間並無任何類比關係提供佐證。他們也期望英美等國能支持這份文件。斯特凡尼強調了中國承認義大利在衣索比亞統治權的重要性，並認為由於歐洲局勢的嚴峻，英國已無暇顧及遠東，此時，義大利不應該坐失良機而拋棄中國。在那一階段的一些信件與筆記中，斯特凡尼也曾明白地流露過他對於中國被迫依靠自己的力量，孤軍抵抗日本進攻所表示的辛酸與同情。[31]

但是，斯特凡尼的這些努力在中義分歸於世界兩大對立陣營的大趨勢下，在日本政府拒絕英法等國調解中日戰爭以及美國對於中日之戰的含糊動搖的表態面前徹底的失敗了。面對列強的這種無賴的綏靖主義戰略，斯特凡尼曾譏諷美英為「具有在促使中國屈服的同時又表示出他們最後的同情的雙重目的」。[32]

也正是由於這些，在中方來看，斯特凡尼一直是位友好的朋友。在以後的日子裡，他依然受到了中國最高當局的讚揚與歡迎。

三　德意志篇

不久之後，法西斯義大利的遠東外交政策最終發生了大轉變：1937年11月29日，義大利正式承認偽「滿洲國」，中義友好關係到此結束。

這一結局對斯特凡尼來說是痛苦的。從他的回憶錄中可以看出，在那段被他形容為「漫長的、對我來說是很痛苦的歲月」裡，他的那些觀點只能獨自埋藏心底，「難與人言」，直到戰爭結束。

在戰爭的大局漸明後，斯特凡尼參加了義大利國內反對墨索里尼的活動，他與齊亞諾等人在法西斯大評議會上發起通過了重建憲政體系的決議，促使國王罷免墨索里尼職務，收回軍權，成立了巴杜格里奧政府，一時間義大利終止了法西斯專政。但墨索里尼在希特勒軍隊的幫助下，很快捲土重來，他們宣布斯特凡尼是「親英及親猶太人分子，」對他進行通緝，並缺席審判，將包括他在內的18名反叛者處以死刑。斯特凡尼得其親友的冒死相助，四處躲藏，才得以生存到戰爭結束，而齊亞諾則被其岳父墨索里尼處死了。[33]

1945年8月11日及14日，斯特凡尼給蔣介石寫了兩封信，當時正是日本投降、中國取得最後勝利的日子。站在中國的立場上，他在信中強調在反抗日本侵略爭取最後勝利的鬥爭中，中國人民的愛國主義精神造成了決定性的作用。他表示將牢記著：「我對中國事業的信念已被過去的恥辱所掩蓋，這是一次痛苦的經歷，甚至在最近的日子裡我還因此而受到譴責」，但是他又在信的最後再次寄語中國人民，表示他的友好感情：「今天，我對中國人民的信念已經得到了完全的圓滿報答」。[34]

艾爾伯特·德·斯特凡尼是中義關係中的一個重要的人物，對於他從事中義外交活動和作用的研究，對於了解和理解民國時期中義關係的歷史將有特別的意義。

【注】

[1] 見 Giorgio Borsa《Tentatividi penetrazion edell》Italia ascista fascistain Cina，1932-1937》IIPoliticoXLIV，3，1979年9月版，第388-389頁。在這本著作中（第388頁）Borsa 寫到：義大利的態度是公正無私的（diimparzialita），當然這種公正無私可作多種解釋。轉引自《日本侵華與中意關係》圭德薩馬拉尼（Guido

Samarani)著,馬振犢譯,載《民國檔案》1994年第3期,第61-67頁。以下簡稱「譯文」。

[2] 見《中蘇美空軍抗日空戰紀實》,北京航空聯誼會等2005年8月編,內部發行。第35頁。

[3] 同前引Giorgio Borsa書出處,原著第407頁,譯文第62頁。

[4] 見Franco Marcoaldi著《Vent』annidi economiae politica, Le Caete De』Stefani (1922-1941)》, Milano, Franco Aneli, 1986版第18-21頁。譯文第63頁。

[5] 見Giuliano Procacci著《IISocialismo italianoela Guerrad』Etiopia》,羅馬,Editori Riuniti,1978版,第207-214頁。譯文第63頁。

[6] 見斯特凡尼的未刊文件。(以下引證他的文件與筆記用下列記號來表示:「Pr」表示文件的編號,「PP」表示文件的頁碼。)詳見ADS(斯特凡尼之姓名縮寫)Prl6/l0PP708-710。譯文第64頁。

[7] 薛光前:《蔣百里的晚年與軍事思想》,臺北,傳記文學出版社1982年第二版,第108頁。以及《蔣百里先生全集》,臺北,傳記文學出版社,詳見第四卷,1971年版。《蔣百里傳記資料》第一冊第3頁。臺北,天一出版社。譯文第64頁。

[8]《薛光前致錢昌照等函》(1938年10月21日),中國第二歷史檔案館館藏檔案廿八19138。

[9]《資源委員會致軍委會辦公廳函》(1937年5月4日),中國第二歷史檔案館館藏檔案廿八(2)456。

[10] ADS, Prl6;PP117-118;Prl6/2—PP1l6。譯文第65頁。

[11] ADS, Prl6/10;PP658。譯文第65頁。

[12]《外交部交際科致資源委員會祕書處函》(1937年3月20日),中國第二歷史檔案館館藏檔案廿八(2)456。

[13]《薛光前致錢昌照等函》(1937年8月7日),中國第二歷史檔案館館藏檔案廿八(2)456。

[14]《資源委員會致交通部函》(1937年4月20日),中國第二歷史檔案館館藏檔案廿八(2)456。

[15] 當時派給斯特凡尼的有公役丁德鏞及勤務兵、清潔夫各一名、司機二名、衛士數人。——《軍事委員會辦公廳二處致資源委員會函》(1937年5月),中國第二歷史檔案館館藏檔案廿八(2)456。

[16]《交通部致資源委員會函》（1937年4月19日），中國第二歷史檔案館館藏檔案廿八（2）456。

[17]《資源委員會致財政部、司法部等公函》、《孔祥熙、孫拯等復資源委員會函》，中國第二歷史檔案館館藏檔案廿八（2）456。

[18]ADS，Prl6/7，PP70-78。譯文第65頁。

[19]ADS，Prl6/7，PP77-78。譯文第65頁。

[20] 馬振犢譯《蔣介石與義大利特使斯特凡尼會談紀要》載《民國檔案》，1994年第3期，第57-59頁。原件藏羅馬義大利國家檔案館，由圭德·薩馬拉尼教授提供。

[21]《蔣百里致蔣介石呈文》，中國第二歷史檔案館館藏檔案廿八19138。

[22]《蔣百里致蔣介石呈文》，中國第二歷史檔案館館藏檔案廿八19138。

[23]《軍政部軍需署致資源委員會公函》（1937年9月19日），中國第二歷史檔案館館藏檔案廿八19138。

[24]《蔣百里致蔣介石呈文》，中國第二歷史檔案館館藏檔案廿八19138。

[25]《薛光前致錢昌照等函》（1938年10月21日），中國第二歷史檔案館館藏檔案廿八19138。

[26]ADS，Pr16/10，PP708-710，Prl8/2，PP431。譯文第64頁。

[27]《于斌主教在羅馬會見史丹法尼談話之備忘錄》（1944年9月21日），中國第二歷史檔案館館藏檔案廿八19138。

[28] 同上出處。

[29] 同上出處。

[30] 同上出處。

[31] 詳見 ADS，Prl6/4-2；PP545 及 547-548。Prl6/4-3；PP656。Prl6/10；PP575。譯文第66頁。

[32]ADS，Pr16/4-5；PP887-890。Pr16/4；PP216-219。譯文第66頁。

[33]《于斌主教在羅馬會見史丹法尼談話之備忘錄》（1944年9月21日），中國第二歷史檔案館館藏檔案廿八19138。

[34]ADS，Pr16/4-5；PP901-902。譯文第67頁。

四　特務篇

▍南京淪陷後國民黨地下市黨部的重建及活動

載江蘇省政協《鐘山風雨》

1937年12月，侵華日軍攻占南京後，對中國人民進行了慘絕人寰的南京大屠殺，日偽在南京的殘暴統治造成了高壓的氛圍，這種客觀環境，使得國民黨勢力在南京的祕密恢復遇到了較大的困難。

當局勢稍為穩定之後，國民黨中央當局便開始了在南京重建地下祕密組織的努力。這項工作是以國民黨中央執行委員會指揮其下屬的調查統計局來完成的。當時的國民黨中執會祕書長朱家驊主持了選派人員遣回南京恢復國民黨地下市黨部的工作。

重建南京市黨部的工作首先是從挑選潛伏回京的特務人員開始的。

鑑於南京當時的惡劣環境，中統內部多數人包括那些已躲在上海租界裡的中統局特務都不願前去冒險，因此工作一開始就遇到了不小的困難。

經過反覆的研究與協商，1939年6月7日，朱家驊終於向蔣介石作了一個報告，決定派原南京市黨部黨務整理委員、第一區區長章兆直和陸玄南二人回南京重建組織。22日，蔣介石批覆，給章陸倆人予賑濟委員會屬下的「國際救濟會」工作人員的名義，派回南京工作。[1] 從這一點來看，設計得還是比較周密的。

7月8日，又有一名中統人員夏恩臨上書朱家驊，主動申請回南京辦理黨務及三青團的工作。在慷慨陳詞之後，夏恩臨又不無憂慮地寫了一大段話，請求朱家驊在他如遭不測時要照顧他的家屬。這在當時的背景下，雖然是可以理解的，但也暴露出夏對自己前景的悲觀。[2]

到了9月2日，陸玄南向朱家驊回電報告：「公司營業，大致布置已定。」[3]

章陸兩人與夏恩臨是中統局在南京布下的第一條線，在此前後，朱家驊又透過國民黨在上海的地下組織負責人吳開先和吳紹澍，令派在滬打入汪偽中央通訊社的中統工作組長趙祺及其組員鐘平、李光輝向南京發展。

　　這時在這個中統工作小組內部，產生了較大的矛盾。組長趙祺對工作並不熱心，整天混跡於燈紅酒綠場所，吃喝嫖賭，錢不夠花則虛報冒領公款，為鐘、李二人所不滿。鐘平當時在汪偽中央通訊社已混職為偽京分社的部門主管，他不服趙祺的領導，曾以辭職向朱家驊要挾，要求掌握活動經費。11月間，鐘、李聯名上書朱家驊，控告趙祺貪汙腐化。朱家驊閱之不快。12月18日，他曾下令給吳開先稱：鐘等三人「互相攻訐，（應）經貴處去電一律召回」。[4]

　　鐘、李二人雖然也不乾淨，但他們在南京還是做了一些工作。12月9日，他們電告朱家驊，「略作收束」由滬至京，在南京城內璇子巷開設了掩護機關「寶源號」商行，並在汪偽市黨部內發展了中統組織，起初參加者有陳覺吾、丁柏長二人，以後逐漸發展為十多人，其中還有頗受偽方重用的副處長。[5] 於是這一方面便成為中統在南京的第二條線。

　　不久之後，鐘、李二人又以快郵代電的方式匯報了他們獲取的情報與工作成果：

　　1. 有關南北漢奸青島會議及汪偽組閣的情報；

　　2. 重慶中央通訊社密碼已被汪偽破獲，汪偽漢奸由此可截獲渝方消息，需立即更換密碼；

　　3. 香港《民族論壇》主編湯良禮已投汪，更名李子良，出任偽中華通訊社英文部主任；

　　4. 曾組織人員在偽大民會內部散發揭露汪偽漢奸面目的傳單；

　　5. 派人監視並準備刺殺在「南京大屠殺」中誘騙中國士兵萬餘人放下武器遭日軍大屠殺的偽市政府參議詹榮兆。[6]

1940年2月18日，吳開先在上海致電朱家驊說，鐘在偽政權內「漸失信用之力，已與澍兄（吳紹澍）商決，擬（使之）公開反正，以動搖其內部，鐘對工作報告尚稱完備，唯內容正確性如何，亦不易考查，因京市環境更劣，不易進展亦屬實情也。並據鐘昨日報告云，兆直（章兆直）在對方（指汪偽）有領津貼情形，確否未知，因兆直自去年領旅費之後，聞尚在滬，而人則未晤見也」。[7]

1940年4月1日，吳紹澍電朱家驊報告：因南京工作不得力，他們提供的情報大都為過時的消息，所稱行動情報也不知轉給上海何處，擬給趙祺記大過一次，並勸其以市黨部主委身分回渝戴罪圖功，李光輝與鐘平二人今後能否合作還待談話了解情況。[8]

隨章兆直潛回南京的張紹揆、陶仲和兩人，同時在京為國民黨軍統組織工作，聯繫人為軍統分子慶深庵。1940年2月5日，張紹揆在策反漢奸何世楨時被捕，隨即簽署了降書。他自知無法在南京再待下去，便透過陶仲和向軍統方面要錢，想離寧赴渝。鐘平、李光輝為此向朱家驊電報說：張的要求「倘不成或確有別情，則京市工作基礎將全部犧牲，職等處此環境，深愧難能應付」。[9]

朱家驊在來電上批示道：「查張紹揆因與章兆直失去聯繫，乃參加慶深庵工作，業已4月，慶因滬地環境惡劣，上月離滬，由張代其聯絡一部關係，張之叔父張公達與何世楨[10]有舊，張乃進行說何反正，並挑撥汪何內訌，不幸於本月5日在寓所被偽特連其夫人綁去。越日，由何世楨將其保釋。滬地領導張工作之胡璋亦幾被綁。刻張仍在滬地，最近來電要求發給1500元旅費，以便來渝。此間因不清楚其被綁既釋放之詳細經過，已電慶深庵同查報備核。」[11]

4月12日，吳紹澍又電朱家驊報告，為張紹揆掩飾變節行為，他寫道：張紹揆被捕後「始終不屈，對我方任何機密絲毫未洩，尚不愧為本黨同志臨難不苟之革命精神，核准旅費千元，已由伯誠先生處代墊轉交，已在返渝途中。此人有骨氣，有奮鬥精神……」。[12]

4月17日吳紹澍再電朱家驊，對在南京的地下工作提出全盤否定與改進建議：「職以為京市黨部成立迄今，未能有所建樹，鐘、李二人不盡不實之報告，於工作毫無影響，似以徹底改組為宜。」29日趙祺電告朱家驊：已找鐘、李二人談過話，李光輝「無成見，已憬悟改圖，擬請從寬免於置議」，「至鐘撤職令已下，乃考慮環境情況，暫仍請留用，徐觀後效。鐘在我偽雙方支薪每月計800元以上，工作卻無成績，應規定：1. 鐘為留任察看；2. 凡參加偽方工作人員不得領支雙薪，僅發一部分臨時活動費；3. 該黨部要上報今後三個月的計劃」。

5月3日趙祺再電朱家驊，匯報了他對過去工作缺點的檢討，提出了4個方面的問題：1. 紀律廢弛；2. 缺乏經驗；3. 領導人無決心；4. 言行不符。他提出今後工作改革方針是：「1. 整飭紀律；2. 嚴密組織；3. 以身作則；4. 進行淘汰訓練。」並具體安排了以後三個月內包括說服大漢奸反正在內的7點工作計劃，要求增加經常費與臨時撥給。朱家驊對趙的敷衍塞責式的表態心中有數，他看透了趙祺的檢討後面就是要錢，於是回批道：1. 說服大漢奸不是件容易事；2. 鑑於趙某過去虛報冒領揮霍無度的事例，申請增加經費一事絕不可能。朱家驊斥責趙祺：「尤不知自反，准復職竟又份外請費，不知是何居心，應予申斥。」[13]

1940年5月7日，趙祺向朱家驊提議任命陶仲和為市黨部委員，次日又電請增加經費撥款。朱對南京黨部的貪得無厭十分惱火，他批道：「國難當頭，黨費支絀。該部容復以來，耗費公幣甚巨，迄今毫無成績。中央甫寬既往，再准一是。即定增費，實屬非是。應並參考前批再復，嚴予申斥。」但趙並不死心，9日，他再電報告說南京市黨部決定成立「行動隊」，開展刺殺漢奸等行動。這一點卻正中朱家驊的下懷，於是最後終於得批：「電令照准，增加經費。」[14]

拿到錢後，趙祺為了應付差事，策劃了一些小規模的行動。如：為慶賀國民黨軍所謂「粵豫會戰」成功，向蔣介石報告策動「南京全市商店拒用日本軍用票」運動，據報告取得一定實效，「敵偽令止，無大效果」。又如：1940年8月4日在南京永和園茶館突襲漢奸秦默哂，因當時手邊無利刃，情

急之中操以鐵器將其頭部擊傷，秦落荒而逃。雖然這次出手並不是什麼大的行動，但在中統南京地下組織方面，已經是一次破天荒之舉，朱家驊聞之非常高興，急忙去電嘉獎，並允增加經費。[15] 另外，7月間李光輝在汪偽特務黃凱家中發現有寄自重慶瓷器口董家橋25號鄒鐘林通訊處的信件一紙，提醒渝方注意。朱家驊批交由中統局進行調查。8月20日，趙祺保薦脫離章兆直的秦杰、張紹揆二人加入本組工作；22日又派大學生兩人進入汪偽中大建立組織，派3人進入日偽合辦的「新華無線電學校」工作。[16]

不久後，剛剛起步的南京國民黨地下組織活動就遭受到了日偽的重創。

8月26日，趙祺報告：南京市黨部在京機關8日夜遭到日偽破壞，陳覺悟、石超等7人被捕，李光輝倖免逃滬，敵四處張貼趙祺照片進行通緝，環境險惡。12月12日，受此案牽連，汪偽警察廳督察處長鄧銘豎被認定與重慶方面有聯繫而被捕。[17]

12月13日又報：8月底，重組之南京市地下黨部以李光輝暫代書記長，委員有以下數人：趙祺（化名王志觀）、夏恩臨、張紹揆（化名朱熙民）、陶仲和（化名姚君義）、秦杰（化名陳予明）、俞采承及陸玄南。

1941年1月9日，朱家驊接報，南京市地下黨部委員陸玄南「在職殉難」，為此他發出專函表示哀悼，並對陸給予了較高的評價。11日，朱家驊又致函國民黨中央祕書長葉楚傖，提議撥款2000元撫卹金慰問陸父。

經過這次挫折，南京的地下工作陷入暫時的停頓狀態。工作人員滯留上海，不敢回南京。1941年初，李光輝與鐘平二人以國民黨南京地下市黨部的名義向重慶發來報告稱：「因機關留滬尚未赴京，但京市工作並未停頓。本自應常留京，又因電臺設備及其他接洽關係，須常在京滬間往返。」朱家驊在電報上批道：「據報彼等僅到京二次，實屬痛心。著即申復以後必須常留京，工作努力，不得赴滬，否則只有立即撤回。」3月11日，吳開先與吳紹澍致電報告朱家驊：李光輝與鐘平二人曾去南京兩次，但其工作成績無法核查。建議批准他們的「行動與組織分離」的計劃，以防今後再遭大的破壞。「但京市目前尚無行動」，另外要準備一筆用於營救被捕者的「營救準備金」，

但拒絕其領用中央或中組部「工作證」的要求，另請派熟悉京巿情況的中央大員來京滬主持工作，「就近指揮」。

8月20日朱家驊電吳紹澍，指示應南京市黨部的要求，對於剛獲釋的被捕人員李瑞芝、徐廣仁、張至仁、韓慕周、劉文彬及戚忠六等6人，各發撫慰金800元。最後，到1941年11月11日，吳紹澍電告朱家驊，因掩護措施及經費問題未解決，新委任的南京市地下黨部主任委員李文齋尚未到達南京。[18]

從上述朱家驊檔案所載的史實看出，國民黨中統機構在恢復與重建南京地下市黨部工作方面盡了不少的努力，但工作成效並不顯著。究其原因，大概有以下三個方面：

1. 國民黨內部核心組織人員的政治思想與工作作風素質普遍較低，缺乏為國家民族獻身的政治信念，客觀上有關當局則用人不當。朱家驊依靠駐滬二吳重用的趙祺是一個不盡職守的人，章兆直在南京也沒有什麼大的作為。中統局人員常常遇捕即降，工作無明顯成績，多數人缺乏政治信念、思想品格素質不高和工作不努力是其中顯而易見的原因。

2. 組織內部缺少理解合作，矛盾太多，指揮失靈。中統組織上下級與各系統之間不僅不配合，而且互相攻訐，搶奪財權與領導權，造成內力抵消，難以一致對外。

3. 工作作風欠佳。敵後工作人員沒有高尚的政治目標，缺乏堅實的群眾工作基礎，因此導致其工作缺少紮實的作風，只求做些表面文章，定計劃洋洋大觀，要經費多多益善，幹實事乏善可陳。

當然，對於國民黨當局在淪陷後的南京重建地下組織的努力，從抗日的立場出發，也應當看到其中的積極一面，至少他們在與日偽的鬥爭中做了一些工作，分化瓦解了敵人的力量，並在某種程度上打擊了敵偽的氣焰，只是其工作成效不明顯，其根源在於國民黨內部的政治腐敗、組織渙散與黨員幹部精神世界的普遍頹廢。

【注】

[1]《南京敵後工作報告 1-3》，中研院近代史所檔案館藏檔《朱家驊檔案》62-1、2、3，以下簡稱「朱檔」。62-1。

[2]《夏恩臨致朱家驊報告》（1939 年 7 月 8 日），同上出處。

[3] 同上出處朱檔 62-1。

[4] 同上出處朱檔 62-1。

[5] 同上出處朱檔 62-1。

[6] 中研院近代史所檔案館藏檔，《朱家驊檔案》62-1。

[7] 同上出處朱檔 62-1。

[8] 同上出處朱檔 62-2。

[9]《鐘平李光輝致朱家驊申電》（1940 年 2 月 20 日），同上出處朱檔 62-1。

[10] 何世楨，時任汪偽國民黨中執會常委。

[11]《朱家驊復批》同上出處朱檔 62-1。

[12]《吳開先吳紹澍致朱家驊電》（1941 年 3 月 11 日），同上出處朱檔 62-2。

[13] 中研院近代史所檔案館藏檔，《朱家驊檔案》62-2。

[14] 同上出處朱檔 62-2。

[15] 同上出處朱檔 62-3。

[16] 同上出處朱檔 62-3。

[17] 同上出處朱檔 62-3。

[18] 中研院近代史所檔案館藏檔，《朱家驊檔案》62-3。

▍抗戰初期中蘇情報合作內幕初探

載（臺）《近代中國》第 154 期／《抗日戰爭研究》

一

　　1937 年盧溝橋事變爆發後，中國全面抗戰開始。當時在國際上，中國是被侵略的一方，處於受人同情的地位。但各國的正義和同情只不過是出於道義性的立場，而出於各自利益的需要則是眼前更現實的考慮。面對強大而霸

道的日本與貧弱的中國，為了趨利避禍，以英美為首的西方列強，把口惠給了中國，把實惠給了日本。

雖然中國政府對來自國際上制止日本侵略的干涉寄予了極大的希望，蔣介石親自出馬召見英美德法義各國駐華使節，懇求他們出面「主持公道」，並吹捧美國「向來主張和平與人道主義，」表示「現在局勢只有各關係國尤其美英二國之合作，可挽危機」，[1] 但列強各國為了「維持我們對交戰雙方的傳統的友誼」，「避免捲入」，一再聲明「保持完全的中立」，對中國只給予「精神上的援助」，[2] 對日本則採實際的妥協退讓，甚至於繼續與之進行戰略物資貿易，間接地支持侵略。種種行為，令中國極其失望。在這種情況下，為了進行抗日戰爭，團結一切可以團結的力量，尋求外援，中國國民政府只好不計前嫌，與曾從友變敵的蘇聯再次攜手，合作抗日。

在列強各國多表冷漠的情況下，當時世界上唯一的社會主義國家蘇聯，卻對中國表示了正義的同情與支持，並明確提出可以在政治、軍事、外交等方面，給中國以實際的援助。

蘇聯為何要在中國落難之際拔刀相助？原因自然清楚。除了冠冕堂皇的國際主義精神而外，乃因日俄有舊隙而欲「拒敵於國門之外」也。

蘇聯與日本原是一對宿敵，當年沙皇俄國為爭奪亞洲霸權，與日本在中國東北大打出手，進行了一場「日俄戰爭」，結果俄國戰敗，喪失在東北的殖民權利於日本，雖然沙俄已被蘇聯所替代，但無論是從民族心理或是從實際的國防需要上來看，如今的蘇聯與當年的沙俄，其處境利益是一致的。因此，俄國人不僅要加倍防範日本的進一步北上，威脅自己的領土安全，而且還想要報歷史舊仇。在日本明火執仗殺入中國之際，蘇聯看出他下一步必將要在征服中國之後全力對付自己，因此，中蘇在實際上已經成為了唇齒相依興亡與共的關係。為避免最壞的結果出現，蘇方的對策最好是先發制人，支持中國抵抗日本的侵略，以形成保護自己的屏障。因此，在這種不可避免退無可退的情況下，蘇聯只好不計一切，公開表明支持中國。但在中方看來，無論如何，在眾人皆躲之際，有一勇士挺身而出，也算是真正的朋友。於是，中蘇便立即為了一個共同的目標走到一起來了。

1937年8月21日，中蘇簽訂了《互不侵犯條約》，向全世界宣示了共同反對日本侵略的緊密關係，蘇方還表示「中國對日戰爭如到生死關頭，蘇俄必定出兵，絕不坐視。」[3] 他們派出了軍事顧問與航空志願隊來華參戰，同時還慷慨地向中國提供財政貸款，表現出了「為朋友兩肋插刀」的仗義。

過去史學界在敘述這段歷史時，曾十分詳細地描述了中蘇兩國在抗日軍事、外交及財政方面的合作，但對其在特務情報方面的合作則因資料之缺，無從記述，甚或根本聞所未聞。但據有關檔案資料之載，中蘇雙方當時的抗日合作關係，遠比目前我們所知所想要密切。特別是在情報合作方面，雙方的工作進展迅速卓有成效。後來只不過是因為日本南下野心的迅速暴露與英美的覺醒，中國與西方的合作得以很快建立與加強。由於政治意識形態分歧和蘇聯側重歐洲西防德國戰略的緣故，中蘇未能繼續在此領域發展關係，國民黨政府轉而與英美進行情報合作，中蘇的這段祕密關係也就無疾而終了。但無論如何，抗戰時期中蘇情報合作的歷史是中國抗戰史與中蘇關係史上的一個重要的組成部分，值得我們關注與研究。

由於特務工作的祕密性質，使得有關的歷史資料長期處於保密狀態，並且不甚詳盡，這就給相關的研究工作帶來了很大的困難。但為了揭示出這段歷史之謎，我們還是本著實事求是的原則，根據有限的資料去發掘其中的一角，希望達成管中窺豹的效果。

二

1937年8月中蘇結盟之後，出於共同對日的戰爭之需，作為軍事合作的組成部分，中蘇雙方也開始探討在特種情報領域內的合作。

1938年5月，經中蘇雙方有關部門協商，達成在對日軍事情報領域內的合作意向，並決定成立一個聯合情報工作機構。中方由國民政府軍事委員會、蘇方由其國家安全局出面，進行了具體的商談。軍委會派其外事組主任周明與蘇方瓦西列夫為各自的代表，簽訂了《中蘇情報合作經費負擔議定書》，為這項合作確立了基礎。同年7月14日，由蔣介石簽署命令，任命軍事委員會辦公廳主任賀耀組為兼任所長，以國民政府軍令部第二廳第三處處長鄭

四　特務篇

介民及蘇方的瓦西列夫為副所長，正式成立中蘇情報合作機構——「技術研究所」，並迅即在中國各地設立組織，開展了對日情報蒐集與處理工作。[4]從此，中方對蘇合作即由軍事委員會調查統計局（軍統）負責。

1938年7月15日，中蘇「技術研究所」於祕密狀態下悄然成立，所址設於漢口市特四區台兒莊路86號。在成立之初，內部設立4科，各由中方人員主持，蘇方人員協助工作。

第一科：主管情報人員的訓練與情報網的布置；科長為軍統幹員江雄風，副科長為科佛多洛夫；

第二科：主辦所獲情報材料的彙總整理、審核及報告；科長為鄭冰如，副科長為友里也夫；

第三科：主管電訊及通訊技術；科長為蘇明，副科長為奧斯博夫。後併入第一科；

第四科：負責所內總務、經理及管理；科長為黃昌度。[5]

8月11日，中方改派國防部第二廳廳長徐培根代替賀耀組為所長。在這一階段內，中蘇「技術研究所」的工作包括了以下幾個方面：

第一：布置在武漢、上海、北平、天津、濟南、青島、寧夏及香港、爪哇地區的情報網系統。具體安排如下：

1）天津組：1938年8月6日派出組長倪中立、副組長滕勉組建。工作地區為平津及東四省。其任務是：

①監視經天津日本海軍陸戰隊的運輸情況，調查其運往內地的軍火武器數量與去向。②監視日軍在偽滿洲國的備戰情形。③對日本在華北地區建立的經濟設施進行調查。④對日軍在華北的軍事部署進行偵察。⑤對日軍的作戰計劃及兵力部署實行偵查。⑥偵察日軍的組成及其裝備之變化。⑦偵察日本經天津的入口貿易。⑧建立在平津及東北地區的聯絡關係。

2）北平組：1938年8月4日派出組長居仁組建。工作範圍為北平、石家莊、晉、察、綏。其任務是：

①監視日本經北平運往晉察綏之軍隊及其武器。②偵察華北、偽滿地區內日本設立的各種經濟設施。③偵察日本與偽滿軍隊的備戰情形。④偵察敵軍在華北的軍事部署和兵力數量。⑤調查日本建立偽組織的政治陰謀。

聯絡辦法：有關情報經天津港送交天津組拍發。經費預算每月 630 元。

3）山東組：1938 年 9 月 27 日派出組長李慶霖在濟南、副組長王志超在青島組建。工作地區為濟南、青島、煙台、威海衛。其任務是：

①偵察敵經青島之海陸軍運輸情況。②偵察敵在渤海沿岸之海軍實力。③偵察青島碼頭建設狀況。④監視日本在青島的出入口貿易。⑤監視敵在津浦、膠濟鐵路的軍運情況。⑥偵探敵對山東之戰略計劃。

聯絡辦法為在濟南設立無線電臺一座，負責濟、青兩地有關情報的拍發。經費預算每月 890 元。

4）寧夏組：1938 年 8 月 5 日派出組長劉英在寧夏組建。工作地區為甘肅、寧夏、青海、綏遠。情報員分布在寧夏、五原、包頭、百靈廟、阿拉善旗。其任務是：

①偵察敵對內蒙之軍事布署。②偵察敵對內蒙各盟旗的政治陰謀。③偵察敵對內蒙、西北的軍事進攻計劃。④調查偽蒙軍實力與其組織情況。

為便利聯絡在銀川設立無線電臺一座，經費預算每月 1025 元。

5）上海組：1938 年 7 月 18 日派出組長吳潤蓀組建。派員在滬杭、滬寧兩鐵路沿線布點。工作地區為上海、京滬、滬杭鐵路沿線。其任務是：

①偵察敵經上海之陸海運輸。②偵察敵在華中海陸軍實力及其布置與作戰計劃。③調查敵經滬向內地的軍火武器運輸。④偵察敵在華中地區的政治陰謀。⑤偵察日本駐軍的組織、編制及其裝備。⑥調查日本經上海的入口貿易情況。⑦建立該地組織與漢口的聯絡關係。

為便利聯絡在上海設立無線電臺一座，經費預算每月 965 元。

6）漢口組：1938年10月16日派出組長谷兆芬、副組長鄭達善在漢口組建。派員在武漢三鎮、平漢、粵漢兩條鐵路沿線及長江航線各輪上布點。工作地區為武漢三鎮、平漢、粵漢鐵路線及長江上中下游。其任務是：

①偵察日軍在華中的兵力布置及其軍事進攻計劃。②偵察敵在武漢部署的空軍實力。③調查敵在武漢存儲的軍火數量。④偵察敵在兩江及平漢、粵漢路的水陸軍運輸狀況。⑤監視敵在華中地區的政治陰謀。

為便利聯絡在武漢設立無線電臺一座，經費預算每月1920元。

7）香港組：1938年11月3日派出組長廖淑倫、副組長鄭庭榮在香港組建。工作地區與人員分布為香港、澳門、廣九鐵路沿線。其任務是：

①偵察敵在華南地區的軍運情況。②偵察華南敵海陸空三軍實力及其布署情況。③調查日軍在華南的軍事行動計劃。④偵探在香港的國際間諜活動及其相互間的關係。⑤調查日本由歐美各國輸入的軍火數量。⑥了解英國的對日態度動向。⑦建立本所與平、津、滬、漢、青、濟、爪哇各站點之聯絡線。

為便利聯絡在港設立無線電臺一座，經費預算每月1550元。

8）爪哇組：1938年10月20日派出組長饒楚白赴爪哇活動，工作範圍面向南洋、日本。其任務是：

①調查日本在南洋的商業勢力。②偵探日軍對南洋的侵略計劃。③了解日本在南洋的發展政策。④在日本內地建立情報網。

本組所得情報送往香港，由無線電臺發回，經費預算每月175美元。[6]

在1938年內，雖然組織成立為時尚短，但中蘇「技術研究所」的工作已取得了顯著的成績。各地組織不斷向漢口發來所獲取的敵方情報，並向中蘇雙方政治軍事機關與最高當局提供了不少經過分析研究和判斷的情報成果，為開展對日政治軍事與外交鬥爭，提供了有力的支持與輔助。據報告，到該年底，該所共獲取敵偽情報148件，經篩選後呈報上級的有91件，其中來自蘇方提供的有27件，占18.3%；來源於上海組的20件，占13.5%；

天津組的 21 件，占 14.2%；漢口組的 18 件，占 12.2%；香港組的 10 件，占 6.7%；寧夏組的 52 件，占 35.1%。[7]

從上述統計情況來看，寧夏組的工作成績比較突出，其中主要的收穫是有關日本及偽蒙方面的政治、軍事動態變化情報，這對中國軍隊在綏遠一帶北方戰場的抗日作戰，具有十分重要的參考和依據價值。直接來自蘇方的情報也占有較大的比率，主要內容是蘇方偵探到的有關日本政軍界動態和戰略部署情報。對中方了解世界大勢及敵方狀況，判斷敵軍在華戰略變化，提供了極大的方便。從這一點上來看，中方在中蘇情報合作中受益匪淺。又如來自天津站和上海站的有關日軍兵力、人員抵港轉運方向的情報，則對正面戰場上我軍應對日軍的作戰具有特別重要的參考價值。[8] 在中國對日抗戰的初期階段，戰爭局勢瞬息萬變，知己知彼的情報需求十分迫切與重要，儘管由於具體的資料欠缺，我們無法更全面地了解上述各地網站所獲每份情報的內容及其價值，但可以推測的是，在當時中國官方的中統、軍統特務機構剛剛由對內型向對外型發展而尚未取得實質進展的情形下，這些由「對外合作」而得來的情報，對中國的抗戰事業將會造成多麼重要的作用。

另外，據已有的檔案文件顯示，中蘇「技術研究所」內的有關部門在研究密寫、照相和編制密碼及破譯工作方面也都取得了不少成果。從這些成績來看，該所在建立與加強中蘇情報合作，密切雙邊關係，引進蘇方的間諜技術，加快中國情報工作的發展以及推進抗戰事業方面，都是有著顯著收穫的。[9]

三

1938 年底，中國的抗日戰爭進入了戰略相持階段。在抗日戰爭正面戰場與敵後戰場上，中國軍隊仍在頑強地抵抗日本的侵略。戰爭形勢比較前期抗戰時的喪師失地，已進入了相對的穩定階段。而此時英美西方列強對日本之侵華，仍採短視而不計後果的「中立」態度，1939 年 4 月間發生的「日英天津事件」，充分說明了英美的對日立場尚未發生根本的變化。在這次事件中，英國為對日妥協，竟不顧中英關係，違背正義和良知，將在天津英租界進行抗日活動的中國人捕交日方，並撤退了在天津的英駐軍，表現出了極其軟弱

的姿態。[10] 在這種情況下，中國只能繼續聯合蘇聯抗日，中蘇「技術研究所」的工作因而得以繼續延續與深入發展。

在上一年度工作取得較大成績的基礎上，1938 年底，中蘇「技術研究所」又擬定了該所的《1939 年度工作計劃》。這份計劃十分詳盡而具體，從中我們可對該年度內中蘇情報合作的發展方向、活動內容及預期結果知其大要。

1939 年中，該所的工作主要表現在以下幾個方面：

（一）進一步發展與加強各地原有組織。其具體內容是：

（1）擴充情報員隊伍。其工作地域分工如下：

①天津組負責東北各市；②北平組負責張家口、承德、石家莊；③山東組負責煙台、徐州等地；④上海組負責杭州、南京、蕪湖，並新設立南京組；⑤漢口組負責九江、岳陽、信陽；⑥香港組負責廣州、澳門等地；⑦寧夏組負責五原、百靈廟、綏遠；⑧爪哇組負責日本、臺灣。

（2）增派前往敵占區各地的流動情報員。

（3）發展對敵反間工作，按照「有孔即入，無微不鑽」的原則，計劃深入日軍內部發展組織。

（4）充實後方與敵占區之間及各地小組間的交通力量。

（5）加強內部組織管理運作的領導工作。

（6）改善所內行政機構，提高辦事效率。

（二）增設各地情報網站。

（1）該年度內在南京、廣州、徐州、鄭州、西安、太原、瀋陽、哈爾濱、宜昌、長沙、南昌、日本、朝鮮、臺灣、馬公島增設分組。

（2）在各戰區普遍設立群眾性情報網，其工作區域劃分及分工是：

第一區負責四戰區全部地區，組長在東莞；

第二區負責三戰區全部地區，組長在上海；

第三區負責五戰區全部地區，組長在漢口；

第四區負責一戰區全部地區，組長在鄭州；

第五區負責二戰區全部地區，組長在太原；

第六區負責山東全省及蘇北地區，組長在濟南；

第七區負責河北及察哈爾省地區，組長在北平；

第八區負責九戰區全部地區，組長在九江。

根據上一年度的工作情況，中蘇「技術研究所」準備利用這一情報網，進一步擴充其工作範圍與工作領域，主要是將情報蒐集工作向細緻化方向發展，要求其內容更加充實、完全，以便能更直接地為抗日軍事鬥爭服務。除對日工作外，他們也更加重視對日本在淪陷區各地扶植的偽政權及其主要漢奸人物的偵探與策反工作，並注意到反間手段的運用，這說明研究所的工作從內容到水平都要躍上一個新的臺階。

按照工作計劃，1939年中蘇「技術研究所」各地已有及新設站點，將以蒐集偵探以下幾方面的情報為其主要工作目標：

①敵軍部隊的調動轉移，其各部隊的組成、作戰任務與目的；

②敵軍屯兵部署與數目、各部隊主官姓名、武器裝備之數目種類，敵兵情緒之變化；

③外來敵軍開入戰區內各部隊的運輸方法、日期、地點、成份、組成與數量；

④各交通要點敵軍部署情況、軍需武器存量，尤其對敵方各要害地點以及守備兵力較少地點者更要註明。

⑤各地敵兵工廠、化工廠生產品種數量及工廠員工人數、廠區警衛情況、產品運往何處等情報，以供我方採取破壞手段之用；

⑥敵方軍械庫、糧庫等設施地點情況，以及有何可資採取行動之機會條件；

⑦各地敵軍兵器種類、駐地、數目、警衛等情況；

⑧各地敵空軍駐地飛機場之數目、地點及其警衛情況；

⑨有關日軍化學兵部隊的情報；

⑩各地偽組織成份、主要及知名參加人員的住址狀況，以及可以利用的與日本人關係、與日偽特務組織關係等等；

[11] 尚未加入偽政府的已投敵漢奸人員狀況；

[12] 敵偽特務狀況，其組織、人員、駐地、長官及相互間聯絡方法等等；

[13] 注重反間問題的利用，探聽敵對我方的政治軍事陰謀；

[14] 刺探日軍對南昌、長沙的再攻計劃及對我部署在淪陷區內的游擊隊的肅清計劃，以便有針對性地開展應對工作；

[15] 設法混入敵方間諜與反間諜組織，開展工作；

[16] 爭取與策反偽政府官員。

（三）擴充本所通訊聯絡網。其具體任務是：

（1）完成15個分臺的建設，總臺增加兩部發報機；（2）增加通訊聯絡工作人員；（3）改進機器設備和技術指導；（4）加強檢查各地區的通訊聯絡工作。

（四）繼續開展特務技術之研究，內容為：

（1）研究改進密寫方法和藥水書寫方法；

（2）在照相方面，研究革新與提高行動人員和固定文件的照相技術；

（3）在蘇聯專家指導下，熟悉仿製技術，尤其是有關鑰匙、護照、圖章、敵偽通行證的製作等等；

（4）進一步進行密碼技術的研究創新工作，用以翻譯敵方密碼和創編自用新密碼。

這份工作計劃在最後的「結論」中寫道：

「本所自成立以來，因戰事變化關係，一再遷移，對外交通費時，工作一時未能按預計開展，各外勤單位雖無良好的成績，但經（民國）二十七年的工作，已有相當基礎，今後當不斷推進。」[11]

四

進入1939年後，日本的南進趨勢愈加明顯。2月間，日軍占領中國海南島，蔣介石稱之為太平洋上的「九一八」事變。[12]9月1日，德國進攻波蘭，歐洲戰爭打響，英美各國已知戰爭在所難免，在日本明確無誤的南進攻勢面前，不得不轉變立場，真正開始疏遠日本，積極加強戰備，同時出於與蘇聯同樣的目的，伸手援華，與中國開展了政治、軍事、經濟的全面合作。此後，中蘇「技術研究所」的工作隨著中美、中英關係的逐步加強，受中國外交大局的左右和蘇聯國內加強西防德國法西斯入侵的需要而產生了變化，其政治重要性、戰略地位都開始下降。但據資料顯示，中蘇「技術研究所」的工作在後來的三年內仍在一定程度與規模上得以延續，並仍在發揮著有效的作用。

1941年7月11日，當時兼管中蘇「技術研究所」工作的軍事委員會委員長侍從室祕書毛慶祥向蔣介石呈報說：

「奉諭全力偵收東京與羅馬通訊等因，自遵辦。惟日義雙方無線電聲音微弱，偵收至為困難，又兼每日空襲時間停止工作，遺漏甚多，除加緊努力，並在技術方面改進外，謹將本月1日至10日偵譯情形匯呈之。

一：1日至10日共偵獲68份。

二：其中已攻破者計8份，以後如有重要情報當由職親自送呈也。

謹呈委員長鈞鑑。職毛慶祥呈。7。11附呈情報8份，統計表13張。[13]

同日又呈報7月2日長春站發往莫斯科的情報一份，內容是：

「據滿方之情報，二日駐長春蘇聯領事問滿方稱：居住長春之館員及其他漢從員等約七、八十，因須回國，擬請發給出國護照等語，此一行預定於二日自從出發之一行偕返。」[14]

8月1日，呈報截獲日本方面的兩份情報：一為7月13日北平日本占領軍當局發出致南京、煙台、濟南、青島及東京各地駐軍電，通報：「帝國與蘇聯之關係，極為機微，隨軍勢之發展如何，有殆致重大場面之虞，（當地方面軍亦作同樣之推測），華北及蒙疆方面各部應注意對僑民之保護，以期萬全之策（……以下電報錯誤不明）」。

二為東京日本外務省向駐美國、加拿大及南美各重要都市使領館發出戰爭準備的命令：「鑑於目下國際情勢之緊迫，貴館保管之文書，應照左列辦法處理。1.普通文件應於平時最短時間內處理之，其他文件應特別將其蒐集保管。2.為平時之整理兼顧非常之應變起見，應參酌日常之工作任務情形辦理。文件中如有貴重者，即寄回本省，其他轉手不需用者，逐漸焚毀之。3.焚毀之際，應由負責保管文書者監督執行，注意其絕對不得泄漏機密。（焚毀文件之目錄，寄還本省）4.如因避難而實行移動文件時，應始終嚴密監視，不得稍疏虞。」[15]

很明顯，這兩封被破譯的日方電文是極重要的，特別是第二封電文的內容，從一個側面暴露了日本準備發動太平洋戰爭的計劃，具有較高的戰略價值，這證明「技術研究室」的破譯工作還是卓有成效的。

直到1941年6月蘇德戰爭及12月太平洋戰爭爆發，中美英蘇為共同對付德日義法西斯軸心國開始結成同盟，世界兩大陣營完全形成。英美被迫對日開戰，與中國開始了更大規模的情報合作，而蘇聯則傾全力對付德國，隨著日本北上犯蘇威脅的減緩，中蘇「技術研究所」的歷史使命至此也就趨於結束。

1942年1月28日，毛慶祥向蔣介石呈報：調查統計局人員陳祖舜等79人已脫離技術研究所，奉調回局工作，少將副主任魏大銘、第四組少將組長方硯農等所內現任幹部亦申請免職。蔣介石批覆同意，但指示所有機器設備暫時繼續留在研究所。[16] 最後，這個記載了一段中蘇共同抗日歷史的「技術研究所」何時才告最後結束，因史料厥如，便不得而知其詳了。

總的來看，抗戰初期的中蘇情報合作只是中國此期尋求外聯開展全面抗戰的一個組成部分，是中蘇兩國關係史上隱蔽而重要的一方面。雖然在抗戰

開始階段,其規模與作用比較突出,也取得了不少的成果,其作用與歷史意義主要體現在以下幾點:

(一)有力地推進了中蘇的抗日合作,密切了雙邊關係;

(二)初步建立了對日情報蒐集網,促進了中方在對日情報作戰領域內的力量增長與技術手段的改良進步,開啟了中國對外抗日情報合作的先河;

(三)在政治軍事上均具有實際的重要輔助作用,有效地保障了中國對日作戰的政治軍事情報供給,並在客觀上鼓舞了中國的抗戰決心。

但另一方面,我們縱觀中蘇「技術研究所」在中國抗戰時期對外合作史上的地位與其歷史作用,比較後來中英、中美在此領域內的合作關係及其成績,其局限性也是顯而易見的。

首先是雙方的此段合作歷史為時較短,其次是其成果僅僅局限於情報蒐集與處理,並無更多的訓練、對敵破壞與騷擾攻擊等行為,合作內容並不全面,更不深入,無法與後來的「中美特種技術合作所」等相比。其中的根本原因就在於中蘇間的這種合作,受雙邊政治關係影響極大。由於政治立場及意識形態不同的影響,中蘇兩國此時已不可能恢復過去北伐時期那種親密無間的合作關係,雖然在大敵當前情況下,雙方能夠不計前嫌地再度聯合,但在雙方的心底,依然是舊隙未合,彼此之間都有提防,都更加注重根據各自的現實需要,在合作中獲取眼前的實際利益。另外,蘇聯方面除與國民黨政府的情報合作外,他們還在中國上海、北平、哈爾濱等地另建有許多獨立的情報網點,與中國共產黨也有情報合作往來。對於這一點,國民政府當局十分清楚且非常反感。因此,當英美受日本威脅準備與中國聯合之後,蔣介石及其政府很快就決定轉向英美,在軍事及情報各方面選擇對英美全面合作,而逐步冷淡了蘇聯。與此同時,在全球範圍內,由於德國攻蘇和日本南下,蘇聯集中國力抗擊德國入侵,防日抗日的需求減緩,於是,中蘇雙方的情報合作關係到此也就只能轉向下坡了。

四 特務篇

由於原始檔案資料的缺少，我們目前似無從了解更多的有關中蘇「技術研究所」的詳細活動情況，但無論如何，抗戰初期的中蘇情報合作，作為一段有意義有價值的歷史，應當為後人所記取。

【注】

[1] 蔣介石接見美國大使詹森談話（1937 年 7 月 25 日）《中日外交史料叢編（四）——盧溝橋事變前後的中日外交關係》第 424 頁，臺北「中華民國外交問題」研究會印行。

[2] 同上出處，第 359 頁。

[3] 轉引自郭廷以：《近代中國史綱》（下）第 691 頁，香港中文大學出版社版。

[4] 「國史館」藏檔：特種情報 039（軍事）《本會特種情報——民國 27 年度工作報告》。

[5] 同上出處。

[6] 「國史館」藏檔：特種情報 039（軍事）《本會特種情報——民國 27 年度工作報告》。

[7] 「國史館」藏檔：特種情報 039（軍事）《本會特種情報——民國 27 年度工作報告》。

[8] 「國史館」藏檔：特種情報 039（軍事）《本會特種情報——民國 27 年度工作報告》。

[9] 「國史館」藏檔：特種情報 039（軍事）《本會特種情報——民國 27 年度工作報告》。

[10] 黃美真等主編《中華民國史事件人物錄》，上海人民出版社 1987 年 9 月版，第 318 頁。

[11] 黃美真等主編《中華民國史事件人物錄》，上海人民出版社 1987 年 9 月版，第 318 頁。

[12] 劉庭華：《中國抗日戰爭與第二次世界大戰系年要錄、統計薈萃 1931-1945》，海軍出版社 1988 版，第 237 頁。

[13] 「國史館」藏檔：特種情報 039（軍事）《技術研究室呈蔣介石文》第 3 號，（1941 年 7 月 11 日）。

[14] 同上出處，《技外又Ⅱ0011 號》（1941 年 7 月 11 日）。此處原文如此，疑有誤。

[15] 同上出處，《技二甲（三）號譯文》（1941 年 7 月 13 日）、《技二甲（二）號譯文》（1941 年 7 月 10 日）。

[16]「國史館」藏檔：特種情報039（軍事）《毛慶祥呈蔣介石文》，（1942年1月28日）。

抗戰期間軍統組織南洋地區活動述評

載《檔案與史學》

　　抗戰八年間，國民黨軍統局得到了急劇的擴張與發展，其勢力不僅活動在中國國內各地，而且遠達海外，特別是在與美國海軍特務機構合作後，軍統局大力加強了在國外的工作。除派出軍統大將蕭勃以中國駐美大使館武官身分在美組建情報站，擔任對美聯絡與蒐集情報工作，影響美國對華政策外，還出於同樣的目的在巴黎與倫敦設立了情報站。但這期間，其在境外活動的重點仍然是與中國相鄰近的東南亞地區。特別是在太平洋戰爭爆發後英國人已不能立足的緬甸、泰國、馬來亞、新加坡和尚在法國控制下的越南等地。為了給美國提供日軍情報與軍事配合的需要，軍統的活動達到了一個新的高峰。

　　1939年初，軍統局於第二處內增設國際科，以謝貽征、汪暄、岑士麟先後為科長，專門負責海外組織與人事及處理軍統局國際合作事宜，並在各地華僑與第三國人士中發展組織。當時軍統在東南亞國家設立網站的地方有：印度的新德里；緬甸的仰光、臘戍；泰國的曼谷；越南的海防、西貢；馬來亞的吉隆坡、檳榔嶼等，此外還有新加坡的星洲特別組；菲律賓與荷印等小組。

　　日軍侵占南洋各島嶼後，各地華僑青年紛紛回國參加抗日。軍統局為了開展對南洋的工作，有意拉攏這些青年，於1942年在重慶建立了南洋工作人員訓練班。通知各地軍統組織收羅培訓對象，送來培訓。由軍統海外區與人事處合辦，羅杰為主任。這個訓練班只辦了一期，學員畢業後，分往新、馬、緬、菲和印尼等地工作，在各地建立特務情報機構，開展工作。1943年中美合作所成立後，改歸該所管理。[1]

　　以下分別敘述軍統在南洋各地的基本組織與活動情況。

一、越南

　　1939年1月，軍統派方炳西赴河內組建情報站，在海防、西貢、諒山、芒街、東興、順化分別建立了情報組和電臺。他們以「國民黨中央機關駐越工作團」的名義組建了工作隊，由軍統的邢森洲、王業鴻先後為團長，調軍統別動隊一、二兩大隊進駐桂越邊境的龍州，以為保障。

　　1941年，日軍侵入越南後，大批越南民族革命人士退入中國，其中有「越南革命同盟會」阮海運和「越南民主同盟」胡志明等各派力量以及許多華僑青年，軍統越南辦事處也在邢森洲的率領下撤回，共計在廣西龍州、田東集聚了500餘人，越方要求軍統收留。軍統局與第四戰區共同在田東開設了「越南戰地工作幹部訓練班」，吸收越方人員及華僑青年培訓，後遷往柳州。該班由第四戰區司令長官張發奎兼任班主任，軍統派出桂林辦事處處長楊繼榮為副，主持工作，另委鄧匡元為政訓組組長。一年後的1942年3月，戴笠抵達柳州，主持了該班的畢業典禮。按照開辦宗旨，大部分的學員都被派回越南各地組織從事抗日情報工作，並與軍統保持聯繫。華僑青年則分歸邢森洲與四戰區政工隊和別動軍分配工作。這一訓練班為軍統赴越工作培養了一批幹部。[2]

　　當時的越南尚在法國總督府統治下，而總督府名義上歸降德的法國「維希」政權領導。為與法方加強聯繫，軍統局還透過外交關係，與「自由法國」戴高樂將軍的政府取得了聯繫，由戴高樂派代表祁業鴻來到重慶與戴笠會見。經過會談，「自由法國」的代表答應說服法越總督府掩護軍統在越南的抗日工作。

　　「中美合作所」成立後，在美方的協助下，軍統對越工作有了進一步的發展。「自由法國」在北非的軍事領袖吉羅德將軍，派海軍軍官勞勃·梅利亞中校（Robert Meymier）帶領20餘人於1943年8月來華，與中美所合作，準備在越開展抗日活動，對日禁運橡膠，破壞碼頭等，響應盟軍的反攻。

　　9月6日中美所會議決定：在南寧設立情報總站，下轄中越邊境的7個分站，與法方聯繫共同抗日；同時派人隨梅利亞中校10日內重返越南，組

成「法越工作小組」，次月，梅利亞中校與中美所「法越工作小組」人員回越，他們的工作取得了不小的收穫，得到了許多有關日軍動態的情況，及時報告給了重慶並轉告給美方，對美軍在太平洋的作戰發揮了重要的參考作用。直到1944年5月，梅利亞調往北非工作為止，其後小組改歸法方指揮。[3]

二、緬甸

1939年1月，軍統成立緬甸組，以郭壽華為組長。戴笠親率張我佛等人赴仰光建站，同時設立電臺四座，以曾圖南為站長；下設臘戍組，由潘其武負責。緬甸陷敵後，軍統又在緬境內的卑謬、東籲、曼德里、八莫、拜子、眉曲、班弄、干崖、密支臘、畹町等地建立了電臺組織，以干崖為前方聯絡站據點，班弄為下游基地，建立緬北流動組，設聯絡機關於芒街，進一步完善了地下情報網。[4]1941年底，軍統局又派出陳式銳出任緬甸站站長，領導軍統組織在緬的工作。仰光組組長則由柯鴻圖接任。[5]

柯鴻圖是福建安溪人，其父親原在仰光開商號，在當地有些社會基礎。柯鴻圖在安溪縣，經林泗水介紹參加了國民黨復興社祕密組織，並曾給當地復興社負責人、安溪國民兵團團長陳宗棠義務做情報工作。後來陳宗棠介紹他參加軍統局息峰訓練班第三期受訓，編入華僑區隊。這個華僑區隊的學員均由來自緬甸、越南、泰國、馬來西亞的華僑子弟所組成，其目的就是為了訓練派遣回去工作的特務人員。

1941年11月柯鴻圖受訓畢業，與其同學王漢英、蘇國寶一起被派往仰光工作。他們經貴陽、昆明，沿滇緬公路抵達緬北的臘戍，12月底到達仰光。柯鴻圖奉命擔任仰光組組長。面對日軍逼近，他們趕緊著手布置淪陷後的工作。

緬甸站站長陳式銳接管在仰光的四部祕密電臺，柯鴻圖負責其中第一臺和第三臺的工作。

第一臺潛伏地點選擇在仰光北郊六英里的甘馬育鎮，臺長程濟，以製造肥皂為掩護。

第三臺選址在仰光東郊淡汶區，臺長姚遜秀，由組員曹清泉和他的家庭來掩護，平時種菜養雞養鴨，完全是農家式的布置，隱蔽性強。

仰光淪陷後，在緬的軍統各工作站點如何獲得經費接濟，是一個最重要而又很困難的問題，必須有妥善的安排。柯鴻圖想方設法在僑胞劉金梓處爭取到負責補給的承諾。當時劉金梓的哥哥劉梧桐在重慶做生意，緬甸所需要的經費，由軍統局按月付給他哥哥，再由他支付。這樣一來，淪陷後緬甸站的財政問題便得以解決了。

為了交通聯繫便利，柯鴻圖在日軍入城四十八小時內疏散令下達後，偕柯伏算和劉慶雲到距離仰光三十英里的毛備建立前哨站，再赴距仰光七十里的奧隆坡及一百二十里的敏蚋鎮，建立了一所交通站。

柯鴻圖和劉慶雲的家住在毛備西南的瑞麗支，位於仰光河東岸。華僑富商陳天星也住在這裡，他是當地經營客貨運輸業務的大商人，有客貨車二十多輛，車隊經常往來毛備、仰光之間。柯鴻圖利用這一有利條件傳遞消息，對抗日情報工作提供了極大的方便。當時從仰光和毛備來瑞麗支躲避戰亂的華僑有一百多人，使這個地方一下子熱鬧起來。

日本人占據緬甸後，利用緬甸人多年受英國人壓榨所產生的仇恨心理，以幫助緬甸獨立為號召，進行欺騙宣傳。緬甸人信以為真，因此在開始階段歡迎日軍，氣氛相當狂熱。部分當地人也想趁亂搶掠瑞麗支華僑，發一筆橫財。形勢非常嚴峻。柯鴻圖面對如此複雜的情況，組織當地華僑自衛，以武力來阻止土人的搶劫。

為了拿到情報，他還設法和日本人接近，以便達到目的。

3月7日，日軍攻占仰光，指揮緬甸軍的日本軍官帽頗椒到達瑞麗支，他立即徵用了陳天星的小轎車和幾輛客貨車。柯鴻圖藉機和帽頗椒筆談，發現尚能彼此溝通。帽頗椒要請他擔任翻譯，同往仰光。柯鴻圖由此想到，如果借帽頗椒的關係，弄到一張通行證，以後往來仰光會有很大的便利。於是他便向帽頗椒試探。沒有想到，這個日軍官毫不遲疑，立刻用一條白布，寫

上「使用人」三字，蓋上圖章，成為柯鴻圖的通行臂章。這個意外的收穫，使柯鴻圖通行無阻，活動方便。

仰光淪陷不到一個月後的4月1日清晨，日軍截斷仰光所有的交通。大舉逮捕華僑，一共抓捕了4百多人。經過訊問後，拘留了七八十人，囚禁40多天，最後5人被慘殺，20多人被逐放。日軍隨後又強令他們組織「華僑聯合會」，藉以控制華僑。大家推舉白坼章為會長，譚錦裳為副會長，李雲川為祕書。白坼章等三人都是地下組織人員，為日軍成立華僑聯合會，可藉之掩護並推展工作，所以決定順水推舟成立起來。這對仰光組來說，也提供了活動的便利。柯鴻圖要他們三個人成立一個反間小組，和擔任日軍翻譯的臺灣人周旋，既可以保護華僑，又可以獲得不少重要情報。

日本人開列出多項任務，要他們趕快去辦。其中包括：一、組織警衛隊，負責維持仰光的治安。二、設立醫務所，負責醫療市民的疾病。三、組織清道夫，清理仰光市的垃圾。四、組織調解會，調解市民間的糾紛。五、設立學校，收容兒童和少年。六、成立報社，為日軍宣傳。後來成立了「正誼報社」。七、組織各屬支會、分會，先後組織了40多處。

此時英國人預先布置的祕密機構，因緬甸人告密，早被日本憲兵破壞，無一倖存。英國人所需要的情報，也得仰仗軍統了。

日本侵占仰光半年以後，發覺仰光附近有祕密電臺在活動，開始派出測探車輛，到處偵察，對甘馬育鎮尤其注意。軍統站第一臺受到極大的威脅，不敢大意，立刻停止通報，將電臺遷往他處，暫避風頭。

而在第三臺附近，也發現日軍有偵察活動，迫不得已也停止通報，將電臺遷往距仰光七十英里的奧降鎮。臺長姚遜秀為失去對中國國內的聯絡，非常著急，時常設法呼叫。在失去聯絡四個月後的一天晚上，忽然聽到重慶總臺的呼號，他趕緊依照規定呼叫，使仰光第三臺恢復了與總臺的通報聯繫。後來在僑胞劉金梓的幫助下，該臺撤回仰光另覓地址恢復了工作，直到抗戰勝利。軍統總部對此曾頒令嘉獎。

四　特務篇

軍統仰光組的工作人員，除組長柯鴻圖外，尚有林永和、程濟、姚遜秀、白坼章、譚錦裳、李雲川、陳中才、林筆峰、鐘祺鎮、謝桂芳、王漢英、柯伏算、劉慶雲、顧明申、吳南嵩、謝維明、鄭丕遠、曹清泉等二十多人。而當地華僑中協助工作出力較多的有劉金梓、林春科、陳天星等。

仰光組的組員陳中才出生於當地，並未回過中國，但就學於當地華僑中學，對中國仍充滿熱愛，參加地下工作後每天都與柯鴻圖聯絡。只是其時間和地點時常變動，並不固定。不久，陳中才被日本憲兵隊逮捕，連續三天每隔三、四小時便受刑一次，被折磨得死去活來。但他咬緊牙關，沒有招供其他人員。受刑三天，已經是奄奄一息，日本憲兵隊見毫無所獲，將他送往永盛監牢，關了一個多月。病危之後，才准華僑聯合會保外就醫。因受刑過重傷及內臟，經過手術和幾個月的治療修養，才算痊癒。像這樣的華僑子弟，並不了解軍統組織的性質和其在中國國內的行徑，單憑抗日救國的一腔熱誠，投入地下情報工作，甚至將生死置之度外，其精神自屬可佳。

1943年雨季結束後，日軍在東南亞戰場上敗象已露，緬甸戰場的制空權已經移轉到盟軍手中。為躲避盟軍的轟炸，日軍將仰光市內的軍用物資倉庫移到郊區樹林內，藉以隱蔽。日軍在潞加水池北面樹林內，建築了幾十座倉庫，每座50英呎寬，100英呎長，用以儲藏機炮、彈藥、汽油、軍用品及糧食等軍用物資。1944年雨季開始後，當地華僑界照例向潞加水池投標捉魚，柯鴻圖以1萬1千盾得標。當七、八兩月雨水最多的時候，他住在水池旁邊，監督捉魚，便藉機和駐守倉庫的日軍大尉交結成為朋友。柯鴻圖經常送魚給大尉，請他保護捉魚。軍用倉庫就在水池的東岸，柯鴻圖觀望得非常清楚，摸清了情況。他畫出詳圖，報告給了重慶。11月冬季開始，盟軍派出百餘架B29轟炸機，飛臨仰光市郊倉庫上空作地毯式轟炸，把所有倉庫全部炸毀。這是很成功的一次轟炸，給予敵人巨大的打擊。

1943年10月，中國赴緬遠征軍一師自印度攻入緬北，被日軍圍困於胡康河谷，供給線斷絕，依賴美軍空投生存。軍統屬下的緬北游擊隊，報告聯絡，積極擾敵，為中軍反擊解圍立下了汗馬功勞。

1943年12月初，緬北流動組電臺臺長王輝武、組員陳漳明，化裝成當地土人去敵營偵察，他們發現日軍在野人山狹河地帶布兵，並在叢林中發現有日軍新式坦克營，即密報戴笠轉告給盟軍。當月15日美軍出動轟炸機36架空襲，王輝武及其岳丈蘇互迪頭人，在日坦克營附近施放煙火，指示轟炸目標，結果日軍坦克及火藥庫連同敵軍800餘人皆被炸毀，損失慘重。而蘇互迪則不幸被日軍捕殺。

1944年3月，盟軍反攻緬甸，遠征軍36師在八莫伊洛瓦底江受阻，軍統情報組得知江底有暗道，可供潛行過江，於是聯絡步兵一團長林冠雄，挑士兵100人，經十天準備訓練，於5月22日半夜，在上游中軍炮擊和美空軍轟炸掩護下，自下游夜渡過江。拂曉襲敵，終使38師全部順利渡河，保證了反攻戰役的進行。

1944年，日本徵用大批廣東臺山籍木工去泰緬邊界的幕爾鳴深山服勞役，工人們均一去不回。軍統小組發現這種異常後，派組員曹某偽裝漢奸前往調查，不幸患上瘧疾，回仰光後病死。小組再派木工十人混入民工隊伍，指示他們事成後向泰境逃，到曼谷找周秀蘭情報站聯絡。又派張我佛會同開藥鋪的僑民藍就西購買了大批奎寧，溶藥粉於褲帶上，前往山中探險。結果十人去僅二人得歸，終於探得消息，得悉日軍利用英俘、中緬泰工人建設鐵路及桂河大橋，企圖打通泰緬陸上交通，營救在南洋被困的日軍。情報員將桂河大橋附近的有關地形情況畫出圖紙轉呈重慶報給了美軍，對此地進行了成功轟炸，徹底摧毀了日軍的戰略企圖。[6]

1944年4月間，日海軍5千噸以上運輸艦五艘，滿載彈藥和軍用品，停在仰光通往端低運河口的亞弄水面。仰光組布置在獅猻角賣香煙的人員看到後，立刻報告上級。次日中午，盟軍30架B29轟炸機飛來轟炸，炸沉兩艘，重傷一艘。在這次攻擊中，盟機被擊落一架，機上8人，3人死亡，5人跳傘後被俘。因為敵運輸艦大放煙幕，混亂了轟炸目標，致使投彈偏差，不僅未將敵艦全部炸沉，反使仰光被炸，死傷平民40多人。

1945年1月間，根據仰光組的報告，盟軍又派出B29轟炸機兩百多架，分成8隊，轟炸以實驗中學為目標，對長一英里，寬半英里的日軍駐仰光司

四　特務篇

令部，連續轟炸三小時，日軍死傷 500 多人，其中有中將級軍官被炸死。4 月 30 日，日軍自動撤離仰光，5 月 2 日美軍空降部隊降於民加拉洞飛機場。英國艦隊也於 5 月 4 日駛入仰光港，正式宣布仰光光復。[7]

仰光淪陷 3 年 1 個月又 26 天，其間仰光組一直在堅持工作，這主要是靠當地的華僑本一腔熱血，抗日救國所致。不僅是在緬甸，在整個東南亞地區，各站點的情報與地下武裝鬥爭都得到了當地華僑與人民的大力參與和支持，這是因為他們的活動在這特定的時間和地域，代表了中國反抗日本侵略的正義力量。

三、泰國

抗戰開始後不久的 1939 年 5 月，軍統局便在曼谷建立了情報網，派卓獻書為駐泰國軍事專員，組織「泰國挺進隊」，並在緬泰交界處發展抗日游擊隊。卓獻書抵達曼谷後，還與泰皇族拉上了關係，對他們鼓動的含有排華性質的「大泰運動」實行勸阻，以保護在泰華僑的正常生活。

太平洋戰爭爆發後，日本武力占領泰國，控制其政權。此時泰國內部產生了抗日的「自由泰國運動」，其副領袖塞古安一行來華，與軍統協商合作，達成了協議，軍統答應為其下屬五個單位配備電臺等設備，回國進行情報工作。

當時泰國駐美武官卡宮春中校亦建立了一個抗日小組織。戴笠按盟方的要求，命令蕭勃在美與卡宮春接洽，洽談在泰國組織反日暴動以牽制日軍事宜，最後決定以卡宮春為負責人，挑選泰國留美學生 30 人來華接受特訓，隨後進入泰國活動。這一計劃得到了中方軍事領導人及美軍駐華指揮官史迪威的批准。

1943 年 9 月 6 日，戴笠、鄭介民、潘其武與中美所美方代表梅樂斯等人會商，決定：

1. 同時支持塞古安與卡宮春兩組織抗日，以卡宮春為主，分頭進行，相互呼應。

2. 卡宮春一派以回國建立組織製造暴亂為目的，中方派卓獻書幫助，卡派人員分為五組，每組有華僑 2-3 人參加，負責引導組員進入泰境，另在普洱開設訓練班，強化訓練「泰國挺進隊」，每期 200 至 500 人，培訓兩個月，一年內共計劃完成 4-6 個突擊營的訓建工作，而後加入卡宮春的抗日組織。

3. 塞古安一派以柬埔寨為基地，進行對日軍策反及協助盟軍登陸工作，派邢森洲輔助其指揮，逐步擴充加強其原 5 個小組的力量。

4. 由卓獻書、邢森洲二人負責塞、卡兩派間的聯絡工作。

5. 通知在渝之泰國代表阿倫親王，說明中美已聲明尊重泰國自主權，並請其轉告泰政府。以打消泰人的疑慮。

12 月後，卡宮春一派改由美戰略局駐華代表卡福林接手指揮，下令其人數限額不許超過 30 人，工作內容亦僅限於情報蒐集，不能訓練部隊，於是所謂的「普洱進軍」軍事行動計劃只能宣告停止。

12 月 26 日，中美雙方再度與卡宮春一派就合作問題進行了協商，決定組成「泰國工作組」，派卓獻書等即日起行，前往普洱建立電臺站。後卡宮春赴美，該計劃亦告停止。與此同時，塞古安之弟開辛則率下屬各抗日小組，進入泰柬境內活動，以策應盟軍反攻。而軍統局所屬的游擊隊也開至緬北山區，策應中軍遠征軍反攻緬甸。

四、菲律賓、新加坡、馬來亞

1940 年，軍統局組建菲律賓情報組，鑑於此地情況複雜，即作了複式布置。他們徵召菲律賓華僑回國進行特種訓練，返菲後組成了游擊隊。

日軍攻占菲律賓後，游擊隊成為菲律賓抗日義勇軍的領導力量，協助美軍抵抗日本。軍統在菲地下組織則組成「血幹團」，從事破壞交通、刺殺日人與菲奸的工作。日軍占領馬尼拉後，美軍守將麥克阿瑟率部撤離巴丹半島，馬市仍留有軍統王之和及張某兩個行動組，保持與美軍的祕密通訊，提供情報，準備配合美軍的反攻作戰。

在星（新加坡）與馬（來亞）方面，軍統在準備滲入之前，已偵知蘇俄情報組織已在馬來亞滲透有年，戴笠為了保持他的組織的純粹性，拒絕了岑士麟利用當地華僑領袖陳嘉庚勢力的建議，決定另起爐灶，自設組織系統。1939年11月，軍統建立星洲組，由曾廣勛負責，後改設為站，由岑家焯負責。不久後又設立檳榔嶼組，以劉戈青為組長。開展全面的情報蒐集活動。此外，軍統還另設有星洲特別組、荷印組與吉隆坡組。其勢力由此深入新、馬、菲地區。

五、印度

抗戰開始後，位於中國西部的印度次大陸，其戰略地位與價值得以凸現。軍統局為配合戰時軍事與外交的需要，開始重視印度工作。當時印度仍在英國控制之下，對印情報工作還涉及中英關係，內容複雜而敏感。

1941年4月「蘇日中立條約」達成後，戴笠怕鄰近蘇聯的印度西北巴基斯坦形勢不穩，特別向外交部推薦陳質平為駐加爾各答總領事，並介紹在局內國際科工作的董宗山任使館祕書，聯絡印北各土著，做好爭取工作。並準備在加爾各答組訓一批海員，以備中印交通被切斷後從海路繼續對華補給。軍統還訓練了一批通印緬文的傘兵，計劃必要時空降到敵後開展工作。[8]

1942年12月，在修建抗戰時期著名的「中印公路」時，軍統局趁機向印度滲入，戴笠親自前往印度布置情報網路，並指示：「本局在印度之工作，東起孟加拉灣，西迄阿拉伯海，都應當密派人員建立組織，對整個局勢發生瞰制作用，期能對歐亞兩大軸心國在中東之會師，預為防制。」因此，特派軍統要員陳質平赴印度加爾各答建立了工作站，並在全印境內廣設據點，派員「協助」外交部印度專員公署工作，一時間，軍統地下情報網遍及阿薩姆小村與新舊德里大市，遠及錫蘭及馬達加斯加。

六、香港

這一時期，戴笠的軍統組織也嘗試過在東南亞地區與英國的特務組織開展情報合作。1941年，軍統局奉命對英情報合作，在香港成立了中英交換情報組，在海南、虎門等處設立電臺，擔任情報交換工作。次年，軍統局還派

遣人員赴英接受訓練，畢業後派赴馬來亞及泰國、越南等地工作，另又在昆明、貴陽、衡陽、淳安等地設立運輸機構，從事物資器材等件之輸送。後因此項合作成績欠佳，軍統方面指責「英人缺乏熱誠」，加上中美情報合作的開展，中英合作遂告停止。[9]

抗戰時期是國民黨特務組織活動最盛的時期，此期又以軍統組織的發展與活動範圍的擴大為標誌，在中國國內，他們將勢力伸展到警察、交通、緝私、走私貿易各領域；在全球，他們把觸角和網絡伸向歐美和東南亞地區。客觀地說，軍統組織在抗戰時期犯下過許多反共反人民和鎮壓民主的暴行，但也進行過抗日和打擊日偽的行動。而他們在東南亞各地的勢力擴張，在特定的歷史條件和環境下，其主要任務是為了抗擊日本在南洋地區的侵略，為盟國的對日軍事服務，同時也將國民黨的影響擴張到東南亞各地。在全民族抗日救國的神聖戰爭中，軍事鬥爭的需要使特務情報工作有了冠冕堂皇的理由。當時東南亞各地的抗日黨派、華僑青年和各界人士紛紛投入抗日游擊與情報工作，他們毀家紓難，不怕坐牢、酷刑折磨，甚至不惜冒生命危險，參加地下抗爭，所表現出的勇氣與民族氣節令人感動。他們的基本動機都是為了抗日救國，並不是為了反共，如胡志明領導的越共組織中，也有人受過軍統的培訓。[10] 況且他們對軍統在中國國內的種種劣跡並不十分了解，雖然他們名義上是歸軍統組織，但這些抗日志士愛國華僑的工作表現與行為與國民黨特務組織的本質是有根本區別的。他們所做的完全是抗日的工作，在中國抗戰的歷史上應當寫上他們的事跡。

【注】

[1] 黃康永口述、匡垣整理《國民黨軍統組織消長始末（七）》，上海《檔案與史學》，2002年第2期，第63頁。

[2] 黃康永口述、匡垣整理《國民黨軍統組織消長始末（七）》，上海《檔案與史學》，2002年第2期，第63頁。

[3] 「國防部情報局」編行《戴雨農先生全集》（下），1979年10月初版，第260頁。

[4] 「國防部情報局」編行《戴雨農先生全集》（下），1979年10月初版，第260頁。

[5] 喬家才：《中外文庫之四十七——為歷史作證》，（臺）中外文庫出版社，1985年3月增訂再版，第103-104頁。

[6]「國防部情報局」編行《戴雨農先生全集》（下），1979年10月初版，第264頁。

[7] 本節資料出自喬家才《中外文庫之四十七——為歷史作證》，（臺）中外文庫出版社，1985年3月增訂再版，第103-113頁。

[8]「國防部情報局」編行《戴雨農先生全集》（下），1979年10月初版，第266頁。

[9]「國防部情報局」編《國防部情報局史要彙編》第一輯，上冊，第46頁，1962年3月版。

[10] 黃康永口述、匡垣整理《國民黨軍統組織消長始末（七）》，上海《檔案與史學》，2002年第2期，第63頁。

抗戰時期國民黨中統特務的對英合作

載《抗日戰爭研究》

抗戰期間，國民黨中央調查統計局曾與英國情報機構有過密切的合作關係，這段歷史至今仍是鮮為人知的祕密。因工作性質的保密性和有關資料的絕密塵封，給今天人們了解研究這段史實造成了困難。本文引據出自英方及臺灣的有關檔案，對此期中統與英國情報機構在中國及東南亞地區的軍事合作歷史，作出初步的疏理，期與學界同仁商討。乃因資料的祕密性特徵所限，所述自難面面俱到，祈望今後有以補充，以全抗日戰爭歷史之研究。

一、中統與英國建立合作關係

提起國民黨特務組織的對外關係，人們自然首先想到的是戴笠的軍統組織與美國的特務合作，然很少有人想到或根本就不知道國民黨中統特務與英國情報特務機構之間在抗戰時期也有許多的合作關係。這段隱祕的歷史在半個多世紀以後才隨著時間的流失慢慢浮出表面，但迄至今日，因臺灣有關主管單位檔案資料的繼續封閉，人們仍不能得其全貌，只能從英方和藏於臺灣的其他外圍資料中獲取其中的一鱗半爪。[1]

1939到1944年間，國民黨中統局與英國情報機構在共同抗日的前提下進行了範圍廣泛的合作。這一合作是由英方首先提出來的，其目的是為了保衛英國在遠東的殖民地利益。

當時的英國已經顯示出一個衰落帝國的跡象，因忙於應付歐洲與納粹德國的戰爭，國力不及，無法顧及遠東地區。當對日本的步步進逼一再妥協而仍不得苟安之後，最終走上了開戰之路。然而，英軍在遠東兵力不足，即使是在香港和新加坡這樣的要害地區，也沒有什麼整建制的陸軍，只能依靠少量的海軍與來自馬來、印度等地的殖民地僱傭軍。這樣的軍隊，士兵素質並不高，即使有英國的將領來指揮，戰鬥力也上不去，何況英國的將領們一般都存有本領不大脾氣不小的毛病，對亞洲人充滿種族優越感，看不起中日等國及其印緬等所屬殖民地。故開戰後，首先對日本軍輕視，對中國傲慢。一旦打了敗仗，又驚慌失措，急急向中國求助，想用中國的力量來保衛其殖民地。這樣，才有了中英的軍事戰略合作。

在情報特務方面，英國的動機也很明確，其目的是透過與國民黨特務組織的合作，運用中方的人力資源，加以培訓和武裝，練出一支可供英方用以保衛香港、緬甸、馬來等英屬殖民地的別動隊，以彌補英軍在遠東的力量不足。

早在太平洋戰爭爆發前，英國鑑於日本有可能向南洋攻擊，出於保衛香港安全的直接目的，英國人就準備借用中國的力量來幫助其保衛香港。這個任務交給了英國特務部門，成立了一個專門的機構 SOE（Special Operation Executive，特別行動執行部），負責與中方的特務組織合作，並在重慶派駐了代表，任務是由英國出資並配給裝備，訓練出一支中國別動隊，用於對日開展騷擾、牽制作戰，並在敵後開展破壞、游擊和情報戰。

當太平洋戰爭爆發，日本陸海軍在太平洋和東南亞地區，一路勢如破竹，在很短的時間裡占領了這一地區大部後，英國為抵禦日軍，急需有關日軍在各占領區的兵力、裝備、部署等情報，遂命令其駐重慶大使卡爾跟國民黨中央黨部祕書長吳鐵城進行密商。

蔣介石接到英國的請求後，思考再三，把這個任務交給了中統，成為 SOE 與 RII（調查統計局的縮寫）的合作項目。徐恩曾一直企圖把中統的勢力發展到南洋各地，見英國情報機關主動找上門來，自然喜出望外，立刻委任顧建中就合作具體事項與英方進行談判。

四　特務篇

這一項目後來因日本發動太平洋戰爭，英國連續丟掉香港、新加坡等軍事要地而失去了價值。此後，中英特務情報合作轉為在華南及馬來亞、印度地區訓練中國海員與僑民的聯合抗日行動，中英的情報合作則轉向更廣泛的對日情報作戰。

1942年夏，在重慶川東師範中統局本部，中統代表顧建中同英國情報機關的代表就兩國情報合作事宜進行了幾輪談判。

雙方商定：由英方負責經費，中統負責徵募和培訓東南亞地區的華僑，讓他們潛入馬來亞、緬甸等地區進行情報活動，並將情報提供給英國情報機關。由於雙方互有所求，談判很快便達成協議。

1942年底，中統局為進一步擴大在南洋地區的組織活動，又舉辦了一期海外工作人員訓練班。地址在位於重慶復興關附近的歇臺子。班導師為陳宗周。1942年12月14日，國民黨中執會祕書長吳鐵城應邀前往「訓話」，17日開始正式上課。[2] 該班「參加受訓學員共34名，其中曾僑居馬來亞者12名，緬甸者□名，暹羅者□名，越南者□名，其餘□名為海軍學校畢業，□名為本局電臺報務員。均系列本黨優秀黨員，經考察忠實可靠者。訓練期間暫定三個月，結業後考核成績，分別派赴馬來亞、緬甸、印度等地工作。」[3]

中統局為該班制訂了一份訓練大綱，其主要內容是：

訓練目的：培養本局海外工作幹部人才，充實本局海外業務力量以促進本局海外業務之發展。

訓練要旨：（甲）加強受訓人員對本黨主義總裁言論及有關政治問題之認識，以提高其政治覺悟之水平，與確立其堅定之政治信仰。

（乙）培養受訓人員之組織精神，及提高其對特務之認識，以確立其堅定之組織觀念與效忠特務之熱忱。

（丙）教練受訓人員以特務之必需理論與技能，並養成其祕密嚴肅之習慣，以確立其基本之特務修養與應具之基本態度。

訓練方法：（甲）究之方式，故除課程之講授外，並側重集體討論與業務演習，以養成學員自動研究注重實際之精神。

（乙）政治訓練工作、訓練與精神教育、生活教育並重，故於訓練期中施以軍事管理，以養成學員重秩序守紀律守祕密及簡單樸素迅速確實之習慣。

（丙）實施小組責任制，於訓練期中凡問題之研究、生活之管理、業務之演習等，均以小組為實施之單位，務期符合「小組決定一切問題、一切問題透過小組」之原則，而培養受訓學員之設計創造自動自治服從負責之精神。

組織：本班之組織，以能適當執行本班之任務，所需職員以調用本局現任人員兼任為原則。……

學員：名額：暫定五十名。

成分：選拔華僑之優秀青年並具備左列諸條件者：（一）曾受本黨之政治的或工作的教育，其信仰正確；（二）身體強健品格純潔，無不良嗜好；（三）熟悉海外情形，對於海外工作具有高度熱情與堅決意志；（四）願意並可能參加本局戰時海外工作；（五）願以特務為終身事業並服從調遣。

來源：由本局同志負責介紹並經本班正副主任談話考核後，呈請本局副局長批准（選拔學員採取絕對祕密方式）。

訓練期限：每期暫定為三個月，遇必要時可縮短或延長之。

訓練時間之支配：分集中訓練與分組實習兩期：（甲）集訓期間兩個月；（乙）實習期間一個月。

訓練項目：（一）講授課程；（二）討論問題；（三）業務實習；（四）小組討論；（五）讀書指導；（六）精神講話；（七）個別談話。

考核：（略）

結業後之工作：訓練期滿後經考試完畢，由本局按照其成績及能力並視工作需要派遣工作。但成績不佳者不予派遣工作，得留班繼續訓練。

經費：本班所需經費由本局核發，其預算另造呈核。[4]

據「海外工作人員訓練班學員簡歷」所提供的資料顯示，在收錄的葉水源等 34 人中，有女學員 7 名，平均年齡為 26 歲，以廣東與福建省籍人員為主，他們來自軍委會戰幹團、中訓團、中央軍校和交通、電訊等特殊部門，絕大多數有在南洋各地居留的經歷，對南洋各國情況熟悉。其中原為中統局職員 2 人、「本局調查員」4 人，說明了大多數的「海外工作者」原來並不是中統特務。[5] 這批受訓學員後來便成為中統局在南洋活動的骨幹力量。

根據目前掌握的資料來看，中英在特務情報領域內的合作基本上包括以下幾方面的內容：

一是中英雙方在培訓特務和戰時服務隊員方面的合作；二是中英雙方在東南亞地區的抗日特務情報合作；三是英國 SOE 情報組織在中國及遠東地區的活動。

二、中統助英訓練留印海員

太平洋戰爭爆發後，日軍占領了香港及南洋的新加坡、馬來亞、緬甸等地，英國輪船公司經營的遠東南洋航線先後停航，華籍海員五、六千人被迫滯留在加爾各答，生活極為困難，而英方又無力負責安排，提出由中方來幫助其訓練或遣散，並在需要時為英美提供海上服務，英方同意為此支付部分經費。

面對這樣龐大的一支力量，中統認為應當很好地加以利用，在組訓的同時，可為中統培訓出一支較強的海外部隊，以實現其向外拓展勢力的計劃。因此決定派員前往印度，組建「中國留印海員戰時工作隊」。

1942 年 6 月 9 日，國民黨中執會祕書長、中統的後臺「大老闆」吳鐵城對局內派赴印度工作的人員訓話時，強調了此次任務的目的與要求。他說：

「各位同志此次奉派前往印度，對於我國滯留在印度的海員，加以組織與訓練，這在黨是極重要的工作……這一次組訓海員的目的，在使其協助英國、印度抗戰。……目前我國與英國及印度，痛癢相關，利害相共……中英印三大民族，亦彼此均負有協同努力之重大任務。……諸位同志於工作之餘，應同時從事國民外交工作，……除自己努力外，尚可策動當地我國僑胞去作。

「各位之工作任務，本人昨晚已面陳總裁，為其目的有三：一、嚴格實施黨的組訓，使各海員能確實擔任與同盟國並肩作戰之使命。……故諸位當傾全力以赴，務求各海員今後於服役英印政府時，能表現出極優異與英勇之勞績。……二、著重技術訓練與紀律習慣，使各海員能於戰後能擔任接管軸心國船舶之工作。……三、此次組訓為將來普遍組訓海員之基礎，而為今後發展我國航業之張本。……抗戰發生後，黨部與政府對海員工作亦未能充分加以運用。戰後我國必須發展航業，航業發展端賴海員，故諸位之組訓工作如有成效，使此二千餘海員能成為中國海軍幹部，在本黨領導下，有嚴密組織，良好紀律，則將來謀我國航業之發展，自能收事半功倍之效。」。[6]吳的這番話，道出了這次海員組訓的遠近目的，原來中統對未來中國海軍之重建也抱有染指之心。

1942年10月22日，「中國留印海員戰時工作隊」在印度加爾各答托力根營地舉行了正式成立典禮，蔣介石與吳鐵城均發來了賀電。中統局派出的工作隊總隊長王天雄主持了典禮，中英雙方的代表及千餘隊員參加，會後發表了《中國留印海員戰時工作隊成立宣言》，當晚還舉行了餐會。[7]

工作隊成立後，即對海員們進行了黨訓化的「教育管理」，為期半年。而後進入正式的工作階段。為加強內部控制，經國民黨中央海外部批准，中統在工作隊裡建立了黨的直屬分部，後擴大為總支部，下轄5個分部，最多時有國民黨員500餘人。黨部的工作目的是「在組訓過程中能使海員同志們的生活方面，得以改造，思想方面能受本黨主義之薰陶涵育。」[8]

11月18日，由軍統局派出的專員李鴻鳴報告了奉命視察留印海員戰時工作隊的情況。他寫道：「9月10日奉命前往加爾各答，視察留印海員戰時工作隊。12日飛抵，向林本總隊長問詢海員組訓事宜，訪問各官長及駐印總領事館保總領事，均認為林本頭腦不清，性情暴虐，行為不檢，才能不足。即電吳祕書長換人，中央採納，改派王天雄繼任。10月22日，經內部整理後舉行成立大典。」過去隊中幹部多是由中統局與國民黨中央海外部從軍校、戰幹團畢業生中選拔擔任隊長，由政治訓練及民眾組訓團人員來擔任政治指導員，並注意選自閩、浙、粵沿海地省。現因英方船公司仍發津貼，一部分

海員就不願加入工作隊，對此，需與英方洽定限制方法。對少數「不覺悟分子」應用國家總動員法，送其加入遠征軍。到10月27日止，戰工隊員計有649名。22日，李鴻鳴前往蘭姆加拜見中國遠征軍司令羅卓英，並應要求，派出48名熟悉緬甸情況的隊員加入遠征軍工作。另又為英國駐加爾各達技術招募處徵召技術工37人派往伊拉克服務。「職除視察戰工隊外，並與英國經濟作戰部（特務機關）馬來亞分部負責人GOODFELLOW商談馬來亞特務合作辦法，於10月21日正式簽定合約，詳情經已另報。」[9]

中國留印海員戰時工作隊成立後，首先遇到的就是多重的困難。據王天雄12月8日於加爾各達發出報告，內容為以下幾點：

1.10月20日他與李德爵士、保總領事、英中國事務局佛郎克林祕書在總領館商定，英方於11月1日起，停發海員津貼，由戰工隊對海員們進行勸其入隊的工作。

2.少數海員衝砸當地飯店上海樓鬧事，並要火燒戰工隊營房，揚言殺死王、保等人，目前已有戒備。

3.少數海員在上海樓白吃，還要掛「總理」、「總裁」，像上街討飯，丟中國人的臉。

保總領事電蔣介石請示，31日得蔣回電，授以保總領事處理全權，並電羅卓英派兵支持。11月6日羅到加爾各達市，對海員發表講話，部分人包圍會場，被印警驅散。11日召開政軍聯席會議，決定先發放11月上半月津貼以供海員們支付飯費，但鬧事者以聯合禮義會名義表示拒絕調停，甘願自謀生路。14日，發完津貼。海員工會幹部邊坤宇活動頻繁，準備成立一個由他自己主辦的勞動團，來與工作隊相對抗，要求繼續發給維持費。23日，兩千海員向英船政司請願遊行，並向「四行」要求退還所購救國公債，揚言還要燒毀一切中央駐印機構以示決裂。保總領事為此氣憤病倒，經電中央，派軍隊來處理。4日，又有400人包圍領事館要飯要錢，憲兵與印警開始逮人，押送蘭木加看管，將為首的判定為共產黨。命令其三日內加入工作隊，否則押送遠征軍服兵役。

4. 林謀盛離職時未辦交代，而他任命的事務長在他之前就逃跑了，服裝器件帳面無法查清，請派人前來協助。

5. 英方中國事務局對戰工隊經費控制很緊，先期只給 1000 盾（需要 4000 盾），後又定為實報實銷，實際則多方詢問、刁難，如去取藥就被譏諷詢問是否要開藥店等，中英雙方矛盾顯現。[10]

雖然工作隊面臨著諸多內外困難，但透過努力，訓練工作仍然得以開展起來。

根據資料顯示，工作隊平時的主要活動內容是思想教育、航海訓練、提供英美盟國的航海服務、聯絡服務中國駐印遠征軍、駐地社會救濟、自給生產、體育娛樂等。如 1943 年 12 月上半月的工作統計即包括以下 10 項內容：

1. 舉辦幹部年終考績；是為「為襄助管訓特挑選優秀隊員予以特別訓練，用為幹部。」2. 舉辦徵文競賽；3. 提倡踢蹀運動；4. 墾闢菜地；5. 培植營房風景；6. 制紀念章；「本隊為資永久紀念特製，離隊隊員及隊員購佩者甚多。」7. 結束對駐地印度災民施飯；據稱「施飯共計 3 月，據印人估計共值 1 萬 5 千盾，故活人命當在 600 以上，甚得一般印人好感。」8. 慰勞中國遠征軍戰車隊；邀請駐巴力克浦部隊「聚餐並舉行同樂會」。9. 出版壁報週刊；「《海風壁報》出至六十期、《海風週刊》已出 44、45 兩期。」10. 統計人數。「全隊人數截至本月上半月止為 477 名，較上月底減少 13 人」。[11]

工作隊還出版了《海風》壁報週刊，用於宣傳與鼓動，介紹世界反法西斯戰爭狀況，造成了較好的效果。[12]

此外，工作隊還派出了部分人員赴英參加海上戰時運輸服務，主要內容是「擔任船塢的消防、軍需的運輸、參加前方機器工廠、飛機工廠、軍需工廠等工作」，「依過去一年多的表現，成績斐然，使友邦各界人士獲有深刻的認識和一致的讚賞。」[13]

1943 年 4 月 22 日，徐恩曾致電吳鐵城報告：戰工隊本年 1 月至 3 月以來由 1268 人減為 989 人，有 279 人離隊，「若此逐日漸少，則對於貢獻盟國戰時服務之任務將不能達成，」應規定今後隊員離隊應在航業服務，否則

應加以限制。[14] 而在處理隊中矛盾關係方面，據 1943 年 9 月 11 日吳鐵城電復工作隊劉代理總隊長所披露的情況：「請曉告該隊為中英合辦之戰時服務機關，而非階級鬥爭之勞工團，……（隊員）要求改善待遇，須在融洽雙方感情、自求振奮紀律及適當標準以後，擬設法使該隊在反攻緬甸戰役中求得表現之機會。」由此看來，工作隊內部要求改善待遇的抗爭一直沒有停止過。[15]

實際上，中統局攬下這一樁工作的結果是幫助英國人解決了華籍海員的處理安置問題，至於這個工作隊是否培養出了適合中統需要的特務人員，其效果倒也不是太明顯。1943 年 10 月後，中統方面通過對這批留印華籍海員實行軍事管制訓練及分化瓦解，讓海員們或另謀出路，或回歸祖國，一部分入伍參加了反攻緬北戰役，最終聚集在加爾各答的數千名華籍海員逐漸解散。

工作隊結束以後，中統向英方申請經費補償，英方十分吝嗇，雙方為薪水、辦公費、服裝費補助等事發生了多次爭執。臨回國時，海員隊中又有人私購印度禁止出口的黃金，在飛機上被英方查獲，雙方又進行了不愉快的交涉。但無論如何，查考中國留印海員戰時工作隊的歷史，其積極作用還是大於其弊端的。

三、中英合作建立緬甸情報網

1942 年 4 月 11 日中統局副局長徐恩曾致函英屬緬甸國防局中國部主任魯賓生，商洽中英雙方在緬情報特務合作辦法。經請示蔣介石批覆：「甚慰。所請經費可□呈核辦，此項工作不能離海外部緬辦事處，並須與軍統局劃分工作及聯繫」。4 月 21 日徐恩曾召集準備赴緬工作人員訓話。

在這年夏天的中英談判中，雙方同意組成中統緬甸情報區，其主要任務有兩項：

（一）蒐集有關日軍的一切軍事、政治和經濟情報等，協助盟軍在緬抗日作戰；

（二）調查旅緬華僑和當地人民反英、反日的活動。

所有這些情報，均須抄送英方一份，情報區的活動也隨時向英方通報。作為交換條件，英方每月向情報區提供 7 萬盧比的活動經費，並一次性地為情報區裝備所需通訊器材和部分輕武器。

9 月 12 日，魯賓生來到重慶進一步商洽具體合作行動內容，因徐恩曾赴陝未返，便由顧建中出面約魯一談，草擬了一份合作辦法，簽呈蔣介石，報告與魯賓生洽商經過，請約期召見，得蔣批「代見可也」。12 月 26 日徐恩曾奉侍辦 5349 號亥世代電覆：「特字第 5288 號報告，代見魯賓生君，協商在緬特務合作辦法等情悉。」指示於 12 月 31 日中午在蔣介石官邸會報中進行口頭報告。[16]

中統與英國 SOE 一經達成協議，便立刻投入了緊張的籌備工作。具體承辦籌建緬甸情報區工作的是中統局本部的僑務小組。

1942 年底，組建工作在重慶正式完成，為掩人耳目，所組成的緬甸情報區，其公開掩護機關的對外稱呼是「中國國民黨駐緬甸總支部」。

緬甸情報區的主要成員，主要來自僑務小組在重慶和昆明等地招募的東南亞地區華僑青年，最初額數未招滿，後來又不得不擴招一些閩、粵籍的青年加入。這些人被招來以後，中統在重慶開設了一個專門的特訓班，對他們進行了短時間的特務技能訓練。12 月，該班結業後，除少數學員被派往馬來亞等地工作外，其餘人員連同電臺人員一起，組成了中統緬甸情報區。

由於招募和培訓工作比較急促簡單，這些被派去緬甸工作的情報人員一般素質較低，他們缺乏熟練的特務技術和應有的保密習慣，工作成績不佳。

中統緬甸情報區由李竹瞻擔任區長，陳蔚如任副區長。

李竹瞻，是廣東梅縣人，曾在緬甸首都仰光的中華基督教會中從事教職多年，是一名牧師，過去從未做過特務工作。30 年代，吳鐵城在任國民黨中央海外部部長時，曾到仰光等地視察黨務，李竹瞻當時為吳組織過盛大歡迎會，贏得吳對他的好感。中統籌建緬甸區時，李竹瞻居留重慶，並表示過要在政治上謀求發展的意向，吳鐵城便將其介紹給徐恩曾，並稱李能力強，又熟悉緬甸情況，還有一定的社會基礎，極力保舉他擔任區長。

對吳鐵城推薦的人，徐恩曾當然不敢抗拒。但他認為，派一個外行去領導緬甸區，肯定不合適，這樣一來，會使緬甸區先天不足。於是，他派出陳蔚如為副職，並向他面授機宜，讓他把情報區的主要工作實際全掌握起來。

徐恩曾又與李竹瞻談話，鼓勵李把情報區的對外聯絡工作做好，暗示李其他工作不用多管。李竹瞻口是心非地表示同意。

1943年初，中統緬甸情報區全部人員攜電訊器材，乘一架運輸專機，由重慶出發抵達昆明。

在昆明，李竹瞻與駐昆明的英國領事館取得聯繫，按協議領取了經費和有關器材。

與此同時，為了充實潛入人員，陳蔚如找到中統雲南調統室主任查宗藩，向他提出，要求他代選人員充實緬甸情報區，條件是：入選人必須是中統人員，必須是曾去過緬甸的雲南華僑，或者是懂得緬語、熟悉緬甸情況的人。

查宗藩於是把李品偉介紹給陳蔚如。

李品偉，雲南保山縣人，參加中統已有年餘，早先曾在緬甸臘戍開設照相館，經營多年，日軍占領緬甸時才回到雲南，對緬甸情況極為熟悉。

陳蔚如了解了李品偉的情況後，十分滿意，當即向局本部匯報，將李品偉留下，命他以「中央黨部戰時邊地視察員」的公開身分去緬甸景棟分區開展工作，以利於情報區的日後活動。

情報區人員在昆明停留了一個多星期，等經費、器材和人員問題基本解決後，開始潛入緬甸。路線是預先定好的，全體人員決定編成兩隊，從昆明分道出發，大致安排是：

第一隊先行，由陳蔚如帶隊，從下關方向經滇緬公路進入緬甸的澎弄；另一隊隨後，由李竹瞻領隊，從昆明經滇越鐵路從越南進入緬甸的景棟地區。

雙方商定，陳蔚如帶人先到下關後，應著手布置好辦公地點和籌辦好潛入緬甸境內的一切準備工作，等待李竹瞻率隊前來下關會合。

1943年1月中旬，陳蔚如率情報區部分人員包乘了兩輛大卡車到達下關，在文言昌宮設立了辦公處和宿舍。

同時，還在迤小井巷18號架起了無線電臺，對外通訊地址為「雲南下關郵政信箱48號」，名稱代號為「靈光」。

電臺人員的工作比較緊張，他們一方面架設總臺，爭取儘早向重慶、昆明通報；同時，還要對從昆明英領事館領來的兩具手搖收發報機進行改裝。因為這是英國人的處理品，使用時會發出很大的噪音，極易暴露。

根據事先的商定，緬甸情報區下設6個分區，分別為：

（一）仰光分區。主任蔡英，電臺臺長李發柱；

（二）曼德勒分區。主任初光榮；

（三）景棟分區。主任王一定，電臺臺長張潤；

（四）臘戍分區，主任張雲，電臺臺長楊耀輝；

（五）八莫分區，主任楊安，電臺臺長程志安；

（六）密支那分區，主任未定，電臺臺長留總臺工作。

陳蔚如這時發現，由於事前沒做好細膩的調查研究工作，情報區人員配備存在很大問題，因為整個緬甸區的各分區，除仰光、曼德勒兩個分區講緬語或英語外，其他4個分區都講泰語，而入緬人員基本都是講緬語的，在泰語地區毫無立足之地。

由於經費掌握在李竹瞻手中，陳蔚如處理完這些工作後，便只有等李竹瞻率隊趕來。可是，這一等居然就是大半年，李竹瞻還在昆明沒有動身。

情急之下，陳蔚如多次催促其速來，誰知這位李牧師總是推說派往景棟方面的人員尚未出發，須等他們到齊才能去下關，實際上，李竹瞻所以滯留昆明不肯動身，是因為他把活動經費挪用去搞投機買賣了。

四　特務篇

在下關的人員對李產生了嚴重的抱怨情緒。陳蔚如把情況向中統局本部作了匯報，徐恩曾也非常不滿，電令李竹瞻率隊速往，可李對此置若罔聞，一直在昆明踟躕不前。

由於李竹瞻遲遲不來，陳蔚如等也無法籌辦潛入緬境所需的物資，所以，在下關的半年多時間裡，所謂的情報區實際上根本無事可做。

英國方面對此非常不滿，認為情報區徒有其名，拿了錢、拿了物卻不幹實事。為了對內對外有個交待，陳蔚如煞費了一番苦心。

李品偉對滇南地區和緬甸境內的情況比較熟悉，從他那裡，陳蔚如了解到：當時日軍在緬甸地區的軍事力量十分薄弱，侵入緬甸的日軍除在沿海重要港口和滇緬公路設有重要據點外，其他地區不過是利用一些緬奸來維持秩序，漏洞很多。另外，在滇緬邊境騰衝和龍陵間的山區，有一些靜僻的山間小路，在這條路線上常有一些做馬幫生意的漢人往來，他們熟悉當地的地理人情。陳蔚如認為，如能得到這些馬幫的幫助，對緬甸區的潛伏和偵察都將大有好處。於是，他決定利用這段時間，在馬幫裡發展關係。透過雲南調統室的關係，陳蔚如結識了一位姓楊的騰衝籍地主，這位楊某跟馬幫在生意上往來頗多。他經常從馬幫手中購進棉紗、五金、藥品等搶手商品，轉手倒賣給昆明來的商販，從中牟利，因此他和馬幫的關係很密切。

透過楊的介紹，陳蔚如與馬幫中的一些人套上了關係，常常邀他們在一起從閒談中了解一些緬甸境內的情況，然後，再來一番加工後，除發送中統局本部一份外，再給昆明英領事館一份，聊以塞責而已。

1943年8月間，李竹瞻終於到了下關。

對李竹瞻滯留昆明，陳蔚如等人都非常不滿，特別是聽說李用活動經費經商，更是氣憤。李竹瞻到了下關後，閉口不談工作之事，反給每個人都發了一本《新約全書》，要求他們按時到教堂聽講。陳蔚如為此跟他大吵一場，兩人矛盾趨於尖銳。正副區長無法合作，情報區的工作也就可想而知了。

同年10月，為擠走陳蔚如，李竹瞻向吳鐵城密報了羅列陳的幾大罪狀。包括有：吸食鴉片煙；動用公款做生意；常聚眾賭博；不抓工作；目無上級；

調戲少數民族女子等等。吳鐵城把信交給了徐恩曾，讓他查辦。陳蔚如是徐的心腹，他當然不肯查辦。而且，徐恩曾也認為這些所謂的罪狀，實際是李竹瞻惡人先告狀。但是，吳鐵城是他的靠山，他可不願為了一個手下去開罪吳。於是，便派中統僑務小組的負責人朱凌雲由重慶去下關，名曰調查，實則是做陳蔚如的工作，把他調離緬甸區。

陳蔚如得知李竹瞻密告自己的事情後，惱羞成怒，他一面據理駁斥，為自己申辯，一面又向朱凌雲揭發李竹瞻以活動經費經商的事實。在朱凌雲開導下，陳蔚如同意回重慶，於當月離開了下關。

陳蔚如走後，朱凌雲接替了陳的位子，擔任副區長。時隔不久，李、朱之間衝突又起。李竹瞻用同樣的手法又告了他黑狀。

對李竹瞻這樣再三地胡鬧，徐恩曾此刻也看不下去了。他把李竹瞻由下關招來，狠狠地批了一通。因為不想讓吳鐵城太過不去，訓斥之後，並未撤李的職。[17]

除了籌建緬甸區的工作而外，中統組織還和英方先後進行了兩次較大規模的合作行動。

四、中英在馬來亞的地下組織及其活動

中英特務情報合作中比較成功的例子是雙方在馬來亞日占區的工作。此事的源起是中統受英方之邀，為他們培訓和選送派往南洋日占區的情報工作人員。其後，中英雙方就在馬來亞共同開展了抗日特務情報合作，組織游擊隊對日本占領軍進行作戰。在蔣介石的裁定下，中統與英方開展訓練與組織游擊隊活動，軍統則與英方進行軍事情報合作與交換，並且各收穫。

1942年9月5日徐恩曾函報吳鐵城，「據印度我三隊林謀盛同志報告，英國駐新情報部長顧泛羅願與我方合作，乞核示。」吳批覆：「可先擬合作辦法候核商。」10月4日，中統局派曹鴻鳴在印度與顧泛羅商定中英在馬來地區合作辦法，並於12月31日中午及次年2月23日兩次在蔣介石官邸會報中作了口頭報告。1943年4月26日「奉總裁卯沁侍秦代電，飭查報中英在馬來亞合作實情。」5月8日中統局詳細呈覆。20日又「奉辰駕侍秦代電，

批示呈悉。凡與英美情報合作事，概交軍統局統一辦理。」看來蔣介石是想在對外情報合作中扶戴抑徐。但中統是不會輕易退場的。於是，「在四、五、六三月中，先後與於鄭介民、塗思曾、唐乃健、劉部長、何總長等商洽，擬南洋編海區工作綱領，6月11日意見一致，將情報歸由軍統局主持（見該綱領第五項）簽請總裁核示，奉侍稿第18265號巳卅代電略開，報告及附件均悉，所擬綱領可以照准，唯利用盟國器材一節應注意於利用者之人事掌握，至經費方面希先與孔副院長商洽。」中統方面僅讓出了情報的蒐集與交換，而保住了對其在南洋游擊組織的指揮權。7月21日中午，在「官邸會報」上，中統局又報告「第一批赴馬來亞同志安全到達」，[18] 業已開展工作。

當時馬來亞及新加坡在日本占領軍統治之下，當地人民的對日態度已經歷了由歡迎到反對的變化。1943年前，他們受日方「解放亞洲驅英趕美」的欺騙，指望日軍把他們從英國殖民地的處境下解救出來，但虎去狼來，日本的法西斯殖民統治比英國更殘暴，在日統治下，馬來亞人民一切糧食及日常必需品均定量配給，由街坊長發糧食簿、購衣券，且每家庭一星期只配給魚半斤，每月供米男子8斤、女子6斤、孩4斤，每人每年只配售襯衫一件、鞋一雙；女子每人每年購布一碼，如此壓迫導致黑市盛行。日軍還在馬地強行頒布徵集勞役辦法，通知當地巫印團體與華僑協會所需勞工數量，16-35歲男子都要應徵做苦役，否則將被逮捕。人民要申領居住證、旅行證方可行動，城市內每晚十時戒嚴，特務憲兵橫行，「惟憲兵中有一種TOKOKA人員，雜入軍隊甚至當地人民中，其任務在注意疏忽之言談及不良的軍紀」，造成白色恐怖。另外，日人還以大量已貶值日幣奪購當地工廠器材。[19]

在這樣的情況下，1944年後，人們該改變了對占領軍的態度，「希望盟軍早來，但無反日行動」。[20]

當時活躍在馬來亞地區的抗日游擊隊有多支，成分比較複雜，「除星洲及檳城之外，游擊在馬來亞其他各地異常活躍，其分子包含中國人、英人、馬來人及印人，而以中國人占多數。彼輩組織成隊，為數有五，號稱『馬來亞抗日同盟』，（The Malayan Anti-Jananese Union）均以打敗日本為目的。

總部地點：1. 國民黨獨立游擊隊：第一隊在柔佛（Johore）；第二隊在森美蘭（Sembilian）；第三隊在雪蘭莪（Selangor）；第四隊在霹靂（Perak）。2. 共產黨游擊隊：第五隊流動總部在怡保，及吉隆坡；其他各隊散布於各地，總部地點不明。3. 洪門游擊隊：第一隊在 PANLAI；第二隊在 MANONG（近 BRUAS）。

組織內容：

1. 國民黨獨立游擊隊：

甲）組織：第四隊部在霹靂河一帶，首領為一華人，名李一文，係前駐安順國民黨支部祕書，首領之下，設有 8 科，構成該隊之最高委員會。……霹靂河一帶之國民黨活動會員約有 4000 人。

乙）任務：(1) 偷襲日軍，(2) 破壞交通，(3) 剷除漢奸，(4) 焚劫警局，(5) 收集情報，(6) 以宣傳方式喚醒愛國情緒，(7) 與馬來人合作。

由宣傳、編纂兩科合辦一報，在吉隆坡發行，名為《國民黨報》，用中英巫三種文字刊印，此外又印發各種宣傳小冊。……洪門游擊隊之前任首領阿祥，充此隊組訓科主任，同時兼任隊代表，最高委員會代表，及下級委員會間之聯絡員。」[21] 游擊隊員基本是由華僑青年組成。

「每一華人家庭中有男丁四人而已屆兵役年齡者，須有一人加入游擊隊，為活動隊員，」「每一預備會員每年須受一星期之訓練，居垣之則為收集糧食及捐款。近因鑑於盟軍之勝利，預料大反攻之期將屆，故預備會員之訓練，有隨時被招而給予某種任務之可能。在敵政府官吏下之工役及其它為敵人服務之人員，倘游擊隊需要其加入而不加入者，則設法予以處死。此種人員加入後，則使其擔負間諜及反間任務。」

2. 共產黨游擊隊：「總部在怡保（IPOH）附近，首領為 MACHUKYO（馬致果），前任首領為來福，已於 1943 年 8 月在怡保被日人捕殺。首領之下設有 5 個委員會如下：(1) 最高主幹委員會，(2) 支幹委員會，(3) 分幹委員會，(4) 區幹委員會，(5) 地幹委員會。

四　特務篇

3. 洪門游擊隊：洪門游擊隊又名三星（俗稱流氓）黨，人數並不多，起初彼輩專以搶奪英人及日人之槍械為勾當，英人退出 Tronbh、Kamhar、Manong、Pavil Bridge 及其它地方之後，所遺落大批小槍子彈及若干大件武器，【為】洪門游擊隊所俘獲，迄至 1942 年中，國民黨游擊隊因缺乏槍械，遂把許多洪門游擊隊予以吸取，其中不願合併者，乃另行成立獨立隊伍，於 Pantai 及 Manong 等處，隨後將總部由 Pavi River 遷至 Selangor，近又移至 Perak River。國民黨第四游擊隊組訓主任阿祥曾充洪門游擊隊之首領。現任洪門當【權】之首領名字不詳，聞其居住於 IPOH，至於洪門游擊隊之組織，與國民黨、共產黨游擊隊不同，大概無甚系統云。」[22]

當時英方為在南洋地區開展工作，也在印度開辦了一所「特務訓練學校」。「該特務訓練學校設於印度孟買省 POONA 附近 20 英里某地，由英遠東軍總司令部主辦，專培養特種行動人材。共有學生千餘名，包括中、英、印、阿拉伯、波斯、阿富汗、緬甸、暹羅、安南等國籍，訓練後分別派往遠東中東各地前方與後方工作。校內按學生籍別或人種分班教授，各班教室隔離甚遠，不許學生相互間發生橫的聯繫。」其中就有一「馬來亞區中國班」，「本局派出同志，即在該班受訓，同班者原有粵籍馬僑 5 人，係由英方自行招收者，電務員陸思行等四員，於 2 月 4 日赴新德里附近米津軍營電務學校受訓，3 月底結業後仍返班實習。該班班主任係加拿大人，前在香港負責特務工作，香港淪陷時與陳策一同逃出，英籍教官 7 名，學識豐富，以英語授課，由林謀盛同志擔任翻譯。課程計有健身體育、第五縱隊組織、祕密通訊、情報暗殺、游擊戰、縱火、爆破術等等。每日功課甚為緊湊，早晨自 7 時半起至晚 11 時止，除三餐及稍事休息外，均在上課及野外演習中。作息時間係臨時規定。」「英方對馬區工作人員的待遇：馬區工作人員在受訓期間，除膳食、服裝由英方供給外，每月另發津貼費，計區長 300 盾、副區長及電務員 200 盾，書記及幹部同志各 150 盾，將來出發工作時，津貼照發。並酌情發給特別費，其成績優良者，得臨時給予獎金。」[23]

為加強在馬來亞區的工作，1943 年 10 月間，中統調派馬區翁信賓赴印度加爾各答受訓。中統局長葉秀峰致電吳鐵城報告說：

「頃據莊惠泉同志報稱：前由盟方潛艇自馬來亞帶印之翁信賓同志經已轉赴加城受訓，此後將派入馬區擔負本黨在霹靂、雪蘭莪、森美蘭、柔佛等地游擊隊與盟方聯繫之工作。據翁同志報稱：『霹靂等地游擊組織由本黨第四獨立隊隊長李一文同志領導，實力雄厚，戰績輝煌』等情。職乃將是項情形轉知英方負責人陶中校，並商定將翁同志嚴予訓練，復派入霹靂等地，擔負聯繫工作，茲為鼓勵各該同志艱苦奮鬥之精神，並促使與盟方開誠合作，計擬請用祕書長名義備函，交由翁同志轉致霹靂等地各工作同志，指示與盟國合作之意義，並多予鼓勵，等語。是否可行，敬請裁奪示覆為禱。」[24]

中統之所以如此重視加強對馬來亞的工作聯繫，是因為在當地的抗日鬥爭中發生了國共矛盾並牽扯到了對英的關係。1943年10月3日，中統馬來亞區副區長莊惠泉曾向吳鐵城電告了其中的前因後果。他報告說：派翁信濱乘盟艇赴加城受訓後，擬再派往霹靂擔任與英方的聯絡員，「與英方發生聯繫，以後再設法推及雪蘭莪、森美蘭及柔佛等屬部隊。據馬區英方負責人報告，則謂共黨首領（共產黨對英聯絡人為 LEEWIMING（李偉明），其最高負責人為馬志強（又名馬致果），告以霹靂並無本黨游擊隊之組織，但據翁同志確言，本黨第四獨立部隊力量強大，槍械充足，其霹靂河北部自霹靂橋迄至直落安順一帶，均為其勢力範圍，該部隊彼親自到過，隊長李一文同志亦曾晤面多次，事實不容否認。至於總部設於雪蘭莪，主持人為怡保僑領胡重益等，彼輩舉家遷入部隊，準備與敵作持久戰，而霹靂部隊亦曾向該總部領到槍桿，⋯⋯翁同志認英方顯受共黨矇蔽，因國共政見不同，且曾發生衝突，共黨欲獨霸一方，不願本黨與英方接觸，增強實力以與爭雄。自屬意料中事。關於此事，職曾與陶中校一度談判，職謂英方不能與本黨部隊取得聯繫，並不能運用本黨龐大力量，殊為失策，同時職並引祕座訓示：『本黨對馬區毫無政治及領土野心』以告知，反觀共黨部隊一面從事打擊暴日，一面準備戰後建立共和國，將來馬區收復，其它姑不具論，單以收回民間槍桿一事，已極困難應付，本黨部隊方面，則我可稍盡綿薄，陶中校亦認此為戰後最困難問題，彼希望國共不復發生火拼，至與本黨部隊合作，自屬迫切需要，目前步驟在計劃如何使之雙方獲得接觸，故決定派遣翁同志回區擔任線人之責。」莊希望吳致函其第四獨立部隊「述及中英兩政府合作事，及多予

鼓勵。……職俟各事部署後，亦將隨後如區工作，唯一使命在如何加強本黨組織，如何發揮本黨力量，以協助盟友收復失地。當次本黨與共黨互相消長之日，如不把握時機，則恐後悔無及，故職決心親自入區主持，唯茲事體大，今後應如何進行，敬乞指示一切。」吳鐵城當即在電文上批道：「加強組織，發展黨員。」又覆電指示：「所陳霹靂本黨第四獨立部隊與共黨情況一節，查發展本黨組織加強本黨力量，既為對付共黨最好辦法，希對進入馬來區之各同志，申述此項要點。」[25] 由此我們可以看出，當時在馬來亞地區的抗日作戰中還存在著複雜的國共兩黨較量，並將英方捲入其中。

我們僅以中統一名派往馬來亞活動的華僑特務經歷為例，可從一個側面了解中英培訓和派送南洋情報員在馬來亞活動的具體情況。

陳崇智，祖籍廣東潮州，1916年生於新加坡，後回國讀書，1942年重慶國立美專讀書時加入中統培訓。在印受訓時化名林成，入馬來亞後化名陳天成。根據他自己的敘述：「1943年1月至7月在印度受特務訓練。1943年8月至1944年3月26日在霹靂工作。1944年3月26日至1945年8月26日在日軍拘禁中。」[26]

「從事特務工作原因：第二次世界大戰爆發時，余在重慶升學，因聞日軍入馬後，居民慘遭蹂躪，乃決放棄學業，應中央政府之徵募參加赴印受特務訓練。同批由渝來印之同學有：主持人林謀盛（又名陳春林）、吳明才（即吳在新）、陳狄夫（即胡迪夫）、韓禮文（即譚顯炎）、陳石夫（即余天送）、穆清（譯音）、李俊（即梁允明）、黃河、鄭景邦（即鄭憶雲）。

「受訓期間：我等由渝飛加（爾各答）後，即受（英軍）GOODFELLOW少校之接待，翌日乃乘火車赴浦那（POONA），抵步後即乘軍用卡車赴SUNGARI山受訓，教官有DAVIES上尉，BROOME上尉及其他多人。

「1943年5月，第一批工作人員吳明才、韓禮文、李亞青（李漢光）、亞英（龍朝英）及亞彪（註：譚雲彪，後經回錫遣送回國）在DAVIES上尉領率，離哥倫坡出發。

「第二批人員石夫、李俊及余在 BROOME 上尉領率之下，攜帶無線電機於 1943 年 6 月離丁堪馬利軍港出發，安抵馬來亞後，即與 DAVIES 上尉取得聯絡，DAVIES 以內地布置未周，乃全體返印。」

「至 1943 年 7 月，全體乃再在 DAVIES 上尉領率之下，離哥倫坡出發，於同年 8 月 3 日，即與馬來方面來接之帆船接觸，翌日即在 PANGKOR 附近之 SCULLY 山附近登陸。」

「在馬活動情形：

我等分兩部（外務部及內務部）工作，內務部由 DAVIES 上尉主持，外務部人員計有：臨時主持人兼財政吳明才，駐怡保；財政幫辦兼內務部及外務部交通林成（即余），駐 LUMUT，海上交通李亞青，駐 LUMUT；陸上交通亞英，駐怡保；支部陳石夫，駐 TAPAH；在 SCULLY 山之糧食運輸負責人陳慶青夫婦（譯音）；怡保代表麥基（譯音）。」

「區長陳春林（林謀盛）於 1943 年 12 月由印入馬後，總部乃於 1944 年 3 月在怡保設立，當時任務為：（一）與抗日軍聯絡；（二）接應人員及物品入內地；（三）設立無線電臺；（四）維持海上交通。」

「吾方與游擊隊之聯絡，由吳明才負責，游擊隊起初對本組織極為懷疑，而吳亦幾因致生命危險，後獲游擊隊信任後，始告成功。」

「接應人員及搬運用具入內地之工作，由 DAVIES 親率韓禮文、李俊及亞英會同游擊隊員，深入森林進行，成績極佳。」

「無線電交通，因初時攜入之無線電機不適應用，致延至林謀盛帶入較小電機後，勉強始告設立。」

「海上交通，實為本組織之命脈，其任務在以帆船接應潛艇運入用品、錢幣及金飾。後李亞青與 DAVIES 上尉發生誤會，阿英乃奉命協助李亞青工作。最後，出海工作乃由阿英一人負責。」

知非文集：民國初年祕辛研究
四　特務篇

「由 1943 年 5 月起，各項工作均能依照原定計劃圓滿進行。至 1944 年 3 月，區長陳春林（林謀盛）乃告余謂第一步工作業已圓滿完成，而第二步工作，即組織與宣傳，即將開展。

「然當時我方因經濟短缺，只能於霹靂活動。外來之船，又數度不獲接觸，致未能運來錢幣，以資應用。及至我方決定擴展工作範圍後，區長乃派吳明才赴新加坡晤蘇漢水、王丙丁、柯子平等籌募款項，俾能派遣代表赴他地工作。」[27]

1944 年 3 月間，陳崇智等受同事連累相繼被日軍逮捕，組織幾乎全被破壞。陳在新加坡的兄長也被日軍抓去，其母去探望時竟被日軍毆打致死，留下嫂、侄無法維持生計。陳崇智等先被拘於日軍特務局，備受拷打，後又多次轉移關押地點，不給飯食，飽受虐待，區長陳春林死在獄中，陳崇智等後在馬來 TAPAH 監獄中兩次說服當地警察看守，準備毒死日官越獄，被發現而致未果。

陳崇智及其中統馬來區區長林謀盛被捕後，時隔一年，副區長莊惠泉才致電吳鐵城，報告「林謀盛、吳在新、陳崇智、余天送、李漢光於去年 3 月間在怡保被日軍逮去不知下落。」「僅李漢光一人逃出，梁元明在機件損失情況下，經 18 個月努力竟能單獨修好，並試用各方面成功。」[28] 面對此遲到的消息，吳鐵城亦無可奈何，只能覆電說：「林謀盛等希設法探尋並盡力營救。梁元明克建奇功，譚顯炎、龍朝英、張德爵、鄭乾坤成績優異，均堪佳尚。」[29]

直至 1945 年 8 月日本戰敗投降，28 日陳崇智獲准出獄。隨即在 9 月 3 日英軍登陸後得到幫助，飛往新加坡。最後面見負責人 GILE DAVIES 中校。[30]

中英在馬來亞地區的抗日合作從總體上來看是比較成功的，雖無很大的建樹，但活動一直在持續。但有合作就必然有矛盾，據現存的資料來看，當時的合作之中最大的問題還在於英方人員對中方的態度和經費供應之不足。這種狀況在戰爭後期越發明顯。

1945年3月29日，參加英方培訓的中國學員楊達仁去函給英國陶烈林上校，說明為何中國學員與教官間有矛盾。函中寫到：「各學員引為最大的痛苦者，即係英方教官態度欠妥及對學員各項問題之處置不公正。」他舉例說英國教官將中國學員視之如前在馬來亞管理的苦力，有病不讓就醫，在訓練中如稍不從就被威脅要槍斃等等。另外，對於面臨戰爭即將結束，英方有意拖延發放學員遣散安家費的問題，「學員們並不介意，（但）在目前情緒之下，彼等尚未忘回國之念。」他勸告英人說「學員中有大學畢業者，有高中畢業者，有由軍事學校畢業者，有特種技術者，彼等來此，均係為共同之目標而效命：對日作戰。……余希望英方教官應改變其錯誤觀念，即所謂一旦學員遣回國，即將失業挨餓，……余以為此事為吾人極大之損失。」[31]

當時這種情況已引起中國方面的重視，4月3日莊惠泉致電吳鐵城及國民黨中央報告說：「吳祕書長轉中央執行委員會：英國官員時常歧視學員，切請嚴重抗議。瑞之被撤職，學員三月遣散費及一切問題，仍請交涉，懇再力爭。莊惠泉。江日。」[32] 中執會祕書在文旁加註：「經電詢調統局，據稱最近曾接侍從室情報，英方虐待我工作人員，局長因情形不明，已電詢莊惠泉，必要時並擬派赴錫蘭視察云云。」

6月7日，吳鐵城致葉秀峰函稱：「秀峰吾兄勛鑑；據莊惠泉同志4月20日報告節稱：1. 陶中校與職尚能合作無間，惟因事忙，過去各事多委之高瑞之辦理，此人居華多年，自命為中國通，排華思想極濃，彼管人事，對於過去發生糾紛，應負大部責任。尤其對於安家費，應發而不發，故意做種種刁難，故職於彼赴渝前，曾電請對彼提出警告。無論如何，職除在此進行交涉外，應請根據劉總隊長及被潛回學員報告，以書面向英大使館提出嚴重抗議。2. 羅光海君，在職返渝前，係經職指定為代表，業經英方同意及呈報在案。詎知羅君遇事敷衍，毫不負責，造成種種糾紛，……為個人享受抑為鞏固地位，增高酬報，唯唯以英方意旨是從，致令全體學員不滿，指為有辱國體。謹以最堅決的態度，請將羅君調回，以明紀律，而利工作進行。3. 關於被隔離於馬得拉斯地方之學員方秉鐘、黃孔之等六人，職已與陶中校商定辦法，並決於日內順道前往探視，擬令彼等繼續工作。等語。關於第一項，前經轉請辦理，即希酌量情形，向英方口頭交涉改善待遇，以免再發生類似情

形；第二項，請調回羅光海同志一節，請即予照辦。並另派得力同志前往工作。第三項，隔離於馬得拉斯學員，請即交涉釋放回國，詢問明白再予處理。相應函達，即希查照辦理見復為荷。」6月9日，吳再致函莊惠泉，說明：「情形各節，均交中統局辦理中。」[33]

經與英方交涉，得到回答如下：「查調統局所介紹之學員，因英方不加發遣散費不滿，但英方對軍統局調派之學員，遣散時並沒發津貼，不願破例。如是似只好依照合約辦理，不宜強求。……莊惠泉所報告其他回渝學員辦法，本處尚未獲通知，因此對彼等所需款項，須向印度請示。」云云。[34] 在這裡，英國人拿出了他們的故伎，以協議合約沒有規定為由，拒絕履行他們的義務，還比較對待軍統局的辦法以為推脫。中統對此不肯讓步，經反覆交涉，英人讓步到同意發放一個月的遣散費，而莊惠泉仍堅持「英允予學員一月遣散費，殊屬不合，我方堅持無論如何照前例應發三月薪水，及家屬尚未解決，請查明合約有無規定，密覆錫蘭領使館轉職。」他還向吳鐵城控告：「連日新德里廣播馬來亞游擊隊情形，未提及中英合作，請向英大使抗議，同時電令職向本區交涉，並由渝自行廣播我方參加工作情形，職抵新新加坡時，當即儘量宣傳，請轉達調統局，機要文件切勿由英大使轉職。」[35] 由此可見雙方的矛盾裂痕有加深之勢。

到1945年抗戰勝利前後，國民黨與其中統局對於在馬來區的工作仍然十分重視，其目的則是為了戰後在此地樹立影響增強勢力。

在1945年10月30日所收吳鐵城致蔣介石的一份報告中，吳寫到：「竊職前為建立南洋淪陷區黨務機構起見，曾與何總長、海外部及兩調統局商洽，擬定南洋淪陷區工作綱領一種，呈請鈞座於32年6月30日侍祕第18265號代電批准在案。馬來亞方面，適英國經濟作戰部派人要求我國協助，爰依遵該綱領第五項之規定，交由中統局派新加坡華僑林謀盛同志與英方洽辦，由英供給器材交通，我方供給人員，經過特殊訓練，後派入淪陷區工作，俾能充分利用盟方優越之物質以建立我在該地之黨務基礎，所有經過詳情，亦經先後報告在案，關於選派工作人員，均妥慎考核，除具備祕密工作之條件外，尤著重於黨的意識與組訓經驗，本年5月間，在粵桂方面物色之人員（乘坐

英軍服務團交通車輛到昆明搭乘英國軍用飛機），因時間倉卒，各方聯繫未能照顧，致航空檢查站方面略有誤會，該批人員經中統局調回重慶，予以訓練，並經職面加甄核。現閱時既久，馬來亞方面需人孔殷，渴盼該批人員速即飛印，並懇續行物色以應需要，等情。查馬來亞反攻迫在眉睫，需人堪甚殷切，擬請鈞座俯賜允准，以赴時機，如何之處，敬乞鑑核示遵。謹呈總裁蔣。職吳○○謹呈。」隨電附呈中統赴印參加馬來亞工作人員名單一份，計有梁操政、馬天駒等25人。[36] 這說明，儘管中英在合作中有些矛盾，但中方在總體上對中英在馬來亞的合作對於保持與增加國民黨對南洋地區的影響，還是很在意並付之以積極努力的。

五、SOE 在中國

當然，中國與英方的情報特務合作遠不止限於上述幾個方面的事情，更重要的還有英國 SOE 組織的在華工作。

SOE 組織在中國也進行了抗日的軍事活動，包括組織過多種和數次較大的軍事行動。關於這一點，我們可以參考由英人路易斯·阿瑟頓所寫的下面這份英文報告，探知其中的部分內容：

SOE 在遠東的行動 [37]

SOE[38] 在中國的角色僅限在情報蒐集工作，它的發展基地立足在重慶與昆明，這使之不便在中國的日占區從事有組織的破壞活動。SOE 的最大成績是多種來源的情報資料和在有關地區的行動指導，其中既有涉及有關中國日占區和日本本土經濟的、軍事的和政治的情況，也有被郵檢人員截獲的部分通信情報。

這裡是有關 SOE 與中國祕密情報組織 IIR 與 IIS 合作的幾個文件，這兩個組織都曾向在倫敦的 SIS 提供過一些情報，同時提供一些早期抗日組織的新報告，其中包括 1942 年中國方面請求遣散中英合作別動隊的報告 [39]

SOE 直接策劃了在 1944 年對日本在香港的海軍兵工廠發起的一場令人鼓舞的攻擊行動，代號為 NONCHALANT，這次行動暗中破壞了日本軍的造船能力，而後他們為香港船塢工人提供了撤離路線，通過貴州由陸路去印度，

不幸的是，SOE 沒有充分意識到在一個已成為戰區的地方人員行動之困難，在貴州，他們在集結一批掉隊工人時遭到了失敗，最後這場行動在 1945 年 3 月被迫中止了。[40]

有關 SOE 代號為「忘卻」的行動的第一個計劃是在 1943 年提出的，在這一計劃中，英方反對在香港地區的軍事行動中對華南中國共產黨抗日武裝的人員滲透，但這一立場卻遭到美國人出於包庇國民黨利益的堅決反對，這是來自英國殖民地的一項缺少保密措施的計劃，直到 1944 年，Wedermeyer 將軍和其在華的指揮官都從根本上反對這項行動，但 SOE 相信在這場美國人演出的反派戲中，真實的原因是出自政治方面的異議。

SOE 大多數的記錄來自中國傳教團蒐集的情報資料，以及其他重要事件發生地情報員及印度和 Ceylon（錫蘭）司令部蒐集的通訊、消息與書面計劃。這些資料包括不同版本的各種報告、在英國及其他國家被郵電檢查人員竊取的有價值的信件複本、來自商人與專業人員的信件、叛逃者的日記以及來自其它情報組織的正式報告——包括軍事情報、軍事和經濟戰資料等，許多情報來源於 BAAG 人員——在澳門與香港的代理人以及在此區域內的外交代表與官員，為了掩護在中國海岸進行軍事行動而開展的活動，也包括中國官員與美國在華外交人員的會談記錄，既有 OSS 內容，也有倫敦外交部對中方一般的政府通信。另外，SOE 也蒐集有關共產黨在華力量與組織的情報。SOE 的在華工作與中國的情報機構緊密相關，主要透過兩個合作者 IIS 和 RII，對 RII，我們知道它是一個研究調查機構和資源調查團體，原本是一個合作關係協會，但在事實上是一個向蔣介石直接負責的祕密組織，與其代理人工作在日本、上海和其他日本占領地區。

新加坡失守以後，SOE 人員被派往中國研究從事破壞工作的可能，他們與兩個中方組織達成了合作協議，希望在指導中國祕密軍事行動方面能有一份發言權，1943 年 1 月，兩個佚名的 SOE 官員之間曾有一份備忘錄，說明：「我們在中國沒有軍事行動，但我們透過 RII 和 SOE 關係之線索來尋求對中國人的行動施加影響」。[41]

中國人的指揮官是一名 MOI 的官員王芃生（Wong Ping〔Peng〕Shen）將軍，作為他的副手，一名 SOE 的代表 Finalay Andrew 以顧問的身分出現。

SOE 在中國開展了代號為「自責」的行動後，英方財政等部門恢復了對他的技術幫助與經費供應的支持。SOE 收到了詳細的情況報告，在整個戰爭期間中英合作得以繼續，但這一組織最終於 1945 年 6 月結束了活動。

SOE 也與 IIS 國際情報組織合作，這就是中國的情報組織在日本、朝鮮與滿洲的內線。一名 SOE 的顧問兼任了軍事情報機關的指揮，其機關設在重慶英國大使館，在恢復技術與財務供應之後，SOE 透過中國夥伴得到新的材料並透過外交渠道送給了 SIS 及在倫敦的總部。[42]

一些來自 IIR 的類似報告，主要是有關日本的軍事行動和發展計劃。雙方努力的成果是在戰爭結束前夕維持與發展了這種合作。IIS 也要求 SOE 向他們通報從事破壞顛覆行動的情況。[43] 無論如何，中英雙方在採取破壞性行為之前基本化解了矛盾，這應歸功於這項合作的實現。

中國也是在「自責」行動中起作用的國家，「自責」是一名橡膠商人沃爾特·弗賴徹（Walter Fletcher）在密克漢姆（Mickleham）組織的一項較大的行動，利用一項橡膠走私作掩護開展的一次新行動，它包括在貨幣交易方面的投機、日用奢侈品走私（如手錶、珍珠與鑽石）在黑市上銷售等。此項行動的文件包括說明和「自責」行動資金（1944-1945 年期間）的支付，受惠者包括 SOE、SIS、BAAG、SEAC，英國大使館、MOI、路透社（Reuters Center）、紅十字會與幫助法國抵抗力量從印支中部地區撤向中國。[44] 這項行動並未造成有利於英國利益的中國黑市暴漲。資金是在這一地區開展上述幾項行動的目的與保證，實際上「自責」行動募集資金的使用也是英國作為一項戰後在華恢復商業基礎的設計，它是一項由於美國的競爭給英國過去在華優勢造成損失的補償。[45]

SOE 也蒐集從多種渠道得來的有關中國歷史和經濟類的情報，把它作為一種「工具書」來參考。調查涉及所有的方面：中國的政治、經濟、社會和

歷史發展，同時提供一些實際的指導，其中一些是東方禮節指導，其餘的是有關中國社會人物的傳記參考。[46]

1942 年，SOE 也曾與 BAAG 合作，安排其合作者從日占區出逃。根據 SOE 代表 Major Teesdale 的報告，各類請求發動軍事攻擊的報告也是 SOE 在華文件的重要內容。[47] 1944 年，SOE 曾試圖加強其在華軍事行動以拓展中英抵抗運動的新局面，但正如 SOE 的許多擴張游擊隊的計劃一樣，它因美國的反對而被阻止了。[48]

說明：

IIS：國際情報服務——中國情報組織「軍統局」、SOE 的合作者，所獲情報發送給在倫敦的 SIS。

IIR：(RII)——王芃生領導的「國際問題研究所」，從事從中國日占區蒐集情報、由 SOE 提供技術與經費的中國合作者。

有關 SOE 與中統的合作以及他們在遠東抗日活動的歷史，遠不止上述所及，在中英共同抗日的事業中，SOE 造成了一定的作用。對於這段歷史的進一步研究，當另外進行。但總的看來，SOE 在遠東和中國的活動具有兩大特徵，一是凸現為英方自己的利益服務的特色；二是活動規模相對較小，這是與英國當時的國力相適應的。因此，它遠沒有後來美國與軍統合作的規模與影響大，正因如此，這段歷史也就沒有受到後人的重視與探究。

抗戰後期，SOE 在中國進行了多方面的活動，它不僅與中統合作蒐集情報，更進而在華出資資助了以王芃生為首的「國際問題研究所」，為英方蒐集有關日本的情報，捎帶著也蒐集中方國共兩黨的各種情報供給英方。

王芃生其人，政治背景比較複雜。抗戰前他在中國駐日大使館任參事，曾奉命回國向蔣介石預報「西安事變」，當時未被蔣重視。事後，蔣認為他有情報才能，遂命他組織了一個「國際問題研究所」，利用他通曉日本事務的特長，專事對日情報蒐集工作。抗戰開始後，「國際問題研究所」的工作取得一定的成績，中統與軍統都曾派人介入，想控制吞併之。特別是太平洋戰爭爆發前夕，王芃生曾因日本內部政軍兩界的矛盾，意外地買到了日軍攻

擊珍珠港的計劃，透過軍令部通報了英美駐華大使館。雖然沒有受到美方的重視，但事實證明王芃生「國際問題研究所」的工作是有效的。因此，英美方面都急於與之聯繫，想透過王獲得對日情報。蔣介石命令王對英合作。而王卻認為，在對日情報方面與西方合作純為為他人出力，對中國並無多大益處，但蔣介石的話又不能不聽。於是，他出面與英方簽訂合作協議後，便在所內設立了一個「顧問室」，派了一名專職祕書兼翻譯，負責和英方派駐「顧問室」的代表聯繫，由所內第三組（組長羅堅白）負責蒐集英方需要的情報。按照雙方協議，這個「顧問室」的所有經費都是英國人出的，英方的代表名義上來自英國「經濟作戰部」，實際上是 SOE 的人員。[49]「國研所」供給英方的情報是經過王芃生審閱確定的，同樣，這些情報也都供給了中統方面。

英方還出資給「國研所」辦了一家印刷廠，原打算從事對日反戰宣傳品的製造，但後來這項工作因與國民黨中宣部國際宣傳處的工作產生了衝突，被迫停止了。

1945 年 8 月日本投降後，「國研所」的工作趨於結束，次年 5 月，王芃生突然病故，中英的這段合作，到此也就自然中止了。[50]

總的來看，國民黨中統局在抗戰期間與英方的合作中，因客觀條件的限制，成績有限。中統方面雖盡了努力，吳鐵城、葉秀峰、徐恩曾等人也曾為此花費了不少心血，但最後卻落了個吃力不討好，英方吝嗇之餘還對中統頗有怨言，這些怨言透過不同途徑傳到蔣介石耳裡，反使蔣對徐恩曾平添了幾分反感。其中，戴笠及其軍統局的干擾也是其中原因之一，例如戴笠對於與中統有多方關係的王芃生「國研所」，就一直存有吞併之念，戴笠多次上書蔣介石，要將「國際問題研究所」納入軍統管轄之下，[51] 軍統還對中統在南洋的對英合作分而削弱之，使其不能大展聲勢。如此等等，不一而足。

總體來看，中英雙方在這場情報特務合作中各自進行了不少的努力，也取得了一定的效果。但因主客觀條件的限制，這場合作並沒有預先設計的規模大效果好，也沒有像「中美合作所」那樣「聲名遠颺」，因而少為人知。其中許多的有關內幕細節，隨著歷史檔案資料的不斷開放，還有待於進一步

的探尋研究。但它作為中國抗戰史上的一頁，這段歷史亦應該受到後人的關注。

【注】

[1] 所幸的是，英國國家檔案館（PRO）按照 50 年的期限規定，從 1996 年起開放了對華特務合作的有關檔案資料，並提供查閱，使這段歷史中的許多內容能夠大白於天下，但因缺少中方的資料印證，這便使研究國民黨特務組織的對英合作仍缺乏全面的史料基礎與佐證。

[2]《張步雲致吳鐵城函》（1944 年 1 月 6 日），（臺）黨史館特檔 009-13。

[3]《徐恩曾致吳鐵城函》（1943 年 12 月 25 日），（臺）黨史館特檔 009-13。

[4]《中國國民黨中央調查統計局海外工作人員訓練班計劃大綱》，（臺）黨史館特檔 009-13。

[5]《中國國民黨中央調查統計局海外工作人員訓練班學員簡歷》，（臺）黨史館特檔 009-13。

[6] 吳鐵城《對赴印工作同志訓辭》，（臺）國民黨中央黨史會藏檔：特 030-38。

[7]《海員工作隊成立盛況》，（臺）國民黨中央黨史會藏檔：特 030-38。

[8] 陌生《本隊黨部籌備概況》載《海風》第 43 期，（臺）國民黨中央黨史館藏檔：特 013-1。

[9] 李鴻鳴《視察留印海員戰時工作隊報告書》1942 年 11 月 18 日，（臺）國民黨中央黨史館藏：中執委祕書處檔案：特 013-13·6。

[10]《王天雄加爾各達報告》1942 年 12 月 8 日，（臺）國民黨中央黨史館藏：中執委祕書處檔案特 013-13·6。

[11]《中國留印海員戰時工作隊工作報告（12 月上半月）》，（臺）國民黨中央黨史會藏檔：特 13-13、1-4。

[12]《海風》週刊第 42、43、55 等期，（臺）國民黨中央黨史會藏檔：特 013-1。

[13] 李文祺《留印海員戰時工作隊透視》載《海風》第 42 期，（臺）國民黨中央黨史會藏檔：特 013-1。

[14]《徐恩曾致吳鐵城電》1943 年 4 月 22 日，（臺）國民黨中央黨史館藏：中執委祕書處檔案特 013-13·6。

[15]《吳鐵城電劉代理總隊長》1943 年 9 月 11 日，（臺）國民黨中央黨史館藏：中執委祕書處檔案特 013-13·6。

[16]《緬甸馬來亞中英特務合作商洽及呈報經過概要》,(臺)國民黨中央黨史館檔案:特013-8。
[17] 張光勤主編、徐飛編著《狼與狽——中統軍統行動檔案》,河北人民出版社1998版,第264-271頁。
[18](臺)國民黨中央黨史會藏檔:特013-8。
[19]《莊惠泉致吳鐵城第11號情報》(1945年6月9日),(臺)國民黨中央黨史會藏檔:特030-356(3)。
[20] 同上出處。
[21]《莊惠泉致吳鐵城第5號報告》(1945年3月28日),(臺)國民黨中央黨史會藏檔:特030-356(2)。
[22]《莊惠泉致吳鐵城第5號報告》(1945年3月28日),(臺)國民黨中央黨史會藏檔:特030-356(2)。
[23]《林謀盛報徐恩曾轉吳鐵城報告》(1943年4月5日),(臺)國民黨中央黨史會藏檔:特013-8。
[24]《葉秀峰致吳鐵城函》(1943年7月10日),(臺)國民黨中央黨史會藏檔:特030-356(1)。
[25]《莊惠泉與吳鐵城來往電》(1945年10月3日)特,030-356(2)。
[26] 莊惠泉《報告第43號》(民國34年10月5日)附「陳崇智報告書」,(臺)國民黨中央黨史會藏檔:特030-355。
[27] 莊惠泉《報告第43號》(民國34年10月5日),附「陳崇智報告書」,(臺)國民黨中央黨史會藏檔:特030-355。
[28]《莊惠泉致吳鐵城電》(1945年4月2日—3日),(臺)黨史會藏檔:特030-356(2)。
[29]《吳鐵城復莊惠泉電》(1945年4月18日),(臺)黨史會藏檔:特030-356(2)。
[30]《陳崇智報告書》(臺)黨史會藏檔:特030-355。
[31]《楊達仁上陶烈林上校函》(1945年3月29日),(臺)國民黨中央黨史會藏檔:特030-356(1)。
[32]《莊惠泉致吳鐵城函》(1945年4月3日),(臺)國民黨中央黨史會藏檔:特030-356(1)。
[33]《吳鐵城致葉秀峰函》(1945年6月7日),《吳鐵城致莊惠泉函》(1945年6月9日)國民黨中央黨史會藏檔:特030-356(1)。

[34]《英使館 Major Latham 致調統局專函》（1945年6月17日），（臺）國民黨中央黨史會藏檔：特030-356（1）。

[35]《莊惠泉致吳鐵城電》（1945年10月3日），（臺）國民黨中央黨史會藏檔：特030-356（1）。

[36]《吳鐵城致蔣介石報告》（1945年10月30日收到），（臺）國民黨中央黨史會藏檔：特030-356（2）。

[37] 本件藏於英國國家檔案館（Public Record Office-PRO）檔號：HS1/164，由馬振犢翻譯。

[38]SOE（Special Operations Executive）：英國在華特別行動執行部。

[39] 英國國家檔案館（Public Record Office-PRO）藏檔：HS1/164。

[40]PRO 藏檔：HS1/134。

[41]PRO 藏檔：HS1/159。

[42]PRO 藏檔：HS1/159。

[43]PRO 藏檔：HS1/159。

[44]PRO 藏檔：HS1/135。

[45]PRO 藏檔：HS1/154。

[46]PRO 藏檔：HS1/149。

[47]PRO 藏檔：HS1/134、HS1/138。

[48]PRO 藏檔：HS1/180。

[49] 在英國 SOE 的檔案中，有大量的「國研所」提供的情報檔案和雙方簽訂的合作協議書。

[50] 潘世憲《國際問題研究所概況》載《文史資料存稿選編》（特務組織）（下），中國文史出版社 2002 年 8 月版，第 916-923 頁。

[51]《戴笠致蔣介石報告》（1938年7月10日），「國史館」藏檔：「大溪檔案」特交檔分類資料—軍事種情報第 034 卷。

試論戴笠在國民黨內的人際關係

　　發表於中國社科院近代史所編《民國人物與民國政治》，社會科學文獻出版社

在國民黨政治集團內，戴笠是一個較為特殊的人物，這不僅是因為他畢生從事特務情報工作的職業，還在於他的突出個性和處理人際關係的方法特點。國民黨的特務組織，與一般的國家情報機構有一根本的不同點，這就是他們是一個政黨的黨屬情報組織，更確切地說在本質上他是為蔣介石政治集團服務的特務組織。戴笠與他的軍統局因其工作性質及其作為所決定，除了在社會上名聲不佳外，在國民黨內也是一個不受多數人歡迎的對象。提起戴笠和軍統局，人人多存恐懼，唯恐躲避不及，即使是一般得寵於蔣介石的派系，多亦與戴笠敬而遠之，生怕惹上麻煩。當然，其中也有與戴關係密切者，以及自恃權勢對其不買帳者。而戴笠本人，雖然個性張狂，但他平時也很注意努力與黨內各派系大員，特別是蔣介石的親密左右搞好關係，以為自己和軍統局鋪墊前程創造方便。但在對付黨內政敵方面，戴笠是毫不留情的。對戴笠及其軍統局在國民黨內的人際關係進行研究，可以有助於民國人物與政治活動研究的深化。這一課題內容涉及面較廣，且缺少檔案可供利用佐證，本文根據所掌握的有關資料情況，先行初探，敬請指正。

一、戴笠與國民黨要員階層的關係

　　戴笠及其軍統局在國民黨內人際關係首要的公關對像是蔣介石的家人與親戚。對蔣介石的夫人宋美齡，戴笠深知其重要性，投入了大量的精力與財力來大加籠絡，以便獲得蔣的內助的支持，更求得到她的多方面的庇護。戴笠平時在宋美齡面前是十分恭敬的，並不時送些貴重禮品以維繫良好的關係。1928年6月，第12軍軍長、軍閥孫殿英盜掘清東陵，獲得了大量的珍寶。在中國國內輿論的強烈壓力下，南京政府下令調查捕捉罪犯。孫殿英為了逃脫法辦，把盜來珍寶中的最好的部分，透過戴笠送給了包括宋美齡在內的國民黨高層人物。[1] 在他與中統徐恩曾的爭鬥中，有若干告徐的密報，就是透過宋美齡的渠道送給蔣介石的。

　　因蔣宋的關係，戴笠對宋美齡是不敢冒犯的。30年代初，宋慶齡在上海公開堅持孫中山的路線，反對蔣介石的政策，同情中國共產黨。蔣介石對這位「國母」大姨子仇恨至極而又不敢公然加害。戴笠奉命對宋慶齡嚴加監視，並郵寄子彈等加以恐嚇。但戴笠對宋慶齡的企圖引起了宋美齡的警惕，她嚴

四 特務篇

屬警告戴笠不許對其姐下手,否則唯他是問,戴笠這才不敢造次,宋慶齡得以安全。這件事說明了戴笠對宋美齡的敬畏,在這個問題上,即使是符合蔣介石的意圖,他也不敢去做了。[2]

在與蔣介石的親戚關係方面,戴笠與孔祥熙、宋子文的關係有所不同。孔宋二人,身為蔣的連襟與妻舅,又前後執掌國民政府的財政大權,涉足外交,是各方都欲巴結的對象,戴笠與軍統自然不能免俗。

宋子文早年為蔣介石理財,他本對戴笠並無好感,但1931年7月他到上海時,在車站被反蔣的王亞樵刺殺,祕書身亡。戴笠為他提供了保護,並賣力地追捕凶手,給宋子文留下了較好的印象,兩人的關係從此改善。其後,宋子文對軍統一直比較友善,曾給予財政上的支持。後來,宋子文因內戰經費撥付事與蔣產生了衝突,被免職遠走海外。在宋子文居美期間,戴笠與其保持了比較頻繁的通信聯絡,戴笠向宋提供他所關心的各種情報,同時託宋運用其關係為軍統局在美國軍政界辦事。

在戴宋的來往電文中,戴笠為宋子文回國出掌外交或財政大權出謀獻策。如在1942年元旦的去電中,戴笠向宋報告了蔣介石視察外交部和人事變動的情況,並提議軍統與外交部合辦訓練班,廣招大學生,以培養外交人才;暴露出軍統插手外交的野心。[3] 在這個月的戴宋通電中,戴笠還向宋報告了張學良做盲腸手術的情況、後方各大學「倒孔運動」的發展等宋子文關心事宜。[4] 8月間的來電中,戴笠又報告了新疆軍閥盛世才反共投蔣情況、蔣介石視察西北、外交部所辦訓練班進展等,並託宋在美為軍統代購無線電臺、手槍及別克車;9月電文中,戴又談到軍統對美合作的「順利進行」,以及他對美方海軍代表梅樂斯中校「其人頗熱誠」的良好印象;他還講了梅樂斯在印度遇刺受傷情形;請求宋子文對美交涉,將對華情報工作統交由梅樂斯「統一指揮」,與他合作進行,要求美方充分供給他無線電器材、手槍、輕機關槍、特種手榴彈等並派爆破、技術人員來華支援軍統工作;戴笠還報告說他的對英情報合作已停止,「英方無誠意合作,器材既不能作相當之供給,特務又不能公開教授,且在中國國內各戰區籍合作名義自由活動,蒐集情報,實違

反合作協定,故奉委座命令中止進行。」[5] 戴笠提醒宋子文說英國特務負責人約瑟克「現在華府有所活動,此人鄙視我國,與我絕無好感,乞公注意。」[6]

戴笠還指示軍統人員、駐美大使館武官蕭勃對中美情報合作等事宜「應時時請示宋部長多予指示。」[7] 最後連戴笠與美方簽訂的合作協議都是由宋子文代為簽字的。[8] 這些史料說明當時戴宋關係之密切。

在蔣介石的親屬圈中,他的連襟孔祥熙與戴笠的關係是比較緊張的。孔祥熙接任南京政府財政部長後,對戴笠及其軍統採取比較疏遠和抑制的方針。特別是抗戰時期的 1942 年 3 月,軍統局曾在偵破孔祥熙寵信的「愛將」、中信局運輸處經理林世良受賄案中,大大地得罪了「孔財神」,被孔走了親戚後門,告到宋美齡處,於是蔣介石對戴笠先挺後貶,使他吃了大虧。因此,戴笠與孔結下了怨恨,但他拿這位「皇親」也無可奈何。後來,在孔祥熙與法國維希傀儡政府的商人奧迪南(Audient)共做一筆經雲南運河內的煙土生意時,為防止雲南王龍雲截獲,找軍統幫忙,戴笠為他負責了運輸和交貨,雙方關係有所改善。[9]

1942 年宋子文自美歸國,「戴氏時正為某權要(指孔)所扼」,[10] 因過去受過戴笠的「破案」之恩,宋子文對戴與軍統自然不同。後來,宋子文在香港私產廣東銀行的經理鄧惟仁,於香港淪陷後被日本人捉去,迫使他回到重慶充當「和平使者」,軍統人員知曉後,於宋的公館內將鄧逮捕。戴笠想賣人情給宋,極力化大事為小,而孔祥熙插手,將鄧移交軍法部門處死。宋子文對此極為不滿。最後直到搞清楚是廣東銀行內部人員向孔告的密,這才與戴笠釋嫌。[11]

在蔣介石的親屬圈以外,戴笠對於蔣介石左右的親信,一貫持拉攏態度,竭力巴結以求左右逢源。但也有「走眼」和被「糊弄」的時候。如抗戰時期,蔣介石的「文膽」、考試院長戴季陶的副官,一次手持戴的名片找到兼任重慶衛戍司令部稽查處副處長的沈醉,說戴的客廳中的一個古玩瓷瓶被人偷去了,要沈快速破案。沈醉唯恐得罪戴季陶,立即派了幹員去調查,結論是內部作案或副官自己搗鬼。這種案子是說不清的,沈醉與手下商量結果決定給了副官一筆錢,不了了之。後來,沈醉奉戴笠之命去戴季陶府上請他題字,

為套交情，他在戴面前提起古瓷瓶案，想討好一下，但戴季陶指著桌上說：這個瓶子一直放在這裡，從來沒有丟過呀。即找副官來問，他支吾其詞說早上不見過，中午又有了。這下，沈醉才知道可能被人「糊弄」了。但無論如何，戴笠及其軍統局對蔣介石身邊的人是不敢輕易得罪的。[12]

戴笠對軍事力量的嚮往是一貫的，他認為力量的擴張必須靠武力來支撐，因此十分注意結交蔣系親信武將，以得到他們的支持和幫助。其中胡宗南、湯恩伯等人與戴的關係都十分密切，而對陳誠，雖然或有爭鬥，但在戴的苦心經營下，總體保持了友好關係局面。

關於陳誠與戴笠的關係，在國民黨內素有「兩雄不並立」之說。陳誠得寵於蔣介石，擁兵自重，傲藐於世；而戴笠亦峙蔣之威，以氣自豪。兩人難免發生爭鬥。特別是抗戰以後，戴笠大力發展軍統武裝，在敵後擁有數萬「忠義救國軍」，包攬戰地情報工作，陳誠對此極為不滿：「軍政部將取消若干游雜部隊，如忠義軍之類，某戰區情報單位，將取代軍統局。」[13] 戴笠聞此，以為他二人如果火拚，將兩敗俱傷，於是決定主動向陳誠示好。1943年底他致電駐美武官蕭勃說：「辭修（陳誠）先生為現任高級將領中不要錢肯苦幹者，吾人自應多多接近，余對辭修先生素甚欽仰，弟可與伯羽先生言也」。[14] 他想透過陳誠親戚譚伯羽的關係，化解矛盾。這種「曲線拍馬」，說明了戴笠的苦心鑽營。但的確收到了一定的效果，陳戴二人得以維護了和平相處的關係。戴笠死後，陳誠給予他較高的評價。

戴笠與胡宗南的關係則更是非同一般。早在戴笠還在杭州流浪的時候起，他就結識了胡宗南，後來在黃埔軍校，他們又在「孫文主義學會」中有了共事的經歷。胡宗南曾為戴笠從事情報業提供幫助。戴笠得到胡向蔣介石的推薦，獨立門戶搞情報工作後，胡宗南已在軍隊中帶兵，他還為戴提供過許多的物質資助，戴笠對他十分感激。後來他們在抗日與反共作戰中也曾有許許多多的合作經歷，互相幫助，戴笠對有關胡的情報一概親自過問，隱惡揚善，並在蔣介石面前互為對方捧場。戴胡之間保持了幾十年的友誼和合作歷史。1936年12月「西安事變」發生，是胡宗南力促戴笠前往西安「保駕」，讓戴笠立下功勞。戴笠說：雙十二事變，我敢於飛入虎穴，下定決心，關鍵在

於宗南的來電。[15] 1943年戴笠與胡宗南、湯恩伯在洛陽有過一次祕密的會見，三人結下了政治聯盟，胡宗南為此寫過一首《盟誓詩》，發誓要「危舟此時共扶持」。[16] 即使是在私生活方面，也不分彼此。胡宗南與家鄉的結髮妻子分手後長期獨居，直到1947年，戴笠把與自己關係密切的軍統女將葉霞翟介紹給他，使胡很為滿意。戴笠死後，胡宗南深感悲痛，決定與葉正式結婚，作為對戴的紀念。據說1962年胡宗南在臺灣死去後下葬時還穿著戴笠送給他的已經千瘡百孔的毛衣。戴笠說過：琴齋是有恩於我的。[17] 這句話說明了他們之間的密切關係。戴胡二人在特軍兩界互為照顧，收到了特殊的效果。

至於對蔣介石的另一位寵將湯恩伯，戴笠則是在共同的反共行動中與湯建立了密切的關係。抗戰時期，湯恩伯盤踞中原，控制後方與淪陷區的交通要道，並直接擔負對付中共的任務。戴笠與他合作，對延安進行特務活動，企圖進行「派進去」與「拉出來」的分化瓦解。另外，戴笠主管緝私與戰時貨運，他與日偽間的貨物來往運輸車隊也得到了湯的武裝保護。1942年湯恩伯策反了八路軍駐洛陽辦事處長，抓捕了80多名中共與民主人士，並移交給軍統，戴笠據此擴大對中共地下組織的破壞，受到蔣介石的嘉獎。在策反汪偽軍將領方面，他二人也有合作，如先後收買過汪偽軍政部長鮑文樾、綏靖公署主任龐炳勳、偽新五軍長孫殿英等。所以戴笠曾說：「湯長官與我配合得很妙。」[18] 戴笠死後，湯恩伯還為其主持了追悼會。

除了與蔣介石的親信將領，戴笠因某一時的特殊需要，還與孫殿英、周佛海等不同類型的軍政實力人物結拜過盟兄弟關係。但在實際上，戴笠並不會器重他的這些「兄弟」，不過是一時利用而已。但他的手段足以使這些人對他感激涕零。1937年「七七事變」後，為了與華北宋哲元爭奪地方軍將領，戴笠在武漢密見「冀北民軍司令」孫殿英，兩人結拜。戴笠向孫誇下海口，從此蔣介石可做他的靠山，孫殿英感激得倒地而拜，口稱：「這回雨農兄引我見到了新爹娘，走上了正道，從此忠心不二，要我生就生，要我死就死。」而戴笠卻對他派去孫部做監視工作的文強說：「孫殿英善變多詐……派你去擔任這項艱巨的任務，我才放心。」[19]

在協助蔣介石對付政敵方面，戴笠與軍統也是煞費苦心地做了許多暗地裡的工作，其中也就包括他們處理與各方關係的種種努力。1932年秋，國民黨元老胡漢民與蔣介石因「訓政時期約法」問題產生政治分歧，公開鬧翻，胡漢民避居上海轉赴廣東。戴笠曾祕密在滬為其準備了寓所，還派人沿途暗中保護監視。戴笠聲稱他是怕有人暗中加害於胡而「增加政府困難」，他「身為幹部，當為領袖分勞，亦當為之分憂」。[20] 當然，戴笠此舉也是為了日後蔣胡一旦和解為蔣留下退路。如此的用心，自然深得蔣介石的讚許。但胡漢民對戴笠的組織乃至蔣介石的所有特務機關都不買帳，且公開批評蔣介石重用特務，斥之為法西斯化的產物。

在國民黨內，汪精衛派系一直是一股非蔣勢力，並經常與蔣介石爭鬥。他們反對蔣介石在黨和政府內組織個人小團體。汪精衛在抗戰初起之時，曾以蔣的全國團結號召為武器，反制於蔣介石，當面逼迫他解散了復興社、力行社。所以大凡國民黨內在政治上不受蔣重用的人，很多都自然地向汪靠攏，其中包括了如丁默邨這樣的特務界高級幹部，後來都叛蔣而投汪了，其中軍統、中統組織對這些人的監視干涉，也是促成其叛蔣的原因之一。如軍事委員會辦公廳祕書處少將處長羅君強原係汪派人物，1938年，他在武漢結識了一名姓孔的交際花，與之同居，並欲與其妻離婚。到重慶後，他整天深夜不歸，軍統刺探羅的私生活情況報告給蔣介石，蔣下手令查辦。於是，羅決定離蔣而去，經昆明、越南轉香港，隨即參加了汪偽政權。[21] 汪精衛逃出重慶後，軍統局在河內、上海、南京對他的不斷追殺，也是使他徹底與蔣介石決裂投向日本的促進劑。此後，汪精衛與戴笠的軍統遂成為水火不容的敵對兩派，互相拚命廝殺起來。

二、戴笠軍統與地方派系首領的關係

如果說對於蔣介石集團內的大員們戴笠還是以拉攏為主的話，那麼，他和軍統對於與蔣介石慣存異心的各地方派系首領與軍閥們則時常免不了明暗的鬥爭與較量，其態度立場仍然以維護蔣介石的利益為準繩。

在與晉系軍閥閻錫山的關係方面，閻錫山把持山西地盤，一貫防範和嚴禁南京政府的黨政軍特勢力滲入。戴笠告知特務處的部下，在晉活動要極其

小心,「力求精簡嚴密」,避免與閻錫山勢力接觸,「以免誤會」。但閻錫山仍然對戴的部下毫不客氣,先有軍統冀察綏區李果諶所組織的游擊武裝被閻解散,後發展到軍統西北區臨汾組人員全部被閻的手下楊貞吉抓住活埋,只有組長李希純一人逃脫。戴笠對此大怒,質問之下,閻錫山竟佯裝不知推脫乾淨,戴笠對此竟也無可奈何。[22]

在綏遠,省主席傅作義對戴笠的組織也拒絕合作。戴笠的「中美合作所」看中綏遠對華北的戰略地位,在此設立了第四訓練班。傅作義要收歸他有,戴笠不幹。於是該班所遇困難重重。戴笠說:這些年來,我對傅宜生幫過多次忙,想不到他對我的工作,一再破壞。[23] 後來直到1945年3月,戴笠為布置戰後反共準備,與梅樂斯同赴綏遠陝壩視察第四訓練班,與傅作義面談多次,矛盾仍然未決。[24]

此外,戴笠與桂系李宗仁、白崇禧以及四川軍閥、西北軍、東北軍首領等的關係都比較緊張。這些實力派人物,雖與戴笠個人有各種的關係,如李宗仁是戴的老師輩黃埔校務委員,馮玉祥更是他的長輩人物,但他們對戴笠軍統都很討厭,常常是爭鬥較量,更談不上合作與友好了。他們之間是立場與政治利益所決定的不可調和的關係。

雖然戴笠在國民黨內呼風喚雨,又拉又打,但是仍然免不了「樹大招風」,他的軍統局不時也會遇到不怕死的對頭,吃過幾次明虧。除了中統局一幫人對他們不買帳,時常鬥法外,一些老資格的國民黨人,依仗自己的歷史,對戴笠及其部下的飛揚跋扈從不滿到爭鬥,甚至刀兵相見。如國民黨元老陳儀與軍統的惡鬥就是其中一個典型的例子。

三、戴笠與陳立夫的複雜關係

在戴笠與國民黨各方的關係中,最難處理的就要算他與「CC派」首領同時又是中統特務機構的創立者陳立夫的關係了。俗語云:同行是冤家。共同的工作性質決定了戴笠與陳立夫之間自始至終都存在著相互競爭的關係,因此他們不可能走向友好。但在兩方面的關係上,陳立夫以柔克剛,而戴笠則表現出強硬態度。

四　特務篇

當戴笠以向蔣介石告發黃埔同學中的 20 餘名共產黨員而發跡時，陳立夫已是蔣介石集團中的幹將。以後又控制了國民黨的黨務系統，在黨內形成了「CC派」政治派系。戴笠的「密查組」、「特務處」成立後，因未正名，只能納入陳立夫主管的國民黨系統特務組織之下，但他一直在蔣介石的庇護下獨立工作，並不聽從陳立夫的指揮，因此兩人一直是貌合神離。中統與軍統兩個特務組織，從其雛形時代開始就互相爭鬥，戴陳關係也相應緊張。

當戴笠的組織越來越大，手下幹將也越來越多，但因特務工作的特性，這些軍統骨幹，很少具有相應學歷與資歷，依法而論，他們都無法獲得將官軍銜。陳立夫以組織系統的主管，對戴笠尚且長期貶壓為一少將，其手下想透過銓敘審核而得少將以上軍銜，簡直難上加難。但戴笠卻有辦法另闢途徑，他每每親自給蔣介石寫報告，得蔣的特批而任命了許多中將級特務。1941 年時，少將戴笠手下就有 15 位中將級特務在為他效力，少將則更多，僅是戴笠同鄉江山籍的軍統少將，就有 14 位。其中除周偉龍、王蒲臣、連謀三人外，都沒得到陳立夫的認可。於是，軍統局就自製純金梅花的將軍服，自封自佩，陳立夫拿他也無可奈何。

隨著戴笠軍統勢力的惡性膨脹，滲透到軍事、交通、物資、緝私等各方面，權力之大，今非昔比，陳立夫為自己利益計，也想與他緩和關係，為此他做了努力。抗戰中，陳立夫曾有一次派手下左曙天到軍統局重慶棗子嵐埡的「漱廬」機關，找到與他交好的軍統大將王蒲臣，要一份軍統局科長以上官員名單，說陳立夫代表中統，要大請客，舉辦一次中統與軍統的聯歡會。王蒲臣趕緊報告給戴笠，但幾次催辦都無結果。最後，戴笠找來為王蒲臣送報告的王紹謙祕書，大罵一頓，說：「他陳立夫要請客，跟我姓戴的有什麼相干？我沒有批就是不同意嘛！他陳立夫企圖掌握我們高中級人員名單，竟然要了這樣的花招，我們是不會上當的。你告訴王蒲臣，讓他轉告左曙天：在抗戰期間，我們雙方的人員，要儘量避免接觸。」

陳立夫的一番熱心，就這樣被滿懷防備敵意的戴笠拒絕了。

1944 年 5 月，國民黨召開五屆十二中全會，以陳立夫之兄陳果夫為中央組織部長，準備召開國民黨六大，蔣介石提名戴笠為中央委員候選人，但戴

笠為了避免被二陳「修理」難堪，竟決定拒絕參選，理由是不求爭名奪利，他把名額讓給了唐縱。當然，背後的真實內幕是不能明講的，戴笠藉此機會又給自己「貼金」：「偉大，對這兩個字的解釋很多。對我們來說，就是『有功讓給人家，有過自己擔當。』要以德報怨，推己及人。民國34年，中央開會（指國民黨六全大會——作者注）選舉中央委員，領袖蔣校長提名要我當中央委員，我堅辭不就。後來經領袖同意，我推舉唐縱為中委。我為什麼堅辭不就，就是因為爭權奪利，不配做一個革命者。我們必須知道，一個人生存於宇宙間，最有意義的事，莫過於獲得榮譽，只有榮譽，才是最高尚的。否則的話，無聲無臭，不識不知，何異於禽獸？」[25]

上述二事，說明了戴笠對陳立夫的成見和防範是多麼深。但陳立夫還算不記前怨，戴笠死後他送了輓聯，兩年後，他還為戴母送過賀壽禮。[26]

四、陳儀與軍統的交惡

陳儀，字公洽，早年參加辛亥革命，在國民黨內是老資格的黨人。1927年南京政府成立後，曾擔任軍事委員會委員等職。1933年11月，十九路軍發動反蔣的「福建事變」失敗後，陳儀被委為福建省主席，接受蔣介石的使命，要盡快穩定地方。蔣介石一直很器重陳儀，而陳也因其資歷，在國民黨內常擺老資格，不把戴笠之類人物放在眼中。

當時軍統局閩北站站長張超，深受戴笠的器重，也是軍統要人毛人鳳的密友。張超是福建長泰縣人，長得身材高大，他的公開職務是福建省保安處諜報組組長，後來升為福建站副站長，成為軍統局重要幹部。陳儀任福建省主席後，張超自恃戴笠的權勢，不把這位主席放在眼裡，暗中發展自己的武裝力量，自成體系。對陳儀和省當局的工作，總是唱對臺戲，不僅不予配合，而且時常搗亂。這不能不引起陳儀對張超的防備和注意。

抗戰開始後，陳儀公開要求「地方官吏應與地方共存亡，棄土不守者，不論是誰，格殺勿論！」這個聲明贏得了百姓的擁護。但金門縣縣長鄺漢公然抗命，日軍尚未登陸，鄺漢便率先逃跑。為了嚴明法紀，陳儀下令將鄺漢逮捕，公開槍決示眾。槍決前，有人提醒陳儀說：鄺漢是戴笠軍統的人，按

慣例，軍統局的人只能由他們自己處理，其他任何機關都不能逮捕，更不宜公開槍決示眾。此事是否先徵求一下戴笠的意見？陳儀聽了正色回答：棄土不守是滔天大罪，本主席自有處分之權，何須與戴笠商量？此事毋庸再議，槍決馬上實行！鄺漢被正法以後，張超對陳儀更加不滿，他指使《福州日報》主編閔佛九，撰寫發表了《鄺案鳴冤》一文，詭稱鄺漢被殺係因「浙人主閩，殺人立威」所致，把矛頭直指浙江籍的省主席陳儀。陳儀看後，嚴令調查幕後指揮者。此後陳儀與福建的軍統勢力關係越來越僵。

其後，張超不僅不自我收斂，反而製造新的事端，對陳儀實行報復，他指使手下特務，將陳儀的心腹、政和縣縣長謝蔭波暗害，激起了陳儀的憤怒。軍統福建站站長嚴靈峰見張超已無法繼續在福建省立足，便將情況報告戴笠，戴下令張超辦理交接手續，立即離閩赴滬，出任上海敵占區行動隊長。張超接令後，認為自己可以在臨走前大鬧一場，給陳儀一點顏色看看，出出心中之氣。於是，他指使特務到處張貼傳單，揭發陳儀有「十大罪狀」，特別是其中有一條說陳儀的妻子古月芬是日本人，陳儀與日本勾搭，有漢奸之嫌，號召福建人民行動起來，驅逐陳儀，實行「閩人治閩」。陳儀實在無法繼續忍受，便下令福建省保安處長兼福州警察局長李進德將張超逮捕。為避免戴笠聞訊後走上層路線營救他，便採取了先發制人的手段，報請蔣介石同意後，隨即將張予以槍決。

張超被處決前，嚴靈峰料到陳儀絕不會輕饒張超，連忙化名金筠，向戴笠發出十萬火急的密電，請求戴笠採取營救措施。當時，軍統局機關已從南京遷到漢口。戴笠看到電報，連忙提筆給蔣介石寫呈文，懇請校長電令陳儀將張超解到武漢處置。戴將呈文帶在身邊，親自到武昌珞珈山蔣介石官邸晉見。蔣看罷呈文，便下令陳儀刀下留人，把張超押解武漢。不料，電令發出時，張超已被陳儀處死。

戴笠、毛人鳳聽到張超死訊，大怒失色，無地自容，從此發誓要進行報復。他們密商結果，準備把殺死張超的責任，全部壓在李進德頭上，要蔣介石同意懲辦李進德，給陳儀一次打擊。戴笠又一次出馬，請求蔣介石電令陳

儀用專機把李進德押解武漢，交軍統局審問懲處。並做了相應的布置，派人等在機場，準備一俟李進德走下飛機，即予扣押。

誰知陳儀更為老謀深算，他對蔣的命令自然不得不執行，但他考慮到與戴笠鬥法，首先要保護好李進德的安全，這樣才不至於被動，於是，陳儀在押送李進德的專機起飛前，親自打電話給國民黨元老何應欽和張群，請何應欽準時派專車到飛機場，把李進德送到張群官邸，再請張群帶李進德去見蔣介石，讓李進德把張超在福建反陳儀，鼓吹「閩人治閩」的罪證，向蔣和盤托出，以爭取主動。

就這樣，李進德下了飛機後竟走進了何應欽派來的專車，特務們眼看著李乘上專車得意而去，只得據實回去向戴笠報告。李進德隨張群進入蔣介石官邸後，向他作了匯報，並把張超在福建發展地方勢力、開展反陳儀活動的標語、傳單等罪證擺在蔣的面前。蔣介石當然不能允許再搞地方實力主義，他了解情況後，立即把戴笠叫來痛斥了一番。

戴笠回憶當時的情況時曾說：「民國27年8月18日，因為我們福建站的副站長張超同志，無辜被陳儀殺害，上午12點鐘的時候，我在武漢見蔣校長，我跪在領袖面前痛哭，要領袖給我們的同志作主，領袖當時不便答應，我就跪著不起來，領袖罵我下賤，沒有人格。我說：『報告校長，這個我不承認，如果今天我是為個人升官發財而跪在這裡，或者是因為工作失敗，為敵人所屈服，那就是下賤沒有人格。今天我們有一個很好的同志，無辜被人家殺害了，我不為他訴冤，誰來為他訴冤？而今天你不替我作主，反說我下賤，沒有人格，這個我不承認。』後來我寫了報告辭職。8月19日，領袖把我找去，對我說：『你不能這樣要挾革命領袖，一個擔當革命工作的人，是不准隨便辭職的，而且我叫你做這個事情，根本就沒有打算叫誰來接替你！』我當天很感動，題寫了『秉承領袖旨意，體諒領袖苦心』十二個大字。我們的一切，都以這十二個字為出發點，前者是革命的精神，後者是革命的技術。須知，人的原動力是精神，『才』只是技術而已。精誠所至，金石為開，精神是主體，技術只是附庸。」[27]

為安撫軍統方面，蔣也下令撤銷了李進德的職務，同時命令關於張超之事，以後不許再提。他還要戴笠教育部下，今後要處理好同各地方長官的關係。

　　事情到此，總算暫時平息。軍統在此事中雖然和陳儀打成了一個平手，卻並不心甘。戴在軍統內部召開追悼大會，祭奠張超，並發誓要搞垮陳儀，替張超報仇。無奈直到抗戰勝利後戴笠飛機失事身亡，他也沒找到報復陳儀的機會。

　　1933年軍統局戴笠、毛人鳳與國民黨元老陳儀之間為「張超事件」結下的仇恨，到了1948年終於有了報復的機會。是年冬，陳儀因對蔣介石政權徹底的失望，開始向中共方面靠攏，他寫信給他的學生、手握重兵的湯恩伯，勸其起義反蔣。陳儀致湯恩伯的密信，被湯交給了由軍統改組的保密局局長毛人鳳。1949年2月23日陳儀被保密局特務逮捕，次年6月18日，他被特務槍殺在臺灣馬場町刑場。

五、結語

　　綜合分析戴笠在處理對待國民黨內各方面的人際關係上的表現，我們可以發現其中所具有的特徵：一、戴笠的人際關係處理原則是以他和軍統局的根本利益為中心的，他與黨內各方交際目的是為了維護和擴展他的軍統局的勢力，為他的政治理想和抱負服務。二、戴笠處理國民黨內的關係的原則也是以蔣介石的好惡為標準的，他對蔣的親信文武大員基本上都採取拉攏友好的態度，對於蔣在黨內的政治對手則持著對立的立場，但是從自己的利益出發，他有時會考慮到更多的因素，在處理蔣的政治對手時留有後路，防止一旦情況有變而不得轉圜，陷自己於不利。三、戴笠對蔣介石的親屬圈內人物一貫持著巴結態度，以增進其對蔣關係。除孔祥熙外，戴笠與蔣、宋家族基本上都保持了比較友好的關係，這為他和軍統的發展提供了許多幫助。四、戴笠對於國民黨內敢於和他的軍統局鬥法的勢力毫不留情地進行了打擊，甚至於不惜一時冒犯蔣介石也要除掉政治對手，這表現出戴笠性格中為人強悍的一面。

從戴笠在國民黨內的人際交往特點來看，他是一個善於處理複雜的人際關係以有利於自己和自身組織利益發展的人物，為了利益需要，他既能卑躬屈膝，卑禮厚幣，甚或關懷備至，使人感動；又能飛揚跋扈，趾高氣揚，甚至殘酷打擊至於死地。總之，戴笠一切行為和生活準則都是為他的政治前途服務的，並受其性格特徵的左右，這在他的政治生涯及其軍統局的發展歷史上曾經造成過重要的影響作用。

【注】

[1] 李繼星主編《戴笠傳》，敦煌文藝出版社，1993年7月版，第266頁。
[2] 李繼星主編《戴笠傳》，敦煌文藝出版社，1993年7月版，第127頁。
[3]《戴笠致蕭勃電》，《重慶來電》（1942年1月14日）華盛頓中國大使館，現藏於[美]史丹佛大學胡佛研究所檔案館，BoxNo：43，FolderID：2。
[4]《戴笠致蕭勃電》，《重慶來電》（1942年1月14日）華盛頓中國大使館，現藏於[美]史丹佛大學胡佛研究所檔案館，BoxNo：43，FolderID：2。
[5]《戴笠致宋子文電》，《重慶來電》（1942年1月14日）華盛頓中國大使館，現藏於[美]史丹佛大學胡佛研究所檔案館，BoxNo：43，FolderID：4。
[6]《戴笠致宋子文電》，《重慶來電》（1942年1月14日）華盛頓中國大使館，現藏於[美]史丹佛大學胡佛研究所檔案館，BoxNo：43，FolderID：4。
[7]《戴笠致蕭勃電》，《重慶來電》（1942年1月14日）華盛頓中國大使館，現藏於[美]史丹佛大學胡佛研究所檔案館，BoxNo：43，FolderID：2。
[8]《戴笠致宋子文來往電》，（1942年1月14日）華盛頓中國大使館，現藏於[美]史丹佛大學胡佛研究所檔案館，BoxNo：44，FolderID：2。
[9] 夏晉熊《在孔祥熙官邸的見聞》，載《孔祥熙其人其事》中國文史出版社，1987年8月版。
[10]（臺）良雄：《戴笠傳》（下），《傳記文學》出版社，1985年4月再版，第512頁。
[11]（臺）良雄：《戴笠傳》（下），《傳記文學》出版社，1985年4月再版，第512頁。
[12] 李炎錕：《民國官場笑林》，江蘇古籍出版社，1997年1月版，第184-185頁。
[13]（臺）良雄：《戴笠傳》（下），《傳記文學》出版社，1985年4月再版，第511頁。
[14]「國防部情報局」編行《戴雨農先生全集》（下），1979年10月初版，第855頁。
[15] 沈醉、文強：《戴笠其人》，文史資料出版社，1980年版，第212頁。
[16] 沈醉、文強：《戴笠其人》，文史資料出版社，1980年版，第212頁。

[17]《民國高級將領列傳》,解放軍出版社,1988年版,第二集,第389頁。
[18] 沈醉、文強:《戴笠其人》,文史資料出版社,1980年版,第216頁。
[19] 文強:《孫殿英投敵經過》,全國《文史資料選輯》第64輯,第120頁。
[20](臺)良雄:《戴笠傳》(下)《傳記文學》出版社,1985年4月再版,第505頁。
[21] 韓文寧:《自詡為一條惡狗的羅君強》,《鐘山風雨》2003年第3期,第42頁。
[22](臺)良雄:《戴笠傳》(下),《傳記文學》出版社,1985年4月再版,第513-514頁。
[23](臺)良雄:《戴笠傳》(下),《傳記文學》出版社,1985年4月再版,第517頁。
[24](臺)良雄:《戴笠傳》(下),《傳記文學》出版社,1985年4月再版,第517頁。
25]《戴笠自述》,載申元:《江山戴笠》,中國文史出版社,1991年1月版。第96-97頁。
[26] 此節參考申元:《戴笠軼事》,香港天馬圖書有限公司,2003年1月版,第77-80頁。
[27]《戴笠自述》,參見《我們的態度與決心》民國32年8月30日孫總理紀念週訓詞。載申元:《江山戴笠》,中國文史出版社,1991年1月版。第99-100頁。

1946:蔣介石與戴笠關係異變初探

浙江大學「蔣介石與現代中國研究中心」召開的「蔣介石與現代中國國際學術研討會」論文,發表於會議論文集(與徐妍合作)

戴笠是民國時期國民黨特務的主要頭目,他自步入黃埔始,即跟隨蔣介石,蔣建特務始,也重用戴。戴笠在政治上追隨蔣,工作中模仿蔣,鞍前馬後做了許多蔣介石不能公開去做的事,在「安內」、「攘外」中成為蔣的「御用工具」,曾被時人冠以「蔣介石的佩劍」、「中國最神祕人物」等稱號。他所做的工作,在國民黨統治歷史上發揮了重要作用,有些甚至對中國近現代歷史產生過重大的影響。但在抗戰後期,隨著以戴笠為首的軍統局勢力「坐大」,其個人野心逐步膨脹,他與蔣介石之間「君臣」、「主僕」式的往日溫情不再,雙方關係暗中發生了急劇的變化。

一、蔣介石與戴笠關係的肇始

戴笠，字雨農，原名戴春風，1897年生於浙江江山縣一個沒落的地主家庭。上中學時因違犯校紀被開除，自此求學時代結束。1922年，他在上海一家交易所當夥計，經戴季陶介紹，初識蔣介石，[1]兩人有了第一次交往。因戴頭腦靈活、辦事盡心，給蔣留下不錯的印象，但此時兩人並無深交。後交易所生意失敗，蔣介石離開上海，兩人的關係也就此中斷。

1926年戴笠投奔廣州革命陣營，考取了黃埔六期，[2]與擔任校長的蔣介石在名義上有了師生之誼，也開始了他追隨蔣的政治生涯。

1927年4月，蔣介石在南京另組政權，實行反共「清黨」，派胡靖安到黃埔軍校執行「清共」，在戴笠提供情報的幫助下，逮捕了20多名共產黨員，戴笠由此開始得到賞識，稍後被提拔為騎兵營黨部執行委員。8月，因蔣介石下野，騎兵營缺資解散，戴笠便到上海投奔了胡，成為其主持的「黃埔同學聯絡小組」的一員，正式從事領取蔣氏經費的專業特務工作。[3]1928年1月，蔣介石復任國民革命軍總司令，他接受胡靖安的推薦，任命戴笠主持在上海的「聯絡小組」，由此戴笠開始為蔣介石出掌情報特務工作。已過而立之年仍無所建樹的戴笠，很感激蔣介石的知遇之恩，加之他混跡社會多年，特別明白人情世故的奧妙所在，因此，益發認定只有跟定蔣介石才有前途。為使自己的工作受到蔣的重視、讓其看到自己的能力。戴笠不辭勞苦地蒐集各種他認為有價值的情報，不厭其煩的一次次去蔣的住地，甚至不惜冒險「攔車上書」，[4]給蔣介石留下了深刻印象。戴笠的努力，讓蔣注意到他在情報方面頗有成績，人又大膽無畏，可堪一用，便下令「准其隨時來見」。[5]為激勵戴笠更好地為自己工作，蔣介石還手書「堅苦卓絕」的條幅贈與他。

為不負蔣介石對自己的期望，進一步獲得他的賞識，戴笠不惜冒生命危險深入敵後收集情報，在蔣桂戰爭、蔣馮戰爭、中原大戰等戰爭中均有比較出色的表現，如他隻身闖敵營，成功策反唐生智部要員周偉龍[6]等人；1930年刺探到北平「擴大會議」的重要內容，助蔣制定了拉攏東北軍張學良入關相助的正確戰略；[7]等等，這些努力多次幫助蔣介石消危險於無形。他的工作成果使蔣相信了其情報專長與能力，對他益發的器重和垂青。1931年底，

蔣介石同意戴笠建立一個「密查組」，作為他蒐集情報的正式組織，此即為「軍統」組織的前身，戴笠開始成為蔣介石得力的助手。

二、蔣介石與戴笠關係的發展

（一）蔣介石刻意培養依仗戴笠

深諳中國傳統政治權謀的蔣介石，對於重要且敏感的特務組織，為更好地控制利用之，採取了分而治之的原則。

早在「四一二」事變後，出於反共「清黨」及黨內鬥爭的需要，在蔣介石集團內逐漸形成了以陳立夫為首的黨系特務組織，即後來的「中統」。蔣介石在「雙管齊下」的方針下，又暗中培養了自己的另一「御用」特務組織，即戴笠主持的「密查組」。這說明以戴笠為首的特務組織從一開始就是作為蔣介石的「私人工具」而存在的。

1932年，戴笠又在蔣介石的安排下，出任其黨和軍隊內部核心組織復興社的特務處處長一職，正式成為蔣系的特務組織首領。

蔣介石考慮到復興社終究不過是祕密團體，無法從正式渠道解決經費等問題，便於9月間將特務處劃歸軍委會調統局第二處，[8] 成為編列預算的政府機構。名義上歸陳立夫管，實際指揮權仍掌控在自己手裡，既給了戴笠一個公開發展的平臺，又使手下的兩個特務組織共同努力而互相牽制。

1936年西安事變發生後，戴笠冒死赴西安救蔣，這跟其他國民黨派系大員或不知所措、或欲藉機殺蔣相比，戴的行為讓蔣感動，寵信之外又多了幾分個人感情。事情平息後，他不僅將張學良等西安事變的發動者交與軍統看管，更在戴笠患病住院時，親書慰問：「貴恙如何？甚念。希珍重為盼。雨農弟。中正。二八日。」[9]

七七盧溝橋事變發生後，中國進入全面抗戰階段。藉抗戰之機，蔣介石將特務機構公開化。1938年8月，「軍事委員會調查統計局」（軍統局）成立，戴笠出任軍統局的副局長，成為該組織的實際指揮者。

軍統局成立之初，僅下設處（室）、科、組三級，共有四室四處一委員會，據統計全局人員共計約 1610 人左右。[10] 到抗戰中期，特別是國民黨副總裁汪精衛投敵叛國後，抗戰局勢益發艱難，蔣介石便更加倚重戴笠及其軍統。在他的全面支持下，軍統勢力得以急遽擴張。

1. 掌握交通檢查權

日軍進犯廣西後，抗戰後方唯一的對外通道西南運輸陷入混亂狀態。1940 年春，戴笠向蔣建議由軍統局接管交通運輸系統，蔣介石採納其意見，在軍委會下設立了「西南進出口物資運輸總經理處」（後改名「水陸交通統一檢查處」），控制了抗戰後方唯一的陸路海外通道，使得軍統局斂財有路，具備了雄厚的經濟基礎與財政保障。

2. 控制對淪陷區的貿易

東南國土淪陷後，西南後方物資供應日趨緊張。戴笠又向蔣提出設立專門機構從淪陷區搶購物資的建議。1941 年 5 月，蔣介石「指定由戴笠負責，囑其秉承行政院長兼財政部長孔祥熙之命，切實辦理」，[11] 1943 年 4 月 5 日財政部「貨運管理局」成立，戴笠出任局長。他們在與日偽的物資搶奪戰中起了一定的積極作用，然對軍統而言，發財之道又多了一條。

3. 插手緝私

抗戰進入相持階段後，走私益發猖獗，嚴重影響了大後方的經濟。1940 年 6 月 20 日，戴笠見蔣介石時提出了在軍委會下成立統一的緝私組織，將中央與地方的緝私武裝統一指揮，想藉機收權歸己。11 月，蔣介石批准在財政部下設緝私署，並否決了孔祥熙提出的處長人選，親下手令：「緝私署長一職，決派戴笠兼任可也」，[12] 顯示出他對戴笠的寵信非同一般。從此，各地緝私富源皆入軍統之手。[13]

4. 掌握軍隊及滲入軍運系統

慣於猜忌防範的蔣介石，即使寵信戴笠，在關鍵問題上也有保留，他從不考慮戴的建軍請求。但隨抗戰深入，戰爭的需要超過了內爭的防範。為輔

助正規軍作戰，1937年國民政府頒布了《游擊戰教令》，蔣介石也批准軍統成立了敵後武裝「忠義救國軍」，戴笠擁有了屬於自己的第一支武裝部隊。

1940年3月11日，蔣介石又在參謀會議上提出了組織「便衣混城隊」的計劃：「我們派人化裝潛入……接近敵人，攻其無備，那麼一個人就可以發生一連，甚至一營的效力。」[14]會後蔣介石命戴笠草擬計劃，所選隊員由軍統局負責督導指揮運用。1941年12月，軍統局和英國合作，奉准將各地「便衣混城隊」改編為軍事委員會別動軍（簡稱別動軍），成為其所掌握的又一支武裝力量。

這兩支武裝在抗戰中造成一定作用，但更重要在於，戴笠及其軍統有了武裝力量為依託，其勢力發展更為迅速。

此外，1942年後，蔣介石為加強對軍隊的控制，令軍統加強對各部隊的「防諜」調查，並在各路軍司令長官部、集團軍總司令部、省政府機關都成立了調查室。這些措施在加強蔣氏對軍隊控制力的同時，也使得軍統的勢力滲入軍中。

5. 創辦中美特種技術合作所

抗戰後期，蔣政府急欲得到美國的支持，而軍統勢力的擴展，亦刺激了戴笠對外發展的慾望，以遂其進一步擴充的野心。「珍珠港事件」的爆發為戴提供了一個重要契機，[15]美國海軍為對日作戰，需要了解中國沿海地帶的水文氣象情況和日本海軍情報，鑑於軍統在破譯日軍密碼方面的成績，主動開始了與戴笠的合作，雙方迅速走到一起。1943年7月1日，「中美特種技術合作所」在重慶成立。這樣，戴笠內得蔣介石的寵信，外得美海軍的支持。

在蔣介石的刻意培養支持下，到了抗戰勝利前夕，以戴笠為首的軍統勢力，觸角幾乎遍布各個角落，並伸出了國門。其情形如右表所示：[16]

連戴笠自己都說：「就我們的政治環境來講，有的人是很討厭我們的。但抗戰好幾年過去了，人家都不能排斥我們，並且不能離開我們，為什麼？這就是今天的基礎和力量。……總之，財政、經濟、治安、交通、內政、軍事，今天都已掌握在我們的手裡。」[17]

當然，軍統能在短短幾年如此迅速擴展，除卻蔣介石對戴的培植、戴笠自身的苦心經營外，還在於中國當時特殊的國情為其發展提供了空間。

　　蔣介石想要在中國內憂外患複雜的政治環境中保持自己的統治地位，採用非常手段往往見效更快、可收意想不到的效果，而他自身也迷信特務，指望用這種手段來維護與加強其統治地位。中日開戰後，兩國力量對比懸殊，情報工作對疲弱的中國來講顯得尤為重要，準確、及時的情報可有助做出正確的抉擇，以保存力量，盡可能減少損失。

四　特務篇

軍統局	情報	各區、站、組
		各特別組
		各流動偵察組
		各直屬工作員
		各辦事處
		技術研究室及各偵收台
		各戰區調查室
		各諜報參謀及軍事聯絡員
		各省保安部諜報科股
		部分駐外武官
	行動	各行動隊、組
		各爆破隊
	電信	電信總台及分支台
		各監察電臺
		各航情台
	安全警衛	特別警衛組
		兵工署稽查處及各警衛部隊
		特務團
	游擊武力	忠義救國軍
		混城隊及別動隊
		相關游擊隊與民團
	檢查	各航空檢查所
		各郵電檢查所
	治安	各警備部及稽查處
		各警察局及偵緝隊
		中央員警總隊
	交通	水陸交通統一檢查處及各站所
		交通警備部及交警部隊
	財經	緝私署及所屬處所
		貨運局及所屬處隊
		稅警各團營
		經濟研究室及各地專員
		經濟檢查組及各經檢隊
	保防	中央保防組
		各地電監科
		防共特別站組
	國際合作	中美合作所
		各國合作
	民運及抗敵工作	抗敵殺奸團
		華北督導團
		部分黨政軍工作總隊
	訓練	各個公開與秘密的訓練班

在這樣的內外因素作用下，至抗戰勝利前夕，軍統的勢力可謂是如日中天。有人、有槍、有錢、且組織嚴密、行動迅速有效，為其他任何一個國民黨派系組織所不及。蔣戴這對「君臣」間的親密關係臻於極點。

（二）戴笠努力迎合蔣介石

戴笠自被學校開除，至入黃埔軍校間，有十餘年浪跡於江浙滬地區，想尋得一條出人頭地的門路，卻一事無成，這對生性要強的戴笠是個很大的打擊。因此當他考入黃埔後，異常珍惜這個機會，急於建功立業，「他一反過去豪放喜交遊的性格，變成沉默寡言，處處謙讓，一副老成持重的態度」[18]。在思想上，他全盤接受了蔣介石的政治立場，所以平時，特別留意同學中中共黨員的活動。當胡靖安被蔣介石派到黃埔軍校進行「清黨」時，他毫不猶豫的站到胡的一邊，並由此初步嘗到情報帶來的甜頭，及後成為「聯絡小組」的負責人，更讓戴笠認定此是一條立業的捷徑。另外他認為僅憑自己在國民黨中淺薄的資歷，要想有所作為，沒有蔣介石的支持，是萬萬不行的。因此他多次表達自己認定蔣、追隨蔣的心思。他說：「革命黃埔學生之責任，在於擁護唯一的領袖」、[19]「要為領袖作耳目」[20]、「袞袞諸公，唯有英明的蔣公乃為世出之魁傑，為救國家救民族，必須信仰他，追隨他」[21]，從這些阿諛之詞中，反映出戴笠及其軍統以為蔣介石獨裁政權服務為最高宗旨的本質，他們就是蔣介石個人獨裁的「御用工具」。

同時，戴笠在實際工作中也不放過任何表露忠誠的機會。他親自出馬緝捕刺殺蔣介石的昔日盟兄王亞樵；西安事變中「捨身救主」；甚至在任何時候任何場合都不忘表達對蔣介石的忠貞，等等。

然戴笠也深知，僅靠表露對蔣的忠心是遠遠不夠的，蔣介石身邊並不只一個戴笠，作為「耳目」與「利器」的，亦不只一個特務處或軍統局。為獲得更多信任，除了努力地為蔣介石賣力外，戴笠還時刻注意揣摩蔣的心思。

當抗戰開始，蔣介石相繼成立「中統」、「軍統」時，對比竭力爭奪中統局長的徐恩曾，戴笠主動表示：「雨農不才，學識、資歷、名望、功勳均不夠局長之資格，望校長另委局長一任，雨農願竭力輔之。」[22]1944年國民黨六大召開之際，蔣介石準備提名戴笠為中央委員候選人，但戴以「不求爭名奪利」為由，把名額讓給了唐縱，這些都深得蔣介石之心。再者，每當蔣介石有所政治意圖時，戴笠總是趕在前面做好準備，若蔣垂詢，便恰到好處地提出對策和可效力之處，以立功而避禍，更贏得蔣介石的歡心。如中原大

戰時蔣介石要到隴海路督戰，他馬上先將徐州—歸德之間各地人和事乃至歷史掌故、軍要地理，儘量充實在自己心中，待蔣問及，便對答如流。[23]

此外，為迎合蔣介石，戴笠在工作中還處處效仿蔣。例一，自戴笠接掌特務處後，所接任務日益增加，急需更多人手，以蔣介石為榜樣的戴笠，便刻意以黃埔軍校為模板，積極開辦各種培訓班，並親兼各班班主任，培植自己的「學生軍」。「總計自1932年6月1日起，至1945年抗戰勝利為止的13年間，……共畢業27,875人；培訓作戰部隊人員49,180名。」[24] 這些人員成為戴笠組建軍統局基層幹部的基礎，也是軍統局安插在國民政府內部各部門的骨幹，組成了軍統龐大的情報網，滲透到各個方面。

例二，戴笠在軍統局內部的統治上，以蔣介石之好惡為標準。蔣之用人，很重要的一條是看其是不是浙江人或黃埔出身。於是戴笠在軍統的人事安排上，亦多重用黃埔學生和浙江人，在軍統局內的江山籍人員較多，這些人普遍教育程度較低，卻大都占據重要崗位；蔣介石最為忌諱部下結黨營私，戴笠對此便毫不手軟。如他發現別動軍「司令部幾乎都是其（司令周偉龍）老鄉，後把周撤掉，換成徐志道」；[25] 蔣介石為更好的控制部下為己效力，很注重從感情上收攏人心，戴笠也就遵從此道，在軍統局內安排了多方面的生活福利，每日供應六菜一湯的免費豐盛伙食，優待部下；[26] 部下邱開基母喪時，因工作不能回去奔喪，戴笠就暗中為其寄去兩千元[27] 等等，以此籠絡人心；蔣介石重用特務，實行獨裁統治，戴笠便在軍統內部建立督查室，成立「特務中的特務」，擁有自己的「耳目」，以控制特務人員的思想和行動，在軍統內部大搞專制，「生殺予奪，隨一人之好惡」。[28]

例三，在行動上，戴笠更積極迎合蔣介石的需要。蔣介石反共，戴笠便以共產黨為敵；蔣介石抗日，戴笠便率眾投入與日偽的廝殺；蔣介石對民主人士不滿，戴笠便努力為他剷除一切出頭的政敵和對手。戴笠的努力沒有白費，他漸趨成為蔣介石的心腹重臣。

綜觀至抗戰勝利前此一階段，蔣戴之間的關係總體上可謂是「溫情脈脈」。戴笠及其軍統勢力不斷擴張的過程，也就是蔣介石對他和軍統不斷倚重、支持的結果。

三、蔣介石與戴笠關係之物極必反

然而凡事都有兩面性。在雙方互相依靠、彼此信任的過程中，矛盾也隨之產生和發展。當雙方關係最為親密的時候，其背後就是物極必反的信任危機。

（一）戴笠漸生的政治野心

隨著戴笠勢力的發展，蔣戴關係也就萌發出一些不太和諧的地方，最具代表性的是「張超事件」的發生。1933年11月「福建事變」被平息後，陳儀出任福建省主席，有著深厚資歷一向受蔣介石器重的他不把軍統放在眼裡。而時任軍統閩北站站長的張超也自恃戴笠做後臺，同陳展開明爭暗鬥，最後因張反陳過分被陳所殺。聞張死訊，戴氣憤異常，「在武漢見蔣校長，我（戴笠）跪在領袖面前痛哭，要領袖給我們的同志做主，領袖當時不便答應，我就跪著不起來」，「後來我（戴笠）寫了辭職報告。八月十九日，領袖把我找去，對我說：『你不能這樣要挾革命領袖，一個擔當革命工作的人，是不准隨便辭職的，而且我叫你做這個事情，根本就沒有打算叫誰來接替你！』」[29]

對蔣介石的命令，戴向來唯命是從，然在「張超事件」中，他又是跪求，又是辭職，皆軟中有硬，對蔣介石有要挾的意圖，從而折射出戴笠羽翼漸豐，與蔣的矛盾也暗暗滋長，戴笠有了自己的主張和想法。

其實，一直對蔣介石表現出無限效忠的戴笠，一開始就是對蔣「有所想法」的，在某種層面上，他也是把蔣介石當作一種實現「向上爬」目標的利用工具。他曾對摯友唐生明說：「頂好的菜，不要一次都拿出來。我對校長一直都是這樣，……否則你什麼都拿了出來，他便不會再用你了。」[30]這充分反映了戴內心深處利用蔣作「工具」的心理。

最典型的就是在軍統崛起的過程中同中統的持續的爭鬥。這主要是因為蔣介石一貫的「分而治之」策略，同時也存在「同行冤家」等其他因素。為在蔣介石面前獲得更多的信任，軍統與中統一直爭鬥不休，最後演化至互相

四　特務篇

殘殺，導致雙方關係勢同水火，都欲擊倒對方而後快。戴笠及其軍統利用中統負責人徐恩曾[31]貪財的弱點，屢屢對其進行攻擊。

1943年中，軍統查獲徐恩曾私吞中統查獲的中國銀行鈔票，報給蔣介石，此事最終徐雖僥倖逃脫責任，但卻給蔣介石留下了極其不好的印象。然徐恩曾本性難改，1944年再次因動用公車走私被軍統抓住。深諳蔣介石秉性的戴笠，雖欲把中統擊垮，但又要避開陷害嫌疑，便「曲線告狀」，將此事透露給與徐關係不和的朱家驊，由朱向蔣介石密告，蔣果然震怒，手令「撤去徐恩曾的本兼各職，永不敘用。」[32]戴笠借蔣介石之手，終於達到了掃除對手的目的。從此軍統勢力無可匹敵。這也說明做一家奴式的特務首腦並不是戴笠的目標，只是他的一種手段。及至抗戰勝利前後，戴笠的這種野心表現得尤為明顯。

抗戰進入末期，富於政治經驗的戴笠，又開始考慮如何保存自己的勢力，並加強自己的政治影響。他主要在以下幾方面著手運作：

1. 搶奪海軍、警察重組權、交通路警權

1945年9月9日，戴笠召集手下開會，討論戰後形勢。他說：「我們目前有兩大工作必須全力做到，第一要護法……，第二是反共，這個工作是迫在眉睫的。」[33]他深刻認識到蔣介石為了反共，還要重用軍統，因此如何發展軍統這個龐大的組織，成就他的事業，成了頭等大事。

戴笠首先將眼光瞄向戰後中國海軍的重建。因軍統與美海軍情報機構長期的合作，戴笠與美海軍方面關係密切，特別是戰後美方將援助中國軍艦重建海軍，而此項工作將由美海軍主導，這大大刺激了戴笠的野心。他以為有美國人撐腰，可以比較方便地得到重建後的「海軍司令」職位。儘管他對海軍基本上是「門外漢」，但他認為憑他與美國海軍的關係，手下游擊武裝在勝利後被改編時，其在軍內的發展方向，只能瞄向海軍。因此他急於謀取海軍，以保持他的軍權。而美方「參加中美合作所的代表，原係海軍將領，……認為（戴笠）是中國特出人才，曾慫恿戴今後致力於海軍建設工作，美國願盡力協助。」[34]中美合作所美方副主任梅樂斯，向美海軍總部報告說「我們現在面臨著最大的因素，是俄國。在戰後，我們將比其他任何地方更需

要從此一戰區取得情報資料,軍統局是最能供給我們所需一切情報資料的機構,……並且已和戴將軍取得口頭協議」。[35] 因此對於中國海軍的戰後重建工作,美海軍希望把軍統和中美合作所掌握的近十萬武裝,改造成中國重建海軍的基礎,而這一工作就將由戴笠來出掌。他們並把這一計劃擬成一份《戰後海軍助華方案》,呈報給了杜魯門總統。戴笠由此開始做起當海軍司令的美夢。他曾給手下徐志道發電報說:「別動軍、忠救軍等部隊,已決定改編,我意一是改編為縱隊,二是改編為海軍陸戰隊,如何改編,方能符合我們的要求,希速研究電覆。」[36]

但美海軍重用戴笠的計劃卻遭到來自美國國務院及陸軍部的反對,他們確定的處理原則是,除部分氣象、通訊及情報工作外,中美合作所的其他各項工作必須儘早辦理結束。特別是抗戰勝利後,美方為促進國共和談,以馬歇爾為代表的一派美國人堅信:「戴某的興趣,乃是維護中國的一黨政府,成為和談的障礙」,[37]「必須將他排除」[38]。因此,在他們的反對下,美海軍所擬的《戰後海軍助華方案》於1945年9月5日提交國會未予通過。而此時,在國民黨內部,蔣介石也因感到了戴笠在政治上的蠢蠢欲動,斷然拒絕了戴笠提出的一批海軍重建幹部人選,戴笠謀求插手海軍之路被堵。

然關於戴笠與海軍的關係,又據臺灣民國海軍史專家張力教授介紹,臺灣所存的民國海軍檔案中,未發現戴謀求海軍的記錄。筆者認為,這實屬正常,因戴笠在彼時僅是謀求海軍掌控權,但並未成功,所以檔案中沒有反映此事的相關文檔並不奇怪,但戴笠戰後謀求海軍的意圖及其努力,卻不能因為沒有檔案的記載而予以否定。

當時蔣介石對戰後中國海軍的建設問題極為重視,他曾希望梅樂斯出任美海軍赴華顧問團的負責人,[39] 這表明彼時蔣介石對梅樂斯是信任的,而梅是美海軍方面聯繫中國的重要人物,也是支持戴笠掌控中國海軍的積極人物,曾向蔣介石大力推薦戴笠,因此才有了上述的歷史活動。但美陸軍方面和政府當局對梅同戴的關係卻不以為然,也不支持他的活動,因而美海軍的方案被否定。到中美合作所後期,美陸軍方面開始干涉與介入,在內外壓力之下,梅樂斯卻患上了精神衰弱症,美國軍方(包括美國海軍方面)從此視他為「精

神病」，加以嚴控，此事必然牽扯影響到戴笠。上述情況都證實了戴笠希望出掌海軍的野心是存在的。

當謀求海軍之舉失敗後，戴笠又轉而謀取控制警察。

在歷史上，戴笠與警界淵源頗深。早在 1932 年 10 月，他兼任浙江警官學校政治特派員時，就與警界發生了關係。其後因制止「廢警改團」一事，在警界頗有影響，後又策動組織過「警察協進會」，參與改組中央警官學校。戴笠認為：情報和警察工作，具有不可分割的關係，情報工作人員也需要具備警察方面的知識，戰時的情報人員，也可以在戰後轉入警察系統從事警務工作。[40] 所以很早戴笠便有意識地派遣軍統人員進入警察系統，在警界布下一定的勢力。他希望成立警察總監部，由軍統來統一全國警察，由他兼任總監，這樣，既可在面臨不測時保存軍統的勢力，又可以警察系統來繼續掩護從事其特務活動。

可戴笠企圖奪取警權的野心，遭到了李士珍等警界一批元老及實力派的堅決抵制。李士珍出身黃埔二期，自認資歷比戴笠老，又曾到日本學習過警政教育，比戴更有治警經驗。他依靠「CC 派」勢力的支持，與戴笠展開了激烈的爭鬥，最終迫使蔣介石放棄戴笠，採取折中的辦法，讓軍統副局長唐縱當了警察署長[41]，並沒有將軍統組織併入其中，而唐「因為與他（戴笠）的作風配合不起來」，「急於擺脫」[42] 軍統局，所以在唐掌握警察系統後，實際上脫離了軍統，自成一家，破滅了戴笠掌警的企圖。

最後，不服輸的戴笠又很快轉變方向。他「鑑於『匪患』未已，交通安全頗為重要；乃呈准軍委會，將忠義救國軍、別動軍、交通巡察處，以及中美合作所編練的教導營，合併編為交通警察總局，⋯⋯負責全國鐵路、公路、航路治安的維護和礦區的警衛工作。吉章簡、馬志超先後任局長」，[43] 實際指揮權掌握在戴笠手中。因交通警察在政治上地位份量不大，這份提案終於被蔣介石批准，交警總局於 1946 年 3 月 1 日正式成立。戴笠最後總算沒有白費心機，正如唐縱所述：「此乃雨農兄在政治鬥爭上又一成功也。彼能了解委員長之心理與適合委員長之需要，故能逆轉環境，轉敗為勝。」[44]

2. 伸手政壇的大言妄行

政治野心的膨脹，必然加劇言行的囂張化。此時期戴笠不斷地發表過當言論，暴露出他的政治企圖。例如：「我們之所以要掌握許多公開機關，就是要以公開機關來掩護祕密工作的前進。而在另一方面，我們更要以祕密工作來鞏固公開機關的基礎。」[45] 而他的左右也迎合他，提出不少直言不諱的建議：「將軍統所屬的文武人員作基幹，大可創立一個新的政黨，必能凌駕諸在野黨派之上，很有發展希望。」[46]「要跳出特務工作的範疇去從事實際的政治活動」。[47]

戴笠聞言有些飄飄然，他未呈報蔣介石就指示部下，以「明瞭趨勢，把握可能」為「八字行動方針」，在 1944 年夏，下令給貴州息烽集中營主任周養浩，要周把由他親自圈定的一些被認為博學多才的政治犯人集中起來，撥款 9 萬，組織了一個「各種問題研究會」，分為政治、經濟、軍事、教育 4 個小組，要他們對「開展本團體（軍統）政治工作方案」、「全國經濟檢查隊工作方案」、「全國學制改革方案」等進行研究，[48] 這明顯地是超出了特務工作的範疇，而是在為組織施政的政治團體在做準備。戴笠的政治野心因此昭然若揭。無怪乎，軍統大將陳恭澍說：「軍統局大部分幹部出任公開職務，都是戴雨農先生有計劃的安排，平津如此，其他地區亦大致相同。很顯然，掌握全國的情治單位，是他的一個初步目標。」[49]

戴笠的這些越軌舉動，觸犯了蔣介石的大忌，他一直嚴防的就是黨內人物對其權力地位的覬覦，更何況是來自他的學生與奴才的「異動」。

（二）蔣介石的防備與應對

1. 對特務組織的防範和限制

蔣介石一向是以善於權謀而著稱的，他建立特務組織的目的之一就是要對政敵進行防範打擊，又豈能容特務組織成為自己的威脅？因此他對特務組織是既要用之又要限制之。

抗戰後期，蔣介石也擔憂軍統形成「尾大不掉」之勢，處處防備著。1942 年因蔣介石覺得「雨農部分工作似有過於龐大之勢」，[50] 遂派唐縱為軍統局幫辦，使用「摻沙子」的方法來牽制；1943 年蔣又下令撤去戴笠兼任

的緝私署長一職，並表示要戴「專負特務責任，不要帶兵」，甚至透露出「忠義救國軍和別動軍也要整理」[51]等「旨意」。與此同時，他雖然寵信戴，縱容軍統的擴張，但從未放棄過「兩條腿走路」原則，一直讓中統、軍統互相牽制，因此「兩統」始終處於蔣介石的控制之中。然到了抗戰後期，「兩統」的鬥爭越來越激烈，最終戴借蔣之手將徐恩曾除掉，中統因此遭到重創，形成了軍統獨大的局面。

然而，這種現狀是蔣介石所不能長期容忍的，而抗戰勝利的到來，局勢的巨變，為蔣介石提供了一個有利的時機。

2. 在中國國內外壓力下裝飾民主

抗戰勝利後，中國的政治重建被提上日程。歷經長期的戰爭，百姓渴望和平、安寧的生活，而國民黨特務長期以來為非作歹，被民眾所仇恨，戰後他們更借「肅奸」之機，大發國難財，搞得聲名狼藉。當時的一首民謠「想中央、盼中央、中央來了更遭殃」，形象地描述了人民對國民黨統治的不滿。所以，中國國內輿論界掀起了一次次針對國民黨特務組織和特務政治的反對浪潮。中國共產黨、中國國內各民主黨派和民主人士紛紛發表自己的看法，嚴厲的抨擊特務組織的種種惡劣行徑，要求當局撤銷特務機構，停止迫害人民的特務活動，給人民以民主與人權保障，這些都反映了各界民眾的心願，得到了國外民主輿論的響應，這使蔣介石在政治上陷於被動。

除此而外，國民黨內部許多派系出於各自不同目的，想藉機削弱軍統，戴笠的跋扈與囂張也得罪了黨內不少大員，他們也欲陷戴笠於難堪。這些人也紛紛上書蔣介石，要求削減乃至取消特務組織。當時的形勢正如戴笠在8月14日對黃天邁所言：「本局工作今後比抗戰時期更為艱苦，委員長外，都將主張取消特務。」[52]

在國際上，當時對蔣介石政權影響最大的當然是美國，國共重慶和談開始後，作為國共和談調節方的美國，以馬歇爾為代表的美國國務院，鑑於戴笠及其組織「反共色彩太濃厚了，為促進今後（國共兩黨）和平協商，（軍統）應當退出政壇」，[53]他們明確提出了取消軍統的建議。

面對中外的強大壓力，為適應戰後局勢發展的需要，保持其「大國領袖」的地位，蔣介石要表現出民主的姿態以安定其統治基礎，他不得不考慮對特務組織進行約束。於是決定重新調整國民政府的軍事系統，對中統和軍統進行「改組」。蔣介石被迫在政治協商會議上做出了包括取消特務機關在內的「四項諾言」，但又鑑於「匪患未除」，特務組織還有其利用價值，因此他計劃「兩統」的前途是「縮小組織」、「退入幕後」。

3. 對戴笠軍統的明改暗保

1945 年底，蔣介石下達手令，指定由張道藩、余井塘、葉秀峰、唐縱、鄭介民、戴笠、李士珍 7 人組成小組，負責設計特務組織的改革方案。

蔣介石雖然對戴笠軍統的野心不滿，但從本質上來說，他還是需要戴笠的，軍統特務的作用對保障他的統治來說十分重要，甚至不可或缺。因此，他對戴笠及其軍統的處理方針是限制、控制、使用，而不是取消，要「明改暗保」和「以改促保」，既要用之又要管控，這才是蔣介石決策的目的。

1946 年 1 月 17 日，在政協會議召開期間，蔣介石召見戴笠，明確地對他說，「今後政府將要改組，各黨各派均將參加，軍統局需要取消，要他（戴）自己研究一辦法，他（戴）不負責，而他（戴）能實際控制這機關。」[54] 與中統的一蹶不振相比，蔣介石對戴笠的保護不言而喻。而一向善於揣摩蔣心思的戴笠，早於此前就洞悉了蔣介石的意圖，他於 1945 年 12 月下旬於北平巡視期間，召集龔仙舫、文強等軍統大將開會時就明白地說：「世界上哪個朝代、哪個國家沒有特務機關？人家越喊要取消便越顯得重要。但是軍統局這個名稱有些臭了，組織也太龐大了，經費確也籌措不易，所以要化整為零，以合法化來堵人言可畏的口。凡事要為領袖分憂著想，我跟他三十年，是深知此道的。」[55]

（三）蔣戴矛盾的爆發與解決

然而，戴笠所忽略的是，蔣介石對他的愛護是有前提的，對他的限制則是必然的。蔣介石自派唐縱為軍統局幫辦後，辦事時就有意地偏向唐，他「時常直接找我（唐縱），或者手令飭我（唐縱）辦事，而有將各情報機關交我（唐

縱）指揮之模樣」，[56] 實際上已是在派人分掌戴的權力。抗戰勝利後，蔣介石趁機欲徹底改組軍統，既為己所用，又能為己所控。雖然蔣介石此舉並不是單純針對戴笠及其軍統；雖然戴笠此時勢力正「如日中天」，但到了1946年3月9日，戴笠為「肅奸」事再赴北平時，他從各方的情報判斷中，明顯地已感覺到了來自蔣的壓力。

1. 在北平的演講與計劃

3月10日，戴笠在北京懷仁堂主持「總理紀念週」時，因對自己和軍統局的前途已有失望之感，他發表了一次充滿氣憤心情的演講。他說：「最近中央開六屆二中全會，有人叫要打倒我們，我不知道什麼叫打倒，只怕我們的同志官僚腐化，自己倒下去。我時刻所想的，是如何保持光榮的歷史，絕沒有想到別人如何打倒我！」[57]

「現在抗戰雖勝利，而國家內部仍未安定，若有人以為抗戰勝利，就可以停止革命，這種人，如非愚昧，便是不了解中國國內外之情勢，不明白革命的道理。在重慶未出發前，有人告訴我，某些人士，主張取消軍統局，要我留意，叫我設法轉圜。我便以一笑置之，今天我告訴大家，本團體有不可磨滅的成績，也有不可毀滅的基礎。」[58]

「軍統局十幾年來，功過如何？社會公正人士，自有評鑑。吾人不須解釋。我要告訴大家的是，真正的革命者，必不計較權利名位，沒有軍統局，我們亦要革命，絕不放棄責任！……」[59]

戴笠的這番講話，顯然已有指桑罵槐、對蔣介石洩憤的意味，也表明了他底氣十足、不肯輕易認輸的態度。

此時戴笠雖有些悲觀，卻不甘心就此失敗。在北平時，他除處理平津地區的一些漢奸案件外，更積極地為蔣介石發動反共內戰作準備，籌劃部署軍統在內戰中的活動，試圖用實際行動來讓蔣改變主意。他對東北地區進行了特務布置，並一再叮囑：「一定要精研熟讀與蘇俄簽訂的十年友好條約，全力協助光亭（杜聿明）大哥順利地接收東北。」[60]

戴笠還部署了調遣「忠義救國軍」北上、用接收來的日偽海軍小炮艇組建海上交通警察隊、籌辦北平特警班等幾項具體事宜，並於3月上旬接待了來訪的美國海軍柯克上將，他還想抓住美海軍這根「救命稻草」來救自己，只是當時戴笠尚不知道，美海軍的「戰後助華重建海軍計劃」已遭到了美國國會的否決。

當然在軍統發展的後期，戴笠也考慮過自己未來的出路問題。當軍統勢力急遽發展時，善揣摩蔣介石心思的戴笠就已隱隱覺察出蔣對他的防範心理，「覺委座（蔣介石）對他信心動搖」，[61] 他曾與自己的部屬或友人談及自己未來的出路問題，1943年秋，戴笠就與劉培初談起自己在抗戰勝利後的三個打算：一是回鄉養母；一是出國考察；要麼去西北開發水利。[62] 1946年初，他對徐志道提及要他今後多照顧軍統局人員的遺屬等。[63] 這些都從側面證實了戴笠此時對自己未來的前途，頗有些消極的看法，但因此時軍統的形勢尚一片大好，戴笠的擔心沒有發生，他還比較樂觀。

但3月份再赴北平時，形勢的變化就讓戴笠覺得了「末日的來臨」。12日，已聞不利風聲的戴笠對其副手鄭介民講：「我也許不能再做下去了，你要對我們死難同志的眷屬生活負責」。[64] 此時的戴笠似已做好被蔣介石拋棄的打算，對形勢的嚴峻有悲觀的考慮。

就在戴笠在北平活動之際，他接到軍統局本部毛人鳳主任轉發來的蔣介石命他回渝參加會議的電報，電文後面並有化名「以炎」[65] 的一段附言：「重慶宣（鐵吾）、李（士珍）、黃（珍吾）在搞鬼，謹防端鍋，請親自呈復。」[66] 電文中提及的這些人都是長期與戴笠交惡和爭奪警權的對手，此一消息，讓戴笠意識到自己和軍統前途將面臨一次關鍵的選擇，他內心充滿了恐慌和憤懣，急召文強為他代擬一份覆蔣介石電：「重慶以炎兄親譯。校座鈞鑑：電諭敬悉。本當遵諭返渝，因平津寧滬巨案尚待清理，本月中旬始能面聆教誨，敬乞示遵。生雲天在望，唯命是從。詎料煮豆燃萁，相煎何急。生效忠鈞座，敢云無一念之私。不得已而晉忠言，冒死陳詞，伏乞明察，生戴笠。」[67] 毛人鳳接到電文後，因覺語句過激而未敢轉呈給蔣介石，而戴笠卻因收不到蔣

的安撫答覆而心急如焚，眼見許諾中旬到渝時限已到，便計劃飛回重慶面蔣以挽救軍統局。

2. 強令飛行趕回重慶救軍統

1946年3月15日，戴笠乘C-47型222號專機飛天津、濟南，16日抵達青島，他在青島親筆寫了一份報告給蔣介石，大意說：「生追隨領袖已十四年，幹部達十四萬人，望領袖多加愛護」。[68] 17日上午，戴笠決定飛滬，但天氣不好，可他急於18號趕回重慶向蔣介石報告，並探知其對軍統局處理問題的底牌，且於19日參加重要會議，便不顧一切地強行起飛了。

「戴氏究因何要公，須於十八日趕回重慶？」從臺灣所藏的資料中也可觀其端倪。據良雄《戴笠傳》中載：「一說黨內若干人士，力主裁撤軍統局，並另有一個七人小組，在幕後策動。另一說是有一、二特殊有力人物，在抗戰勝利不久，即要求蔣公疏遠戴氏，准其出國考察。並傳戴氏早已預料有『鳥盡弓藏』之一日，從三十二年（1943年）起，便在補習英文，準備必要時，赴國外定居。他要於十八日返渝，是因有一重要會議即將舉行，他打算為軍統局存廢事，作最後之努力。揣測之言，無從證實。不過，當時在重慶，有人合謀排斥戴氏，毫無疑問。」[69] 而軍統另一人員在其回憶文章裡更直接指出：「是當年力行社中十八位令人尊敬的負責同志，聯名報請領袖，取消特務，撤銷軍委會調統局。」[70] 由此可見，此時蔣和戴之間的矛盾已經表面化了，戴強令飛回重慶也顯現出他內心孤注一擲的賭徒心理。

3. 戴笠的暴卒

17日下午，京滬上空都是雷電交加，戴笠專機無法降落，不得已準備改飛徐州，但在南京附近，飛機低飛撞上岱山而墜毀，機上人員全部死亡。直至今天，戴笠的死因仍存有疑點爭論，但是戴笠的暴亡，卻在客觀上挽救了戴和蔣之間瀕臨反目的關係。隨著戴笠的離去，軍統已不成為蔣介石的問題，蔣對戴所有的猜忌和不滿都隨之而去，而緊隨而至的國共內戰，更讓蔣介石對往昔這位能「秉承領袖意旨，體念領袖苦心」的學生產生了無比的懷念。

4. 蔣介石對戴笠的悼念與優遇

戴笠出事後，蔣介石於當天的日記中寫道：「（戴笠）不幸以氣候惡劣竟在南京附近遇險身亡，殊為悲痛，此生雖多缺點，但其忠誠與熱心實不愧革命信徒也。今焉則無矣。」[71]「雨農之喪實為革命之損失也。」[72]

蔣介石出於對戴笠以往鞍前馬後效忠的追念，給予他隆重的厚葬優遇。

1946年6月11日，國民政府發布命令，追授戴笠陸軍中將軍銜，褒揚文曰：「故軍事委員會調查統計局局長戴笠，智慮忠純，謀勇兼備，早歲參加革命，屢瀕於危……該故局長應予明令褒揚，著追贈陸軍中將，准照集團軍總司令陣亡例公葬，並交部從優議恤。……此令。」[73]

12日，國民政府在南京為戴笠舉行了公祭，蔣介石不僅親自出席，還贈送「碧血千秋」花圈一副，為其作祭文，痛切呼道：「胡期一朝，殞此英賢；心傷天喪，五內俱煎！」「惟君之死，不可補償」[74]，無一不表達了蔣介石痛失戴笠的悲痛心情。祭畢，蔣介石又親自護送其靈柩至他為戴親選的墓地鐘山靈谷寺至公殿。

這些都顯示了隨著戴笠的離去，蔣介石對戴的感情重新回升。就連當時的美國特使馬歇爾，也認為在停戰協定簽訂後不久，就這麼大張旗鼓地歌頌一個著名反共人物是很不合時宜的。[75]

然戴笠死後不幾年，國民黨兵敗如山倒，1949年敗退到臺灣。蔣介石又扯起了「反共抗俄」、「反攻復國」的大旗。為籠絡特務人員，也是出於對戴笠遺屬的「關照」，蔣介石親令保密局長毛人鳳運用潛伏特務，尋找留在大陸的戴笠遺族，並將他們接到了臺灣。這種優待在蔣介石對下屬的關係中是比較少見的。

四、結論

縱觀蔣介石與戴笠兩者的關係，由起初的相互信任，到後來的彼此猜忌，這幾乎是中國傳統君臣關係演化的翻版，然歷史的不可預知性，最後終因戴笠的暴卒而維繫了雙方表面的和諧。從二人關係的發展歷程中，尤其是雙方關係異變的過程中，我們可以總結出以下幾點內容：

四　特務篇

對蔣介石而言，他熟稔帝王御駕之術，為維護自身的統治地位，一貫堅持「多疑」、「分治」等政策。他刻意培養戴笠，讓軍統不斷發展，與中統互相牽制，自己坐收漁翁之利。他寵信戴笠，對其恩威並施，讓他從一個無名小卒漸成為「特務王」。但一切的寵信，皆以不威脅到蔣介石自身的統治地位為前提，一旦突破這個極限，蔣介石便毫不手軟，絕不留情。而抗戰末期，軍統一頭獨大局面的形成，是蔣介石所不能長期容忍的，蔣戴兩人之間矛盾的形成有其必然性。

對戴笠而言，出於對蔣介石的崇拜，更出於他相信只有依靠蔣才能功成名就，便死心塌地的追隨蔣介石，為其出生入死，終獲得了蔣的寵信。在蔣介石的刻意培養下，以戴笠為首的軍統勢力日漸壯大，戴笠遂成為蔣介石身邊最忠實的鷹犬和殺手。但到了抗戰末期，軍統不斷「坐大」，戴笠的心思也隨之活躍，他開始不甘心久居偏門特務之列，試圖在政治上有所作為而四處活動，為蔣介石所忌，蔣採取一系列的措施來進行遏阻牽制，戴笠卻覺自己為蔣出生入死而得不到應有的回報，對之亦產生了不滿，這使得蔣戴兩人之間的矛盾漸成並明朗化。

綜上，蔣介石與戴笠兩人由交易所裡的主僕，到黃埔軍校的師生，到戴追隨蔣的上下級關係，一步步發展成元首與重臣的關係；西安事變後，兩人除卻「君臣」關係外，又摻雜了幾分個人的感情，但無論如何，這些感情都是有限度的，就是在戴笠對蔣介石沒有產生威脅的情況下，存在於蔣介石所能操控的範圍內。一旦越出這個範圍，一切的感情便都會不復存在。

蔣介石與戴笠兩人的關係是民國官場上下級間人際關係的典型範例，具有特殊的代表性意義，其開始、發展、異變、矛盾與結束，勾勒出民國官場人際關係的原型。其本質就是：他們終究沒有跳出封建君臣關係的輪迴，只是一場落後的官場遊戲。[76]

【注】

[1] 沈醉、文強：《戴笠其人》，文史資料出版社，1980年版，第181～182頁。

[2]1926年春末夏初，戴笠在江山城裡偶遇回鄉奔喪的高小同學毛人鳳，毛告訴戴笠黃埔正在招生，鼓勵他去試試。於是戴笠便改名赴粵參加革命。參見（臺）喬家才：《鐵血精忠傳》，《中外雜誌》第24卷第3期。

[3] 此數據系「國防部」情報局編印：《戴雨農先生年譜》，1979年10月版，第632頁記載。

[4]（臺）《戴笠傳記資料》，天一出版社，1985年版，第242頁；參見（臺）良雄《戴笠傳》，傳記文學出版社印行，1985年4月版，第38頁。

[5]（臺）良雄：《戴笠傳》（上），傳記文學出版社印行，1985年4月版，第39頁。

[6]（臺）費雲文《戴雨農其人其事》，載《戴笠傳記資料》，天一出版社，1985年版，第184頁。

[7] 馬振犢：《國民黨特務活動史》，九州出版社，2008年3月版，第39頁。

[8] 此處的軍委會調統局指以陳立夫為首的「國民政府軍事委員會調查統計局」，而不是後來習慣稱謂上的戴笠的「軍統」組織。當時此組織共組建了三個處，一處以徐恩曾為處長，二處（復興社特務系統、軍統前身）以戴笠為處長，三處以丁默邨為處長。

[9] [美]魏斐德著，梁禾譯：《間諜王——戴笠與中國特務》，江蘇人民出版社，2007年12月版，第334頁。

[10] 此數據係參照：[日]關東憲兵隊司令部「思對資料」第82號《藍衣社的概念與其特務工作成績》，中國第二歷史檔案館館藏日本侵華機構檔案。

[11]（臺）張霈芝：《戴笠與抗戰》，「國史館」印行，1999年版，第230頁。

[12] 戴笠：《我們的態度與決心》，1943年8月30日孫總理紀念週訓詞。轉引自申元：《江山戴笠》，中國文史出版社，1991年1月版，第98頁。

[13] 註：1943年，戴笠以工作太忙、無暇顧及為由，辭去緝私署長職務，實則因處理林世良一案，得罪了孔祥熙，孔對其施加壓力，戴笠不得不辭職。

[14]「國防部」情報局編印：《忠義救國軍志》，1970年4月版，第200～201頁。

[15] 在太平洋戰爭爆發前，軍統特務透過截獲與破譯日本海軍的電文，得悉日本海軍在太平洋地區將有大的行動，戴笠透過駐美使館武官、軍統特務蕭勃通知美國方面做好準備，美方並未重視，待日軍襲擊珍珠港後，美方開始重視中方情報，且加上美國海軍對日作戰需要了解中國沿海地帶的水文氣象情況和日本海軍情報，故主動開始與中方合作。

[16]（臺）良雄：《戴笠傳》（上冊），傳記文學出版社，1985年4月再版，第162頁。

[17]《戴笠自述》，參見《發揚正氣》—民國二十九年 12 月 30 日在孫總理紀念週上的講話，載申元《江山戴笠》，中國文史出版社，1991 年 1 月版，第 93 頁。

[18]（臺）喬家才：《鐵血精忠傳》，中外雜誌社，1978 年 3 月版，第 29 頁。

[19]（臺）費雲文：《戴雨農其人其事》，載《戴笠傳記資料》，天一出版社，1985 年版，第 185 頁。

[20]（臺）良雄：《戴笠傳》，傳記文學出版社印行，1985 年 4 月版，第 333 頁。

[21]（臺）周念行《鐵血精忠傳》序，載《戴笠傳記資料》，天一出版社，1985 年版，第 237 頁。

[22] 馬振犢：《國民黨特務活動史》，九州出版社，2008 年 3 月版，第 137 頁。

[23]（臺）裘軫：《江山奇才戴雨農》，載《戴笠傳記資料》，天一出版社，1985 年版，第 201 頁。

[24]「國防部」情報局編印：《「國防部」情報局史》（第二篇），1962 年 3 月版，第 2 頁。轉引自（臺）張霈芝：《戴笠與抗戰》，「國史館」印行，1999 年版，第 265 頁。

[25]（臺）蔡孟堅：《我與戴笠將軍》，見《戴笠傳記資料》（三），天一出版社，1985 年版，第 210 頁。

[26] 鄧葆光：《軍統領導中心局本部各時期的組織及活動情況》，載全國政協文史委《文史資料選輯》第 86 輯，第 175 頁。

[27] 參見《戴笠傳記資料》，天一出版社，1985 年版，第 246 頁。

[28]（臺）唐縱：《唐縱失落在大陸的日記》，傳記文學社印行，1998 年 3 月 20 日版，第 243 頁。

[29] 戴笠：《我們的態度與決心》，1943 年 8 月 30 日孫總理紀念週訓詞。見申元：《江山戴笠》，中國文史出版社，1991 年 1 月版，第 99 頁，100 頁。

[30] 李炎錕：《民國官場笑林》，江蘇古籍出版社，1997 年版，第 185～186 頁。

[31] 徐恩曾：「國民黨中央調查統計局」（中統局）副局長，中統的實際負責人。

[32] 陶蔚然、胡性階等著：《親歷者講述：中統內幕》，中國文史出版社，2009 年 1 月版，第 171 頁。

[33]（臺）陳祖康《憶念戴笠將軍》，《中外雜誌》，轉引自《戴笠傳記資料》，天一出版社，1985 年版，第 226 頁。

[34]（臺）彬彬《戴笠其人其事》，《藝海雜誌》，轉引自《戴笠傳記資料》，天一出版社，1985 年版，第 10 頁。

[35]（臺）費雲文《中美合作抗日祕錄》，轉引自北京圖書館文獻訊息服務中心編輯《中美合作所與戴笠特輯》，書目文獻出版社，1987年10月版，第48頁。

[36]（臺）徐志道《戴笠將軍與我》，《中外雜誌》，轉引自《戴笠傳記資料》，第212頁。

[37]（臺）費雲文《戴雨農與中美合作所》，《中外雜誌》，第13卷第2期，轉引自《戴笠傳記資料》，第25頁。

[38]（臺）費雲文《中美合作抗日祕錄》，轉引自北京圖書館文獻訊息服務中心編輯《中美合作所與戴笠特輯》，書目文獻出版社，1987年10月版，第49頁。

[39] 參見楊順仁：《撩開神祕的紗幕：黨在陪都的地下鬥爭》，重慶出版社，1991年版，第362～363頁。

[40] 李繼星：《戴笠傳》，敦煌文藝出版社，1993年7月版，第234～235頁。

[41] 唐縱：軍統發家班底「十人團」之一，曾長期擔任蔣介石的高級幕僚。

[42]（臺）唐縱：《唐縱失落在大陸的日記》，傳記文學社印行，1998年3月20日版，第538頁。

[43]（臺）費雲文《戴雨農與中美合作所》，《中外雜誌》，第13卷第2期，轉引自《戴笠傳記資料》，天一出版社，1985年版，第32頁。

[44]（臺）唐縱：《唐縱失落在大陸的日記》，傳記文學社印行，1998年3月20日版，第507頁。

[45]（臺）喬家才《鐵血精忠傳》，《中外雜誌》，轉引自《戴笠傳記資料》，第248頁。

[46]（臺）彬彬《戴笠其人其事》，《藝海雜誌》，轉引自《戴笠傳記資料》，第10頁。

[47]（臺）劉培初《長相憶·歷久彌新—為紀念戴雨農先生去世二十年而作》，轉引自《戴笠傳記資料》，第200頁。

[48] 陳少校：《黑網錄》（內部發行），群眾出版社，1979年版，第181～183頁。

[49]（臺）陳恭澍：《英雄無名》叢書第五部《平津地區綏靖戡亂》，傳記文學出版社，1988年版，第19頁。

[50]（臺）唐縱：《唐縱失落在大陸的日記》，傳記文學社印行，1998年3月版，第241頁。

[51] 同上，第330頁。

[52]（臺）黃天邁《戴笠的生活片段》，載《中外雜誌》第42卷第6期。

[53]「國防部」情報局編印《戴雨農先生全集》（下），第260頁。

[54]（臺）唐縱：《唐縱失落在大陸的日記》，傳記文學社印行，1998年3月20日版，第538頁。

[55] 沈醉、文強：《戴笠其人》，文史資料出版社，1980年版，第243頁。

[56]（臺）唐縱：《唐縱失落在大陸的日記》，第427頁。

[57] 原文可參見申元：《江山戴笠》，中國文史出版社，1991年1月版，第102頁。

[58] 戴笠《犧牲的決心》，1946年3月10日北平懷仁堂孫總理紀念週演講。載「國防部」情報局編印《戴雨農先生全集》（下），第619頁。

[59]（臺）良雄：《戴笠傳》（下），傳記文學出版社印行，1985年4月30日再版，第542～543頁。

[60] 沈醉、文強：《戴笠其人》，第245頁。

[61] 唐縱：《在蔣介石身邊八年——侍從室高級幕僚唐縱日記》，群眾出版社，1991年8月版，第294頁。

[62] 參見（臺）劉培初：《長相憶—歷久彌新——為紀念戴雨農先生去世二十年而作》，見《戴笠傳記資料》（三），天一出版社，1985年版，第200頁。

[63] 參見（臺）徐志道：《戴笠將軍與我》，見《戴笠傳記資料》（三），天一出版社，1985年版，第88頁。

[64]（臺）費雲文：《戴雨農與鄭介民》，見《戴笠傳記資料》（三），天一出版社，1985年版，第160頁。

[65] 毛人鳳及其迷信看相、算命和風水之類的東西，由於他認為命中缺火，他的化名便叫「以炎」，多年來一直用這個化名。參見李炎錕：《民國官場笑林》，第203頁；另據沈醉、文強：《戴笠其人》，第252頁；中國人民政協會議江山市委員會文史資料委員會編印：《江山籍軍統將領傳略》，《江山文史資料》第10輯，1994年版，第63頁。

[66] 唐縱：《在蔣介石身邊八年——侍從室高級幕僚唐縱日記》，群眾出版社，1991年8月版，第252頁。

[67] 唐縱：《在蔣介石身邊八年——侍從室高級幕僚唐縱日記》，第253～254頁。

[68]（臺）趙龍文《戴雨農先生》，載《中外雜誌》第1卷第三期，轉引自《戴笠傳記資料》，第182頁。

[69]（臺）良雄：《戴笠傳》（下），傳記文學出版社，1985年4月再版，第546頁。

[70]（臺）毛鐘新：《為戴笠先生白謗辯誣——質魏大銘先生》，見《戴笠傳記資料》（七），天一出版社，1985年版，第51頁。

[71]《蔣介石日記》（手稿本），1946 年 3 月 19 日。藏 [美] 史丹佛大學胡佛研究院檔案館。

[72]《蔣介石日記》（手稿本），1946 年 4 月 1 日。出處同前。

[73] 何明主編：《蔣介石十三太保的最後結局》，中共黨史出版社，2008 年 3 月版，第 143 頁。

[74] 沈美娟：《鬐海鼻雄戴笠》，中國文史出版社，2003 年 1 月版，第 481 頁。

[75] 江紹貞：《戴笠和軍統》，團結出版社，2007 年 1 月版，第 256 頁。

[76] 有學者認為，據「國史館」館藏檔案所反映的蔣介石與戴笠關係與口述回憶資料中所反映的二人關係不同，僅是一般長官與部屬關係，然筆者認為，檔案作為正式公文，不會反映出二者背後的真實關係，如：戴笠和鄭介民、劉培初等的談話內容是不會在檔案資料上有記載的。口述資料亦有其參考價值，尤其是多方當事人都有記載時，說明其客觀上是存在的，也是我們所不能忽視的。

1949：國民黨特務機關的應變與結局

南京第六次中華民國史國際學術討論會論文，載會議論文集

1949 年前後，國民黨蔣介石政權為內外局勢所困，在中共力量的打擊下，進入了崩潰前的最後階段。新年伊始，蔣介石下野引退，把殘局留給桂系李宗仁，自己躲入幕後，但實際上卻依然以國民黨總裁的身分，控制著各要害部門與軍事大權，做東山再起的準備。

在這場激烈的風雲變幻過程中，南京政府內各部門、各派系乃至各級黨政大員們，根據內外情況的變化，都做出了相應的應變措施，力圖在黨內蔣介石與李宗仁的爭權鬥爭中順勢維持下去，並在與中共的決鬥中為國民黨保住最大的利益。

除了內戰第一線的軍隊系統而外，此時最為緊張的就要算是國民黨及其政府的特務部門了。

當時，國民黨的特務機構表面上雖仍然是原中統與軍統系統的「雙峰並立」，但自抗戰後期起，蔣介石從主客觀情況的快速變化中，日益感覺到了來自軍統與中統兩大特務組織勢力膨脹的威脅，再加上此刻他正想以「民主」

的名義來鞏固統治，在黨內外反對派的壓力之下，他決定動手整飭特務機構，在改組的基礎上保留之，以變化了的組織形式來繼續為其服務。

　　蔣介石利用軍統與中統的矛盾，根據戴笠的舉報，以涉嫌捲入假鈔案、偽鈔案和走私案，將中統局長徐恩曾撤職，並宣布「永不錄用」；同時迫使戴笠的軍統局收斂氣焰作自我約束。在戴笠意外墜機身亡之後，即由毛人鳳代之，實行改組。遏制了兩大特務組織的急速膨脹。所以，到1946年以後，國民黨的特務組織已逐漸走向下坡路。1949年後，在整體局面處於日益被動之時，對於國民黨特務組織來說是到了生死攸關的關鍵時刻，兩大特務系統表現出了不同的應變策略，結果導致了雙方的不同結局。

一、「中統」改組內調局走向崩潰

　　由中統局改組而成的中央黨員通訊局，在遭遇了1945年1月間徐恩曾被蔣介石手令免職的沉重打擊後，在繼任者葉秀峰的統治下，已呈現江河日下的態勢。由於「人與事相聯」，「徐先生倒霉，機關經費縮減」，[1] 原中統局所控制下的鹽、稅等可賴為挹注的部門被剝離出去，所有特別補助費停發，連正常經費撥款也大打折扣，內部機構被迫縮減為指導與資料兩處，外勤工作基本停滯，「中統」似已完全失去往日的威風。

　　自1945年初出掌中統以後，葉秀峰在中統局內把主要精力放在清洗徐恩曾的勢力和培養自己的班底上，他領導下的「中統」除了一般性的工作外並無特殊的建樹，兩三年內只策劃發動過昆明「一二·一慘案」及「南京下關事件」等針對學生與民主人士反內戰運動的暴力鎮壓，且其後果都是搬起石頭砸了自己的腳，搞得當局十分被動，自然也得不到蔣的賞識。1949年3月，蔣介石按照既往政策，對中央黨員通訊局再次進行了改組與調整。具體方案是將其再次降格，劃歸行政院內政部所轄，改稱為內政部調查局。由於葉秀峰是國民黨中央執行委員，屬特任級官員，不能屈就內政部調查局簡任級的局長，因此改由原「中統局」上海區調統室主任、黨通局副局長季源溥為內調局局長，以內政部派出張益民為副局長。

1949 年 5 月內政部調查局在廣州正式開張,「中統」組織從此更趨末路。而葉秀峰則因無法安排,仍掛名為「黨通局局長」閒置。

內政部調查局人事安排表（1949 年 5 月 -1949 年 12 月）

局本部

局長季源溥；副局長王保身張益民；

祕書室主任祕書萬大宏；

第一處（輔導）處長張慶恩朱凌雲副處長鄒春生；

第二處（總務、文書）處長陳慶齋副處長朱韻濤；

第三處（電訊交通）處長袁更（1949.5 任）副處長蘇恕誠；

第四處（研究）處長徐政副處長黃九成；

人事室主任李裕德萬大鏞；

會計室主任王大光副主任何啟明；密電室主任武子明；

統計室主任原汾；督察室主任督察朱瀚孟憲海馬紹伯；

專門委員室專門委員　陳國英　齊耀榮　朱元懋。

外勤組織

重慶辦事處主任徐政張益民；

雲貴辦事處主任陳慶齋；

海南島辦事處主任杜衡副主任王進之；

臺灣辦事處主任張慶恩；

留京辦事處主任蘇麟閣（1949.1.26 任—4.23 免）；

貴州調查處處長劉蘇屏；雲南調查處處長李宏澤；

重慶調查處處長王難三；四川調查處處長先大啟；

西昌調查處處長甘青山；西康調查處副處長王安文邵平；

四　特務篇

廣西調查處處長郭文田；廣東調查處處長劉華藜；

江西調查處處長馬鯤；湖南調查處處長田純玉；

湖北調查處處長杜伯塤孫守藩周文化；

臺灣調查處處長郭乾輝；

香港調查處處長俞嘉庸副處長王大光；

浙江調查處處長黃華年（1949-1950.5 在職）[2]

從這份組織系統人員名單來看，「中統」的隊伍自然是今非昔比「鳳凰變雞」了。

在最後的幾個月中，內調局的下層組織處於收縮與應付狀況中，其主要幾個工作點狀況如下：

在上海，成立於1948年2月由「中統」控制的「經濟部特種經濟調查處」駐上海辦事處，在參與了1948年底的「八一九限價」和金圓券的強制發行工作後，於1949年4月開始進行撤退廣州工作，但大多數人員並未去廣州，眼看國民黨政權氣息奄奄，便各自四散逃命去了。這年秋天，「中統」幹將劉恭在上海與「CC」派洪蘭友私下交談時說：「趨炎附勢，人之常情；看樣子，如果共產黨說不殺人的話，我們『中統』的朋友，十九會輸誠自請，望門投正！」

在南京局本部，就連由葉秀峰一手提拔起來的中統特務楊博清，當年曾冒險潛入延安抗大賣命蒐集情報的人，也因大勢已去而退出組織，前往南洋謀生去了。「中統」前局長的朱家驊，在離開南京之前，在其赤壁路七號寓所見到「中統」的舊人時，也說：「他們（中共）的工作做得好，老百姓都跟他們了。這些事實我們都知道。我看老頭子（蔣）也明明知道一些，他就是不肯認輸。戴先生（戴季陶）和他談過，談了也無益。我們這些人都上了年紀，不中用了，鑽牛角尖鑽到底算了。」那時候，蔣介石在大陸還保有「半壁江山」，但「中統」內部上下左右都覺得局勢已無可挽回，失敗的情緒瀰

漫全局。[3] 其新任留京辦事處主任蘇麟閣也拿不出什麼潛伏計劃安排，在南京解放前夕攜公款逃往上海。

在西南，原黨通局雲南組改稱為內調局雲南調查處，由孫秉禮接替原黨通組長查宗藩任處長，後由李宏澤代之。查宗藩改任內調局專員，他很不服氣，有關組織情況與工作線索概不移交，為此原黨通局西南區辦事處主任、新任內調局雲貴辦事處主任陳慶齋特地來到昆明進行協調，他帶來了大把的銀元與金條，允諾給部下發放一部分「應變費」和發報機等器材，但另一方面，他卻在暗中燒掉文件，做逃走的準備，結果發報機來了，錢卻被陳扣下了。12月1日，陳慶齋、孫秉禮與李品偉等在昆明孫宅開會，決定了內調局在西南的應變措施，認為在中央軍的威脅之下，昆明盧漢暫時不會亂動，國共兩軍將在昆明有一場決戰，內調局應向滇西撤退，在下關擴大組織「滇西區」，並派原「第四區公路黨通組貴陽區主任」康茂生為「昆明潛伏組組長」，帶領電臺和一兩個「從未暴露身分」的組員在昆明埋伏下來，以等待「第三次世界大戰爆發」的時機到來。[4]

與此同時，內調局在最後困守的西南也做出了一些瘋狂的「業績」：

四川調查處破壞成都民革地下組織，民革川西軍事負責人李宗煌等多人被捕，李宗煌被殺害於渣滓洞監獄，另12人被害於成都；

貴州調查處破壞了中共地下組織，逮捕並殺害了20餘名革命人士；

重慶調查處逮捕共產黨員、進步人士多人，強誣為縱火犯，予以槍決；同時，在萬縣逮捕數十名「共產黨嫌疑」，悉數予以殺害。

此外，各地內調局特務組織還根據蔣介石的指示，將原先逮捕收押的共產黨人、進步人士及革命群眾，進行「緊急處理」，人數過千。

季源溥出任內調局局長後，上臺伊始，便親赴臺灣建立局本部，派張益民由廣州到重慶，籌建在大西南的內調局指揮中心；派朱凌雲到香港，籌辦潛伏特務訓練班並指揮華南地區的特務活動；甚至派人前往東南亞進行海外活動，預備將來。[5] 蔣介石為了給他們打氣，慷慨地一次撥給內調局10萬銀元，想讓他們「重振雄風」.

四　特務篇

但人民解放軍以迅雷不及掩耳之勢，橫掃江浙，進軍閩南，逼向廣東，於10月14日抵達廣州，季源溥的新組織還沒有真正形成隊伍，即四散逃亡了。黨通局、內調局的特務們，知道大勢已去，除一部分由王保身帶往臺灣外，其餘隨政府其他部門一起，提前於9月初乘飛機逃到了重慶。

季源溥一到重慶，便向蔣介石和內政部長李漢魂再次申請應變經費，結果碰了釘子，季又找到四川省主席王陵基，要求王撥給他10個邊遠縣，讓特務劉介魯等10人專擔任縣長，號稱要「建成游擊根據地，以與共產黨周旋」。10人名單送王陵基後，還沒有來得及批准，這些縣就已經被解放或臨近解放了，因此計劃只好作罷。

季源溥見大勢已去，決定逃臺，他下令由副局長張益民負責，自己飛往臺灣。張益民見此，也不願殉葬，在解放軍尚未進逼重慶時，他考慮經昆明外逃這條路線比較穩當，於是，一面布置特務在昆明搞潛伏，一面命令特務協助鐵路公路部門，保證維持滇越、滇緬交通線的暢通，並和滇越邊境金平縣的土司建立聯繫，除加強已有的滇西區室外，在滇南、滇東再分割各建一個區調查室，但是到11月間張益民準備經昆明逃跑時，實行大迂迴的人民解放軍已經切斷了他們的去路。此時，除了坐飛機，再也沒有別的辦法可以逃走，遇到這種情況，在11月23日重慶解放，特務們逃竄到成都以後，張益民便丟下手下的大批特務，藉侍從室的關係，乘飛機逃往香港。

正副局長逃走後，時任內調局西南區區長的徐政，心裡十分恐慌，特別是他收聽解放區電臺的廣播，聽到中共已經把他列入戰犯名單，就更是坐立不安，決定無論如何也要逃到臺灣去，正巧「中統」創始人陳立夫來到成都，徐政連忙跑去見陳請示對策，陳立夫安慰道：盡可放心，只要能拖到第三次世界大戰爆發，黨國即可復興。徐對此回答心裡徹底失望，他便提出去臺灣的要求，陳立夫要他去找總裁侍從室主任谷正綱。徐政一再懇求，谷就是不讓步，絕望中徐竟當場跪在谷的面前，聲淚俱下地哭求，最後才被允諾。徐政逃走以後，剩下內調局本部的一批特務不知所措，一次次地向臺灣發出求救的電報，度日如年地等了一週，季源溥才來電給了逃臺的幾十個飛機座位，

這麼多特務都吵著要去，你爭我奪，誰也不讓步。不得已，開會商議達成三條協議：

（一）依照局本部意見，必須飛臺的先飛，眷屬、兒女概不照顧；

（二）科長以上的重要業務人員其次；

（三）其餘位子抽籤決定，去不了的每人發一兩黃金，自謀生路。

特務們燒毀了所有公物，然後驅車到新津機場，當時，各機關也都想逃到臺灣，互不相讓，爭得不可開交時，也只好採取抽籤的辦法。結果，內調局抽的是第 13 批飛機，運氣不佳。到 12 月中旬第 8 批飛機飛來時，新津近處發現了解放軍，國民黨的空軍站倉皇撤退，機場也被破壞，第 13 批飛機永遠不會再來了。特務們此時已是上天無路，入地無門，不得不鑽進農民的草堆裡避寒。他們架起發報機一遍又一遍地向臺灣呼救，結果連回電也沒有了。留下的 100 多個內調局特務，把剩下的六、七十兩黃金予以平分，每人拿了 5 錢，各自逃命去了，當然，在後來的「鎮反」、「肅反」等運動中，可以想見，他們中的大多數人是難逃懲罰的。

這就是「中統」特務的最後下場。

二、「軍統」變成保密局上演最後的瘋狂

自 1946 年 10 月間，軍統局改組為國防部保密局後，經過一番激烈較量後上臺的毛人鳳，更加確立了他在局內的統治地位。面對已定的敗局，毛人鳳帶領保密局也開始了應變的謀劃。

1948 年內，保密局的應變策略只是以派遣特務進入解放區建立組織為主，結果屢遭失敗。1948 年後，因原國統區大中城市陸續被解放，他們便採取預先布置潛伏組的辦法，試圖在那些地方繼續特務活動。為此，保密局加緊培養訓練一批所謂「全能情報員」，在南京成立了一個「全能訓練班」，由電訊處處長楊振裔主持訓練。這個班的成員，都是受過無線電收發報技術訓練的特務員，入班後，再加以蒐集情報的訓練，其後即派到前方城市居住

下來，先找好掩護的職業，他們不與原來保密局的站和組織發生橫的聯繫，而是直接由保密局所轄潛伏布置組領導。

在特潛工作中，保密局還採取了雙層布置的辦法，在各大中城市吸收了一批新的人員。對於擔任這項工作的新特務，首先要求他們有一個正當的職業，最好是醫生、會計師、工程師之類的白領人員，不易被人懷疑，才被認為容易掩蔽開展工作。

當時，保密局準備在每一個大城市都成立一至兩個這樣的潛伏組，組長一般由沒有暴露身分的原「軍統」分子擔任。每組設一至二部電臺。潛伏特務的工薪以黃金計算，比一般特務要高，如組長兼報務員，每月連房租津貼可得黃金二兩左右。在即將解放的地區，可一次性可領半年到一年的經費。潛伏組的責任是蒐集情報。至於造謠與破壞工作，則準備另派人員去進行。這些人不配電臺，與潛伏組也不發生橫的關係，以防被捕時發生牽累。

潛伏組的人員，在該地方沒解放之前，只做準備工作，不行正式活動。在解放以後，主要任務是蒐集情報。保密局奉蔣介石的命令，要求他們最好能混入共產黨裡去，所以這些潛伏特務，平時言論都表現得很進步積極，藉此迷惑他人，以便入黨活動。

潛伏組所用的電臺，一般是兩瓦半的美製特務機，這種機器體積不大，可裝在寫字桌抽屜的後半部，也可裝在收音機、留聲機、桌燈裡邊。潛伏組建立時，一次性配發半年到一年用量的電池。因為當時國民黨當局抱有一個幻想，認為不出一年，那些城市都可以在美國的直接幫助之下，次第收復，所以只作一年的預算。其中的大部分負責特務，雖然對這種看法並無信心，但為了鼓動部下的信心，也只好照樣吹噓，連蔣介石自己，也一再鼓吹第三次世界大戰就要發生，並說只要大戰一發生，就可以把共產黨消滅。

1949年4月後，保密局在西南地區開始潛伏布置。他們原以為西南短期內不會丟失，因此也不大著急應變。到解放軍渡江以後，情勢變化得很快，他們才緊張起來，派出潛伏布置組第二科科長任鴻傳匆匆趕到重慶，由他兼任西南特區潛伏布置專員，指導各省站協助布置。任鴻傳與重慶站站長李修凱在重慶及川東等地完成布置後，於7月間再到昆明，建立了一個潛伏組和

一個獨立潛伏臺,該潛伏組由兩個醫生組成,特別開設了一家私人診所為掩護,並發給了經費。任鴻傳在昆明辦事後,又趕到貴陽布置。

到了9月間,毛人鳳因為華北、華東、華中的一些潛伏組在解放後就陸續被破獲,感到西南地區潛伏組的布置亦不夠理想。為了加強西南地區的布置及企圖進一步重建在解放區的組織,又在重慶「中美合作所」原址成立了一個「全能情報員訓練班」。這個班由毛人鳳自兼主任,王蒲臣為副,準備訓練幾百名潛伏特務派往各地。但開始訓練不久,解放軍已向西南進軍,直至重慶解放前還沒有訓練好,便退往成都,結果在途中損失過半,抵蓉後估計再沒有時間從容訓練了,就把剩餘人員編入交通警察第一旅何龍慶部,準備去打游擊。[6]

保密局在進行潛伏布置的同時,還專門作了在大城市進行破壞暗殺的準備,他們把一些手槍、爆炸品等裝備器材,預先存放在可靠而又易於取出的地方,避免存於特務家中而被搜出罪證。例如在上海,一批武器和爆炸品就是用寄存靈柩的辦法,把東西放在棺材內送到墓地存放,一般是將棺材擱在條凳上,特務夜間去取用時,只要用預先裝置的機關從棺材下面打開就行。那種陰森的地方本來很少人去,何況又在黑夜,更不容易為人發覺。存放一年半載甚至更久一些,也不會出問題。另外有一種辦法,則是把東西藏在小棺材內,埋在近郊墳墓地區,豎上墓碑標記,需用時在夜間去取。用這種辦法可以存放得更久。

1949年初,由各地逃出的特務,紛紛南逃,不少人還想逃往臺灣。毛人鳳看到這種情況,便向蔣介石請示保密局的應變辦法,蔣介石的答覆是,除了少數大特務有必要的准許去臺灣之外,其餘均須留下來,「與共黨鬥爭到底」。

毛人鳳根據這個指示,於3月間在重慶召開保密局會議,西南、西北及廣西、湖南等省的負責人均奉命參加。他在會上提出一個發起「還鄉運動」的方案,要特務們返回自己的家鄉,在地方上設法立足生根。試圖以此來安置和處理擁擠在「後方」城市待命的特務,想把他們拋棄。

四　特務篇

　　如果這個辦法行得通，保密局就可以丟掉一些包袱，蔣介石對此也贊同。而這對大批的下層特務來說，是連逃命的機會也給堵死了。

　　毛人鳳在宣布這個辦法時，要求那些參加「還鄉運動」的人，在自己的家鄉堅持一兩年，他要他們相信，蔣介石不久便可以在美國幫助下捲土重來，只要特務們能忍受一個短時期，將來便可得到重用。毛人鳳還指示他們，回到解放地區後，可以坦白向共產黨交代自己過去的歷史，不必隱瞞身分，但不准交代組織，特別是不准檢舉其他特務和揭發別人罪行。如果不遵守這些規定，不但將來要處分，甚至當時便要派人進行紀律制裁。他又指示，凡向共產黨自首和交代了歷史的人，要進一步取得對方的信任。如果能夠在人民政府機關得到工作，保密局自然會派人去聯繫；在沒有聯繫以前，可以相機行事，對有把握可以做得到的破壞活動，一定要主動進行，成功後逃到「後方」或臺灣，可以受到特別獎勵。對一些回到還沒有解放的地區去的人，規定他們要先設法立足，進一步設法掌握地方團隊武力，有把握時可以參加打游擊，不然，等到解放軍接近時，也可以表面上參加起義，以便混入解放軍部隊裡去。

　　這些辦法似乎想得很周到，要求也很嚴格。但是也自相矛盾，很難實施。因為從蔣介石到毛人鳳本人，平日都大肆渲染共產黨的「殘酷」，現在卻又要那些人回到那樣的環境裡去，還叫他們坦白交代，主動自首，又怎能說得過去？因此，特務們表面雖不敢反對，但實際上又不願遵命，毛人鳳的辦法儘管已提了出來，願意真的「還鄉」者卻寥寥無幾。

　　在 3 月會議上，毛人鳳還打算利用特務在社會上的關係，成立一個公開的政治團體，在後方進行反共活動。但很多人鑑於以往的教訓，認為不會有什麼成效，因此沒有做具體的決定。毛人鳳在會議上，還要各省站負責人分別迅速擬出「應變計劃」來，在計劃中，包括撤退前在各地的大破壞、大逮捕、大屠殺及打游擊等幾方面，毛人鳳對於在西南地區打游擊，頗有信心。他認為共產黨是靠打游擊出身的，而「軍統」特務們也懂得這一套，比蔣介石的正規部隊更能對付解放軍，依靠他們在大陸上保留住幾個據點，應該沒有問題。當時，保密局在四川可掌握的部隊計有何龍慶交通警察第一旅的兩個總

隊，貴州站站長陳世賢和余萬選的一個總隊，在雲南方面也有一部分交通警察，兵力約一個總隊，加上西南地區 10 多個兵工廠的警衛部隊，以及能夠掌握的一些公開和祕密武裝，總數可湊成萬餘人。毛人鳳還向四川省主席王陵基介紹特務骨幹羅國熙去瀘州專區當專員，並派了幾個特務去當各縣長，準備把這些地方作為保密局的游擊根據地。

毛人鳳所設計的游擊計劃，並沒有來及落實。在解放軍進軍西南後，貴州的陳世賢、余萬選早就溜跑。四川的何龍慶交警旅，在成都被解決。只有從雲南被趕出來的一個交警總隊，被特務田動雲拉到他家鄉筠連縣和川滇邊界殘喘，臺灣方面將之鼓吹為「大陸上的臺灣」，並授予田動雲「西南軍政長官」的空銜，希望他能堅持下去。但這批特務武裝，不到 3 個月便被肅清，田動雲被活捉，「大陸上的臺灣」亦宣告陸沉了。[7]

在部署潛伏武裝的同時，遵照蔣介石的命令，保密局開始了在大陸最後的大屠殺。

在這場空前的暴行中，保密局比之內調局，犯下了更嚴重的罪行。僅其在重慶一個地區，他們的屠殺暴行便足以讓人觸目驚心：

白公館集中營大屠殺。遇害人員 70 多人，多數為中共人員，還有前東北軍副軍長黃顯聲等「高級」囚徒，也有被誤捕的學生，甚至包括了獄中剛剛斷奶的孩子，特務們採取了最為野蠻的殘殺手段，甚至亂刀分屍；

渣滓洞集中營大屠殺。遇害人員 300 多人，主要是 1948-1949 年間在四川被保密局西南特區和西南長官公署第二處逮捕的中共人員與民革、民盟人員。因人數太多，特務們在行刑時，先是以機槍掃射，繼之以汽油焚燒滅跡。許多在槍口下僥倖未死的人，最後也都被活活燒死了；

新世界飯店集中營大屠殺。遇害人員 200 多人，其中包括有國民黨內的所謂「叛變」及違紀分子。特務們用槍掃射後，將所有受刑者統統埋入一個大坑，其中有不少受傷未死的都被活埋。

在成都，毛人鳳通知四川省主席王陵基，將四川「特種會報」[8]所逮捕到的中共黨員與進步人士10餘人，槍殺在成都十二橋；在昆明，他又下令對保密局關押的400多人大開殺戒，結果被雲南省主席盧漢阻止。[9]

在瘋狂屠殺同時，喪心病狂的特務們又奉蔣介石的旨意實施了破壞計劃，他們的口號是「我們絕不可以讓共產黨完整地接收任何一座城市！」

1949年9月，廣州解放前夕，特務們制訂了「全面破壞廣州」的計劃，準備將在廣州的重要工廠和大橋統統炸毀。由於解放軍進軍神速，加上工人組織護廠隊護廠，特務們的陰謀沒有得逞，僅僅只炸掉了海珠大橋。

11月中旬，毛人鳳吸取廣州破壞失敗的教訓，決定提早做好破壞重慶的工作。為此專門成立了一個機構「重慶破壞辦事處」，又稱「破壞指揮部」。11月28日下午，破壞行動開始，但遭到了各處中共地下黨組織的工人武裝頑強的抗擊，多數工廠在工人們的浴血戰鬥下保存下來。

11月29日，蔣介石到達成都，剛剛在重慶執行完破壞任務的毛人鳳接踵趕到，欲對成都再進行破壞。12月2日，特務們首先炸毀了內江大橋。毛人鳳指令周訊予全權負責對整個成都進行徹底破壞，自己卻悄悄逃離了成都。周訊予擔心自己會像當年鄧悌一樣，成為別人的替罪羊，遲遲未敢下手。就在猶豫之間，解放軍已直抵成都。周訊予最終未敢輕舉妄動。這座歷史文化名城終於被保存了下來。[10]

保密局特務們最後的瘋狂並不能挽救國民黨失敗的命運。

三、真假保密局的鬧劇

在此前後，保密局內部也發生了一場內鬨鬧劇。

進入1949年後，國民黨的反共內戰遭到了慘重失敗。在剛剛結束的遼瀋、淮海、平津三大戰役中，蔣介石多年來積蓄的內戰本錢輸得精光。此時，以李宗仁為首的桂系早就等待著這個機會，把自己保存下來的部隊向南京移動，以武力搶奪總統寶位，上演了第三次「逼宮」的一幕。蔣介石於無可奈何之際，被迫第三次宣布下野，李宗仁當上了南京政府的代總統。

1949年1月，下野的蔣介石回到了自己家鄉奉化，住進了「豐鎬房」，但他卻仍悄然左右著整個形勢的發展。在這裡，蔣介石以國民黨總裁的身分每天接見一批又一批前來請示報告的各方大員，依然發布著他的指示。對於特務系統，則更是毫不放鬆，除了對外，他還要依靠他們對付黨內的敵手。

作為國民黨內最大的地方勢力，桂系一直是蔣介石所要打擊和排擠的對象。這就注定了軍統、中統在歷史上便與桂系仇隙頗深。在國民黨內歷次鬥爭中，桂系也一貫把蔣的特務系統當作攻擊的對象。軍統改組為保密局後，毛人鳳出任局長，為改變戴笠時期樹敵過多的路線，他曾一度有意與桂系「三巨頭」李宗仁、白崇禧、黃紹竑等緩和關係，但桂系並不領情，所以保密局與桂系的關係仍處於緊張狀態。桂系掌握大權後，毛人鳳憂心保密局的日子不會好過，而使他更為擔心的是，由保密局不久前策劃暗殺李宗仁的陰謀萬一曝了光，恐怕就連他的性命也難以保住。

在奉化溪口，蔣介石指示毛人鳳辭去保密局局長的職務，讓李宗仁接管保密局，以和桂系交好的副局長徐志道去與李宗仁、白崇禧打交道，但組織不能丟。他要毛人鳳親自去上海布置，給李宗仁、白崇禧「留個門面」，毛人鳳對此心領神會。

在正式宣布辭職之前，毛人鳳首先透過親信對保密局各地方組織發布命令，在任何情況下，保密局人員只能服從他的命令。接著，他召來了副局長徐志道和福建站站長林超，向他們通告自己準備辭職的消息，並決定由他們分別接任正副局長。他交給徐志道一份事先準備好的名單，說明是保密局應李宗仁提出的局本部南下廣州的要求赴廣州之人員名冊。

徐志道突遭升遷，正在思索其中的內涵，看了這份名單後便恍然大悟，原來，那份名單上所列的92個人員，全是局內的一般文職人員，並無一個外勤人員和組織，是用來裝點門面糊弄李宗仁的。不僅如此，即使對這個假保密局，毛人鳳也還保留了一手。為牽制徐、林二人，他委任自己的親信塗壽眉擔任新的局本部主任祕書，下面只設業務、總務兩個處。總務處長由徐志道的親戚鈕殿臣擔任，業務處則由毛人鳳的親信黃逸公出掌。一切仍在毛的控制之中。

知非文集：民國初年祕辛研究
四　特務篇

　　設置好假保密局的偽裝，毛人鳳又著手於處理真保密局的善後工作。他首先命令其親信、局長辦公室主任潘其武將重要檔案和文件封存好，派專人送往臺灣。同時，著手將保密局本部大部人員及機構分批由南京撤往上海，並在上海成立一個辦事處，以此名義繼續指揮各地保密局外勤組織的活動。上海辦事處實際上成為真正的保密局指揮中樞。等到上海辦事處布置完成，毛人鳳才正式向李宗仁辭職，並由徐志道接任局長。

　　為防止李宗仁追查保密局檔案資料的下落，毛人鳳又一手策劃了焚燒南京洪公祠1號局本部大樓的計劃，於是，這座抗戰勝利後新建的保密局大樓便在一場烈火中化為灰燼，同時保密局所有的檔案就此失蹤。

　　李代總統得到的只是新局長徐志道交來的他所轄下的保密局人員名冊。

　　辭職後毛人鳳便趕赴上海，為了避人耳目，他把手下原來的8大處機構全部降格為組。

　　蔣介石又向他發來指示：如李宗仁以勢相迫，強令解散上海辦事處，則可酌情縮小編制，並更名為「中國革命青年同志會」，使之成為一個短小精悍的團體，繼續進行活動。

　　毛氏保密局和徐氏保密局，一真一假，本來是蔣介石耍的一個手腕，孰料卻由此引發了一場真假保密局大戰。

　　徐志道也非安於聽令之人。當他得到局長的名銜後，認為既是名正言順，又有桂系依靠，不妨與毛人鳳鬥一鬥，或可真正取而代之。

　　此時，雖然徐志道的保密局只是個空架子，不執行任何祕密任務，但由於它是屬「正宗」，同國民黨國防部的日常交道和領取經費等工作，都由其負責，故有財權和方便的活動餘地。在開始階段，徐志道不得不聽命於毛人鳳，將所領到的經費基本匯到上海辦事處，供毛使用。可當徐氏保密局隨國防部南下廣州後，他便憑藉手中掌握的保密局印信，領取經費後不再交給毛人鳳，而是自己截留下來，用於成立自己的外勤組織，同毛記保密局相抗衡。

　　徐志道計劃首先派人潛往廣西十萬大山一帶，收編那裡的地方土匪武裝，作為自己的外勤人員，然後分派到各地。同時，又以廣州為中心，向其他地

方派出人員，組建自己的情報小組，作為情報蒐集的來源。徐志道假戲真做準備「大幹一番事業」了。

要擠掉毛人鳳，徐志道首先要辦的事是建立一套自己的團隊。塗壽眉、黃逸公都是毛人鳳的親信，但徐經過觀察研究，拉攏了被毛冷落的業務處長黃逸公，二人結成了「反毛同盟」。在徐志道建立自己的外勤組織時，毛人鳳曾電示黃逸公從中作梗，而黃卻拒絕服從命令。

為了維持上海辦事處的運作，毛人鳳決定依靠自身力量籌措經費。他指示手下幹將鄧葆光、劉文雄一起組織套匯走私機關，從事黑市交易賺錢自用。與此同時，他又主動派人去徐志道處說項，試圖說服徐志道回頭。

1949年3月，毛人鳳的親信、重慶兵工署稽查處處長廖宗澤趕到廣州。廖宗澤同徐志道頗有私交，此行是奉毛人鳳之命前來作說客。徐志道對他的勸說產生了猶豫。考慮到不可能一下子達成目的，也想給自己留條後路。但他又不想向毛人鳳全面讓步，故最後勉強同意，將他所領經費交給毛人鳳小半部份，自己截留大半。

毛人鳳與徐志道的這場爭鬥，最終以徐志道的妥協而告結束。

不久，國防部被迫由廣州遷重慶，徐志道帶著他那個假保密局亦隨同去了重慶，而那些初建和正在組建的外勤組織就只好丟棄不管了。

這期間，國防部一再裁減人員。徐志道無力招架。到1949年11月，當徐的保密局逃到成都時，就只剩下徐志道、黃逸公等幾個人了。

在這種情況下，黃逸公又重新向毛人鳳示好，企圖隨保密局本部一同撤往臺灣。毛人鳳痛恨黃逸公背叛自己，命令其繼續留在大陸工作，而這無異於送死。後來，黃逸公被迫逃往西昌。

在成都解放前夕，徐志道當完了最後幾天光桿局長，即逃往臺灣，兩週後轉任「國防部參議」，不久被令退出現役。而此時，毛記保密局早已在臺灣「復業」了。[11]

內政部調查局的崩潰和毛人鳳保密局在臺灣「復業」，標誌著國民黨特務組織的全面退出大陸。在中國現代史和國民黨歷史上的「中統」與「軍統」兩大特務組織，就此結束了他們橫行中國大陸的罪惡史。

四、覆巢之卵的歷史教訓

　　以「中統」與「軍統」為代表的國民黨特務組織，自抗戰開始後「利用抗戰坐大」，取得合法的外衣，忝列國家機構，得以暴發成勢，在抗日與反共兩條線上為蔣介石效力，曾立下「汗馬功勞」，也得到過蔣的重用。但時過境遷，勝利後的中國國內外政局，迫使蔣介石欲表現其「民主」形象，加之「兩統」暴發後的狂妄與互鬥，使蔣感到頭痛，於是決定對特務機構進行改組，這才有了徐恩曾的下臺與戴笠的失勢危機，並成為戴笠墜機暴卒的直接原因之一。而戴笠死後，軍統勢力也落入下滑的泥潭。所以到1949年大陸解放前夕，國民黨統治全面崩潰之時，其特務機構的組織與活動能力都已明顯下降，失去了往日的「威風」，其內部人心渙散，失去前途目標，工作計劃連續失敗。在這種大的歷史背景之下，中統與軍統都已成為「覆巢之下無完卵」，敗散結果不可逃之局。蔣介石想要依靠特務來挽回大局已經是不可能的事。

　　這一階段國民黨特務的對手是中國共產黨與人民解放軍。在國共多年在祕密戰線上的複雜較量鬥爭中，國民黨特務總體上處於劣勢，對中共方面既無法進行有效的滲透，而國民黨的高層則被中共地下黨多方潛入，在情報蒐集工作中，中共也是成功者。過去在國民黨的獨裁統治下，在祕密戰線上的較量中，中統與軍統尚未有重大收穫，而到了大陸臨解放前夕，國民黨已是大勢已去，兩統的反共破壞及其潛伏準備等工作，就更加面臨不可踰越的困難。在中共解放區廣泛發動群眾與細緻的反諜排查工作內外壓力及有效措施之下，國民黨特務幾無藏身之地，破壞少有成功，潛伏更是困難，其組織體系不久之後便被陸續破獲而消亡了。國民黨當局曾宣傳以依靠美國指望第三次世界大戰來作為鼓勵特務士氣的「救命稻草」，當然是唬人的囈語。

　　客觀地看，在大陸解放前夕，國民黨特務奉蔣介石的旨意還是進行了一系列的活動，以圖有所表現。其直接動因是特務首腦們自認為與共產黨鬥爭

多年，結怨很深，不可能得到饒恕，因此只能隨蔣「一條道走到底」。為了得到赴臺灣的機票，他們要為蔣「立功」邀寵。而中下層特務們則抱著過一日算一日的心態，一旦做了惡，也怕被清算報復，便想尋機逃臺，故而繼續為蔣工作。但是，他們此時真是叫做惡習難改，即便死到臨頭，還要內鬨不已，演成「真假保密局」的一場鬧劇，這是國民黨致命的痼疾頑症，也是其在中國大陸徹底失敗的內因所在。

「搞鬼有術，也有效，然而有限」，這就是對國民黨特務組織活動歷史的恰當評價。從中統與軍統組織在1949年的應變與其結局來看，他們的命運是與國民黨蔣介石集團生死與共的。

【注】

[1] 楊者聖《特務老闆徐恩曾》，上海人民出版社，1997年12月版，第433頁。
[2] 劉國銘主編《中華民國國民政府軍政職官人物誌》，春秋出版社，1989年1月版。
[3] 陳少校《黑網錄》，群眾出版社1979版，第298頁。
[4] 李品偉《中統在昆明地區活動的片段回憶》，載《中統特務祕錄——江蘇文史資料第45輯》江蘇文史資料編輯部1991年出版發行，第209頁。
[5] 中國第二歷史檔案館館藏檔案《黨通局組織條例及中統局之「工作改進意見」》724-27。
[6] （臺）編輯小組編《風雲叢書130——國民黨軍統內幕》海外出版社，第248-251頁。
[7] 陳少校《黑網錄》，群眾出版社，1979版，第234頁。
[8] 指國民黨當局軍警憲特機構定期共同召開的工作會議，演變成聯合辦公組織。
[9] （臺）編輯小組編《風雲叢書130——國民黨軍統內幕》，海外出版社，第243-244頁。
[10] 徐飛編著《狼與狽——中統軍統行動檔案》，河北人民出版社，1998年版，第411頁。
[11] （臺）編輯小組編《風雲叢書130——國民黨軍統內幕》，海外出版社，第252-254頁。

二戰時期中國情報系統的重大貢獻——以獵獲「珍珠港事件」及「德軍攻蘇」情報為例

第三屆「近代中國與世界國際學術研討會」論文，載會議論文集

　　第二次世界大戰期間，中國作為反法西斯同盟國的重要一員，為打敗德日法西斯捍衛人類正義與世界和平，做出過重大的貢獻。除了在抵抗日本侵略的亞太主戰場，中國自始至終抗擊了日本陸軍的主力，確保了盟軍在歐洲與太平洋的軍事行動順利進行而外，在二戰的祕密戰線上，中國的情報特務機構也曾做出過特殊的貢獻。特別是在二戰中兩大事件——「珍珠港事件」和「德軍攻蘇」預報方面，中國情報機構曾獵獲過日方重要情報，並透過重慶和延安國共兩黨高層向美蘇當局做了預警通報，但可惜的是，由於多種原因，美蘇均沒立即全面戒備，以致雙方都吃了法西斯的大虧。後來美蘇得足教訓，對中國方面的情報偵測能力給予了重視，美國海軍情報部門並由此開始了與國民黨軍統局的戰略合作。

　　過去因為有關史料闕如，這段歷史曾被長期湮沒，雖有少量口述回憶資料涉及，但未引起迴響。本文試圖利用已掌握的史料，盡可能地還原這段史實。由於臺灣有關部門至今沒有開放有關中統與軍統的歷史檔案，給這段歷史研究帶來困難和不足，缺憾之處，希望學界同仁諒之教之。

一、國民黨電訊人員破譯日密通報美國

　　抗戰期間的對日密碼破譯工作，是中國獲取日本政治、外交、軍事情報的一個主要來源，並且取得了相當的成績。這一工作，是在抗戰爆發之後才匆忙著手的。

　　抗戰爆發前，因國民黨特務情報組織的工作全用於內戰，對抗日缺乏必要的準備，事到臨頭才匆忙布置。在對日密碼破譯工作方面，一開始採取了多頭並進的方法。

　　1937年8月淞滬戰役開始後，對蒐集日方軍事情報的需要，使國民黨當局匆忙開始著手組建對日密碼破譯工作機關。當時國民黨中央執行委員會調

查統計局（中統）與國民黨軍事委員會調查統計局（軍統）都在急招有關人材，組織密碼破譯隊伍。而因業務工作需要而涉足這一領域的，除了中統局、軍統局外，還有交通部電政司、軍委會機要室以及後來加入的軍政部無線電總臺，真可稱之為「四國五方」。正因如此，當時從事密碼破譯工作的人材便成為這「四國五方」都要爭搶的對象，對日的密碼破譯工作，也在這「四國五方」的競爭中得到了可喜的進展，但各部門職能的重疊卻使其中的人事與工作矛盾變得日趨激烈和錯綜複雜。

這一時期，中國的5個對日密電偵聽部門及其情報破譯工作負責人是：

（一）軍統局：副局長戴笠，電訊處（第四處，對外稱軍令部第二廳第四處）處長魏大銘，其中重慶總臺負責收聽日本陸軍、軍統系統的空軍監察總隊收聽日海軍及航空兵的電訊；

（二）中統局：副局長徐恩曾，總務組機密二股（國際密電室）股長李直峰；

（三）交通部電政司：司長溫毓慶，密電檢譯所負責人霍實子、楊肆；

（四）軍委會機要室：主任毛慶祥；

（五）軍政部無線電總臺：部長何應欽，無線電總臺長王景祿。

蔣介石十分重視這項工作，他親自下令從各機關（包括特務機關以外的機構）物色留日學生，集中在軍委會從事日本密碼破譯工作，他曾說：「誰能譯出日本密電碼，等於前方增加幾十萬大軍。」[1]

在這個新的對日密碼破譯工作機構裡，集中了以池步洲、霍實子、楊肆等為代表的一批精幹的業務人員，因此工作屢建奇功。

（一）池步洲破譯日本密電

池步洲，1908年出生在福建農家，因家貧無力上學，12歲時才有機會讀書。憑著過人的才智，他數次跳級，以優異的成績高中畢業。家人賣掉田產，送他到日本東京大學深造，學習機電專業。畢業後，他在中國駐日大使館武官署任職，並娶日本姑娘白濱英子為妻。

知非文集：民國初年祕辛研究

四　特務篇

七七事變爆發後，池步洲從日本回國投身抗戰，1937年10月，在南京經友人介紹，他參加了國民黨新籌辦的對日密碼情報破譯機關的工作，受僱於中統局總務組機密二股，任務是偵收日軍密電碼進行研譯。他的上司是李直峰。[2]

李直峰是山西人，原為閻錫山晉系電務處電報員，後成為西北軍領袖楊虎城的機要祕書、侍衛第一組長，從事破譯敵方密電的技術研究。1936年西安事變期間，李直峰譯出過蔣方許多機密電報，並送中共代表周恩來參考，獲得賞識，他參加了中共。1937年初，他奉命打入中統局，擔任機密二股股長。

李直峰以池步洲是一個單純的愛國青年，投身抗日，特意未讓他填寫加入中統特務組織表和宣誓書，於是池步洲始終沒有加入過中統，其身分只是中統局的一個臨時雇員。

當時總務組機密二股除股長李直峰外，還有研究人員衛杰民、周叔良、武子明等，他們每天忙於研譯各方中文密電報，刺探收集各類情報。因他們從來沒有偵收過日本無線電報，經驗不足，池步洲開始時只能從事同盟社播發的明碼無線新聞電報的翻譯工作。1938年6月，池步洲奉命調到漢口，加入剛組建的軍委會「日帝陸軍密電研究組」，結束了他與中統局8個月的僱傭關係。

1938年夏天，德國駐華大使陶德曼出面調停中日關係，日本透過他向中國提出了6項苛刻的停戰條件，「蔣介石根據以往經驗，認為日帝說話素來不算數，難以輕易相信。況且席捲華北，侵占京滬，正在調兵遣將，企圖西上武漢。全國民眾抗戰情緒空前高漲，斷無中途妥協之可能。」「於是，他特令軍委會機要室主任毛慶祥，緊急召集蔣所屬各領導偵譯中外無線密碼電報而取得成績的如交通部電政司的溫毓慶和霍實子、中統局的徐恩曾和李直峰、以及沒有成績的軍統局的鄭介民、魏大銘、陳祖舜等，借漢口銀行公會會議廳開會，討論蔣介石交下要從偵譯日帝侵華陸軍無線日文密碼電報中探知日軍是否要攻武漢，繼續西進侵華，以及是否北進侵蘇或南進侵略英法屬地，包圍困死中國等等，以供蔣介石選擇決策，應付自如。會議決定先從各

個偵譯單位抽調一部分懂日文、日電訊符號偵譯人員，集中漢口，組織日帝陸軍密電研究組（簡稱密電研究組），以毛慶祥為組長，總負其責。霍實子為主任，李直峰為副主任，負研究破譯技術。溫毓慶、徐恩曾、鄭介民、魏大銘為顧問，負偵譯設計。這就是所謂一九三八年夏漢口緊急會議的內容，也就是我奉調漢口的原因。」[3]

1938年7月密電研究組開始工作，因經驗不足加上人員來自各方缺乏合作，破譯工作進展不大。1939年3月，池步洲又轉到何應欽轄下的國民政府軍政部無線電總臺工作，日夜偵收日方密電報，開展破譯，漸漸有了進展。

雖然日本的軍事和外交密電是日英文皆有，代碼複雜多變，但池步洲等人發揮出精通中外文的聰明才智，經過通宵達旦的努力工作，取得了重要的突破。他們從日本密電中長串英文字母的「雙字母組合」入手，擇出其中使用頻率最高的10組，根據其使用頻率，對照大量書報雜誌的概率統計，初步破譯了三個數目字：一、九、〇。其後，又對照密電中必然涉及的中國軍隊的部隊番號、兵員數目、槍枝彈藥的數量等已知數字、人名和日語中的語法特點，經過多次試驗，擴展了破譯的人名代碼等，用了不到一個月時間，就把日本外務省發到世界各地的幾百封密電基本破譯出來了。積累了數百份電報的破譯經驗後，他們的成績不斷上升。軍政部為此給池步洲頒發了獎章，並擴充成立了軍用無線電總臺第四十三臺，不久後改稱軍政部研譯室，直屬何應欽領導，總計有40餘名人員，以池步洲等五人專事破譯工作。[4]

池步洲回憶說：「日本外交密電碼本每隔一段時間，就加以變換，我們隨之一切從頭做起。好在我們駕輕就熟，根據積累的經驗，它的經常改頭換面甚至脫胎換骨，也難不住我們。不過，一旦變碼，那幾天真是廢寢忘餐，全力以赴，不分晝夜，期以必成，真夠辛苦，也真夠快樂」。[5]

1940年4月1日，為揚長避短解決矛盾，以收集中統一管理之效，按照蔣介石的命令，再次改組了統一的對日密碼破譯工作機構，在重慶成立了國民黨中央軍事委員會技術研究室。蔣介石親定由交通部電政司司長溫毓慶任技術研究室中將主任，他的內侄、原軍委會密電研究組毛慶祥少將任副主任

兼主任祕書，軍統局魏大銘任少將副主任。蔣介石選擇溫毓慶出面，而讓毛慶祥掌握實權，魏大銘則因業務實力不夠，暫為陪襯。

1941年12月7日發生的日本偷襲珍珠港事件，點燃了太平洋戰爭的導火線，是為第二次世界大戰中的重要事件。

根據目前掌握的資料來看，當時國民黨政府軍政各方，從幾條祕密渠道得到了關於這次事件的徵兆情報，現在已知的就有軍技室楊肆破譯日本軍用密碼獲悉以及軍統局機要室祕書鄧葆光破譯日本外交密電分析推斷等幾種說法。而池步洲在其回憶錄中記述有由他破譯說的另一種詳細記載。比較之下，池步洲的說法有根有據，細節都很詳實，最為可信。

關於此事，池步洲在其回憶錄中寫道：日本偷襲珍珠港情報的預知，「與我們軍技室的破譯外交日密成就，密不可分。在事件爆發前大半年裡，我們從破譯的日密中即已發現其中異兆；在前五天裡，我們又作了準確的判斷；惜未為美國所重視。……以下所寫，主要一靠記憶，二則參考戰後日本一些文獻，拼湊而成。」

「當時形勢下，我們軍技室所偵收破譯的日帝外交電文出現二方面非常奇特的內容：其一，大約在一九四一年十月份，日本外務省突然電令西南太平洋各地，包括菲律賓、安南（即現在的越南）、暹羅（泰國）、仰光、馬來西亞、印尼、新加坡以及其他群島上所有日本使領館，除留下最簡單的LA密碼本外，其餘各級密碼本全部予以燒毀；並頒布了許多隱語代號，例如：『西風緊』表示『與美國關係緊張』，『北方晴』表示『與蘇聯關係緩和』，『東南有雨』表示『與中國戰場吃緊』（以上各隱語，只憑記憶，與原文或有出入），尚有其他幾十個隱語代號，實在無法追憶。唯有『女兒回娘家』表示『撤僑』和『東風，雨』表示『已與美國進入交戰狀態』等二者，因印象特別深，至今仍記得清晰無誤。外務省電令中還明白規定這些隱語代號在必要時都將由無線電廣播電臺播放，要求各使領館隨時注意收聽。

當時我們破譯出這些密電報時，有兩種理解。日本海陸軍南進，迫在眉睫，這完全可以肯定。這樣一來，日本必須抽調部分侵華兵力用於進攻南洋，中國戰場可以緩和一些，此其一。『已與美國進入交戰狀態』一語，將信將

疑，以為日本南進，占領南洋各地，美國可能由對日禁運轉而宣布斷絕國交，但直接交戰還未敢。此其二。殊不知據《太平洋戰爭》記載，日本統帥部與內閣曾於一九四一年九月六日召開御前會議，決定：『如在十月上旬之前，日美交涉不成功便決意開戰』。這些內幕，我們當時自然無從了解。戰後從日本有關文獻中獲悉，當一九四一年十二月八日偷襲珍珠港時，炮聲一響，便同時由日本無線電廣播電臺播出『東風，雨』這一隱語，重複多次，旨在通知全世界各地日本使領館日美已經開戰。

其二，從一九四一年五月份起，日本外務省與駐夏威夷州首府檀香山（亦稱火奴魯魯）總領事館之間往來密電報突然比以前增多，而且內容也起了很大變化。過去係以日本僑民、商權、貿易等情況為主，作為一個總領事館的職能，本應如此。對於這一類密電報，我們雖亦照譯，但並不重視。五月份後竟有軍事情報雜於其間，特別是完全關於珍珠港美國艦隊的情報，立即引起我們的注意和興趣。

一九四一年五月份，我們從許多日帝外交密電報中破譯出兩份由檀香山日本總領事館發給外務省的密電報，內容完全屬於珍珠港在泊的美艦情報。初次破譯，印象特別深，至今仍記得主要內容，列之如下：

（一）發檀香山喜多總領事

收東京外務大臣

一九四一、五、十三（註：日期記不確切）

十一日停泊在珍珠港的艦艇如下：

一、戰艦十一艘（……）

括弧內列記該十一艘戰艦名稱，但現已忘記，特此附註。

重巡洋艦五艘（……），同上註。

輕巡洋艦十艘，驅逐艦三十五艘（或三十七艘，記不清楚）、驅逐母艦二艘，潛水母艦二艘，潛水艇十二艘，另有輸送船十餘艘（註：數字自有較大出入）。

四　特務篇

二、航空母艦（附有艦名，忘記）由兩艘驅逐艦護航，在×××（忘記）航行中。

（二）發檀香山

收東京

一九四一、五、二十六（註：日期記不確切）

二十四、五日在珍珠港停泊的艦艇

戰艦六艘（均有艦名，忘記）

輕巡洋艦六艘，驅逐母艦一艘，驅逐艦××艘，

潛水艇……（以下忘記）

航空母艦××（忘記）

當時我仍在軍技室第一組當專員，組長霍實子先生對這兩份密電報很重視，命我今後作記錄，每月寫出一份資料交給他，用意何在，我不清楚。我每月寫出資料後，也擇要記在一個小本子上。……

一九四一年九月份我們破譯出一份由東京發給檀香山的絕密電報，……按我自己的筆記原文，錄之如下。

發東京

收檀香山

一九四一、九、二十四

絕密

今後你必須儘量按下列所示，報告艦隻活動情況。

一、珍珠港分為五個水域，……二、軍艦與航空母艦隻須報告其在港停泊者。三、扼要說明艦型、艦種。四、凡有二艘以上的軍艦靠港時，盼照實登記。」

類似上舉幾份來往密電報，從一九四一年五月至十二月八日偷襲珍珠港事件止，約有六、七十份。……概括其主要內容若干項，列記如下：

　　第一、停泊於珍珠港的美國艦艇的總數，同類艦種的艦數及艦名，要求詳細列報。檀香山總領事館先後多次電告日本外務省。

　　第二、關於戰艦及航空母艦在珍珠港內停泊的位置及出港的時間等來往電報的重點內容，反覆查詢及匯報。

　　第三、日本外務省多次電詢每週中是星期幾有最多的美國艦艇停泊於珍珠港。檀香山總領事館經過多次觀察調查，回電答稱：『是星期日』。這一點很重要，成為後來日本選擇十二月八日（星期日）偷襲珍珠港的依據。

　　第四、官兵上岸下海規律，特別是星期天官兵休假起迄時間，也是來往密電報的主要內容之一。

　　第五、夏威夷天氣氣象如何問題，竟亦出現於來往密電報。當時日本和美國都還沒有今天日日常見的天氣預報措施，據說氣象還是作為軍事機密來對待，這就難住了檀香山總領事館。後來經過向日本僑民中一個業餘天文學家請教，他三十年來一直觀測天空流星。他說三十年來夏威夷地區未曾一度發生過暴風雨，東西橫斷奧阿夫島的山脈，其北面多陰，南面則常晴。亦即說，任何時候飛機都可航行。事後才恍然大悟，這是為著空襲珍珠港所做的氣象調查。

　　對於在檀香山的日本總領事館內是由誰在擔任蒐集情報的工作，「在我們所破密的密電報中沒有看到此人的形跡。因為密電文的抬頭，多是檀香山與東京（偶爾出現外務大臣字樣）兩個地名，沒有其他。」後來才知道，「此人本名叫吉川猛夫，一九一二年生於日本愛媛縣松山市，一九三三年畢業於日本海軍兵學校。一九三四年分配到巡洋艦由良號任海軍少尉，旋因病療養二年而退役。一九三七年起以『囑託』名義（所謂囑託並非正式職員，類似中國之臨時僱員或特約人員）在軍令部第三部工作。一九四〇年五月，他奉軍令部命令，上半天以『森村正』的假名在日本外務省工作，下半天仍以『吉川猛夫』的真名在軍令部工作。目的在於日後派遣他到檀香山日本總領事

館，掛個『書記生』名義，實際上負責刺探夏威夷珍珠港美國海軍基地的情報。……他是於一九四一年三月二十日從橫濱乘新田丸出發，二十七日到達檀香山的。他到任後，即經常乘出租汽車（駕駛員當然是日僑第二代會講日語的）四處兜風，旨在觀察珍珠港周圍軍事設施與海軍艦隻。」

功夫不負有心人，後來這位森村正（吉川猛夫）蒐集了關於美海軍在珍珠港活動的詳細情況，包括進出港軍艦的型號、編制、標誌、數量，乃至「美國艦隊之出進珍珠港是在黎明和傍晚」等第一手資料。為便於觀察珍珠港內情況，他甚至住進地理位置絕佳的春潮樓妓院，以便朝夕觀測，精密記錄，並便於掩護，因而沒有暴露身分。同時美方也因一直破譯不出檀香山總領事館與日本外務省之間來往電報密碼，始終不曾覺察。「直到珍珠港事件發生後，美國人從日本總領事館內搜出密碼本，譯出全部密電報，始知館內潛有日本特務，但終未查出是森村正所為，最後只得放他返回日本。這說明，就美國方面來說，他們始終沒有破譯過日本的外交及軍方密碼，更無法獲知『珍珠港事件』的情報。」[6] 這一事實反證：當時來自中國的預警是多麼重要。

據池步洲說：他當時所破譯出有關日本偷襲珍珠港密電報的密碼本是該大使館的專用本，他還寫道：

「一九四一年春，日本政府任命野村吉三郎海軍大將為特命全權大使前往美國，進行日美和平交涉。其所以特派野村大將出使，是因他過去在駐美大使館當武官時，羅斯福任海軍部副部長，利用彼此舊知關係，以期打開僵局。

一九四一年七月二十六日美國政府因看到日海陸軍進駐安南（越南），南進必不可免，認為日本政府對日美交涉根本沒有誠意，故決定全面對日禁運並凍結日本在美資產，以資報復。於是日本政府又於九月六日召開御前會議，決定在十月上旬之前如日美交涉達不成協議，則決心開戰。其後日美交涉日益僵化，和平業已無望，日本進一步決定除外交官外，民間人士陸續開始撤退。但為掩蓋日本開戰企圖，日美間定期客船依然按期由橫濱開航，迎接最後一批撤退僑民的龍田丸亦於十月十五日開出。這些日本意圖，美國還蒙在鼓裡，珍珠港方面毫無戒備。而日本早已根據森村正（吉川猛夫）所提

供的珍珠港方面軍事情報，決定於十二月早晨偷襲珍珠港，但卻狡猾地派遣來棲特使匆匆赴華盛頓搞假談判，用以迷惑美方。其實，這個煙幕早被我於事件發生前五天破譯成功的由日本外務省致野村大使的一份密電報中予以揭破。該密電報主要內容，記得如下：

（一）立即燒毀各種密碼電報本，只留普通密碼本。同時燒毀一切機密文件。

（二）盡可能通知有關存款人轉存於中立國家銀行。

（三）帝國政府決定照御前會議採取斷然措施。

⋯⋯

我破譯之後，深感該密電的重要性，立即送交當時組長霍實子先生。我根據以前所譯出的有關珍珠港的軍事情報，對霍說日美之間也許要『東風，雨』了。霍實子先生點頭稱是，並提起筆加注意見：『查八‧一三前夕，日本駐華大使川越曾向日本駐華各領事館發出密電說，經我駐滬陸、海、外三方乘了出雲旗艦到吳淞口開會，已經做出決定，飭令在華各領事館立刻燒毀各種密碼電報本子。這就說明日寇已經決定對我國快要發動全面戰爭。現在日本大東亞省（註：這是日本外務省之誤）又同樣密電飭令日本駐美使館立刻燒毀各種密碼本子，這就可以判明日本已經決定對美快要發動戰爭了』。我在旁插話說：『日期可能就是這個星期天』。霍先生點頭同意，並說：『我即當面報告毛慶祥代主任。』

當時『霍即親拿這份剛譯出的日帝密碼情報飛跑送到主任辦公室交給毛慶祥主任。毛閱後也馬上親自將這份密電情報送到蔣介石手裡。事後毛慶祥對霍說，蔣也立刻把密電內容通知駐渝美方。可惜的是美方低估當時中國研究日本密碼電報的技術。不相信國民黨中國已破譯日本密碼電報。同時還因為日本政府事先設置的一個騙局，派來棲特使到華盛頓佯搞談判。美國信以為真，把中國交給她的那份重要情報，不予理會，以致珍珠港遭到日寇突然襲擊，美國海軍艦隊受到重大損失，從而揭開太平洋戰爭的序幕。當時日本偷襲珍珠港的消息，立刻傳到華盛頓美國國會，正好來棲特使和日本駐美大

使野村假痴假呆地在美國務院搞他們的騙子談判。美國已知受騙，馬上把來棲和野村趕出國務院。這兩個騙子站在國會大門口，窘態畢露，狼狽不堪，面孔尷尬，被美國攝影記者攝入鏡頭，隨即刊登於美國畫報。毛慶祥曾向駐渝美方索取這份畫報給霍看過』。

關於日本偷襲珍珠港事件的來龍去脈，就我們當年破譯日本密電工作的角度出發，將所知的梗概綜述如上。」[7]

據池步洲在其回憶錄中記載：「直到一九八三年三月十八日上海市高級人民法院特派書記員陳培娥女士到霍實子先生住處了解我的情況時，霍先生實事求是地證實珍珠港密電報是我破譯的，並親筆寫信給我告知此事。」霍實子在致池的信中寫道：「一九四○年春軍委會技術研究室成立。我任該室第一組少將組長，池任該組第四科科長，破譯了許多日本的重要情報，如：日本偷襲珍珠港這一重要情報是池破譯出來的。……從霍先生這封親筆信，可以雄辯地證明：不是別人，正是我把日本偷襲珍珠港的密電報破譯出來，這是千真萬確的歷史事實。」[8]

至此，我們可以看出，所謂偵譯得獲日本偷襲珍珠港的密電情報，池步洲肯定是獲取路徑之一，從他的這些回憶細節來看，偽造和杜撰是不可能的，何況還有霍實子等人的旁證。

（二）有關楊肆破譯日軍密碼的記載

楊肆，江蘇淮安人，畢業於上海光華大學數學系。1933年在南寧廣西大學任數學助教。他勤奮好學，表現出靈敏氣質。1935年秋，他來到南京，進入國民政府交通部電政司工作。其表弟王維鈞當時是電政司司長溫毓慶的祕書，介紹他與溫毓慶見面，楊肆首次與溫見面時回答問題乾淨俐落，留下好感，遂被指定參加密電研究。

溫毓慶是廣東臺山縣人，宋子文的姨表兄弟。早年留學回國後，曾任清華大學教授，後改任宋子文的財政部稅務專門學校校長和財政部參事等職。在蔣介石進行的內戰中，精通無線電技術的溫毓慶施展身手，曾破譯過馮玉祥、閻錫山及唐生智、李宗仁等方面的不少重要密電，提供了及時的情報，

對蔣獲勝大為有助。後溫毓慶改任交通部上海國際電訊局局長，去上海真如主持建設中國第一座國際電臺，其所遺留的中文密電研究工作便交給他的妹夫黃季弼負責，改歸軍委會機要室主任毛慶祥領導。

關於對日無線電偵察工作，時掌國民政府財政大權的宋子文也很感興趣，他曾專門找蔣介石談過此事，準備組織專人研究破譯日本外交密電。溫毓慶對此提出過幾點建議，認為可以從研究日本駐華使館人員拍發的密碼電報入手，並多量收集了日本使館與中國內地各領館的來往密電。有了這些密碼做底，開展分析研究工作。溫毓慶關照王維鈞此項工作必須嚴加保密，對親屬也不可以說。不久後，蔣介石批示照辦，批下每月經費1800元，編制人員由溫選定。為此，電政司於1934年底加設了密碼檢譯所，因保密之需，該機構對外並無任何標誌。

王維鈞因交通部電政司的工作極為繁忙，在表兄楊肆能獨立工作後，即向溫毓慶辭去了密碼研究工作，完全交由楊肆負責，他則專任溫的祕書，兼做有關密碼檢譯所的管理工作。

密碼所的辦公地點距日本使館比較近，而且很祕密，附近居民都不知道有此機構。楊肆全身心地投入工作，不久就能破譯日本外交使領館人員所發比較複雜的密碼，對日本東京外務省在對華外交上的一些指示以及在華使領館人員的行動，可以獲悉一二，由此分析出日本對華政策的動態。楊肆還了解到日本在南京大使館設有祕密的大功率無線電臺和東京外務省直接通訊聯繫。

當時，日本侵華步步緊逼，中日兩國外交關係隨時有斷絕的可能。萬一使館人員撤退回國，所有研究日本外交密電碼的來源也就將隨之斷絕。溫毓慶接受了楊肆的建議，一面在鼓樓青雲巷設立專用電臺偵察監視日本大使館的祕密電臺，隨時截獲往來電報，一面加緊訓練報務人員，準備設臺直接偵收日本外交密電，以便取得今後密電報來源。他們預見到中日戰爭在所難免，一旦開戰，進一步研究日帝侵華戰爭中的陸、海、空軍的密電是極為重要的。

隨著工作的進展，楊肆已能獨當一面，因為成績卓著，他幾次受到溫毓慶的表彰和獎勵。1936年，密碼檢譯所已初具規模，成立了一個研譯組、一

個研究組和一個偵察電臺。研譯組由霍實負責，研究組由楊肆負責，偵察電臺臺長為梁伯侖。

在研究工作上，他們當時已能夠跟上日本密電碼的變換而及時破譯，在報務偵收工作上，設臺偵收的以東京外務省為中心的日本外交國際無線電臺密電，其成績令蔣介石、孔祥熙、宋子文等人很為滿意。楊肆的才幹也受到中統與軍統的重視，中統想將他挖過去，許以官價和高薪、花園洋房等，他不為所動。戴笠的特務處對他也很感興趣，密派黃逸公和張嚴佛兩人去找暢肆，也許以高官厚祿，但楊早聽說他們幹過暗殺知名愛國人士史量才、楊杏佛等罪惡，因此拒絕與他們合作，結果特務處從電政司挖走了譯電員魏大銘，後來當上軍統的少將電訊處長。

楊肆的堂弟楊述原係清華大學歷史系畢業生，讀書期間做抗日救亡工作，與中共黨員蔣南翔、黃敬等是戰友。「一二九」運動中，他祕密加入了共產黨。他每次放學回家，以及在南下宣傳抗日救亡時，路過南京都和楊肆、王維鈞見面。楊肆將自己從事的祕密工作告訴了楊述。

1937年「七七」抗戰全面爆發，在12月中南京淪陷之前，交通部電政司連同下屬的密碼檢譯所已撤退至漢口，繼續工作。

在漢口時，密碼所對外已改稱軍委會特訓班交通隊，租賃靠近市郊區的兩幢小洋樓，分別辦公兼住宿，已對外公開。楊述這時也來到漢口，常寄宿在研究組，大家不以為意。在他介紹下，楊肆與在武漢的中共長江局書記王明和駐漢八路軍辦事處處長李克農見了面。

楊述、楊肆、王維鈞三人在祕密與李克農見面時，向他介紹了組織和工作的詳情和日本密碼組織的情況，王維鈞還將密碼所偵察電臺的一本最新偵察情況總結報告交給了李克農。李克農翻閱後，對三人說：「這個對我們是很有用的，我們也要研究日本密電。」他還提醒楊肆和王維鈞表兄弟，務必注意保密和安全，防備戴笠的監視。這次特殊的會面是楊肆和王維鈞正式和中共建立祕密聯繫的開始。以後他倆又曾數次向李克農遞送有關情報。

二戰時期中國情報系統的重大貢獻——以獵獲「珍珠港事件」及「德軍攻蘇」情報為例

　　1938年10月，在武漢淪陷前，密碼所隨電政司遷到湘南衡陽，又從衡陽撤退到廣西桂林，最後幾經輾轉遷往陪都重慶，1939年9月底，軍統局戴笠想吞併密碼所，他對溫毓慶提議軍統電訊處、中統電訊處及密碼所三方的「合併」，被拒絕。隨後又授意魏大銘向溫毓慶請求派出兩名熟練的密碼人員到軍統作技術指導。溫因楊肆經常頂撞他，遂特意將楊肆派往軍統局，楊肆本不願去，中共組織知道這事後，讓楊述做其思想工作，勸他打入軍統。李克農還在重慶上清寺祕密召見了楊肆，終於說服他同意打入軍統，接受了祕密任務。此後，楊肆開始去郊區磁器口軍統局本部上班。在軍統內，他主要從事日本軍事、外交密電破譯研究工作，還帶了幾個助手。每隔一個星期，楊肆即將破譯的日本密電交給中共地下黨一份，為防被軍統特務覺察，他們的接頭地點不定期地變更。

　　1940年夏，楊肆祕密加入了中國共產黨，接受八路軍駐重慶辦事處處長周怡的單線領導。楊肆的工作認真負責，令不知就裡的戴笠很滿意，幾次表彰他。到了1943年，楊肆已由中校破格提升為特種技術研究室少將主任。在以後幾年裡，楊肆成功地破譯了日本太平洋艦隊的12種密電碼及日本關東軍的17種密電碼，又掌握了日本海軍航空兵、特種兵、陸軍乃至中國派遣軍總司令部第十一軍、十三軍等若干種頻加變換的密電碼。從中對於日軍在太平洋的動態，包括「珍珠港事件」的預警等重要情報都有偵知。這些情報他都設法為中共方面複製一份，及時提供，立下了大功。戴笠則以軍統已弄到的上述情報向蔣介石邀功請賞，並將情報與駐重慶的美國戰略情報局官員及美國海軍梅樂斯准將分享。

　　楊肆也曾遭過危險。1944年10月，他去成都探望其生病的嬸母時，曾被扮作夫婦的二名軍統刑偵處特務跟蹤。他察覺後很緊張，曾想就此逃走，不再回重慶，但考慮再三，還是提心吊膽地返回了軍統局。不料，後來竟平安無事。原來是魏大銘出於同行間的妒忌，唆使親信向戴笠密告楊肆突去成都，有「通共嫌疑」，但戴笠在事後查明並無異常，也就作罷。[9]

　　從有關楊肆的經歷中，我們可以明白許多國民黨特務組織的電訊工作的內幕，特別是他們破譯日本軍事、外交密碼的情況，也可以明瞭為什麼中共

情報人員也能夠及時獲得許多有關日本的重要軍事情報。其中的奧妙真是常人難以想像的。

（三）鄧葆光破譯日本外交密電後的分析

鄧葆光，1908年出生於湖北黃安（今紅安高橋），原名鄧寶光。早年在漢口求學，1927年，他在漢口一家花行的上海分行當會計，業餘時間從事經濟研究，發表不少論文。1934年春，鄧葆光考入東京日本中央大學，專修日本經濟。此時，中日關係不斷惡化，戰爭迫近，鄧決定暫離日本回國。1935年夏，在北平與美國女子格尼娜結婚。在妻子的幫助下，鄧葆光改名換姓，重入東京中央大學。有了美籍妻子的名分，他出入日本圖書館、研究機構方便了許多。其後，他用化名在上海《申報》（經濟週刊）、《新中華》、南京《日本評論》、《時事月報》等刊物上發表一批研究日本政治經濟的論文，引起了社會及學界人士的注目。

鄧葆光發表的系列文章引起了中國駐日使館官員胡某的關注，當鄧回國時，他給鄧葆光寫了一封就業保薦信，鄧按其地址找到「南京雞鵝巷五十三號戴雨農先生」，從此便跨進了軍統局。武漢即將淪陷時，鄧葆光接受戴笠指示：「潛伏武漢，擔任軍統站經濟組長。」不久又被提拔為軍統局經濟科科長、經濟研究室主任、行政院國家總動員會對日經濟作戰委員會常務委員等職，從事於軍統對敵經濟戰及蒐集全國經濟情報工作，後晉升為少將。[10]

1941年秋某日，鄧葆光到重慶軍統局機要檔案室裡查閱情報資料，無意中發現了一本《日本帝國外交密電本》，引起了他的興趣。早年他曾研究過密電碼，並得到過電訊專家溫毓慶的指導。他用兩天時間就破譯了這本密電本，發現密電本上有一條消息：日本政府與蘇聯政府在哈爾濱舉行了一次祕密的商務談判，蘇聯要求日本方面供應橡膠20萬噸。日本則要求蘇聯方面相應提供80萬立方米木材作為交換。雙方經過月餘商談，已達成協議，並正式簽字。文中還有「北方可以放心」等字樣。鄧葆光精明而細心，他考慮到蘇聯供應日本木材並不奇怪，因為蘇聯遠東西伯利亞有大片的原始森林，儲量很多，但日本位於東北亞，根本沒有橡膠資源，他怎能大量供應蘇聯橡膠呢？如此多的橡膠，只有盛產地東南亞諸國有可能供出。而此刻深深捲入

侵華戰爭的日本根本就缺乏巨金來購買，分析起來日本只有出兵侵占南亞再加掠奪的可能了。不久，鄧葆光又得到一條情報：日本海軍主力艦隊出現在新加坡東面的南中國海，這一定是日本海軍南下備戰的信號。於是，鄧葆光連忙把這些情況報告給戴笠，請求立即上報。

那麼，這本《日本帝國外交密電本》是怎麼被軍統繳獲的呢？

太平洋開戰之前，在南京日軍華中派遣軍司令部內曾發生了一起譯員韓詩荃失蹤事件。韓詩荃曾留學日本慶應大學，受到日人信任，在華中派遣軍司令部工作。韓詩荃失蹤當時，並未引起派遣軍頭目的關注，因有傳說韓詩荃在與人爭奪一名交際花鬥毆中吃了虧，才離職去了上海。這是風月場中的常見事，無人在意。但不久，日軍就發現丟失了一本絕密級的《日本帝國外交密電本》，事情立即變得嚴重起來。特高科長荒木貞佑大佐和憲兵司令小野章少將都介入了調查。開始，他們認為韓詩荃可能是中共蘇北新四軍的情報人員，而不是重慶軍統的人，因為近年來南京軍統潛伏組織因內部不和迭遭捕殺，基本上已停止了活動。於是下令懸重賞追捕他。

實際上，韓詩荃是潛伏日軍內部的軍統臥底人員，早年他就在瀋陽以親日學生的面目進行情報活動，有過建樹。1932 年，他進入日本華北駐屯軍總部擔任譯員，「八一三戰役」開始後調到華中派遣軍總部工作。由於他與汪偽政權中權貴產生矛盾，對方揚言要「修理」他。於是他便決定「走為上策」。他弄到《日本帝國外交密電本》後逃往重慶，並將密電本交給了軍統負責密碼工作的魏大銘。但魏大銘此刻正因被戴笠關押後情緒消沉，便隨手將密碼本交給了電訊處一名特務研究。可那人對情報分析不感興趣，就將這密電本歸入檔案室，不再過問了。

而日方經過分析，最後認為那密電本編制得相當複雜，不致被中方破譯，於是最後便放過了此事。

是鄧葆光豐富的知識與精細敏銳的感覺，使他分析掌握了這一情報，並判定它極其重要。戴笠聞訊後，極重視鄧葆光的報告與分析，並轉告了美國海軍參謀部。當時，軍統與美英兩國情報部門都訂有交換日本軍事情報的密約，但戴笠與英方關係不睦，他先將此信提供給了美方。美國人領悟到這一

情報甚為重要，隨即派出海軍情報部副處長梅樂斯上校來重慶與鄧葆光進一步交流看法。[11] 鄧對他明確分析說：「日軍極可能不宣而戰，進犯南太平洋英、美海軍，襲擊珍珠港！」且時間已迫在眉睫，美英所屬的太平洋諸島可能首當其衝。戴笠認為情況緊急，他透過中國駐美使館助理武官、軍統特務蕭勃通知美國方面要做好應付準備。但美軍方懷疑中方情報的真實性，未能落實。1941年12月8日，日本海空軍突襲珍珠港，美國太平洋艦隊幾乎覆滅。其後，30萬日軍席捲東南亞，英國軍隊一潰千里，日軍侵略氣焰極為囂張。[12]

「珍珠港事變」發生後，美國人如夢初醒，反思後感到中方的情報有極大的價值，他們以為對日密碼破譯工作皆是軍統所為，於是，中國軍統組織與戴笠的名字開始被美國人重視，再加上美國海軍因對日作戰之需，急需了解中國沿海地帶的水文氣象情況，並大量蒐集日本海軍情報。這樣一來，在中國尋找情報合作的夥伴便提上了美國海軍情報當局的議事日程。

有消息說：鄧葆光在「珍珠港事件」後，曾分別受到英國的讚揚，美國的致歉電。[13] 真實與否，無據可考。

除了破譯「珍珠港事件」情報外，軍委會軍技室破譯日密的其他重大成績，概括起來有十餘項內容，其中對世界反法西斯戰爭有重大和較大價值的有：

1. 1943年4月18日，偵獲日本海軍大將、聯合艦隊司令長官山本五十六向「各隊預告巡視日程」密電，通報美方，結果美空軍派出16架P-38戰鬥機，一舉將山本五十六座機擊落，給予日本海軍重大打擊。[14]

2. 1941年4月13日，蘇日兩國出於各自的目的，簽訂了《蘇日中立條約》。這件事對中國的抗戰產生了嚴重的影響。而日本派特使松岡洋右到蘇聯簽約的全過程，中方從破譯的日本密電中均有了解。在談判中，日本特使向蘇聯許願：「將來日蘇共同開發滿洲」。蘇聯外長莫洛托夫則在簽約儀式上說：「日蘇有共同的利害關係，中蘇不會成為好友」。德國聞訊曾派員赴日勸阻，日方則騙德國人說「待日本占領南洋後，實力更厚，再轉以北進」。其後，日本曾探知蘇聯計劃援助中國飛機若干，就透過日本駐蘇大使佐藤，

以中立條約為依據干涉阻止。這份情報的破譯，使蔣介石深感蘇聯已不可恃，而更寄希望於美國。

3. 太平洋開戰後，日本方面偵察到有美航空母艦數次向東京灣附近航行，對此大為緊張，密電南洋日軍各基地注意，但其通訊所用密碼多是外務省最簡單的 LA 密碼本，亦被中方破譯。後來才知道這是美國意圖轟炸東京，曾預先通知中、蘇兩國，為保全航母免遭日方襲擊計，他們計劃轟炸東京後飛機不再返回航空母艦，而是逕向西飛，分別降落在中蘇兩國基地。其中部分戰機飛到中國衢州機場降落。但有一次國民黨方面因機場主官竟因嫖妓未歸，沒有及時譯出重慶的指示電報，所以反致以高射炮不斷發射，美機不得降落，終至缺油墜毀數架，只有兩架在蘇聯境內安全著陸。日本要求蘇方引渡，被蘇聯拒絕。這些消息因日本駐蘇大使致中國國內的密電被中方譯出而一一得悉。

4. 1944 年秋，中方監聽日海軍的電訊，發現日海軍剩餘主力艦隻正在向菲律賓雷伊泰海域集中，有戰略意圖。經過破譯，得知其行動計劃是為防止其「南線」資源輸送日本本土的道路被切斷，從而使日本及其中國、朝鮮占領區與東南亞的聯繫斷絕，遂決定孤注一擲，計劃集中剩餘海軍力量與盟國海軍決戰，擊退盟軍在雷伊泰島的登陸部隊，一舉改變被動戰局。中方當即將此情報通報了美方。結果，盟軍也立即修改了攻打臺灣的計劃而決定先從菲律賓登陸，同時一舉殲滅日本海軍。

在 1944 年 10 月 20 日至 26 日的六天之內，雙方開展了「雷伊泰大海戰」，共有 21 艘航空母艦、21 艘主力戰艦、170 艘驅逐艦與近 2000 架軍機參與了戰鬥。日軍還第一次有組織地發動了「神風特攻隊」的自殺式攻擊，但仍不能挽回頹勢，其結果不出預料，日本海軍聯合艦隊大敗，巡洋艦以上重型軍艦 13 艘被擊沉，日本在菲律賓一帶海基與陸基航空力量被基本殲滅。此役沉重打擊了日本的全球軍事實力，從此日軍在太平洋戰爭中，不再是一個戰略力量，並為後來美軍成功攻下菲律賓群島、沖繩島等地打下了基礎。中方的情報對盟軍的勝利造成了至關重要的作用。[15]

據不完全統計，抗戰期間，僅軍統局譯員就偵收破譯日本密電共計抄報 73 萬 7027 份，破密碼 839 種。另加上軍技室其他力量的工作成果，充分展示了中方破譯日密的技術與能力。而在這一戰線上，中國為盟國反法西斯事業做出了重大貢獻。

二、中共地下黨獲取「德軍攻蘇」情報通報蘇聯

（一）閻寶航探悉傳遞情報立大功

1941 年，國民政府少將設計委員、國民政府軍事委員會委員長行營參議閻寶航，參加了一個有德國駐華武官和國民黨要員參加的一個小型酒會。席間中方大員和德國武官議論熱烈，情緒興奮。閻寶航向監察院長於右任詢問緣故，得到了「6 月 20 日左右德國就要進攻蘇聯」的重大訊息。為進一步核實，閻寶航又問與其關係密切的孫科，孫說：「這是委員長親自說的」。[16] 閻寶航頓覺此情報關係重大，必須立刻向中共中央報告，他便藉故離開了酒席，趕回家裡。他派助手李正文立即去紅岩村十八集團軍辦事處向周恩來報告，再去蘇聯駐重慶的大使館，把這個重大的情報告訴了蘇聯駐華使館羅申武官。

中共中央很快收到了周恩來於 1941 年 6 月 16 日從重慶發來的情報，譯成俄文後交到了蘇聯紅軍住延安情報人員的手中。這樣，一份有關蘇聯和第二次世界大戰命運的重要情報被獵獲了，其意義之重大，不言而喻。

1941 年 6 月前後，希特勒即將入侵的情報也透過外交渠道及多方途徑，送到了蘇聯領袖史達林手裡。此時史達林雖對德國抱有警惕，同時卻被希特勒信誓旦旦的和平簽約保證所矇騙，懷有僥倖，甚至認為這也許會又是一種列強「挑撥蘇德關係」的伎倆，此前西方國家輿論界曾散布過「德軍將轉向東方的」的消息，於是他對該情報的可信度還在猶豫。4 月間，英國首相邱吉爾致電史達林，提醒說德國要進攻蘇聯，史達林不以為然；後來德國駐蘇聯大使舒倫堡在莫斯科直接向蘇聯駐德大使弗·傑卡諾佐夫直言不諱地說德國將攻擊蘇聯，並說出了時間。傑卡諾佐夫立即上報，史達林召集政治局會議討論後認為，這還是德方的恐嚇；6 月 16 日，他居然在一份報告：「德國進

攻蘇聯準備就緒，只待時日」的情報上批示到：「讓呈送這份情報的諜報員見鬼去吧！」由此可見他當時對此消息的反感態度。

但是，隨後來自中共方面的同樣情報卻大大增加了這條消息的可信度，使史達林在最後的關頭決定：為防備萬一保險起見，下達全面戰備的命令。果然，6月22日，德軍對蘇聯發動了全面的進攻。

1941年6月30日，戰爭爆發以後的第8天，史達林親自給毛澤東發來了感謝電：「感謝你們提供了德國進攻的準確情報，使蘇聯提早進入了戰備狀態。」「從而避免了更慘重的損失，為戰爭積蓄了力量。」這是戰爭期間史達林給中國共產黨唯一的一封感謝電。

後來，蘇聯駐華的武官羅申還特地為此找到閻寶航說：你的情報第一，史達林同志知道你。他轉達道：史達林說要把你的孩子們送到蘇聯去學習。閻寶航回覆說：「謝謝史達林同志。」[17] 戰爭結束50年後，蘇聯政府向衛國戰爭中立功的中國人授勛，閻寶航名列其中。

那麼，閻寶航是如何成為中共在國民黨高層的臥底的呢？

閻寶航，原籍遼寧海城，早年從事教育活動，1924年加入國民黨，後入政界。九一八事變後，致力於東北救亡工作，因交際甚廣，善於從事社會活動，得到國民黨上層人物的賞識。1934年任「新生活運動促進總會」書記兼國民政府軍事委員會少將參議，得以接近蔣介石、宋美齡。在「西安事變」後營救張學良等活動中，他對蔣介石開始產生反感。1937年起，他與周恩來結識，交友，曾經徹夜長談，加深了彼此的了解與友誼。在周恩來的影響下，他建立了對共產主義的信念。9月，由周恩來、劉瀾波介紹，閻寶航祕密加入了中國共產黨，並是周恩來單線聯絡的人物。

後來，閻寶航歷任「新生活運動總幹事」、戰地黨政設計委員會委員等職，頭銜甚多。閻寶航運用交際手段，與國民黨內各個派系主要人物都保持了良好的關係，他與宋美齡、馮玉祥、孫科、張群、于右任等國民黨名流經常交往。

知非文集：民國初年祕辛研究
四　特務篇

　　1941年的春天，中共決定尋找一個能夠在國民黨上層蒐集情報的人物，周恩來、李克農等經過研究，確定由閻寶航擔任此任務，當時閻寶航還在重慶經營著大通銀行、大明公司等企業，有資本家的外衣掩護，因此他是最合適的人選。經過縝密考慮，最終由閻寶航及其女兒閻明詩、中共組織指派的黨員李正文三人組成了一個情報小組，在重慶上層展開了祕密情報的收集工作。

　　閻寶航平時給人留下的印像是慈祥和藹、待人盛情、處事穩健又談吐風趣，特別適合與上層人物交往。他在重慶的家，成為「東北救亡總會」會址和中共地下聯絡點，被稱為「閻家老店」。

　　國民黨軍統局曾懷疑過閻寶航及其家庭，進行暗查偵察，但被他運用關係制止了。

　　閻寶航出色地完成了中共交給他的重任。除了得悉「德軍攻蘇」重要情報外，他還向中共方面送交了有關日本偷襲珍珠港的絕密情報。這份情報也是被國民黨諜報人員破獲，是由多方所得的消息綜合研判的結論。但在這一情報上報的過程中，被閻寶航獲知了，隨即報告給周恩來轉延安，再透過蘇聯情報部門在延安的小組轉告給蘇聯方面，同時，重慶政府也把這份情報告訴了美方。然美國人起初並不相信，懷疑中國情報人員破譯日本密碼的技術能力。直到1941年12月8日珍珠港事件爆發，美國人才如夢初醒，知道了中方的偵破技術已不可小覷。1944年秋，周恩來又囑託閻寶航蒐集有關日本關東軍的情報，以供準備反攻需要。閻寶航又一次發揮才幹，從軍事委員會第三廳拿到了日本關東軍的兵力部署、兵種組成、要塞位置等重要資料，名為「借閱三天」，暗中立即派人送往蘇聯大使館複製完成。次年8月9日，蘇聯紅軍據此向日本關東軍發起了總攻，按圖索驥，勢如破竹，一週時間內就全面突破了關東軍經營十幾年的防禦體系，徹底摧毀了日本這支主力軍。

　　閻寶航在獲取並向中共與蘇聯提供重要情報方面，為世界反法西斯戰爭的最後勝利，立下了重大功績。

　　（二）袁殊—潘漢年從日方獲悉情報

二戰時期中國情報系統的重大貢獻——以獵獲「珍珠港事件」及「德軍攻蘇」情報為例

1941年6月13日，中共情報機構負責人潘漢年從香港簽發了一份有關德國即將入侵蘇聯致中共中央的報告，這份情報是他設置在上海的「三面間諜」袁殊獲得的。

袁殊，1911年出生於湖北圻春，少年時代隨母到上海謀生，依靠半工半讀接受教育。1929年他留學日本，專攻新聞學，後因經濟拮据，於1930年冬回國。在日本，袁殊接觸了一些進步思想，回國後他曾擔任「中國左翼文化總同盟」常委，參加過左翼文藝活動，在上海文藝界具有了一定的影響。1931年10月，經中共情報負責人潘漢年的介紹，袁殊加入了中國共產黨，並參加了中共情報系統-中央特科的工作。

1932年春，經中共組織批准，他利用與國民黨上海特別市黨部社會局局長、中統特務吳醒亞的同鄉關係，加入中統，任情報股股長。這樣，袁殊成功地打入了國民黨特務組織。又經吳的介紹，他成為「新聲通訊社」的記者，並結交了日本駐滬領事館副領事岩井英一，兩人成為朋友。

1931年「九一八」事變後，為了加強對日情報工作，袁殊有意識地加強了與岩井的關係。岩井英一是日本外務省在中國從事情報工作的資深特務，他和袁殊接觸後，把袁殊看作「在華親日勢力」分子。與他建立了情報關係，給予其每月200元津貼，袁殊又成為「日本間諜」。其後，袁殊和中統、日本駐上海領事館、幫會都有了聯繫，是集多種身分於一身的情報人員。袁殊巧妙地利用這種多重身分，廣開情報來源，為中共中央提供了許多有價值的情報。與此同時，他當然也在有選擇地為中統和日方提供情報。1937年6月，中共祕密組織負責人潘漢年以八路軍上海辦事處主任身分回到上海，袁殊在他領導下開展了一系列工作，取得重大收穫。

全面抗戰爆發後，袁殊在從事情報工作方面表現出來的特殊才能，引起了國民黨軍統局的注意。經青紅幫大老杜月笙的介紹，戴笠親自出馬訪問袁殊，希望他為軍統工作。袁殊在得到潘漢年批准後，接受了戴笠的任命，再次變身成為軍統上海區國際情報組的少將組長。他一人具有中統、軍統、日本、青幫和中共五重身分，是中國情報史上絕無僅有的特例。

四　特務篇

　　1937年底上海淪陷後，岩井英一又回到了上海，並成立了一個日本特務機關「特別調查組」，袁殊成為其中一員。在潘漢年的明確指示下，袁殊義無反顧地「按組織的意思去向水裡跳」，甘願「落水當漢奸」。他按照岩井英一的意見，寫了一篇《興亞建國論》，在中日幾家報紙上發表，成為由岩井英一扶植起來的「公開漢奸」。

　　事隔不久，岩井英一為了掣肘汪偽漢奸勢力，就讓袁殊出面組織一個「興亞建國同盟」，加入了汪偽政府。1939年11月，該組織又擴大成立為一個由岩井控制的偽「興亞建國運動」本部。這一機構表面上是一個接受日本外務省津貼、支配的漢奸組織，實際是中共的一個新的情報據點，不僅日本外務省每月撥給「興亞會」的20萬軍票中，有相當一部分成為中共上海地下黨組織的活動經費，而且在袁殊的具體操作下，一份份重要的戰略情報從敵人的心臟發送到了延安。

　　據劉人壽等在「興亞建國運動」本部工作過的當事人回憶，他們從「岩井機關」獲得的重要情報中就有關於德軍即將向蘇聯發動進攻的消息，還有1942年初，由日本外務省安排，袁殊作為「興建運動」的代表到日本訪問。他從組織這一活動的日本外務省野春吉三郎處得知：日本目前的國策是繼續誘降蔣介石，建立一個以日本國為主體的大東亞共榮圈，日軍已確定了主力南進的戰略部署。袁殊彙集和分析各方面的情報，認定南進已是日軍確定不移的戰略決策了。潘漢年立即將此情報報告了延安。在歐戰全面爆發之後，蘇聯始終擔心腹背受敵。在有了確定日軍是南進而不會北上的情報後，蘇聯這才果斷決定從遠東調出了幾十萬兵力到西線增防。[18]

　　袁殊—潘漢年的線索是中共情報人員獲得「德軍攻蘇」以及確定日本南進而不會北上攻蘇重要情報的又一來源，這對蘇聯來說，具有特別重要的意義。

三、簡單而明確的結論

　　至此，有關二戰時期「珍珠港事件」與「德軍攻蘇」的重要情報，是如何由中國國共雙方情報人員獵獲和傳達到美蘇方面的情況內幕，線索已經基本明瞭。

　　在這裡有一點需要再加說明的是：由於有關的官方檔案至今尚未開放，我們無法得到對這段歷史更正式的資料證實，或許會有讀者對本文中所引據當事人口述資料的可信度發生置疑，這一點也不奇怪。只是，我們必須看到，當事人的口述與回憶也是史料的重要來源之一，否則就沒有「口述歷史」的存在，也不會有許多的史學家對此趨之若鶩。就連學界目前熱捧的《蔣介石日記》資料，就其根本意義上來說，也是一種個人的單方面的記錄，其內容同樣也不免存在著個人的偏見及美化、拔高自己之嫌，但卻被引據為「黑天鵝效應」而視之為史料中的「上品」。其足見並不是所有的個人記錄、回憶都是低價值而不可信的，恰恰相反，在官方檔案資料缺失的情況下，只要有個人的記述，都是可寶貴的，前提是只要它符合歷史的真相，得到過旁證。研究特務情報祕密工作的歷史，因其工作的特殊性質，甚少檔案文獻的遺留，尤其如此。上述的事實，有來自多方的當事人的回憶和記錄，以及具有說服力的旁證，其可信度應是無可置疑的。至少，有關的歷史文件和史實細節靠幾十年後的杜撰是難圓其說的，而它終究能給我們提供破解歷史之謎的一把鑰匙。

　　總結上文，我們可以發現，無論美蘇雙方是否從其他的渠道獲悉過有關「珍珠港事件」與「德軍攻蘇」的重要戰略情報，來自中國的有關此兩件事件的情報和警報是明確無誤和意義重大的。戰時中國的對日情報蒐集與破譯工作對盟國戰事居功甚偉，之所以取得如此顯著的成績，是基於以下幾點因素：

　　一是中國情報人員的聰明才智，中國的對日密碼偵破工作，是在全面抗戰開始後匆忙展開的，並無前期基礎，但中國的譯電人員依靠愛國主義的精神激勵，在極其艱難的條件下，透過苦幹加聰明，很快掌握了日本外交與軍用密碼體系的基本規律特點，破譯了他們的外交與軍用密碼。儘管日方一再

四　特務篇

改換密碼系統，但每次均在不長的時間內即再被中方破獲，由此便可對日本的政治、外交與軍事戰略戰術動態及時獲悉，日方的決策與實施內幕便暴露在中方面前，這對於中方抗戰決策的制定與修改具有至關重大的作用。

　　二是這項任務是由國共兩黨的情報人員在主動或客觀合作的情況下完成的。儘管其來源說法各異，但目前可以肯定的是，國民黨獲取兩大歷史事件情報的主渠道是偵譯日本密碼所得，加上情報人員的蒐集工作。詳細史實如何，還要進一步研討。看來重慶政府由幾路獲得情報彙總而得出最後結論的判斷比較符合實際。當時在國民政府的對日情報偵譯機構內，也有中共情報人員深度的祕密介入，國共之間還有對於日本密碼的正常交換的互助關係。[19]即使沒有從情報破譯的源頭上傳出，中共方面還是可以利用私人關係從國民黨上層得到有關情報，而中共自己的情報機構與人員也很出色，他們也從日偽方面獲得了有關「珍珠港事件」和確定日本南進極其重要的情報。

　　其三，當時國民政府當局採取親美的外交路線，在得悉有關情報後及時轉告了美國，而對有矛盾的英國則有意無意地給予冷落。對於德國進攻蘇聯，國民黨方面態度很曖昧，甚至希望德蘇開戰後可以吸引日本北上與德國夾攻蘇聯，減輕對華壓力。所以，國民黨政府對於「珍珠港事件」與「德軍攻蘇」將美蘇捲入大戰在根本上是持著期待態度的，因為如此便可結束中國已持續5年的艱苦卓絕的獨立抗戰，在世界範圍內形成對抗德日法西斯的廣泛戰線，中國可以找到強有力的戰略夥伴，為最後擊敗日本奠定基礎。由於當時的歷史背景條件所致，中國共產黨在得悉有關情報後，只能將有關情報轉告蘇聯方面，並取得了很好的效果。而且，中共的情報人員很出色，在日本、汪偽政權乃至國民黨政府、軍方高層都有「臥底」，做了大量的工作，甚至可以說到了重要的訊息可以及時多方偵知的地步。以國共雙方為代表的中國抗戰陣營對美蘇提供的戰略情報，都是中國對世界反法西斯戰爭的重大貢獻。

　　中國所獲得的「珍珠港事件」與「德軍攻蘇」的重要情報透過不同途徑傳達到美國與蘇聯當局，對其促使其警覺和提醒其備戰，具有及時和關鍵的作用。儘管美蘇兩國當時同樣犯下了懷疑、輕視、忽略這些情報的錯誤，並先後為此在日德法西斯的突然進攻面前遭到了極為慘重的損失，付出了極其

沉重的代價，但事後痛定思痛，他們都十分感謝中方的幫助，並看重中國的情報能力，還與之開展和加強了有關的專業合作。從史達林的感謝電來看，中方的預警對蘇軍提前一天進入戰備狀態，有效減少損失具有顯著的作用。因此，中國對日密的獵獲對世界反法西斯戰爭的最後勝利，具有全球戰略與世界性意義。

歷史說明，中國戰場對日軍主力的抵抗和中國對日情報工作的成績為盟國奪取第二次世界大戰反法西斯戰爭的最後勝利，都做出了重大而獨特的、不能抹殺也不可替代的貢獻，沒有中國人的重大犧牲和重要貢獻，世界歷史或將改寫。

【注】

[1] 轉引自池步洲著《一片丹心破日密——抗戰回憶錄之一》（未刊稿）載 www.hackchi.com/chi/people/mhyxzh004.htm。

[2] 池步洲著《一片丹心破日密——抗戰回憶錄之一》（未刊稿）。文中附註：一、本人全家僑居日本，在現階段拙著是否宜於發表，家屬意見不一，故暫緩出版。二、如有報刊或出版社有意刊登或付梓，事先必須徵求本人同意。同時亦請原文照登，一字不改，文責自負。1986.10. 此文係池步洲先生所寫，由其侄兒池魯生先生輸入電腦。吳越附註。2000 年 2 月 14 日。

[3] 池步洲著《一片丹心破日密——抗戰回憶錄之一》（未刊稿），同前出處。

[4] 吳越《書生筆下十萬兵——記破譯日軍偷襲珍珠港密電的池步洲先生》，載 www.hackchi.com/chi/people/mhyxzh004.htm。

[5] 池步洲著《一片丹心破日密——抗戰回憶錄之一》（未刊稿），同前出處。

[6] 池步洲著《一片丹心破日密——抗戰回憶錄之一》（未刊稿），同前出處。

[7] 池步洲著《一片丹心破日密——抗戰回憶錄之一》（未刊稿），同前出處。

[8] 池步洲著《一片丹心破日密——抗戰回憶錄之一》（未刊稿），同前出處。

[9] 此節參考中國著名女作家，原人民文學出版社社長、總編輯韋君宜在其遺作《思痛錄》中所述其夫楊述的堂兄楊肆歷史的有關內容。

[10] 彭魯《鄧葆光：誤入軍統的經濟學家》，載「新浪部落格」http//blog.sina.com.cn/s/blog_49b38e770100d8dn.html。

[11] 王炳毅《一條經濟談判情報與珍珠港事變》，《南京晨報》2003 年 10 月 23 日 D11 版。

四　特務篇

[12] 關於軍統是否曾破譯日本發動太平洋戰爭的密碼情報，現在也有曾在軍委會技研室工作過的張令澳持否定態度。詳見徐福生主編《目擊 20 世紀叢書——無形戰線》，上海古籍出版社 2004 年 12 月版，第 141-146 頁。

[13] 彭魯《鄧葆光：誤入軍統的經濟學家》，同前出處。

[14] 池步洲著《一片丹心破日密——抗戰回憶錄之一》（未刊稿），同前出處。

[15] 關於「雷伊泰大海戰」日軍的計劃，軍統派往汪偽政權的高級臥底唐生明將軍，也從日本海軍省囑託古川的酒後之言中得到了此情報，由軍統轉告美方。見唐生明：《我奉蔣介石命參加汪偽政權的經過》，載全國《文史資料選輯》第 40 輯，第 76-77 頁。

[16] 鳳凰衛視《我的中國心——閻寶航》，2009 年 9 月 19 日。資料來源：http://phtv.ifeng.com/program/wdzgx/200909/0921_5447_1357604.shtml。

[17]《中國人曾向蘇聯提供德軍的突襲情報》，載《南陽黨建》網。資料來源：http//www.nydj.org.cn2005.10.13。

[18] 此節參考《情報戰：袁殊與敵特的精彩戰鬥》，載《中國國防報》，2006 年 03 月 21 日，並根據其他資料補充而成。

[19] 可參見馬振犢著《國民黨特務活動史》第八章第四節《國共合作破譯日密》一目，九州出版社，2008 年版，第 314-315 頁。

五　暴行篇

▌日本軍隊對被害國婦女實施性暴行及原因探析

載《民國檔案》

　　有關第二次世界大戰中日本軍隊對被害國婦女施行性暴行的記錄及其罪行研究，過去曾是一個被忽略了的課題。其原因是，一方面，在受害者一方，由於亞洲民族傳統的性保守觀念的影響，一般大多數婦女不願再揭開自身的歷史瘡疤，只能默默地獨自忍受一生的痛苦；另一方面，作為加害者，不論是當年施虐的日本兵或者是法理上應當承擔侵略戰爭責任的戰後歷屆日本政府，都不想徹底解決戰後遺留問題，對包括性暴行在內的一切戰爭犯罪問題都採取了迴避、抵賴的態度，想矇混過關。一些居心叵測的日本右派分子甚至欲將軍國主義死灰復燃，因此拒絕反省謝罪。現在，竟然發展到日本政府也允許否認「南京大屠殺」戰爭暴行的右派集會在大阪國際和平會議中心公開舉行的地步，這真是對大阪該中心的莫大諷刺。日本政府首腦閣員，不僅參拜靖國神社，而且一而再、再而三地使用軍國主義語言，惡習不改，反而引以為榮，其毫不掩飾的野心與狂妄令人髮指。日本朝野右派的醜惡表演使人們不得不明白地意識到，他們的目的只有一個，就是要復活日本軍國主義，讓日本再做他們心目中的「世界大國」。所以，有關歷史上日本侵略軍性暴行的研究，就和其它日本戰爭犯罪問題研究一樣，已經超越了歷史的範圍而具有了現實政治鬥爭的意義。

一

　　在第二次世界大戰期間，日本軍隊在被害國對民眾的性暴行是極其普遍和十分嚴重的，其普遍性、暴虐性及危害性甚至超過了德國法西斯軍隊的性暴行，在人類歷史上是罕見的與空前殘酷的。

知非文集：民國初年祕辛研究

五　暴行篇

關於當年日軍在戰爭中的性暴行的揭露與批判研究，近年來在中國與日本學術界都有大量的成果發表。據雙方的原始資料披露，日本軍在中國各地及歷次戰爭中都有普遍性的極其殘忍惡劣的無可計數的性暴行。

在其數量及犯罪事例方面，具體的統計數據和記述，因其內容太多太雜，不勝枚舉，罄竹難書，在這裡不再重複。但我們可以說，凡日軍所到之處，就有各類的性暴行，最典型的事例如1937年底至1938年初，在侵華日軍「南京大屠殺」中，日軍不僅屠殺了30萬以上的南京居民，其性暴行與性犯罪也達到了頂峰狀態，總計有數萬名南京婦女被日軍強姦、虐殺。經1948年11月4日遠東國際軍事法庭判決書的認定，「在占領後的一個月中，在南京市內發生了2萬左右的強姦事件，」[1] 實際上這一統計數字是遠遠不足的，同時有資料說南京「全城中無論幼年的少女，或者老年的婦女，多數都被奸汙了。」到1938年「5月初，在南京有婦女三分之二被奸汙。」這樣看來，南京的婦女至少「被奸汙者達8萬人，可謂保守的估計」，且據日軍士兵田所耕造自己的記載，「沒有不強姦的兵，而且大都是強姦以後再殺死」，先姦後殺竟然僅僅為的是「免得麻煩」，[2] 在一次戰役之後發生如此大規模的集體屠殺與不分地點、場合、時間，不問對象的集團式強姦虐殺，這在全人類的歷史上也是不多見的。

在性暴行的方式方面，日軍的殘暴行為可以說是總括古今犯罪之大成，其通常的方式是輪姦，「我們自從登陸以來，還沒有碰過女人的身體，所以大事輪姦。當時『奸虐致死』成了我們很喜歡說的話。」[3] 中國婦女被日軍掠去，絕大多數人都遭到數人以上的日本兵輪姦，許多人遭到數十人次以上的輪姦，甚至有一夜之間被輪姦了40次以上的例子，日本兵的慘無人道由此可見，因此而被害喪命者不可計數。

除了強姦外，更下流的各種各樣的變態虐殺，包括用各種隨手可得的東西——酒瓶、木棒、磚塊甚至燃著的蠟燭塞入女子陰部；拍攝各種女子裸照及變態奸虐照片；強姦孕婦、幼女、老婦、尼姑、修女；強掠「慰安婦」設立「慰安所」；強迫母子、父女、翁媳亂倫、僧尼性交；威迫口交直至割乳破腹、食人肉、姦屍，凡一切能夠想到的獸行無所不為，真是令人髮指！試問幾世

紀以來，有誰能像日本軍隊這樣慘無人道地胡作非為？可現在的日本居然連這一切都欲加否認，怎能不令人拍案而起？

眾所周知，在第二次世界大戰中，與日本帝國主義同為戰爭策源地的還有德國法西斯政權，德軍在歐洲及蘇聯各地也有大量的強姦、虐殺婦女的暴行，但德軍與日軍的性暴行在數量、程度、方式、罪惡度等方面並不是完全一致的。

據史書所載，德國法西斯軍隊及其祕密警察、黨衛軍在戰爭中都犯有各類性暴行，例如在有「人類肛門」之稱的奧斯威辛集中營，德國祕密警察就曾經常性地對被押的年輕猶太婦女實行強姦等暴行，而後再把她們送進毒氣室殺害。[4] 德國軍隊及法西斯黨衛軍在各戰場及占領區實行軍事進攻及掃蕩反抗者的時候，也有為數不少的性暴行發生，如在侵蘇戰爭期間，德軍殘害女共青團員卓婭的暴行，從卓婭赤裸身體被吊死在絞刑架上的遺照中就可以得到證明。另外，有資料表明，德國法西斯也有用蘇軍男女戰俘進行「性行為試驗」的記錄，他們用女人的身體來刺激被凍昏的試驗者，以取得「透過性行為使凍傷士兵迅速恢復戰鬥力的數據」，目的是為其侵蘇戰爭服務。[5] 德國祕密警察蓋世太保的頭目希姆萊還設立了「種族遺傳研究所」，利用女俘進行有關性與遺傳學以及放射線使人絕育的研究，為納粹荒謬的種族理論尋找根據，並為其實行種族滅絕政策服務。[6] 而從納粹頭目希特勒開始，到「衝鋒隊」隊長羅姆等一大批的德國法西斯頭目，都有不同程度的性變態行為。這說明，德國法西斯是有各式各樣的性暴行犯罪記錄的。但是我們也應該看到，德軍的性暴行總體來說不如日軍那樣普遍、殘忍與瘋狂，還沒有達到見女子就姦殺、虐殺、普遍的大規模獸行、吃人肉以及在各地大量抓捕「慰安婦」長期設立「慰安所」的地步。日軍的性暴行比較德軍是有過之而無不及的，日軍也曾用中、朝、蘇女俘進行活人性病試驗，臭名昭著的日本關東軍 731 部隊及駐南京榮字 1644 部隊等都是這樣的食人魔窟。德軍是具有性暴行的，但日本人在二戰中幹出了人類歷史上空前絕後的性獸行，它比德軍更瘋狂、更嚴重，因此更應予以揭露與批判。

知非文集：民國初年祕辛研究
五　暴行篇

當然，純粹研究侵略者性暴行的異同意義是不大的。但是，如果從進一步揭露日本軍國主義戰爭罪行的角度出發，聯繫德日兩國在戰後認罪態度問題上表現的根本不同，為反擊日本右派的猖狂挑釁，在全世界人民面前揭露其醜惡面目，促使日本朝野反省侵略戰爭的罪惡，就更加能體現出這一課題研究的明確意義。需要聲明的是，本文絕無為德國法西斯減輕任何罪惡的用意，如果說日軍普遍的性暴行比德軍的嚴重，那只是一種歷史的事實。在對於全人類和平的犯罪程度上，德日法西斯是一丘之貉難分上下的，他們同是人類文明的死敵。

二

為什麼日本軍隊會有如此般的惡劣行為呢？探討日軍的性暴行的內外原因，我們可以發現，它是有著深刻的民族歷史與社會背景的，它是與日本民族的「男尊女卑」等社會風氣習俗和性觀念密切相關的，是與日本社會的人際關係特色和錯誤的中國觀相關的，是日本民族性格劣質方面的集中體現。

日軍的性暴行與日本人的思想觀念、性意識及民族歷史習慣密切相關。早在江戶時代，日本國內就有了發達的娼妓業。明治以後，日本政府於1900年從法律上將娼妓業作為一種「勞動職業」來加以認可，於是便有了歸屬日本政府管轄的「公娼」與不受政府控制的「私娼」並存的這一特種行業的興起，從此一發不可收拾。[7]

在日本，由於根深蒂固的男尊女卑的傳統的影響，在性觀念上，男子視女性為玩物與洩欲工具的觀念十分普遍，男女間毫無平等關係可言，因此在兩性關係的方式上，男子似乎可以隨心所欲地發洩，甚至採取十分殘忍的虐待手段來摧殘女性的情形也屢見不鮮。這種情況至今在日本依然存在，我們從其文學作品、傳播媒介甚至於日本異常發達的色情業活動中都可得以驗證。因為這種原因，日本社會並不把買春與賣春當作可恥的行為，淡化了男子對女子的性侵犯的罪惡感，特別對於那些妓女，普遍的觀念認為「只要是付了錢的，怎麼樣都可以。」

有關日本軍隊性暴行的另一方面的原因，還有一種比較陳舊的解釋，即日本軍隊中緊張的上下關係對士兵造成了極大的壓力，官兵關係、新兵與老兵關係、大官與小官關係都是具有日本特色的內外一致的壓迫，士兵們平時在軍紀與長官嚴控壓迫之下情緒得不到釋放，再加上戰爭的惡劣環境造成了士兵心理的與性的壓抑，於是一旦有了放縱的機會，便以加倍的瘋狂在被害國人民身上來發洩，而婦女則是首當其衝的受害者。在攻占南京之前，日本華中方面軍司令官松井石根以下都為了對華速戰速決及個人「建功立業」而有意識地縱容部下的暴行，指望透過性暴行來緩解士兵們的緊張狀態，鼓舞士氣。於是這便開啟了日軍種種性暴行的閘門。有些學者指出，日本民族的心理特徵是自卑感與優越感的矛盾結合，具體體現在個人的內聚心理及自我克制與集團、民族的外傾擴張，[8]一旦在非正常的戰爭狀態下，原有的內部壓迫在達到極點之後被釋放，其後果可想而知！於是乎，在日軍的性暴行中便有了大量的性變態表現，如前所述之種種令人髮指的殘害婦女的卑劣行為，甚至於在「南京大屠殺」期間，「有些官兵終日不扣上軍褲上的鈕扣，將生殖器暴露在外，姦殺一個後又去追逐另一個。」[9]這真是一幅野獸橫行的人間地獄圖！日軍的性變態表現是由其扭曲的心理造成的，其中不能排除日本社會中陰晦糜爛風氣的影響。

再者，日本軍隊在中國的性暴行也與其極其淺薄狂妄的蔑視中國人的心理相關。由於受到日本國內軍國主義宣傳教育的長期影響，造成了日本人對中國的無知與對中國人的鄙薄與仇視，這從日方大量的宣傳材料中就可得到證明。這樣便使日軍上下都感到對那些「貧窮無知」卻竟敢抵抗「皇軍」給他們造成了巨大殺傷力的「討厭的」中國人，怎麼樣虐待屠殺都不為過。所以日軍在華暴行最基本的一點就在被害者死之前要讓他們（她們）受盡人間各種酷刑與虐待都不為過，而加害者卻從中取樂，得到了無比的快感。這真是典型的變態狂與虐待狂的表現。

正因為如此，在日本軍隊中便形成了無視摧殘女性犯罪感的氛圍，加上戰爭的影響，以及急欲報復中國人抗日，要對抵抗者實行「膺懲」的思想；在對被害者施虐中尋找自我釋放的劣行，這些都是日軍性暴行的罪惡根源。

三

　　日本軍隊在各地的性暴行絕不是個別的或偶然的、地方性的暴行，而是整個日本軍隊進行的有組織的集體犯罪。在第二次世界大戰中，凡有日本軍隊之處，便有性暴行。從方面軍司令到各部隊小隊長、各級日軍軍官都公然放縱甚至「身體力行」，使日軍性暴行成為極其普遍的事。「在一線部隊，……幹壞事的，不僅僅是士兵，有時軍官先做在前頭。厲害的中隊長、大隊長什麼的，他們在去南京之前，即使是戰鬥中，有的也帶著女人。這些女人反正都是隨便抓來的，……據說他們天天晚上跟女人睡覺。」[10] 日軍第 16 師團 30 旅團長、南京西部警備司令官佐佐木到一「他自己更無人性地每日奸汙中國少女」。據在南京的金陵女子大學美籍教授貝德士證實說：「日軍入城後曾連日在市內各街巷及安全地帶（指國際安全區）巡行搜索婦女，其中且有將校參加」。[11] 難怪就連作為日本盟國的納粹德國駐南京外交祕書羅森，在目睹了日軍官兵集體的獸行之後，也指斥日本軍隊為「獸類集團」，他在給德國外交部的報告中寫道：「日本軍隊放的大火在日軍占領一個多月之後至今還在燃燒，凌辱和強姦婦女和幼女的行為仍在繼續，日軍在南京的所作所為為自己樹立了恥辱的紀念碑。……這不是個人的而是整個陸軍，即日軍本身的殘暴和犯罪行為。」[12] 有關這一點之詳細論證，已有許多的研究成果發表，這裡不擬重複。[13] 至於日軍內部有無日本憲兵及軍紀條例對日軍性暴行進行約束，事實上可以認定是毫無作用的。以「南京大屠殺」為例，儘管在入城前也有一紙「將嚴重處罰」強暴婦女的人的警告，入城後在「南京國際安全區委員會」的一再抗議下曾派出了 17 名憲兵來「維持秩序」，但在 5 萬日軍肆虐之中，17 人有什麼用處？更何況「甚至派來『恢復紀律』的憲兵也強姦劫掠，忽視所負的責任。」[14] 所以，日軍的性暴行是有組織的集團犯罪，從這個意義上分析，應當承擔犯罪責任的不僅有當年作為施暴者的日本兵，而且還有日本政府與軍隊，他們誰也逃脫不了干係與罪責。

四

　　日本是一個島國，客觀狹隘的生存環境造就了歷代日本人的「島國心理」，一方面是因國土資源的匱乏而產生的長久而深刻的民族生存危機感——

對「日本沉沒」的世紀擔憂；另一方面由此而來卻嚴重刺激了日本人的對外擴張思想，總想去搶別人的土地資源占為己有，以為萬全之計。這便是上個世紀中日本政府不斷對外進行侵略戰爭的根源所在。1945 年徹底戰敗之後，在美國的世界戰略的庇護下，日本經過埋頭苦幹，取得了世界經濟大國的地位，隨著經濟勢力的膨脹，日本的政治野心也開始死灰復燃了，他不再僅僅滿足於已得的透過發達的經濟勢力吸引支配別國資源的地位，更想重溫所謂「亞洲霸主」乃至世界霸王的夢想，於是重溫舊夢的第一步就賴掉舊帳，不承認過去發動侵略的錯誤與危害被侵略國人民的罪行，力圖洗刷或掩蓋自己身上的血跡，並使自己新的前進目標正當化。最近有一種解釋說，日本現代的一些青年人也有不願承認過去祖父輩所幹的罪惡行徑的意向，其原因是他們過去從來沒有聽說這些事情，猛然知曉，便不能接受，認為這些暴行太醜惡了，太不可原諒了，簡直就不是人類的行為，因此，如承認了就永遠洗刷不清。於是，乾脆不如否認，以求得自我解脫。如果真的有這種現象，那麼實際上，認知到過去的這些暴行太醜惡了也算是一個進步，比害了人還要賴帳要強些，但由此而萌生出不願認錯的情緒，則不免是大錯特錯了。正因為日本社會出現了這些反動思潮，在這樣的大背景下，便出現了一系列的朝野右派翻案事件，從「修改教科書事件」、「參拜靖國神社」、「否定南京大屠殺事件」到「英美老兵索賠敗訴」，直到現在的「東史郎敗訴案」、中韓慰安婦索賠不成及根本抵賴日軍性暴行之種種劣跡，都是出於日本政治戰略的需要，它根本不是歷史的與個別的事件，而是政治問題，這是學術討論所解決不了的。

　　日本軍隊在第二次世界大戰中的性犯罪是抵賴不掉的，面對自己所犯下的歷史罪惡靠自欺欺人式的「鴕鳥政策」是掩蓋不了抹殺不掉的。如果今後日方仍不肯認罪反省賠償，其結果當更加醜化自己，使其在世界上丟臉，這樣離他們所刻意追求的「世界大國」的目標將越來越遠。作為當年被害國的中國與亞洲各國及世界人民，對待日本的此種惡劣表現，只有堅決鬥爭之一途。一方面要更加徹底地揭露日本的歷史罪惡，使其無從抵賴；另一方面，也要及早地向全世界敲響警鐘，以使善良的人們保持警惕，讓歷史悲劇不再重演。

知非文集：民國初年祕辛研究
五　暴行篇

【注】

[1] 中央檔案館等編：《日本帝國主義侵華檔案資料選編》，中華書局，1995 年版，第 848 頁。

[2] [美] 吳天威：《讓全世界都知道南京大屠殺——介紹最近出版之三本「南京大屠殺」畫冊及研究成果》，載《抗日戰爭研究》，1997 年第 1 期第 98 頁。

[3] 中央檔案館等編：《日本帝國主義侵華檔案資料選編》，中華書局，1995 年版，第 997 頁。

[4] 雪松：《第二次世界大戰祕聞》，北京出版社，1995 年版，第 355 頁。

[5] [法] 雅克·德拉律：《蓋世太保史》，上海譯文出版社，1984 年，第 359 頁。

[6] 雪松：《第二次世界大戰祕聞》，北京出版社，1995 年版，第 355、365 頁。

[7] 方軍：《我認識的鬼子兵》，中國對外翻譯出版公司，1997 年版，第 168 頁。

[8] 姜良芹：《南京大屠殺原因初探》，載陳安吉主編《侵華日軍南京屠殺史國際學術研討會論文集》，安徽大學出版社，1998 年版，第 168 頁。

[9] 蔣公毅：《陷京三月記》，載《南京文獻》第 26 號，1939 年 2 月。

[10] 中央檔案館等編：《日本帝國主義侵華檔案資料選編》，中華書局 1995 年版，第 1000 頁。

[11] 中央檔案館等編：《日本帝國主義侵華檔案資料選編》，中華書局 1995 年版，第 890 頁。

[12] 羅森還將記載日軍暴行的書面報告及美國牧師馬吉拍攝的日軍「南京大屠殺」紀錄片送到柏林。有確切的消息證明，包括希特勒在內的納粹首要們看了這些資料，但他們「幾乎不相信」，並立即下令予以封鎖。這起碼可以說明一點，那就是他們也認為日本人的行為不光彩，不能公之於眾。參見馬振犢等著：《蔣介石與希特勒——民國時期的中德關係》，（臺）東大圖書公司 1998 年版，第 415 頁。

[13] 楊斌：《侵華日軍南京強姦暴行概述》，載《侵華日軍南京大屠殺史國際學術研討會論文集》，第 211-213 頁。

[14] 貝德士：《1938 年 1 月 10 日致友人函》，載《侵華日軍南京大屠殺史料》（紀實、證言專輯），江蘇古籍出版社，1985 年版，第 194 頁。

▌侵華日軍暴行與納粹暴行原因比較研究初探

　　載《民國檔案》

二戰時的德國納粹軍隊與日本軍隊，在戰爭中都犯下了慘絕人寰的空前反人類的罪惡行徑，要比較二者的暴行，在一般的概念上，很容易被曲解為要判斷同樣吃人的虎狼誰更仁慈一樣的無聊。但我在這裡必須說明的是，我寫這篇文章的意圖，絕不是想要為任何凶手減輕罪責，我所做的工作是要比較這兩個凶手在實施同樣的犯罪作惡時，在其動機原因方面有著何種的區別與不同，這是導致他們產生空前戰爭暴行的直接原因，也是他們的暴行在方式、方法、範圍及影響等方面產生差異的基本原因。至於其後果，那就是他們的罪惡行徑將同樣永遠被世界人民牢記與詛咒。

德日軍隊這兩頭野獸，一個生在歐洲，一個長在亞洲，歷史文化生長環境各不相同，在戰爭中，雖然他們都有吞併世界的野心，並為了暫時一致的世界戰略目標而互相勾結，對人類犯下了空前的罪惡。但他們終究是兩個不同的個體，就二者國家、民族而言，有著完全不同的成長歷史、生活環境和社會文化傳統，因此他們在戰爭暴行方面，無論目的、動機、手段乃至其方式方法等等都是有區別或差別的。所以，我們應當了解這種差別，這對於研究德日法西斯的形成、特點及其歷史罪惡，都有意義。所以，我在本文中只是研究比較德日軍隊暴行原因的不同所在，而絕不涉及對二者歷史罪惡程度的評定。特此說明。不妥之處，敬請海內外專家指教。

直至現在，仍然有許多西方學者與政治家們，認為不應輕率地將日軍在二戰中的暴行與德軍在二戰中的屠猶暴行比較，他們的基本看法是：德軍屠猶是有計劃有蓄謀的種族滅絕行為，是人類歷史上最嚴重的犯罪，而日軍的暴行則是在短期內發生的戰爭暴行，即使將兩者做比較，也應該是作為加深人們「對特定歷史事件理解的基礎」，否則這種比較就會降低人們對納粹暴行受害者所受苦難的認識，因而「沒有意義」。[1] 對於這種觀點，中國學者的基本看法是不能認同。筆者的看法是：納粹屠猶與日軍的戰爭暴行是兩個並存的客觀事實，既然都是同類的戰爭暴行，就可以進行具體的比較分析，即使在客觀上兩者存在著性質的差別，也應透過比較研究而得出，而不是武斷地進行事先的結論與否定。

五　暴行篇

當然，一些西方學者在這一問題上的具體提示，如對兩者暴行的具體比較，只能在一些可比的層面上進行等等，是可以接受採納的，但是他們較普遍的根本否定二者比較意義和價值的看法是武斷而令人不敢苟同的。這種看法產生的基本原因是由於他們對於納粹種族滅絕暴行的親身感受或深刻認識，同時也是由於他們對日軍在中國暴行的普遍缺乏了解，加之個人情感上的因素所致。對於他們的這些感受，作為同樣是法西斯暴行受害者的中國人，我們有著充分而深切的理解，但是，我們同時也希望西方人民乃至全世界人民也應對日本法西斯暴行的廣泛性、殘酷性、危害性及其對中國人民造成的巨大災難與創傷具有同樣明確的認識，在這個意義上說，我們更應當對德日法西斯的暴行進行理性的、深刻的、具體的比較與研究。

從大歷史的角度來看，人類歷史上的一切戰爭行為，都或多或少地伴隨著屠殺、強姦、搶劫等暴行現象。但自人類進入文明社會後，這種戰爭暴行逐漸受到了道德與文明的約束，近代以來，戰爭暴行更為各主要大國發起簽訂和得到世界主流社會承認的一系列國際公法所明確制止。1864年締結的《改善戰地武裝部隊傷者病者境遇之日內瓦公約》（萬國紅十字會公約）、1907年的《海牙公約》、1928年的《非戰公約》、1929年的《關於戰俘待遇之日內瓦公約》等具有法律效能的國際條約，對戰爭中戰勝方對於放下武器解除武裝的敵方士兵和普通平民，都有不得殺戮和迫害的明確規定，對於沒有抵抗能力的婦女和兒童，更不得施行暴力，他們是受到國際法保護的人群。但是，法律只能對文明社會的人們產生約束力，對於那些喪失了基本人性的戰爭狂來說，國際法只不過是他們手中被玩弄的工具，需要時撿起，不要時丟棄。所以，對二戰的發動者德日法西斯軍隊來說，一切阻止戰爭暴行的國際法，都不在他們的眼裡，根本是無需理會的。

德日法西斯軍隊在二戰中對被害國人民都有駭人聽聞的大屠殺、種種虐殺和人體實驗暴行，這是無可爭辯的事實。然而，他們二者的大屠殺等暴行的動機與目的並不完全相同。兩者的區別，簡單地說，德軍主要是為了實行納粹黨對猶太民族的種族滅絕政策；而日軍則是為了「膺懲」受害國的民眾，發洩其獸慾和服務於侵略需要。

一、德國軍隊戰爭暴行的原因

在德國方面，自1939年納粹黨上臺執政後，開始按照希特勒的一貫思想，確定以消滅猶太民族為戰略性的政治目標。希特勒之所以如此仇恨猶太人，是因為他在青少年時代就受到了當時歐洲普遍存在的仇恨蔑視猶太民族情緒的影響。

自公元前1025年，猶太人在巴勒斯坦建立了古希伯來王國後，在後來兩千多年的歷史上，猶太民族幾遭外族大規模的侵略，並被驅散和長途遷徙，最後主體流落到歐洲各國。但他們以獨特的信仰和民族特性，與歐洲各民族長期共存而不能融合，又不斷發生宗教、經濟、文化上的衝突，形成了難以消除的隔閡。占歐洲主體人群的基督教徒們從基本教義上便認為猶太人是十惡不赦的異教徒，正是猶太祭司的告密，耶穌基督才被釘在了十字架上——這種「歷史舊恨」注定了後來歐洲大規模反猶的悲劇性結果。

德國人及歐洲人的反猶太，有其深遠的歷史原因和傳統。

早在1517年，中世紀的德國曾發生了著名的馬丁路德倡導的「宗教改革」運動。這場運動從根本上來說，是奉行基督教的德國人面對羅馬教廷無休止的壓迫和勒索，起而反抗的結果，它的實質是把受羅馬教廷控制的虛無縹緲「上帝」變成了教徒們可自由接近的心中偶像，具有革命性的意義。馬丁·路德在這場宗教改革中，冒著受到火刑的生命危險，透過揭露羅馬教廷牧師們的世俗和腐化，向人民宣傳宗教自由的思想，宣傳上帝存在於每個人的心中，對基督的信仰不必受教廷的控制，反對教廷干政，主張教徒婚姻自由等等，這些觀點得到了德國皇帝和民眾的大力支持，取得了宗教改革的成功，路德也因此確立了他的歷史影響和地位。[2]

但是馬丁·路德也不是一個完人，隨著「宗教改革」的成功，他的一些極端錯誤的思想也在傳播開來，其中有兩個重要的內容就是：第一，他極端地厭惡和仇視猶太民族和猶太人，「他兇狠野蠻地反對猶太人」，在其作品中曾「極其惡毒地攻擊猶太人」；第二，「路德經常強調服從合法民權的重要性。也許他提出這一點的主要動機是反對教會干涉政事，但是不管路德的動機如

何，他的聲音看來使許多德國新教徒在政治問題上接受了專制主義」。這樣，路德的思想和作品在相隔四百多年後，「可能為希特勒時代開闢了道路。」[3]

基督教是一個具有嚴格排他性的宗教，其在德國及歐洲的盛行，加深了歐洲人對其他民族和宗教的排斥心理；而在德國，自由主義的思潮後面，卻有著專制主義的思想基礎，德國人與生俱來的強調集體、遵守紀律和團體合作的傳統，使自由主義的思想一旦異化為納粹思潮之後，就很容易被民眾廣泛接受，形成巨大的具有破壞和侵略性的力量。

在這樣的歷史環境下，希特勒度過了他的童年與少年時代，在林茨中學讀書時，他受到了歷史老師利奧波德·波伊契的反猶思想的嚴重影響，初步形成了他敵視猶太人的政治立場，當他成年時，在經歷了生活的坎坷磨難和進一步接受反猶主義偏激宣傳後，他便把社會上一切陰暗面和矛盾衝突的焦點歸結為是猶太人的存在，故而立志要徹底解決猶太人的問題，按照他們的極端想法來改變社會。

1909-1913年在他流浪維也納期間，希特勒閱讀了大量反猶書籍，從而增加了他的種族偏見和對猶太人的仇恨。他曾對人說：他發現任何放蕩淫穢的事情，諸如賣淫和販賣女人等，大部分都是猶太人幹的。「當第一次，我認識到猶太人是這個大城市中的渣滓堆裡進行這種令人惡心的罪惡交易的冷酷心腸、恬不知恥、孜孜為利的主使者的時候，我不免感到一陣寒噤。」[4]當時，希特勒直言不諱地詛咒：粗野的猶太人誘姦天真純潔的基督教女郎，從而玷汙了她們的血統。後來他在《我的奮鬥》一書中居然寫道：「可惡的長著O型腿的猶太狗雜種誘姦數十萬女郎」。

魯登道夫·奧爾登曾研究說：希特勒反猶主義的根源之一可能是他在性方面的壓抑嫉妒心理，雖然他年齡已經20出頭，根據已知的材料，他在維也納時期從來沒有和女人發生過任何關係。在這種情況下，看到美貌的雅利安女孩投身於經濟條件優越的猶太人的懷抱，就不能不激起希特勒對猶太人的嫉妒和憤恨。這也是造成希特勒性取向變態的原因之一。

當時歐洲瀰漫著一種普遍的仇猶情緒，主要原因是因為民眾中有一種普遍的觀點，認為散居在歐洲各國的猶太民族把持了金融、貿易和企業界的重

要地位，生活富裕，因此平生了妒忌之心，更有了反感之意。他們認為這些外來者搶了本國人的飯碗，理應全部趕出去。在德國，更有人把一戰失敗之因歸結為猶太人的存在與「搗亂」，更應徹底驅除。希特勒就是其中的激進分子之一。

在第一次世界大戰期間，他作為德國士兵參加了戰爭，因在前線中了毒氣而昏迷，醒來後在休養過程中，經過自己狹隘的思考，形成了徹底的反猶政治立場。這在其所著《我的奮鬥》一書中，就有明確的表白。今天來看，我們似乎不能排除中毒對他大腦的損害和影響，使他形成了偏執狂的人格，比較變態的性取向，變成了一個輕度的精神病患者。然而，他的反猶思想和行動，在當時的德國，適應了許多人的思想傾向，擁有大量的擁護者，這就是以他為首的納粹黨確立滅猶主張的思想根源所在。

1939年1月30日，希特勒在向國會發表的演說中聲稱：「今天我敢於再作一次預言，倘使歐洲內外的國際猶太金融勢力能夠使各國再一次陷入一場世界大戰的話，那麼，其結果絕不會是全世界布爾什維克化和隨之而來的猶太人的勝利，而是歐洲猶太民族的徹底消滅。」[5] 在這裡，他一是把戰爭的罪行歸結為猶太人，二是明確無誤地暴露了他滅絕歐洲猶太民族的罪惡計劃。直到臨死前幾十小時，他在寫作最後的遺囑時，還對猶太人進行了最後的惡意謾罵，說他所發動的戰爭是猶太人所引起的，現在斷送了他和第三帝國。在他的領導和影響下，大批深受納粹思想蠱惑的德國人，成為執行希特勒屠猶政策的劊子手，並且自甘墮落，反以為是，絕無絲毫的懷疑和醒悟。二戰期間，約有600萬猶太人死於希特勒及其納粹黨之手，事實說明了德軍大屠殺罪惡根源之所在。

關於希特勒納粹黨及其軍隊施行戰爭暴行的原因分析，過去中外學界曾有過專門和相關的研究，出版過不少的文章。中國國內學者也有專文發表。[6] 總結起來可以概括為以下幾方面的原因：

1. 歐洲社會傳統反猶思想的影響及其所形成的荒謬理論體系、營造出的社會氛圍，對於納粹反猶殘暴行為的縱容和支持。

19世紀的歐洲，濃厚的反猶主義社會氛圍，造就了一些極端主義思想家，如菲希勒、尼采、戈比諾等人，他們受種族偏見的左右，製造了歐洲民族「優秀種族」、「超人」等理論，而希特勒正是受到了尼采宣揚的所謂「超人」理論的影響，形成了他所鼓吹的「日耳曼種族優越論」，並且又賦之以新的政治內容，直接為施行反猶暴行製造出「理論」的根據。

希特勒在其當政時期出版的《尼采與民族社會主義》一書中宣稱：「我們感謝尼采從北方—日耳曼文化出發，對威脅生命價值的猶太人的認識！在『貴族道德』（日耳曼人道德）與『奴隸道德』（基督教道德）鬥爭的背後，必然預示著北方種族反對猶太對立種族的世界鬥爭。」[7] 他們認為：條約、人類的道德對於主宰種族和「超人」是沒有任何約束力的，因為他們是超越法律與人性的。希特勒及其納粹黨就是根據這種理論，以最殘酷、最野蠻的手段建立起集中營來屠殺千百萬猶太人，他認為只有透過殘暴野蠻的獸性活動，「最高貴的民族才能成為世界的盟主，才能為萬國所擁戴。」[8]

在這種所謂的「理論」體系支撐下，希特勒與其納粹黨，對於其在二戰中所施行的各種反人道暴行，都覺得是在為德意志「國家」、「民族」服務，不僅沒有犯罪感，反而覺得「光榮」。納粹軍隊的指揮官在向其士兵下達屠殺令時，都是這樣宣傳的。而這種在客觀上造成歐洲民族與猶太種族民族矛盾對立加劇的形勢，當時由於具有豐厚的社會群眾基礎，在納粹黨人的惡意誇張和推動下，終究釀成了大禍。

2. 希特勒及其納粹黨的實踐理論和鞏固統治的政治需要。

希特勒及其納粹黨是以極端的民族主義、種族主義思想作為其起家的理論法寶和意識形態核心的，也是其施行法西斯暴行的「理論依據」。

他們的種族主義理論認為，世界歷史不是階級鬥爭的歷史而是種族鬥爭的歷史，日耳曼人是地球上最高級的種族、世界歷史的創造者，猶太人則是世界的破壞者，是劣等種族，應該驅逐或滅絕。德意志人則是日耳曼人的核心。希特勒宣稱：為了保持和發展人類的文化，日耳曼人必須保持自己血統的純潔性，如果放棄純粹血統而陷於種族混雜之中，就會喪失自己優越的權利、地位和創造文化的能力，「人類不會因為戰爭的失敗而滅亡，而是由於

血統混雜、種族墮落以致喪失抵抗力而滅亡」,「對於人類劣等民族猶太人和斯拉夫人,他們是引誘雅利安人墮落而使人種水平下降的罪魁禍首,因此,雅利安人應當奴役他們、征服他們、折磨他們,使他們對日耳曼人不敢正視。」[9]「對待被征服種族,應比對待野獸還要殘酷,應當首先讓被征服者拉犁,然後才讓馬拉犁。」希特勒狂熱號召說:「創造者,堅強起來!搶吧、燒吧、殺吧!絕不要對被你們奴役的劣等種族發生一絲一毫的憐憫,儘量把苦頭給為你們服苦役的人去吃,這樣才能表現出『超人』應有的偉大氣魄,要創造『超人』,創造英雄的種族,沒有鬥爭、痛苦、忍受以及對弱者的傷害,是不能實現的。」[10]

根據這種極端的種族主義的「理論」的要求,納粹黨便把「選擇和保存德意志民族最優秀分子」以及「淘汰劣等種族」視為己任,在二戰時期犯下了滅絕猶太人和奴役其它民族的滔天罪行。

希特勒納粹黨人是透過陰謀活動由興登堡總統特別授權上臺執政的,並不具有通常的合乎法律程序的地位。為了建立起納粹黨專制的法西斯集權體制,他利用當時整個德國社會因戰敗而飽受戰勝國凌辱、民族主義情緒熾烈的情勢,以「德國的生存和發展正受到日益嚴重的威脅」為藉口,把猶太主義與馬克思學說聯繫起來,尋找進行鎮壓的根據。他大肆攻擊「猶太人」的馬克思主義、布爾什維克黨和社會民主黨,用以轉移國內人民的鬥爭視線,以達到統一思想鞏固獨裁統治的目的。

希特勒在其《我的奮鬥》一書中寫道:「猶太人創立了馬克思的學說……馬克思能夠用政治家的眼光認識這腐敗世界中的主要毒物,用了巧妙的方法去提取而製成濃厚的毒液,用以迅速地去毀滅世上一切自由獨立的國家。馬克思之所以如此,那是為了謀猶太種族的利益而已。如果德國有朝一日覆滅了,那麼,受布爾什維主義的魚肉自然是毫不困難的。猶太人的目的,便是使德國國內的民族互相鬥爭,希望德國在經濟上永遠衰落,在政治上完全淪為奴隸。因為這緣故,猶太人便竭力滅亡德國。」[11]希特勒還把馬克思主義胡說成「猶太學說」,視之為造成德國內外交困的根本原因。希特勒給德國因戰爭和革命而感到前途暗淡的小資產階級所身受的不幸做出了一個簡單的

五　暴行篇

解釋：「猶太人」、「凡爾賽和約」和「十一月罪人」是萬惡之源。希特勒認為：德國戰敗而接受民族最大恥辱的《凡爾賽和約》是馬克思主義的猶太人出賣的結果。共和國政府是由「馬克思主義的猶太人組成的，猶太人所操縱的民主國家已經成為德國民族的禍根」。「馬克思主義之終極目的在於摧毀一切非猶太民族的國家。」希特勒宣布：「吾黨之運動則在消滅馬克思主義並與猶太人勢不兩立，實無通融之地。」[12] 按希特勒的這種邏輯，屠戮猶太人也就成為天經地義的事了。

透過誣陷、渲染猶太人的可怕和「歹毒」，希特勒為其實踐納粹黨的「種族」理論和鞏固統治尋找到根據。他們需要用猶太民族、馬克思主義、布爾什維克黨、社會民主黨以及其他一切政治的、種族的「敵人」的鮮血和軀體來架構其殘暴統治的基礎，於是大屠殺及一切空前的暴行便開始上演了。

3. 為實現其稱霸世界的戰略目的發動和維持侵略戰爭的需要。

希特勒上臺以後曾經做過這樣的論斷：德國46萬平方公里的土地要養活6200萬人口，這是不行的。在他看來，解決問題的辦法不能借助於向外移民，移民會使優等種族遺傳受損；也不能靠限制生育或墮胎，限制生育或墮胎會奪走健康兒童的生命；提高國內糧食產量或進口糧食，均會有限度而非長久之計。唯一的出路便是實行對外擴張，必須依靠「劍」的威力去奪取「生存空間」。於是，希特勒便把奪取生存空間和肉體上消滅猶太人結合起來。他說：民族社會主義的任務就是以發動流血的侵略戰爭來保證日耳曼民族在地球應獲得的領土，「當吾人今日談及在歐洲新領土的問題，必先想到俄國，今天的俄國統治者是身染血汙的罪犯，人類的敗類，尤其不能忘記俄國已被無國籍的猶太人所完全統治。」[13] 所以結論就是：為了消滅猶太人及其統治下的蘇聯，就必須發動爭奪「生存空間」的戰爭。

居住在德國的猶太人在希特勒執政前約占德國人口總數的1%，但他們聰明能幹，勤勞富有，在德國各行業，特別是在金融業等國民經濟核心行業中實力雄厚，占有重要地位。許多大銀行、大商店、大工廠都由猶太人開辦，而在自由職業崗位上，猶太人也占有優勢。如柏林市的醫師中，猶太人占

52%；法蘭克福城的律師中，猶太人占64%；許多著名的科學家、文學家、藝術家等，也都是猶太出身。他們在德國社會上具有重要的地位和影響。

希特勒對猶太人在德國社會各界的地位和影響，特別是對猶太人在德國經濟領域的領先實力極端妒忌仇視。在《我的奮鬥》一書中，希特勒曾寫道：「他們的經濟關係，差不多包括了整個帝國的全部，一切真正的偉大企業，差不多完全在其掌握之中，凡是主要的專家和職員，多是屬於他們的。國外的貿易完全是由他們經營的。如果德國再衰落的話，對總攬國際金融的猶太人是有利的。猶太人的用意，那是十分明顯的，就是想要德國赤化，就是摧毀德國民族的智力，並竭力借猶太人所操縱的世界金融，來摧殘德國勞工的勢力，作為擴張猶太政府世界計劃的第一步。」因此，納粹黨的政治目的就是要把猶太勢力從德國社會各界排擠出去。

1933年4月7日，納粹政權頒布的文官法規定：凡父母或祖父母信仰猶太教者，即為非雅利安人。而非雅利安人不得充任德國文官。此後，猶太人幾乎被排斥在德國公共生活之外。猶太出身的法官、律師、醫師、教授、演員被免職。猶太人的資產被沒收，猶太工人失業。1938年，德國在倫敦和世界猶太人組織磋商，提出了一項猶太人有秩序地遷居國外的計劃：德國將沒收估價為15億馬克的猶太資產用作外遷經費的保證金。[14]在希特勒上臺後，當德國面臨經濟困難時，為了擴軍備戰、討好壟斷資產階級、減少競爭對手，以希特勒為首的納粹政府開始掠奪猶太人的財產，把大批猶太人驅逐出境，不准攜帶巨款，衝鋒隊員搶劫猶太商店，以致發展到「從肉體上消滅猶太人」，這些舉動在一個方面就是為了增加軍費的來源，消除猶太人的經濟勢力。這樣，不僅可以滅猶而且可以發財，真可謂一舉兩得，這就是後來納粹在毒死上百萬猶太人前後，連他們的衣服、頭髮、金牙都要全部劫取的原因所在。納粹軍隊之殘暴行為，是有著根本的動機和目的的。

4. 戰爭中鎮壓人民反抗的威懾需要和德軍官兵的獸慾發洩。

和歷史上的一切侵略者一樣，德國納粹軍隊在戰爭中所犯下的一切屠殺、掠奪、破壞、變態性暴力等等暴行，在客觀上也同時具有鎮壓被害國人民反抗的威懾需要和德軍官兵的獸慾發洩兩種目的。例如在侵蘇戰爭中，德軍曾

在各地大肆屠殺平民，對他們俘獲的反抗組織游擊隊員施以各種非人道的迫害、殘殺，如德軍對被捕的女共青團員卓婭所實行的強姦、輪姦、烙刑，直至最後絞殺於雪地之中並曝屍，就是一典型例子。而德軍的這類暴行是數不勝數的，比這例罪惡行徑更嚴重的事例還有很多，只不過因卓婭的遭遇因德軍拍攝的施虐照片被紅軍繳獲，引起了史達林元帥的震怒而傳揚開來，為人所知。而其他死在德軍各種無恥暴行之下的男女老少，何止成千上萬。德軍施暴的目的，明顯是出於發洩獸慾和震懾人民反抗的直接需要。

二、日本軍隊戰爭暴行的原因

前文審察了希特勒與德國法西斯對猶太人進行大屠殺等一切暴行的基本的罪惡動機。那麼，在與歐洲歷史地理環境和人文傳統完全不同的亞洲，日本軍隊為何要在中國各地尤其是在占領後的南京，對中國平民和失去抵抗力的軍人實行大屠殺呢？多年來，中外學者們對此也進行了廣泛的研究，取得了大量的研究成果，集中起來，基本上可以歸納出日軍施展暴行有下列三個方面的基本原因：

第一，日本民族性格特徵、歷史文化傳統中的陰暗面因素。

日本民族自古以來，因封建天皇制度和長期軍閥政治的影響，形成了崇拜強者鄙視弱者的觀念，他們崇拜盛開之後即刻凋謝的櫻花，推崇靠武力行天下的武士，對征服弱者充滿快感，在強者面前又顯得十分恭順。一方面，他們善於學習別的民族的優點，消化吸收，改良補充自己；另一方面他們又因狹隘的島國地理環境形成的封閉心理，缺乏寬容與大度。種種特徵造就了日本軍隊在戰爭中的行為特點，以「武士道」伐戮精神相標榜，以海盜式的屠殺與掠奪為特徵，試圖以暴力達到征服的目的。另外，又因島國環境的影響，土地與資源的缺乏，使他們生就了比較嚴重的生存危機感，時時刻刻盤算著如何透過「開拓萬里波濤」來擺脫這千年的憂患，為在海對面的大陸上謀得一塊永久的生存之地。其對外侵略的動機是長期、明確而牢固的。

日本的這種傳統的出現與流傳，與其歷史上長期的幕府政治體制和「武士」階層的形成與壯大密切相關。

自公元794年日本政府遷都平安京,開始平安時期後,日本的莊園制度正式形成,封建貴族們以莊園為單位,對農民進行統治和剝削,在這些莊園內,貴族們不僅擁有土地農民,而且還附有手工業者,可以自給自足,形成獨立的社會經濟單位。莊園的管理者稱為「莊司」,由莊園主派遣,對其負責。

　　為了有效地維護統治,各莊園還豢養了一批武裝力量,稱為「武士」。他們與莊園主結成主從關係,自己占有土地,以戰爭和掠奪為業,勢力逐漸強大。在全國各地莊園紛紛興起的情況下,天皇的統治勢力日漸沒落,中央大貴族專擅朝政,隨意廢立天皇,統治階級內部鬥爭激烈,武士也就成為各方爭奪的軍事力量,地位日益重要。

　　1185年,日本關東軍閥源氏擊敗關西軍閥平氏奪取中央政府控制權後,日本天皇被架空,「鎌倉幕府」時代開始。

　　在幕府政治體制下,掌握中央政權的大將軍,依靠各地的「守護」和「地頭」武士來控制全國,由此確立了日本歷史上軍事封建貴族統治的幕府時代。在這種社會體制下,武士成為了社會上的特權階層,握有政治、經濟和軍事權力,武士分為將軍直屬武士和非直屬武士兩部分,他們占有大片土地,職位世襲,形成一個閉鎖的軍事特權等級。

　　武士是將軍統治的支柱,他們向將軍呈獻名簿,宣誓效忠,結成主從關係,為將軍和大名的利益而賣命征戰,幕府則保護武士家傳土地的所有權,並保證其擁有的社會地位與具有姓氏、佩刀等特權。平時,農民遇見武士是必須脫帽讓路的,如武士認為平民對他無禮,可以迫使其下跪,甚至格殺勿論(這一幕,肯定會使我們聯想起侵華日軍在城門口虐待中國百姓的情景)。

　　統治者們還從意識形態方面培養武士為其支柱,他們把日本戰國以來長期宣揚的「武道」加以發展,稱為「武士道」,標榜「忠、義、勇」,其目的是竭力把武士訓練成為盲目效忠主人,好勇鬥狠,為其賣命的佩刀奴才。在長期的受尊崇的社會環境下,這種武士的道德行為規範被廣泛宣揚,集效忠、勇敢、殺戮、團體主義、孤芳自賞於一體,崇拜武力討伐的「武士道」精神,由此在日本社會中扎下了根,受到了全社會的推崇與效仿,流傳下來。

知非文集：民國初年祕辛研究
五　暴行篇

　　將軍、大名和武士的統治，是建築在對廣大農民殘酷壓迫和無情剝削之上的，幕府採取各種手段對農民進行統治和壓榨，武士們曾宣稱統治農民的方法就是「不要讓他們困難，也不要讓他們自由，這就是對農民的慈悲。」「芝麻和農民都是越榨越有油。」在這種令人咋舌的思維方式及其統治壓榨下，農民年收成的一半以上都要被掠奪，還有無休止的水利、運輸、作戰伕役等勞役要承擔，農民自己生產稻米，卻被迫遵從幕府命令，平時只許吃雜糧以保證進貢；居民實行殘酷的「五家聯保制」，一人犯過，鄰里遭殃；武士的特殊而極端的思維行動方式與其別樣的統治手段匪夷所思。

　　在對外關係方面，幕府時代的日本，在學習中國經驗保持對華友好交往的同時，也開始了對中國的覬覦。16世紀日本著名的慕府將軍豐臣秀吉，不僅以蕩平國內一統日本而聞名，而且有著狂妄的對外侵略野心，他首開欲征服朝鮮和中國的先河。1592年，豐臣秀吉發兵30萬進攻朝鮮挑釁中國，甚至還任命了他的外甥為未來被征服後的中國的總督，氣焰囂張。但因當時日本國力還比不上中國，在中朝軍隊的聯合打擊之下，日軍節節敗退，豐臣秀吉憂急而死，這次侵略完全失敗。

　　此後1603年，豐臣秀吉的部將德川家康在江戶（今東京）建立了幕府，直到明治維新，日本沒有發生大的改變。[15]

　　「明治維新」是日本近代歷史的開端，具有深遠的意義。透過這場維新運動，日本實現了社會的改良，國力增強，為其對外侵略創造了條件。而與之毗鄰的中國則正好相反，千年來的繁榮昌盛因缺乏改革而日漸衰微，近百年來衰落的封建統治和帝國主義列強的野蠻侵略掠奪，造成了中國的積貧積弱，廣闊的土地與豐富的資源，使強鄰垂涎。故日本對於中國，從歷史上的敬仰學習逐步演變為蔑視與侵略。

　　幾千年來，日本在中國學習到了不少的東西，日本的學者對於中國的傳統文化有著比較深刻的研究，在某些方面甚至超過了中國人。然重要的一點，日本社會主體文化意識到底也沒有能夠吸取中國墨儒諸家傳統的非戰、平和、寬容的美德。再者，日本社會封建統治等級森嚴的習俗和客觀生存條件對於其社會集體化努力的需要，形成了他們漠視個人價值重視社會團體利益的習

慣，社會生活對於個人的環境壓力很大，尤其對負擔主要社會責任的男子，壓力尤重，於是一旦有機會，就造成了他們放縱自己以釋放壓力的契機。日本社會保持了男尊女卑的傳統，對女子是輕視的，從根本上來說，社會的主流意識認為女子是要服從並服務於男子的，在兩性關係上完全是以男人為主，男子視女人為玩物，各種對女性的玩弄與虐待方法即使是在現代日本也是司空見慣的，以至於造成日本變態色情業的長盛不衰。這些特徵，造成了以社會中下層男子為主的日本軍隊，在對華戰爭暴行中的各種大規模屠殺、各種各樣的駭人聽聞的變態虐殺和姦淫婦女，製造出各種變態性暴行的社會根源。[16]

第二，日本當局在侵華戰爭中「膺懲」中國人的政治需要。

近百年來，中日關係因日本不斷侵華而處在緊張對立狀態。日本軍政當局為了侵華的政治需要，一方面對中國進行全面縝密的偵察和有意識的挑撥離間，他們蒐集中國各類政治、軍事、經濟乃至地理資源情報，進行仔細的研究，利用中國社會政治中的一切矛盾進行分化瓦解，準備發動侵華戰爭；另一方面在日本國內大肆進行對中華民族的鄙視仇恨宣傳，向民眾灌輸日本為了生存和尊嚴，必須侵略和占領中國的觀念。在日本社會中播下仇華蔑華的種子，這一切使得日軍官兵在基本的觀念上充滿了對中國人的蔑視和輕慢，他們從心裡認為中國人是劣等的民族，只要他們敢反抗日本，那麼就應受到任何懲罰，即所謂的「膺懲」。他們認為對敢於抵抗的中國人怎樣做都不過分。

從客觀事實來看，日軍比德軍更無恥的一點是，他們在作惡時，大多以變態手段來殺人和虐待婦女，總是要讓受害者在死去之前最大限度地飽嘗各式各樣的痛苦，從中得到很大的樂趣。這種普遍現象，表現了日軍基層官兵的變態心理。無可否認，其中有著日本社會根源的因素。

一個參加過南京大屠殺的日本兵宮本在 1937 年 12 月 16 日寫給家人的信中說，「我們得到了中國的首都，也得到了首都的女人；這是個沒有出息的民族，五千年的歷史，對他們來說沒有什麼用；只有建立大東亞共榮圈才有希望。」[17] 由此可見，軍國主義的毒素已經侵入了日軍官兵的骨髓。另一

五　暴行篇

名曾在中國山西作戰的日軍老兵近藤一，最近曾對前來採訪他的記者說：「從小老師就教我們，大和民族是最優秀的民族。因此，當時我覺得怎麼樣對待這些身為劣等民族的中國人都不為過。現在回想起來，我犯下的罪行100年也償還不清。」「說著說著，老人的臉便抽搐起來」。近藤一的良知，是他後來在沖繩島撤退的時候，親眼目睹了被捲入戰爭中的幾百名日本平民的屍體，其中有被炸得支離破碎的屍體，有與母親失散而哇哇大哭的嬰兒，這些對於日本人的切膚之痛，讓近藤想起了他在中國的所作所為。「我在中國所做的一切在沖繩重現，那個場面就像地獄。」已年過八旬的近藤，現在一有空就會回到山西懺悔當年犯下的罪行。因為沖繩戰場上，像螞蟻一樣被殺害的日本人，讓他突然意識到，中國人是和他們一樣有血有肉的人，當年在山西屠殺中國民眾同樣是罪惡行徑。[18]

近代以來，日本視侵華為其戰略目標，一切的行動以此為目的。為了順利地吞併中國，他們注重所謂歷史的經驗總結，有報導評論說：日本人總結了中國歷史上元清兩朝蒙古和滿族人占領中原的經驗，認為對於敢於反抗的漢族人，只有一個「殺」字可以威懾住，「揚州十日」與「嘉定三屠」是鞏固征服者外來統治的有效手段。因此，日本要占領中國，也只有對中國人大開殺戒。這種謬論居然成了他們在中國各地製造駭人聽聞大屠殺的「理論指導」。從「八一三」戰役後期日本軍界首領狂妄叫囂要「膺懲」中國人的歷史事實來看，我們對於這種謬論是可以寧信其有的。

第三，對於中國人民奮勇抵抗侵略的瘋狂報復，發洩日本軍人的戰爭獸慾的需要。

第二次中日戰爭開始以後，日本軍方對於中國方面的激烈抵抗表現出乎他們的意料之外，特別是在「八一三」淞滬戰役中，中方的主動抵抗和決戰勇氣，打破了日軍「三個月解決中國事變」的吹噓，令日方「有措手不及之感」。當他們被迫一再增兵上海，最後在突破中方防線後，一種被「侮辱」後圖謀報復的心理油然而生。

1937年11月19日，日本華中派遣軍在攻占上海之後，決心廢除原定「指令線」的限制，乘勝追擊，攻占中國首都南京，[19] 其中就有圖謀報復中國人

抵抗的因素在內。在這樣的情況下，南京城破之後，日本軍隊為了洩憤和以屠殺來威嚇中國民眾，消滅其抵抗意志，實行大屠殺、瘋狂的強姦、掠奪與大破壞，就是必然的事了。

戰後日本右派有人說南京大屠殺的原因之一是中國人對日本軍隊的激烈抵抗造成的，這種藉口之荒謬簡直不值一駁，天下哪有遭到外敵入侵而不能抵抗的道理？日本右派否認南京大屠殺事實的種種「理由」都是出於政治因素的蠻不講理的詭辯術，根本不是歷史研究，因此不值一駁，這些無恥的政客，即使鐵證放在他面前，他們也不會認帳，因為他們所謂「研究」與「撰述」的目的就是為了給侵略者翻案，真理與事實對他們是沒有約束力的。在這一點上，他們與當年製造南京大屠殺的劊子手們在精神上是相通和一致的。

上述三方面的原因，就是侵華日軍製造南京大屠殺和在中國各地犯下無數駭人聽聞的暴行的基本因素所在。

三、德日軍隊戰爭暴行原因比較的結論

從兩者的對比來看，德國法西斯要殺猶太人是出於他們荒謬的種族仇恨理論及其實踐，對被害國人民實行暴行也是為了鎮壓反抗和發洩獸慾；而日本人在中國和各被害國的各種戰爭暴行則是為了實現侵略目標而實行的瘋狂發洩與鎮壓，想以暴虐來威懾住反抗，兩者的共同點都是把屠殺與暴行作為他們實現稱霸世界野心的必需手段，而不同點則是在動機和傳統方面有差別，日本人的戰爭暴行有出於其民族的歷史的習性，而德國人則是在走入政治歧途後，極端思維產生的反動理論的瘋狂實踐，兩者都造成了災難性的後果。

認識到這一點對於曾為世界戰爭發源地的這兩個民族的反省，將有重大的價值和意義。然可悲的是，就暴行原因等因素比較而言，戰後更需要徹底反省的日本，比較德國的認真表現，在對戰爭暴行的認罪、反省、道歉、賠償各方面都存在巨大的差異和不足。雖然造成如此現狀的因素是多方面的，但其中民族習性的影響是重要的一點，狹窄的島國地理形成的生長環境，使日本人嚴重缺乏寬廣的心胸，不能正視自己過去所犯下的罪孽，不僅不能坦然認罪改過，反而千方百計的掩飾、抵賴、狡辯，給世人留下醜惡的印象。

知非文集：民國初年祕辛研究
五　暴行篇

因此，為促使日本的正確反省，對德日兩國戰爭暴行進行全方位的比較研究，找出其中相同點與不同點，進行深刻分析，指出原因，可以對世人解決此問題提供有益的幫助。

【注】

[1] 在「南京大屠殺與納粹屠猶」國際學術研討會上以色列與美國、法國學者的發言，2005 年 8 月 10 日，南京大學行知樓。

[2] [美] 邁克爾·H·哈特著，蘇世軍、周宇譯：《馬丁·路德》，人民教育出版社課程教材研究所，網址 http：//www.pep.com.cn/200406/ca416196.htm。

[3] [美] 邁克爾·H·哈特著，蘇世軍、周宇譯：《馬丁·路德》，同上注出處。

[4] [美] 威廉·夏伊勒著：《第三帝國的興亡》，世界知識出版社，1979 版，第 32 頁。

[5] [英] 阿德諾·托因比等著：《希特勒的歐洲》，上海譯文出版社，1980 年版，第 239 頁。轉引自王昌沛：《希特勒瘋狂屠殺猶太人原因透析》，載《青島大學師範學院學報》，2004 年第 1 期。

[6] 王昌沛：《希特勒瘋狂屠殺猶太人原因透析》，載《青島大學師範學院學報》，2004 年第 1 期。該文列舉了希特勒瘋狂屠殺猶太人的五方面的原因，分析揭露比較透徹。

[7] 朱庭光著：《法西斯新論》，重慶出版社，1991 年版，第 289 頁。

[8] 希特勒著：《我的奮鬥》，世界知識出版社，1995 年版，第 138 頁。

[9] 《西方哲學史》（下），人民出版社，1986 年版，第 139 頁。

[10] 《西方哲學史》（下），人民出版社，1986 年版，第 347 頁。

[11] 《西方哲學史》（下），人民出版社，1986 年版，第 248 頁。

[12] 希特勒著：《我的奮鬥》，世界知識出版社，1995 年版，第 104 頁。

[13] 希特勒著：《我的奮鬥》，世界知識出版社，1995 年版，第 40 頁。

[14] [聯邦德國] 卡爾·迪特利希·埃爾德曼著：《德意志史》（上），商務印書館 1986 年版，第 331 頁。

[15] 北京大學歷史系編：《簡明世界史》（古代部分），人民出版社 1974 年版，第 171-174 頁。

[16] 據中國社科院近代史所研究員卞修躍研究統計，日本軍隊在中國各地屠殺中國人的各種殘酷方法多達 250 種，真可謂空前絕後，慘絕人寰。見卞修躍：《日軍在中國實施的殺人手段有 250 多種》。搜狐網：紀念抗日戰爭勝利 60 週年專題。

[17] 據網路資料 http://old.hjsm.wt/adv/adv-article-top.htm/《抗日之鐵血雄風》第一部《挺進》第三節「武裝」。

[18] 瀨口晴義：《戰後60年的記憶——每個士兵都背負著戰爭的罪行》，日本《東京新聞》2005年7月23日報導。載《參考消息》，2005年8月3日第3版。

[19] 馬振犢著：《慘勝——抗戰正面戰場大寫意》，廣西師大出版社，1994年版，第120頁。

日軍大屠殺期間南京軍民反抗問題研究

載《抗日戰爭研究》（與邢燁合作）

在有關侵華日軍南京大屠殺研究史上，中外學者做了大量的工作，但至今仍缺乏研究的一個問題是：在南京淪陷後，滯留城內的幾十萬市民和數以萬計的放下武器的中國軍人，面對日本人的大規模屠殺、強姦與搶劫、縱火等暴行，表現出了怎樣的應急反應和造成這些反應的原因。

在有關南京大屠殺的中外史料已經被著手大規模徵集和系統出版的今天[1]，我們可以依據現有資料對這一問題進行基本的研究工作，而不必擔心因史料的缺乏而犯下盲人摸象的錯誤。

一、大屠殺中南京軍民的反抗記錄

在研究日軍大屠殺期間被害者態度問題時，我們首先應當看到，大屠殺期中國軍民是有反抗的。

首先，集體被俘的中國軍人會有瀕臨死亡的覺醒，少數也進行了反抗、暴動或試圖逃跑。如在烏龍山邊日軍第十二師團山田支隊的屠殺場，就曾發生過萬餘名被圍中國人在日軍機槍開火一剎那集體衝擊敵軍的行為，但是最後他們仍為外圍日軍部隊全部殺害。[2]12月17日（一說是18日）晚上，在幕府山附近，也有被押的數千名俘虜進行反抗，並襲擊了押送的士兵，約一千餘名（一說數千）俘虜被打死，其餘全部逃跑。[3]12月14日黃昏至深夜，部分中國士兵還放火燒毀了日軍繳獲的煤炭倉庫。[4]25日深夜，一夥中國士兵襲擊了日軍軍官宿舍，殺傷了12名正在睡覺的軍官。[5]在草鞋峽大規模的屠殺過程中，被關押軍民冒著密集的彈雨，高喊：「奪槍！奪槍！」赤手衝

向敵人，遭到了日軍的無情屠殺。[6] 在城內，也有一批中國士兵，被日軍圍困在司法院四樓頂層，他們自知不是被推下樓摔死，就是被日軍縱火燒死，因此都奮不顧身地去奪日軍手中的武器，他們雖然全部犧牲了，但也當場拚死了多名日軍。[7]

其次，普通南京市民也有反抗日軍暴虐的行為，有些人表現得還十分壯烈。有不願為日軍開車運送子彈、與日軍奮勇搏鬥最後遭到槍殺的梁志成；不屈反抗日軍強暴、身中三十餘刀刺傷仍反抗不止的李秀英；反抗日兵強暴被劈成兩半的姜根福11歲的二姐，還有身縛炸藥包轟炸日軍火車的無名婦女，[8] 另有許多婦女寧死不受辱，以自殺來反抗日軍的暴行。許多不知名的中國家庭成員，在日軍施暴時，奮起反抗而當即遭到屠殺。

南京軍民對日軍的暴行進行的英勇反抗，這些事跡零落在當時的報刊雜誌和倖存者的口述中，匯成一幅幅悲憤而壯烈的畫面，讓人激動！然而，從現已公布的中外史料和有關學者的著述來看，在大屠殺期間，南京軍民的反抗並不具有普遍代表性，且更多地表現為個別、分散和無組織的特點。另外，在倖存者口述以及日軍官兵的日記或回憶中，我們也發現了許多成批毫無抵抗意識、任由宰割的被屠殺軍民的相關記錄。從大量的史料來看，大屠殺期間南京軍民中並沒有出現成規模而激烈的反抗行為，在某些情況下還給人以相當程度上「坐以待斃」的感覺。我們認為，造成這一事實是有著多方面內外因素的，而且在第一次世界大戰中與數百萬猶太人面對納粹屠刀的表現相比較，這也絕不是特例。

二、大屠殺中南京軍民的基本表現

對此問題進行深入分析，應當包括兩個方面的內容，其一是滯留城內的中國軍人，有沒有進行有規模的巷戰和最後的抵抗作戰？其二是南京居民有沒有進行反抗及其程度如何？由此才能得出客觀綜合的結論。

（一）南京城陷後守軍沒有與敵發生大規模巷戰

中國軍隊在城陷後的撤退過程中，確實進行了一些局部地區的戰鬥。不過這些戰鬥更多的是在突圍過程中與日軍開展的遭遇戰，而中國守軍在城

陷後最初幾週裡究竟有沒有堅持對敵展開有規模的街巷爭奪戰？回答是否定的。

巷戰，並不是單純指在街巷發生的戰鬥，它一般發生在城鎮或村落的街巷內，通常是對建築物街壘、制高點進行爭奪，形成許多獨立的短兵相接的戰鬥。[9] 南京淪陷前，唐生智曾命令各部加強城防，準備巷戰。南京的各城門也用沙袋堵了起來，城門外公路挖上了壕溝，各交通要道設置沙包電網，準備守衛。[10] 負有掩護任務的部分隊伍也做過巷戰的準備，「11日，（第78）軍奉令增厚城防，作巷戰準備」[11]，在金陵大學附近的士兵也在校園圍牆內挖戰壕，增築巷戰工事[12]。12日，二十六師一團被調入城內，[13] 一六〇師及軍屬炮工兵營也集結於玄武門、水西門一帶，構築工事，準備巷戰。[14] 12日下午8時，中國士兵也支持著最後一兩個據點。[15] 但是，在日軍猛烈的進攻之下，大多數可以稱之為戰鬥的反抗都很快地潰散了，「城內幾乎未曾發現敵軍」[16]，日軍稱至13日傍晚，守軍則基本撤退一空。值得一提的是，在日軍迅速攻入內城時，敵我在城南也曾確實開展過激烈戰鬥，有部分守軍突圍撤退時與前進的日軍曾發生了遭遇戰或者突圍戰[17]，而將這一類戰鬥視為主動意識很強的巷戰是不妥的。因此，僅憑日軍作戰日記中類似「今天（13日），南京還在進行巷戰」[18] 的記錄，或者新聞報導中的「猛烈巷戰」[19]、「槍聲大作」[20] 之類的描述，就認定南京城內發生了有組織的巷戰，似乎不合實際。

最為關鍵的是，在12日傍晚唐生智下達撤退令之後，城內守衛部隊的任務即轉變為保存有生力量轉移。此日以後，除了擔任掩護任務或者爭奪和保衛撤退通道的部隊負有阻敵前進的任務，其餘部隊不會再滯留城內進行巷戰，筆者也未見到有資料顯示中國軍隊高層有明確的繼續巷戰命令。另外，自城破到日軍完全占領南京，時間不到一天，這也足以證明中國殘餘守軍並未進行任何有效的巷戰。正如一些當時滯留城內的外國人所記載：13日之後，城內只剩零星的對日軍暴行的反抗，巷戰則近乎絕跡，也沒有其他形式有組織的抵抗活動[21] 發生，這是歷史事實。據此，我們可以認為：在城陷之後幾週，南京城內基本上沒有發生巷戰。

五　暴行篇

　　南京淪陷時大約有 9 萬多士兵都滯留在南京城內外地區。我們不否認，一些官兵迫於形勢暫時藏起武器，希望等狀況好轉再重新歸隊，也有人懷著強烈的抗日熱情，輾轉逃出南京繼續抗戰。但因為種種原因，大多數士兵在南京淪陷後喪失了戰鬥的意志，在混亂中各自逃散。為了求生，許多士兵脫下軍裝、卸下武器，換上老百姓的服飾，躲入難民區或者潛入民間，還有一些部隊並未喪失戰鬥能力，然而卻向兵力遠少於自己的日軍繳械投降。這 9 萬名左右的軍人被俘或潛入民間，最後絕大部分遭到日軍屠殺，是 30 萬遇難同胞的一個重要的組成部分。[22]

　　(二) 南京市民應對日軍暴行的反應

　　1. 戰爭爆發後南京人的心態分析

　　七七事變爆發之後，全國投入抗日高潮，南京也不例外。隨著各種抗日宣傳和備戰活動的陸續開展，普通民眾對戰爭也有了越來越貼近的感覺。

　　到了 1937 年 8 月中旬後，日軍為了配合其主力進攻淞滬地區，動搖中國軍民的抗戰意志，開始動用精銳的海軍航空隊對華東、華南地區的政治、經濟和軍事要地進行大規模空襲，南京作為中國首都，成為日軍攻擊的首選目標。日本空軍用炸彈和機槍、航炮瘋狂轟炸，炸毀了不少建築物和防禦工事，數千南京市民遭到襲擊身亡，「城內人心惶惶，不知所措」。[23] 而國家機構、政府官員及其家屬的相繼轉移，也給普通市民帶來了極大的恐慌。[24] 在不斷遭受空襲的情況下，南京市民對戰爭即將到來的不安和恐懼與日俱增，他們的應急反應基本上可分為三種：一是隨著中央政府機關的陸續撤退，有錢的居民逃難遷往大後方，二是沒錢的小戶平民避往鄉下或暫時出城躲避戰火，三是因許多原因不便離家的居民（如家有老人、孩子、病人及眾多不便外出不能離家者），他們只能躲在家中祈禱「菩薩保佑」，忍受戰火帶來的一切。

　　到淪陷前夕，留在城內的市民的心理狀態就更為複雜了。他們一方面希望中國軍隊能夠保衛城池，另一方面，也為中國軍隊即將放火燒城等一些不切實的流言而惶恐不安。[25] 對於日本的大軍壓境，他們感到絕望而無奈，甚至有人因知識有限幻想著如「接受日軍」[26] 可能會保住身家性命，並結束戰

時的緊張和空襲的危險。[27] 更有一些市民懷著對戰爭麻木的情緒，認為戰爭與他們無關，他們甚或不願與中國軍隊配合，認為只要自己沒進行什麼反日的活動，日軍就不會對他們施暴。

戰爭中作為弱勢群體的女性，因其受到人身凌辱和生命威脅的情況會更加嚴重，所以在當時，除了有條件出走的婦女外，南京在淪陷前幾個月內，有大量的青年女性選擇了提前結婚，她們認為這樣可以得到更可靠的保護，也能減輕家庭的負擔，最重要的就是希望藉此避免或減少日軍到來時受凌辱的可能。

到12月初，許多市民在了解到市內有外國人舉辦的「安全區」存在的情況後，紛紛來到「安全區」尋求庇護。因為這對於那些毫無實力、只能滯留南京的普通市民來說，「安全區」不啻是最後一根救命的稻草了。而主持「安全區」的外籍人士考慮到本身各種條件的限制，只願更多的收留婦女和兒童。還有大量的市民，因為不願拋棄自己的房屋財產，直到最後一刻還留在家中。他們中的大多數雖然都感受到了戰爭即將到來的恐怖氣氛，但對於如何應對這場戰爭卻不知所措，只能聽天由命。

因此，就當時南京人的基本心理狀況來說，他們是茫然、無組織和缺乏準備的，更沒有想到會面臨空前的大災難。

2. 南京市民對暴行有抵抗但不普遍

南京城陷之後，日軍從進入城市的第一刻起，就開始了長達六週甚至更長時間對放下武器的中國士兵及普通市民的大規模屠殺、搶掠、縱火及對婦女的大規模的強姦。

面對日軍慘無人道的暴虐行為，滯留城內放下武器的中國軍人及市民，表現出了大禍來臨時的無助、恐慌和不知所措，他們基本上都採取了「走」與「躲」的策略，士兵們丟掉武器換上便裝，進入難民區躲藏或混入難民流中，準備向北向西出城；而普通市民則躲在家中關緊大門，祈禱能躲避災禍的降臨，幾乎沒有人想到要主動地去抵抗日軍的侵入。

五　暴行篇

　　當日本軍隊進入街道巷裡之後，他們不問情況，見人就殺，挨家逐戶破門而入「搜查軍人」，對手無寸鐵並未反抗的居民，大都射殺砍刺，並伴隨著姦淫婦女，搶劫財產。當他們的暴虐行為很快傳遍全城之時，南京居民除了更加恐慌、或奔逃四散、藏身於暗室、床底桌下之外，很少有人想到要進行抵抗。甚至在被大量集中關押的過程中，中國軍民也少有集中的暴動來反抗日軍的屠殺。

　　當然，在這當中，曾有一些家庭、居民的分散反抗。往往發生的情況是，當日本軍隊在衝砸家門時，善良的南京市民還出來開門，他們的動機是很純樸的，認為只要向日本人說清楚家裡沒有外人，來者也不會危害自己。但是，野蠻而兇殘的日軍進門後，除殺害開門者外，還要逐屋搜查，他們見青年壯丁就殺，見婦女就姦淫。因語言不通，雙方無法溝通，日軍往往最後殺光被發現的居民，搶了財物再燒房而去。在日軍最先占領的城南地區受害最重，民居基本被燒光，大火數日不息。日軍施暴之時，曾有一些市民，面對家人被殺被姦的慘景，奮起反抗，與日軍搏鬥[28]，但基本上無法與日軍抗衡就立即慘遭暴行及殺害。僅有少數人能僥倖死裡逃生，如李秀英的反抗例子等。到市內秩序相對安定之後，又有少數幾人相約為伴，一起膺懲作惡的日人的例子發生。[29] 然而，這也只是個別的現象，往往也只是針對單個日兵，並非有組織性的活動，一旦事成後就立即各自逃散。這樣做往往也會引來日軍更大規模的報復性屠殺。[30]

　　從客觀實際來看，當時作為弱勢群體的南京市民，他們沒有對入侵者的暴行進行普遍有規模的主動反抗，也沒有成立任何自我保護或救助的相關機構。這與中外歷史上發生的多次戰爭暴行中被害方民眾的表現相類似，更何況日軍行為空前殘暴，令人無法正常思考及其應變。在此情況下，有學者認為南京市民們沒有反抗無可厚非，是不需研究的「態」。確實，在當時異常惡劣的環境下，市民們的表現不應當遭受批評和指責，但以此作為切入點分析當時的情況，我們認為，即便這是歷史的「常態」，卻也有著它的特殊性，是由一定的歷史背景和眾多原因疊加造成的。為了比較清楚的進行研討，我們從戰爭爆發前後南京軍民心理變化入手，對該問題的前因後果進行深入分析。

三、南京軍民應變表現的原因分析

（一）政府當局指導設置嚴重缺失，官員棄責逃跑

1. 在宏觀方面來看，國民政府當局戰前因淞滬戰敗所陷入的混亂狀態，最高指揮層對於南京保衛戰戰略目標定位模糊，直接導致了南京軍民對於戰爭認識的模糊，這是南京軍民在城陷之後陷入毫無組織混亂狀態的根本原因。

中軍從淞滬戰場撤退後，國民政府最高當局從蔣介石開始，陷入了「南京城要不要守」的戰略爭論之中。出於外交和政治等方面的原因，作為最高統帥的蔣介石未能公開表明自己的作戰意圖，而且不能正視現實，聽取正確的建議做好應變善後工作，只是在宏觀原則上做出了「要守」、「准撤」的命令，對於一些細節問題都沒有考慮。從蔣介石戰前的講話和下令撤退的時間來看，他對於南京守城戰的失敗也是心中有數的，他的堅守兩個月的要求以及帶兵來援的允諾都不可能實現。因此造成其客觀上對死守南京計劃與措施的「堅定不移」，實際上卻是對參戰部隊準備做最後的「遺棄性處置」[31]，這對守城將士的命運造成了決定性的作用，也使得南京市民不可能對戰爭狀態有正確的估計，因此也不可能有相應的戰敗後物質與心理準備。

在蔣介石個人堅持要守城的主張之下，時任訓練總監閒職的唐生智自告奮勇出任南京衛戍司令，他的初衷也不完全是為了南京著想，更重要的是為了藉機要回軍權重掌部隊。因此，他對守城之戰缺乏細膩周密的計劃。作為南京衛戍司令的唐生智，對萬一城陷之後如何有序地組織撤退等善後事宜，並沒有考量，而且當時他的身體狀況也不能很好地履行職務。王世杰在其日記中還記載到：「予今日兩次用電話與商南京市區救濟事宜，彼均在就寢，從不恕見。」[32] 此外，唐生智為了迎合蔣介石而提出了「誓與城市共存亡」的口號，自斷後路，派出督戰隊在挹江門阻止軍隊退往長江邊，並十分愚蠢地燒毀了渡江船隻。按照唐的說法，此為「置於死地而後生」，結果「死地」是形成了，「後生」則是無望。沒有客觀合理地部署南京保衛戰進退的詳密計劃和周全安排，成為在戰局逆轉後中方守城部隊陷入混亂、失去有組織的抵抗力的根本原因。

2. 市政當局組織部署指導有缺陷，機關人員匆忙撤退，丟棄市民不管，是政府的失職。

為了應對戰爭的爆發，早在七七事變之後，國民政府相關部門曾有疏散城市居民的初步考慮。當時，軍委會參謀總長何應欽在給軍事委員會辦公廳副主任劉光的電稿中就提到了「沿江各重鎮居民，應逐漸疏散，南京市百餘萬人口，戰時甚感不便，必要時，可先將婦孺遷移他處，各機關職員之眷屬，亦宜有祕密移動之準備，以免妨害公務」。[33] 淞滬戰爭開始後，南京成為日軍空中打擊的目標而捲入戰火，市政府也作了不少抗戰的組織和動員工作，一方面加強了城市管理，委派保甲長加強基層組織，透過聯保具結，實行「五戶連坐」，以防制漢奸間諜；為保證市民的日常生活需要，又於10月1日專門成立了市日用品管理委員會，組織供應物品；城市交通、供電等系統也基本穩定，城市治安良好；除了開展防空和抗戰的宣傳教育，各社會團體還開展了多種形式的抗日宣傳和捐款活動。[34] 到12月13日淪陷前夕，南京城市基本還在有序運轉。

但實際上，政府應對戰爭的準備措施是有限的，許多政策沒有落到實處，而社會團體組織的一些宣傳活動遠遠不能涵蓋南京當時的大多數人口，特別是大批湧入的各地難民。因此，政府當局對南京城陷之後如何安置和保護市民並沒有詳細的計劃，滯留在南京未能出逃的市民也缺乏基本的自我保護和救助意識。隨著戰火的推進，這些公眾的組織和動員工作更日漸稀少。到11月20日，國民政府正式決定遷都重慶，市政府與國民黨市黨部隨中央政府匆忙遷出，對廣大市民前途命運，棄責不問。特別是政府在遷移過程中，首先考慮到了政府各機關人員和相關物資，並為此徵用了大量的車輛民船，從而使得婦孺遷移辦法中「予以種種交通上的便利」成為了一句空話。衛戍司令唐生智為表示破釜沉舟的決心，更將下關至浦口的輪渡全部撤銷，一般難民要離開南京已非常困難，而到12日撤退令下達之後，這項舉措更使得眾多官兵無法渡江，只能滯留江邊任由日軍屠殺。

淪陷前夕，南京市府各機關和民間社會團體基本都處於不作為的狀態，對普通民眾有組織、有計劃的轉移和淪陷後的市民安排更無所準備。對於一

些西方人士建立安全區的建議，當時的南京市長馬超俊曾給予了積極回應，提供 450 名警察，3 萬擔（相當於 1500 噸）大米，1 萬袋麵粉，若干食鹽和一些現金[35]，然之後再沒有其他措施。因為中國當局的不作為，也因為其他各種原因，南京「安全區」始終未得到日方的承認，它的建立純屬私人行為，其功能也未得到國際的保障。[36]最重要的是，政府把城市全部交給軍事當局，到淪陷前夕更將南京數十萬民眾的生命交給十餘個外國人，這完全是有關當局不負責任的表現，直等於拋棄了這些民眾。

因此，在南京淪陷後南京軍民應變不及的問題上，國民政府當局具有不可推卸的責任。

（二）滯留軍人失去指揮喪失信心

在戰時的混亂狀況下，中方關於南京保衛戰的軍事部署與社會動員準備工作存在著重大的缺失。由於軍事部署與官兵心理準備方面的缺乏，導致了戰局逆轉，敵軍入城之後，中方守軍不能繼續抵抗和有序撤退，直接造成了滯留城內數以萬計官兵組織崩潰，陷入作鳥獸散的境地，因而無法對日軍的大屠殺開展抵抗行動。

在南京大屠殺遇難同胞中，有相當數量是放下武器的軍人。中方研究結論認為，放下武器後遭到日軍屠殺的中國軍人數在八萬到九萬之間[37]，不超過十萬，佔到了被屠殺人口的約三分之一。數目如此眾多放棄了武裝的軍人，面對兇殘的敵人，為求一線生機而放下武器，換來的卻只是無情的殺戮。

如今，我們要思考的恐怕不僅只是日軍的殘暴，同時也應分析當時的環境對他們的影響，使得如此眾多的中國軍人喪失了鬥志和反抗的信念，放棄了手中的槍炮，也放棄了唯一的生存機會。

1. 戰前部署失當，中方官兵毫無撤退棄守的計劃和心理準備，渡江撤走心理「戰勝」突圍心理。

對於唐生智在南京保衛戰中的功過，有關論述已經相當豐富了，筆者在此不再多作敘述。此處想探討的是唐生智從「守」到「撤」命令的急劇轉變對官兵們的心理影響。

知非文集：民國初年祕辛研究
五　暴行篇

　　唐生智臨危受命，負責南京城的「短期固守」，曾多次表示要「與南京共存亡」，在日方發散「投降勸告書」的當日傍晚，他下達命令，再次向全軍表示了破釜沉舟的決心，他拒絕日軍的誘降，使得日軍不戰而勝的幻想破滅，也更加堅定了官兵守城的決心，此後幾天中國軍人對日軍的防守戰鬥異常激烈，「鬥志也相當旺盛」[38]，許多官兵在戰鬥中獻出了寶貴的生命，使日軍付出了沉重的代價。事實證明，只要有命令，中國軍人是能艱苦奮戰到最後一刻的。

　　然而，在日軍先後占領南京各主要城門之後，唐生智即於12日下午5時在其百子亭住宅中召開了南京衛戍司令部最後一次會議，下達了全軍撤退的書面命令，採用大部突圍，一部渡江的策略，指令各部隊的突圍方向與目標方案。命令下達後，中國軍隊突然失去了戰鬥的任務，由於時間的緊迫，各部隊沒有能夠制定合理而詳盡的撤退步驟和計劃，因此在戰鬥和撤退過程中造成了極大的損失。「在雨花台地區的軍民兩、三萬人，在撤退時遭到了敵軍掃射，哀聲遍野，屍山高築，血流過脛，一片慘狀」。[39] 由於指揮的不得當，除了少數部隊能保持隊形外，多數部隊潰不成軍，狼狽異常。在挹江門，人們擁擠外逃，互相推拉踐踏，有的部隊之間為了爭搶先出城門甚至發生了槍擊事件，造成了極大的混亂。在混亂中踩死踏傷不少人員，教導總隊第一旅二團上校團長謝承瑞就是因激戰後身體虛弱在挹江門被失控的人群踩倒身亡。

　　此外，由於「固守」和「撤退」命令下達相隔時間短暫，各級官兵沒有撤退的計劃和心理準備，也無從聯繫查問。在接到撤退命令之後，他們臨戰的緊張心情隨之即被退卻求生的心態左右，大多喪失了拚死一搏的勇氣。往下關出城到江邊的路上，遍布了中國軍人丟棄的槍支、彈藥、皮帶、軍裝。在匆忙慌亂中，除了第六十六、八十二軍有組織的進行了突圍之外，多數官兵放棄了需要與敵戰鬥的「突圍」，而選擇了看似生存機率較高的「渡江」。然而，在缺少渡江工具和日軍追擊的情況下，「渡江」只是萬人過獨木橋，無法實現。大批官兵利用一切能夠蒐集到的物品，如木頭、門板、油桶等漂浮過江，甚至只能泅渡逃生，而日軍在岸邊以強大火力射擊，又出動汽艇、

軍艦在江中橫衝直撞，被射殺和被撞溺斃者無數，成功過江的只有數千人，其餘積壓在江邊的軍人則被日軍集中起來屠殺。

2. 官走兵散，數萬名官兵滯留南京而喪失鬥志。

唐生智撤退令一下，帶來一個重要後果，就是使軍隊喪失鬥志，沒有了與日軍拚命的勇氣，有的甚至不戰而降，向兵力遠比自己少的日軍繳械。相關內容在日軍官兵的日記和書信等材料中比比皆是。日軍第十六師團長中島今朝吾在其 12 月 13 日日記裡記載：「但由於是以 1000 人、5000 人、10000 人計的群體，連武裝都不能及時解除。不過他們已完全喪失了鬥志，只是一群群地走來，他們現在對我軍是安全的。雖然安全，但一旦發生騷亂，將難以處理。」[40]「我們還沒有發動攻擊，敵軍已無心戀戰，過來投降。我們未費一槍一彈便解除了幾千人的武裝。傍晚把俘虜押往南京的一個兵營，不料竟有一萬多人。」[41]「敵人鬥志全無，我們俘虜了 450 名敵兵，還繳獲了大量武器……傍晚時分，又抓獲了四百餘名俘虜。」[42]「一路前進，上午幾八時左右，碰到了一批敵人的投降部隊，我好奇地睜大眼睛看著他們被解除武裝，真是戰敗者的悲哀。又有幾批前來投降，共計 3000 人。」[43]

另據一些材料顯示，此時在中國軍隊官兵之間已失去彼此信任與團結力，他們在危難之際各自逃生。據時任教導總隊桂永清部工兵團團副兼營長的鈕先銘回憶，在率領部隊撤退時就不斷有下屬不顧命令各自逃散。在挹江門前，他指派一名軍官掌握住剩下的三四十人，「千叮萬囑不許他們離開」，自己帶領三名部下探查撤退路徑，而當他好不容易擠回到部隊停留的地方時，他的部下已經全沒了蹤影。鈕營長為此嘆道：「人與人之間早已失去信任，他們當然不會等我回來，也想像我們一定不會回來。」[44]

日軍第十六師團士兵東史郎在其戰地日記中也有相應的記載：「大約七千俘虜被解除了武裝，正坐在田裡。他們的長官扔下他們逃跑了，只留下一個大尉軍醫。」「如此之多的兵力一定有相當數量的軍官，但他們卻一個也沒留下，全狡猾地溜掉了，這實在不得不令人佩服。」[45]

在南京防空部隊工作的倖存軍人周紹定也回憶到，當他在戰鬥的間隙派傳令兵與友軍、司令部聯繫請示，卻毫無音訊，在百般無奈之時，只得通知全隊官兵拆散武器埋藏，各自遣散。[46]

軍人的天職本來就應該是服從命令，各級官員對於所屬士兵的控制，體現在軍隊命令能夠由上而下通暢地傳達，這也體現一支部隊的凝聚力和戰鬥力。在混亂的戰時狀態更是如此。但是，當時中國軍隊的官兵卻各自分散，「守南京的十多萬大軍，就這樣像塵土一般一陣風吹散了」[47]。這些情況雖然不能夠代表當時中國軍隊的全部狀況，但卻也十分普遍，不能不預示著崩潰的結局。

3. 對投降日軍的危險性認識不足，以為至多被拉夫或遣散。

1929年7月17日，日內瓦會議曾訂立《關於戰俘待遇的公約》（簡稱《日內瓦公約》），明文規定敵對雙方對戰俘生命的任何傷害或對其人身的暴力行為，均應嚴格制止，尤其不得加以殺害。日本是簽約國之一，也應遵守這些最起碼的國際準則。許多中國軍人選擇投降，大多以為日軍會遵照國際公約，不殺俘虜，投降能夠求生。此外，在中國的長期內戰中，部隊投降之後一般都會被收編或者遣散。中國軍人多為農民出身，他們為「一粥一飯」打仗，也會為了「一粥一飯」放棄武器投降敵手。由於受教育程度低，他們對日本毫無了解，因此不會考慮到投降對象的根本不同，更不會將投降與必死聯繫起來，以下一份報告即明確表達了他們當時內心的真實感受：

「我們離了隊伍投到大日本軍隊繳槍，希望給我們一個安置的辦法。但是到了這處已有三天，究竟有沒有辦法處置？數萬可憐的人，餓了四天多了，粥水都沒有半點食，我們快要餓死了。在這生死的頃刻中，要求我們大日本來拯救我們數萬人的命……懇求大日本維持我們的一粥一飯……伏[復]懇[48]大日本軍日編隊，使我們大家安心服從，或者遣散回鄉，大家回去安居樂業。」[49]

在失去了作戰的目標、又無法順利撤走的情況下，放下武器不能不說是他們可作的選擇之一。他們「坦然」放下了自己手中的武器，期待著被收編或者遣散，在這種情緒的影響下，大批軍人毫無目標可循，更不用說自發組

織抵抗活動。這些軍人也因此成為最沒有威脅性最容易被集中「處置」的群體。往往在他們被集中關押之時，誰也沒料到自己馬上就會被處死，直到被分批分組拉出去的士兵隨著有規律的槍聲而再不見回來，剩餘的人才逐漸意識到可能要被殺了，但即使如此，他們一般也只有想到要設法逃走而不是集體暴動，甚或有人仍然天真地想：「或許不會殺我」，以及「要輪到我也是天黑以後了」。這種心態，表面看來頗為費解，甚至可視為木訥、愚蠢，但分析起來，這裡是有深刻原因的。簡單言之，第一，以中國人的善良錯信日軍到最後一刻；第二，對日軍的殘暴性估計嚴重不足，並為他們殘忍暴行所造成的超恐怖環境氣氛所震懾，一時無法反應過來；第三，大多數來自農村與社會底層的士兵知識貧乏，見識極為有限，不會分析形勢和尋求保護自己的最佳方法。

（三）普通市民自身缺陷、誤信宣傳

1. 持續的空襲、政府對南京防守能力強大的宣傳讓南京市民麻痺大意。

南京在12月13日陷入敵手，但南京受到戰爭的衝擊卻是早在8月中旬就已經開始了。據不完全統計，1937年8月15日至12月13日城陷，南京市區共遭到日軍飛機空襲118次，投彈1357枚。[50] 如果將拉了防空警報但日機並未飛臨南京的次數算上，南京市民在每個晴天幾乎都要受到3次以上空襲或空襲的威脅。[51] 在持續時間如此之長，頻率如此之高的空襲中，南京市民也從乍聽到防空警報的心驚膽顫，逐步變得麻痺大意起來。「南京的居民，現在是那麼的習慣於日本飛機的空襲了。幾乎是每天，當四周響起了防空警報時，他們便滿不在乎地躲入防空壕和地窖去，毫無慌張之相」。[52] 日本特務人員的報告中也提到：「一般市民已習慣空襲，面無懼色，態度冷靜。」[53] 空襲警報已經成了每天的「家常便飯」，如果響起了警報解除信號，危險過去了，大家就又平靜地去做各自的工作，彷彿什麼事也沒有發生。[54]

這種狀況的持續逐步麻痺了南京市民恐懼的神經，甚至引起了一些人的厭惡感，從而使得他們產生了盼早日結束這種威脅的強烈願望。他們錯誤地認為，在日軍占領南京城後，空襲就將結束。也有日本的報導說一些居民在

日軍進城後曾「由衷地表示寬慰，因為顯然結束了戰爭狀況與隨時發生空襲的恐怖」。[55]

而守城戰發生前夕，中方當局為鼓舞士氣、振奮人心，開動宣傳機器。一方面，軍事當局對於戰局抱有過於樂觀的態度，認為鎮江、丹陽、句容至溧陽的陣線和廣德至宣城戰線都足以長期抵抗日軍，而鎮江炮臺因其地勢，更可以守住一月半至兩個月[56]，在這樣的情況下，人們認為南京城應該有足夠的時間調度兵力守衛京畿，南京號稱固若金湯。媒體對當局政策的報導，勢必給市民帶來了「安定」的印象，直接造成了人們應變準備的不足。另一方面，為避免市民不必要的騷動和混亂，媒體也盡責地安撫市民，不斷鼓動他們的抗日熱情。《中央日報》11月12日的社評就寫道：「首都的拱衛既然設有專責機關，市面的治安，又同樣能夠維持得很周密，他如食糧充足，日用品源源而來，這都是抗戰中最穩定的好現象……現在，全首都的市民應該把自己感覺到的責任和如何盡責的方法，做出一個榜樣來，給全國人民看看。大家照著這樣凝定意志，為國奮鬥，這種力量的總和是絕對不可侮的，我們期待著前途的光明由這種力量發揮出來。」[57]

市民長期處於緊張狀態以及受到媒體的宣傳引導，致使他們對戰爭的嚴酷性產生了麻痺情緒，對可能到來的暴行認識不足，反應遲鈍。

2. 一般民眾受教育程度低，缺乏正常的自我保護和反抗意識。

1936年南京市常住人口的社會調查顯示，民眾中文盲達到53.36%，無業人口為318626人，占總數的34.76%。以保姆、傭人等為主要職業的人數也占了22.76%。[58]此外，城陷之前，還有一大批從蘇南地區逃難來到南京的外地難民，由於經濟水平的原因，這些人受教育程度極端低下，在戰爭來臨前夕，他們只能滯留南京。面對日軍的集中關押和屠殺的行為，他們往往缺乏正常的自我保護和反抗意識，也毫無臨危時的機智和應變能力，只能任由日軍擺弄，他們是南京大屠殺暴行的主要受害群體。

被俘虜的軍民確實存在少數相約逃亡的例子，但由於當時普通民眾在特殊環境下的天真甚至麻木和日軍的殘酷暴行，他們仍遭到大量的屠殺。倖存的中國軍人駱中洋說：「我見到日本兵用很多機關槍，成排的架好，槍口對

準中國人，並限令大家面朝槍口，個個要跪下，恐怕一個也跑不掉，全部要送命。我就勸周圍的人，趕快離開現場逃命⋯⋯我只動員了兩個人，跟我慢慢地移動，走走停停，用隨便聊天的辦法，趁日軍不注意我們離開了現場，到一里外的居民草房內隱蔽下來。」[59] 在幕府山關押俘虜的營房，有個四川兵，不堪饑渴，約了眾人逃跑，但有一千多人被日軍射殺於外壕。[60]

而大多數同胞在被日軍押往屠殺地點的過程中表現出了令人驚訝的安靜和順從，毫無抵抗的意識，「他們毫無規律、毫無秩序，就像一群愚蠢的綿羊一樣」[61]，他們往往等到被日軍指揮一排排坐下，被機槍環繞的時候，才反應過來要被屠殺了，而那時人們的反應也只是要相互解繩子，「做鬼也要做個散手鬼」[62]，或者是「與其被日軍打死，還不如跳江尋死」[63]。

還有些難民及中國軍人明知道日軍將要殺害他們了，卻還是坐以待斃，並無拚死一搏的勇氣，這使得旁觀的日人也感到不可思議。日本軍人井手純二對此回憶到：「他們像一群被趕進屠宰場的羔羊，順從地被驅趕著，對此我感到不可思議，或許是由於饑餓而無力抵抗，這是我的想像，而至今這仍是一個難解的謎。」「俘虜都老老實實地坐在地上，一個接一個地被砍死」。[64] 日本《朝日新聞》從軍記者今井正剛目睹了在《朝日新聞》南京支局附近一塊空地上的屠殺場面：「那裡滿是蹲著的男人，面對牆壁排好，日軍從後面開槍射擊。一批殺完再拉一批。」日軍的兵力僅僅是「有三四個兵開槍，有五六個士兵上著刺刀負責警衛」。而且用的只是普通的三八式步槍，「一發一發地填充子彈」。面臨屠殺的中國男子也「根本沒有」被捆著手，但他們是默默地等死，沒有反抗。今井說：「我想如果一齊動手，就是踩也把這幾個兵踩爛了。可是他們一動也不動，真是⋯⋯」「那種時候的心理，我實在不能理解。」[65]

被俘軍民群體特殊的文化和知識背景，以及接受教育和知識的有限等因素，在他們被集體屠殺的過程中，產生了相當重要的作用，使他們在遭遇屠殺時嚴重缺失辨別危機和應變的能力。

3. 日本人隱瞞和欺騙宣傳的結果。

五　暴行篇

　　在城陷之前，日本飛機曾散發傳單宣稱：「日軍是中國人唯一的真朋友，日軍將保護善良的中國人。」12月9日，日軍總司令松井石根在勸唐生智放棄守城的傳單中，也說「日軍對於抗日份子雖然苛酷無情，但對於非武裝的平民與不懷敵意的中國軍隊，則採取寬宏和善的態度」。[66] 在《告南京民眾！》的傳單中也提到：「南京民眾不必害怕逃離，儘管放心等候日軍入城，日軍對一般良善民眾絕不加害。如有便衣隊或正規軍等隱匿城內圖謀不軌者，請立即告發或予以驅逐，以免累害一般無辜為要。」[67]

　　在城內各處，日軍張貼了大量的布告和招貼畫，宣傳日軍的「親善」政策，希望製造和諧的氛圍，誘騙老百姓回到家園。布告大致都是「回家吧，我們會讓你們有飯吃！請相信皇軍！我們會救你們、幫助你們」。[68] 宣傳畫則大多都是和藹可親的日本兵對貧窮的中國老百姓進行施捨的畫面，或者就是「中日軍民一家親」的場景，這些偽善的宣傳在殘酷的事實對應下，就連在南京的第三國家人士看來也是卑劣的行徑：「這類彩色宣傳畫與現實嚴重不符，只能把它看成招攬旅遊生意的廣告！」[69]

　　一些市民因為輕信日軍宣傳，天真地認為日軍會遵照國際公約而不會傷害他們，因此許多難民包括部分軍人都採取了與日軍「配合」的態度，希望避免抗爭帶來對自己的損害。然而事實證明了他們的想法是多麼的錯誤！在上文駱中洋的回憶中，他提到了一些被俘居民不聽其勸不願逃離的情況，他們還反過來安慰駱中洋說：「國際法是不許殺害俘虜和無辜百姓的，不要怕。」後來日軍增援部隊到達後，加強包圍的兵力，把居民們驅趕到三汊河日軍布置的一個大包圍圈中，進行了屠殺[70]，只有駱中洋與兩個有意識要逃離者才倖免於難。在另一大屠殺倖存者劉永興的回憶中也提到，日軍帶著翻譯讓城中20來歲的年輕人到江邊去搬貨，因為他們都不是當兵的，所以大家都信以為真，怎麼也沒有想到會被屠殺，來到江邊才發現周圍架著機槍，數千人最後大多都遇害了。[71] 這樣的例子還有很多。

　　進城最初的掃蕩屠殺過去後，日軍在登記難民的時候，也曾用保證生命的承諾、以招工或做苦力的方式來誘騙普通市民，再次鑑別、搜查和屠殺中國軍人。而許多難民在經歷大屠殺之後，仍然相信日軍的謊言，前往登記，

以求「驗明正身」而得安全，但他們想不到仍然要遭到被屠殺的命運。在金陵大學，日軍宣布：「凡當過兵或服過強制性勞役的（指軍隊伕役之類——譯者）都站到後面去，如果你們這樣主動站出來，可以保全你們性命，並且給予工作。否則一經檢查發現，就要槍斃你們。」金陵大學校園內 3000 名難民有兩三百人聽了訓話後便站出來，結果被日軍押走屠殺。[72] 而在金陵中學站出來的一批人，「其中中國兵很少，大多是剃頭的、飯店裡燒飯的、茶房、雜工等，因自己是單身，恐被查出不如自己站出來好，結果遭到不幸」。[73] 日軍為了誘騙脫下軍裝的軍人現身，也頗費了心思。除了普遍地查看額頭帽檐壓痕、手掌老繭來鑑別中國士兵的身分外（其中有許多廚師挑夫等也因此而被日軍亂殺），他們曾以軍隊的名義發出軍械修理廠的招工廣告，以具備處理武器的經驗來確認曾在軍隊服役的人員[74]，加以殺害。此外，日軍利用中國士兵希望被遣散的心理，騙他們說放他們回老家，在不疑有他的情況下，中國士兵順從地按照日方的指示行動，進入日方準備的重機槍射擊區後，大多有去無回了。

4. 南京市民文化及性格特點的影響。

有學者認為，民國時期南京的市民文化，就整體而言，是一種相對消極的文化模式，在認知方式上表現為「尚同」，求同傾向大於求異傾向；其行為模式表現為節奏緩慢，求穩大於求變。作為首都市民，他們既無自豪感，也少有牴觸心理，因此在政治上很少造成帶頭作用。在歷次的政治更迭中，南京市民也很少有激烈的動作。[75] 在這種文化的薰染下，南京人性格敦厚、純樸，既有寬容隨和的優勢，也具有馬虎欠精明的缺點，他們不太關心世事、時事，有時只要事不關己就高高掛起，遇事也喜歡往好處想，容易自我滿足。在南京保衛戰初期，他們中的一些人就對中國軍隊因備戰所需挪借或拆毀市民住宅表現出了某些不理解和不配合的態度，甚至有人說「果真日本鬼子來了，只怕也不過如此吧！」[76] 在南京迅速淪陷、日軍開始入城的時候，還有單純善良的市民竟然「出現了鬆了一口氣的感覺，如果日本人舉止文明的話，他們走出來準備歡迎他們」[77]，這種想法直到大屠殺開始才轉變過來。

南京淪陷最初幾週，滿目所及屍橫遍地，堆積如山，日軍強勢的血腥暴力遠遠超出了南京市民的想像，使得市民沉浸在恐怖的氣氛中，完全喪失了任何應變的能力，只能本能地躲藏。在求同、求穩的心態下，集中被俘的市民也往往失去逃散和反抗的慾望，直到最後一刻才為時已晚地認識到了戰爭的殘酷與日軍的殘暴性。

以上一些行為論述固然是人類應對突發事件時不知所措的典型表現，但以中國之大，各地民情民風及民眾性格特點，自然是差異明顯，如北方人的豪爽，湖南、湖北人的火爆，上海、江浙人的精明細膩，其風格迥然不同。具體考察到南京大屠殺事件，作為被屠殺主體的南京市民所固有的文化和性格特徵在某種程度上也必定影響著他們的行為，使之無法做出任何集中有效的反抗。指出這一點絕不意味著對南京市民文化與性格特徵的全盤否定，對南京人的主流的肯定，並不意味著能忽視對其上述缺點影響的分析。

四、結語

本文主要探討的是南京大屠殺期間、即南京淪陷最初六週內南京軍民的應對狀態及其相關背景、原因分析，在研究過程中，我們充分肯定在當時嚴酷、複雜的環境之下中國軍民做出的一切不畏強權、不屈反抗的鬥爭行為，並對在大屠殺期間不惜付出生命代價、堅決抗敵的中國軍民致以崇高的敬意！這是歷史的主流，也是中華民族賴以生存繁榮並自立於世界民族之林的靈魂所在！

然而，在仔細分析這些反抗行為的同時，我們無法漠視這些反抗鬥爭行為所具有的分散和無組織性的特點，以及在某些場合南京軍民表現出來的妥協和軟弱，這在某種層面上也造成了日軍暴行的擴大，因為沒有遭到有效的反抗，使得日軍在南京城內更加為所欲為。當然，我們不苛求前人盡善盡美，畢竟這也是受到特定的歷史環境與條件所制約的。日軍對放下武器的中國軍人和毫無敵意的普通百姓也進行滅絕人性的屠殺，以血腥暴力作為其掩蓋脆弱本質的手段，這不僅暴露了日本侵略者極其無恥極其扭曲的心態，更反映了中國軍民抵抗侵略的正義立場。對大屠殺期間南京軍民反抗問題進行更進一步的研究，不僅是為了對當時軍民應對狀態進行更進一步的分析梳理，更

主要的也是借此揭露日本侵略者野蠻屠殺放下武器不具反抗能力南京軍民的醜惡兇殘的嘴臉，並為後世敲響警鐘。

【注】

[1] 近幾年來，江蘇南京的學者們已經過長期的努力與集體合作，遍收中外資料，編成出版了28卷本《南京大屠殺史料集》（張憲文主編，江蘇人民出版社），現正陸續擴充為55卷本，加上過去20多年來蒐集編印的中日雙方有關史料、照片、回憶、田野調查等，有關南京大屠殺期間中國人反應的資料，基本上已經可以滿足研究工作之需。

[2] 轉引自[日]洞富雄：《南京大屠殺》，上海譯文出版社，1987年版，第71-72頁。

[3] [日]防衛研修所戰史室著：《中國事變的陸軍作戰》(1)，第437頁。轉引自[日]田中正明：《「南京大屠殺」之虛構》，世界知識出版社1985年版，第150頁。又據筆者查閱相關資料所知，烏龍山和幕府山相距較近，記錄中的日軍加害者屬同一部隊，發生時間也基本為同日，因此若排除某些別有用心、企圖抹殺大屠殺歷史的日人有意改動等有關因素來看，這兩次屠殺時的暴動可能為同一事件。但因在不同人物的記述中遇難人數客觀上又有相當的差別，故不能完全排除為兩個事件的可能，本文在不影響文章論述的前提下暫為分列。

[4] [日]田中正明：《「南京大屠殺」之虛構》，世界知識出版社，1985年版，第148頁。

[5] [日]田中正明：《「南京大屠殺」之虛構》，世界知識出版社，1985年版，第158頁。

[6] 高興祖：《日軍侵華暴行——南京大屠殺》，上海人民出版社1985年，第94頁。

[7] 武漢《大公報》，1938年2月23日，轉引自孫宅巍：《南京大屠殺與南京軍民的反抗》，《學海》，1993年第2期。

[8] 白蕪：《今日之南京》，轉自「南京大屠殺」史料編纂委員會：《侵華日軍南京大屠殺史稿》，江蘇古籍出版社，1987年，第200-201頁。

[9] 參見《辭海》註釋，上海辭書出版社，1999年版普及本，第3522頁。

[10] 參見《南京防務加強》，摘自馬振犢等編：《南京大屠殺史料集》第2冊《南京保衛戰》，江蘇人民出版社、鳳凰出版社2005年版，第86頁；《唐廣普證言》，摘自朱成山主編《侵華日軍南京大屠殺倖存者證言集》，南京大學出版社，1994年版，第19頁。

[11]《陸軍第七十八軍南京之役戰鬥詳報》，摘自馬振犢等編：《南京京大屠殺史料集》第2冊《南京保衛戰》，江蘇人民出版社、鳳凰出版社，2005年版，第187頁。

[12] 參見[美]明妮魏特琳：《魏特琳日記》，江蘇人民出版社，2000年版，第187頁；另參見《首都東南大激戰》、《憲兵司令部戰鬥詳報》，摘自馬振犢等編：《南京大屠殺史料集》第2冊《南京保衛戰》，江蘇人民出版社、鳳凰出版社，2005年版，第114、214頁。

[13] 《南京衛戍軍戰鬥詳報》，摘自馬振犢等編：《南京大屠殺史料集》第2冊《南京保衛戰》，江蘇人民出版社、鳳凰出版社，2005年版，第145頁。

[14] 《陸軍六十六軍戰鬥詳報》，摘自馬振犢等編：《南京大屠殺史料集》第2冊《南京保衛戰》，江蘇人民出版社、鳳凰出版社，2005年版，第164頁。

[15] 林娜：《血淚話金陵》，「南京大屠殺」史料編輯委員會等編：《侵華日軍南京大屠殺史料》，江蘇古籍出版社，1985年，第142頁。

[16] 中島今朝吾：《中島今朝吾日記》（12月13日），摘自王衛星編：《南京大屠殺史料集》第8冊《日軍官兵日記》，江蘇人民出版社、鳳凰出版社，2005年版，第280頁。

[17] 遭遇戰是指敵對雙方部隊在運動中相遇時發生的戰鬥，分為預期遭遇戰和不預期遭遇戰。突圍指突出敵人包圍的作戰行動，目的是保存力量，以圖再戰。

[18] 《泰山弘道上海戰從軍日誌》（12月13日），摘自王衛星編：《南京大屠殺史料集》第9冊《日軍官兵日記與書信》，江蘇人民出版社、鳳凰出版社，2005年版，第523頁。

[19] 見《日軍進入中山門》，摘自馬振犢等編：《南京大屠殺史料集》第2冊《南京保衛戰》，江蘇人民出版社、鳳凰出版社，2005年版，第132頁。原載《申報》1937年12月14日。

[20] 佚名：《失守後的南京》，「南京大屠殺」史料編輯委員會等編：《侵華日軍南京大屠殺史料》，江蘇古籍出版社1985年，第148-149頁。原載《閩政與公餘》第20期，1938年1月。

[21] 參見貝德士在遠東國際軍事法庭的證言，1946年7月29日，載章開沅編譯《天理難容——美國人眼中的南京大屠殺（1937-1938）》，南京大學出版社，1999年版，第70頁。

[22] 孫宅巍：《澄清歷史——南京大屠殺研究與思考》，江蘇人民出版社，2005年版，第64頁。

[23] 全國政協文史資料研究委員會編：《南京保衛戰》，中國文史出版社，1987年版，第220-222頁。

[24] [美]明妮·魏特琳：《魏特琳日記》，江蘇人民出版社，2000年版，第8頁。

[25] 張生編：《南京大屠殺史料集》第 6 冊《外國媒體報導與德國使館報告》，江蘇人民出版社、鳳凰出版社，2005 年版，第 48 頁。

[26]《陶德曼寄往德國外交部的報告》，參見張生編：《南京大屠殺史料集》第 6 冊《外國媒體報導與德國使館報告》，江蘇人民出版社、鳳凰出版社，2005 年版，第 298 頁。

[27] 貝德士：《南京一瞥（1937 年 12 月 15 日）》，摘自章開沅：《天理難容——美國傳教士眼中的南京大屠殺（1937-1938）》，南京大學出版社，1999 年版，第 5 頁。

[28]《沈遐鴻證言》，摘自朱成山主編：《侵華日軍南京大屠殺倖存者證言集》，南京大學出版社，1994 年版，第 316 頁。

[29]《唐順山證言》，摘自朱成山主編：《侵華日軍南京大屠殺倖存者證言集》，南京大學出版社，1994 年版，第 73 頁。

[30] 如《讀者文摘記錄日軍暴行》所記事例，參見張生編：《南京大屠殺史料集》第 6 冊《外國媒體報導與德國使館報告》，江蘇人民出版社、鳳凰出版社，2005 年版，第 200 頁。

[31] 馬振犢：《慘勝——抗戰正面戰場大寫意》，廣西師範大學出版社，1993 年版，第 133-136 頁。

[32] 臺灣中研院近代史研究所編印出版：《王世杰日記》手稿本，1990 年版，第 1 冊，第 142 頁。

[33] 中國第二歷史檔案館編：《中華民國史檔案資料叢刊——抗日戰爭正面戰場》（上），江蘇古籍出版社 1987 年版，第 389 頁。

[34] 張連紅：《南京大屠殺之前南京市民的社會心理》，《抗日戰爭研究》，2002 年第 4 期。

[35] 章開沅編譯：《南京大屠殺史料集》第 4 冊《美國傳教士的日記與書信》，江蘇人民出版社、鳳凰出版社，2005 年版，第 66-67 頁。

[36] 楊夏鳴：《南京安全區的錯位》，《抗日戰爭研究》，2000 年第 4 期。

[37] 孫宅巍：《南京大屠殺遇難同胞中究竟有多少軍人》，《抗日戰爭研究》，1997 年第 4 期。

[38] 摘自《中島今朝吾日記》，王衛星編：《南京大屠殺史料集》第 8 冊《日軍官兵日記》，江蘇人民出版社、鳳凰出版社 2005 年版，第 279 頁。

[39][日] 洞富雄：《南京大屠殺》，上海譯文出版社，1989 年 4 月版，第 26 頁。

[40] 中島今朝吾：《中島今朝吾日記》（12月13日），摘自王衛星編：《南京大屠殺史料集》第8冊《日軍官兵日記》，江蘇人民出版社、鳳凰出版社，2005年版，第280頁。

[41]《宮本省吾陣中日記》（12月14日），摘自王衛星編：《南京大屠殺史料集》第9冊《日軍官兵日記與書信》，江蘇人民出版社、鳳凰出版社，2005年版，第31頁。

[42]《高藤遠明陣中日記》（12月14日），摘自王衛星編：《南京大屠殺史料集》第9冊《日軍官兵日記與書信》，江蘇人民出版社、鳳凰出版社，2005年版，第54頁。

[43]《近藤榮四郎陣中日記》（12月14日），摘自王衛星編：《南京大屠殺史料集》第9冊《日軍官兵日記與書信》，江蘇人民出版社、鳳凰出版社，2005年版，第88頁。

[44] 鈕先銘：《佛門避難記》，南京師範大學出版社，2005年7月版，第7-8頁。

[45] 東史郎：《東史郎日記》，摘自王衛星編：《南京大屠殺史料集》第8冊《日軍官兵日記》，江蘇人民出版社、鳳凰出版社，2005年版，第458-459頁。

[46] 周紹定：《日寇在南京屠城片段》，摘自張連紅編：《南京大屠殺史料集》第3冊《倖存者的日記與回憶》，江蘇人民出版社、鳳凰出版社，2005年版，第447頁。原載《湘潭文史》1989年第7輯。

[47] 唯真：《抗戰初期的南京保衛戰》，摘自馬振犢等編：《南京大屠殺史料集》第2冊《南京保衛戰》，江蘇人民出版社、鳳凰出版社，2005年版，第248頁。

[48] 原文如此。

[49] 摘自《天野三郎軍事郵件》（12月17日），王衛星編：《南京大屠殺史料集》第9冊《日軍官兵日記與書信》，江蘇人民出版社、鳳凰出版社，2005年版，第76頁。

[50] 南京地方志編纂委員會：《南京人民防空志》，海天出版社，1994年版，第33頁。

[51] 張連紅：《南京大屠殺對南京市民社會心理的影響》，《江蘇社會科學》，2000年第6期。

[52] 徐自麟譯：《南京在空襲下》，《辛報》，1937年10月19日。轉引自張連紅：《南京大屠殺對南京市民社會心理的影響》，《江蘇社會科學》，2000年第6期。

[53]《駐滬岡本總領事致廣田外務大臣函》（1937年10月27日），中央檔案館等編：《日本帝國主義侵華檔案資料選編：南京大屠殺》，中華書局，1995年版，第15頁。

[54][德] 約翰·拉貝：《南京大屠殺史料集》第13冊《拉貝日記》，江蘇人民出版社、鳳凰出版社，2006年版，第43頁。

[55][美] 貝德士：《日本人在反映重大事件方面的宣傳》，摘自章開沅《南京大屠殺的歷史見證》，湖北人民出版社，1995年版，第141頁。

[56] 參見《中方加緊構築新陣地》，摘自馬振犢等編：《南京大屠殺史料集》第2冊《南京保衛戰》，江蘇人民出版社、鳳凰出版社，2005年版，第87頁。原載《申報》，1937年12月2日。

[57]《中央日報社評：告（南）京市民眾》，摘自馬振犢等編：《南京大屠殺史料集》第2冊，《南京保衛戰》，江蘇人民出版社、鳳凰出版社，2005年版，第66-67頁。

[58] 南京市戶口統計專門委員會辦事處編輯：《民國二十五年度南京市戶口統計報告》，南京特別市地方自治推進委員會1937年6月，第56、52頁。轉引自張連紅：《南京大屠殺之前南京市民的社會心理》，《抗日戰爭研究》，2002年第4期，第86頁。

[59]《駱中洋證言》，摘自朱成山主編：《侵華日軍南京大屠殺倖存者證言集》，南京大學出版社，1994年版，第37-38頁。

[60]《唐廣普證言》，摘自朱成山主編：《侵華日軍南京大屠殺倖存者證言集》，南京大學出版社，1994年版，第20頁。

[61] 東史郎：《東史郎日記》，摘自王衛星編：《南京大屠殺史料集》第8冊《日軍官兵日記》，江蘇人民出版社、鳳凰出版社，2005年版，第459頁。

[62]《唐廣普證言》，摘自朱成山主編：《侵華日軍南京大屠殺倖存者證言集》，南京大學出版社，1994年版，第20頁。

[63]《劉永興證言》，摘自朱成山主編：《侵華日軍南京大屠殺倖存者證言集》，南京大學出版社，1994年版，第30頁。

[64] [日] 井手純二：《我所親眼目睹的南京慘劇》，摘自朱成山主編：《侵華日軍南京大屠殺外籍人士證言集》，江蘇人民出版社，1998年版，第97頁。

[65] [日] 今井正剛：《朝日新聞從軍記者今井正剛的證言》，摘自朱成山主編：《侵華日軍南京大屠殺外籍人士證言集》，江蘇人民出版社，1998年版，第365頁。

[66] 田伯烈：《外人目睹中之日軍暴行》，江西人民出版社，1985年版，第2頁；另參見《拉貝日記》（12月14日）。

[67]《漫畫與壁報》，曹大成主編：《南京大屠殺史料集》分冊，2007年10月出版。

[68] 章開沅編譯：《南京大屠殺史料集》第4冊《美國傳教士的日記與書信》，江蘇人民出版社、鳳凰出版社，2005年版，第192頁。

[69] 張生編：《南京大屠殺史料集》第6冊《外國媒體報導與德國使館報告》，江蘇人民出版社、鳳凰出版社，2005年版，第430頁。

[70]《駱中洋證言》，摘自朱成山主編：《侵華日軍南京大屠殺倖存者證言集》，南京大學出版社，1994年版，第37-38頁。

[71]《劉永興證言》，摘自朱成山主編：《侵華日軍南京大屠殺倖存者證言集》，南京大學出版社，1994年版，第29頁。

[72] 貝德士：《金陵大學登記後果註解（1937年12月26日）》，摘自章開沅：《天理難容——美國傳教士眼中的南京大屠殺（1937-1938）》，南京大學出版社，1999年版，第15-16頁。

[73] 朱成山主編：《侵華日軍南京大屠殺倖存者證言集》，南京大學出版社，1994年版，第326頁。

[74][日] 井手純二：《我所親眼目睹的南京慘劇》，朱成山主編：《侵華日軍南京大屠殺外籍人士證言集》，江蘇人民出版社，1998年版，第99頁。

[75] 楊冬梅：《民國時期南京的市民文化研究》，《南京大學學報》（哲社版），2000年第3卷。

[76] 郭岐：《陷都血淚錄》（節錄），摘自張連紅編：《南京大屠殺史料集》第3冊，《倖存者的日記與回憶》，江蘇人民出版社、鳳凰出版社，2005年版，第179頁。

[77]《德國檔案中有關侵華日軍南京大屠殺的檔案資料》，《抗日戰爭研究》，1991年第2期，第160頁。

侵華日軍暴行與納粹暴行比較研究初探

載於《南京大屠殺史研究》，南京師範大學南京大屠殺研究基金資助項目

提筆寫這篇文章，我的心情異常複雜。二戰時的德國納粹軍隊與日本軍隊，在戰爭中都犯下了慘絕人寰的空前反人道的罪惡行徑，要比較二者暴行的區別，在一般的概念上，很容易被曲解為要判斷同樣吃人的虎狼誰更仁慈一樣的無聊。但我在這裡必須說明的是，這篇文章絕不是想要為任何凶手減輕罪責，我所做的工作是要比較這兩個凶手在同樣的犯罪作惡時，其動機、手段和方法有著何種的不同，存在著什麼樣的差別以及這些不同產生的原因。至於其後果，那就是他們的罪惡行徑將同樣永遠被世界人民詛咒。

德日軍隊這兩頭野獸，一個生在歐洲，一個長在亞洲，歷史文化生長環境各不相同，在戰爭中，雖然他們都有吞併世界的野心，並為了暫時的共同戰略目標而互相勾結，對世界犯下了空前的罪惡。但他們終究是兩個不同的個體，就兩者國家、民族而言，有著完全不同的生長歷史、生活環境和社會

文化傳統，因此他們在戰爭暴行方面，無論目的、動機、手段乃至其方式方法等等都是有區別或差別的。所以，我們應當了解這種差別，這對於研究德日法西斯的形成、特點及其歷史罪惡，都有意義。所以，我在本文中只是研究比較德日軍隊暴行的不同所在，而絕不涉及對二者歷史罪惡程度的評定。特此說明。

直至現在，仍然有許多西方學者與政治家們，認為不應輕率地將日軍在二戰中的暴行與德軍在二戰中的屠猶暴行比較，他們的基本看法是：德軍屠猶是有計劃有蓄謀的種族滅絕行為，是人類歷史上最嚴重的犯罪，而日軍的暴行則是在短期內發生的戰爭暴行，即使將二者做比較，也應該是作為加深人們「對特定歷史事件理解的基礎」，否則這種比較就會降低人們對納粹暴行受害者所受苦難的認識，因而「沒有意義」。[1] 對於這種觀點，中國學者的基本看法是不能認同。筆者的看法是：納粹屠猶與日軍的在華暴行是兩個並存的客觀事實，既然都是同類的戰爭暴行，就可以進行具體的比較分析，即使在客觀上兩者存在著性質的差別，也應透過比較研究而得出，而不是武斷地進行事先的結論與否定。

當然，一些西方學者在這一問題上具體提示，如對兩者暴行的具體比較，只能在一些可比的層面上進行等等，是可以接受採納的，但是他們較普遍的根本否定二者比較意義和價值的看法是武斷而令人不敢苟同的。

他們的這種片面看法產生的基本原因，一是出自西方傳統的「西方中心主義」觀念和他們作為西方人所擁有的居於支配者地位的「東方觀」，這是一種混雜著殖民主義、種族歧視、對外擴張和本民族中心主義各種自傲情緒的複雜情緒，表現為對自己一切的重視和對東方民族整體的輕蔑。其代表就是如伊曼紐爾·沃勒斯坦（Immanuel Wallerstein）的「世界體系」論，它強調世界體系以西方為中心，其他國家或地區的地位是無足輕重的，世界的現代化就是西方化。二是由於他們對於納粹種族滅絕暴行的親身感受或深刻認識，同時也是由於他們對日軍在中國暴行的普遍缺乏了解，加之個人情感上的因素所致。對於他們的這些感受，作為同樣是法西斯暴行受害者的中國人，我們有著充分而深切的理解，但是，我們同時也希望西方人民乃至全世

界人民也應對日本法西斯暴行的廣泛性、殘酷性、危害性及其對中國人民造成的巨大的災難與創傷具有同樣明確的認識，在這個意義上說，我們更應當對德日法西斯的暴行進行理性的、深刻的、具體的比較與研究。

在比較德日軍隊的暴行時，正如前文所言，首先遇到的問題是，在很多內容上二者是無法相比或無由衡量的。例如，就侵華日軍在各地的大屠殺暴行和德國納粹軍隊屠殺猶太人暴行的規模而言，兩者雖有統計數字上的差別，但是這種差別在兩大法西斯軍隊對各被害國人民超規模的屠殺面前，已經沒有界定性的意義。何況對於兩者在戰爭中暴行的廣泛比較，應當是寫作一本專著的規模，於是，在這裡，我只以侵華日軍和德軍在戰爭中可以相比較的暴行內容為分析對象，就其動機目的、方法手段等，聯繫實際的狀況，開展初步的比較分析。不妥之處，敬請海內外專家指教。

一、德日軍隊大屠殺暴行的動機與目的

德日法西斯軍隊在二戰中對被害國人民都有駭人聽聞的大屠殺、種種虐殺和人體實驗暴行，這是無可爭辯的事實。然而，他們二者的大屠殺等暴行的動機與目的並不完全相同。兩者的區別，簡單地說，德軍主要是為了實行納粹黨對猶太民族的種族滅絕政策；而日軍則是為了「膺懲」受害國的民眾，發洩其獸慾和服務於侵略需要。

在德國方面，自1939年納粹黨上臺執政後，開始按照希特勒的一貫思想，確定以消滅猶太民族為終極政治目標。希特勒之所以如此的仇恨猶太人，是因為他在青少年時代就受到了當時歐洲普遍存在的仇恨蔑視猶太民族情緒的影響。

有歷史學家認為，希特勒的反猶思想是在他20多歲時就形成了。1909-1913年在他流浪維也納期間，希特勒閱讀了大量反猶書籍，從而增加了他的種族偏見和對猶太人的仇恨。他曾說：他發現任何放蕩淫穢的事情，諸如賣淫和販賣女人等，大部分都是猶太人幹的。「當第一次，我認識到猶太人是這個大城市中的渣滓堆裡進行這種令人惡心的罪惡交易的冷酷心腸、恬不知恥、孜孜為利的主使者的時候，我不免感到一陣寒噤。」[2] 當時，希特勒直

言不諱地詛咒：粗野的猶太人誘姦天真純潔的基督教女性，從而玷汙了她們的血統。後來他在《我的奮鬥》一書中居然寫道：「可惡的長著 O 型腿的猶太狗雜種誘姦數十萬女郎」。魯登道夫·奧爾登曾研究說：希特勒反猶主義的根源之一可能是他在性方面的壓抑嫉妒心理，雖然他年齡已經 20 出頭，根據已知的材料，他在維也納時期從來沒有和女人發生過任何關係。在這種情況下，看到美貌的雅利安女孩投身於經濟條件優越的猶太人的懷抱，就不能不激起希特勒對猶太人的嫉妒和憤恨。這也是造成希特勒性取向變態的原因之一。

當時歐洲瀰漫著一種普遍的仇猶情緒，主要原因是因為民眾中有一種普遍的觀點，認為散居在歐洲各國的猶太民族把持了金融、貿易和生產界的重要地位，生活富裕，平生了妒忌之心，更有了反感之意。他們認為這些外來者搶了本國人的飯碗，理應全部趕出去。在德國，更有人把一戰失敗之因歸結為猶太人的存在與「搗亂」，更應徹底驅除。希特勒就是其中的激烈分子之一，他作為士兵參加了一戰，在前線中了毒氣而昏迷，醒來後在休養過程中，經過自己狹隘的思考，形成了徹底的反猶政治立場。這在其所著《我的奮鬥》一書中，就有明確的表白。今天來看，我們不能排除中毒對他大腦的損害和影響，使他形成了偏執狂的人格，比較變態的性取向，變成了一個輕度的精神病患者。然而，他的反猶思想和行動，在當時的德國，適應了許多人的思想觀念的需要，擁有大量的擁護者，這就是以他為首的納粹黨確立滅猶主張的思想根源所在。

1939 年 1 月 30 日，希特勒在向國會發表的演說中聲稱：「今天我敢於再作一次預言，倘使歐洲內外的國際猶太金融勢力能夠使各國再一次陷入一場世界大戰的話，那麼，其結果絕不會是全世界布爾什維克化和隨之而來的猶太人的勝利，而是歐洲猶太民族的徹底消滅。」[3] 在這裡，他一是把戰爭的罪行歸結為猶太人，二是明確無誤地暴露了他滅絕歐洲猶太民族的罪惡計劃。直到臨死前幾十小時，他在寫作最後的遺囑時，還對猶太人進行了最後的惡意謾罵，說他所發動的戰爭是猶太人所引起的，現在斷送了他和第三帝國。在他的領導和影響下，大批深受納粹思想蠱惑的德國人，成為執行希特勒屠猶政策的劊子手，並且自甘墮落，反以為是，絕無絲毫的懷疑和醒悟。

五　暴行篇

二戰期間，約有 600 萬猶太人死於希特勒及其納粹黨之手，事實說明了德軍大屠殺罪惡根源之所在。

王昌沛先生在其所著《希特勒瘋狂屠殺猶太人原因透析》[4]一文中，研究歸納了希特勒反猶的原因，有以下五點：

1. 千年以來歐洲反猶主義傳統思想的影響，人們習慣於把一切壞事和罪惡都歸咎於猶太人。

19 世紀歐洲的一些反動思想家，如菲希勒、尼采、戈比諾等人，製造了「超人」、「種族主義」等理論，而希特勒正是受到了尼采宣揚的「超人」思想的影響，他所鼓吹的「日耳曼種族優越論」又賦予反猶暴行以新的政治內容。希特勒在其當政時期出版的《尼采與民族社會主義》一書中宣稱：「我們感謝尼采從北方—日耳曼文化出發，對威脅生命價值的猶太人的認識！在『貴族道德』（日耳曼人道德）與『奴隸道德』（基督教道德）鬥爭的背後，必然預示著北方種族反對猶太對立種族的世界鬥爭。」[5] 他們認為：條約、人類的道德對於主宰種族和「超人」是沒有任何約束力的，因為他們是超越法律與人性的。希特勒及其納粹黨就是根據這種理論，以最殘酷、最野蠻的手段建立起集中營來屠殺千百萬猶太人，他認為只有透過殘暴野蠻的獸性活動，「最高貴的民族才能成為世界的盟主，才能為萬國所擁戴。」[6]

2. 納粹黨種族主義理論的實踐。

希特勒以極端的民族主義、種族主義作為納粹意識形態的核心內容和法西斯暴行的理論依據。他們的種族主義理論認為，世界歷史不是階級鬥爭的歷史而是種族鬥爭的歷史，日耳曼人是地球上最高級的種族、世界歷史的創造者，猶太人則是世界的破壞者，是劣等種族，應該驅逐或滅絕。德意志人則是日耳曼人的核心。希特勒宣稱為了保持和發展人類的文化，日耳曼人必須保持自己血統的純潔性，如果放棄純粹血統而陷於種族混雜之中，就會喪失自己優越的權利、地位和創造文化的能力，「人類不會因為戰爭的失敗而滅亡，而是由於血統混雜、種族墮落以致喪失抵抗力而滅亡」，「對於人類劣等民族猶太人和斯拉夫人，他們是引誘雅利安人墮落而使人種水平下降的罪魁禍首，因此，雅利安人應當奴役他們、征服他們、折磨他們，使他們對

日耳曼人不敢正視。」[7]「對待被征服種族，應比對待野獸還要殘酷，應當首先讓被征服者拉犁，然後才讓馬拉犁。」希特勒狂熱號召說：「創造者，堅強起來！搶吧、燒吧、殺吧！絕不要對被你們奴役的劣等種族發生一絲一毫的憐憫，儘量把苦頭給為你們服苦役的人去吃，這樣才能表現出『超人』應有的偉大氣魄，要創造『超人』，創造英雄的種族，沒有鬥爭、痛苦、忍受以及對弱者的傷害，是不能實現的。」[8] 根據這種極端的種族主義的「理論」的要求，納粹黨便把選擇和保存德意志民族最「優秀」分子以及淘汰劣等種族視為己任，在二戰時期犯下了滅絕猶太人和奴役其它民族的滔天罪行。

3. 鞏固納粹獨裁統治的政治需要。

希特勒是透過陰謀活動由興登堡總統特別授權上臺執政的，並不具有通常的符合法律的地位。為了建立起納粹黨專制的法西斯集權體制，他利用當時整個德國社會因戰敗而飽受戰勝國凌辱、民族主義情緒熾烈的情勢，以德國的生存和發展正受到日益嚴重的威脅為藉口，把猶太與馬克思主義學說聯繫起來，尋找鎮壓的根據。他大肆攻擊「猶太人」的馬克思主義、布爾什維克黨和社會民主黨，用以轉移國內人民的鬥爭視線，達到鞏固獨裁統治的目的。希特勒在其《我的奮鬥》一書中，指出：「猶太人創立了馬克思的學說……馬克思能夠用政治家的眼光認識這腐敗世界中的主要毒物，用了巧妙的方法去提取而製成濃厚的毒液，用以迅速地去毀滅世上一切自由獨立的國家。馬克思之所以如此，那是為了謀猶太種族的利益而已。如果德國有朝一日覆滅了，那麼，受布爾什維主義的魚肉自然是毫不困難的。猶太人的目的，便是使德國國內的民族互相鬥爭，希望德國在經濟上永遠衰落，在政治上完全淪為奴隸。因為這緣故，猶太人便竭力滅亡德國。」[9] 希特勒還把馬克思主義胡說成「猶太學說」，是造成德國內外交困的根本原因。希特勒給德國因戰爭和革命而感到前途暗淡的小資產階級所身受的不幸做出了一個簡單的解釋：「猶太人」、「凡爾賽和約」和「十一月罪人」是萬惡之源。希特勒認為：德國戰敗而接受民族最大恥辱的《凡爾賽和約》是馬克思主義的猶太人出賣的結果。共和國政府是由「馬克思主義的猶太人組成的，猶太人所操縱的民主國家已經成為德國民族的禍根」。「馬克思主義之終極目的在於摧毀一切非猶太民族的國家。」希特勒宣布：「吾黨之運動則在消滅馬克思主義並與

猶太人勢不兩立，實無通融之地。」[10] 按希特勒的邏輯，屠殺猶太人也就成為天經地義的事了。

4. 掠奪猶太人財產、建立侵略擴張政策經濟基礎的需要，發動戰爭的經濟需要。

居住在德國的猶太人在希特勒執政前約占德國人口總數的 1%，但他們在德國各行業特別是在金融業等國民經濟核心行業中卻占有重要地位。許多大銀行、大商店、大工廠都由猶太人經營。猶太人聰明能幹，資金實力雄厚，在自由職業崗位上也占優勢。如柏林市的醫師中，猶太人占 52%；法蘭克福城的律師中，猶太人占 64%；許多著名的科學家、文學家、藝術家等，也都是猶太出身。希特勒對猶太人在德國社會各界的地位和影響，特別是猶太人在德國經濟領域的領先實力極端仇視。在《我的奮鬥》一書中，希特勒曾說道：「他們的經濟關係，差不多包括了整個帝國的全部，一切真正的偉大企業，差不多完全在其掌握之中，凡是主要的專家和職員，多是屬於他們的。國外的貿易完全是由他們經營的。如果德國再衰落的話，對總攬國際金融的猶太人是有利的。猶太人的用意，那是十分明顯的，就是想要德國赤化，就是摧毀德國民族的智力，並竭力借猶太人所操縱的世界金融，來摧殘德國勞工的勢力，作為擴張猶太政府世界計劃的第一步。」因此，納粹黨的政治目的就是要把猶太勢力從德國社會各界排擠出去。

1933 年 4 月 7 日，納粹政權頒布的文官法規定：凡父母或祖父母信仰猶太教者，即為非雅利安人。而非雅利安人不得充任德國文官。此後，猶太人幾乎被排斥在德國公共生活之外。猶太出身的法官、律師、醫師、教授、演員被免職。猶太人的資產被沒收，猶太工人失業。1938 年，德國在倫敦和世界猶太人組織磋商，提出了一項猶太人有秩序地遷居國外的計劃：德國將沒收估價為 15 億馬克的猶太資產用作外遷經費的保證金。[11] 在希特勒上臺後，當德國面臨經濟困難時，為了擴軍備戰、討好壟斷資產階級、減少競爭對手，以希特勒為首的納粹政府開始掠奪猶太人的財產，把大批猶太人驅逐出境，不准攜帶巨款，衝鋒隊員搶劫猶太商店，以致發展到「從肉體上消滅

猶太人」，這些舉動在一個方面就是為了增加軍費開支的來源，消除猶太人的經濟勢力。

5. 與日本法西斯相同的侵略擴張和稱霸世界的政治目的。

希特勒上臺以後曾經做過這樣的論斷：德國46萬平方公里的土地要養活6200萬人口，這是不行的。在希特勒看來，解決問題的辦法不能借助於向外移民，移民會使優等種族受損；也不能靠限制生育或墮胎，限制生育或墮胎會奪走健康兒童的生命；提高國內糧食產量或進口糧食，均非長久之計。唯一的出路便是實行對外擴張，必須依靠「劍」的威力去奪取「生存空間」。於是，希特勒便把奪取生存空間和肉體上消滅猶太人結合起來。他說：民族社會主義的任務就是以發動流血的侵略戰爭來保證日耳曼民族在地球應獲得的領土，「當吾人今日談及在歐洲新領土的問題，必先想到俄國，今天的俄國統治者是身染血汙的罪犯，人類的敗類，尤其不能忘記俄國已被無國籍的猶太人所完全統治。」[12] 為了消滅猶太人及其統治下的蘇聯，必須發動爭奪「生存空間」的戰爭。

以上的總結，可以說是審察了希特勒與德國法西斯對猶太人進行大屠殺等一切暴行的基本的罪惡動機。那麼，在與歐洲歷史地理環境和人文傳統完全不同的亞洲，日本軍隊為何要在中國各地尤其是在占領後的南京，對中國平民和失去抵抗力的軍人實行大屠殺呢？多年來，中外學者們對此也進行了廣泛的研究，取得了大量的研究成果，集中起來，基本上可以歸納出日軍施展暴行有下列三個方面的基本原因：

第一，日本民族的性格特徵。

日本民族自古以來因封建天皇制度和長期軍閥政治的影響，形成了崇拜強者鄙視弱者的觀念，他們崇拜盛開之後即刻凋謝的櫻花，推崇靠武力行天下的武士，對征服弱者充滿快感，在強者面前又顯得十分恭順。一方面，他們善於學習別的民族的優點，消化吸收，改良補充自己；另一方面他們又因狹隘的島國地理環境形成的封閉心理，缺乏寬容與大度。種種特徵造就了他們在戰爭中的行為特色，以海盜式的屠殺與掠奪為特徵，企圖以暴力達到征服的目的。另外，又因島國環境的影響，土地與資源的缺乏，使他們生成了

知非文集：民國初年祕辛研究
五　暴行篇

比較嚴重的生存危機感，時時刻刻盤算著如何透過「開拓萬里波濤」來擺脫這千年的憂患，在海對面的大陸上謀得一塊永久的生存之地。對外侵略的動機是長期、明確而牢固的。

近代以來，日本透過「明治維新」，實現了社會的改良，國力增強，為其對外侵略創造了條件。而中國則相反，近百年來衰落的封建統治和帝國主義的侵略掠奪，造成了中國的積貧積弱，廣闊的土地與豐富的資源，使強鄰垂涎。故日本對於中國，從歷史上的敬仰學習逐步就變為蔑視與侵略。幾千年來日本在中國學習到了不少的東西，然最主要的一點，他們到底也沒有學會中國墨儒諸家傳統的非戰、平和、寬容的美德。再者，日本社會封建統治等級森嚴的習俗和客觀生存條件對於其社會集體化努力的需要，形成了他們漠視個人價值重視社會團體利益的習慣，社會生活對於個人的環境壓力很大，尤其對負擔主要社會責任的男子，壓力尤重，於是一旦有機會就造成了他們放縱自己以釋放壓力的契機。日本社會保持了男尊女卑的傳統，對女子是輕視的，從根本上來說社會的主流意識認為女子是要服從並服務於男子的，在兩性關係上完全是以男人為主，男人視女人為玩物，各種對女性的玩弄與虐待方法即使是在現代日本也是司空見慣的，以至於造成日本變態色情業的長盛不衰。這些特徵，造成了以社會中下層男子為主的日本軍隊，在對華戰爭暴行中的各種大規模虐殺和姦淫婦女，製造出各種變態暴行的社會根源。

第二，日本當局在侵華戰爭中「膺懲」中國人的政治需要。

近百年來，中日關係因日本不斷侵華而處在緊張對立狀態。日本軍政當局為了侵華的政治需要，一方面對中國進行全面縝密的偵察和有意識的挑撥離間，他們蒐集中國各類政治、軍事、經濟乃至地理資源情報，進行仔細的研究，利用中國社會政治中的一切矛盾進行分化瓦解，準備發動侵華戰爭；另一方面在日本國內大肆進行對中華民族的鄙視仇恨宣傳，向民眾灌輸日本為了生存和尊嚴，必須侵略和占領中國的觀念。在日本社會中播下仇華蔑華的種子，這一切使得日軍官兵在基本的觀念上充滿了對中國人的蔑視和輕慢，他們從心裡認為中國人是劣等的民族，只要他們敢反抗日本，那麼就應受到任何懲罰，即所謂的「膺懲」。他們認為對敢於抵抗的中國人怎樣做都不過

分。一個參加過南京大屠殺的日本兵宮本在 1937 年 12 月 16 日寫給家人的信中說，「我們得到了中國的首都，也得到了首都的女人；這是個沒有出息的民族，五千年的歷史，對他們來說沒有什麼用；只有建立大東亞共榮圈才有希望。」[13] 由此可見，軍國主義的毒素已經侵入了日軍官兵的骨髓。另一名曾在中國山西作戰的日軍老兵近藤一，最近在對前來採訪他的記者說：「從小老師就教我們，大和民族是最優秀的民族。因此，當時我覺得怎麼樣對待這些身為劣等民族的中國人都不為過。現在回想起來，我犯下的罪行 100 年也償還不清。」「說著說著，老人的臉便抽搐起來」。近藤一的良知，是他後來在沖繩島撤退的時候，親眼目睹了被捲入戰爭中的幾百名日本平民的屍體，其中有被炸得支離破碎的屍體，有與母親失散而哇哇大哭的嬰兒，這些對於日本人的切膚之痛，讓近藤想起了他在中國的所作所為。「我在中國所做的一切在沖繩重現，那個場面就像地獄。」已年過八旬的近藤，現在一有空就會回到山西懺悔當年犯下的罪行。因為沖繩戰場上，像螞蟻一樣被殺害的日本人，讓他突然意識到，中國人是和他們一樣有血有肉的人，當年在山西屠殺中國民眾同樣是罪惡行徑。[14]

近代以來，日本視侵華為其戰略目標，一切的行動都以此為目的。為了順利地吞併中國，他們注重所謂歷史的經驗總結，有報導評論說：日本人總結了中國歷史上元、清兩朝蒙古和滿族人占領中原的經驗，認為對於敢於反抗的漢族人，只有一個「殺」字可以威懾住，「揚州十日」與「嘉定三屠」是鞏固征服者外來統治的有效手段。因此，日本要占領中國，也只有對中國人大開殺戒。這種謬論居然成了他們在中國各地製造駭人聽聞大屠殺的「理論指導」。從「八一三」戰役後期日本軍界首領狂妄叫囂要「膺懲」中國人的歷史事實來看，我們對於這種謬論是可以寧信其有的。

第三，對於中方奮勇抵抗侵略的瘋狂報復。

第二次中日戰爭開始以後，日本軍方對於中國方面的激烈抵抗表示出乎意料，特別是在「八一三」淞滬戰役中，中方的主動抵抗和決戰勇氣，打破了日軍「三個月解決中國事變」的吹噓，令日方有措手不及之感。當他們被迫一再增兵上海，最後在突破中方防線後，一種被「侮辱」後圖謀報復的心

理油然而生。1937年11月19日，日本華中派遣軍在攻占上海之後，決心廢除原定「指令線」的限制，乘勝追擊，攻占中國首都南京[15]，其中就有圖謀報復中國人抵抗的因素在內。在這樣的情況下，南京城破之後，日本軍隊為了洩憤和以屠殺來威嚇中國民眾，消弭其抵抗意志，實行大屠殺與大破壞，就是必然的事了。戰後日本右派有人說南京大屠殺的原因之一是中國人對日本軍隊的激烈抵抗造成的，這種藉口之荒謬簡直不值一駁，天下哪有遭到外敵入侵而不能抵抗的道理？

上述三方面的原因，是侵華日軍製造南京大屠殺和在中國各地犯下無數駭人聽聞的暴行的基本因素所在。

從兩者的對比來看，德國法西斯要殺猶太人是出於他們荒謬的種族仇恨，而日本人在中國的暴行則是發洩與鎮壓，兩者的共同點都是把屠殺與暴行作為他們實現稱霸世界野心的必需手段，而不同點則是在屠殺與暴行上的手段與方法存有區別。

二、德日軍隊屠殺與暴行的規模、手段與方法比較

1. 屠殺暴行的規模的比較

比較德日軍隊的暴行，我們可以發現，兩者有其基本的共同點，屠殺的規模都很大。

第二次世界大戰期間，納粹德國給歐洲及北非各國人民造成深重的災難，被納粹分子血腥屠殺的和平居民即達2500萬以上，其中僅僅集中營和滅絕營的死難者即達1200萬人，另有900多萬平民死於戰火、奴隸勞動、饑餓、寒冷與疾病，其中猶太人580多萬，波蘭人250多萬，吉普賽人52萬，以及10萬多名難以治癒的德國精神病人。另有蘇軍戰俘173萬被蓄意殺害。1941年10月德軍在塞爾維亞製造的克拉古耶瓦茨大血案和1942年8月在蘇聯克里米亞的塞瓦斯托波爾進行的大屠殺可以作為例證。經過大屠殺之後，歐洲猶太人銳減了三分之二，其中西歐的猶太居民被殺害了40%以上，東歐的猶太居民則被殺害了接近90%。1938年，即第二次世界大戰爆發的前一年，歐洲人口總數為3億9060萬人，而戰爭結束的1945年，除蘇聯外，歐

洲人口總數為 3 億 8090 萬人。如果沒有戰爭，根據以往的出生率和死亡率，6 年間歐洲總人口本應淨增 1200 萬人，而實際上淨減少了 1000 萬人以上，加上蘇聯損失的 2800 萬人，歐洲總人口損失了 4600 萬人以上。這在歐洲歷史上無疑是一場空前的劫難。[16]

在當時德國 8000 多萬居民中，儘管大多數公眾對納粹的暴行採取了沉默的態度，甚至有相當一部分人曾經狂熱地擁護過納粹，但畢竟不應由他們承擔戰爭的主要責任。應當對戰爭罪行負責的只是納粹分子——他們僅占德國總人口百分之十一，亦即 800 多萬名納粹黨員及附屬組織成員，上百萬名黨衛軍官兵和祕密警察，數萬名涉嫌直接屠殺和平居民的國防軍官兵。而這些人中的大多數罪行較輕，真正應對戰爭罪行負主要責任的，乃是其中的決策者與骨幹分子以及積極參與者，亦即戰爭罪犯。戰後，美國、英國、法國、蘇聯、波蘭、南斯拉夫等盟國將造成上述罪行的納粹劊子手列入了戰犯名單，進行了廣泛追捕和大規模的審判。[17]

比較德軍的暴行，日本法西斯則有過之而無不及。自 1931 年九一八事變開始，日本侵華 14 年，在中國屠殺了上千萬的中國人，直接間接死於這場戰爭的中國人民達 3500 萬以上，如果再算上中國在和平條件下理應增加的人口數，這個損失數字就巨大了。另外，日軍還在朝鮮及太平洋、東南亞各地屠殺了上百萬的平民與戰俘，譬如，1942 年初日軍占領菲律賓後，強迫大批美國與菲律賓的戰俘，在沒有水和糧食的情況下，頂著高溫和烈日連續強行軍 100 多公里，造成了「巴丹死亡行軍」慘案，沿途死亡的戰俘達 1.6 萬餘人，在聖費爾南多，倖存者又被滿滿的塞入卡車，許多「年輕人在你面前窒息而死，他們站立著死去。」最後抵達奧唐奈集中營時，戰俘們死亡數達 2.3 萬人。[18] 但因日軍在所侵略各地暴行的普遍性和隨意性，具體的數字無法計算清楚，又因戰後東方國際政治的複雜因素，伴隨對日本戰爭罪行的清算不徹底，日本軍隊在二戰中大屠殺的罪行實際數字，遠不如對德軍罪行統計得那麼清楚。在最大的受害國中國，由於戰後很快陷入國共內戰，這項工作沒能持續進行；在朝鮮及東南亞各國也沒有徹底搞清楚。如果就單純的數量來比較，是無法衡量對比的，況且這種統計在德日兩大侵略者的屠殺暴行超出百萬規模之後，其界定性意義也就不太突出了，因為他們都已成為歷

五　暴行篇

史上聞名的劊子手。誰殺人更多，罪孽也更重，同時，退一步說，就是屠殺量相比之下少者，也絲毫不能減輕其罪責。

　　除了日本人以外，大多數的人對於日軍大屠殺的事實詳情是毫不懷疑的。1937年11月，日本占領上海後，對中國首都發動了大規模的攻擊。12月13日南京淪陷後，日本人便展開了一場世界歷史上前所未見的殘酷暴行。成千上萬的中國男子被集合起來驅趕到市郊，或遭機關槍掃射倒地；或被日軍當作肉靶，用來練習刺刀；或是在身上澆滿汽油，活活燒死。日軍還拿中國人進行斬首比賽。數月下來，城內屍橫遍地，南京已成人間地獄。據「遠東國際軍事法庭」專家估計，自1937年底到1938年初，在南京有超過26萬平民死於日軍手中，加上被日軍殺害的放下武器的中國軍人，這個數字至少超過30萬人。殺戮的規模史無前例。一位歷史學家曾經估算，如果讓所有南京大屠殺的死難者，手牽著手，長度可以從南京到達杭州，延展距離約兩百英里長。他們身上的血共重達1200噸。屍體可裝滿2500節火車車廂。如果把這些人一個個疊起來，將達74層樓高。光看死亡人數這一項，南京大屠殺的規模，就遠遠凌駕於歷史上許多最野蠻的行徑。相較於歷史上羅馬人在迦太基屠殺15萬人的暴行、突厥征服者帖木兒1398年在德里殺害10萬名囚犯，並用這些囚犯的顱骨在敘利亞建造兩座尖塔的醜行，日本軍隊有過之而無不及。西方人士只知道希特勒屠殺了600萬猶太人，然而，這些死亡人數是在好幾年之中逐漸累積而成的，而南京大屠殺卻是集中在幾個星期之內，即使是從歷史上最具毀滅性的戰役標準來看，南京大屠殺都可算是大規模趕盡殺絕的最慘的例證。如果要比較南京大屠殺的相對規模，我們可以再看看其他一些數字，作為戰時中國的一個城市——南京的死亡人數就超過了一些歐洲國家在整個戰爭期間平民的總死傷人數：在二戰中英國總共失去61000人，法國損失108000人，比利時101000人，荷蘭242000人。當時空中轟炸是造成大毀滅最恐怖的武器之一，然而，即使是其他戰場上最猛烈的空中攻擊，都無法超越日本人對南京的蹂躪。南京大屠殺的被害人數還超過了美國轟炸東京8萬至12萬的死亡人數；甚至超過了1945年底遭原子彈轟炸的廣島、長崎兩座城市各為14萬人及7萬人的死亡人數之和。[19]

每當看到日本每年對原子彈爆炸遇難者的隆重悼念，人們怎麼不會想到，當時在南京城裡，曾有更多的平民慘死在這些「原爆被害者」國家軍隊的手中？而且死得比原爆遇難者還要慘百倍？日本人為何不為他們舉行悼念式？當南京城淪陷後、當珍珠港事件發生後，日本舉國上下都熱烈地進行了慶祝活動。東京、大阪、橫濱、京都和奈良等地彩旗飛舞，連續三天三夜遊行慶祝。人們奔走相告，交相讚頌，全國沉浸在一片歡慶的海洋之中。在皇宮外參拜的人群如山如海，絡繹不絕。男人們手舉日本國旗高呼「天皇陛下萬歲！」婦女也身著盛裝，前來祝賀，向皇宮深深鞠躬。看看當時日本報紙的狂熱報導吧！[20] 這時候，日本人怎麼不想到有那麼多正死在他們的炸彈、刺刀、槍口下的無辜者？怎麼沒想到為侵略犯罪暴行歡呼終究是要付出代價的？廣島、長崎的兩顆原子彈的爆響是什麼？它不是美國在侵略日本，而是代表全球千百萬被日本軍隊殘殺的無辜的靈魂，在向加害者殺人狂討回公道！殺人者必須償命！

2. 屠殺暴行實施對象的比較

在暴行的實施對象方面，德國軍隊有一特徵，就是他們主要是有計劃地屠殺猶太人和以暴力來鎮壓各地反抗組織與反抗者，對被占領地區的不反抗的平民，一般情況下較少以動輒大殺大燒的方式來進行威懾，當然在德國法西斯的暴政統治下，被冤殺的平民也有許多，但大規模的屠殺並非十分普遍；而日本軍隊則不然，在中國淪陷區，日軍每到一地，必然殺人，而被殺者絕大多數是平民，而且他們的胡亂殺人充滿隨意性，是一種發洩甚至是取樂的手段，這是歷史的事實，例證舉不勝舉。另外，日軍有著絲毫不顧任何影響的暴虐習慣，為了達到目的，他們可以隨便進行大規模的屠殺，真正的是殺人不眨眼。

在前南斯拉夫電影《瓦爾特保衛薩拉熱窩》中有這樣一個情節，當德軍利用被殺害的游擊隊員屍體，引誘鄉親們前來認領再加殺戮時，眾人在地下黨的鼓動下，數百人一齊默默走向前來。這時，德國軍官眼看目的無法達到，便對部下下達了「立正，向後轉，齊步走」的命令，在悲壯的伴樂聲中，德軍撤退了。每當看到這裡，人們一方面佩服南斯拉夫人民的英勇，另一方面

知非文集：民國初年祕辛研究
五　暴行篇

也看到了德軍與日軍在這一點上的不同。因為人們自然會想到，如果這一幕情景發生在中國占領區，那麼，司空見慣的和可以預料的是，日本軍官會下令開槍，一陣狂射之後，又一場慘絕人寰的大屠殺是不可避免的，外帶的還要燒房毀物。請看鐵證：

1941年1月25日，日軍在河北省豐潤縣潘家峪村包圍了一千多村民，逼迫他們講出八路軍的去向，人們拒絕回答，日軍便開始殺人。他們先用汽油燒死了30餘人，並在人群中拉出30多名婦女，公然強姦後燒死，並將一名孕婦剖肚，胎兒掉在地上，暴行之惡，令人髮指。當日軍得不到情報後，便大開殺戒，將一千多村民集中到院落中，日軍軍官佐佐木說：「為了日中親善，到村中大院有一齣好戲給你們看」。結果他們用機槍對準人群瘋狂掃射，並在預先鋪好澆上了汽油的大量柴草上放火，把1200餘人全部殘殺，整個村莊全部燒毀。這就是日本軍隊對中國人的「親善」！[21] 在日軍眼裡，哪有國際公法？哪有戰爭公約？哪有一點人性？

在潘家峪慘案中還有一個令人嘆息的故事。在抗戰中，眾所周知的八路軍政委聶榮臻將軍在百團大戰中善待兩個在戰場上被救出日本孤兒，並把她們送回了日方。當時這一幕體現中國軍隊人道主義的生動場景，被八路軍的戰地記者拍攝下來，留下了千古傳頌的佳話。但是，這個戰地記者後來卻瘋了，刺激他得病的原因，就是在潘家峪戰鬥前，他所在的小部隊燒了一鍋開水準備做飯，得知日軍進村的消息後，他們立即撤到村外，等日軍走後，他們回到村內，所看到的是慘絕人寰的一幕，兩個中國幼兒被日軍煮在那口開水鍋裡，其中一個就是部隊幹部的兒子，而他年輕的母親全身赤裸被挑死在門口！對比中國人的善待日本兒童，日軍獸行造成的巨大的反差怎能不令人發瘋！[22]

又據日軍老兵近藤一的回憶，1940年，他跟隨日本陸軍獨立混成四旅獨立步兵第十三大隊，開赴中國山西省的遼縣（現在的左權縣），與抗日的八路軍作戰，那裡是日中戰爭的最前沿。近藤說：「我不得不正視自己在1945年以前那4年裡，在中國大陸都做了些什麼。」到達遼縣後，日軍新兵接到的第一個上級命令，便是進行用刺刀刺殺中國人的訓練。訓練的靶子，就是

兩個被反剪著雙手綁在木桿上的中國俘虜。近藤說：「接到教官的命令，我們就衝上去向準那人的左胸刺下去，刺刀刺進了他的胸膛。那一瞬間，我的腿突然停止了抖動，就像拿筷子插進豆腐裡一樣，毫無罪惡感。和我同一個部隊的老兵們，樂於在山間的村落裡尋找年輕女性，然後集體輪姦她們。在一場「討伐戰」中，他們還讓一名被輪姦過的、剛剛分娩的年輕母親，渾身上下只穿一雙鞋子和我們一起行軍正路。也許是為了減輕行軍中的負重，行進中一個老兵突然奪過母親懷抱裡的嬰兒，狠狠地拋到了山谷裡。母親撕心裂肺地哭喊著，也追隨嬰兒跳進了山谷。士兵們看到這一幕，都高興得哈哈大笑起來。而這，就發生在我的眼前。」各位讀者，日軍士兵還算是人嗎？

近藤也曾為了搞清楚一發手槍子彈能穿透多少個人，找到了10名中國男性，讓他們前胸貼後背地排成一列，用槍抵著第一個人的後背扣動了扳機……屍體被扔到了豬圈裡。日本兵還用刺刀拉開孕婦的肚子，削掉老人的耳朵。在這場望不到邊的拉鋸戰中，日軍部隊日日夜夜重複和繼續著他們殘虐的暴行……[23]

「事實上，日軍的在華暴行遍及大半個中國，屠城、屠鎮、屠村慘案之多，罄竹難書。日軍屠殺暴行，幾乎貫穿日本侵華戰爭的整個過程，而且是在軍官指揮下，有組織的行動。日軍每攻陷一城一池，一般是四面設防，關起城門，逐戶搜尋中國平民百姓，或當場屠殺，或集體屠殺。日軍所到之處，必是以屠殺開始，焚燒房屋後撤走，這已成為日軍各部隊對待和平居民與城鎮的行動準則。何以如此？答案只有一個，日軍這些公然違反國際公法的犯罪行為，是完全得到日本最高當局的認可與默許，是出於日本軍方首腦機關有組織有計劃的安排。」[24]

對於日軍在中國戰區各地這樣普遍存在的暴行，中國人已經數不勝數非常熟悉了，因為日軍向來就是這樣做的！如果說德日軍隊在實施暴行上還有區別的話，這就是兩者的差別所在。

另外，我們可以看到，德國人的無恥暴行會在一個個監獄中發生，因為那裡是他們為所欲為的場所，他們可以按照既定的方針對猶太民族實行滅絕性的屠殺，但在歐洲一般的占領區，對普通的百姓，要實行放肆的屠殺，德

軍可能還有某種顧忌。其中，德軍官兵所受的教育形成的素養也有一定的約束性影響，他們不太習慣於隨時隨地的大規模瘋狂殺人施暴，把他們的占領地變成人間地獄；而日本人則不是這樣，他們在中國、在印支半島、在南洋各國，要殺要奸，隨心所欲，什麼國際公法，什麼人道主義，根本不加考慮，一切以自我放縱「揚皇軍之威」為目的，日軍表現如同中世紀的野蠻人，有過之而無不及。

3. 屠殺暴行手段與方法的比較

日本軍隊在實施屠殺暴行時，不只把人處死，而且要在被害人死亡之前盡可能地讓他（她）飽受痛苦，進行窮兇殘極的虐待，以圖從中得到快樂，這是日軍殺人方式的一大特點。因此，他們殺人時的各種殘暴景象觸目驚心，令人作嘔，使人發狂。甚至於幾十年後，看到記載日軍暴行的文字，依然使人慘不忍睹。

日軍在攻破南京城時，曾對城內殘餘南京守軍抵抗力量許諾，放下武器將給他們留下活路！於是有大量的國軍士兵放下了武器，換來的是什麼呢？是活埋、是挖心砍頭、是絞殺、是虐殺、是用來給日兵練習刺殺……日本在其侵略中國的70餘年中所犯下的罪行，罄竹難書。他們割占中國土地，勒索戰爭賠款，奴役中國人民，搶劫財產，燒毀房屋；姦淫婦女，上至老婦，下至幼女，無一倖免；割去婦女的乳房，用刺刀插入婦女的陰戶，挖出孕婦的胎兒；刑訊中國革命志士，槍斃無辜；對中國人進行集體活埋，或挖眼，割鼻，活體解剖無所不用其極，給中國造成無比深重的災難和恥辱。

我們知道，在實施屠殺的手段方面，德國法西斯軍隊也有許多極端的殺人辦法，除了集中和分別的槍殺，最主要的還是關入毒氣室的大批屠殺，以及做活人實驗等，最典型的是在奧斯威辛等各個集中營內的殺人場所，德軍無所顧忌地實行他們的大屠殺；但與日本軍隊相比，在殺人手段方面，他們就是「小巫見大巫」了。據中國社科院卞修躍研究員的統計，日軍在中國實行殺人的方法有250餘種之多，其內容慘無人道，集古今中外之殺人大全。僅在南京大屠殺中，就有個別和集體槍殺、用機槍掃射、用炸藥、地雷大規模的炸死、以活人當靶子練刺殺、砍頭、姦殺、燒死、破腹、狗咬、溺斃和

各種虐待致死等等,其方法之殘忍,手段之惡劣,無法用語言來形容。例如,日軍常用的殺人方法之一就是割去人的各種器官來殺害,從耳鼻手腳到男性的生殖器、女性的乳房,凡是人體上凸出能夠被割除的部位,都曾被日軍割去。在浙江農村,日軍厭膩了一般的殺人術,竟然處心積慮地發明新的屠殺方法,他們把數根碗口粗的毛竹拉彎,把中國農民綁在中間,然後砍斷繩索,竹子巨大的彈力一下把人拉裂成多塊,殘肢內臟掛在竹梢拋灑一地。日軍在一旁瘋狂取樂,真是禽獸不如!這種暴行真是曠古未聞,令人髮指!日軍的劣行除了殺人外,還有一重要的目的就是為了取樂,他們把中國孩子倒插在水田裡悶死,還曾把中國人用鹽醃、水煮而死[25]……以此來給士兵們發洩獸慾,緩解戰鬥的壓力。在東北、山西、華南等地,他們還縱容、命令士兵們煮食被害人的肉體和內臟,用來洩憤和「練膽量」。這種獸行習慣一直被日軍帶到南洋戰場,號稱「馬來之虎」的日軍師團長山下奉文就曾在馬來吃過人肉。相比之下,我們還沒有聽說過德軍在殺人之餘有命令士兵吃人肉之事。在德軍佔領區,人們能夠常見的是面無表情的德軍排著整齊的隊伍在街道上巡邏,或手持衝鋒槍圍剿抵抗他們的游擊隊,最殘忍的不過是他們四處追捕猶太人,把他們送往集中營以便有秩序的處死,對不服從的當街槍斃。德軍還有加倍殺害佔領區平民以懲罰抵抗者襲擊的記錄(當然日軍也有同樣的記錄)。雖然這一切暴行,除了對人民的戕害外,最明顯的是給四處躲藏的猶太人和一般被佔領區的民眾以巨大的精神壓力,使他們惶惶不可終日,大有末日來臨之感。但無論如何,這比日本軍隊的見人就殺、到處「殺光、燒光、搶光」,強姦虐待無所不為,無人可免的暴行,其方式與程度在客觀上是不是有所不同呢?畢竟,我們可以看到,在德軍佔領下的歐洲淪陷區各國首都,還沒有一個像南京那樣被殘暴的日軍殺成了屍山血海的人間地獄。

以上種種是日軍與德軍不同的地方,它表現的是,同樣作為法西斯軍隊,日軍的野蠻暴行程度比德軍要更深更強,這是客觀事實。請看下列南京大屠殺中的史料:

「敵軍入城,凶如虎狼,自武定門衝入,凡武定門大街居民留守者,男女老幼見則殺害,無有倖免,尤慘者,見婦女先姦後殺,可憐婦女屍體皆裸體,無一著褲,如斯暴行,皆中島部隊所為……」[26]

知非文集：民國初年祕辛研究

五　暴行篇

　　又據日軍自己的記載：在太平門外，門右的一角工兵打了樁，然後圍起鐵絲網，把那些支那軍隊圍在裡面，底下埋著地雷，在白紙上寫著「地雷」，以提醒日本兵不要去踩，我們把抓來的人集中到那裡，一拉導火線，「轟」的一下，地雷被引爆了，屍體堆成了山一樣，據說是用步槍打來不及，所以敷設了地雷⋯⋯第二天早上分隊長命令新兵「刺致命的一刀」。檢查屍體，把還活著的人刺死，我也踩在軟綿綿的屍體上查找還活著的人，發現了只說一句「這人還活著」，接著就有其他的士兵上來將他刺死。刺刀往喉嚨口猛刺下去，血就像水一樣噴射出來，人的臉色「唰」地一下就白了，經常聽到「啊呀」的慘叫聲。[27]

　　據當時在寧的外國記者的親眼所見，南京大屠殺期間，城北挹江門內被殺害者的屍體堆積如山，有5英呎高，「已有數百輛日軍卡車、大砲在屍體堆上開過」。在城南中華門外的外秦淮河，因橋被炸毀，日軍用被害中國人的屍體填入河中以供軍車通過，當屍體堆被壓下陷後，日軍就再用新屍填平，繼續車壓炮輾，其狀之慘，令人欲絕。「離開南京之際，我們最後見到的場面是一群300名中國人在臨江的城牆前井然有序地遭處決，那兒的屍體已有膝蓋高。」[28] 南京城確實已變成了末日來臨的人間地獄！就連當時留在南京的納粹德國使館在給德國國內的報告中也明確無誤地指出「整個日本皇軍就是一個獸類集團！」被納粹官員罵作「獸類集團」的日軍，難道不是世界上最殘暴的軍隊嗎？

　　又據當時參加紅十字會掩埋屍體工作的徐金德老人的陳述：「板橋有一件事很慘，一個國民黨兵打敗仗死了，他的綁腿袋裡面有錢，正在摸的時候，公路上來了日本兵，那個人心狠，他拿起刀，把這條腿砍下後背了就走，這是一條士兵的腿，士兵保不住國土，連自己的屍體都保不全。」[29]「最慘的是一個婦女，蠻年輕的，光著身子泡在水裡，一隻手臂砍掉了，小便的地方插著一把刺刀！我看見的這個最慘，婦女的屍體都是披頭散髮，臉上抹灰，沒有一個穿好衣服的，好的衣服也是故意撕壞的。」[30]「倘有孕婦購米入城，日軍以為其腹部之膨大係藏食米，亦用刺刀刺入腹部，致孕婦當場腹破胎出而死，本人尚目睹有婦人被日軍用刺刀由陰道內刺入，刀尖透出臀後而死。亦有八十歲之老婦人被日軍強姦而死。有令其子姦其母使父在旁觀者。」[31]

戰後南京市民秦李氏呈文說：「時故夫年36歲，體尚健壯，該日軍問曰：爾是否軍人？故夫不懂日語故默然未答，日軍急捉去，先施以酷刑，死而復甦數次，致被刺刀遍體連戳七八，登時氣絕殞命……」[32]

南京市民陳福寶在遠東國際軍事法庭作證時陳述：當南京屠城時，我只是一個十三四歲的頑童，日本軍隊搜到了我，綁在壯丁一起，一共39個人，連續殺了36個人，留了3個沒殺，罰挖坑埋屍首。「一個滿臉鬍子的皇軍嫌我力氣小，挖得太慢，把我身子一抬就摜在地上，我被摜得吐了好幾口鮮血，半死半活的躺在地上。」日本人把那兩個挖洞的殺了，留下了我便揚長走了……[33]

在南京大屠殺中，日本軍隊對其屠殺無辜平民的罪惡行徑是毫不隱諱的，並且絕不把國際公法放在眼中。據在南京大屠殺中死裡逃生的駱中洋回憶，日軍軍官曾公開向被他們圍困住的兩萬多中國平民和放棄武裝的士兵們詢問「想被槍殺還是燒死」？當時他們被趕到三汊河木橋以西數百米的南面河邊，「人靠著人擠在那麼一大塊地方，比我們一個軍一萬多人集合時候占的地方都大，我們集合時隊伍之間還有點距離呢。」很多人都已經意識到自己將要被屠殺的命運，駱中洋說，「他們不想受日軍屠刀之辱，有的用頭撞牆，有的跳入河中自溺而死，有的會游泳，則想從河裡逃生，被日軍射擊而死在水中。」日軍沒有在河邊實施屠殺，而是把人群趕到岸上，這裡是大同麵粉廠的廣場，這時大約是上午9時。一個身材矮小的日軍頭目開始向人群喊話，喊話透過一個翻譯傳出來，讓駱中洋異常氣憤的是最後一句。「現在問你們要怎麼死法？你們是要用機槍掃射、用步槍打，或是用汽油燒、燃燒彈燒死呢？還是用刺刀刺死呢？」「人群中有的嚎啕大哭，有的喊冤枉，哀鳴聲震天。」沒過多久，日軍頭目宣布採用刺刀來殺人，並且馬上開始行動了。他們從人群的前面排頭，每次十個人，用綁腿布綁成一排，押到河邊，用刺刀刺死，屍體倒在河水中。駱中洋離排頭位置只有十幾米，看樣子很快就要綁到他了。「我靈機一動，從人群的前沿很快移動到了最後的排列」……日軍一排一排地刺殺，到下午4時多的時候，「被圍困的軍民已經有70%被殺害，推倒在水中」。正處隆冬，日短夜長，4點多，天就快黑了。而日軍也改了殺人的方式，把剩下的人趕到河邊改用機槍掃射。駱中洋和另外兩個人趁機

挖牆進了草屋，進入隔壁躲了起來，伺機再逃。河邊頻頻傳來機關槍射擊的聲音。

　　三汊河的兩萬人集體屠殺只不過是日軍進城後集體大屠殺的其中之一，南京城的其他地方，江東門、燕子磯、草鞋峽、幕府山等地也發生了幾千人到幾萬人不等的集體屠殺。據國民政府戰後歷時三年調查做出的統計，南京大屠殺中被集體屠殺的一共有 19 萬人，加上在城內外各處的分別屠殺，共計有 30 萬以上的中國人被日軍殺害，這種大規模的一次性集體屠殺，在人類歷史上也為罕見。

　　日軍的這些暴行，是得到了上級軍官的明確命令而犯下的罪惡行徑。英國記者田伯烈（H.J. Timperley）在其著名的記述南京大屠殺的書《外國人目睹中之日軍暴行》中寫道：當時一個在大屠殺中的倖存者向他敘述說，在「他覺得凶多吉少」時，「便向一個態度和善的衛兵表示憂慮，衛兵靜靜地用棒子在地上劃出幾個大字：大人命令。」[34]

　　曾參加南京大屠殺的日軍士兵回憶說：「在城內掃蕩殘留的中國軍人，如果捉到軍官，就綁在楊柳樹上，教新兵射擊及劈刺的方法當活靶，士兵被捉了，就讓他坐在坑前砍頭。我是二等兵，只用刺刀刺中國兵。這樣的事，在城內外連續了十天。……那時，我們在下關，將鐵絲網的鐵絲拆下，用來捆綁捉到的中國兵，每十人綁在一起，架起來澆上油放火燒。那時的感覺，就像殺豬一樣，如此繼續下去，殺人變得蠻不在乎了，因為是奉令行事，也不會感到後悔。也曾經用機槍掃射的，機槍架在山上，左右各一挺，交叉掃射。」「到處的屍體與血腥味，把人的神經都麻醉了。」[35]

　　上述的記錄，在南京大屠殺中多得不可勝數，這裡只能選出一小部分，以供引證侵華日軍的極其野蠻的暴行。

　　在這當中，有一些行徑是納粹軍隊也沒有做出的劣行，當然，這只是兩者在殺人規模方式方法上的差別，而不涉及對其罪惡程度的評價。

　　4. 性暴行、人體試驗手段與搶掠罪惡的比較

除了屠殺之外，日軍比德軍還要惡劣的是他們無處不在的強姦與性犯罪暴行。

在歷史上，戰爭暴行除了殺人外，強姦和其他的性暴行是最常見的現象，因此婦女也是戰爭中主要的受害者。

在歐洲戰場上，德國法西斯軍隊有許多的性暴行，德國及其附庸國軍隊在戰爭中也曾經強姦和虐殺過婦女。但有一點應該指出，這就是出於希特勒「種族優越論」的要求，納粹對於其士兵在戰爭中的性暴行是有比較明確的限制的，但這不是出於正義和人道，而是納粹頭目們擔心其軍隊對所侵略地區的所謂「劣等民族」婦女大規模的強姦與性暴行會混亂「日爾曼民族的血統」，降低他們的「種族優越性」，因此納粹軍隊比較嚴格地限制其官兵胡亂地與別的民族的婦女發生性關係，命令不許強姦。但在客觀上，德軍並未完全執行這一禁令，特別是許多德國的附庸國軍隊，在協助德軍作戰時，曾有許多性暴行發生，這些罪惡帳都算在了納粹頭上。例如，德軍陸軍第197師第235團某連副連長舒爾茨中尉，在蘇聯占領區逮捕了從事地下抵抗的女共青團員卓婭·科斯莫傑·米揚斯卡婭，卓婭堅不屈服，舒爾茨便下令對她施以百般酷刑，並進行了輪姦，還慘無人道地割去了她的左乳，最終將她殺害。卓婭在冰天雪地中半裸著上身被吊死在絞架上的照片傳出後，激起了蘇聯人民的無比痛心與憤怒，紅軍高呼著為卓婭報仇而衝鋒陷陣，蘇聯統帥史達林曾親自下令，凡俘獲殘害卓婭的德軍第235團官兵，要全部槍斃。[36]

除了強姦外，德軍的性暴行主要表現在他們在集中營內拿猶太等民族的婦女做與性有關的試驗。這些試驗並不是出於真正的科學研究目的，而是為了給納粹荒唐的種族理論尋找所謂的「科學」根據，甚至於就是這些醫生本人要進行個人感興趣的試驗。在那種特殊的環境下，他們拿猶太或異族人的身體與生命當作不值一文的對象，隨便地像豬羊般進行宰割，毫無人道憐憫之心。

按照納粹主義的理論，由於以德意志民族為主體的雅利安民族具有非凡的能力和才華，他們具有領導全世界的神聖職責，是不容置疑的統治民族。而猶太民族是世界上最為卑劣、無恥、惡毒、貪婪、淫蕩的民族，他們只能

給世界帶來災難，是必須加以徹底根除的敗類。吉普賽民族的危害只比猶太人稍好一些，可以緩辦死刑；斯拉夫民族不具備任何創造力，只有在雅利安人管理下，才不會對世界發生負面影響，他們中的大多數只配當奴隸。

納粹黨認為：從純潔雅利安種族的需要出發，世界上最危險、最可怕的事情就是種族間的不負責任的混交，德國婦女只要和猶太男子發生一次性關係，她的後代就會全部退化為雜種。因此，納粹的理論家告訴德國的醫生護士，他們的首要任務並不是為病人解除病痛，而是維護德意志民族血統的純潔。因此醫務人員中的忠實黨員應當不遺餘力地完成四大任務：一是確保種族衛生，限制和縮小猶太人和其他各種劣等民族的生存空間和活動能力，最終使用醫藥手段從肉體上消滅他們；二是研究各種科學高效的殺人手段，盡快推進「最後解決」；三是對那些眼下需要他們做苦役的猶太人和蘇軍戰俘、異族勞工，必須實施強制絕育，確保他們不致玷汙德意志民族血統的純潔；四是利用猶太人、羅姆人和斯拉夫人進行新技術、新療法、新手術、新藥品的實驗，哪怕這些劣等種族在試驗中死去。

納粹醫生與科學家進行的活人試驗主要分為兩大類：第一類是服務於種族衛生的醫學試驗。絕育即其中的一項重要內容。30年代以來，納粹政權將絕育作為一種國策加以推行，實施在那些被認為患有難以治癒的重病人群身上。而在戰爭期間，被納粹政權認為不允許繁殖的種族——猶太人、羅姆人和斯拉夫人，在被其占領的領土上為數眾多，使用傳統的絕育方法對付他們，既昂貴又無效率。因此，黨衛軍司令官希姆萊下令大力開展這方面的科學研究，以求發現一種快速進行絕育同時又使受害者難以覺察的方法。國際知名的婦產科專家、黨衛軍少將卡爾·克勞貝格致信希姆萊，稱他可以透過將一種名叫貝母製劑的化學物質注入子宮的手段達到使大批婦女簡便地被進行絕育的目的。由於宮內注射往往是常規婦科檢查的必要組成部分，即使偷換注射液的種類，受害婦女也不易感覺。這樣，一個醫生帶領10名助手，在一日內即可給至少1000名婦女作完絕育手術。元首府辦公廳負責人維克托·布拉克則向希姆萊推薦另一名研究絕育新方法的醫生霍斯特·舒曼。他使用X光照射的辦法對大批男性進行絕育，後來又把婦女也作為絕育對象。這兩名專家均先後在奧斯威辛和拉文斯布呂克集中營對數以千計的男女囚犯進行了反覆

試驗,導致他們喪失生育能力、傷殘甚至死亡。著名的納粹醫生,號稱「死亡之神」的門格爾等人也使用注射新製劑的辦法,對女囚進行絕育試驗。除上述兩個集中營外,布亨瓦爾特、達豪、毛特豪森、弗洛森比爾格、納特茲維萊和貝爾森等集中營的納粹醫生和科學家也利用男女囚犯進行各種方法的絕育試驗。儘管絕育試驗造成男女囚犯大量傷亡,預期的目的也沒有達到,舒曼的方法首先宣告受挫,但沒有一個納粹醫生和科學家停止絕育試驗,一直到第三帝國覆滅。限制非優等種族的人口增長,是納粹黨征服歐洲龐大計劃的核心組成部分。因而,如果第三帝國再延續幾年,斯拉夫人、法國人、義大利人、希臘人等都將成為大規模絕育受害者。同時,納粹醫生們進行的絕育試驗也是為納粹德國的化工與製藥壟斷財團牟利服務的。直至德國戰敗,納粹的人類絕育實驗暴行才告終結。

　　另一名奧斯威辛集中營的納粹醫生科尼,雖然是醫學系畢業,卻並非婦產科專業出身,但他又有掌握人工流產技術的強烈願望。於是,那些女囚中的孕婦就成了他練手的絕好試驗品。1943年6月,他在挑選一批從波蘭克拉科夫來的猶太人時,發現了68個孕婦,這真使他喜出望外。他馬上安排她們住進醫院,從當天起「奮戰」一週,使用不同的方法,給她們全部實施了人工流產,促使她們過早地產下嬰兒。對於嬰兒,他卻沒有多大興趣,很快就交給了黨衛軍護士們,聽任她們給嬰兒注射毒劑。他更感興趣的是截取囚犯們的肢體,摘除她們的器官。這樣,來到奧斯威辛一年多,他已經學會了做胃切除、腎切除、子宮切除和卵巢摘除等難度較大的外科手術,付出的代價自然是由囚犯們承擔,幾十人死於他那不夠成熟的手術。他還多次配合門格爾,給年輕的猶太女囚做慘無人道的電擊療法,毫無任何意義地把她們弄死,他們的做法對解決任何醫學難題根本沒有任何推進作用。

　　另外,德軍為了進行凍僵的人體快速復甦的試驗,還強迫蘇軍男女戰俘性交,由他們在一旁觀察。總之,德軍為了自己的需要,大量地實行過性暴行。他們對待俘虜和猶太人等如動物一般毫無人性。

　　德軍的性暴行雖然也是極其地野蠻,但他們有一個規律,這就是相比之下其規模比日軍的性暴行規模要小些,大都在集中營內發生,影響相對弱些。

知非文集：民國初年祕辛研究
五　暴行篇

　　對比德軍的性暴行，日本軍隊在戰爭中的性犯罪就明顯地要極其普遍並且惡劣，其程度可以說是空前並可能絕後。

　　日軍在中國各地，每到一處，除了殺人，就是強姦和虐殺殘害婦女。

　　在南京大屠殺中，有數萬起強姦和各種性暴行事件發生，外國記者目睹後報導說，每天都有上千件日軍強姦、輪姦和姦殺案發生，被害的中國婦女從10餘歲的小女孩到70歲的老嫗，統不放過，稍為年輕漂亮者，動輒被日軍幾十人輪姦，然後被刀劈、槍殺或破腹、割乳而死，陰部還要被插入刺刀、木棍等各種東西。在這場無恥至極的汙行中，約有2萬到8萬名中國婦女遭到強暴。許多日軍不僅強暴婦女，還遵照「不留活口」的命令，在強姦後把受害者弄死，破腹取出內臟，切下乳房；日軍還強迫中國父女、母子亂倫，強迫僧尼性交，讓他人觀看，完全是性變態。

　　「在南京南郊六郎橋十八村處，……敵兵放火燒房，又進內搜索，在福音堂內找到陳姓老嫗三名，皆六十歲以上，敵兵無法洩憤，竟將三老嫗毒打，要強逼脫去衣履，老嫗不允，敵兵乃強行剝去，三老嫗脫得精光，敵兵驅之遍遊各處，倍加羞辱，用刺刀劃其身上各部，禁止老嫗哭喊，或用撥動老乳，令其怪叫，後用小刀亂戳其陰戶，老嫗疼得昏厥，敵兵割下小足，狂笑而去，真殘忍極了。

　　城外沙洲街有朱姓人家，某日突去敵兵四名，將朱姓兒媳強行姦汙，當敵兵輪姦該婦時，強逼她的公公、丈夫、兒子在旁邊看著，輪姦後又逼其公公去姦淫，殘暴的敵兵說：『老頭，你快活快活』……這老頭也只好照辦，伏在他的兒媳身上做個樣子，可是敵兵認為不對，又毆打老頭，叫他認真去做……公公姦了兒媳，敵兵又逼該婦之子去姦其母，……真是喪卻人性，凶殘絕倫！」[37]

　　據戰後國民政府南京敵人罪行委員會的調查：「凡被日軍所遇見之婦女同胞，不論為高齡老女或少女幼女，幾均不獲免。據主持難民區國際人士之粗略統計，當時本市遭受此種凌辱之婦女不下8萬之多，且強姦之後，更施以剖乳、刺腹種種酷刑，必置之死地而後快。」

一位當時從南京逃出來的女同胞說:「當敵人初來的時候,只要看見婦女就拉,不管老少,更不問白天和夜間,因此,上自五六十歲,下至八九歲的女同胞,只要被敵人碰到無一倖免。」

1937年12月26日,一個11歲的幼女在金陵大學院內被日軍輪姦致死。目擊者說,她的兩腿之間腫裂並沾滿血汙,死後的樣子慘極了。

「證人歐陽都麟供稱:日軍谷壽夫部隊攻陷南京,由中華門首先進城,就此兩天內(十二、三兩日),中華門內外,遍地屍首,慘不忍睹。有的用刺刀刺孕婦腹部,致腹破胎墜而死;有的用刺刀從婦女陰戶刺入,刀尖透出臀部致死。亦有八十歲老婦,被強姦致死。」[38]

另又據一位目擊者說,日軍對中國婦女「有時用刺刀將奶子割下來,露出慘白的肋骨;有時用刺刀戳穿下部,摔在路旁,讓她慘痛呼號;有時用木棍、蘆管、蘿蔔塞入下部,橫被搗死,日寇則在旁拍手大笑。」這種以割去婦女乳房及用各種器物插入被害人體內來發洩獸慾的性虐待行為,是日軍殘害中國婦女的慣用方式,這與其在日本國內時普遍的性行為習慣有關,只是在中國,他們因失去了一切限制而變得更加肆無忌憚與瘋狂。日軍自己還拍下過許多被害婦女的照片來取樂。[39]當時在南京城內,有許多日軍士兵乾脆露出下體拿著刀槍,四處嚎叫在追逐「花姑娘」,這真是一副鬼魅橫行的地獄圖,聞之令人不寒而慄。西方國家的居留者對此有詳細的記載與報導,這裡已不用再一一列舉證明。[40]

在整個侵華戰爭中,日軍在東北、華北、中南、西南,在其所到中國各地,到處都有強姦和各種性暴行,中國婦女所受的日軍的殘害,是無法用語言來描繪的。大規模的強姦與性暴行,出於日本對中國人「膺懲」的目的,也是日本社會追求淫慾風氣的表現。例如,日軍在對華北農村的大掃蕩中,就曾把年輕婦女集中到場院上,剝去衣服,在她們乳頭上拴上鈴鐺,強迫其跳舞,日軍在一旁哈哈大笑。這種獸行,亙古未聞,正是日軍性變態的鐵證。我們應當看到,許多的日本男子在日本國內就習慣於對婦女實行多種反常道的性虐待,日本侵華軍從最高層開始就帶頭強姦婦女,在這種情況下,他們在中國各地的性暴行性虐待是極其普遍的現象,如同中世紀未開化野蠻人的惡行。

五　暴行篇

日軍除了強姦，還有各種除了在戰爭中普遍的大規模的實行性暴行外，還首創了隨軍「慰安婦」制度，把被害國婦女作為洩欲的工具，強迫她們為官兵提供性服務。這種「服務」絕大多數是以死來強迫的，所謂「慰安」就是對受害婦女無休止的輪姦。除了大量的被害死的人外，即使是僥倖活下來的「慰安婦」們，她們的一生也就因此被全毀了，留下了心靈和身體上的痛創，永遠無法彌合。到目前為止，日本政府仍然拒絕給這些不幸的耄耋老人予任何的道歉賠償，甚至不肯認罪，企圖以拖延下去等待一代人的終結而免除罪責。這種行為真是無恥至極，善良公正的世界人民，除了睜大眼睛對其保持警惕外，應當沒什麼可與之談的。

我們說日軍的暴行比德軍的更嚴重，是以大量的事實為依據的。德軍的主要暴行之一是拿集中營的囚犯不當人，隨便進行慘無人道的試驗，這種情形，日軍當然也有，而且更甚。臭名昭著的東北日軍 731 部隊、100 部隊和南京日軍榮字 1644 部隊等等，都是日本軍隊拿中、朝、蘇聯軍人和平民作為「馬魯大」（木頭、材料）進行人體實驗的機構，在這些地方，他們和德軍一樣，拿囚犯進行各種活人解剖實驗和凍傷凍死、細菌傳染、真空環境下人的反應等試驗，雖然目的不同於德國人，不是為了滅絕一個種族而做絕育，但日軍是為了軍事作戰的需要，取得相關的人體耐受力的數據和為日軍尋找快速治療凍傷等的方法。更嚴重的是日本法西斯公然違反國際公法，在中國進行了大量的細菌戰與毒氣戰、化學戰，為了研製生化武器，他們就拿這些被他們稱為「木頭」材料的活人，進行各種試驗，並拿他們檢驗生化武器的效果。在日軍的囚籠中，這些人的命運就像在德軍集中營裡的猶太人一樣的悲慘，被以 731 部隊機關長石井四郎為代表的日本法西斯醫生當做豬羊般地宰割，許多人在冰天雪地中被剝去衣服裸露四肢，一遍遍地澆上涼水，直到將手足凍爛發黑，肌肉脫落僅剩白骨；許多人在被抽去空氣的罐子內遭受撕心裂肺的痛苦，死後五官變形；還有人被抽去血液，注入空氣或毒藥、細菌，全身潰爛而亡，更多的人被綁在試驗場的木樁上，聽憑日軍在他們附近投下細菌毒氣彈，然後再來記錄殺傷效果……

一位親自參加過在中國人體實驗的原 731 部隊日軍隊員，在回憶錄中寫道：「在一間透明的玻璃房裡，關著母女兩人，小女孩只有四歲左右。就在

毒氣滲入的一瞬間，女孩突然從母親懷裡抬起腦袋，瞪著一對圓圓的大眼睛，向四周張望。母親似乎在拚命地保護孩子，讓孩子盡可能少受毒氣的殘害，然而劇烈的毒氣很快將母女倆毒死。母親在臨死前的痙攣之中還死命抱著孩子不肯鬆手。我拿著秒錶，一邊冷漠地觀察著這全過程，一邊做記錄。這一切至死都留在我的記憶裡。」[41] 總計死於日軍手上的「馬魯大」犧牲品究竟有多少人，因日本有意的銷毀罪證，已無從考證清楚。但1958年中國方面僅在731部隊一處埋屍場，就挖出了三大卡車的受害者的骨骸，而有記載的是，1945年8月10日夜，該部隊就把千餘件人體標本扔進了松花江。[42]

　　日本軍隊用他們以殘忍的人體試驗手段製成的細菌與毒氣彈武器，在中國的川、浙、贛、晉、冀、魯、豫等地進行了大量的實戰，每當日軍在戰鬥中處於劣勢時，他們就施放毒氣，這些手段，對於缺乏防毒裝備的中國軍隊，具有奇效，日軍往往靠此反敗為勝。[43] 日軍還有計劃地在中國各抗日根據地拋灑帶有傳染病菌的鼠類、跳蚤，造成瘟疫流行，死於日軍製造的瘟疫和傳染病的中國平民，總數逾萬，在浙江省金華、衢州等地農村，許多家庭乃至村莊曾因此而死絕。[44] 據統計，抗戰時期，日本在中國的24個省市播灑過細菌和瘟疫，死傷中國軍民100萬人以上，其中僅在魯西南就死亡了22萬人。日軍的罪行真是罄竹難書。其罪惡的後果，在戰後半個多世紀，至今還在作祟。當年日軍在中國東北、海南等地掩埋遺留的大量化學毒氣彈還在傷害威脅著中國人，日本政府在處理這些他們遺留的禍害問題時，表現得吞吞吐吐，態度曖昧，令人氣憤。

　　值得指出的是，戰爭結束時，日軍731等化學細菌部隊，為掩蓋罪惡，奉命盡可能地銷毀了一切罪證，包括檔案資料、試驗記錄、器具設備、廠房場地等，都加銷毀、燒光、炸平，他們想把罪惡全部埋進歷史，逃避懲罰。731部隊的首惡石井四郎，戰後被美軍逮捕，本擬判處絞刑，但美國人要得到他頭腦中記憶的人體試驗資料，與他做了一筆骯髒的交易，在美國高層人物的干涉下，最後竟然判他「無罪釋放」，使這個惡魔得以逃脫懲罰。後來，據說美國人在越南戰場上進行化學戰時，還用上了那些資料。[45] 石井四郎雖然未被法辦，但他的餘生應是在無數被他殘害而死的冤魂圍困之下煎熬著的，他的靈魂永遠不得解脫。

五　暴行篇

德國法西斯在集中營裡用毒氣大批地處死猶太人和其他民族，臨死前他們逼迫受害者們脫光衣物，排隊進入毒氣室，與此同時，德軍還在廣播中播放巴哈與莫札特的鋼琴曲，在悠揚的樂曲聲中進行他們的殺人惡行。德軍雖然殘暴無恥，但仍不忘以現代文明來掩飾其罪惡行徑；而日本法西斯在處死中國人時，除了讓他們遭受人間最殘忍的痛苦外，只有日軍的獰笑與圍觀，毫無人性，野獸不如。

5. 日本與德國戰爭搶掠罪行的比較

上述比較，只不過是對德日法西斯戰爭暴行的一個初步的探討。有關這一課題的細膩比較和更深入的研究，還有大量的工作要做。隨著世界範圍內對日本二戰暴行揭露研究工作的深入，許多新的內容又需要我們去研討。例如在戰爭掠奪罪行方面，德國軍隊在二戰中有大量的搶掠罪行，例如德軍在被占領各國對其公私財產、藝術品的大量掠奪，德國納粹頭目戈林等人為中飽私囊而對搶劫品的霸占等等罪行，尤其令人髮指的是德軍在把無數猶太人送進毒氣室之前，對他們錢財、首飾、衣服及所有財物的徹底搜刮，和在他們死後對其金牙乃至頭髮的劫取。法西斯的暴虐性質於此充分暴露無遺。但戰後德國政府對此也進行了深刻的反省，並主動被動地進行了歸還和賠償，世界猶太民族組織對納粹的搶劫罪行也進行了窮追和清算。

與德國法西斯相比，日本在二戰中對中國及東南亞各國也進行了駭人聽聞的搶掠，其罪行及其手段比德國軍隊毫不遜色。由於當時中國，民間有收藏金銀珠寶的習俗，日本兵在大屠殺中，有計劃有準備地進行了用篦子篦髮般的搶奪，將中國政府與民間的財產、文物、圖書、藝術品等洗劫一空。據美國學者所著《黃金武士》一書的記載，在南京大屠殺開始之前，日本就制定了一個有計劃有準備的搶劫中國的「金百合計劃」。

「金百合計劃」正是在這個時候開始實施。1937年，日本軍隊蜂擁中國沿海，之後向南京挺進，參與的部隊是如此的眾多，陣線是如此的寬廣，日本的統治者擔心因為各指揮官爭奪戰利品，在錢財方面失控。陸軍和海軍軍官一直有順便撈取大量戰利品的事，更不用說士兵們小規模的搶劫了。同時，大批的日本黑社會分子來到這最近占領的地區，為非作歹。日中黑社會頭領

的聯手使得局勢更加複雜。為了控制整個局勢，日本最高統帥部開始了金百合行動，由天皇的弟弟秩父宮負責。該行動的時間所以被外界知道，是因為日本最高統帥部——大本營自身是在 1937 年 11 月在東京的皇宮中成立的，也就是在南京大屠殺即將開始的時候。成立大本營的目的是要讓天皇和他的高級顧問可控制戰爭的進程，避免重複在滿洲發生的事情——關東軍變得獨立。

在南京，金百合行動的第一批執行者是憲兵隊。被調遣來的憲兵特別行動小隊四處搜查，扣押所有中國政府的財產，炸開銀行的庫房、搶劫富家及中產階級的商人和其他人士的黃金、寶石、珠寶、藝術品和貨幣。1000 多年來，南京一直是一個富裕的城市，許多有錢有地位的中國人在南京城裡有別墅，在近郊有其他不動產。南京也不是第一次被其征服者洗劫，但這次卻是最仔細和系統地進行的。據說，在這一階段，祕密憲兵至少收集了 6000 噸黃金。對這個問題的歷史研究顯示，官方報導的掠奪數量往往只是實際數目的一個零頭。另外還有無數中國人喜歡儲存的小金塊、白金、鑽石、紅寶石、藍寶石、藝術品和古董也遭搶劫。這些都來自私人家庭和農村的墳墓。日本人做得如此徹底，甚至把屍體鑲的金牙也敲下來。

憲兵小分隊忙於洗劫房屋——搬走家具、鏡子、地毯，裝箱，透過鐵路運往日本。金百合別動隊——日本特務機構的精英則把注意力集中於銀行老闆、行業協會首領、連鎖當鋪老闆及幫派頭目，所有這些人的身分事先都早已弄得一清二楚。「三合會」頭目和黑社會的老大特別被盯住。他們中有人逃出城後，親屬被拘留作為人質。這樣，日本人遠遠超過了 19 世紀英法聯軍士兵在北京圓明園的狂暴行為。

金百合行動出於貪慾也出於需要。1937 年，日本黃金儲備因為戰爭開支已減少一半。[46] 因此，日本皇室成員親自為搶劫物編制詳細目錄，隨後將這些物品裝上鐵路貨車和卡車，由參與金百合行動的軍隊貼封守護，運往上海，沿途的日本軍官對冒犯皇室的事情都會三思而後行。

秩父宮被選來監督該計劃是經過深思熟慮的。不像天皇裕仁，作為太子，……由於秩父宮接受的教育範圍廣泛，又有國外的經歷，成為皇室直系

成員中的最佳人選。他思路比較開闊，抓住了他的顧問提議的形形色色的戰爭掠奪。

為了監督掠奪物最後的登記造冊及運回日本前的貼封，必須由皇族成員來完成，這已費了秩父宮九牛二虎之力。這些戰利品從上海直接船運日本，或由火車、汽車運往滿洲處理，稀有金屬進行分等，其他的首飾被融化後，重新澆鑄為統一尺寸的金錠，然後再運回日本。

在這個階段，有數名皇族成員參與了金百合行動——在戰爭中使日本致富，而又不是那麼刺激、那麼危險的戰鬥任務。除了朝香宮外，我們知道秩父宮和竹田宮當時也在南京，因為兩人後來都悄悄地告訴他們的朋友，他們目睹南京的暴行後，都做了噩夢。[47] 一些資料堅持認為裕仁天皇最小的弟弟三笠宮也在南京，但這無法確認。他後來被人發現出現在菲律賓的金百合藏寶地點。

日本在掠奪中極為重視具體細節，其中一個重要的例證是，當時有一支經過精心挑選的、對珍貴書籍和文稿有專門知識的蒐集文物的特別行動組織，其中一些是日蓮宗的和尚，他們的任務是在圖書館、博物館、私人藏書或寺院的佛經裡挑選這類書，然後把這些珍寶運到東京。在掠奪前，他們已在中國四處遊歷，與私人收藏者交朋友，編制了最珍貴書籍和文稿的目錄。

1938年春，南京大屠殺之後，1000多名這樣的專家來到南京，開始從珍貴的藏書和文稿中挑選。儘管南京相當一部分已成為廢墟，但儲藏這些書籍的建築則處在嚴密的安全保護下。日本的皇家圖書館有優先挑選的權力，最珍貴的物品被挑出供天皇親自過目。每一件東西都被仔細地編號、打包，然後放入防水的箱子裡。他們還編制並複製了多本詳細的目錄，以確保在運往日本的途中不會丟失任何東西。大約2300名中國勞工為物品打包，400名日本士兵監督他們的工作，用了300多輛卡車把這些箱子運往上海，然後裝船。

這些書中的一部分被用來建立位於東京的東亞研究所、東方文化研究所、東亞經濟研究所、東亞地方病研究所、大東亞圖書館及其他的機構。

戰後，中國學者要求歸還這些文化財富。美國了解這一情況，美國曾進行調查，確認日本有 17 處地方存放這些戰時搶來的書籍，其中有日本皇宮、皇室內宮（Imperial Household Ministry）、靖國神社、東京科學博物館、東京美術學院、早稻田大學、東京帝國大學和慶應大學。美國占領當局的結論是日本有 300 萬冊從中國各地圖書館搶來的珍貴圖書和手稿。今天的學者們稱日本的圖書館是亞洲最好的，因為日本僅歸還了其搶來的圖書中的一小部分，大約 16 萬冊，不足 6%。[48]

當金百合行動隊在全力以赴地搶劫中國最好的藝術品和文物的時候，一些日本大亨也在幹，如住友公司的總裁住友（Kichizaemon），專門收掠中國古代青銅器。[49] 他的收藏開始於 1900 年八國聯軍攻打北京之時，之後繼續到日本占領東北和華北時期，但是他的收藏品中絕大部分是在 1937-1945 年「中國事變」的 8 年中得到的，其質量之高，完全可以與艾弗里·布倫達治（Avery Brundage）的媲美，其藏品是世界上最好的。關於他是怎樣把這些藏品弄到手的，完全可以寫出一本有趣的小說來。

在南京大屠殺之前 6 個月，土肥原將軍調來了一個人負責搶劫中國的黑社會，他就是兒玉響義夫，日本黑手黨中的頂尖人物。他的基地通常在東京，現在他遷到中國，成了土肥原與杜月笙及青幫的主要聯絡人。[50] 在戰爭結束前，他成為了金百合行動中與其他國家黑社會進行談判的高手，這些國家是印度支那、暹羅、馬來西亞、緬甸、菲律賓和印度尼西亞，其手段有將對方的腳放在火上烤，或者在必要時槍斃了他們。」……[51]

還有記載道，在南京大屠殺中，一日本兵在鼓樓殺人現場，為了得到一具女屍上的手鐲，竟舉刀砍掉了死者的手腕拿上便走！[52] 在這場大屠殺中，日軍在南京掠走的公私財產無可計數，甚至於連南京百姓棉衣上的一顆銅鈕扣也不放過。這真是與德國納粹一樣的貪婪、殘忍和無恥！日本上自皇族下至士兵都參加了這場搶掠。戰爭結束前，日本將從中國和南洋各地搶來的財寶分藏在菲律賓 175 個祕密地點，又由前述受過「範圍廣泛」的教育，又有「留學西方經歷」的那位日本皇族秩父宮親自督辦，為了保密，他還下令將埋藏者全部殺害，真是壞事做絕，天理難容！

五　暴行篇

天下沒有不透風的牆。60年後，日本的這件暴行終於仍被揭露了。可惡的是，日本在戰後，由於與美國人私分了這筆天文數字的贓款，用來支持在各地的「反共」活動和日本的經濟復興，非但沒有對各受害國賠償，就連理應歸還的被掠財物，絕大多數至今仍然被日本強占著。看看日本的皇宮、國家的圖書館、博物館吧，在東京帝國大學、早稻田大學、慶應大學等各處，數百萬冊戰時從中國搶來的圖書上分明還蓋著中國大學的藏書章！本應是人類傳承文明的高等學府中，卻心安理得地保存著強盜先人搶來的別人的財產，至今賴著不還，這真是對文明的絕大諷刺！中國價值連城的「北京猿人」頭蓋骨化石，被日本人處心積慮地奪去，其下落不是至今還是一個「世紀之謎」嗎？[53]

真的不想多寫了。不是有誰誠心要與日本過不去，而是日本在戰爭中和戰後的所有的一切暴虐無賴行為，一定要使一切還有一點良知的人無法想像，無從理解，更無可忍耐！

6. 日本與德國有什麼樣的不同

總結上述論述，我們可以從以下幾個方面對德日軍隊在二戰中的暴行做出初步的對比分析：

第一，在戰爭暴行的緣由和理論指導方面：德國法西斯比日本法西斯顯得更細緻、周密而有準備。德國軍隊施行戰爭暴行有其荒謬理論的指導，出於明確的目的，以消滅整個猶太民族為最終目標。其暴行是以有計劃、有秩序、頗具「科學」性的方式來實行的；而日本暴行則是表現出在各級指揮官的放縱、參與和總體上有蓄謀、有目的的前提下，在其實施過程中具有極大的普遍性與隨意性，其手段則是具備中世紀瘋狂殺戮的野蠻特徵。

第二，在戰爭暴行規模與影響方面：由於德日軍隊暴行的發生形式、內容方式手段並不完全相同，其規模與影響並不是一項可做明確對比的指標。但我們綜觀二戰中這兩支法西斯軍隊的暴行表現，可以發現：一是德軍暴行比較起來相對地集中在監獄與集中營中，實施對象大部分為反抗者，而日本軍隊的暴行則更具普遍性，暴行在各地占領區都有發生，施暴對象的主體是手無寸鐵的平民大眾，且規模之大、危害之深，空前未聞。

德軍暴行具有很深的殘暴度，因此影響之大令世界震驚。但比較之下，日軍的殘暴較之德軍有過之而無不及，甚至在暴行方式、程度、規模方面，都有超過德軍暴行的表現。但因在戰後，日本當局的無恥抵賴與刻意掩蓋，美國人的短視袒護，日本戰爭暴行在西方的影響度遠不如德軍之大。一種客觀的事實是：因為德國在戰後對暴行的檢討反省比較充分，對其暴行的揭露也較充分，影響也大，而日本則反之，想以拖延時間來淹沒其歷史罪行，刻意的掩蓋、抵賴、狡辯，加上美國的庇護，在客觀上造成了在西方發達國家，大多數民眾對日軍二戰暴行罪惡的了解遠不如了解德國。

第三，在暴行後果方面：德日法西斯軍隊在二戰中所犯下的各種反人道暴行的後果，是給受害國國家與人民，造成了歷史上的空前罕見的巨大損失與傷害，給他們留下了不可磨滅的慘痛回憶。但是兩者相比，有一點不同的是，德國軍隊所犯暴行，在某些方面，如大屠殺等等，有其特定的民族指向，主要是對猶太民族。而日本軍隊則是不分民族與人群的普遍的濫殺與施暴，其後果的罪惡程度與德軍難分上下，而其在被占地區的惡劣恐怖的影響，則比德軍要大。兩者相比各具不同特徵。

第四，在實施暴行的目的方面：一個需要辨明的問題是，有西方學者認為，從戰略的高度來分析德軍暴行，他們是為了實現消滅全世界猶太民族的戰略目標而犯下了種族滅絕的罪行，這種罪行在人類歷史上是空前的，因此產生了嚴重的後果，必須得到徹底清算。在這個意義上認定，德軍的戰爭暴行是歷史上最嚴重的，應予明確定性和徹底清算。相比較之下，他們認為日軍的戰爭暴行雖然殘忍與普遍，但在戰略上，日本人施暴的主要目的是為了戰爭進行的需要，是一種服務於侵略的戰爭手段。如他們殺人是為了「消滅對手力量」，搶掠是為了「補充軍需」，燒毀村莊房屋是為了「清除作戰障礙」，甚至強姦和性暴行也是為了「鼓勵士氣」……。戰後美國人還對日軍的「人體試驗」所得出的數據和他們搶掠來的黃金財寶很感興趣，為了占有這些骯髒血腥的數據與如同天文數字般的財富，他們可以公然包庇日本戰犯，與日本右派同流合汙。正因如此，美國與西方某些學者的上述觀點，是出自於他們一些比較狹隘的意識和出於自己利益的自私考慮，完全不符合日本在

知非文集：民國初年祕辛研究

五　暴行篇

二戰中對被害國及其人民施行各類暴行的實際情況，且有明顯的無理包庇傾向。

　　學者們在分析研究這一問題時絕不能礙於自己的利益而作出狹隘的考量，有偏輕重。我們認為無論其戰略動機如何，對他國的侵略，對民眾的屠殺，對婦女的摧殘，一切暴行的本身就是犯下了反人類的罪惡，而不能以其是戰爭的「需要」和「手段」來做藉口。如果說是「需要」、「手段」，那麼德國法西斯也是出於這種「需要」，也是其實現目的的「手段」；而對德日共同而言，這種「需要」和「手段」已經是完全的犯罪，都應受到懲罰與清算。在這個意義上說，西方人對德日法西斯暴行的區別看法，特別是對日本暴行的輕淡化是完全不能成立和站不住腳的。

　　二戰時的德國與日本有著許多的相同之處，他們都是在法西斯軍國主義的統治下，犯下了無數傷天害理的罪惡。對世界人民犯下了不可饒恕的罪行，包括無休止的侵略、大規模的屠殺、強姦、縱火、掠奪，死在他們手中的無辜者數以千萬計，他們給世界文明造成了空前的災難。在這些方面，德日法西斯的罪行以及他們施行罪惡的手段都是相同的。

　　德軍與日軍都有超規模大屠殺的暴行；都有強姦、縱火、掠奪、虐俘的罪行；都有拿活人進行人體試驗的暴行，在稱霸世界的共同野心驅使下，他們犯下了大量反人類的暴行，這是法西斯的本質。

　　但日本與德國也有著根本的不同。

　　德國地處歐洲中心，有著歐洲文明的歷史影響，所以，具有古老文明對人類歷史作出過貢獻的德國，雖然在近代走上過法西斯的歧途，但他們的社會教育、文化根底是歐洲文明中的自由、理性與科學精神，正因如此，這就使得德國人在戰爭年代失去人類基本準則的瘋狂中，主要會以「工業化」、「科學化」手段來進行大屠殺的原因，更是他們在得到戰敗的慘重教訓後，在戰後能夠認真反思，承認錯誤洗刷恥辱，以達新生的基本精神保證；而日本則不然，對於世界文明來說，日本不論在東方還是在西方，都是開化較遲的後來者。

明治維新之後，日本學習西方，國力突飛猛進，但他們學到的主要還是器物與技術層面的進化，在思想文化精神方面，雖也效仿西方，但自由、理性與民主的精神始終都是外來的，與傳統的專制、尚武、征服思想相比，總是處於次要地位，加上近代以來，日本透過甲午、日俄戰爭，以武力攫取了大量的利益，更加傾向於對外侵略，國內的民主與開明派受到多方的壓制，已經不起作用，整個國家向侵略機器迅速轉化。一個建立在封建思想基礎上的軍事國家，一旦開始對外戰爭，其落後的思想基礎決定其本性就是中世紀的、「農業化」的，絕大多數基層士兵缺乏近代文明教育，軍官深受封建軍國主義毒害，在這樣的軍隊，就如同中世紀的野蠻人，什麼罪惡行徑都能做得出來。這就是日軍在戰爭中大規模施暴、蛻化為野蠻人群的基本原因之一。

　　在世界歷史中，很少有哪些暴行，在強度上能與二次世界大戰期間納粹屠猶及日軍暴行相比較。自 1937 年 12 月 13 日日本侵華軍占領南京城後，隨即展開了為期六週的大屠殺，估計有 30 多萬中國百姓遭到慘無人道的殺戮。後來，由於當年執行屠殺的日軍部隊，在二次大戰末，基本上在硫磺島被殲滅，而在日本宣布投降到美軍占領日本的一個月間隙內，日本政府與軍方把絕大部分不利於己的作戰檔案全部銷毀，這就使得戰後日本政府在掩飾暴行方面更加容易，進而發展到根本否認戰爭暴行。而以美國為首的政治勢力，出於戰後政治的需要，從清算日本改為扶植日本，對日本軍隊的戰爭暴行，採取了「睜一隻眼閉一隻眼」的態度，只相信日本的和平謊言和其右傾政府緊跟美國的表態，要利用他反共反華，做自己的全球戰略的幫手，為此他們對日本為侵略戰爭罪行翻案的種種行為萬般容忍，甚至對日本右派攻擊以美國為首的「東京國際法庭」對日本戰犯的歷史審判也一言不發；對美國國內提醒之聲也置之不理。這種養虎遺患的後果，正所謂「好了瘡疤忘了痛，」到頭來，他們似乎還要吃上幾顆「珍珠港的炸彈」才能清醒！聰明的美國人呵，怎麼也有極其糊塗的時候，日本是個怎樣的國家，你們不知道嗎？問問你們的祖父輩吧！但他的實力不如你的時候，怎樣的好話都能說，什麼低卑的姿態也能做，可一旦他們翼毛豐滿，美國人，想聽聽日本怎樣堅決地說「不」嗎？

五　暴行篇

　　在世界範圍內，南京大屠殺至今仍是一個曖昧隱祕的事件，並不像德國屠殺猶太人或美國用原子彈轟炸日本一樣廣為人知。亞洲以外的人，大都不知道南京大屠殺的恐怖。在美國出版的歷史書籍上，大部分都忽略了這則大屠殺事件。如果仔細檢閱美國中等學校的歷史教科書，就會發現，美國大眾閱讀的普通的二次大戰史書，幾乎沒有一本敘述到南京大屠殺。比如，多年來一直是美國戰爭圖片歷史單行本中銷量最好的《二次世界大戰美國傳統圖片史》一書中，就沒有隻字片語，甚至沒有一張照片提及這件事。在著名的邱吉爾《二次世界大戰回憶錄》及亨利·馬歇爾經典之作《第二次世界大戰》中，也完全沒有提到南京大屠殺。只有在賴基的《自罪惡解放：二次世界大戰的故事》一書中，能找到一段間接的評論：「希特勒領導的納粹，再怎麼做出讓他們的勝利蒙羞的事情，也比不上在松井石根將軍領導下的日軍暴行。」直到美籍華裔作家張純如寫出一本英文專著《被遺忘的大屠殺》，在美國大量出版，大洋彼岸的人民才逐步知道當年日本軍隊在中國在南京幹下了怎麼樣的罪惡行徑，他們比德國納粹還要野蠻殘忍。難怪就連納粹德國駐華大使館致國內的報告中也說：「目睹日本之野蠻部隊在反共運動及解放中國兩事中負主要任務，似足貽笑大方。」「日軍在南京之卑汙暴行即德國亦甚為之震驚……並謂日軍部隊在南京所施之暴行，縱火、姦汙及各種罪行，不特表示日本兵士缺乏紀律，抑證明整個日本軍隊無紀律。」[54] 一個被納粹外交官罵作「獸類集團」、使德國人也為之「震驚」的軍隊，他們的戰爭暴行是否比德軍更加殘忍些呢？讀者自己鑑別吧。

　　以色列的歷史學家們，懷著對納粹暴行的切齒痛恨，為二戰中德軍對猶太人實行「種族滅絕」的暴行起了一個專用名詞為「Holocaust」，其含意為「實行種族滅絕」的大屠殺，他們認為德軍的大屠殺是「Holocaust」，而日軍大屠殺則不是「Holocaust」，其理由為納粹屠猶的計劃與行動是經過長期預謀的，蓄意製造的暴行，與日軍「在短期內發生」的暴行有著區別與不同，這種觀點，得到許多西方學者的認同，甚至包括許多日本左翼學者在內，也持有同樣看法。這些西方歷史學者和政治家們，因為對於日軍戰爭暴行的嚴重程度缺乏了解，加上他們對納粹暴行的熟知、體認乃至親身的體驗，故而認定德軍的戰爭暴行是最嚴重的，應該受到最嚴厲的批判和最徹底

的追究。按照他們一種具有代表性的觀點，就是德軍犯下的是種族滅絕之罪，而日軍犯下的是殖民戰爭之罪，兩者相比，前者更甚。[55] 這是一種基於普通概念的認識，但在事實上並不完全符合二次大戰中日軍暴行的實際情況。例如，在談及日軍在中國製造的「三光」等暴行時，西方有學者認為，在世界歷史上，異族入侵戰爭中也有過如古羅馬鎮壓斯巴達克斯起義後以及清軍入關後在江南的大屠殺，其程度不亞於日軍在南京大屠殺等暴行。這種觀點，站不住腳。因為在人類社會充分發展文明進化的 20 世紀，日軍還幹出中世紀也少有的大規模野蠻暴行，其本身也就說明了其本質是「一群獸類集團」，理應受到加倍的聲討與追究。還有少數人，包括日本方面的一些人在內，有這樣一種觀點認為，在中國歷史上也曾有過多次民族內戰中如「揚州十日」、「嘉定三屠」等的大屠殺等暴行，因此日軍不是首惡，中國人只盯住侵華日軍的暴行是片面的，以此來為日軍開脫罪責。這種論調更是謬誤。中日戰爭是兩國之戰，民族戰爭，與中國的內戰性質完全不同，更何況日軍在華的暴行，就數量、規模、內容、手段等各方面來看，都超過了歷史上中國內戰時的暴行，別的不說，僅就細菌戰、化學戰和人體實驗而言，日本軍隊便是開歷史先河的首惡，這一點，誰能否認？何況在中國歷史上，有哪一次戰爭死了數千萬人？又有哪一個政權、哪一支軍隊創下過在全中國範圍內，從南到北從東到西這樣的到處作惡，強姦、屠殺、搶掠、縱火，不一而足？侵華日軍是中國歷史上乃至世界歷史上最野蠻的軍隊之一，在整個中日戰爭中，哪裡有日軍，哪裡就有暴行，「鬼子來了！」已經成為當時中國大地上特別流行的最恐怖的話語，在全體中國人的心中留下了幾十年都抹不去的陰影。

　　日本人具有濃厚的武士道精神，這種精神在 1930 年代與「現代」的法西斯主義相結合，便惡性地膨脹起來，發展到了一個新的階段，產生了一種更加反動、更加野蠻的法西斯武士道精神。這種武士道精神浸透了當時日本人的肉體和靈魂，使他們在被侵略民族面前是殺氣騰騰的凶神惡煞和劊子手，而在日本天皇和各級軍官上司面前卻又是十足的奴僕和炮灰。他們神魂顛倒，獸性大發；他們充滿了強烈的愚忠精神，視死如歸，甘願充當「肉彈」，在戰場上寧死不屈；他們喪失了正常的理智，惡毒地屠殺手無寸鐵的中國婦孺；他們像瘋子一樣駕駛飛機去撞美國飛機和軍艦。所有這些現象所體現出的好

五　暴行篇

鬥和兇殘的精神，在當時是日本民族精神的體現。正如日本學者新渡戶稻造所說：「哪怕是思想最先進的日本人，只要揭開他的外衣，就會發現他是一個武士。」很顯然，好鬥、兇殘和愚忠的武士道精神是存在於日本人的靈魂中的。日本從天皇到平民，從官兵到工農，從婦女到軍妓，從老人到小孩，從知識分子到文盲，在軍國主義的狂熱煽動下，無一不在支持著日本的侵略戰爭。在整個國家變成了一部瘋狂的戰爭機器，日本發動戰爭的罪責無可推卸。

直到戰後，一部分日本人在嚴酷的事實教育下，才有了覺醒與悔悟。特別是那些曾在中國被俘的老兵，絕大多數有了根本的轉變。他們回國後致力於日中和平友好，懺悔過去對中國人民犯下的罪惡，做了許多有益的工作。在被中國政府釋放回國的千餘日本戰犯中，僅有一二人改變過態度，這說明外界的教育與影響力是非常巨大的。軍國主義可以把人變成鬼，把普通的工農、市民乃至教師都變成殺人者、虐待狂，變成戰犯；而正義的感化與教育，也可以把鬼變成人，使他們回歸理性，恢復人性。但可悲和危險的是，現在的日本政府，被右翼勢力所左右，不僅不認罪服罪道歉賠償，反而越發地頑固不化，種種為侵略歷史翻案的表演令人髮指。看到那些日本政界的頭面人物，一個個衣冠楚楚地去參拜供奉著包括強盜戰犯先人在內、窩藏著戰時搶來贓物的「靖國神社」，還「不理解」受害國的抗議之聲，強辯說是他們自己的事，要別人「理解」，說這樣的人已經對戰爭罪行反省，誰能相信？聽聽日本老兵近藤一的感慨吧：「如果日本不再發動第二次戰爭，我那些戰友的死尚且有意義，但看現在的狀況，他們在九泉之下也會抬不起頭來。」[56]

歷史總是曲折螺旋式發展的，雖然日本走上正確的路途的過程還很漫長，但我們相信，在和平發展的世界潮流中，正確歷史觀終究會被絕大多數人接受。因為歷史事實是客觀的存在，是任何人都抹殺不掉的。

歷史事實告訴我們，在日本法西斯的曠古暴行面前，德國法西斯也許會自嘆不如！

德國法西斯的歷史罪惡基本上已被清算，日本法西斯的歷史暴行終究也要被徹底清算，這是包括日本人民在內的全世界人民的共同任務。

【注】

[1] 在「南京大屠殺」與納粹屠猶國際學術研討會上以色列與美國、法國學者的發言。2005年8月10日，南京大學行知樓。

[2] [美] 威廉·夏伊勒著：《第三帝國的興亡》，世界知識出版社，1979版，第32頁。

[3] [英] 阿德諾·托因比等著：《希特勒的歐洲》，上海譯文出版社，1980年版，第239頁。轉引自王昌沛：《希特勒瘋狂屠殺猶太人原因透析》，載《青島大學師範學院學報》，2004年第1期。

[4] 王昌沛：《希特勒瘋狂屠殺猶太人原因透析》，載《青島大學師範學院學報》，2004年第1期。

[5] 南京師範大學南京大屠殺研究中心「中日網」www.sjhistory.net 轉載。

[6] 朱庭光著：《法西斯新論》，重慶出版社，1991年版，第289頁。轉引自上注出處。

[7] 希特勒著：《我的奮鬥》，世界知識出版社，1995年版，第138頁。轉引自上注出處。

[8] 《西方哲學史》（下）人民出版社，1986年版，第139頁。轉引自上注出處。

[9] 《西方哲學史》（下）人民出版社，1986年版，第347頁。轉引自上注出處。

[10] 《西方哲學史》（下）人民出版社，1986年版，第248頁。轉引自上注出處。

[11] 希特勒著：《我的奮鬥》，世界知識出版社1995年版，第104頁。轉引自上注出處。

[12] [聯邦德國] 卡爾·迪特利希·埃爾德曼著：《德意志史》（上），商務印書館，1986年版，第331頁。轉引自上注出處。

[13] 希特勒著：《我的奮鬥》，世界知識出版社，1995年版，第40頁。轉引自上注出處。

[14] 《抗日之鐵血雄風》第一部《挺進》第三節《「武裝」》，同上出處。

[15] 瀨口晴義：《戰後60年的記憶——每個士兵都背負著戰爭的罪行》，日本《東京新聞》2005年7月23日報導。載《參考消息》，2005年8月3日第3版。

[16] 馬振犢著：《慘勝——抗戰正面戰場大寫意》，廣西師大出版社，1994年版，第120頁。

[17] 據新浪網載馮存誠等文《正義之劍——全球追捕審判納粹戰犯史鑑》第四章《納粹戰犯的規模與確認》一節所提供的數字。

[18] 《正義之劍——全球追捕審判納粹戰犯史鑑》第四章《納粹戰犯的規模與確認》，同上出處。

知非文集：民國初年祕辛研究

五　暴行篇

[19]《亞洲對日本暴行刻骨銘心》法新社泰國桂河大橋8月1日電。載《參考消息》，2005年8月8日第3版。

[20] 本節數據出自 http://old.hjsm.net/adv/adv_article_top.html《抗日之鐵血雄風》第一部《挺進》第三節《武裝》一文。

[21] 張憲文主編：《南京大屠殺史料集》第六冊《外國媒體報導與德國使館報告》，江蘇人民出版社，2005年7月版，第213-239頁。

[22] 軍事科學院外國軍事研究部編：《日本侵略軍在中國的暴行》，解放軍出版社，1986年版，第87-88頁。

[23] 中央電視一臺《抗戰》專題片第八集《突破囚籠》，2005年8月27日播出。瀨口晴義：《戰後60年的記憶——每個士兵都背負著戰爭的罪行》，日本《東京新聞》，2005年7月23日報導。載《參考消息》，2005年8月3日第3版。

[24] 陳鐵健：《抗日戰爭史研究淺議》，載《南京大學學報》，2005年第4期，第8頁。

[25] 卞修躍：《日軍在中國實施的殺人手段有250多種》，載搜狐網：紀念抗日戰爭勝利60週年專題，媒體報導，2005年7月15日。

[26] 二史館館藏檔案：《陳光敬調查張杜氏被害「備考」》（1945年12月12日），五九三29。

[27]《日兵德田一太郎證言節錄》（1999年），載（日）松岡環編著：《南京城：尋找被封閉的記憶》上海辭書出版社，2002年版，第133-134頁。

[28]《芝加哥每日新聞報》，1937年12月15日。載張憲文主編：《南京大屠殺史料集》第六冊《外國媒體報導與德國使館報告》，江蘇人民出版社，2005年7月版，第92頁，另見第二階段87、111、145頁等。

[29] 徐志耕著：《南京大屠殺》，江蘇文藝出版社，1994年版，第224-246頁。

[30] 徐志耕著：《南京大屠殺》，第241-242頁。

[31]《石美瑜等調查日軍在中華門內外屠殺筆錄》（1947年1月18日）二史館館藏檔案，五九三182。

[32]《秦李氏呈文節錄》南京市檔案館館藏檔案，1003/3/1232。

[33]《陳福寶在遠東國際軍事法庭作證詞》二史館館藏檔案，五九三870。

[34] 孫俍工：《淪陷區慘狀記節錄》，二史館館藏檔案，七八七1780。

[35]《日本〈讀賣新聞〉隨軍記者小行男證言》，臺北中央日報社編譯本，1984年版。

[36]《正義之劍——全球追捕審判納粹戰犯史鑑》第四章第七節《死於被害國軍民復仇行動的納粹戰犯》，同前出處。

[37] 李克痕：《淪陷後之南京》二史館館藏檔案，七八七1780。

[38]《軍事法庭對戰犯谷壽夫的判決書及附件》二史館館藏檔案，五九三 870。

[39]《關於影片＜南京暴行紀實＞的引言與解說詞》，載張憲文主編：《南京大屠殺史料集》第四冊《美國傳教士的日記與書信》四、馬吉，江蘇人民出版社，2005 年 7 月版，第 185-186 頁。

[40] 日軍在南京大屠殺和中國各地的各種性暴行例證，無法勝數，請參閱張憲文主編：《南京大屠殺史料集》叢書，這裡不再一一枚舉。

[41] 軍事科學院外國軍事研究部編：《日本侵略軍在中國的暴行》，解放軍出版社，1986 年版，第 231 頁。

[42] 軍事科學院外國軍事研究部編：《日本侵略軍在中國的暴行》，解放軍出版社，1986 年版，第 246 頁。

[43] 馬振犢著：《慘勝——抗戰正面戰場大寫意》廣西師大出版社，1994 年版，第 197-198 頁。

[44] 軍事科學院外國軍事研究部編：《日本侵略軍在中國的暴行》，第 242 頁。

[45] 王秀華：《細菌戰元兇石井四郎逃脫國際審判揭密》，載《檔案大觀》《中國檔案報》，2005 年 9 月 9 日第 1 版。

[46] 參見 Barnhardt：Japan Prepares for Total War. 第 109 頁。——《黃金武士》原書注。

[47] 竹田宮對其菲律賓男僕本·維爾莫雷斯說過惡魔的事，當時他並不知道南京在什麼地方。參見作者對本·維爾莫雷斯的採訪。——《黃金武士》原書注。

[48] 有關日本特別行動小組對中國書籍和手稿的搶劫的細節來自趙建民教授，這是 1999 年 12 月 10 日—12 日在東京舉行的「日本的戰爭責任與戰後補償」國際市民研討會上提交的論文。——《黃金武士》原書注。

[49] 參見：Robert：Mitsui，第 380 頁。——《黃金武士》原書注。

[50] 參見：「Korean Opium for Japan's wars」，網址：www.kimsoft.com。——《黃金武士》原書注。

[51][美] 斯特林·西格雷夫婦著：《黃金武士——二戰日本掠奪亞洲巨額黃金內幕》，中國對外翻譯出版公司，2005 年 10 月第 1 版，第 54-56 頁。

[52]《「金百合」南京掠金 6000 噸》，載南京《晨報》，2005 年 12 月 12 日 A2 版。

[53] 曾攜帶北京猿人化石轉移，途中被日軍繳俘的美國海軍中尉威廉·福利（William T. Foley）曾多次說過：「我可以對一堆聖經發誓：這些化石和其他的財寶一起被放在皇宮的地下室裡」。原載《黃金武士》第三章《掠奪中國》，同上出處，第 61 頁。

[54]《關於德國駐華大使館人員曾目睹日軍在南京的暴行》，載《中央日報》1947年10月5日。

[55] 資中筠：《日本為什麼認罪這麼難》，載《讀者》，2005年第13期，第15頁。

[56] 瀨口晴義：《戰後60年的記憶——每個士兵都背負著戰爭的罪行》，日本《東京新聞》，2005年7月23日報導。載《參考消息》，2005年8月3日第3版。

六　其他篇

▍有關陳立夫檔案與其回憶錄比較之幾個問題

　　發表於《一九二五年至一九五零年之中國——陳立夫回憶錄討論會論文集》，（臺）國史館

　　陳立夫先生早年自美國留學歸國後便投身國民革命，參加北伐戰爭，擔任蔣介石機要祕書，其後幾十年內他一直身居國民黨及國民政府最高領導階層，經歷了中國現代歷史上各階段風雲變化，先後出掌國民黨中央黨部、中央調查統計局、組織部、中政會及國民政府立法院、教育部等機構，是孫中山之後民國歷史的直接參與者及見證人。1993年，他發表了洋洋數十萬言宏篇之著《成敗之鑑——陳立夫回憶錄》[1]，對自己從政一生的歷史做了詳細的回憶與總結，為民國歷史資料庫增添了一份重要證言。同時，該回憶錄中所披露的不少歷史細節還為這段歷史的研究者提供了獨成一家之言，儘管其中不免有若干諱誤之處，但仍值得民國歷史研究者引為參考。

　　為給學界同仁討論陳立夫回憶錄及開展陳立夫個人歷史研究提供方便，本文擬結合陳立夫回憶錄中有關章節內容，對中國第二歷史檔案館所藏陳立夫個人檔案情況作一概要介紹，並對這部分史料研究價值進行簡略評述。

　　中國第二歷史檔案館所藏陳立夫檔案中並無其個人全宗之收藏，亦無專題目錄可供檢索，但這並不意味著其內容之空乏。有關陳立夫之個人檔案，數量依然很多，其保藏狀況是分散於陳立夫所歷任各黨政學機關全宗之內，文件雖多但查尋不易。由於館藏檔案卷宗目錄標題多數比較籠統，大量包含陳先生文件之卷宗不得反映其詳，因此查尋工作猶如大海撈針，只能依據時間、事件等進行推測查找，從而獲得一鱗半爪。從筆者歷經月餘查尋情況來看，幸而有所收穫，然可以斷定地說，更多的資料仍然有待進一步的發掘，所需要者唯投入更多的時間及精力而已。

　　館藏陳立夫先生檔案集中於國民黨中央執行委員會祕書處（全宗號七一一（1）至七一一（6）），中央民眾訓練部（七二二）、中央調查統

計局（七二四）、軍事委員會委員長侍從室（七六二）以及國民政府立法院（十）、教育部（五）等多項全宗內，其數量難以估定。從已掌握的情況來看，在中統局及教育部全宗內較為集中，例如教育部檔案中，僅各方親友及各黨政軍部門官員致函陳立夫，請求為友人介紹作之函件便有近千封之多，整整裝訂為三個卷宗。細細翻閱，頗具研究價值。以下對於有關陳立夫先生之重要文件逐項加以介紹。

館藏陳立夫先生檔案最多者為國民政府教育部全宗。陳立夫先生在抗戰期間出掌教育部長達 7 年之久，為全力推進中國戰時教育事業的發展作出了貢獻。有關其任職教部期間的工作概況，已詳載於回憶錄中。但從館藏檔案來看，值得提出及補充者則內容仍多。

（一）陳先生在其回憶錄第五章《全力推展戰時教育時期》一節中寫道：「音樂可調和人性，為社教有力工具，所以我在戰時也竭力提倡，先在部內設音樂教育委員會，從事計劃與研究……又接辦中華交響樂團，提倡社會音樂。」[2]

館藏教育部檔案中就有《一九四二年三月三十一日晚陳部長立夫對中華交響樂團全體的訓話》一份文件，[3] 陳立夫在這篇講話中詳細闡述了他對於中國音樂發展的觀點及對中國當代音樂家的希望。

他說：「我對於中華交響樂團你們諸位是抱著很大的期望，……你們每個人將來都是中國新音樂的開創人。今天我更要藉此時間簡括地把三點意思貢獻給你們諸位：第一是要多讀中國書，我們不能老是聽人家的東西，人家好的，我們當然要吸收接受，但絕不能只是接受，沒有貢獻。

可以利用西方的音樂技術，再加上中國的精神，以文學家很深的造詣，來創造中國的新音樂。

第二：要有真摯豐富的情感。音樂是一件具有很大力量的東西……音樂家的生命應該特別豐富，應該把愛人類的熱心發揮出來。

第三：要努力創作，要產生出中國偉大的音樂家，創造出中國的音樂，這是中國音樂家的重大責任。

我的意思,不是不贊成外國的音樂,我們中國人向來都是很偉大的,並不反對外國的東西,但是我們絕不能老是接受,老是模仿,我們必須創造中國自己的東西。

大家應該深切明白,一個國家文化必須獨立,獨立不是孤立,文化不可以孤立,但必須獨立。文化獨立就是以我為主,容納人家好的東西。

這次世界大戰打完以後,東方文化定要復興起來。

我們要加緊準備多些創作的東西,在音樂方面,至少要有五十個曲子給各國演奏。」

以上這些觀點,就是以今天的環境與立場來看也是值得肯定和推崇的,因為它體現了以民族文化為本汲取國外之特長,發展中國音樂事業的宗旨。

(二)關於戰時中小學教材問題,陳立夫先生在回憶錄中有下列敘述:

「抗戰時間書荒的嚴重情形可以想見……舊書的供應,由於限於物力,又都是版本縮小,紙張粗劣,印刷模糊,不合標準。教育部為了維持中小學教育水平及維護學童健康,勢不能不採取根本的解決辦法。」[4]

館藏教育部檔案中對此也有生動的反映:

1943年12月4日,馮玉祥先生曾為此專門致函陳立夫,並附贈小學課本3冊,反映教科書印刷太差影響學生視力及身體健康問題。次年2月5日,陳立夫回函馮玉祥,對其關心教育之情「尤為感謝」,他寫道:

「抗戰以來,坊間出版之小學教科書版口縮小,印刷模糊,不但字體細小,傷害兒童目力,且紙張脆薄,不能久用。本部見於問題之重大,一面嚴令各書局改善,一面由部編輯統一課本,督責固定中小學教科書,茲已陸續出版,印刷紙張在可能範圍內力求改善,預定本年秋季小學統一課本出全後,各書局自編之課本當可一律禁止發行。知關錦注,特為奉告。」[5]

由此可見,當時中國國內外或有完全指斥陳氏統編教科書其目的在於「統制思想」、「與民爭利」之說,具有一定偏向性。從提高出版印刷水準角度而言,統編教材當然有其有益的一面。當然,在「統編」過程中貫徹「黨化

教育」，進行統治宣傳也是極自然的事，作為主管教育同時又掌管國民黨「黨統」特務的陳立夫來說，這是他的份內工作。因為國民黨一貫的統治方針就是「以黨治國」。

（三）1948年5月17日，國民政府舉行「行憲」後第一屆立法院正副院長選舉，陳立夫曾回憶道：

「因為孫科沒有當選副總統，為了安慰他，蔣公就提名孫科為立法院院長，在競選時是由黨支持的，另一個候選人是傅斯年，……開票的結果當然是我當選，我的票多很多。」[6]

根據館藏檔案顯示：

「五月十七日上午，在國民大會堂互選院長，發出票數六一四票，……選舉結果，委員孫科得五五八票當選為院長。同日下午，仍在國民大會堂互選副院長，發出票數六一九票……選舉結果委員陳立夫得三四三票當選為副院長。[7]」

由此可知，陳立夫當時雖有國民黨全力支持，得票率為百分之五十五點四，但比孫科的百分之九十點八要少得多。

陳立夫上任立法院副院長之後的第一件事就是奉蔣介石之命「赴美英考察民主政治之施行經過」，首先赴美參加「世界道德重整會大會」。陳氏對此次經歷十分重視，特在其回憶錄中作專節記述。館藏檔案中亦有陳立夫於1948年6月30日從美國紐約寄立法院院長孫科報告一份，[8] 詳述其赴美參會及在美活動經過，竭力強調該會議之「反共」宗旨，並附有在會議期間與日本代表崛內謙介會見記錄，雙方談到了剛剛結束不久的中日戰爭，陳氏表達了「在日本確屬走上和平民主之大道及根絕一切再侵略之前提下，中日兩國，自可再做朋友，和平相處」之願望。崛內對此回答說，「日本誠無以對其友好之鄰人。日本於過去錯誤，惟求中國之寬恕，願共努力於未來和平與民主之建立云云。」[9]

（四）抗戰勝利後，因為國民政府財政當局公布「黃金儲蓄券六折還本」，引發金融混亂，財政部長宋子文又在上海等地拋售黃金，導致金融風

潮高漲，人心惶惶，南京政府信用一落千丈。上海工會罷工，商會罷市，蔣介石眼見「後方失火」，急遣陳立夫赴滬，動用警特力量「調解」。陳立夫在回憶錄中對此亦有專門記述。[10]

1946年7月5日，陳立夫在上海致電正在廬山的蔣介石，報告滬上動態及工作情況。電文寫道：

「總裁鈞鑑：職支晨抵滬，業已分別召集黨政軍團首長及兩調統局之實際工作同志舉行會報，詳詢滬上近日社會動態並報告鈞座對滬市工作指示之方針與吾人當前措施之步驟。」

陳氏進一步報告說：目前上海中共活動已轉入地下，民主同盟亦無積極行動，但因政府金融措施引發之事件，「為上海多數人民所共同反對，共黨正企圖利用此二事醞釀風潮，定能得民眾同情。已商宋院長迅速自動改正，毋授人以柄，並建議具體改進辦法，宋院長已允電呈鈞座核示」，「張鎮司令微晨到滬，軍警方面已有新布置，並正在商議加強保護公用事業機構及防範公用事業工人之軌外行動辦法」，[11]蔣介石對陳立夫之處置舉措深表滿意，他在來電上批道：「復：函電均悉，甚慰。中正」

陳布雷於9日代表蔣介石覆函陳立夫，指示其「對同志多多策勵以鼓其氣為本」，並「宜多針對第三者之願望而爭取其諒解與同情也」，[12]然陳立夫等雖竭盡力量，但卻因蔣氏「過分信任宋子文」，以致戰後南京政府金融財政步入下坡，最終成為導致經濟崩潰原因之一。最後陳立夫不得不下結論說：「蔣公是軍事天才而非經濟長才，所以打了天下而不能守之。」[13]

（五）從館藏國民政府教育部檔案中有關陳立夫先生處理各方求職函件情況來看，可以概要反映出陳立夫先生從政治事的作風。在此數百封介紹求職函文中，包括許多國民政府各方大員的親筆函，其中如王世杰、邵力子、張治中、湯恩伯、柏文蔚、徐恩曾、賀耀組、毛慶祥以及其兄陳果夫等，幾乎每封求職函背後都有陳立夫批示意見，不論介紹人職務高低，陳立夫一律鄭重處理，或加錄用，或介紹給有關部門考慮取捨，事無巨細，每必躬親，反映出陳立夫治事風格。

在整個抗戰期間，陳立夫出掌教育，在館藏檔案中曾收入陳立夫先生論抗戰及戰時教育、青年工作之講話 20 餘篇，縱覽之餘，給人以清晰的印象：一為陳氏強調戰時教育必須堅持全面發展的方針，在抗戰後方保持教育工作的連續性、系統性、基礎性，不僅要為抗戰服務，而且要為戰後重建國家培養貯備人才。為此必須將重要的教育科學研究機構遷往大後方，保持教育工作之繼續發展。二為陳氏大力倡導學校教育、社會教育、家庭教育之系統均衡發展，三者分別以「智、德、體」育為中心。他號召以學校教育為中心，同時發展社會教育，社會教育的推行應以家庭為對象。[14] 三是他重視師資的培養與教材之改良。他曾說：「教育設施的效果並不決定於制度問題，而是要看師資的良窳與題材的是否合適。教育是立國根本大計，不從實際上使民眾具有現代知識，或不先事培養成能擔當推行新教育之師資，什麼理想都將是徒託空言的。」[15] 四是強調貫徹孔子學說及傳統道德教育思想，在戰時教育方針上突出「管教養衛」合一，即政治、教育、經濟、軍事相結合的「總體戰」思想。陳立夫的這些思想言論確定了國民政府當局抗戰教育的基礎方針，成為國民政府戰時教育工作之指導思想。

（六）從館藏檔案資料來看，《陳立夫回憶錄》中所述之「中山艦事件」經過及其對於事件是「共產黨陰謀」之性質判斷，有與歷史事實不相符合之處。本館所藏蔣介石檔案中有一卷《鎮壓中山艦案》專卷，其中收錄了有關「中山艦事件」文件多宗，包括蔣介石報告事件經過致軍事委員會呈文、事件當事人黎時雍、歐陽鐘、李之龍夫婦等之報告、供詞以及陳立夫在回憶錄中所提及的、經他親筆抄寫的蔣介石致汪精衛長函等等。透過這些資料完全可以明瞭，所謂「中山艦事件」其起因基本上是出自於一起偶發性事件，而絕非「共產黨的陰謀」，但這件事情之發生因正值廣東政府內部即將產生分裂之際，正好為人利用，故使這一偶發事件產生了完全不同於其本身性質的嚴重後果。

根據檔案資料顯示：1926 年 3 月 18 日晚，黃埔軍校交通股駐省城辦處股員王學臣接到另一股員黎時雍從學校打來電話，說奉軍校教育長鄧演達命令（此係王聽誤所致，應是軍校孔主任命令），因從上海開來之商船「安定號」遭土匪搶劫，現泊黃埔魚珠上游，要求派軍艦一、二艘前往保護。19 日凌晨，

軍校交通股長歐陽鐘立即趕赴海軍局通知其派艦前往黃埔，因李之龍代局長外出，其作戰科鄒科長答應即派艦前往。當晚，「寶璧艦」奉令開赴黃埔，海軍局並發公文一件致交通股備案，文中沒有提及中山艦。

19日晚11點李之龍回局後，接報告說歐陽鐘要求派二艘軍艦去黃埔聽令，於是他一面要求交通股補辦公函前來存檔，一面派中山艦（此時寶璧艦已派出）開往黃埔，中山艦當時因正在修理中，「乃升水火試試汽笛」，造成了該艦尚未奉令而升火，隨後又奉令出發黃埔之事實。中山艦抵黃埔後，向鄧演達教育長請示任務，鄧回答他沒有發出調艦命令，於是中山艦便停泊黃埔等候。

李之龍致電蔣介石詢問對中山艦下步行動的處理意見，按照蔣的命令，中山艦開回省垣。當夜，李之龍卻在睡夢中被蔣派來的士兵逮捕。事情簡單經過即是如此。[16]

此事原本比較簡單，經過各方調查審訊，事實真相也已清楚，但後來卻越鬧越大，導致李之龍、歐陽鐘甚至廣州警察局長吳鐵城都被逮捕，其中下免有「賊喊捉賊」、「混水摸魚」之嫌。問題之關鍵便在於蔣介石當時對於中共、對蘇俄顧問及其貌似「左」傾的汪精衛的極端反感與不滿，他的這種情緒及其認為有人要暗害自己必須「先下手為強」的反共動機，已經在陳立夫所親筆抄寫的、現仍存於檔案中長達17頁信紙的致汪精衛長函中，充分表達清楚了。

正如陳立夫在其《北伐前歷史性的建言》一節[17]中所表述的那樣，「軍事權在校長掌握之中，為什麼我們不做一下？」[18]至此，所謂「中山艦事件」始因及責任所在之真相，大體也就清楚了。

總結上述六端，《陳立夫回憶錄》給我們提供的大量歷史回憶資料中有不少內容已經館藏檔案所驗證，證明陳先生過人的記憶力及對半個多世紀前經歷的清晰回顧。正如一切回憶錄那樣，其中也不免有若干漏誤失實之處，有待進一步依據歷史檔案資料加以考證補充。但總體來說，《成敗之鑑》仍不失為一本有關陳立夫一生的生動記錄。

中國第二歷史檔案館所藏陳立夫先生檔案，是這座歷史資料寶庫中重要的一函，因為陳立夫在中國現代歷史上所占之顯要地位，特別是其在推進第二次國共合作、主持抗戰教育時期的歷史貢獻，以及其所經歷的民國歷史上各個時期重大歷史事件，使其個人檔案對研究這段歷史具備了特殊參考價值，如何更充分地加以發掘與研究這一專題檔案資料，尚有更多更繁雜的工作有待我們去做。

附：本文參考之館藏陳立夫先生檔案索引

（一）陳立夫參加世界重整道德運動會議會報（1948年8月）十0155。

（二）立法院推舉正副院長案（1948年6月）十0306。

（三）教育部長陳立夫要求將中央藥物研究所改屬教育部給衛生署長函（1938年）五221。

（四）教育部長陳立夫辦理移交案（1945年）五226。

（五）陳立夫與朱家驊來往文件五1826。

（六）陳立夫教育部長任內為各方人員介紹工作來往函五1827-1829。

（七）陳立夫與蔣介石關於中共在滬活動來往函（1946年7月）七一一752。

（八）陳立夫抗戰言論集七八七946。

【注】

[1] 陳立夫：《成敗之鑑——陳立夫回憶錄》，臺北，正中書局，1994年版。
[2] 《成敗之鑑——陳立夫回憶錄》，第268頁。
[3] 中國第二歷史檔案館館藏教育部檔案：五1885（1）。
[4] 《成敗之鑑——陳立夫回憶錄》，第261頁。
[5] 《陳立夫致馮玉祥函》，二史館館藏檔案：五1220。
[6] 《成敗之鑑——陳立夫回憶錄》，第366頁。

[7]《立法院祕書長報告正副院長互選結果致總統府祕書長函》（1948年5月21日），二史館館藏檔案：十 0306。

[8]《陳立夫致孫科報告》（1948年6月30日），二史館館藏檔案：十 0155。

[9]《陳立夫致孫科報告》（1948年6月30日），二史館館藏檔案：十 0155。

[10]《成敗之鑑——陳立夫回憶錄》，第340-342頁。

[11]《陳立夫致蔣介石代電》（1946年7月5日）及陳布雷覆函，二史館館藏檔案：七一一（6）111。

[12]《陳立夫致蔣介石代電》（1946年7月5日）及陳布雷覆函，二史館館藏檔案：七一一（6）111。

[13]《成敗之鑑——陳立夫回憶錄》，第343頁。

[14]《陳立夫在社教討論茶會席上之發言》（1939年1月13日），二史館館藏檔案：七八七 946。

[15]《教育設施與抗戰建國——訪謁教育部陳部長記談》（1939年1月19日），二史館館藏檔案：七八七 946。

[16] 詳情可見二史館館藏檔案《鎮壓中山艦案卷》（1926年3月）三 0 四一 1，並可參閱楊天石《中山艦事件之謎》、《中山艦事件之後》兩篇文章，載於《歷史研究》，1988年第2期、1992年第5期。

[17]《成敗之鑑——陳立夫回憶錄》，第51頁。

[18]《成敗之鑑——陳立夫回憶錄》，第52頁。

吳佩孚蓋棺不能論定

載《史學月刊》、（臺）《國史館館刊》。獲江蘇省中國現代史學會優秀成果一等獎

在中國現代歷史上，吳佩孚也算是一位著名人物，這不僅是因為他曾發動軍閥內戰、鎮壓「二七」工運以及抵抗廣東革命軍北伐，還因為他在生命的最後階段，在淪陷後的北平與日偽頭目周旋與交往，最終又忽因區區牙疾竟不治而亡，死得蹊蹺。於是乎，人們由吳氏之暴死，聯繫到他生前在與日偽周旋過程中所表明的種種姿態，似可簡明地得出這樣一個結論：日偽逼吳佩孚「出山」充當華北漢奸頭目，吳不肯，反向他們提出了不能答應的條件，意圖維護國家主權，結果惹惱了日方，慘遭謀殺。如此，吳佩孚便當然成為

六　其他篇

一個晚節堅貞的愛國者,受到了當時重慶國民政府的隆重褒獎及各方的讚頌,對吳氏「民族英雄」的認定,似乎已成為一個「蓋棺定論」。

然而,最近一段時間來,伴隨著史學研究的求新意識,出現了一種與此不同的見解,意在對吳氏其人其事以今日的資料觀點來重新審視一番,以取得新的認識與結論。對於吳佩孚之死,長期以來似已有定論,但筆者總有幾點基本的疑惑不能解除,這就是:其一,如果吳佩孚是一位百分之百的愛國者,那麼,他為什麼要與日本侵略者反覆進行旨在「落水為奸」的談判?其二,如果說他是身陷逆境不由自主的話,那麼他除了與日偽「和談」之路外,至少還有兩條路可走:第一,若他能下定決心絕不附敵,完全可以置生死於度外,效仿「蓄鬚明志」的梅蘭芳式的榜樣,堅決與日偽抗爭,真正保全名節;第二,如果他勇氣不足而又不願背上罵名。也可選擇另一逃避之途,學杜月笙一跑了之;實在走不了的話或可效仿靳雲鵬,以「心有餘而力不足」來搪塞,佯作老朽狀,使敵寇無隙可趁。然而十分可惜的是,吳佩孚沒有這麼做。那麼,他為什麼不這麼做?其三,正當中日兩國進行生死大戰之時,吳佩孚不僅不斷拒敵方誘引,反而反覆而認真地與敵偽頭目進行接洽、磋商、討價還價,並在談判中不止一次地稱我們民族之敵人為「友邦」,對日本進行吹捧,甚至對日本「近衛聲明」中「插入」他的「私見」而「尤感榮幸」,最後公然在致頭號漢奸汪精衛的多封函件中為汪捧場,讚揚其投日叛國之舉,表示自己對汪逆的「神移意遠」之情和與汪精衛賣國理論「多針芥之合」云云,其例不勝枚舉。吳佩孚在有關國格人格的大是大非問題上,樂於與敵偽勾結,他的立場起碼是含糊不清的。從這一點分析,他的上述表現不能不成為證明其晚節不貞的致命弱點。這樣便有了第三個疑問:吳佩孚與日偽之間究竟是為敵呢,還是為友?

為了徹底弄清楚這一問題,筆者蒐集了一些資料準備深入地做些研究。一個偶然的機會,我接觸到了一批有關這一問題的新資料,於是,令人驚詫的許多漏洞出現在我的眼前,使我不能不對吳佩孚的晚節產生了嚴重的懷疑。

就在這時,上海的一家雜誌,發表了一篇短文,以原國民黨軍統組織「國際密電室」主任李直峰的回憶,說明吳之暴死,並非死於日人,而是因為重

慶方面已截獲「日吳會談」文件，確認吳佩孚已答應降日，出任偽「華中綏靖委員會」委員長，於是為粉碎敵人陰謀，就像前次刺殺準備降日的唐紹儀一樣，按預定計劃，讓吳的副官、一位軍統特務利用吳氏「牙疾」，當機立斷地把他「解決」了[1]。這篇短文當然只是一篇回憶資料，並未提供什麼令人信服的檔案史料根據，但它卻不能不算是一個新說法，從而引起了史學界的注意。臺灣《傳記文學》雜誌除全文轉載外，還連載配發重新公布了一組有關吳日會談的檔案文件[2]，意在反駁李直峰的觀點，為這場關於吳佩孚死因及晚節的爭論又增添了新的內容。有鑑於此，筆者更覺得有必要把現存的疑問及個人的研究觀點公諸於世，並求教於方家。

關於吳佩孚與日偽的交往及被謀殺的經過，過去已有詳文敘述與研究，[3]其基本的事實經過及其現能引證的材料，[4]這裡不準備重複說明。筆者只想根據這些檔案及資料，從以下幾個方面再做一次深入地分析，以求得一個更貼近史實的結論。

我以為判斷吳佩孚的立場態度，可從以下三個方面找到明確答案：即（一）他對日本及華北偽政權的態度；（二）他對汪偽的態度；（三）他對堅持抗戰的國共兩黨的態度。茲分別說明如下：

一、吳佩孚對日本及華北偽政權的態度

吳佩孚與華北漢奸的關係由來已久。早在1935年11月，漢奸殷汝耕在日人唆使下成立「冀東防共自治政府」。為了和「隱居」北平的吳佩孚拉關係，這一傀儡組織在每年春節、端午節、中秋節及吳氏生日都「饋送五千元」；並聘吳氏的「祕書長」陳廷杰為顧問，月薪500元，聘其部下趙子彬、汪崇屏為偽「參議」，月薪200元。吳氏對日偽這番「好意」一一笑納。

1937年日本大舉侵華，7月底平津淪陷，12月日本華北駐屯軍在北平扶植漢奸王克敏成立偽「中華民國臨時政府」。「臨時政府」自成立之日起就「聘任」吳佩孚為其「特高顧問」（後改諮詢委員），月送「車馬費」4千元。當時偽政府高等顧問分3級，一級顧問月俸才2千元，吳佩孚「價值」超級，

六　其他篇

故稱「特高顧問」。嚴格地說，從這時起，吳佩孚已經成了偽政權的「註冊人物」，領取了賣國政權的「車馬費」[5]。

吳佩孚為什麼要拿漢奸的錢呢？原因很簡單，此時「大帥」囊中羞澀也。

吳氏自封為「儒將」，過去「紅火」之時，當然不愁吃穿，他也不大注意斂財，但北伐戰敗之後開始走下坡路，到了在北平做「寓公」之時，雖無大宗收入，但他卻仍是死要面子，「大帥行轅」、「八大處」機構照舊保存，隨行「食客」部下及眷屬不下一、二百人，每天公館三餐仍是八盤六碗，甚至常年自製葡萄酒大宴門客，一年下來，開支驚人。吳佩孚自己對家用開支不聞不問，全由夫人張佩蘭掌握，張氏過去雖有積蓄，但天長日久也就所剩無幾了。為了解決生計，吳佩孚不得不依夫人之計，派內弟張錫九及其部下四處「籌措」，正因如此，也就不免飢不擇食，只要有錢，不問來源，對漢奸之「饋贈」，裝聾作啞收之不問了。俗語說：拿了別人的手軟。吳佩孚此刻對日偽之態度如何能硬得起來？

1938年6、7月間，日本為了進一步「穩定」中國占領區，決定迅速組建偽「中央政府」，以貫徹「以華制華」的方針。關於華北偽政權之組建調整，交由日本陸軍部土肥原賢二中將全權負責，為此專門成立了「土肥原機關」（亦稱竹機關）開展「土肥原工作」，目的是扶植北洋政客唐紹儀、靳雲鵬及吳佩孚三人「出山」，充任華北漢奸首領。

日方「土肥原工作」的前兩項目標因唐紹儀被國民政府派員刺殺、靳雲鵬裝病婉拒而遭失敗，剩下的便只有一個「吳佩孚工作」了。

1938年8月，「土肥原機關」派出大迫通貞少將來到北平，正式對吳開展「勸降」工作。

吳佩孚是一個懷有宏大政治野心的人，過去充任直系軍閥首領時代，他的抱負是「統一中國」。下野之後，力量雖失而痴心不改，在國民黨政權的壓力之下，還打著「孚威上將吳」的旗號，指望重振旗鼓。力量與野心之對比反差，使他在心理上產生了不平衡，逐漸變得日益「唯我獨尊」與「狂妄自大」，他的「自信心和誇大狂幾乎達到令人驚奇的程度，他平素說話，是

什麼大就說什麼,好強求勝之心溢於言表」[6]。北平淪陷後,吳佩孚不顧時局險惡,不肯後撤,自稱:「自盧溝橋變起,兀坐故都,本所信念,日以啟導和平為事。」[7]

當時吳氏的政治立場是,他一則反對蔣介石與國民黨政權,因為他們曾互為死敵,舊怨未消;二則他堅決反共。在政治觀念方面,他相反地卻與日本扶植的華北、華中偽政權相接近,關係密切,他們有一個共同的希望,這就是由日本人讓他們出面組織政府,重掌大權,「收拾局面」。這樣分析起來,吳佩孚在政治上具備了兩項條件:第一,他與國共兩黨格格不入,此時,也就是與國共合作為基礎的「抗日民族統一戰線」不能合作,甚至相對立;第二,他雄心雖大而力不逮,在蔣介石的壓力之下生活,時刻等待機會,一旦時機到來,長期的忍耐與壓抑不住的爆發慾望會使其幹出一些「飲鴆止渴」之舉,這正與汪精衛投日前的處境與心態十分相似。

土肥原機關正式向吳佩孚「勸降」之後,吳的反應是:(一)他可以「出山」;(二)條件是必須由他自己組織一支軍隊和一個政府。他說:「事變若由余來調停,大概可望得解決!如果舉國輿論寄希望於余,余則可任此勞。但是,在調停之前,余須先行培植一勢力,足以迫使重慶政府接受調停。為此,余思招撫華北之土匪。如余發布命令,各支土匪部隊將會立即匯合,如此,就易於培養軍政勢力。作為軍、政勢力之骨幹的軍隊一旦建立,即可組織政府,擴大行政區域,取消臨時政府。若蔣介石不聽調停,則可把新政府之行政區域,擴至重慶,以解決事變。」[8]吳佩孚是想利用日本侵華之機,依託日本的力量東山再起,至於他「再起」後與日本人的關係——對此實質問題,他卻想矇混不談,而日本人卻不答應。

1939年1月間,「土肥原機關」與日本陸海軍、外務省有關人員召開第三次聯合會議,由土肥原親自部署「吳佩孚工作」,並決定把這項計劃向華北、華中偽政權頭目傳達,以「取得諒解」。緊接著,一場對吳佩孚的「勸進」活動在華北淪陷區各地展開,一些「落水」之吳氏「舊友」,紛紛與吳聯絡,最後終以42名漢奸組成「和平救國會」,以此組織名義請吳出山。1月30日發表《和平救國會宣言》,敦請吳佩孚「出就綏靖委員長,以撫揖黨府各

軍。庶和平早日可現，政局早日可安」，並「用極誠懇之意與鄰國敦睦邦交，以保持東亞和平之幸福」。[9]

一番鼓動之後，日本人容不得吳佩孚有一刻喘息之機會，宣布於次日（1月31日）在吳的寓所什錦花園舉行記者招待會，讓吳自己宣讀日本人寫好的講稿，宣布「出山」，組織漢奸「中央政府」。

在此前後，吳佩孚受到了來自抗戰陣營及各方愛國人士的多次警告，對「落水」之顧慮加深，再加上吳氏本來對日合作的重心是要發展自己的力量，現在日本人不顧一切地強迫他按日方的計劃無條件「就範」，這便違反了他的心意。於是，吳佩孚在記者招待會上甩開了日方擬就的講稿，向眾人明確表示了他自己的心意，他說：

「余受『和平救國會』之推薦，組織綏靖委員會著手準備建立政府機關以實現和平，第一階段當先編成作為其骨幹之軍隊，為此，余打算首先使華北游擊隊歸順，若在華北鞏固了地盤，則可在日華之間實行武力調停，解決事變。因為武力調停，余在國內戰爭中已有數次經驗，所以對此是有自信的。」[10] 他進一步提出了「出山」的三個前提條件：一要有實地，以便訓練人員；二要有實權，以便指揮裕如；三要有實力，以便推行政策。[11]

在這三項內容中他特別強調要有「實權」，視之為一切之基礎。吳佩孚曾說過：「實權這個問題是最要緊的，也可以說是先決條件，日本一日不肯讓出主權，則余一日不能出山，把握住主權之日，即余出山之日。」[12]

縱觀吳氏的講話，給人的印象是，他依舊是不切實際地自大與傲慢，竟然要做中日兩國間的調停人，並要以招降華北游擊隊（土匪）來作為自己的實力，像過去軍閥內戰時代一樣，以武力居中實現「調停」。無疑地，這完全是一種夢囈。且不說他用何術去招降土匪武裝，即使招降之後，這小幫烏合之眾既不是日軍的對手，更不是中國抗日軍的對手。另外，吳佩孚自稱要「出山」調停「日華之爭」，請問他自己是哪國人？如果連這一點也沒明確的話，誰能說他是「中華民族的英雄」？簡言之，此時吳佩孚在土肥原賢二逼迫之下不得不亮出了自己的最後底牌，可惜，這張底牌是含糊不清的。吳

佩孚在中日生死之爭中，給自己安排了一個十分模糊的定位，他的計謀完全是行不通的。

吳佩孚的這種表態，表明了他的這樣一種心理，即：他想火中取栗而又不燙了手，想借助日本人的力量東山再起，要他們的錢、槍和幫助，但又不能公開賣國賣身求榮，於是抱著「只占便宜不吃虧」的心理，想讓日本人「充分」給予他「主權」，放手讓他「大幹」，有地，有權，有力，當日本平起平坐的朋友，而不是奴才走狗。他後來對日本代表宣稱「余出山之後成為中國之元首，當與貴國之天皇立於平等之地位，余所任命之國務總理，當與貴國總理立於平等之地位，余所任命各部總長，在進行交涉時與貴國各省大臣平等」[13] 一節，以及他「不欲如臨時、維新兩政府成為日本政府之玩物」[14] 之表態，都是吳氏這種心理的最明確的證明。當然，這完全不合日方的計劃。日本人要的是奴才而不是「朋友」，因此這根本是不可能實現的。

問題在於：吳佩孚向日本侵略者要「主權」之舉是否正常？其在根本上是否已背離了民族的大義與立場？

抗戰開始後，全體中國人，不論其政治立場觀點如何，在國難當頭之時，一時間也分成了兩大派，這就是抗戰派與投降派。且不說那些在前線與日本侵略軍浴血奮戰的抗日軍隊，就是在那些被迫滯留在淪陷區偽政權統治下的中國人中，也有忠奸之大分別，象吳佩孚這樣既不言抗日救國，反而熱心與日偽勾搭在國家政權之外再組「中央政府」，並稱民族敵人為「友邦」的人算不算「抗戰派」？他向日本人索要的「主權」，是一種寄託於日軍侵略「成果」之上的「主權」，這與汪精衛漢奸政權成立後與日本簽訂的冠冕堂皇的充滿了「互相尊重其主權及領土」、「互為善鄰」、「於政治、經濟、文化等各方面講求互助和睦」[15] 等漂亮字眼的賣國條約之間，兩者有沒有原則區別？試想，如果當時土肥原也像汪政權炮製者影佐楨昭那樣狡猾，採用「先哄你上鉤，滿口答應給你主權，等你入了殼中，不怕你不服」的策略來騙吳佩孚，或者就給他一份如《日汪協定》式的足可滿足對方虛榮心的條約文件，那吳佩孚還會拒絕出山嗎？可惜的是，土肥原直了點、板了點，而吳佩孚也

六　其他篇

並無汪精衛整日寄蔣介石籬下度日如年的苦衷，他有充裕的條件與日方討價還價，差這麼一點也不上鉤，結果竟然因此為吳「保全了名節」。

吳佩孚在記者招待會上的表現使土肥原飽嘗了「欲速而不達」的苦味。而日本華北駐屯軍則更是激烈地要求東京大本營「土肥原機關的工作應當立即停止」，他們認為吳佩孚「肆行破壞與華北軍隊的協定，攪亂華北治安」，「對吳數次繁多的背信行為已不能容忍……絕不允許由於吳的背信棄義行為，而使臨時政府瀕臨崩潰」，華北日軍方認為：「如果成立以吳佩孚為首的新政府只有害而無利」。[16]

土肥原在惱羞之餘仍然對吳不死心，他一方面命令各報刊照他原擬的宣傳稿見報，宣布吳已答應日方條件「出山」，大造輿論；另一方面對內部反對派再加說服，宣傳吳的「價值」。而更主要者則是向吳佩孚再加壓力，迫其就範。土肥原當時的態度是「只要他（指吳）的行動有利於我們，就是打打抗日招牌也是可以的。」[17]

3月25日，土肥原親赴北平與吳佩孚談判，吳佩孚為能見到土氏而「興奮不已」，「倍極殷勤」，表示他「依然以和平救國為念，有意出馬，以大總統自居，和平運動成功之曉，再行隱退」，他又對土氏吹噓他在河南、四川等地擁有實力及威望，至今仍保持密切聯絡，希望日方大力資助，特別是經費。一旦他行動，雲、貴等地將隨之而起等等。但同時又聲明他不作日本的「玩物」，希望日方給他「主政」名義，持「中立」立場，不干涉他的內部問題。[18]

4月，大迫通貞少將奉命再次訪吳，未果，「吳佩孚工作」陷入僵局。6月25日，吳佩孚透過陳中孚向日方開出價碼，他出山後要「黨政軍」大權一把抓，需擔任：1.「和平救國會總裁」；2.「和平救國軍總司令」；3.「和平救國軍政府主政」。三項條件，缺一不可。日方對此一時不肯允諾。

到這時為止，吳的基本立場仍然是：他是願意「出山」的，只不過有一些「但是」的條件罷了。這表明他的基本立場是願意與日偽「合作」。不僅如此，吳佩孚的對日合作不止僅僅停留在口頭上，他已經有了實際行動。9月1日，吳氏電召偽「開封綏靖委員會主任」胡毓坤進北平，並於4日與吳

會見，吳向胡詳詢了河南偽軍招編情況並討論了下一步組織政權問題，次日，他們又與日方代表大迫等進行了會談。

造成日吳談不成交易的原因，除了吳本人「開價」不低而日方內部有人反對而外，華北偽臨時政府的漢奸們從中作梗也是其中重要因素。

日本人對吳佩孚的「器重」召來了華北漢奸政權頭目們的極端嫉妒與敵視，他們既不能要求日方放棄「扶吳」計劃，又不甘心將來要做「奴才的奴才」，於是，他們只能耍兩面手法，一方面遵從日方安排「請吳出山」，另一方面卻暗中使絆「加以牽制」[19]，偽「臨時政府」首腦王克敏、王揖唐等人摸準日本人的心理，建議吳佩孚出山後就任管轄範圍在河南、湖北等地的「綏靖委員會」首領，藉口便是「發揮吳在河南的影響力」云云，其宗旨在於不讓吳在華北和自己「搶食」，從而影響到自身利益，對吳實行「支出去」的策略。而「土肥原機關」在「對華分而治之」的原則之下，目的是再弄出一個以吳為首的位於華中地帶的偽地方政權，不論其名稱如何，它是不包括已成立的「臨時」、「維新」兩個偽政府及其所轄地盤的。土肥原更認為吳佩孚所即將招募的任何武裝都應當屬於未來的漢奸「中央政府」，而絕不能屬於吳本人，他不允許吳擁有其「自己的軍隊」。[20] 日本與偽「臨時政府」的這些設計與吳佩孚的願望是背道而馳的，吳還在堅守他那條原則「要當就當大太太」，到這時為止，吳的基本立場是：他願意「出山」，只不過有一些「但是」的條件，這表明他的基本立場是願意與日偽「合作」。不僅如此，吳佩孚的叛國不止停留在口頭上，他已經有了實際行動。9月1日，吳氏電召偽「開封綏靖委員會主任」胡毓坤進京，並於4日與吳會見，吳向胡詳詢了河南偽軍召編狀況並討論了下一步組織政權問題，次日，他們又與日方代表大迫等進行了會談。

二、吳佩孚對汪精衛漢奸政權的態度

就在吳佩孚與日本討價還價之際，由日本軍方影佐禎昭主持另一個特務組織「梅機關」，對國民黨內第二號人物汪精衛所進行的代號「渡邊工作」的策反計劃卻取得了突破性的進展。1938年底，汪精衛公開叛國，投入日本懷抱。

六　其他篇

　　由於汪精衛在國民黨內的顯赫地位及其影響，使他對日本的「利用價值」遠遠超過了早已退出政治舞臺的吳佩孚。於是，日方的興趣與注意力一下子轉向了汪精衛。1939年5月間，日本內閣作出決議，將爭取吳佩孚的工作改為促成「汪吳合作」，準備以此二人聯合組成未來的偽「中央政府」。由於汪精衛的勢力當時尚達不到華北及兩湖地區，日本的方針是將未來的新中央政權造成「汪吳聯合體」，並未準備「專寵」汪一人。5月26日，日本駐上海總領事佐藤在致崛內參事官的一份電文中，明確表示了日本政府的下列意圖：「隨著汪兆銘和平工作的進展，應再次考慮吳佩孚的起用問題，汪在政治、軍事上有一定力量與背景，但在華北及湖南、四川等地汪的勢力卻不如吳，因此，汪吳如合作對解決時局是有利的。」[21]

　　在這一方針指導下，5月底至8月初，大迫通貞、岡野增次郎等人頻頻訪吳，就促成吳氏與汪合作問題進行商洽。

　　在開始階段，日人仍逼吳佩孚表明基本態度，即願不願與日本及汪精衛「合作」。在與岡野、大迫等計11次的會談中，吳佩孚表明了如下態度，以下讓我們逐次引用吳在會談中的原話加以考察：

　　(1) 5月30日，吳向日方說明：第一：「即使像世間所傳的那樣，余出山，亦並不會主張日本兵立即撤兵」，他要岡野把他「作為自己之心腹。」[22]

　　(2) 6月3日，他又表示：「吾人最後決心已定，不日待大迫少將歸燕之時，將百尺竿頭，更進一步，」但他又提出條件「餘事且暫置之，而尤以主權問題為關鍵。」[23]

　　(3) 在6月7日的會見中，吳佩孚又要求「時機成熟時與貴國政府代表杉山司令官（作者按：駐華北日軍司令）面晤以討論一切大事。」但他擔心：「余今仍屬在野之身，故不能與貴國政府相約何等條件，而以私人密約形式，則不僅將來不能向中外公布，且公布之亦不易為國民所承認，因此不能履行之。」為此，吳佩孚還擔心「然則失信於友邦也。」

　　吳佩孚要求日方讓他的「著手行政、教育及編練軍隊」等工作，先從「擔任治安之職」開始，「方可將中日兩國之國交納入正軌。」為了保他上臺，

他再次說明「所謂要求日本軍撤退，為時尚早也，」在這一點上他比汪精衛的賣國條約走得更遠。試想在日本不撤軍的情況下，吳佩孚的「主權政府」能是一個什麼角色？

　　對於日方對他的計劃的催問，他仍故弄玄虛地說：「余欲隨機應變，因時制宜，即因事所異而想方設法，譬如蜘蛛欲吐絲作網者，作網之蜘蛛腹中充滿了絲之原料，但先剖腹以觀其結網之原料則不可，如是則蜘蛛必死無疑，弗能吐其絲作其網也。」他進一步指責日方「彼等工作終未成功，皆因未理解余之意思故也。」

　　（4）6月18日，吳佩孚及其親信與日方大迫、岡野及華北偽政府代表進行了正式會商。首先，大迫轉達了日本政府的決定：「請吳將軍出山以收拾時局」，「汪先生同時並出來與吳將軍一致合作，此點乞吳將軍諒察之。」吳佩孚對此表示「實在感激，」他說：「與汪先生合作以解決中日糾紛，收拾時局，更乃余所最贊同者也。」其次吳提出以下的「出山」條件：（一）要「臨時、維新兩政府先將接辦之名冊造好送來，余接收後方能產生權力，得令彼等光聽余之命令，從事工作」；（二）他要與日本天皇「處於平等地位」，[24]（三）「今後，余與汪先生之合作，亦當彼此禮讓而行，對此可不必操心。」[25]吳的這番表示，使日方極感為難，深感彼要價太高，岡野打斷吳的發言，表示他對大迫將軍所言尚有「未充分理解之處」，他明確表示：吳指派交涉代表權僅指在未來吳政府成立前具有有效身分，而日方對吳「一切均委託閣下」則是指未來偽中央政府成立之後。意思即為：你不下水我們不會答應你的條件。岡野深刻體會了「吳佩孚工作」目前的困難，他私下對原田說：日本政府對未來中國中央政府的構想是「汪七吳三」，而吳的想法是「吳七汪三」，現在想要讓「吳氏之當元首的心理狀態降至三，於今後決非易事也。」[26]

　　（5）6月24日，吳佩孚對岡野表示，對汪精衛來北平約他在顧維鈞住宅會見一事表示「極為歡迎」，但按「中國之禮儀作法，應為『行客拜坐客』，即在平等地位上之主客訪謁」，「乞來敝舍一晤最為妥當」，他想在這「誰拜見誰」的問題上，先勝汪一籌以爭取主動。

六　其他篇

（6）7月15日，吳與岡野再次會談，吳表示「目前正欲調整日、滿、中三國國交，以圖親善，故以居北京為便，正者居北京，副者居陪都（南京）可也。」

岡野催問吳氏「遲遲不出廬」的原因，吳答曰：「日本有日本之立場，中國有中國之立場，日本專斷強迫中國接受其立場則為不可」，「若要予出廬擔當收拾時局之責任，則必須使予樹立予進行工作所必需之體面。中國人之難以治理，余較任何人更為深知。」岡野又委婉希望吳能「下決心」赴日訪問，進入日方圈套，吳以「此地日本文武官俱在，接洽並無不便」加以拒絕，並再次強調他「出山」要「待水到渠成」，「不可依仗技巧」云云。他再次對日方表示，「自覺負有建立日中親善國交之大使命，願為此而生存。」[27] 在這裡，吳佩孚關於「中國有中國之立場」一段話，過去多被用來證明吳佩孚的「愛國」，殊不知吳在這裡只不過是在陳述一種客觀事實，即日本不能強迫中國人民屈服，這才有中日之戰。吳之言論並不是說他有他的立場，日本不能使他屈服，而是指兩國關係的客觀狀態。因此，這才會有了下文「若要予出廬擔當收拾時局重任」的後話。特加說明。

（7）7月13日及15日，就與汪關係問題，吳對岡野增次郎明白表示（一）「汪先生擔當起收拾時局之任，乃余之所望也，余切望先生之事業成功」。但「汪先生對西南諸將之號召力似亦微弱也」，「於汪氏終究未能收拾起時局之際，余始出山亦無不可，時機成熟則全力以赴，願為日中兩國而盡力也」，「閣下宜從長計議，而不宜操之過急。」「此舉實乃為了日中兩國也，但倘非使之似專為中國之利益而行，則中國人民不擁護，中國人民不擁護則將一事無成矣，結果是對不起日本，此乃余之費心處也。」[28]（二）「余果出山，則可讓四川將領中楊森及鄧錫侯所部於武漢集結，在河南省準備中之武裝民眾作為余之衛隊及借為各地區防軍可也。」吳佩孚在中日交戰之際一口一個為了「日中」兩國而要「費心」設計騙中國人民「使之似專為中國之利益」而跟他走，唯恐「對不起日本」云云。看了這些言論，請讀者鑑別，他是什麼人？

(8) 7月18日，岡野再次與吳佩孚在其住地什錦花園進行了交談，岡野再催其「抓住時機，迅捷而行」，吳佩孚則表示了下列態度：（一）「近衛公爵之第二次（對華）聲明，於大體上余欣然贊同，此中插入余之若干私見，尤感榮幸。」（二）「貴國所提倡之皇道，與中國固有之王道差別甚小而實極相似。日中循行此道，則必當振興東方文化，實現東洋和平也。」（三）「余信守欲速則不達之格言，操之過急則於事無補。只要能達到最後目的，足矣。此亦恰如余之出山問題，不可焦急，不久，水到渠成之時將至也。」[29]

(9) 7月26日，吳佩孚針對日方日益重視汪精衛而發表一通妒言，並威脅要向日方撂話：「日本有日本之立場，中國有中國之立場，任何人若無立場則將一事無成。聞日本政府欲使汪氏擔任收拾時局之任，故汪氏當有自己之立場也，然現地之將帥恐未必同意耳，……故爾，只能暫時靜觀時機，此外別無他法」。

(10) 7月29日，日方要求吳「以最高軍事長官之身分，立刻與汪氏合作」。吳表示：「於今不再念及武力矣」，「關於與汪氏合作之事，若一致於今後實行王道平明之政治，則當一步一步接近，為使達到目的而努力。」他不肯只當司令，而還要當政治元首。

(11) 8月10日，岡野要吳對汪精衛的和平運動正式表態。吳在嫉妒之餘，猛烈攻擊汪氏：「汪精衛言論甚雄，……而昧於中國民意之動向」，「他表示要與我合作，已多次轉達此意……我願開誠布公地表態，惟在日軍監督之下組織御用政府之形式，到底不如老蔣在支那大眾特別是中青年層中得人心。」但他同時又表示：其實日中兩國目標一致，當然應協力同心，但表面上應取中國第一主義……目的是收攬民心，否則，中國大眾不擁護，則一事無成，結果將更失信於友邦。汪氏沒看到這一點，今後相見時可與之討論。我對汪將本中國傳統禮義相讓而安實行合作。

總結上述11項內容，吳佩孚對日方的勸降態度是：第一，他肯「下水」，願為「日中親善」工作；第二，他要有權，所謂「國家主權云云」，不啻可視為吳個人之「主權」，因為從他全部言論內容來看，他不僅從沒為中國民族根本利益著想過，反而要搞「中日滿」親善，為「日中和平」而生存，要

「費心」治理「難以治理」的中國人，以免「對不起日本」，這不是道道地地的漢奸理論是什麼？第三，他要「臨時」、「維新」兩漢奸政府及汪偽「聽他指揮」，否則就向日本耍賴。正因如此，在日本未明確「一切均委託閣下」以前，在未答應以「吳七汪三」組成漢奸「中央政府」以前，他絕不輕易下水，還故弄玄虛，不讓日本人看他這隻「蜘蛛」腹中究竟有什麼「原料」，把岡野、大迫搞得糊裡糊塗，以至這樁吳日「買賣」始終沒有做成，吳也就遲遲未能公開落水為奸。其實說穿了，吳佩孚到底要組織一個什麼樣的漢奸政府，向日本具體要什麼條件，恐怕他自己也心中無數，因此只好以故弄玄虛來掩飾一番。至於他在憤激之下攻擊汪偽是日本的「御用政府」等言論，並不能說明他自己是清白的，因為他已經表明了自己的真實立場。

在此前後，汪精衛與吳佩孚之間就「合作」一事進行了密切聯絡，雙方雖因「主客」之爭互不讓步，未能見面，但書信往來也忙得「不亦樂乎」。在這些信函及吳氏代表與汪會見紀要中，充分反映出吳佩孚的政治立場，我們不妨順序一觀。

1939年5月22日及27日，汪精衛兩次致函吳佩孚，以國民黨領袖身分，以「期與海內豪俊共謀挽救」危局相號召，希望「老成謀國」的吳氏在賣國之途上助他「一臂之力」。[30] 其後吳佩孚於6月7日、8日及9月3日三次覆函汪精衛，全面表達了他對汪氏叛國之舉及漢奸理論的態度。他寫道：「拜展手書，讀竟愴感不置，中日輔車相依，為敵為友，利害本自昭然……徒因乘隙抵釁，積漸已久……迄於『九一八』事變，隱忍依違……正如痛瘍附身，終歸一潰，而又內外情複雜，因風縱火，更有促使熾燃者。平情論事，國民黨不過適逢其會，儻然亦國運有以致之，不必盡在人為也」，「公怵惕危亡，於喧呶抗戰之中，徑議寢兵，翰音登天，宙合皆曉，復眷眷於風雨同舟之誼，暗口嘵音，冀反眾迷，終且險患親嘗，高振六翮，嚶求海內仁人志士，共計匡維，為國忠貞，至堪敬佩。並承謙忠見訪，履基遠勞，翹跂風猷，彌增感奮。竊謂中華國民，四萬萬民眾，實為主體，果以抗戰為然，則任何犧牲，均可弗計。若民皆厭戰，相戰之國，復有感於窮兵黷武之非，即宜矜恤同胞，戛然而止。有史以來，從無久戰不和之理。弟分屬軍人，昔亦誤以武力為萬能，經體察國情，默視世界大勢，乃以太公所謂全勝不鬥，大兵無創微通，鬼神

者一,以政治之原理,權衡其際,益憬然經國之略,初不必盡恃藉於疆場之決勝也。故自盧溝橋變起,兀坐故都,本所信念,日以啟導和平為事。和平要領,則以保全國土,恢復主權,為唯一之主張。區區此志,竊幸與公尚有針芥之合。九皋鶴鳴,敢云道不孤矣。尊論謂非組織統一有力自由獨立之政府,無以奠定和平,確為扼要之言,與鄙見亦正相符。蓋不如是不但無以奠定和平,且無以見諒國人,並無以致國際之觀聽。願共本斯義,力圖邁進,友邦誠能具充分理解,悉予贊同。中日真正之親善,固可依次以舉,而彼所揭櫫於世界之聖戰意義,並可即事實為之證明。……弟委質國家,……幸叨不棄,更當追附賢者,竭畢衷忱。如能教益頻施,資為鍼圭,更所欣盼而不容自己者也。」[31]

吳佩孚在此信中對中國全民抗戰進行了貶義之評論,並對國民黨當局表示蔑視,所謂「四萬萬民眾……果以抗戰為然,」一句,以前又被引為吳「抗日」立場之證明,其實不然,這句話不過是下句「若民皆厭戰」一句話的鋪墊,而吳之關鍵含意就在這第二句誣罵抗戰為「窮兵黷武」之中了,他要出而使之「戛然而止」,後文中吳氏更直言他的「保全國土、主權」概念原與汪精衛的想法相同,他真是「敢云道不孤矣」!

次日,吳佩孚又去函汪精衛,介紹陳中孚代表他與汪聯絡:「傾中孚兄北來,再奉琅函,過承獎掖,感愧交並。國家魚爛之勢既成,人情險怪,更虞靡沸。釋公淪胥之言,倍增不寒之慄。《易》曰:『二人同心,其利斷金。』敢傾肝膈,請事斯語。……但期確能救國,與彼此共同宗旨,不相違越,自當審度情形,與公同進止也。」[32]

9月3日,吳佩孚三函汪精衛,在全國一片討汪聲浪之中,他對汪氏進行了肉麻的吹捧,表示了與汪在政治立場上的完全一致:

「精衛先生執事:自公振跡上海,迴翔所嘸,屢聆雄談,卷霧籠霄,不徒使人神移意遠,尤幸與鄙見多針芥之合。中孚兄北還,更釋覆書,籍承偉抱,益增契結。先生相參,敢謂道同,謀飇所宜,特為注念者,即國權如何規復與規復之方式耳。願再與中孚兄從長計度,期對國人稍減遺憾。此區區

六　其他篇

之志也。此後與公處接洽，專托中孚兄，以免紛歧。谷風黽勉，並為分擱誠誦之。余請中孚兄面罄，恕不一一。敬頌勛綏。吳〇〇拜啟。」[33]

汪精衛與吳佩孚之間一個拉一個靠，很快氣味相投，開始了「合作」賣國之談判。

10月2日，汪精衛與吳佩孚的代表陳中孚進行了會談，這場會晤，目的在彌合雙方在組建偽中央政府問題上的分歧。

關於偽政府沿用「國民政府」名稱問題，汪氏欲堅持之以示「正統」。而吳氏因與國民黨有舊隙，不願加入那個曾經搞他下臺的「國府」，汪勸陳對吳加以說服；關於「定都」問題，吳主北（京）汪主南（京），最後汪答應以北京為「陪都」，吳只要參加偽府，不去南京「也無妨」；關於汪吳職務地位問題，汪建議「主席」仍由在渝之林森兼，自任「行政院長」，以吳為「軍事長官」，陳中孚表示，吳「既欲掌管軍事，又欲擔任華北行政」，「取王克敏現任之職位而代之」，「如決定其僅任最高軍事長官，余需回京進行說服工作」。[34] 陳中孚並轉達說吳佩孚的意思是要以「中央政府下之政務委員會」之類名義，統治華北、四川、湖南、湖北，最關鍵的問題是，是否承認「國民黨黨統」及吳的隨員如何安排。

關於吳佩孚地位如何，汪精衛做了以下解釋：「余覺得對年長之吳氏進行任命，或置於自己之下實為不妥。當作為薦任官也。（陳註：吳之地位問題擱置於後，於此未再深入下去。此即說不取由汪任命吳之形式。而採用薦任之形式也。）」[35] 陳中孚居中分析汪吳關係說：「總之，對於汪來說，關鍵在於吳能否承認黨統問題，而此對吳說來，即使能諒解國民政府之法統，亦不能諒解國民黨之黨統，此是明白無疑的」。[36] 說穿了，吳不承認「法統」、「黨統」，其現實意義就是不承認汪的正統性，目的還是要在日本人面前爭一個「漢奸老大」。

10月19日，汪精衛親書長函一封再致吳佩孚，一針見血地點出他不尊汪氏「國民政府正宗」的實質是要與他爭權力，並對之加以規勸。

「竊念銘之與公，為國為民，心事相同而立場不無稍異。數月以來，事勢日急，茹而不言，將來必有失人之悔。素仰公忠鯁正直，能受盡言，故終以一吐為快。……至於易政府換國旗，則內政干涉，國將不國，不可不慎也。為今之計，國民政府急須恢復……而主席地位不宜更易，以省糾紛而利進行。至於國民政府之職權及名稱以暨種種制度，如有更改之必要，於國民大會中議定之。如此則對內對外不相混淆，國權民意兩得顧全矣。由是言之，今日國民黨人主張恢復國民政府，其為國民政府謀，忠也；非國民黨人亦主張恢復國民政府，其為國民政府謀，俠也。一忠一俠，其立場雖異，而為國為民之心事則同。銘竊願公以一忠字對民國，以一俠字對國民政府，則公之風節必照映宇宙，而旋轉乾坤之功業，亦必成於公手。銘之與公並未謀面，接杯酒之歡，而於公之人格，夙所傾仰，故敢以率真之詞，負起誠悃，惟垂察之，幸甚幸甚。」[37]

面對汪精衛帶有挑釁性的勸告，吳佩孚在來函封面上親筆批到：「復。公離重慶，失所憑依；如虎出山入柙，無謀和之價值！果能再回重慶，通電往來可也。」表示了他對汪精衛的不滿與蔑視。11月4日，吳親書一封回覆汪氏，發洩他對國民黨統治的不滿，並對汪的勸告正面做了回覆。他寫道：

「辱承掬示，中情無氣，勤勤懇懇，令人益深感仰。大難同膺，救亡圖存，為舉國一致之心理。漏舟風雨，舊事寧復堪言。因公之坦懷，遂亦不得不稍攄固陋。民國初建，英俊雲興，同氣相求，政團蔚起，政策政論，亦即丕振於時，先進國家數十年乃至數百年結營締造而始獲者，吾皆咄咄便辦，未幾隙未凶終，相互排陷，一星之火，馴至燎原。政黨政治，本憲治國家共由之常道，吾所取，則不惟未進國家於隆平，甚至導人民於塗炭，淮橘為枳，適反所期，……國家經百餘年之積弱，曩函曾以為國民黨不過適逢其會，初不必有所歸咎，然若作法理上之討論，抗戰基於政府之政策，且國以黨治為幟，今因軍事之挫敗，惟軍事當局是問，似不免稍失其平。願公持寬大之論，藉免內滋不協，外復示人以間，大難未夷，尤以共相諒能為宜也。聞公發自重慶之日，關於和平論列，已得政府多數之贊同，近在南京，與友邦研討意見更日趨於接近，謂宜趁此時機委曲求全，與重慶為全面之商洽，用使內外交融，悉歸一致也。……自接大札，關於此節，考慮數回，深恐遂如所料，

誠國家不幸中之尤不幸矣。弟與公曾為同心斷金之約，公誠於主權、土地之保全悉得其把握，於弟所鰓鰓過慮者並得確實解決之法，不致重生枝節，則其餘一切悉可迎刃即解，不煩過計也。」[38]

這兩封信暴露了吳汪之間在談及「合作」實質問題時，彼此矛盾有加大之趨勢。吳佩孚在此又一次舉起「保全主權、保全土地」之幌子，意在抵擋汪精衛的吞併攻勢，同時也再次表示了吳對汪的不信任。而其意圖也並不是真正意義上的為了國家民族而保土地保主權。何況，一個與頭號漢奸「為同心斷金之約」的人，又怎能算是堅持民族立場？

吳佩孚與汪精衛的談判最後遂與吳日勾結一樣，以「價碼」未談定而告流產。但總觀所有材料，既不見吳氏痛斥汪偽賣國逆行，也不見他與日偽劃清界限，相反地，卻滿紙皆是吳汪互相吹捧共表「決心」，要在賣國之途上「合力共進」、「中日滿共存共榮」，吳佩孚稱日本為「友邦」，並以敵酋近衛聲明「插入余之私見」而「尤感榮幸」；稱汪偽為「賢者」，表示要與大漢奸「同進止」。在全國上下抨擊日酋誘降、聲討汪偽賣國的巨大聲浪之中，吳佩孚的言行與抗日潮流是多麼的格格不入，甚至截然相反！他的表現，甚至比自稱「看不下去汪逆賣國」而從南京逃回重慶的高宗武、陶希聖之流還不如。

既然吳佩孚對日偽的態度如此友善和極具「認同感」，那麼我們再來看一看他是如何對待抗日民族統一陣線及國共兩黨對他的挽救與警告的。

三、吳佩孚對國共兩黨的規勸警告及對抗日陣營的態度

吳佩孚一向仇視國共兩黨。在歷史上，他鎮壓共產黨發動的「二七」工運，殺害工人領袖、共產黨員，以「討赤」相標榜，是地地道道的軍閥頭目。他在北伐戰爭中是革命的主要對象之一，曾率部首先抵抗國共合作的北伐軍，結果被徹底打垮，率殘部逃往四川，依靠地方軍閥庇護而殘存。為此，國共分裂之後，他仍視南京國民政府、視蔣介石的國民黨為仇敵。而蔣介石對他也毫不客氣，雖未要他死，但時時處處給他壓制監視，使之不能「東山再起」。對此，吳氏一直耿耿於懷，一有機會便要抨擊國民政府及國民黨，對其懷有深刻敵意。這從吳汪會談爭吵內容中便可得以驗證，這也是吳寧願賴在淪陷

區與日偽勾搭而不願避往後方繼續接受國民黨統治的基本原因。在抗戰爆發前，吳氏曾一再拒絕南京政府的要求和各地愛國團體的呼籲，拒絕南下避日，他為了糊弄國人，一邊高唱愛國調，一邊又與日偽暗中聯絡，關係曖昧。吳氏這一時期言行頗多矛盾之處，似不能僅聽其言就判定他的愛國立場[39]。

為了防止吳氏落入日偽圈套，成為新的漢奸頭目，分化、破壞抗日陣營，國共兩黨的領導人都針對他的思想及活動，做了一些工作，意在教育、挽救他，並在必要時在某種程度上對他實行正式警告。

就在吳佩孚被迫在「記者招待會」上露面後不久，2月21日，中共領袖之一董必武便在《群眾》週刊上發表了《日寇企圖搬演新傀儡》一文，對吳的問題進行了分析。董必武首先對吳佩孚在記者招待會上的表現給予了肯定，指出其不俯首聽從日人安排之舉「尚能維繫全國人民之望」，並進一步要求他「自全晚節不要被日寇所利用」，「棄所謂『綏靖委員長』的偽職於不顧」，「不做日寇的傀儡」。董必武嚴正警告吳氏：「目前抗日的都是友人，附逆的都是仇敵，不管他過去的歷史如何，凡甘心借日寇利用來阻礙抗戰者，都一定為國人所反對。」[40] 在此前後，吳佩孚也收到許多愛國人士的警告函與匿名信，甚至登門密訪，勸其自重，有人還以唐紹儀降日被刺為例正告吳氏：「請看上海唐紹儀！」並提醒他「一失足成千古恨，再回頭已百年身！」希望他面對日偽的引誘「保持中國軍人的氣節」[41]。

吳日勾結鬧得沸沸揚揚，重慶國民黨當局透過其情報機構對吳的情況瞭如指掌。他們害怕吳汪合流投敵，徒增日敵之勢，給抗戰造成負面影響，因此也開始插手干預。

1938年12月上旬，國民政府行政院院長孔祥熙找到吳佩孚的舊屬、時在四川省銀行工作的劉泗英，派為密使，攜帶孔祥熙致吳佩孚密函一封，經香港抵達北平，面見吳氏，函中寫到：

「前年弟因華北環境複雜，日趨惡劣，曾託譚君敦請尊駕南來，共商國事，不意去春弟奉使海外，及歸國後，又值戰事緊急，復經多方設法，託人輾轉致意，未知能達清聽否？邇來道路流傳，奸人妄思假借名義，以資號召，遂致愚氓揣疑，謠諑繁興，弟及中樞諸同仁深知先生正氣凜然，不可侵犯，

惟念居處困難，輒為懸繫不已！……所慮者華北環境惡劣，先生對於此間真相恐未洞悉，屢擬設法奉聞，苦無妥人可託，適晤劉君泗英，知其曾隸麾下，關懷亦甚殷切，且願間道北上，親謁階前，特託代為奉候，並將此間一切情形詳細面陳。素稔先生精忠貫日，肝膽照人，對於救國大計有何高見，即祈賜予指導，俾作南針！近來國際情況好轉，益為有益於我！只須國內精誠團結，則抗戰建國必有成功之一日也。掬誠布臆，務希垂察為幸！北地苦寒，並望為國珍重。」[42]

孔祥熙連哄帶嚇，意圖十分明顯，只要吳不落水，什麼高帽也肯給他戴，外加形勢分析，讓吳頭腦冷靜些，最後還來了一句意味深長的警示之語。這封看似親切的函件實際上柔中有剛，是孔代表國民政府對吳下的「最後通牒」。

吳佩孚是絕不糊塗的，他懂得孔祥熙的話外之音，在劉泗英返回重慶時，他復孔祥熙短函一封，對來函做了答覆，文為：

「庸之仁兄惠鑒：泗英間關萬里，齎到手書而述尊旨，慰甚！惟剛柔相濟，古有明訓，似相反而實相成，我兄公忠體國，計當如此！弟處境安如泰山，應付綽有餘裕，請釋遠慮！一切詳情，統由泗英面達，惟照不既……」

他又怕意思未達，特在另一紙條上寫下一行字句，以為覆函註解：

「『純剛純強，其國必亡；純柔純弱，其國必削；能柔能剛，其國乃昌。』此為太公語錄。」

過去人們對吳的這封覆函，習慣地理解為是他立場堅定、抵抗日本引誘的證明，其實細細讀來，這是一封極富含意的信件，它充分表示了吳佩孚的立場與主張。筆者認為，其內容與隱意為：

（一）雖為致孔密函，不會為外界獲知，但吳在文中也未表示一絲忠於祖國、絕不與日偽合作的決心，這反證他的立場並不在抗日陣營這一邊。如果他有忠於國家之心，完全可在覆函中對代表當時中國政府的孔氏明言之，以釋眾人之疑。但他沒有這麼做。

（二）信中吳佩孚不對孔的勸告做任何正面表態回覆，反而在不足百字的回函中強調兩點，第一，他現在「安如泰山，應付綽有餘裕」，但沒有講明他如何應付，是「下水」呢，還是「抗拒」？兩種可能都有，而字面意思往往給人予錯覺，認為他會「抗拒」。但誰能保證他不「綽有餘裕」地「落水為奸」？第二，他強調「剛柔相濟」，其隱意是批評抗戰派只會「剛」不會「柔」，而他正要來對日本人「柔」一下，並怕孔氏不理解，更附便條引古訓加以註釋，同時以教訓的口吻要求孔氏按他的主張去做——「計當如此」。整個回函的隱意是：「你們國民黨不行，看我的，我安如泰山，不必為我操心！」如此，怎能將這一紙覆函視之為吳佩孚忠於國家的證據？最起碼吳氏沒有表示對國之忠心，給了國民政府方面一個含糊不清的回文。

至於對於中國共產黨的勸告及愛國人士的警告，吳佩孚沒有理睬，他反而讓劉泗英帶口信給蔣介石，要他加緊反共，「妥謀善後之策」[43]。

吳佩孚對國共兩黨勸告的反應與表態，更使我們認識到，在抗日還是降日的大是大非問題上，吳佩孚的立場有問題。

由於吳佩孚的扭捏作態，不肯就範，使不耐煩的日本軍方漸漸失望。1939 年 8 月 24 日，日本駐華大使館堀內參事官向日本外相有田八郎呈報了一份由岡野增次郎所寫的《吳佩孚和日本意圖之比較》一文，對「土肥原機關」的「吳佩孚工作」進行了階段性總結，說明了吳日雙方的分歧，分析了吳的心理，對這項工作之前景作了悲觀性的預測。

這份文件的主要內容，說明吳佩孚之出山「尚無明顯之徵象」，原因是吳「表面上為面子問題」，「至今對日本待以睥睨之態」，為的是「有效地收攬天下人心」。因為吳對日方提出的條件「若不可能允諾，則於收拾時局上出山顯然無意義也。」[44]岡野分析說：「（吳）彼亦是人而非神仙」，「則亦必有富貴心及功利心」，「吳氏周圍不乏雞鳴狗盜之徒，而吳氏之心境又難以揣摸也。」「吳氏曾流露如此想法：日人畏我，商談不洽蓋因此。吳氏時常激怒者，並非出於衷心，乃逢場作戲之舉也。」「尤甚者，（吳）極懼漢奸之名。彼之心境，乃俟時機成熟而自發出山，如有順應民心之誠意，亦願得到日本之援助。吳氏雖以清廉潔白為本，而實際上張夫人有愛錢之事

六　其他篇

例。」「若未啼待啼之杜鵑，躍躍欲試，引而不發，此為吳氏日下之心境。」「出山而不能成事乃蠢庸之輩」，「如使余能有所作為，則出山」，此即吳氏心情之表露。「縱橫捭闔全憑乃公之智囊也」。

至於吳汪關係，岡野認為：「日本對於此次汪、吳合作，動輒有將吳置於汪下之異說，此則如緣木求魚，到底不值一提。而□□□又非吳、汪不可。於此點必須效仿以前所進行之『唐（紹儀）吳合作』之法。吳佩孚既有表面上謙讓之美德，而又有內心中堅定不移之自信力。此種訊息於月前汪氏入燕時即有端倪可見。彼以『行客拜坐客』之古禮等待汪氏來訪。汪之左右以國務總理相對抗，吳方則以代理大總統之職來應酬。……今後之於吳、汪關係上，若不徹底認識中國之古風，則吳、汪之合作必不能成。」

岡野最後總結說：「杜鵑若不叫，便要使它叫。此為我方之主張。對於吳氏之等待瓜熟蒂落態度，日本方面以各種各樣手段誘其出山。」但「敲鉦不得其法而和尚不入經堂；叫門不得其法而主人不予接待」。因此，目前對於「吳佩孚工作」唯一的選擇便是：「水到渠成，可認為此為中國普遍之行事方法。」[45]

應當說，岡野增次郎的這份報告，出自他與吳佩孚多次會談、觀察的結論，是他站在一個日本人立場上對吳的分析，雖然也透露了對吳「貪心」的不滿，但其基本結論還是符合實際的。這便是：吳佩孚「想出山」、「願得到日本的援助」。現在，吳「因面子問題」，「為有效收攬天下人心」，對日方提出了給他「主權」的要求，「如使余能有所作為，則出山」，實則是因為他「極懼漢奸之名」。而吳某些「激怒」與「保衛主權」之高調「並非出於衷心，乃逢場作戲之舉也」。由於「吳之心境難以揣摸」，對他的工作只有再等待「水到渠成」之日，著急不得。

岡野不著急，但整個日本軍方對華侵略戰爭形勢卻非急不可，吳佩孚扭扭捏捏不肯就範，而比他野心更大處境更差的汪精衛卻自甘「下海」，首先充當了日本人的頭號奴才。隨著汪日間關係的快速發展，吳佩孚在日本人心目中的價值急劇減小，再加上他仍然是一副「難以揣摸」的態度，使暴躁的日本軍人逐漸有大受愚弄之感，由此產生嫉恨，殺機油然而生。

而此時另一方面，重慶政府見吳佩孚不聽勸告，自作主張，亦覺得他十分討厭，按過去處理類似人物的一貫方式，中統、軍統奉命制裁吳氏的可能性大大增加。

吳佩孚自以為他聰明絕頂、「剛柔相濟」，總是「玩人的主」，在中日之間「遊刃有餘」，豈不知以區區「一條好漢」與兩大集團作對，「待價而沽」的「搶手貨」耽擱久了就會變成不值錢的破爛，最後直至變成雙方都要「殺之而後快」的對象。一旦到了這一地步，吳的命運也只能是「血流如注」、「一叫而絕」了，究竟是日本人殺了他，還是重慶特務「牽了牛」、日本人來「拔樁」，其中歷史真相還有待慢慢探究。

文章寫到這裡，吳佩孚的真相也就基本清楚了。但是，我們都懂得研究歷史應當全面、客觀，就吳佩孚個人表現而言，絕不是說他從來就有賣國思想，甚至相反地，在他早期歷史上，一貫以「孝悌忠信、禮義廉恥」相標榜，對於日本侵華，從煽動反蔣以圖東山再起的角度出發，他在口頭上也曾激烈抨擊過，1932年他曾通電主張「和內攘外」抵抗日本，聲討日本扶植「偽滿政權」，實際上此電為章太炎手筆，非吳所撰。吳當時高喊抗日，有藉機反蔣爭奪民心的用意在內。1935年他指斥華北漢奸受日本挑唆搞「自治」為「自亂」；1936年他託人致書日本天皇「勸尊重中國主權、領土」等等；他的這些舉動，無論如何表面上是正確的。但最主要的是，在最後中日兩國公開交戰之際，吳佩孚卻放棄了他作為一名中國人的基本立場，從要居中做「日中的調停人」，直至「願得到日本之援助」。縱觀吳氏在最後階段的綜合表現，我們得不出他最終仍堅持了一個中國人根本立場的結論，他在中日之間的立場起碼是客觀上「中立」的，而且是偏向日本的，他對日本的「與虎謀皮」企圖和猶豫扭捏態度，加上汪精衛、王克敏之流漢奸從中干擾，抗戰陣營的威懾，中國國內輿論的壓力，最終使其沒敢也沒能公開投敵而已。

吳佩孚當時的心理狀態是不太正常的，長期閒居受壓的結果，使他渴望被人器重、影響政局及有朝一日重登政壇，加上他仇視國共兩黨的報復心理、眼前生活經濟來源之實際需要，狂妄自大之自我感覺，一切都使他有了投日的動機與需要，但他對當漢奸的下場又有深刻的認識，因此，在不到「物有

六　其他篇

所值」時，他絕不敢冒天下之大不韙。這是他的實際選擇。只是，我們在對吳的思想進行分析時，不應僅看到他做了什麼，還應該看到他想做什麼，並探討他下一步行動的現實與思想動機。

因此，分析過去若干對吳佩孚「民族英雄」的讚譽論，我們可以打個生動的比喻說，這就好像是一名法官在面對一名有動機、有準備，並且已付諸行動的殺人犯時，只憑他最後殺人未遂的一點，就宣布將其「無罪釋放」，並且連呼「好人」不已，請問，天下會有這種怪事嗎？

根據吳佩孚所作所為所言所論諸種事實，我們只能得出一個結論，這就是：吳佩孚在其晚年或不是一個真漢奸，而是一個漢奸嫌疑或一個抗戰中的親日派分子，但他絕不是一個「愛國者」、「民族英雄」，他的晚節是有汙點的。

【注】

[1] 李直峰：《吳佩孚死因新說》，上海市文史研究館編《上海文史》，1995年第2期。

[2] 馬芳蹤《吳佩孚死因又一說》，載（臺）《傳記文學》，第六十七卷第5期，第24頁；劉泗英原作，張文若提供《由重慶潛赴北平勸說吳佩孚經過》，載（臺）《傳記文學》，第六十七卷第6期，第36-40頁。

[3] 參閱吳根梁《日本土肥原機關的「吳佩孚工作」及其破產》一文，載《近代史研究》，1982年第3期，第92-113頁。

[4] 有關這一專題的檔案史料，集中在《中華民國史資料叢稿》中丁小強、吳根梁譯《「吳佩孚工作」檔案資料》，中華書局1987年7月版，本文所引用者皆出於這部分檔案資料，特此說明。以下簡稱為《檔案資料》。

[5] 陶菅：《吳佩孚與日偽的勾結》，全國政協《文史資料選輯》第35輯，第220頁。

[6] 陶菅：《吳佩孚與日偽的勾結》，全國政協《文史資料選輯》第35輯，第216頁。

[7] 吳佩孚《復汪兆銘》（一）（1939年6月7日），同前引出處《檔案資料》，第29頁。

[8] [日]晴氣慶胤：《上海恐怖工作76號》，《每日新聞社》，1960年版，第18-19頁。

[9]《發表和平救國會通電之件》、《和平救國會宣言》，同前引出處《檔案資料》，第28頁。

[10] [日]晴氣慶胤：《上海恐怖工作76號》，同前引出處《檔案資料》，第22頁。

[11] 蘇開來：《吳佩孚之死》，北平新報社，1946年版，第23頁。

[12] 蘇開來：《吳佩孚之死》，北平新報社，1946 年版，第 30 頁。

[13]《昭和十四年六月十八日吳佩孚、大迫少將會見記錄》，轉引自《近代史研究》，1982 年第 3 期，第 106 頁注文 [4]。

[14]《土肥原吳佩孚會談》，同前出處，第 103 頁注文④。

[15] 日汪《中日調整國交條約全文》、《關於中華民國日本國間基本關係條約》，南京大學編《汪精衛集團賣國投敵批判資料選編》，1981 年 5 月版，第 246 頁。

[16] 晴氣慶胤：《上海恐怖工作 76 號》，第 15-16 頁。

[17] 這段話是 1930 年土肥原在策動吳氏參加日方倡議的意在分裂中國的 23「北洋派大同盟」時，針對吳表面上抗日言論而講的。當時吳表面上譴責日本侵華，但實際上卻積極與日聯絡，準備參加日方組織的舊北洋派反蔣大同盟，要與南京國民政府公開作戰，分裂中國。詳情參見許ого暉《土肥原策動「北洋派大同盟」內幕》一文，載全國《文史資料選輯》第二十九輯，第 152 頁。

[18]《土肥原·吳佩孚會談》756-16-199。轉引自《近代史研究》，1982 年第 3 期，第 103 頁注 [4]。

[19] 土肥原賢二刊行會編：《土肥原賢二祕錄》，日本芙蓉書房，1973 年版，第 326 頁。

[20] 晴氣慶胤：《上海恐怖工作 76 號》，第 20 頁。

[21]《吳佩孚工作》75-1-199。轉引自《近代史研究》，1982 年第 3 期，第 105 頁注[3]。

[22] 同前引出處《檔案資料》，第 8-9 頁。

[23] 同前引出處《檔案資料》，第 8-9 頁。

[24] 同前引出處《檔案資料》，第 12-13 頁。

[25] 同前引出處《檔案資料》，第 10 頁。

[26] 同前引出處《檔案資料》，第 14 頁。

[27] 同前引出處《檔案資料》，第 14-16 頁。

[28] 同前引出處《檔案資料》，第 10-11 頁。

[29] 同前引出處《檔案資料》，第 7-8 頁、11 頁。

[30]《汪兆銘來函》（1939 年 5 月 22 日），同前引出處《檔案資料》，第 28 頁。

[31]《復汪兆銘》（一）（1939 年 6 月 7 日），同前引出處《檔案資料》，第 29 頁。

[32]《復汪兆銘》（二）（1939 年 6 月 8 日），同前引出處《檔案資料》，第 30 頁。

[33]《吳佩孚致汪精衛函》（1939 年 9 月 3 日），同前引出處《檔案資料》，第 31 頁。

[34]《陳中孚汪精衛會談紀要》《1939年10月2日》，同前引出處《檔案資料》，第25頁。

[35] 同前引出處《檔案資料》，第26頁。

[36] 同前引出處《檔案資料》，第26頁。

[37] 同前引出處《檔案資料》，第26頁。

[38] 同前引出處《檔案資料》，第26頁。

[39] 參見《文史資料選輯》第二十九、四十一輯上《土肥原策動「北洋派大同盟」的內幕》、《吳佩孚流寓四川五年中的陰謀活動》等多篇文章，可對吳佩孚的「抗日」高調有所認識。

[40] 董必武；《日本企圖搬演新傀儡》，載《群眾》週刊，第二卷第15期（1939年2月21日）。

[41] 蘇開來：《吳佩孚之死》，第50頁。

[42]《孔祥熙吳佩孚來往信函》：《孔祥熙函》（1938年12月8日），同前引出處《檔案資料》，第31頁。

[43] 劉泗英：《由重慶潛赴北平勸說吳佩孚經過》，（臺）《傳記文學》，第六十七卷第6期，第38頁。

[44]《吳佩孚想法與日本意圖之比較》，同前引出處《檔案資料》，第20-21頁。

[45]《吳佩孚想法與日本意圖之比較》，同前引出處《檔案資料》，第21、22、23頁。

「偶然」之中的「必然」——1926年「中山艦事件」性質論

載《民國檔案》。《紀念武漢抗戰暨中山艦遇難60週年國際學術研討會論文集》，湖北人民出版社。

1926年3月18日發生的「中山艦事件」暨「三·二〇事件」，是中國現代歷史上具有特別意義的重要事件，它是國民黨內蔣介石集團走向分共與反共的開始，也是國民黨內實力派背離國共合作的開始。

「中山艦事件」的歷史真相究竟如何？幾十年來，由於事件本身撲朔迷離，加之事發後當事雙方互相指責對方「蓄意製造」了「中山艦事件」，這樣一來便使事件更加複雜，不易搞清。

國民黨蔣介石一派,認為共產黨「唆使中山艦異動」,「無令而開進黃埔」,目的是要劫持蔣介石,將其送往蘇聯海參崴,奪其軍權,實行「工農革命」;而中共則指責蔣介石「蓄意製造」了「中山艦事件」,目的是為了「嫁禍於人」,找藉口排擠打擊共產黨並奪取國民黨最高統治權力。

鑑於「中山艦事件」的重要性,面對如此針鋒相對的兩種定性,我們有必要對此事件加以進一步透徹的研究,徹底弄清其中的歷史真相,明確是非與責任,使之不再成為歷史之謎。

「中山艦事件」本身的起因並不很複雜,從近幾年來披露的有關檔案史料及研究成果來看,中山艦進出黃埔的經過已基本搞清楚了。但是,表面的清楚並不代表事件真相之大白。其中還有一些深層次的因素有待於進一步的探討,其中問題的關鍵在於事件的主角之一蔣介石在此期間暗中做了些什麼?他發難的原因與動機是什麼?欲達成什麼目的?我們從事件發生後的客觀結果來看,中共方面是事件的受害者,而蔣介石是事件的收益者,他透過事件一手打擊了共產黨,一手打擊了國民黨內對立派汪精衛,為奪取國民黨最高領導權掃除了障礙。這一事實說明,蔣介石一派是事件中主動、積極的一方。退一步講,即使按蔣介石自己的解釋他是「防衛出擊」,那麼這種「出擊」也遠遠超過了「防衛」的需要而飽含了「先發制人」的意味。

關於「中山艦事件」性質的認定,本文擬從以下幾個方面加以分析討論,不當之處,敬請學界同仁賜教。

一、有關事件發生時間的界定及其意義

有關「中山艦事件」發生時間的界定,是直接涉及到對事件本身性質判定的一個重要方面。在這裡,我們不妨將「中山艦事件」發生前後經過情形列出一張時間表,以使事件發生與發展的情況一目瞭然。

1926 年 3 月 18 日午後 6:30:黃埔軍校交通股駐省城辦事處股員王學臣接到另一股員黎時雍從學校打來的電話,說軍校管理科趙科長奉軍校校長辦公廳主任孔慶命令:從上海開來之商船「安定號」遭土匪搶劫,現泊黃埔魚珠上游,要求派巡艦一、二艘運衛兵 16 名前往保護。因黃埔無船可派,即

六　其他篇

透過電話請駐省城辦事處辦理。王學臣在接電時因「未聽明係奉何人之諭，但既有飭趙科長之字樣，據理推之想情係（軍校）教育長（鄧演達）之諭，故此請歐陽股長向海軍局交涉」。[1] 請注意，在這裡出現了第一個錯誤——命令轉達過程中的錯誤，鄧演達被誤牽入內。

3月18日晚8:30：軍校交通股長歐陽鐘趕赴海軍局通知其派艦前往黃埔，因海軍局代局長、中共黨員李之龍外出，海軍局作戰科鄒毅科長答應立即派艦前往。當晚，歐陽鐘又率隨員二人到李之龍家中，聲稱「奉蔣校長命令，有緊急之事，飭派能戰鬥兩艦開赴黃埔，聽候蔣校長調遣。」[2] 並留下鄒毅科長一函。再請注意，在這裡出現了第二個錯誤，蔣介石第一次被歐陽鐘牽入事件內，假傳了「聖旨」，成為日後他「蓄意製造」事件的證據。另外，請求派遣之「巡艦」一、二艘也變成了戰鬥艦二艘，然而，事實上這完全是歐陽鐘的隨口捏造，是不真實的。

3月18日晚11:00：李之龍回家，視鄒函，內云：「軍校辦事處歐陽鐘祕書來局謂，接黃埔鄧教育長電話謂：奉蔣校長面諭，命海軍局派得力軍艦兩艘開赴黃埔，交蔣校長調遣，職已通知『寶璧艦』預備前往，其餘一艘只有『中山』、『自由』兩艘可派，請由此兩艦決定一艘。」李之龍閱後，一面根據規定要求交通股補辦公函前來存檔，一面當即去對門「自由艦」艦長謝崇堅住處，商請「自由艦」開黃埔一行。謝告之以該艦新自海南航歸，機件損壞，不能立即開行。於是李遂決定開「中山艦」前往，並書手令二紙，一給持鄒科長函前來換開艦令的「寶璧艦」黃艦長，另一給「中山艦」艦長章臣桐，令曰「著該艦長即將該艦開赴黃埔，歸蔣校長調遣。」[3] 此時「中山艦」因正在修理之中，「乃升小火試試汽笛」，[4] 造成了該艦尚未奉令即升火，隨後又奉令前往黃埔的事實。當日上午9時，李之龍曾收到海軍軍官學校副校長歐陽格的來函，特別詢問有關「中山艦」無令升火的原因，李根據章艦長的報告作了如實回答，並強調說「中山艦」「乃升小火試試汽笛，並非他故，如係開動升火，則必須升足三百馬力的火才能開動。」[5] 隨後「中山艦」也已熄火，直至當晚11時奉令才又「臨時升火」準備開往黃埔。[6]

3月19日，「寶璧艦」奉令開赴黃埔。海軍局同時發出公文一件致黃埔軍校交通股備案，因非李之龍所撰，文中沒有提及「中山艦」。這天早上，李之龍也收到了歐陽鐘補辦的公函，「此函現在海軍局存案」。

3月19日上午7:00：「中山艦」駛向黃埔，9點左右抵達。章艦長持令到黃埔軍校報到，請示任務，並說：如無緊要事情，則讓其回省，另換一小艦來用。軍校教育長鄧演達對此十分吃驚，他對副官說：「我並未調艦來黃埔，現在手頭很忙，請艦長聽候命令。」

十分湊巧的是，這一天以聯共（布）中央委員布勃洛夫為團長的蘇俄使團正在廣州考察，他們仰慕孫中山之名，要求參觀「中山艦」，李之龍透過電話請示蔣介石，可否調「中山艦」回省？蔣介石聞訊感到意外，既而說：你要開回來就開回來好了。蔣介石的意外自然有其道理，因為他並不知道「中山艦」調動事宜。於是——

3月19日下午6:00：「中山艦」重又駛回廣州。

從嚴格的意義上來說，所謂的「中山艦事件」應該到此結束了。但是事情遠沒有那麼簡單，3月20日凌晨，情況忽然發生了急劇變化。

3月20日凌晨：正在熟睡中的李之龍被蔣介石與歐陽格派來的士兵從家中逮捕，同時被捕的還有「中山艦」艦長章臣桐，他們被莫名其妙地關押起來，歐陽格別有用心地問他們那麼一大早起來幹什麼？李之龍與章臣桐抗議道：是被你們抓來的。[7] 與此同時，「中山艦」及海軍艦隊全被蔣介石的嫡系部隊接管，蔣系第一軍武裝出動，將廣州市內「省港罷工委員會」占領，其工人糾察隊被繳械。同時，駐廣州蘇俄顧問鮑羅廷等人的住宅、國民政府主席汪精衛住處亦被包圍監視；黃埔軍校教育長鄧演達、政治部主任高語罕、訓練部主任嚴重、軍官團團長張治中以及中國共產黨在廣州的機關與負責人均被嚴密監視起來。

第一軍軍長何應欽奉蔣介石密令，逮捕了軍中的共產黨員，並取消了黨代表制度。第一軍第二師以集會的方式將軍內的共產黨員與左派分子拘捕於造幣廠內。[8]

蔣介石以軍事手段控制了廣州大局，又想趁機趕走他一貫討厭的全部蘇俄顧問，無奈其他幾個軍長反對，最後他只能以反對北伐為由，辭退了季山嘉等3名蘇俄顧問，總算出了一惡氣。這樣一來，身為黃埔中央軍官學校校長的蔣介石，未得命令，卻擅自以武力控制了作為國民黨中央黨部及國民政府所在地的廣州市，跡近造反。由此而來的「三·二〇事件」在中國現代史上留下了深深的一筆。

在這裡，如從時間上劃分，所謂的「中山艦事件」與「三·二〇事件」本不是一回事，前者是3月18-19日的事，而後者則是3月20日發生的事件。從嚴格的意義上講，所謂「中山艦事件」是指發生在3月18-19日的「中山艦」從廣州開往黃埔而後又開回來的事件，它可以不包括3月20日以及在此後所發生的一系列以蔣介石為主導的含有政變性質的「三·二〇事件」。以3月19日為界，「中山艦事件」就是一件完全偶然的事件，它事出有因，誤傳命令過程清楚，可以斷定其偶發性質。而次日以後發生的所有其它相關事件，則具有了完全不同的性質，其蓄謀性質是十分明顯的。「三·二〇事件」只不過是以「中山艦事件」為藉口，而兩者的性質則是截然不同的。

因此，有關「中山艦事件」發生時間的界定是足以影響其性質判定的一個重要因素，其意義十分重要。

二、蔣介石及其親信在事件中的行為

現在，我們從另一個角度來研究一下有關「中山艦事件」前後蔣介石及其親信在這次事件中的行為，以便更加清楚地明瞭事件的性質。

根據前文所述，在事件一開始，蔣介石是不知道有關「中山艦」的調動情況的，因此也就是說他不可能去蓄意製造這次事件。但是因為當時廣州十分複雜的社會背景和蔣介石與國民黨內汪精衛派、與中共之間、與蘇俄顧問之間的矛盾，使蔣介石主動介入事件之中，充當了主角，導演了一幕「中山艦事件」之餘的「三·二〇事件」，使蔣的名字與「中山艦事件」緊密地聯繫在了一起。

孫中山死後，國民黨內左右派力量迅速分化，國民黨左派領袖廖仲愷被刺殺，導致國民黨元老之一胡漢民的去職與國民黨內「軍事強人」蔣介石政治地位的上升，國民黨與共產黨及俄國顧問之間矛盾尖銳化，而國民黨內部矛盾則更是錯綜複雜，汪精衛雖任國民政府主席，但無軍事實力做靠山，個人性格懦弱，優柔寡斷，與新崛起的蔣介石一相比較，實在難與匹敵。在角逐領導權的鬥爭面前，蔣、汪矛盾不可避免地趨於激化。

蔣介石自出任黃埔軍校校長後，刻意培植自己的軍事班底，暗蓄實力，透過平定商團叛亂以及東征等軍事行動奠定了個人發展基礎，掌握了作為國民黨黨軍的黃埔系軍隊的指揮權。隨著實力的膨脹，自然開始有了政治上的權力要求，汪精衛在蔣與其他軍事領袖之間搞相互制約與平衡，但他也知道，廣東政府中的地方軍閥是靠不住的，他在很大程度上還是要依靠統率國民黨「黨軍」的蔣介石。而蔣對汪的處境則是心如明鏡，因此他敢於利用手中的資本向汪挑戰，雖然他是汪的下級，但軍權上的優勢很快會轉變為政治上的優勢，使他在國民黨內的地位得到提升，而在汪一方就沒有這種優勢，這便是蔣之長汪之短，有了這種長短之分，蔣汪矛盾便埋下了禍根。

除了國民黨內的矛盾之外，此時期廣東政府內部還有國民黨右派勢力（西山會議派）與共產黨的矛盾、蔣介石等軍隊將領與蘇俄軍事顧問之間的矛盾。國共矛盾是出於階級利益之爭，而國民黨軍事將領與俄國顧問之矛盾則是出於爭奪「黨軍」指揮權的之緣故。正因如此，蔣介石對蘇俄軍事顧問季山嘉等人嚴加防範極力攻擊，急欲除之而後快。這兩種矛盾滲入國民黨內矛盾之中，造成了廣東政壇複雜多變的局面。概括起來說，當時汪精衛是表現為親近蘇俄與中共的，而蔣介石則在根本上（不是表面上）是反對蘇俄與中共的，雖然汪的親共親俄骨子裡是基於利用的需要，而蔣在公開場合還在宣稱中共是他「親愛的同志」。

蔣汪鬥爭的第一回合是「王懋功被捕事件」。

王懋功原是許崇智的部下，任第二師師長，因軍權在握，被蔣介石相中拉攏，引為親信，授予重任，曾在蔣介石第二次東征時代理其廣州衛戍司令之職。[9] 就是這樣一個親信，在他與汪精衛及蘇俄顧問季山嘉接近之後，也

六　其他篇

引起了蔣氏的激烈反應，蔣介石一回廣州，立即便以王懋功與季山嘉勾結「預謀不軌」為由，將其逮捕扣押，派其親信劉峙接任第二師師長。蔣介石這一舉動的作用是一箭雙鵰，既打擊了他所討厭的蘇俄顧問，同時又直接向汪精衛提出警告，使汪分化拉攏蔣系軍隊的圖謀徹底破產。蔣汪由此開始了公開的較量。

在「中山艦事件」發生之前，蔣汪矛盾鬥爭已經發展到了十分激烈的程度，2月27日，蔣介石強烈要求汪精衛罷免蘇俄顧問季山嘉，並以辭職相威脅。[10] 一時間，廣州城內謠傳紛紛，右派分子故意造謠說「共產黨要暴動，推翻國民政府，成立工農政府」，「汪精衛、王懋功都加入了共產黨，共產黨準備倒蔣，正在黃埔軍校查帳」等等，以致時局紛亂人心惶惶。3月10日，蔣介石在日記中寫道：「近日反蔣運動傳單不一，疑我、謗我、忌我、誣我、害我者亦暫[？]明顯，遇此精神打擊，而心志益堅矣。」[11] 蔣介石擁兵自重，鋒芒畢露，為汪精衛與蘇俄顧問季山嘉所深忌，蔣氏以上下矛盾進退兩難，曾試探性地上書辭職以試汪，汪氏對之既不批也不駁，使蔣「內心十分痛苦」。這時的蔣介石在政治上尚欠老練，不像後來那樣善於縱橫捭闔，玩弄大小軍閥於股掌之中。在紛擾壓力之下，他曾帶上祕書陳立夫，買了船票，「準備由香港搭船去海參崴」。[12]

然而蔣介石最終沒有走。不出半月，便發生了震動中外的「中山艦事件」。

下面讓我們來看一看「中山艦事件」發生時，蔣介石在幹什麼。

正如前文所述，3月18日午後至晚間，當「中山艦事件」以誤傳命令而告開始時，蔣介石尚蒙在鼓中並不知曉。又據《陳立夫回憶錄》所載：「我記得在18日深夜12時半，有人到官邸來敲門求見，他說：『我姓胡，有十分緊急的事情要當面報告校長。』我說：『他已經睡了3個多小時了。』他繼續要求面見，我不得已，才去通報，因為幾天以前蔣校長曾有吩咐，如有十分緊急的情事，可以准我叫醒他。他聽說是姓胡的，立刻答允起來接見他，他們密談了半小時多，胡才離去。我後來才知道他是胡××，是一名重要高級共產黨幹部，和蔣校長是浙江同鄉，而且是老朋友，他所以那麼晚來見，

一定是為避人耳目,而且有緊急情報,非面陳不可。那晚蔣校長與胡某低聲密談,我照例是不參加的,但知道一定是很重要的事,不過後來我想談話的內容,一定和 3 月 20 日的事有關。」[13] 按照陳立夫的說法,18 日晚上蔣已經得到了有關情報,或者說是有關共產黨「異動」的警告,那麼,他理應有所警惕。然而,在 19 日的上午,他還是尚在悶鼓中,以至於李之龍向他電話請示「中山艦」抵達黃埔以後的行動安排時,他竟然「丈二和尚摸不著頭腦」,只是順口說到:「你要開回來就開回來好了」。直到此時,蔣才有所察覺,感到有人冒用他的名義下令調兵不是一般的問題。儘管如此,蔣也未立刻做出什麼決策,更沒有想到要立即行動進行鎮壓。

根據各方面有關當事人的回憶以及檔案資料證實,蔣介石在 19 日以後的行動大致如下:

19 日上午,仍如陳立夫所說,蔣還是無事一般地去了黃埔。但是,陳立夫在此記錯了時間,把 19 日記成了 20 日,這在《陳立夫回憶錄》中是屢見不鮮的錯誤。「蔣先生於 20(19)日上午剛抵黃埔,一見這種情況,(指「中山艦」一副枕戈待旦、隨時準備發射的樣子)就知道情形有異,立刻登上汽艇返回廣州,跑到一座水泥工廠(應為造幣廠——作者)暫行棲身,在那裡指揮軍隊,部署一切,以應付事變。」[14] 這種說法跡近吹捧,把蔣介石視為有「先見之明」,實際上蔣介石在黃埔有所見聞之後,一時也曾失去了主張,曾一度決定要「一走了之」。據他在自己的年譜中記載,「回寓會客,恨共產黨陷害,決赴汕【頭】避禍。午後五時行至半途,猛思『我何為示人以弱?』仍返東山,誓犧牲個人一切,以救黨國。竟夕與各幹部密議,至四時,詣經理處,下定變各令。」[15] 當日蔣介石又在其日記中寫道:「上午(19 日),準備回汕頭修養,而乃對方設法陷害,必欲使我無地容身,思之怒髮衝冠。下午五時行至半途,自忖為何必欲微行,予人以口實,氣骨安在?故決回東山,犧牲個人一切以救黨也。否則國魂消盡矣。終夜議事。四時詣經理處,下令鎮壓中山艦陰謀,以其欲擺布陷我也。」[16]

關於這一點,蔣介石後來曾親筆將上述年譜中的這段文字加以刪改,有意隱瞞,目的是不想給人留下鬧事的印象,以免失去主動。而他的日記,據

說是要等他死後才讓外人看的，因此未予修改。然而到了 1995 年，當時陪同蔣介石出走的祕書陳立夫在其回憶錄中，把蔣的這段歷史和盤托出，作了下述詳細說明。

陳立夫寫道：「出發那天，我們二人驅車前往長堤碼頭，在到達碼頭之前數分鐘，我就問蔣先生：『校長，為什麼我們一定得走？軍事權在校長掌握之中，為什麼我們不幹一下？』那時我年青氣盛，並不清楚局勢的複雜，所以就信口問他，蔣先生也未責怪，他聽後就吩咐司機開回寓所，但在未到寓所以前，他又吩咐司機再把車開往碼頭，這時，我又問蔣先生：『我們如果走了，總理所交給校長的任務將由誰來擔負呢？』蔣先生聽了想了又想，最後毅然決然對司機說：『開回東山公館』。……

蔣先生決定留下來幹了，這一明智的決定，對以後中國的歷史發生了極大的影響。這件事除了蔣先生和我二人知道以外，無第三人知道，所以我有責任在八十歲時接受本黨頒贈中山獎章典禮時向中央諸同志宣布出來，這是國民革命轉折點之一，十分重要。……我們回到東山公館後，蔣先生就忙碌不堪，時時在緊張中，像有所準備似的。」[17]

從上面的記述中，我們可以明白一點，這就是蔣介石經過反覆思考，最終決定留在廣州與對手一鬥，由此奠定了「三·二〇事件」的發生基礎。這是蔣介石肇事動機之所在。

陳立夫的回憶與其它資料都可以證明這樣一個事實，這就是蔣介石是在 19 日下午下定了動手的決心，並立刻開始付諸行動。

促使蔣介石借「中山艦事件」發難的直接原因第一是蔣的神經過敏；第二是黃埔學生中「孫文主義學會」右翼分子的挑唆與謊報軍情。

當時在廣州黃埔學生當中，存在著左右兩派組織「青年軍人聯合會」與「孫文主義學會」，他們鬥爭得很激烈，蔣介石表面上不偏不倚，實際上在思想感情上都偏向支持「孫文主義學會」，他的左右親信都是「孫文主義學會」分子，在「中山艦事件」中起主要誤導作用的重要角色之一歐陽鐘就是「孫文主義學會」的骨幹，其餘如執行逮捕李之龍任務的第 20 師師長王柏

齡等人都是該團體成員。「孫文主義學會」在「中山艦事件」中起了重要的作用。其中之一是假傳「蔣旨」引發事端，之二是在蔣介石面前誇大其詞，危言聳聽，說共產黨要造反，利用「中山艦」劫持蔣送往蘇聯。而這種謠言卻正中蔣介石的下懷，使之深信不疑。於是乎「謠言重複便成了真理」，使蔣氏確信必須動手的時機已經到來了。

蔣介石在黃埔「遇險」之同時，他聽說「有人」當天上午三次打電話到他的家裡，詢問他是否去了黃埔。據陳立夫回憶，此人是汪精衛的夫人陳璧君，陳璧君「一定要我把蔣先生的去處告知她，我只有委婉地應付她，到第三次她發怒了，罵了我，把電話用力一摔……」[18] 汪派人物如此積極偵探蔣的行蹤，在更大程度上增加了蔣的疑惑，他認定汪與共產黨合謀要害他，於是決定主動出擊，以攻為守。

19日晚，蔣介石與歐陽格、歐陽鐘、王柏齡等人在造幣廠徹夜開會密謀，制定了各部行動計劃。20日凌晨4點，蔣介石到經理處指揮行動，發出如下命令：（1）宣布廣州戒嚴，以陳肇英為戒嚴司令。（2）任命歐陽格為海軍艦隊司令，派兵逮捕李之龍，占領中山艦。（3）派劉峙率部600餘人，由黃埔乘艦至東堤，於拂曉登陸，包圍搜查省港罷工委員會、蘇俄顧問團住處、海軍局、航空局參謀團、製彈廠等要害單位，搜繳工人糾察隊、顧問團衛隊的武裝，監視汪精衛等人住所。[19] 於是，「三·二〇事件」的硝煙籠罩了整個廣州城。

以後所發生的諸般事態已多見於各類史書中，這裡不再重複。總之，蔣介石透過利用「中山艦事件」，蓄意策劃製造了「三·二〇事件」，既打擊了共產黨，又氣走了汪精衛，鞏固了自己對軍隊的統治，提高了他在國民黨中的政治地位，最終達到了預期的目的。儘管後來蔣介石為了總體戰略的需要，不得不後退一步，對中共及蘇俄方面採取了一些讓步措施，甚至作了一些表面的「請罪」姿態，但在關鍵問題上，他已經取得了決定性的勝利。蔣介石在20日當天的日記中寫道：「今日決心甚堅，故能貫徹一半主張。」[20] 實際上，「三·二〇事件」是一次蔣介石在政治上的冒險行動和賭博行為，透過這次演練及所取得的成功經驗，他迅速成為了政壇上的老手。3月24日，蔣

介石在對黃埔第四期學生訓話時便充滿自信地說:「我自信我是一個富於革命性的人,我敢說,我可以繼續總理革命的精神。我要做總理真正的一個信徒。這句話,只有我能說,亦只有我敢說。這是不用客氣的」。[21] 蔣介石不僅口氣變大,其心理上也「成熟」起來了。3月26日晚,他夜宿虎門沙角臺,深夜獨思近來「鬥爭經歷」,終於得出了以下結論:「政治生活,全係權謀,至於道義,則不可復問矣。」[22]

三、中國共產黨對事件之態度

綜合前文所述,「中山艦事件」是如何發生以及怎樣被利用的經過已經基本清楚了,但是為了進一步提供論據,我們有必要再對被蔣介石誣陷為肇事者的中國共產黨在事件中的情況作一基本回顧。

應當說中國共產黨及其領導人事前對「中山艦事件」即將發生是完全不知道的,否則作為事件最重要當事人的中共黨員、海軍局長李之龍,在事件過程中又怎會向他的「欲加害對象」蔣介石打電話來請示下一步的行動安排呢?另外,李之龍是在家中熟睡時被捕的,天下哪有關鍵時刻在家中熟睡的「政變者」?僅此兩點,便可說明所有關於共產黨肇事的傳言都是站不住腳的。3月24日蔣介石在黃埔軍校講話時曾遭到學生們的當場質問,要他回答同樣的問題,蔣對此不能答覆,只有推託說原因複雜,要明白真相只有等他死後大家去看他的日記,以這種虛詞推託手法遮掩過去。[23] 這更從反面證明了共產黨人的無辜,因為蔣介石實在是找不到什麼確實的證據來證明他的推測是正確的。

「中山艦事件」發生時,中國共產黨正面對一個比較複雜的局面,一方面廣東的革命形勢發展勢頭良好,中共在國民政府內部掌握了不小的政治軍事力量,完全可以影響政局;另一方面,中共內部受到共產國際的影響,對於中國革命的性質以及中共目前任務的爭論不能統一,嚴重影響了黨的戰鬥力。時任中共中央總書記的陳獨秀持右傾觀點,認為現階段是國民黨領導的國民革命階段,中共必須甘當國民黨的助手,不能實行工農革命,「照全中國的政治環境,共產黨若不是一個瘋子的黨,當然不會就要在廣州建設工農政府。」[24] 他接受共產國際指示,拒絕了黨內要求「擴大左派、孤立中派、

打擊右派」的正確主張，想以妥協讓步來換取國民黨右派的合作，結果造成國民黨「二大」上右派力量的上升。「二大」以後，蘇俄顧問鮑羅廷回國，季山嘉代其職務，他不善處理國共關係問題，對蔣介石與汪精衛的矛盾又未予重視，結果各方面矛盾漸趨激化。蔣介石懲辦王懋功時，季山嘉認為對之不必小題大做，中共領導人也沒有反應。這一切，造成了對蔣介石的有利態勢。

「中山艦事件」之前，中共中央總書記陳獨秀稱病在上海療養，中共兩廣區委書記陳延年剛從上海回廣州，「中央無主」，儘管有毛澤東、周恩來等人對蔣介石的態度變化有所覺察，提出應當警惕，但尚未來得及部署應變措施。

3月18日下午，時任代理國民黨中央宣傳部長的毛澤東聽聞「中山艦」「異動」的消息後，立即打電話給李之龍詢問情況，李之龍回答是奉了蔣校長的命令，毛澤東又問陳延年，陳說：「事出有因，查無實據，只能提高警惕，靜觀其變。」毛澤東預感到要出事了，他對同住的沈雁冰說：莫非再來個廖仲愷事件？[25]「三·二〇事件」發生，毛澤東聽說李之龍被捕，嘆道：現在是查有實據了。緊接著，毛澤東冒險來到已被包圍的蘇俄顧問住處，與陳延年及蘇俄顧問會商對策，他力主反擊，通電討蔣，他說：「這幾天我都在思考。我們對蔣介石要強硬……蔣介石此番也是投機，我們示弱，他就得步進步，我們強硬，他就縮回去……」針對蔣的行徑，毛澤東提出兩方面對策，一是「動員所有在廣州的國民黨中央執監委員……開會通電討蔣，指責他違犯黨紀國法，必須嚴辦，削其兵權，開除黨籍。」二是爭取非蔣系的國民革命軍，「至少可以使他們獨立」，「擺好這陣勢對付蔣，蔣便無能為力。[26]

毛澤東的主張得到了陳延年的支持，但蘇俄顧問卻以軍力不足為由，對此斷加否定。[27]「季山嘉這樣一反對，陳延年也猶豫起來，我再三跟他們辯論，沒有效果，最後決定請示黨中央。……如決定對蔣讓步，最好的結果大概是第一軍中的共產黨員要全部撤走了。重要之點不在此，在於蔣介石從此更加趾高氣揚，在於國民黨右派會加強活動，對我們挑釁。」[28] 毛澤東的論斷真可謂一針見血。

周恩來在3月20日上午接到包惠僧有關事件的電話報告，他帶著4個衛士趕往造幣廠去見蔣介石，當面質問此事，斥責他破壞國共合作，迫使他下令釋放被扣的中共黨員。但周恩來也被繳械扣壓，一天後才予釋放。

面對蔣介石的進攻，中共最高領導採取了動搖退讓的方針，並且認為「三·二〇事件」是由於「當退讓而沒有退讓的結果」所造成的。陳獨秀在開始階段不明事情真相，提出的對策仍然是要團結蔣介石，中共此後對廣東革命要「辦而不包」，對國民黨要「退而不出」。[29] 他一方面寫信給蔣介石推卸責任給李之龍，說他上了「反對派的圈套」，否認其行動與共產黨有關，另一方面放過蔣介石，指責「孫文主義學會」是肇事的禍首。後來得到了有關問題的詳細報告，陳獨秀一度也很氣憤，曾「主張與國民黨、蔣介石鬥爭」。[30] 他寫信給共產國際，要求讓共產黨退出國民黨。陳獨秀自述說「我在三月二十事變事後對國際報告中，陳述我個人的意見，主張由黨內合作改為黨外聯盟，否則其勢不能執行自己的獨立政策，獲得群眾的信任。國際見了我的報告……嚴厲的批評中共有退出國民黨的意見……那時，我又尊重國際紀律和中共多數意見而未能堅持我的提議。」[31]

共產國際在「三·二〇事件」後作出的決策是繼續「利用蔣介石」，對蔣作「有一條件的妥協」，[32] 並透過當時在廣州的蘇俄使團團長布勃洛夫與蔣介石達成妥協，3月24日在廣州召開的全體蘇俄顧問會議，歸咎於蘇俄與中共對蔣不友好，決議「不同意反擊」，並壓迫中共執行，又按蔣介石的意圖將季山嘉撤職。[33] 鮑羅廷代表共產國際說：「國共是要分家的，不過分得越遲越好，北伐打到北京的時候，可能便要實行分家，現在應繼續容忍合作。」[34] 季山嘉也認為「不能反擊」，「真要打仗，獨立團（指中共領導的葉挺武裝）不能堅持到一個星期」。[35] 在這種情況下，中共只能對蔣妥協。中共廣東區委接受上級指示，決定對「三·二〇事件」採取「暫時讓步的政策，以保留在國民黨內，同時積極準備著新的進攻。」[36]

於是，中共方面在退讓方針指導下，便有了下面的一系列令人費解之舉：4月間，總書記陳獨秀發表文章《中國革命勢力統一政策與廣州事變》，文中公開讚揚「蔣介石是中國民族革命運動中的一個柱石」；事變後的第19天，

中共中央局委員、中央軍事部部長、國共兩黨聯席會議中共方面代表張國燾匆匆抵達了廣州黃埔軍校，與蔣介石共進午餐，「我先告訴蔣氏，我是代表中共中央特來看望他的，說明中共始終支持他，希望彼此仍能精誠無間的合作，使廣東局面更加穩定，進而達成統一全國的革命願望。……蔣氏也表示了類似的意向。」張國燾又進一步向蔣介石表示「黃埔同學中的中共黨員一向是愛戴和服從他的，他們犯了錯誤，不知道他將如何教導他們。蔣氏……說：『黃埔學生中的中共黨員都是我的好學生，我素來愛護他們，一定要重用他們的。』」[37] 談話至此，雙方似乎已經取得了諒解與一致，結局理應是美滿的，但是僅僅一年後，中共在蔣介石發動的「四‧一二」政變中卻遭到了更大的損失。歷史判定了孰是孰非。

從中共在「三‧二〇事件」發生前後的情況及其對事變的對策綜合考察，可以認定中共絕不是「中山艦事件」的製造者，而只是其受害者。

綜上所述，「中山艦事件」的性質可以說已經基本清楚了，它不過是一次偶發事件，但在當時的歷史條件下，被人為的利用和擴大化了，從而演變為一次由「偶然」變「必然」的大事件，在中國歷史上留下了深深的一筆。「中山艦事件」是「偶然」的，而「三‧二〇事件」則是「必然」的，是蔣介石及其追隨者們刻意謀劃並一手製造的。這一點已被正反兩方面的史料所驗證，即使沒有「中山艦事件」，「三‧二〇事件」也必將以另外的形式發生，這是歷史的必然。至此我們明白地說：就「中山艦事件」本身來說，它既不是蔣介石更不是中國共產黨『蓄意製造』的，以往的傳統說法應予糾正。蔣介石的反共行為在於他利用「中山艦事件」製造了「三‧二〇事件」，這才是歷史的真相。

【注】

[1]《黎時雍致鄧演達報告》、《王學臣致鄧演達報告》，載《民國檔案》，1996年第1期第6頁、第7頁。

[2]《李之龍夫人致蔣介石呈文》，同上出處，第9頁。

[3]《李之龍供詞》，同上出處，第8頁。

[4]《李之龍供詞》，同上出處，第8頁。

[5]《李之龍供詞》，同上出處，第8頁。

[6]《李之龍關於「中山艦」案報告書二則》（二）《被捕的詳情》，載李之龍《三·二〇反革命政變真相》，廣東檔案史料叢刊《中山艦事件》，第22-23頁。中共廣東省黨史委員會及廣東省檔案館編，1981年6月內部版。

[7]《周恩來同志關於中山艦事件的回憶》（1943年春），載《中山艦事件》，第4頁。

[8]《三·二〇反革命政變真相》，載《中山艦事件》，第17頁。

[9] 王永鈞：《黃埔軍校三百名將傳》，南寧人民出版社，1990版，第58頁。

[10]《蔣介石日記類鈔》（1926年2月27日），中國第二歷史檔案館藏：蔣介石個人檔案。

[11]《蔣介石日記類鈔》（1926年3月10日），同上出處。

[12]《成敗之鑑——陳立夫回憶錄》，（臺）正中書局，1994年6月版，第52頁。據陳立夫書載：蔣介石打算去海參崴，早有此念，也做了準備，但陳立夫在回憶錄中將3月19日蔣打算去汕頭避風一事與他計劃赴蘇之事混為一談了，但無論如何，蔣是在當日出走並又回頭的。

[13] 同上出處，第53-54頁。

[14] 同上出處，第53-54頁。

[15] 中國第二歷史檔案館編《蔣介石年譜初稿》，檔案出版社，1992年版，第547頁，注1。

[16] 中國第二歷史檔案館編《蔣介石年譜初稿》，同上出處，第547頁，注1。

[17]《成敗之鑑——陳立夫回憶錄》，第54頁。

[18]《成敗之鑑——陳立夫回憶錄》，第54頁。

[19] 馬文車：《中山艦事件的內幕》，載《中山艦事件》，第188頁。

[20]《蔣介石日記類鈔》（1926年3月20日-21日），同前注出處。

[21] 蔣介石：《關於中山艦案對第四期學生訓話》（1926年3月24日）載，《中山艦事件》，第223頁。

[22] 王德勝：《蔣總統年表》，（臺）世界書局，1982版，第106頁。

[23] 周士弟：《蔣介石製造三月二十日反革命事變與獨立團的反映》，載《中山艦事件》，第188頁。

[24] 陳獨秀：《中國革命勢力統一政策與廣州事變》（1926年4月），載《中山艦事件》，第38頁。

[25] 茅盾：《中山艦事件前後——回憶錄（8）》，載《新文學史料》，1980年第3期。

[26] 茅盾：《中山艦事件前後——回憶錄（8）》，載《新文學史料》，1980 年第 3 期。
[27] 茅盾：《中山艦事件前後——回憶錄（8）》，載《新文學史料》，1980 年第 3 期。
[28] 茅盾：《中山艦事件前後——回憶錄（8）》，載《新文學史料》，1980 年第 3 期。
[29] 華崗：《1925-1927 年大革命的中國共產黨》，轉引自同上出處，第 206 頁。
[30] 鄭超麟：《懷舊集》，第 146 頁。
[31] 《陳獨秀告全黨同志書》，1929 年 12 月，載鄭超麟：《懷舊集》，第 208 頁。
[32] 格魯寧：《論三·二〇事件後中共的策略問題》，載《中國革命與蘇聯顧問》，第 146 頁。
[33] 王若飛：《關於大革命時期的中國共產黨》，載《中共黨史革命史論集》，第 112 頁。
[34] 張國燾：《我的回憶》（二），載《中山艦事件》，第 209 頁。
[35] 茅盾：《中山艦事件前後——回憶錄（8）》，載《新文學史料》，1980 年第 3 期。
[36] 茅盾：《中山艦事件前後——回憶錄（8）》，載《新文學史料》，1980 年第 3 期。
[37] 張國燾：《三·二〇事件以後》，載《中山艦事件》，第 147-148 頁。

民國檔案中的謬誤及其鑑別處理

載《民國檔案與民國史學術研討會文集》，《民國檔案》，民國檔案雜誌社

　　民國歷史檔案，是中國近現代歷史檔案寶庫中的珍貴之藏，是研究中國近現代歷史、中華民國史乃至中共黨史、中國革命史不可或缺的史料依據。中國第二歷史檔案館經過 50 年的奮鬥，於今已將數量浩繁的館藏中華民國史檔案資料初步完成整理編目工作，對外開放利用，並適應時代之要求，開展了電腦、光碟技術在檔案管理、整理利用工作中的運用，有力地推動了檔案館工作向現代化方向的發展。與此同時，經過近 20 年的努力，二史館在史料編纂、出版及民國歷史研究方面也取得了顯著成績，取得了近百項編研成果，其中一些項目的研究工作，達到了中國國內同行的先進水平，並為祖國統一、現代化建設與民族團結大業做出了較大貢獻，這些都是值得肯定的成績。然而回顧我館民國歷史檔案對社會開放利用 20 多年來的歷程，我們卻不能不以冷靜的頭腦來全面看待歷史檔案，對檔案史料利用中時常出現的

知非文集：民國初年祕辛研究
六　其他篇

一些謬誤，根據以往的工作經驗，加以歸納總結分析研究，找出針對性的解決辦法，以利於我們今後的工作。

一

談及歷史檔案對歷史研究的巨大作用，不言而喻，其作為第一手原始資料的價值功效是顯而易見的，並已為無數例證所證實。

檔案資料是研究與著述工作的基礎，是生產社會科學產品的原材料，缺乏這個基礎，研究工作就會流於空泛的議論而不能做出真正的成績。周恩來早在1956年1月就提出：「為了實現向科學進軍的計劃，我們必須為發展科學研究準備一切必要條件，在這裡，具有首要意義的是要使科學家得到必要的圖書、檔案資料、技術資料與其他工作條件」。[1] 中國檔案學界知名學者、中國第二歷史檔案館創始人之一的王可風曾就這一問題進一步論述說：「史料是研究歷史的基礎，歷史研究是史料的融化與結晶。歷史研究沒有史料有如無本之木，史料沒有歷史研究就不能更好的發揮作用。史料工作者做一點研究工作，更可以提高業務水平，反過來又可以更好的做好史料工作。我處同志[2]是整理史料與科學研究結合起來進行的，以整理史料為主，進行研究為輔。有計劃的整理史料，整理一段史料計劃完成了，就已掌握的史料進行研究寫論文。這一節一節的互相推動著去做，工作水平不斷提高，工作質量也不斷的相應提高，這也是我們幾年來在史料工作中又一點體會。」[3] 這是結合我館民國檔案工作實際，闡述檔案整理與利用研究兩者關係的生動描述。多年來，我館正是沿著這一條編研相結合的道路而付諸實踐，在取得檔案整理巨大成就的同時，也取得了《中華民國史檔案資料彙編》及眾多專題資料等編研成果，出版了已成為中國國內史學核心刊物的《民國檔案》雜誌。據粗略統計，自建館以來本館透過各種形式（查閱、複印、抄寫、諮詢、出版彙編及專題資料、《民國檔案》雜誌、縮微品、影印本等等），向社會公布的民國檔案資料總字數當在5億字以上。[4] 這巨量的檔案史料編纂與史學研究的成果對我館民國檔案的整理工作、對館內人員業務素質的提高極具作用，同時也向社會提供了高質量深層次的檔案利用成品，收到了良好的社會效益，受到中外史學界的歡迎與讚譽。

在取得這些成績的背後，無庸諱言的是民國檔案在其利用編纂過程中也存在一些問題及許許多多的謬誤之處，這些謬誤與不足的出現，原因是多方面的，基本歸納起來可概括為以下幾方面的原因：

一是由歷史假象本身所造成的錯誤史料；

二是檔案資料本身存偽；

三是整理編纂過程中由於學識水平不足或工作不細膩而產生的問題。

這些謬誤資料存在及被利用的結果，使檔案利用與編研工作遇到了誤導，給社會利用及史學研究造成了障礙，因此，就不能不對此加以研究與分析，從而找出識別與克服的方法。

二

以下我們分別來加以分析。

第一、歷史假象所造成的錯誤史料。

中華民國的歷史是中國近現代史中容量巨大而十分複雜的一個階段，是中國社會急劇地從封建專制的落後體制向現代社會模式發展的一個過渡時期。各種社會矛盾與各種新舊勢力的較量衝突，外敵入侵與反抗侵略的鬥爭，在這短短的不足半個世紀的時間內，達到了白熱化的程度，造成民國歷史上連綿不斷的戰爭與異常激烈的政治鬥爭。在這些鬥爭衝突十分複雜的社會背景中，出現了許許多多的歷史假象。這裡所說的歷史假象，不是指歷史資料記載有假，而是指歷史表象本身不符合實際，而呈現出一種錯誤狀態，而歷史檔案史料，卻往往真實地反映了這種錯誤的表象而於歷史事實有悖。因此這些史料本身遂成為歷史之偽證。

舉一個例證。1933 年 5 月，德國「國防軍之父」塞克特（Seeckt）將軍應邀來華訪問。當時蔣介石正在廬山，指揮何應欽率領國民黨軍對中共蘇區發動第五次圍剿，而此時在華幫助蔣介石進行內戰的德國軍事顧問團團長為佛采爾（Wetzell），他剛從北方回到南京就立即趕往南昌，協助指揮「剿共」。鑑於前幾次失敗的教訓，佛采爾發明了「分區圍剿、分進合擊」的進

攻方法，改變了前幾次「圍剿」中長驅直入而被各個擊破的戰術。加上當時中共中央被「左」傾路線控制，實行了冒險主義的盲動方針，命令紅軍實行「陣地戰」與強敵拚消耗，導致「反圍剿」失利。當時社會輿論，包括中共紅軍將士在內都認為蔣介石的手下沒有那麼聰明。蔣軍改變戰術，一定是有外國顧問在幕後策劃，而一般人是不知道佛采爾及其祕密在華活動的德國軍事顧問團的，根據有關報導與德國人幫助蔣的傳聞，聯想到剛剛來華的德國將軍塞克特，於是「塞克特幫助蔣介石制定碉堡戰術」的說法便普遍傳揚開來，以致當時許多報刊資料甚至部分公函文件中都有了同樣的記錄，流傳至今便形成了所謂的史料根據。然而，經我們根據同時期形成的塞克特與佛采爾在華活動的檔案來作考證，所謂新式戰術，其發明者是佛采爾而絕非塞克特。當時塞克特在他緊湊的訪華日程安排中，並沒有去過作為「剿共」指揮中心的南昌、武漢以及任何戰地前線，故而連間接參謀的機會也沒有。據當時情況分析，塞克特是不大可能以一個訪華團國賓的身分去江西前線助蔣作戰的。在江西前線幫助蔣軍「剿共」的只能是佛采爾。但是我們也應指出，塞克特在他訪華之後及後來第二次來華接任軍事顧問團長之後，對蔣介石的軍隊提出了不少整理意見，這是事實，但這並不能證明他曾幫助蔣圍剿過紅軍。[5] 雖然半個世紀以來的歷史書籍資料中都有前述以訛傳訛的記錄，但它卻是與歷史真相不符的，故而前述所謂相應的一系列的有關塞克特幫助蔣介石圍剿紅軍的史料，其內含表面上是「正確」的，實際上是錯誤的，因而是不能引為論據的。如此類同的情況在民國歷史上尚有許多，此不過為一典型例證而已，這是值得我們在編研及利用民國檔案中加以注意的問題之一。

第二、歷史檔案中客觀存在著大量的人為因素搞錯或故意製造、篡改的偽證資料。

這是一個不爭的事實，造成了我們在利用與研究中不時可能被誤導的情況，因此很有必要運用我們過去的經驗與教訓對此加以闡述，以利於今後的工作。

情況之一：被偽造的檔案文獻資料。如：

例一：眾所周知，蔣介石1936年12月在「西安事變」中被張學良、楊虎城扣押，最後在中共調解下被迫接受了「停止內戰一致抗日」的條件，「西安事變」和平解決，蔣被釋回南京。為了挽回面子，蔣介石不僅反扣了張學良，而且令御用文人陳布雷炮製了偽造的文件《西安半月記》及《對張楊訓話》，以證明他沒有向張楊屈服。陳布雷在炮製文件過程中心情十分煩惱，認為這完全是一件不該做的醜事，但迫於壓力，最後還是勉強寫了。於是這份文件便成為人所共知的偽造品，並公開流傳至今。

例二：1938年底汪精衛集團叛國投敵之後，急於拼湊偽政府班底，召開偽國民黨「六大」以示接續國民黨「正宗」，無奈肯「下水」為奸的人畢竟不多，無法湊足代表「全國」各地的黨員人數，於是情急之下，漢奸頭目便幹起了偽造「黨員花名冊」的勾當。於是，上行下效，從偽「中央」到「地方」，層層偽造，以求造成「**轟轟烈烈人心所向**」的假象。不僅偽「黨員名冊」如此，乃至偽軍人數也有編造冒領兵餉之普遍情況。這在中國第二歷史檔案館館藏汪偽政權檔案中有明顯的例證。[6] 這些編造出來的「檔案」資料，屢見不鮮，且在汪偽政權檔案中特別突出，如果我們今天據此參考就得出「落水者日眾」的結論，未免就與歷史真相大大地不合了。

上述兩端是可歸為「硬造」的偽證，其他還有「篡改」與「拼湊」等多種造偽手法。如：

例三：自1927年發動「四一二」政變之後，蔣介石一直以共產黨為死敵，不惜使用一切手段實行反共「剿共」的「國策」。為了配合反共宣傳之需，誣衊中共「投靠蘇俄出賣國家」，他們便使用特務手段，將特務竊取搜查到的中共中央文件如《中共八七會議記錄》、《中共第六次全國代表大會文件》、《前方軍委致中共中央的信》以及《中國土地法大綱》等中共正式文獻，加以部分刪改、增補，添入他們需要的內容，而後編印，下發各省「參考」，以達宣揚反共之目的。[7] 對於這些由國民黨印發的共產黨文件，當然不能輕信，必須仔細對照這些文件的原件，才可發現其中被偷樑換柱和「注水」的地方。這是「篡改」方式之一。

六　其他篇

例四：又如關於抗戰中國民黨軍殲滅日軍數量問題，這又是一個難究之謎。戰爭初期，中日軍隊在「七七」、「八一三」、「台兒莊」、「忻口」等戰役中都進行了大規模作戰，雖然總的形勢是敵強我弱，但我方由國共合作組成的抗日軍也曾給予日本侵略者以有效抵抗與較大殺傷。當時國民黨軍事及宣傳部門為了「揚我抑敵」的策略需要，曾明確下令各部隊在對外宣傳中將殲敵斃傷數「以一報十」，加以「擴大宣傳」，藉收「鼓舞民心士氣」之效。因此，在用於宣傳的公開文件中，擊斃擊傷日軍數量經常（當然不是全部）摻有「水分」。這些「戰果」數目之檔案文件，其可信程度也就下降不少。[8] 無獨有偶，日本方面也存在同樣情況，只不過在他們的記錄中是盡力縮小自己傷亡數而擴大「殲敵」數量罷了。可見此類現象不足為怪。但今日我們研究歷史參考這些資料時就不能不多一份考慮，以求得歷史之真實。實際上，在這一問題上，比較可信的「戰果」及自己方面比較真實的損失數字都記載於《機密作戰報告》或《作戰日記》中，當時控制在一定範圍內傳閱，並不是完全無從查考的，只不過需要花點力氣去查證罷了。

情況之二，在分類、立卷、編題甚至搬運調整等整理編目過程中被無意識搞錯內容的檔案，如：

例五：我們在調閱我館民國時期中德易貨貿易卷宗時，偶然發現有少數中德貿易檔案卷宗被冠以「中美貿易」的標題，使這部分檔案的利用工作遇到了困難。究其原因則十分簡單，即在五十年代整理這些卷宗時，由於一些整理者不具備外文基礎知識，再加上當時的時代歷史背景，誤以為與蔣介石有貿易往來的大概只有「美帝國主義」，因而便有了這樣的擬題。這是典型的在檔案整理過程中出現的錯誤。除此之外還有在工作中將同姓、諧音歷史人物搞混等多種錯誤現象，這些都是使檔案利用編研人員被誤導的重要原因。

上述各種弊端，都是在利用歷史檔案過程中所發現的問題，當然，這並不能窮盡檔案利用中的所有問題，但至少反映了一方面的實際情況。如何有針對性地預防妥處並解決這些問題？這就需要我們做加強基本功的努力與培養鑑別錯誤史料的本領。

三

　　首先,我們在歷史檔案整理編研中必須堅持歷史唯物主義的立場,遵循實事求是的方針,客觀公正地對待歷史與歷史資料,這樣才能為做好歷史檔案的整理編研工作奠定正確的思想基礎。在工作中既不能戴著有色眼鏡,按照自己的主觀想像與觀點,有選擇地取捨註解歷史資料,又不能一味地強調「史料就是歷史,就是一切」,「讓史料說話」,而不加分析區別地機械排列歷史檔案,視之如同「流水線」式的工作,不進行科學的鑑別與分析。在檔案的整理編研工作中如何避免上述兩種情況而把握好這個「度」,是一項有分寸而無明顯標準的複雜工作,需要正確的思想原則與紮實博學的業務功底作保障,而其中思想指導原則是首要的因素。

　　其次,發現與糾正歷史檔案中的謬誤需要以豐富的歷史學與檔案學專業知識為基礎,特別是對於史實性錯誤以及人為偽造竄改的檔案,一定要在研究其歷史背景,明瞭其來龍去脈的基礎上,一步步細心地鑑別考證,做好由此及彼、由表及裡、去粗取精、去偽存真的工作。透過複雜的歷史表象去探尋歷史的真實面目。在此基礎上再進一步考訂有關歷史資料之真偽,最後達成鑑偽存真的目的。當然,要實現這一目標並不容易。如前所舉例之諸端史實,如果沒有對這些歷史的較為深入的了解與研究,是不可能具備一定的鑑別水準的。因此,做好歷史檔案的整理、編研工作,最基本的功底是有關歷史知識的學習與積累。

　　在這裡便涉及到了一個新的問題,即歷史檔案工作相對於一般現行檔案、科技檔案等工作而言,是否有它自身特點的問題。也就是說,作為歷史檔案工作者,其業務技能標準相對於一般檔案工作者而言,是否具有其特殊性與獨特的要求?從歷史檔案館工作實際來看,回答應當是肯定的。因為要求專業人員學習有關史學知識是熟悉本館館藏的基本條件之一,是從事歷史檔案一切工作的基礎。如果忽視了這一點,而按一般檔案工作的標準衡量要求,那歷史檔案館的工作基礎便成了無本之木,而有關檔案管理的基本原則之運用在此亦成為紙上談兵、緣木求魚。因此,貫徹「因地制宜」與「實事求是」的原則是其唯一正確的方針。

基於以上這種觀點，我們便找到了處理避免在檔案整理編目工作中可能造成的錯誤的方法，這便是歷史檔案工作者，除了具備檔案學專業知識技能外，還應增加對於有關歷史知識修養的要求以及相應的最基本的（或至少有一部分人員具備較高水準的）外文、古漢語基礎知識。這樣才能保證在整理、保管利用、編研歷史檔案的過程中不出和少出錯誤，以提高我們的工作質量與服務質量。對於檔案館的編研人員來說則更是如此，並且需要具備進一步的高標準條件。

　　最後，還需特別指出的一點是，從某種意義來說歷史科學是一門依靠積累的學問，而史料學則更是一門依賴點滴積累而逐步完善健全的學問。在這個意義上說，提高專業知識水平，增強鑑別真假檔案和檔案中所反映的真假歷史的能力，也需要從不斷的學習，並在工作實踐中錙銖積累而慢慢培養，不可能一蹴而就的。從事歷史檔案工作的青年，應該虛心地向經驗豐富的長者請教學習，不斷充實提高自己的專業知識，這樣一代代繼承下去，中國歷史檔案事業的發展才有希望。

　　胡繩先生曾精闢地論述說：「史料（實物或文獻）的考訂工作可以分為兩個方面，外形的考訂是區別史料的真偽，確實其時代與作者，對歷史文獻的版本文字進行研究，使其盡可能恢復原來的面目。『內部』的考訂就是辨明史料的實際價值，把有價值的史料和價值不大的史料區別開來，把錯誤的記載與正確的記載區別開來」，「由於史料工作的繁重和需要各種輔助性的專門知識（如古文字學、年代學、古文書學、古文獻學、歷史地理學、版本學、印鑑學等），所以有一批專門的人來擔負這種工作是必要的，他們就是史料學家」。[9]

　　願我們歷史檔案工作者都成為專門的史料學家。

【注】

[1] 周恩來：《關於知識分子問題的報告》（1956年1月14日），載《周恩來選集》（下），人民出版社，1984年版，第186頁。

[2] 指中國第二歷史檔案館的前身——中國科學院近代史研究所南京史料整理處。

[3]《王可風檔案史料工作文集》，檔案出版社，1989年版，第134頁。

[4]《中國第二歷史檔案館九五工作規劃》。

[5] 參見馬振犢等《德國與中國抗日戰爭》第三章第五節「塞克特倍受推崇」，廣西師大出版社，1997年6月出版。

[6] 參見二史館檔案：汪偽政府檔．全宗號十三，7096、7240卷。

[7] 參見王可風《關於整理檔案史料的方法和問題》，載前引《王可風檔案史料工作文集》，第119頁。

[8] 馬振犢：《慘勝——抗戰正面戰場大寫意》，廣西師大出版社，1994版，第183頁。

[9] 胡繩：《社會歷史的研究怎樣成為科學》，載《歷史研究》，1956年11月號。

金陵一代地方文獻學家陳作霖

本文為陳鳴鐘先生生前擬為其祖父所作傳記，不幸先生罹患疾病，臨終前交待我代為完成該文，余於惶恐之中受命，終不負所託，竭力完成，有以告慰先生。載陳鳴鐘主編《清代南京學術人物傳》，華星出版社。

陳作霖（1837-1920年），字雨生，號伯雨，晚年又號可園老人，是清末民初中國東南地區一位有名望的地方志學家，亦是南京近現代史上一位著名的學者。

陳作霖先生的一生，致力於中國傳統文化遺產及鄉邦文獻的蒐集、整理、輯存，撰寫了大量著作，其所涉獵的研究範圍主要集中在史學、文學、金石學、訓詁學、文獻目錄學、歷史地理學以及經學等與地方史志密切相關的各學科，集中體現在他幾十年如一日地從事南京地方史志編纂整理工作之中，他所取得的成績不僅僅是整理編纂了大量的地方志書，更重要的還在於他的這些成果填補了一個歷史時期金陵文獻資料的空白，挖掘與保存了許多極具價值的南京地方史資料，取得了這一學術領域的卓越成績。

清道光十七年（1837年）四月十四日，陳作霖出生於南京城南紅土橋本宅中。陳氏家族以詩書傳家，先世由河南穎川遷居南京，傳至此輩已凡七世。幼時的陳作霖聰慧過人，4歲起開始接受舊式儒學啟蒙教育。識字讀書過目不忘，深得先生長輩嘉許，被譽之為「秀才種子」。

六　其他篇

就在他的啟學之年（道光二十二年，即1842年）爆發了中國歷史上重大的政治事件——鴉片戰爭，英帝國主義砲艦駛入長江，以堅船利炮迫使閉關自大的清王朝簽訂了第一個中外不平等條約《南京條約》，中國歷史由此開始了由封建社會向半殖民地半封建社會形態的轉變。這一巨大變化以及隨之而來的多災多難的民族歷史創傷亦對陳作霖的成長道路產生了直接影響，使他在尚未徹底擺脫封建時代舊知識分子立場局限的同時也接受了一些新的思想，成為一位開明的、主張自強救國的愛國主義者，最後直至拋棄封建桎梏擁護辛亥革命。

1849年，陳作霖十三歲，開始隨父親入斗門橋私塾讀書，在他父親著意栽培帶領之下，他踏遍南京城四周風景名勝，每到一地詳記其自然風貌歷史掌故，從中汲取文學歷史知識。父親又帶他參加一些文人間交往活動，「每有文譙必攜予往。」這種遊學交織的生活使他自幼培養出廣泛的治學興趣，為後來他從事多學科的研究工作打下了基礎。

1852年（清道光三十一年），太平天國軍興，起義軍攻至南京城下，「二十八日，『賊』前鋒至，城門堵閉。」「自是舉家遂在圍城中。」在這種戰亂危急形勢下，二十九日，元配席氏來歸，與十七歲的陳作霖「草草成禮」。其後第十天，二月初十日，「江寧城陷，」太平軍斬殺陸建瀛等清廷守將攻占南京，改稱天京，並定都於此。

從南京失守到化裝潛逃出城，陳作霖與其家人在太平天國政權統治下生活了120天，親身感受到了這場急風暴雨般的農民起義給人民生活帶來的巨變。他開始時對太平軍不太了解，無認識，但能如實記錄其說教、言行，最後，由於實在無法接受這場農民革命及其「拜上帝教」的理論，無從忍受太平天國統治下拆散家庭、掃蕩儒學的生活，加上他本人因躲避勞役而被太平軍士兵砍傷頭部，1853年7月14日（咸豐三年六月初九），他終於設法化裝逃出「天京」，避往江淮鄉間。9月間，其妻席氏又在戰亂中染病，因得不到治療而亡故。是時其祖居（建鄴區安品街20號新宅）已被太平軍占為天朝的一所小王府。

清咸豐九年（1859 年），陳作霖隨家人流徙於寶應、句容鄉間。九月十一日，續娶趙氏為妻，「是科江南借浙闈舉行鄉試，予以祖母病不赴」。同年九月十二日，「祖母李太宜人疾終於鄉寓。」又過五年避難生活，到同治三年（1864 年）十月，陳作霖從其供職之姜堰釐局返回已被清軍克復的祖籍南京城，參加鄉試，這是他在戰爭結束後首次返鄉，「一路荒營廢壘，滿目淒涼。」這一年，他肄業於鐘山書院並結識了通州姜璜溪（渭）、揚州劉恭甫（壽曾）以及同鄉秦伯虞（際唐）、陳耘芬（兆熙）、何善伯（延慶）等同窗學友，科試結果「取一等四名，得食廩餼。」次年三月，陳氏又肄業於惜陰書院，應葉晉卿之聘擔任其子家庭教師，「自是館葉宅六年，塾中多藏書」，陳氏得以「恣意涉獵」。同治七年（1868 年）陳作霖得入「吾知齋」隨汪梅村（士鐸）先生學習古文，並與崔琴友（澄）、汪仲伊（宗沂）、朱仲我（孔彰）等人同學，並屢次參加歷年歲試，其間他還參加了金陵官書局校勘刊刻經史書籍的工作，並以此機會得以進一步「博覽群籍」，豐富學識。

1873 年（清同治十二年）正月初七（人日），可園先生與劉壽曾、秦際唐、朱紹頤等好友，取「七種共挑人日菜」之意，集會於莫愁湖水榭，首創「挑菜會」。自此「挑菜會」每年一次，參加的人數不固定，為當時南京文學青年以文會友的一種重要形式。次年正月二十一日，他又應江寧府學教授趙彥修之約，與唐仁壽、劉壽曾等人於飛霞閣（今朝天宮後）借白居易生日作文會。

1874 年（同治十三年），清廷兩江及江寧府縣當局，再議金陵政局善後工作，陳作霖上書《整頓金陵善後事宜議》一文，提出「請維風俗，興水利，修志乘，懲刁猾」四事。他認為：「江寧府志，自嘉慶至今，久未續修，其間文獻闕略，及今修之，猶有一二耆宿，聞見可征，……若於本府七屬開設志局，延德望素著者為總纂，遴選學校中知名之士襄其事，庶一方掌故，不至湮沒無傳。」而「修志乘」之意義亦不僅在於書其歷史，更重要者在於「修志乘以聳民聽」，可以造成「激頑起懦」之效果。他的這番建議受到當政者賞識，上元知縣莫善徵、江寧知縣甘紹盤同年在南京金沙井開設志局，開修《上江兩縣志》，以學儒汪梅村（士鐸）為總纂，同時聘任陳作霖、秦際唐、劉壽曾等八人為分修，歷經十月而告成，其中可園先生所修《大事考》及劉

壽曾之《藝文志》得到了總纂的讚揚。除了《大事考》外，陳作霖還完成了《兵制考》及「五傳」的名宦、鄉賢、孝悌、忠義等部分。這次參與官修志書，為其日後撰著《金陵通紀》等大部學術著作，積累了經驗，對其日後工作影響頗大。

在這一時期前後，陳作霖先生又開始撰寫生平兩大部代表性著作之一的《金陵通紀》，該書後於 1877 年前十卷輯成，1880 年全書 40 卷脫稿，1907 年刻印而成。

可園先生之父陳葆常先生曾對南京文獻資料之蒐集，做了大量工作，上自元朝下逮明清，凡公私史記文獻碑刻無所不收，盡其所獵，這為陳作霖寫作金陵史書提供了豐實的史料。

《金陵通紀》是可園先生用以記錄金陵歷史的第一部著作，為其在年富力強的青壯年時代所成。該書所述內容上自先秦下迄清代時越千年，博采歷代地方文獻，詳載金陵輿地沿革、典章制度及重大事件，突出南京地方特點，作了概要性敘述。然凡建都南京各朝代「建儲立後、下逮百職、國政朝章」等等他都以為不屬於南京地方志範疇，因而「非係地輿，不輕筆」。這一特點糾正了唐朝許嵩《建康實錄》體例不精當，「不專建康」的弊病。當時著名學者汪士鐸在為之書序時曾譽為「不浮譽，不隱惡」之作，「詳載郡中豐歉憂樂之曲，寇亂時諸軍屯戍之地，措置先後得失之機，後世可奉為鑑戒。」陳可園之友張士珩亦曾讚譽說：該書「詳因革損害之故，著治亂興衰之跡，非徒文獻之存，抑亦鑑戒所繫。至搜葺詳雅，贍而不穢，敘述簡要，直而不俚，洵乃愜心貴當，堪稱極筆。」

1875 年（光緒元年），是陳作霖學術生涯中重要的一年，這一年他在鄉中舉，「秋闈中式第八名」，而後隨即在南乾道橋（今安品街 20 號）利用宅後隙地築「可園」而居之，讀書著述於其間。園中原有楹室三間，題額為「徵文考獻之室」，後因園內麗春花（虞美人）競放，又稱之為「瑞花館」，可園先生分修《上江兩縣志》時即居之於此。可園地雖不及一畝，亦無亭臺之勝，然因陳作霖之聲名遠播，四方學者多來此訪問，於是可園與清涼山「薛

廬」、張士珩的「竹居樓」、陳三立的「散原精舍」等齊名而同為南京之名園，歷時四十年而不衰。

此後 1876、1877 年及 1880 年，陳作霖三次赴京參加會試而先後「報罷」，從此摒棄科考，立志專心「就職教諭」，並從事於史志撰述事業。

1878 年 7 月，他開始著手一生中最大一部金陵地方人物傳記志《金陵通傳》的編纂工作。編撰《金陵通傳》的想法，最早起於 1870 年，可園先生在撰寫《通紀》時已萌發了要撰寫一部古今金陵人物傳記的志願，並開始積累資料。除《二十四史》、《建康實錄》、路鴻休《帝里人物略》、朱緒曾《詩匯姓氏錄》等著作外，他還廣泛甄錄了府縣諸志、大家譜牒以及稗官小說筆記中的有關資料。1874 年以後，可園先生利用參加官修《上江兩縣志》之機會，進一步蒐集素材，為編撰《金陵通傳》作好了準備。1878 年，可園先生一邊著手開始撰寫《通傳》，一邊又入江寧府志局任分纂，在豐富的實踐經驗基礎上，他系統地提出了自己的一整套編撰地方志人物傳的體例標準，並在《通傳》實踐中加以貫徹，這便使《金陵通傳》成為可園先生一部高質量的代表作。

《金陵通傳》全書凡 45 卷，內容起自春秋，止於清光緒二十六年（1900 年），共 50 萬言，所作各傳不列子目，按年代順序排列，以為縱系，各人各事又從其類以為橫系，以家族譜牒為中心，合諸小傳為一大傳，使上下兩千年間金陵土屬可傳之三千餘人物集於一書，故稱為《通傳》。該書之體例既繼承了傳統又有發展創新。其中新意體現於：一是採用世傳體寫法，合一家族立傳者為一傳，繼承發揚了《史記》中世傳體特色，使金陵地區六朝世裔文化世家特色得以體現，當時據統計，沿襲五世以上的金陵文化世家就有梅曾亮、鄧廷楨、甘福、陳作霖、朱緒曾、夏煒、司馬鐘等家族。這些文化世家之各名人傳記，因採用世傳體方式在《通傳》中得以「詳敘始末，昭穆瞭然」且「事有相聯、人有相友、左縈右拂，各以類從」，「一至之行，卓然可傳，則割歸本類，其無多事跡者，悉附家傳。」克服了舊志中分散列傳祖孫父子昭穆次序不清甚至顛倒之弊。二是採用合傳體手法，把歷史人物歸入各類而事跡相近者合為一卷，分別各類，以便把握其共性，以利於撰述、

閱讀與研究，使讀者對於政治、文學、科技各方面發展過程有一個比較完整的認識，這對舊志體例是一大突破。三是嚴格而科學的寫作態度。可園先生在編撰《金陵通傳》時以極其認真嚴肅的科學態度來對待入傳人物之遴選。

他認為「金陵山水之鄉，名賢多愛而居之」，但「是卷不載寓賢，必定居再世生長斯土者，始為甄入，至自郡他徙者亦俟其子孫除去本籍始不載。」即在《通傳》入選人物中嚴格注意其籍貫，而在金陵本籍人士中又注重「布衣」，不以地位官職作為取捨標準，而以其人事跡成就為甄選依據。他表明收載歷史人物的原則是「略於達官而詳於士庶」，甚至包括了出身寒微的勞動人民，如做燒餅的工人等等。可園先生在其所著《中國機器學家考》一書中甚至記載了宋代楊么起義軍發明的一種戰船，「四輪激水，船行如飛」，足證其嚴謹公正的治學立場及精神。

《金陵通傳》編撰工作前後歷時30年始告成。其後，可園先生又作《金陵通傳補遺》4卷，於光緒三十年（1904年）合刊付梓。這部巨著問世後受到廣泛好評，其與《金陵通紀》合稱為可園先生兩大傳世之作，而《通傳》更為人重，何允恕先生曾譽之為「自陳氏《南畿志》、路氏《帝里人物略》後三百年無此作也」。

1910年《通傳》傳入歐洲享譽海外，該書曾被當代著名歷史學家譚其驤先生推崇為清代地方志中善作之一。

在完成「二通」之後，陳作霖先生還進行了大量金陵地方志的蒐集整理編纂工作，其中較重要者如：《金陵瑣志》五種，該書歷經實地考察訪問，而後對照文獻資料，一一落實編成。光緒九年（1883年）二月輯《運瀆橋道小志》，以城內運河及各橋梁為主線，展示「父老舊聞，鄉賢嘉言懿行，城市變易、人情風俗。」光緒十二年至二十五年（1886-1899年）間，續編成《鳳麓小志》共12篇，其中地誌者三：街道、古剎、園墅；人志二：歷代及明朝名賢；事志者五：灌圃、機業、諸市、倡義、鼓鑄；文志二：雜著、詩歌。這部《小志》翔實記錄了南京風土人情文化及生產，其中許多資料如南京絲織業發展情形等等，為其他史籍所不載，因而具有極高史料價值。而其中《倡義》一篇還記載了太平天國定都南京之初張繼庚等人勾結清廷圖謀裡應外合

推翻天朝政權之史實細節，堪稱珍貴。與《小志》同時成書的還有《東城志略》為其同類志書，只是內容方位有別。以上三書概述了南京城內外三大地區之面貌。

在獨立從事金陵史志輯撰工作的同時，可園先生繼續參加官修地方志工作。

以1874年參加《上江兩縣志》為始，可園先生承擔了「兩考」、「五傳」的撰寫任務。光緒元年（1880年），他受江寧知府蔣啟勛之聘，再度出任《續纂江寧府志》分纂，仍在汪梅村先生主持下，負責《續志》軍志（1卷）、先正傳（3卷）、《孝友傳》（1卷）、仕績傳（1卷）部分。在其人物傳寫作過程中，可園先生採用了他自己創造的新體例，因而使其作品頗具特色。這兩部《府志》及《縣志》，在南京地方志撰修史上成為承上啟下的代表作，具有深遠的歷史意義。

光緒二十七年（1901年），可園先生又被編譯官書局聘為分纂，「纂成《孝弟圖說一百條》、《禮經初編》（2冊）、《江寧地形考》（1冊）、《江寧先正言行錄》（4卷）、《格言類證》（4卷）、選《古文初編》（4卷）」等。

宣統元年（1909年），已屆耋耋之年的陳作霖，除仍獨立撰寫《上元江寧鄉土合志》（6卷）外，又再次受聘出任江蘇通志局總校兼編纂，完成了《江蘇兵事紀略》、《古蹟志》（10卷）、《先賢傳》（11卷）、《烈女傳》（1卷）、《雜人傳》（1卷）的撰寫。宣統三年（1911年）辛亥革命爆發，編纂工作告停，而陳作霖的作品遂成為《江蘇通志稿》中除繆荃孫《江蘇金石志》外唯一的完工之作。1918年可園先生以81歲高齡繼續應馮煦之聘出任江蘇通志館總纂，直至1920年逝世。可園先生一生致力於鄉邦地志之撰述，真可謂鞠躬盡瘁。陳三立先生曾在《江寧陳先生墓誌銘》中寫道：「凡省府縣志局、書院、學堂、官書局、官報局、圖書館之屬，先生皆在董其役終其身，亦因以著書百數十卷，躋為通儒。」此非溢美之詞。

除此而外，可園先生在其後半生中還編撰整理刊印了大量有關南京地方史文獻資料及其研究著作，其中如：

光緒十三年（1887年），編成《金陵詩徵》，二十年（1894年）又成《金陵續詩徵》。

光緒二十二年（1896年），與秦際唐共同校編《國朝金陵文徵》，次年又編《國朝金陵詞徵》。

光緒二十四年（1898年），編成《養和軒筆記》。

光緒二十六年（1900年），陳作霖整理已故學者孫文川所輯《金陵南朝佛寺志》，共錄226寺。又與秦際唐共刊《金陵詞選》。

光緒三十三年（1907年），始刊刻《可園文存》一書，宣統元年（1909年）完成。

光緒三十四年（1908年），撰成《金陵物產風土志》，保存了近代南京土特產、民情飲食文化之稀見史料。

宣統元年（1909年），「續刻物產志、六朝梵剎志及詩存」。

宣統三年（1911年），刊刻《炳燭裡談》一書，為記載研究南京民俗之專著。

民國2年（1913年），編輯《歷代遺民傳》。

民國8年（1919年），刊成《壽藻堂詩集》、《續金陵通傳》。

民國9年（1920年），可園老人在辭世前刊印《可園詩話》。

陳作霖先生的這些輯錄編著作品，基本包括三方面的內容：一是以「二通」為代表的金陵方志類史學著作；二是古文、詩歌為主的文學作品；三是以考據、訓詁為內容的經學著作，（如《可園文存》載《一切經音義通檢》）。而其採集編成的大量地方文獻則是其中另一重要內容。他繼承發揚了乾嘉學派精耕細作的治學傳統，以豐富的史料為基礎，史論結合，寓論於史，考釋相間，以「不苟同、不立異、剖析可否，斟酌時宜，必求久無弊而後止」為治學原則，繼承了陳氏家風傳統，經過數十年的努力，將原本分散、零亂的文獻資料蒐集、積累、整理，先後輯存了《金陵文徵小傳》、《金陵詩徵姓名錄》、《秣陵風土小記》等鄉邦文獻記36種，洋洋160大冊之多。這是

對南京地方史志事業的巨大貢獻。可園先生亦因其「以一身繫金陵文獻者數十年」，而「巋然負東南文望」，為後世所敬仰。

可園先生自摒棄科考之途後，一方面將主要精力致用於修史治學，另一方面亦積極從事教育事業，受聘在各公私立學校任教，數十年間培育了大批學生。除了早期受聘在各官宦人家私塾教書外，亦曾於光緒十六年（1890年）出任文正書院講習。光緒二十七年（1901年）地方官府為了響應慈禧的「變法上諭」，作出姿態，下令「廢鐘山、文正、惜陰、奎光四書院，罷八股詩賦」，在「城中設立省府縣三學堂」，但仍以「策試四書經義策論」為主要任務。可園先生「奉（江寧）府尊照會延為縣學堂正教習」，並於光緒三十一年（1905年）改稱為「堂長」，同年，他又出任由「崇文經塾」改建的「崇粹學堂」堂長。至光緒三十四年（1908年）辭去縣學堂長職，改充名譽堂長。

可園先生在晚年還經常與南京的文人在一起飲酒賦詩，大概在光緒二十四年左右，他與秦際唐（字伯虞，號南岡，1865年入鐘山書院結識陳作霖等南京地區著名人士。1902年廢書院為學堂，以尊經、風池兩書院為校士館，後改為師範傳習所，奏任總教習，1906年又改為初等師範學堂，秦任教務長。秦擅詩文，著有《南岡草堂文存》、《南岡草堂詩選》。）、朱紹頤、何延慶、顧雲、鄧嘉緝、蔣師轍等人結成「石城七子」詩社，號稱「石城七子」，共同從事詩的創作及研究（七人都留有詩集），他們繼承袁枚、魏源之所長，形成了「南京詩派」的獨特創作風格，抵制了「同光體」復古僻拗的文風對南京的影響。同年冬天，他又與司馬晴翁、周柳譚、秦際唐、鄭叔龍等作「五老消寒會」，後來，參加消寒會的不限於五人，如當時在南京的繆荃孫也常參與這一活動。清末，政局動盪，災禍頻仍，米價奇貴，人民深受其苦，可園先生對此痛心疾首，可園先生與秦際唐等常常奔走於官府，為民眾請命，並組織了「救生局」、「平糶局」等公益事業。

宣統三年（1911年），可園老人75歲，為慶祝他「入學六十年，同學稟請李梅菴（瑞清）學使，蒙贈以『芹藻長春』匾額」，這是學術界對可園老人一生學術成就的嘉獎。

是年八月,「革命黨起義於湖北武昌,遠近皆響應。十月聯軍攻江寧,總督以下皆棄城走,金陵遂歸民國焉。」「自此以後,予所辦圖書館、通志局、崇粹學堂皆罷,目力漸昏,可以閉戶養疴矣」。次年「六月黃興率革命黨獨立,半月消去,七月,何海鳴又獨立,八月,張勛以北軍入城大掠,詳載後癸丑所見錄。」

此時可園老人的心情是複雜的,他一方面對辛亥革命表示理解與同情,所以稱之為「起義」,「金陵遂歸民國」,另一方面,又因長期的封建思想影響,而對清王朝的覆滅,心中總有一種悵然若失之感,並由此認為自己一生所致力的史志文化事業將從此結束了,加之年事已高,對世事已生厭倦。

1918年,82歲的可園老人「受京師晚晴詩社之聘」,1919年被「公推為續纂同治上江兩縣志總纂」一職,攜子治學。這是老人最後一次參加學術活動。

1920年「正月二十三日」,金陵一代史學文學大師陳作霖先生病逝於南京,終年84歲。江寧學界名流紛紛著文悼念。陳三立先生為其撰寫《江寧陳先生墓誌銘》,對可園老人一生及貢獻給予了高度評價。

可園老人之墓最先位於清涼山古井庵後。1937年5月,當可園老人百歲紀念之時,其弟子及在寧文人學者尊其為「孝通先生」。抗戰勝利後,市府當局因在墓地附近建立國立音樂學院(今南藝前身),曾有遷墓之議,當時國民政府教育部長朱家驊出於對老人歷史貢獻之尊重,決定保留其墓。1955年,得南京市人民政府市長彭沖資助關心,由其後裔遷葬於棲霞區邁皋橋鄉,與其子陳詒紱合葬一處。1987年5月18日,當可園老人誕生一百五十週年之際,江蘇省暨南京市學界隆重集會,並舉行學術討論會,紀念陳作霖先生,可園老人對南京地方史學文化事業的貢獻終於得到了歷史的肯定。

總結陳作霖先生的一生,他是一位勤勤懇懇地為祖國傳統文化事業貢獻良多的學者。他對於中國文化特別是東南地區地方史志學的繼承、傳播與發展貢獻卓著,人民將不會忘記。

註:本文主要參考陳作霖《可園備忘錄》,《可園文存》,《可園詩存》等。

辛亥革命前後的林森

載《孫中山與辛亥革命——紀念辛亥革命 90 週年論文集》，江蘇古籍出版社。《民國檔案》。

一

林森，字子超，號長仁、天波，晚年別署「青芝老人」。是國民黨元老之一，曾任國民政府主席長達 12 年，是一位「勤廉淡泊」的虛位元首。他早年曾追隨孫中山先生，參加反清革命，為推翻清王朝的腐朽統治而出生入死，立下了汗馬功勞，由此奠定了他在國民黨內的地位與基礎。由於林森的特殊地位及其「虛位元首」的特質，過去學術界對他的研究評價不多，本文僅就林森在辛亥革命前後的歷史活動，作一概略考察如後。

公元 1868 年 3 月 4 日，林氏出生於福建省閩侯縣尚干鄉鳳港村。他的生父名林道舉，母張氏。林森出生後不久便由其父做主，過繼給他的叔叔林道炳為嗣子。林家有兄弟四人，其為長，以下順次為長義、長禮、長智、長信。林家先世本以務農為生，到其祖父時，家境已趨衰落。1870 年，林森隨其嗣父林道炳舉家遷居福州倉前山土地廟街轉營皮革生意，開設了一片店鋪，家庭境況逐漸轉而小康。[1]

鴉片戰爭以後，清廷開福州為通商口岸，各國商人、傳教士紛紛湧入福州，倉前山一帶是洋人的集中居所，開設了不少新式學堂。林氏兄弟在此得以接受早期西式教育，這對於他們後來投入反清革命具有重要作用。

林森六歲起讀經書以為啟蒙，1877 年，他進入美國教會所辦之培元學校讀小學課程至 1880 年畢業。1881 年他升入福州英華書院學習。神州英華書院是美以美教會新創設的八年制學校，其課程包括了中學及大學前期的學習內容，各科教學都是以英文講授。林森在此求學四年，較為熟練地掌握了英文，了解了美國獨立運動歷史以及華盛頓、林肯等人的故事，逐漸萌發了民主政治的意識，在學校裡，他參加了學生會的活動，抗議各國傳教士在華的侵略行為。1884 年他從英華書院肄業，渡海赴臺灣尋職，1886 年考入臺北電報局。[2]

知非文集：民國初年祕辛研究

六　其他篇

　　林森少年時曾由父母包辦與鄰鄉鄭氏女兒訂婚。1890年，他奉父命自臺灣返回福州舉行婚禮，時年22歲。林森夫婦感情彌篤相敬若賓，但不幸的是僅兩年後，鄭氏便身患重病，林森盡力照料無效，終於1893年冬不治亡故。[3]愛妻的死給林森留下了巨大的感情創傷，他發誓不再續娶以保留對妻子的永恆懷念。因鄭氏身後無子，林森便將其三弟長禮之子林京過繼為嗣。林京成年後曾赴美留學，歸國後任職綏遠省政府祕書，1937年10月在抗戰爆發太原淪陷時遇難。所以在林森的一生中，他幾乎始終過著獨身生活。由於他的這些經歷不為人知，以至於在他出任國家元首後，社會上曾流傳起對他私生活的種種傳聞。抗戰爆發前，林森巡視廣西，隨身總帶有一只手提箱。當時廣西及香港一些報刊都曾刊載傳聞說林森將其所保存的妻子遺骨藏於箱內，從不離身，每晚必撫摩再三而始入眠。無論此說確實與否，林森對其妻之摯愛由此可見一斑。

　　中日甲午戰爭失敗以後，清廷將臺灣割予日本，這一賣國行徑受到全國人民的強烈反對，臺灣各界人士紛紛電斥清廷，電報局每天收發大量悲憤抗議文電，林森目睹臺灣人民自發的抗日愛國之舉十分感動，他決心投身救亡運動。因奔走各方聯絡臺灣志士組織抗日軍積勞過甚，林森終於病倒，內渡福州休養。待身體稍見好轉後他又趕去上海，爭取對抗日義軍的資助。在滬期間，他與孫中山先生取得了聯繫。[4]

　　1897年，林森祕密潛返臺灣，從事反日活動。這時的臺灣已在日本殖民主義者嚴格控制之下。林森隱居臺北友人家中一年餘，終於引起日本刑事警察的注意，他轉移到嘉義，在臺南地方法院嘉義支部謀得翻譯職位，藉以掩護。在處理臺灣人民反日訴訟案時，他利用職務之便盡力掩護抗日志士。1899年春，因在臺工作進展不大，林森在友人資助掩護下，最後離開了他度過青年時代的臺灣。[5]

二

　　1902年12月，林森在上海考入上海海關工作。為了拯救國勢陷危的祖國，他聯絡長江一線在各地海關服務的志士，組織團體議論時政，討論救國方法。1903年春，林森在上海發起組織「旅滬福建學生會」，被推舉為會長，

會本部即設在江海關,並在福州設立了分會。這一組織是反清革命團體,會中約定不用滿清年號而用「黃帝紀元」,以示參加者的反滿決心。林森在這一時期將主要精力都用在革命工作上,在孫中山先生的影響下,他盡自己的所能奔走各處宣傳革命,用自己的薪金購買宣傳書刊在同志中散發,在他的帶動下,他的兄弟及不少的福建青年投入革命洪流。1905年8月,孫中山先生在日本東京組織同盟會,各地革命分子紛紛加入這一組織,林森率領「旅滬福建學生會」集體加入同盟會,其中如林覺民、方聲洞等會員後來都在同盟會起義中為革命獻身,「黃花岡七十二烈士」中就有十餘人來自「福建學生會」。「旅滬福建學生會」當時在上海、福州兩地開展了大量革命工作,產生了較大的影響。

　　1907年,林森自滬回閩探親並指導工作,同盟會元老黃乃裳等數十人聚會福州,歡迎他的到來。黃乃裳在致歡迎詞時說:「林君在滬組織福建學生會,聚東西洋及省內外福建學界名人於一堂,共同研究政治社會文化事業,為改革中國之準備,其旨趣實堪為世人所崇拜。其關懷公益、嘉惠後進,其國而忘家、公而忘私尤屬難能可貴」。[6]由於林森在領導「旅滬福建學生會」工作中的成績,使他在閩滬兩地具有了一定的號召力,成為孫中山領導之下的同盟會重要幹部之一。

三

　　1909年,林森從上海海關調往九江海關工作,他一到九江便與吳鐵城等人共同創辦了一所「潯陽閱書報社」,集資購置了大量革命刊物,繼續從事宣傳鼓動等革命活動,其中最有影響的一件事便是和英國領事打官司,為中國農民伸冤。

　　事情的經過是這樣的:一日,湖口農民余程發途經九江英租界,不慎觸犯了在租界巡察的印度巡捕,被巡捕毆打至死。本來這在當時的中國並不是一件罕見之事,駐九江的英國領事也想大事化小,庇護殺人凶手。此事被林森知悉後,他深為外人暴行所激怒,決心為死者鳴不平。他派人找到死者家屬,勸其拒絕英人收買,同時派社內人員幫助起訴,社裡又設法聘請美籍律師越過「治外法權」的限制,把官司打到了倫敦。經過多方努力,終於獲得

六　其他篇

勝訴，印捕被判徒刑、英領事亦被調職。在案件處理過程中，由於「潯陽閱書報社」同仁的廣泛宣傳發動，在長江中下游地區掀起了抵制英商運動。「閱書報社」也因之而一時名聲大振。[7]

隨著革命的深入發展，林森感到只停留於宣傳鼓動已遠不能適應抗爭的需要，為了推動反清革命向武裝抗爭的方向發展，林森與吳鐵城等人商定在九江組織「商團」，發展革命武裝力量，並與駐九江「新軍」五十三標官兵開展祕密聯絡。

1911年4月27日，同盟會在廣州組織了一次起義，林森領導的「福建學生會」成員在起義中發揮了重要作用，其中林覺民等人還獻出了寶貴的生命。林覺民烈士犧牲後留下了致其妻及其父絕命書兩件，由其父保存。《與妻書》一文中充滿了烈士獻身報國的革命精神，讀來催人淚下。1924年，林覺民父親將這兩件珍貴遺物寄給林森，林森遂令將之印出廣布，使之得以傳播開來。

同年10月，武昌起義爆發，舉國振動。清王朝已面臨崩潰的命運。九江官府企圖封鎖消息，官方報紙誣稱武漢「土匪起事」矇騙人民。清廷江西巡撫馮汝揆奉命調派軍隊赴漢鎮壓，清軍集中九江待船上駛。林森與「閱書報社」同志得到武漢方面起義的消息後，立即將刊載革命真相的報導以醒目的紅線框出，張貼於街頭。社內同仁還備以茶水，招待停足觀看的行人及清軍士兵，藉機廣為宣傳革命黨起義的意義與目的。一時間，有關武昌革命的消息迅速傳播開去。許多清軍士兵得知武漢方面真情後紛紛表示不願赴漢參戰，軍心動搖。馮汝揆強壓無效，最後只好令清軍撤回原防。後來，因苦於無法向清廷交代，馮竟羞愧自盡。

與此同時，林森等人還進一步開展了策動九江駐軍反正的工作。10月19日，林森捨棄了在九江關的職務趕赴駐軍五十三標標統馬毓寶處，利用私誼曉以大義促其反正倒向革命。經過林氏耐心說服，馬毓寶終下決心於10月23日宣布九江脫離清廷獨立。這一舉動使武昌起義軍在長江下游得到了聲援與屏障，有力地擴大了革命力量。

九江獨立後，隨即成立了新的領導機構軍政府，公推馬毓寶為九江軍政府都督，林森為副民政長。[8] 但林氏因需負責同盟會方面工作，並未就任。10月間，林森又組織了策動清廷海軍在九江宣布起義、派福建學生會員林知淵趕赴鎮江策動駐軍起義等多項工作，他還受命親自帶隊趕赴武昌前線協助黃興指揮作戰。在革命黨人拚死奮鬥下，上海、南京等地先後光復，長江中下游革命力量聯成一片，清廷為之震懾，革命大局甫定。

武漢起義後不足二個月間，十七省先後光復。各省軍政府聯合召開代表會議共商國事。林森被推舉為江西省代表出席了在南京舉行的會議。他首先提議推選孫中山先生為首屆中華民國臨時總統候選人，得到了多數代表的支持。

1912年元旦，中華民國臨時大總統孫中山宣誓就職，同時通電各省推舉參議員組織國會。林森被推舉為福建省參議員。1月29日在參議員會議上又被公推為參議院議長，時年44歲。從此，他結束了祕密的革命工作生涯，公開擔負起共和政府的領導職務，成為創立中華民國的革命元老之一。

從1月29日至4月30日，林森擔任國會議長職務總計三個月。在這段時間內，他協助孫中山完成了創建民國的一系列重大任務，在建立民主憲政制度方面作出了貢獻，其中尤其得稱道者為他主持制定《臨時約法》及反對袁世凱的抗爭。

2月13日，孫中山為了促成推翻帝制後南北議和的早日實現，決定讓位給袁世凱。但共和政府又對袁氏的陰險狡詐深為憂慮。孫中山與林森等人一致認為有必要制定一部臨時約法，以約束袁世凱的行為，保護革命成果。在林森的主持下，參議院臨時約法起草委員會經過月餘努力，終於在3月8日完成了《臨時約法》的三讀程序。3月11日，由臨時大總統孫中山予以公布。林森在制定約法過程中對孫中山所提各項主張如定都南京、採用青天白日國旗等都給予了積極的支持。4月1日，孫中山正式離職，月底，參議院應袁世凱要求遷往北京復會。當袁世凱以臨時大總統身分臨會致詞時，林森面對趾高氣昂戎裝佩劍的袁氏，毫不畏懼地上前阻擋，請其解除武裝。林森說：「此地乃代表全國人民之最高機關，不得攜帶武器，請先生解除佩劍以崇法治。」

袁世凱聞言變色，不得已而從之。後來，林森又對袁氏演辭中媚外辱國內容進行了堅決的批駁。

林森對袁世凱的本質逐漸有了根本的認識，他決計離開北京。4月間，他南下福州。8月在閩主持了福建國民黨支部的組建工作，次年4月，他又被選為參議院全院委員長，但他仍堅持不與袁世凱合作，申請了去美國遊歷的護照。11月，袁世凱撕下偽裝下令解散國會，取消國民黨員議員資格，公開鎮壓革命黨。林森遂東渡日本避難。

四

林森在日本見到了正在籌建中華革命黨的孫中山先生，他表示願意追隨孫中山加入中華革命黨，隨即辦理了入黨手續並被委任為美洲總支部負責人，前往美洲巡視黨務。

1914年春，林森乘輪抵達檀香山，開始了他的美洲之行。

在檀香山，林森身著民國政府官員禮服前往當地中國領事館登記簽證。他的護照上所署官銜為「中華民國大總統府高等顧問」。領事館官員以為他是袁的親信，順利地給他辦完了手續。但林森的這一頭銜也給他帶來了麻煩。在與檀島革命黨人聯絡時，他往往被認作袁世凱的人而遭冷落，直到孫中山從日本寄來證明，林森這才得到同志們的信任。6月，林森抵達舊金山，出任國民黨（時美洲革命黨仍稱國民黨）美洲總支部副部長兼為討袁籌餉而設立的「民國維持會」會長。不久，他便去古巴各地籌募討袁軍費。

1914年冬，國民黨美洲總支部換屆選舉，林森當選為正支部長，馮自由為副。在總支部大會上，馮自由向三千多華僑革命者介紹說：「這就是當日逼令袁世凱解除佩劍的參議院議長林森先生」。全場熱烈鼓掌，對林森表示了極大的崇敬。[9]

林森在美洲歷經美國、古巴、加拿大等地，向各地愛國華僑募集了大量捐款，前後以「民國維持會」名義向東京黨的總部匯款日金120餘萬元，有力地支援了中國國內反袁抗爭。孫中山特授其以「領袖支部」的榮譽稱號。[10] 雖然林森手中握有巨額公款，但他從不挪用一分，他個人過著極其樸素的

生活，有時甚至連起碼的生活費都難保證。他沒有一分錢工資薪金，日常生活都靠同志們幫助。為了維持生活，他利用空餘時間教授華僑子弟漢語，或出售雨花石之類小件物品賺些補貼。因生活流動不定，這些收入也難以保證。孫中山在東京得知林森生活困狀很是不安，函令「民國維持會」一次贈予林森美金 3000 元為個人生活費，這才稍舒危困。

林森在美洲工作期間，主持舉辦了 1915 年全美國民黨「懇親大會」，[11] 為華僑青年創辦了各種形式的訓練班，教授軍事、航空等課程，以為祖國革命培養專門人才。他還保送了陳慶雲、黃光銳、楊仙逸等一批優秀青年進入美國航空學校就學，為創建中國空軍培養了骨幹力量[12]。在這當中，有一件值得一提的事情就是有關黃遠庸被刺案件。

黃遠庸，又名黃遠生，是當時中國國內著名的新聞記者，歷任《時報》、《申報》、《東方日報》及《亞細亞報》特約記者，在新聞界享有較高聲響。1912 年以後，因為他曾撰寫過《記者眼中之孫中山》等文章，批評過國民黨及其林森等議員在參議院中的活動，因而與國民黨人交惡。1915 年，在袁世凱加緊帝制復辟之時，「籌委會」分子曾以重金賄脅相加壓迫黃遠生寫過贊同帝制的文章，但袁閱後仍不滿意，進一步催逼黃繼續為其服務。黃遠生認清袁之倒行逆施決無出路，乃離袁出走。他在上海聲明辭去《亞細亞報》職務，聲明所寫贊同帝制文章乃「出於不得已，而主旨尚未過於沒卻良心」，自己「大受苦痛」，表示「此後當一意做人，以求懺悔居家數年墮落之罪」[13]。1915 年 10 月 24 日，黃遠庸自上海乘輪去美國。林森及其國民黨美洲支部同志對其政治立場的轉變毫不知悉，又聞傳言以為黃此行是為袁氏復辟籌款而來，於是新仇舊恨一併清算，決計殺之而後快。12 月 15 日，林森派遣人員在舊金山將黃遠庸誤殺刺死。

1916 年 6 月，袁世凱在國人唾罵中病死，黎元洪繼任總統。段祺瑞內閣重開國會。林森奉孫中山之命啟程回國。

五.

國會重開後,林森與國民黨議員張繼等組織「憲政商榷會」,與「研究系」的「中央集權」主張相對立。以林森為首的「丙辰俱樂部」成為國會中反對北洋軍閥段祺瑞的激進派。1917年3月,中華革命黨通告黨員準備恢復國民黨名稱。6月間黎元洪再次宣布解散國會,段祺瑞利用「參戰」以圖私益,北京政局大亂。

孫中山率海軍南下廣東發起「護法運動」,林森等聯袂南下追隨之,8月25日在廣州召開國會「非常會議」。孫中山出任護法軍政府大元帥,以林森為大元帥府外交部長,並曾一度派其前往南洋募集經費。[14] 次年4月,桂系軍閥強行改組軍政府,排擠孫中山,孫憤而辭職離粵赴滬,囑林森繼續留在廣東維持和局,8月,林森當選為護法國會參議院議長。

林森在粵期間,以參議院議長名義發起了募捐修建黃花崗七十二烈士墓的活動,「所有費用只向國內同志募捐,立意不向各衙署開口,因雖口言護法者,未必與吾黨宗旨相合」。

1920年春,桂系軍閥為了謀求同北京政府的妥協,停發了國會維持費,大部分議員只好離粵。4月16日,林森離粵去滬,他在海輪中手書一封寄海外同志報告中國國內情況,他寫道:「桂系壓迫國會更毒於袁氏,是以坐而待斃,不如離去賊群另圖進取,可知中山先生之辭職,其見機之早實,有過人之眼光。吾人護法,本以擁護約法為宗旨,今武人違法,南北皆然,是再不可容忍矣」。[15] 表達了他對軍閥的憤慨之情。

1920年11月,陳炯明逐走桂軍奪回廣州。孫中山率林森等回廣重建軍政府。1921年1月12日,廣州國會復會,選舉林森為議長,5月5日,林森代表國會向非常大總統孫中山授印並致詞。[16] 次年6月,陳炯明發動叛變,孫中山的北伐計劃再次受挫。與此同時,奉令進攻福建的許崇智占領福州,孫中山命令林森與蔣介石、汪精衛一同去閩處理時局,準備經營福建以為反攻廣東之基地。1922年11月10日,林森受命出任福建省長。當時,福建在軍閥李厚基虐政之後局面混亂,財政問題尤為突出。為挽救危局,有人倡議

增發紙幣以應急。林森認為濫發紙幣必將造成禍害殃及人民,絕不允許,使閩人免除了一次災難。1923 年 1 月,許崇智奉命回粵,閩軍王永泉趁機叛變,在炮火威脅之下,旁人紛紛之勸說林森退回廣東以求安全。林森毅然表示「我奉命而來,不能違命出,生死進退唯孫先生之命」。[17] 福建再淪入軍閥之手後,林森被迫辭職回廣繼續督工修築黃花崗烈士墓,並與鄒魯詳細考訂了死難者姓名 93 人,比傳說之 72 人為多。[18]

1923 年 2 月,孫中山擊敗陳炯明重就大元帥職,7 月 24 日,林森被任命為大本營建設部長兼治河督辦,督導修建了廣東北江蘆苞鋼鐵水閘工程及西江肇慶防洪大壩,並疏濬了珠江。

1924 年 1 月,經過周密準備,孫中山在廣州主持召開了國民黨第一次全國代表大會,確立了聯俄、聯共、扶助農工三大政策。在國民黨「一大」會議期間,林森與胡漢民、汪精衛、謝持、李大釗五人被孫中山指定為大會主席團成員,輪流主持大會。1 月 20 日下午,林森在大會上就「組織國民政府之必要案」進行了說明,他表示堅決支持孫中山的政治主張,首先組織國民政府推進國民革命。在這次大會上,林森被推選為國民黨中央執行委員會委員兼海外部部長。[19]

1925 年 3 月,林森與鄒魯等去北京主持北方黨務工作,3 月 12 日,孫中山在北京病逝,林森在中央公園主持了千人規模的國民黨黨員公祭孫中山典儀。他又與鄧澤如一起擔負了勘定墓地修建南京中山陵的工作。直至 1937 年,他一直兼任中山陵修造工程的總監工。

1925 年 7 月 1 日,廣州國民政府成立,林森是 16 名國民政府委員之一。

綜觀前文所述,林森不僅有其個人早年追隨孫中山進行反清革命的歷史,而且於武昌首義之後,又在長江中下游的重鎮九江發動反清革命取得成功,光復江西,此舉成為辛亥革命一個重要的組成部分。林森還曾帶隊赴漢直接支援武昌前線的義軍,並派人去鎮江等地起事,為辛亥起義的最後成功立下了汗馬功勞。在政治上,林森又為中華民國的誕生與孫中山的回國主政作出了重要的貢獻。南京臨時政府成立後,他又擔任了參議院院長等要職,在對北洋軍閥袁世凱的鬥爭中,積極支持孫中山,做了許多工作,成為其主要的

六　其他篇

幹部與幫手，以後便成為中國國民黨的元老之一。林森在辛亥革命前後的歷史活動是他個人歷史上的光彩一頁，也為他後來長期擔任國民政府主席奠定了政治與歷史的基礎。儘管他後來曾一度反共，但總其一生仍有許多可以肯定的內容，而他為辛亥革命所做的貢獻就是其中的一個方面。

【注】

[1] 中國第二歷史檔案館館藏國史館檔案三四：《國民政府林主席事略》。

[2] 關於林森首次赴臺時間，中外有關林森的傳記中有 1884 及 1890 年兩種說法，據考證，林森 1886 年已進入電報局供職，故以 1884 去臺為可信，但他曾於 1886 及 1890 年兩度回閩探親。

[3] 譚慧生：《民國偉人傳記》，二史館館藏圖書。

[4] 張其昀：《林主席之風範》，（臺）《傳記文學》第八卷第二期，第 3 頁。

[5] 丘斌存：《林子超先生與臺灣》，（臺）《傳記文學》第八卷，第二期，第 14 頁。

[6] 林湘：《林森與辛亥革命》，（臺）《傳記文學》第 41 卷第 3 期，第 38 頁。

[7] 林湘：《林森與辛亥革命》，（臺）《傳記文學》第 41 卷第 3 期，第 39 頁。

[8] 過去有關史書多載林氏為正民政長，羅大信為副，據二史館藏「國史館」檔所載，羅氏後裔曾致函林森詢問此事，林回函中加以明證。

[9] 譚慧生：《林森》，載《民國偉人傳記》，（臺）百成書店版，第 397 頁。

[10] 石映泉：《林森》，《林森紀念集》，第 92 頁。

[11] 張其昀：《林主席之風範》，同前出處，第 4 頁。

[12] [美] 包華德主編《民國名人傳記辭典》，中華書局版，第 68 頁。

[13] 轉引自黃席群《遠生遺著新版序言》。

[14] 吳湘相：《民國百人傳》，（臺）《傳記文學》叢刊第二冊，第 39 頁。

[15] 吳湘相：《民國百人傳》，（臺）《傳記文學》叢刊第二冊，第 40 頁。

[16] 婁獻閣：《林森》，李新等編《民國人物傳》第二卷，中華書局版，第 122 頁。

[17] 吳湘相：《民國百人傳》，（臺）《傳記文學》叢刊第二冊，第 40 頁。

[18] 張其昀：《林主席之風範》，（臺）《傳記文學》叢刊第二冊，第 6 頁。

[19] 臺灣出版林森傳記中有記載其當選為監察委員者，與史實不符。

南京國民政府時期蔣介石思想理論簡析

載《民國檔案》

  在孫中山時代，國民黨內唯孫馬首是瞻，無論是在領導權或是在理論權威性上，黨內沒有人敢於超過孫中山而凸現自己。那些舞文弄墨的國民黨文膽們，如胡漢民、戴季陶等人，也只不過埋頭於為孫中山的思想理論做進一步的詮釋工作而已。但到了1926年，國民黨進入蔣介石時代以後，由於蔣的長於行動的特色，使其在理論上顯露出不足。在這種情況下，國民黨內出現了多種理論派別，他們都以孫中山的三民主義理論繼承者自居，並對之加以各自大同小異的解釋，演變成為各式的「三民主義」理論流派。在1930年代前後，這些論說成為蔣介石時代國民黨思想理論的主要組成部分。

  從嚴格的意義上來說，蔣介石不算是一個理論家，在他一生中所崇尚的是「行動高於理論」的原則，按照他自己的說法就是「力行主義」。在他統治中國的幾十年內，先後由他的祕書陳布雷等人代筆，按照他的意圖，對國民黨的政治理論多次進行了修訂和闡述，而蔣本人除了由他的祕書等代寫的各種演講稿、報告書外，並沒有出什麼自著的系統理論著作發表，其思想脈絡，基本上都是體現在上述的這些演講、書稿之中的。

  在整個蔣介石時代，他在執政思想理論基礎方面並沒有什麼特別的建樹，只不過是在繼承和闡述孫中山三民主義思想體系時，對其進行了適合自己需要的修改與演繹，主要是汲取了中國傳統思想中唯心主義的內涵，將中國傳統文化中的儒家學說與三民主義思想進行了嫁接，使孫中山的三民主義理論中的消極成份擴大，從而削弱了它的革命精神。其具體表現便是產生了具有蔣介石個人思想特徵的「儒學化」的蔣記三民主義。

一、蔣介石個人經歷對其思想形成的影響

  蔣介石思想內涵的形成，有其深刻的社會歷史及個人經歷的背景。

  蔣介石自小失去父親，與母親相依為生。他的母親王太夫人是一位生性要強的中國傳統式婦女，因為自己身為女性，為當時的封建社會環境所迫而

不能有所作為，又加上早年喪夫，她便把所有的希望都寄託在了她的兒子身上，對蔣介石從嚴要求，傾注了全部的希望。在母親的壓力下，蔣介石雖從小頑皮桀驁不馴，但也被迫讀了不少的傳統經書典籍，從而深受中國傳統文化儒家學說的影響，在他的思想深處奠定了中國傳統思想意識的根基。這從他成年以後對傳統儒學的提倡、發動新生活運動以及竭力倡導忠孝仁愛、四維八德的封建思想中可以在在得到證實。

與許多的同時代的青年人一樣，蔣介石的幼年，也是從讀「四書五經」、「詩云子曰」開始文化啟蒙的。他的老師便是其故鄉浙江溪口鎮上著名的漢學家蔣謹藩。他師從蔣老先生讀《大學》讀《中庸》，「不知道背誦過多少遍」[1]，在不知不覺中便受到了中國傳統儒家文化思想浸淫。當然，這時的蔣介石學習目的只是為了給將來參加科舉考試打下基礎。

進入青年時代後，蔣介石受到了資產階級民主與反清革命思想的影響，與其他激進的革命青年一樣，他曾在一時間內對傳統的儒家文化思想嗤之以鼻，說它們都是些「腐朽的空論」。蔣介石自己曾回憶說：

「我到18歲的時候在箭金學堂，顧葆性（即顧清廉）先生重新要我再讀這一本《大學》，當我讀到這兩句話（自天子以至於庶人，一是皆以修身為本），看到『天子』兩個字，乃以為《大學》一書，不過是講忠於帝王和如何統治天下那一套腐朽的空論，覺得很討厭，便從此丟棄不顧再讀了。」[2]

但是，又過了10年之後，蔣介石卻在那本《大學》的影響下，完成了他的人生觀的確立：

「到28歲的時候，總理為我們講明《大學》一書的價值，我重新又來看，……才知道這部書是一部最有價值的政治哲學，將它徹底研究之後，我更體會到這部《大學》，亦是一部最有價值的軍事哲學。後來再不斷研究，就覺得其中每一句話，都有其深切的道理。於是我的人生觀，乃由此建立，亦可說我的革命人生觀，在28歲時，就確定了。」[3]

這一例證，十分形象地說明了蔣介石在青年時代思想上轉變的過程，在他成年後，革命的思想已漸漸為守舊的思想所代替，回歸到中國傳統儒家思想框架內。

二、蔣介石思想理論基礎來源

（一）蔣介石思想基礎來源之一：傳統的儒家思想——《大學》

《大學》一書，原為中國古代戰國秦漢間儒家論說及解釋禮制的叢書——《禮記》中的一個篇章，在以後600年間，歷代儒教理學家對之進行了考注補充與推崇吹捧，使之成為了與《中庸》齊名的儒家經典著作，其地位凌駕於群經之上。由於《大學》已被孔孟之後的一代名儒思想家、宋明理學的代表人物朱熹推崇到了「古之大學所以教人之法也」，「教之以窮理、正心、修己、治人之道」的地步，因此在占據中國傳統主流的儒學圈內，這本書被認為是教導人們如何做人做事，如何成為一個知書明理、有高尚道德品行修養的人，特別是如何統御他人方法的一部人生及政治教科書。

在蔣介石的一生中，他最崇尚的一本書，就是這本中國古代的儒家典籍「四書」之一的《大學》。

在中國傳統的典籍中，蔣介石對《大學》的讚譽評價最高。他說：

「我以為這《大學》一書，不僅是中國正統哲學，而且是科學思想的先驅，無異是開中國科學的先河！」[4]「一部《大學》，就是孔子所講為學做事，成德立業的科學方法。其由小而大，由本而末之精微開展的系統理論，實在是孔子最重要之科學的遺教。因為《大學》是科學的，所以我說《大學》可以稱之為『科學的大學』。尤其是《大學》的第一章，乃為世界上最早的科學理論，亦即科學的祖宗，或者說是基本的科學方法論。其實《大學》一書，不僅是講基本科學方法之科學的祖宗，同時更是我們中國正統哲學之唯一的寶典」[5]。「『大學』為做人做事成功立業之大道，所謂做人的道理即在『大學』之道。」[6]

蔣介石進一步說明道：

「就『大學』所講的道理來概括的將科學的內容即基本的科學精神和方法提示幾個要點：第一就是要即物窮理，第二就是研究與預備，第三就是分工合作，第四就是精確真實，第五就是要條理與系統，第六就是要自強不息。」[7]『大學』所云「博學之，審問之，慎思之，明辨之，篤行之」，「篤與誠在意義上是連用的。篤行，就是貫徹始終完滿達成的意思，亦就是我常常所說的『力行』。」

蔣介石不無誇耀地說：這是他「自己三十年來讀書和做事的經驗與心得，關係於個人和學校乃至國家的前途與革命的成敗非常之大」！[8]

《大學》之道的本質就是「明德」與「親民」，其方法是「格物、致知、意誠、心正」而後「修身、齊家、治國、平天下」。所謂「格物」就是分析事物，分析社會與形勢以求知，但求知並不是最終目的，改造社會就是要按照自己的思想去實行所知，這便是所謂的「致知」，也就是孫中山先生提出的「知難行易」的思想。

其實《大學》一書所宣揚的中國古代儒家封建思想與個人品德修養方法。以今天的觀點來看，綜其內容也提不到蔣介石所講的高度。蔣介石之所以那麼推崇《大學》，是他對中國傳統儒學思想及其傳播功效崇拜和迷信的體現。

（二）蔣介石思想基礎來源之二：王陽明的「知行合一」與「致良知」

以中國明代著名的主觀唯心主義哲學家王守仁（王陽明）為代表的宋明理學思想，在中國歷史上有著深刻的理論淵源，它被尊為中國歷史上理學思想的發展巔峰。其最高理論階段是王陽明的「心學」。

王陽明「心學」的實質，以一言以蔽之就是「心外無物」、「致良知」與「知行合一」三個要素。在本質世界觀上，王陽明是以自己的「心」的存在為世間萬物存在的基礎，他頑固地認為只要他的心死了，世界也就不存在了，這是完全徹底的主觀唯心主義。

王陽明在「心外無物」的思想基礎上又提出「致良知」與「知行合一」論，目的是強調人類與生俱來的「良知說」，他說：「良知良能愚夫愚婦與聖人同」，而「聖人」保持了這種「良知」，「愚夫愚婦」們則因私慾過重而矇

蔽了「良知」，造成了他們道德上的缺陷。為了讓人們都能同登「極樂世界」，就必須要他們恢復過去的本質，這就是「致良知」，也就是要掃除一切私慾，服從封建統治及其道德規範，「存天理，滅人欲」，切不可造反鬧事，一切聽天由命。

此外王陽明還首次提出了他所創造的「知行合一」論，說人的意識與行動是一個整體，「知是行的主意，行是知的功夫，知是行之始，行是知之成。若會得時，只說一個知，已自有行在，只說一個行，已自有知在。」意思也就是說人們的一切「惡念頭」的出現也就和行動上犯了罪一樣，不僅不能造反，即便是造反的念頭也不能有，否則就成不了聖賢了。這種理論宣揚的目的，十分明顯地是為了維護當時的封建思想與封建統治服務的。

但是，以辯證的觀點來看，王陽明的「知行合一」思想，在當時對於打破宋代以來程朱理學片面強調「知」而無視「行」的一統天下，活躍人們的思想，是有一定的作用的。他強調「行」的作用，在客觀上也鼓勵了後來的思想家去創新，這在實際上也違背了王學的宗旨，這是王陽明所沒有想到的。[9]

蔣介石對王陽明「心學」理論崇拜有加，特別是對其「致良知」與「知行合一」的論說十分欣賞，他曾飽含感情地說過：

「王陽明的『知行合一』的哲學，我是自18歲從顧葆性先生時候起，就開始研究的，以後50年來，更曾經讀了再讀，研究了再研究，他的《傳習錄》與《大學問》這兩個小冊子，真使我百讀不厭，心向神馳，不知其樂之所止」。「我最初就很得益於王陽明『知行合一』哲學的心傳」，王陽明的《傳習錄》「闡明『致良知』的道理，奠定了我求學做事的根本。」[10]

由此可見王陽明的學說對蔣介石思想形成的影響及在其中的作用。

（三）蔣介石思想基礎來源之三：封建幫會思想

1906年5月間，蔣介石在日本東京初次結識上海青幫頭目陳其美，[11]這對於他的一生影響至大。在歷史上，出於團結一切反清力量的需要，孫中山領導的革命黨人曾與青紅幫等民間會黨組織保持了密切的合作關係。當時

六　其他篇

同盟會為了借助幫會的力量推動長江流域的革命，任命陳其美為中部同盟會庶務部長。蔣介石與陳其美一見如故，他對陳的江湖作風及在幫會中的地位十分折服，兩人意氣相投，引為知己，後又結為「盟兄弟」。在陳其美的影響下，蔣介石沾染了不少的幫會習氣。

武昌起義後，蔣介石應陳其美之召，於10月30日從日本回到上海，混跡於上海幫會組織之中，次年1月14日，他奉陳其美之命潛入法租界廣慈醫院暗殺了正在這裡治病的光復會領袖陶成章。蔣介石與陶成章在歷史上並無恩怨，只因為上海光復前後陳其美與陶成章為爭奪領導權，產生矛盾，憤恨之下動了殺機。蔣介石刺陶之後，拿著陳其美給他的豐厚報償，匆匆逃往日本躲避，直至是年冬，該案風聲漸漸平息，才悄悄返國潛回寧波老家。[12]

蔣介石刺陶「一槍成名」，開始了他正式登上中國政治舞臺的活動史，從此中國現代史書上出現了蔣介石的名字。過去曾有評論說：「刺陶事件對蔣氏政治生涯有很大的影響，這是蔣氏登上政治舞臺前所從事的第一件反革命的行為。但是由於這行為，更加博得陳其美的青睞與信任。陳是江浙財團的政治代表，透過陳的關係蔣氏逐步靠向江浙財團。上海幫的財經集團及幫會組織，終成為二七年政變以後蔣的最大支持實力。」[13]

其後在1914年，蔣介石又追隨陳其美參加了在上海等地的反袁起義。1916年5月18日，陳其美被袁世凱派人暗殺，蔣介石異常悲痛，以至在後來的幾十年中，他對陳其美的兩個侄子——陳果夫與陳立夫偏愛有加，授予治黨大權。陳其美死後，蔣介石在上海混跡了6年，雖與孫中山保持了聯繫，但他仍然擺脫不了他的幫會作風，曾委託「海上聞人」虞恰卿介紹，禮拜青紅幫大亨、上海頭號幫會頭領黃金榮為師，並向黃投了「門生帖子」。這是蔣介石一生中的一個特殊的標記，足證封建會黨思想對他的影響深度。

後來，蔣介石發跡為北伐軍總司令，率部回到上海，黃金榮連忙派人向蔣退還了他的「門生帖子」，但蔣介石仍親自登門拜訪，對他持以師禮，直到1947年農曆11月初五黃金榮80歲生日時，蔣介石以一國總統之尊，還親駕上門，叩首賀壽，他不惜以國君之尊來履行江湖上的「規矩」，這一方

面說明蔣黃之間師徒關係之密切，另一方面暴露了蔣介石受封建幫會思想侵蝕的嚴重程度。[14]

曾有人分析說：「蔣介石當年之所以充當殺手，和他的性格、教育環境及其交遊有重大的關係」。[15] 關於蔣氏的個人性格，據他自己的描述是：「幼性頑鈍，弗受繩尺」，「放嬉跳躍」，常遭「刀棒之傷」，[16] 他的老師毛思誠也記述說，蔣在學堂常「以同學為玩物，狂態不可一世，個性粗魯，動輒拳打腳踢」，「如果有人反抗他，他是不惜以拳力支持其領導權的」[17]。他的這種暴戾性格，直到成年以後並無太大變化，正如蔣介石自己在給胡漢民、汪精衛的一封信中所自承的那樣：「弟本一貪逸惡勞之人，亦一嬌養成性之人……至今不惟皮玩難改，而輕浮暴戾，更甚於昔日」[18]。蔣介石的這種性格特徵，加上後來他所受到的「粗淺的日本軍主義教育」及對德國「鐵血主義」的崇拜、混跡上海灘時所受陳其美等人幫會作風之影響，終而形成他狂暴、偏狹、蠻幹以及對外慣於玩弄權術靠陰謀取勝，對內愚忠個人、進行「龍頭老大」式的封建獨裁統治等「上海灘」幫會流氓的心態。

（四）蔣介石思想基礎來源之四：日本武士道精神與德義法西斯思想

蔣介石早年留學日本，畢業後又一度進入高田日本陸軍第十三師團當兵。從青年時代起，他便深受日本軍國主義思想的影響，逐漸認同了日本武士道傳統的「尚武」精神與對武力統治的信仰，並把它與王陽明的「知行合一」與「致良知」觀結合起來。

1932 年 6 月 6 日，他在中央軍官學校講話說：

「王陽明的『知行合一』的哲學，就是被日本人拿去做了他的武士道精神，武士道的內容，沒有旁的，簡單說，明治維新以前，德川幕府時代，他們就拿中國程朱與陸王等學說來研究，有些士人是講程朱之學，有些士人是講陸王之學，結果就對於王陽明的『知行合一』學說有了所得，就是說，士道不僅是知，還是要來行，他們得到了『致良知』與『知行合一』的學說，做他們的立國精神，他們就拿這個動的哲學來侵略別人的國家。……我相信中國人若是拿幾千年遺留下來固有的民族道德，以陽明的『知行合一』動的精神，再加上總理『知難行易』行的哲學來闡明，融會貫通為一種新的民族

精神，我相信中國一定不會做侵略民族，他一定是一個世界上的和平之主，而同時也至少可以保障我們國家民族不會給人家侵略。」[19]

1934年7月20日，在廬山軍官團總理紀念週上，蔣介石又講話說：

「王學的要義，一個是叫人『致良知』，一個就是『知行合一』（即知即行），日本的武士道，就是襲取了這兩句口號，而能繼續不斷的力行，乃有今日的日本。」[20] 在這裡，我們可以看出，蔣介石是把日本武士道作為他心目中成功的精神典範來加以推崇的。

除了深受日本武士道的影響外，蔣介石更曾對於德國法西斯情有獨鍾。在旅日期間，他曾兩度準備赴德留學，「在日專習德文，為留學德國預備，並創辦軍聲雜社……蓋力思研究外交與軍事，為政治上闢一條途徑，勇邁前進耳。」[21] 他在自己辦的《軍聲》雜誌上發表過文章，盛讚德國的軍事教育與訓練制度，主張應向德國學習。他對德國首相俾斯麥的「鐵血主義」政策十分崇拜。雖然他加入了反清革命，但他對於這場革命性質意義的認識是很淺薄的，「蔣先生的兩隻腳一腳雖踩在革命的大道上，但對革命的認識卻是模糊不清的」，對他來說「革命就是狹義的打天下」做皇帝[22]的新名詞，基於這種思想，蔣介石對「武裝力量的培養嚮往之至」。他十分佩服德日民族的「尚武」精神。在他的政治思想尚處在萌芽狀態之時，「他已從俾斯麥的『鐵血政策』中找到了精神和實踐兩個方面的祕訣」，並「力主將『鐵血政策』作為中國的指導原則」。[23] 這種「尚武」思想與蔣氏倔強固執的性格相結合，造就了他一生的「獨裁」與「專制」的作風，及至他在掌握了國民黨大權以後，這種作風隨著他地位權力的增長而愈演愈烈。而其最具體突出的表現便是蔣對於強權政治的器重與依賴，為了確保並貫徹他的強權統治，蔣介石一是靠軍隊，二是靠特務，即從公開的和祕密的兩個方面依賴槍桿子與暴力鎮壓手段來「坐天下」。

在1920-1930年代，西方剛剛興起的法西斯主義名噪一時，其對外侵略對內鎮壓、殘暴奴役人民的面目尚未完全暴露，名稱並不腐臭。相反地，它作為一種有力的增強國家機器統治機能的良方，對於那些具有濃厚封建主義傳統、缺少民主精神的國家還具有極大的誘惑力。在當時的中國便是如此，

許多政界與知識界著名人物，出於救國之迫切願望，認為法西斯主義的集權與強力政策，對醫治一盤散沙的中國，無疑是一劑良方。大量的出版物都在介紹和研究法西斯主義與中國、與國民黨及其三民主義的關係。包括希特勒、墨索里尼等人的著作也被很快翻譯成中文出版發行。在國民黨內，黨政軍大員如胡漢民、汪精衛、戴季陶、宋子文、孔祥熙乃至張學良等，紛紛出訪德義考察，大批的中國留學生、軍校學員與商界、軍界代表團也被派往德義學習。

作為國民黨最高領袖的蔣介石，在思想理論甚至感情上，都對德義法西斯懷有好感，把學習德義的經驗作為一個方面的重要工作。他說：「法西斯蒂之政治理論，本超象主義之精神，依國家機體學說為根據，以工團組織為運用。認為國家為至高無上之實體，國家得要求國民任何之犧牲，為民族生命之綿延，非以目前福利為準則，統治權乃與社會並存，而無後先，操之者即係進化階段中統治最有效能者。」

經過比較，蔣介石得出結論認定：「挽救迫不及待之國家危難，領導素無政治經驗之民族，是非藉經過有效能的統治權之施行不可。」而且這還是出於「民意」的要求：「今日舉國所要求者，為有效能的統治權之行施，以達到解除民眾痛苦之目的。[24]」1932 年 4 月 2 日，蔣介石更在高級軍事會議上明確提出：「德國強盛的先例，就是我們的榜樣」[25]。

在 1930 年代初蔣介石受歐洲法西斯思想影響較大的時期，他把上述思想與法西斯主義的「國家至上」理論聯繫起來了，一度時期在其建黨與建軍方針上大力效仿德義法西斯，組織了「力行社」、「復興社」等帶有特務組織色彩的軍人團體，在組織內部明文規定以蔣介石個人為最高領袖，成員們聞蔣之名就要立正致敬，實行從內容到形式的完全個人效忠。在蔣介石的鼓勵下，在國民黨及軍隊內產生了大量的公開鼓吹實行法西斯主義的言論與行為，甚至連國民政府陸海空副總司令張學良在考察德義回國後，也發表文章認為「獨裁是中國解決一切問題的唯一途徑」，「復興社」分子則大聲疾呼「透過法西斯主義，一個國家就能迅速地擺脫苦境，實現軍事化和統一」，國民黨要人張繼甚至公然主張推舉蔣介石做「中國的希特勒」。這股宣揚法

西斯主義的浪潮持續多年,所以有學者說:「蔣介石深入分析德國的成功的經驗,取來與中國傳統道德相結合,以後者界定前者。」[26] 這也就是蔣介石在 1930 年代大力推進聯德外交政策,發展他與納粹德國關係的基本原因所在。直到後來德義法西斯的對內殘酷鎮壓對外侵略擴張的真面目暴露無遺,法西斯名稱已臭,蔣介石這才漸漸不提此話。

蔣介石對日本武士道軍國主義及德義法西斯主義思想的嚮往與崇拜,是他的思想歷程中重要的一個方面,他推崇武士道與法西斯主義的目的,仍然是要把這些來自國外的暴力統治、獨裁思想及其組織形式與中國的封建統治傳統結合起來,訓導人民做自覺的愚民與順民而馴服於他的統治。

三、蔣介石思想體系組成要點述評

蔣介石在統治大陸期間對內實行的是封建法西斯主義的統治,他在 1920 年代曾較為狂熱地崇拜日德義等國的軍事法西斯主義,視之為鞏固其統治的法寶。但作為一個孫中山的信徒,蔣介石也不能丟棄「三民主義」的政治理想,於是,他折衷地兼顧兩者,提出了「三民主義為體,法西斯主義為用」的口號,想把兩者融合為一體,為己所用。

在公開的場合,蔣介石大講「三民主義」,言必稱總理,他說:「我們要在二十世紀的世界謀生存,沒有第二個適合的主義,只有依照總理的遺教,拿三民主義來作中心思想才能統一中國。……再不好有第二個思想來擾亂中國了。」[27] 此來作為對抗共產主義和反共的理由。

蔣介石把他的三民主義劃分為政治建設、物質建設、心理建設與社會建設、倫理建設五個部分,稱為「五大建設的理論體系」。而其中以政治、心理、倫理三部分為其理論之構成基礎。

(一)政治建設

蔣介石將孫中山參考西方國家的三權分立學說而創立的「軍政、訓政、憲政」三階段權能分立學說定為他的政治建設理論的基本框架。但他也對之進行了適合自己需要的修改。在訓政理論方面,第一,他強調以「革命的民權」來代替孫中山的「充分的民權」;他說「總理所主張的民權,不能隨便

賦予於不了解革命主義以及沒有誓行革命主義決心的一切人……」；對於「個人自由」，蔣介石提倡所謂「合理的自由」，他表述說：「限制個人的自由，以保持人人的自由；犧牲個人的自由，以求得國家之自由。」[28] 這些話，被他用來曲解為壓制民權與自由的理由，這就與孫中山先生的原意背道而馳了。第二，他特別強調「黨國不可分」的觀點和國民黨在中國的獨裁統治地位。他說「自國家有機體的生命上說，沒有了三民主義，中國的建國工作就失去了指導的原理。所以三民主義是國家的靈魂。自國家的有機體的活動上說，沒有了中國國民黨，中國的建國工作就失去了發動的樞紐。所以中國國民黨是國家的動脈」[29]。此正所謂「沒有中國國民黨便沒有中國」之意。在將國民黨與中國的命運強加在一起之同時，蔣介石似乎又為國民黨在中國的一黨統治地位找到了他的「合法依據」，1931年，他在國民會議上說：「必經過訓政之階段，挽救迫不及待之國家危難，領導素無政治之民族，自非藉經過較有效能的統治權之行使不可」[30]。遵照蔣的這一思想，這次國民會議通過了以「訓政時期由中國國民黨全國代表大會代表國民大會，行使中央統治權」為主旨的《中華民國訓政時期約法》，以法律的形式確定了國民黨在中國獨一的統治地位[31]。蔣介石曾不無得意地寫道：

「中國國民黨乃是全國國民共有共享的一個建國的總機關。中國國民黨如能存在一天，則中國國家亦必能存在一天，如果今日的中國，沒有中國國民黨，那就沒有了中國，中國的命運，完全寄託於中國國民黨」[32]。

蔣介石的這些思想是繼承了孫中山資產階級民主政治觀中的個人英雄史觀等錯誤思想，加以擴大所至，一方面反映了蔣介石的個人思想中的消極面，另一方面它也是和當時中國的社會歷史背景與落後的經濟發展條件相對應的。這就是蔣介石思想理論產生的主客觀原因。

（二）心理建設

蔣介石的心理建設理論的構成，包括有兩個主要方面的因素。其一是他的國家民族精神，第二是他所理解的孫中山「知難行易」學說即「力行哲學」。

第一個方面，蔣介石把心理建設與中國人的民族精神建設聯繫在了一起。他認為在孫中山的思想中，心理建設就是民族主義思想養成的重要一部分。

他說：「凡是一個民族，能夠立在世界上，到幾千年不被人家滅亡，這個民族一定有其立國精神的所在，就是所謂『國魂』……『國魂』是什麼？就是民族精神。凡一個國家總要有民族的精神，然後他的民族性才能養成」[33]。

從比較全面的客觀角度分析，撇開政治立場的考量而綜其一生的歷史，總的來看，我們應當承認，蔣介石是一個民族主義者。這不僅出自於他的言論，而且得證於他早期的堅持抗日到底與晚年的堅決反對臺獨與維護國家統一。

在第二個方面，蔣介石認為禦辱救國之根本在於恢復「固有的民族道德」，同時吸取新的外來思想，形一種成新的民族性。從心理學的角度來分析，就是要貫徹「知難行易」與「力行哲學」的思想。蔣介石說：

「現在我們要恢復民族精神，要中國的國家民族復興，就先要恢復中國固有的忠孝仁愛信義和平的民族道德，尤其要實行總理知難行易的革命哲學」[34]。

他將孫中山的「知難行易」學說解釋成為是對中國傳統文化的繼承發揮，並從中引導出他的「力行哲學」的理論。關於這一點，將在下文論述。

總的來看，在「心理建設」方面，蔣介石表現和強調了對國家、民族立場及其傳統文化統治思想的繼承，但他乞靈於其中的落後方面，試圖把儒學傳統學說嫁接到三民主義上來解決現實的問題，用傳統的儒學人生觀、道德觀與價值觀來醫治當時中國的社會，以造成一個蔣式三民主義的社會構架，結果沒有成功。

（三）倫理建設

蔣介石宣揚復古的儒家思想，當然不能離開現實的考慮，他的一切思想宣傳，其直接意圖是為他的政治目的服務的。因此，在以其思想指導社會新的倫理建設實踐方面，他就要宣揚恢復封建道德，欲以之來安定社會，收攏人心，而達維持統治秩序的目的。

蔣介石對於倫理的理解「是說明人對人的關係」，「亦即是人對於家庭、鄰里、社會、國家和世界人類應該怎麼樣。闡明他各種關係上正當的態度，

訴之於人的理性而定出行為的標準。」[35]他從儒家「人之初性本善」的思想出發，認為一切人都有與生俱來的「愛人」的天性，因此只有建立在這種愛心基礎上的倫理政治才是最有根底、最完善的政治，而法制則只不過是代表著帶有強制性的國家公共權力，有其局限性。因此，他把國民黨統治下中國社會倫理建設的目標定為「倡明中國固有的人倫關係」，「恢復民族固有的道德」，一言以蔽之，仍然是要復古。

在蔣的眼中，所謂的「固有道德」就是傳統的儒家倫理思想，其具體內容就是：「四維八德」（禮義廉恥、忠孝仁愛信義和平）與「三達德」（智仁勇）、「五達道」（君臣、父子、夫婦、兄弟、朋友）。這些舊道德是高於和重於國家法律的。他說：「政治上一切法律制度，和負政治責任者的生活行為態度，皆要合乎禮。」[36]他又說：「我提倡四句口號作為我們民族立國之精神的基礎，這四句口號就是『明禮義，知廉恥，負責任，守紀律』。我們要個人尚禮守法，見義勇為，負起責任，嚴守紀律。」[37]其意思是要人民個個「從我做起」，注重道德修養，由內而外，由己及人，由親至疏，從而達到「對家庭、社會和國家完滿負責」的效果，實現幾千年來歷代封建統治者們所夢想的秩序和儒學信徒們所謂「內聖外王」的理想[38]。

除了主張這種以血緣關係強調單方面的義務的內容外，蔣介石的倫理建設第二大內容就是「忠君愛國」，他把這作為新倫理建設的基礎。他在《中國之命運》一書中要求全體國民「對國盡忠，對民族盡孝」，又說「國家得要求國民任何之犧牲。」另一方面，在要求國民黨員及屬下效忠於他個人方面，蔣介石一直是在不遺餘力地做努力，他自己曾有過自比皇帝的言論。1934年9月11日蔣介石在對廬山軍官訓練團學員訓話時，就曾說過：「無論專制國家、民主國家，乃至於社會主義國家，都必須有一個元首或領袖，在帝制國家裡，稱為皇帝與天子，民主國家，便稱為大總統與主席，名義雖不同，而其為代表國家的領袖則一。所以《大學》裡的天子，我們可以廣義解作國家元首。」[39]這番話，暴露了蔣氏內心深處的一點不便明說的意圖。

正是因為有了這些基礎，蔣介石早年就對日本軍國主義與德國「鐵血主義」思想嚮往之至，這是他的思想歷程中重要的一個方面，他推崇德義法西

斯主義的目的，仍然是想把這些來自國外的獨裁思想與組織形式與中國的封建傳統結合起來，訓導人民做自覺的愚民與順民而服從於他的統治。這也就暴露了蔣介石的新倫理本質之所在。

　　蔣介石為了貫徹他的復古思想，曾經採取了許多的措施。1933-1934 年，南京國民政府把四書五經編為教科書，在廣東等省中小學裡實行強行推廣閱讀；國民黨中央政治會議還通過了在全國進行尊孔祭聖的決議，以每年的 8 月 27 日為「孔誕紀念大典」日，在全國學校舉行紀念活動；1934 年蔣介石在南昌前線，為貫徹他的「三分軍事七分政治」的「剿共」方針，抵抗共產主義思想的傳播，親自提倡發動了一場「新生活運動」。這場運動的宗旨是要「提高國民的道德」，所宣稱的就是要以「四維八德」的封建規範來約束人民的衣食住行各種行為，使之符合於蔣介石的思想觀念行為準則。透過這場運動，蔣希望人們都能有「規規矩矩的態度」、「正正當當的行為」、「清清白白的辨別」、「切切實實的覺悟」，「其意義就是要使我們全國同胞，都能恢復我們中華民族固有的道德精神。」[40] 實際上，這場所謂的「新生活運動」，就是蔣介石把自己的思想付諸實踐的規模與影響最大的一次嘗試。在這場運動中，蔣介石全面公開地提倡「恢復我們中華民族固有的道德精神」，要把他的「新倫理」灌輸到全國人民中間，以之來「抵抗共產主義的辯證唯物主義」，這首先在科學理論上就是以落後來對抗先進，是不可能成功的，其次，在當時國破民窮外敵入侵的情況下，人們連基本的生活都不能保障，又怎能去享受這種「新生活」？儘管國民黨的各級組織在「CC 派」黨幹的大力推動下普遍推行這場運動，但實在是收效甚微，到了抗戰後期，也就漸漸無疾而終了。

　　作為中國國民黨的最高領導人，蔣介石個人的思想對那個時期的中國國民黨產生了較大的影響，同時也在中國現代史上留下了某些痕跡。但是，因為蔣的思想本身並沒有什麼具有發展意義的東西，而只是一味地追求復古，因此它就沒有創造力，也就沒有了適合於歷史潮流的生命力。

　　總而言之，蔣介石是一個深受儒家思想侵蝕的政治家，他從中國落後的封建意識出發，以儒家的價值觀方法論和思維方式去衡量一切考慮一切，甚

至用他們來理解闡述孫中山的三民主義思想，其結果當然是將三民主義扭曲化，並在其實踐中碰壁，引導國民黨政權走上了一條不歸之路。蔣介石思想的特徵是一種充滿了封建主義色彩與內涵的舊思想意識，它是對孫中山民主思想的一個倒退。經過蔣介石統治中國二十四年的歷史經驗證明，這種有悖於歷史發展的新瓶裝舊酒的理論是行不通的。因此，在蔣介石的國民黨的統治下，以封建專制思想為基礎的南京國民政府是不可能建設起一個民主的國家的。而近代中國走向民主的大趨勢也正如孫中山先生所說：「世界潮流，浩浩蕩蕩，順之者昌，逆之者亡。」

四、蔣介石的三民主義儒學化思想及其實踐

（一）蔣介石將三民主義儒學化

蔣介石把孫中山的三民主義理解為是對中國古代《大學》之道的繼承，而不是新的革命思想，其本質就是「明德」與「親民」，其方法是「格物、致知、意誠、心正」而後「修身、齊家、治國、平天下」。在這一基礎上，蔣介石又將明代王陽明的「知行合一」的哲學思想與孫中山的「知難行易」思想相聯繫起來。他說：「孔子之道，至漢儒而支離，至宋儒而空虛，至王陽明而復興，迨至我們總理而集大成。」[41] 這樣一來，孫中山便成為孔子、王陽明的繼承者，三民主義與孔孟儒學、宋明理學於是便成了師承關係，而他蔣介石也就是孫中山的繼承人。

蔣介石思想中的哲學部分是繼承了宋代王陽明的「知行合一」的哲學思想與提倡其自行總結的「力行理論」。他明確地說過：「總理的『三民主義』與『知難行易』的學說，即是始於衣食住行之微，而極於大同之治。所以知難致其知，而以行易致其用。所以，總理的主義學說，除形式上富有時代的色彩外，其本質、方法、作用，完全與大學之道相符合的；所以可以說『三民主義』就是『明德』、『親民』的道理。要信仰『三民主義』，實行『三民主義』就是『在止於善』的道理。」[42]

六　其他篇

　　王陽明的理論是幾百年前的陳貨，為什麼蔣介石對其有那麼濃厚的興趣呢？這是因為蔣介石與王陽明在認識論上有著共同點，那就是注重「行」的哲學。

　　蔣是一個實幹家，他對純理論的東西不太感興趣，而集中精力試圖比較簡單地從理論上來說明他的「快幹」、「硬幹」、「實幹」方針的正確性，但他又要繼承孫中山的理論遺產，繼續鼓吹三民主義。於是，他便自然地要把兩者結合起來，作為我所用的闡述。

　　實際上，孫中山先生提出的「知難行易」思想只是借用了古代的行知觀的概念，其實質是與王陽明的理論內涵完全不同的一種近代民主革命思想，他是以整個的宇宙為對象，要求人們把認識建立在對客觀事物的科學與理性思維的基礎之上，從局部的深入了解發展到整體的歸納總結，以掌握客觀事物的規律，從而得到真知。按照孫中山的哲學思想，他是承認「客觀事物的存在是先於理論」的，這與王陽明的思想完全相反，兩者毫無承續關係。不僅如此，孫中山的「知難行易」思想還強調人類在改造自然的同時，自身的認識也會在實踐中得到不斷的提高，從「不知而行」到「行而後知」再到「知而後行」，體現出他對知行兩者「由行得知」「知可導行」辯證關係的完整闡述。應當承認，孫中山先生的這種革命的哲學思想是有其進步的意義的，可以指導當時中國革命的實踐。在這一點上，蔣介石也承認孫中山的「知難行易」思想在其「知」的對象方面比王陽明的廣泛而進步，他說：「王陽明所講良知的『知』，是人的良心上的知覺，不待外求；而總理所講『知難』的知，是一切學問的知識，是不易強求。」[43]

　　但在對待兩者之時，蔣介石似乎更喜歡王陽明。他特別喜歡強調孫中山與王陽明的一致性：「王陽明所講的是『知行合一』，總理所講的是『知難行易』，統統是反對從前『知易行難』只知靜而不知動的哲學。這兩個哲學，就作用方面說，可說只有一個，因為統是注重在動的方面，而且統是注重行的哲學。」[44]

　　他否認「知」後對於「行」的能動作用，直接說「知難行易」的根本就是要人們去「力行」。

1939 年，蔣介石曾專門寫過《行的道理》一文。在這篇文章中，蔣介石把他所謂的「誠」的理論與他的「行」的理論相配合而形成一個思想體系。他把「誠」作為他的理論本體，把「行」作為實現「誠」的方法，即所謂以「誠」為體以「行」為用。蔣介石對「誠」的解釋是「擇善固執」、「貫徹始終」，其具體內容為「明禮義」、「知廉恥」；而為了實現「誠」的目標，「則必有一方法焉，此方法為何？曰『行』。」[45]蔣介石說：「有了這個『誠』字和智、仁、勇三個字做革命的原動力，我們還要能夠『力行』。」[46]他又進一步闡述說：「古往今來宇宙之間，只有一個『行』字才能創造一切。」「人類一切真實的成就，都基於力行。」「古往今來鑿山治水的巨大工程，騰空鑽地的偉大發明，旋乾轉坤濟弱扶傾的革命工作，都是我們人類『力行』所成就，所以問題完全在於我們有沒有貫徹始終的決心和自強不息的精神。」[47]他把「行」作為他唯一的人生哲學行動的準則，並認為「行」與「誠」是不能分離的。他寫道：「『行』的出發點，只要是發乎天性，出乎至誠，是利他而不是利己，是救人而不是害人，那麼，所謂『誠者物之始終』，開始的時候就已伏有最後成功的因素，循此而行，前進不輟，就不見有什麼難行之事，亦決沒有不成功的道理。所以我們行事，只要以『至誠』去『力行』就必能篤行實行。唯有篤行實行，才能算是『行』。」[48]「古人說『誠之所至，金石為開』，這一個『誠』字就是『力行』之神髓，可以克服一切、戰勝一切。」[49]

　　蔣介石所闡述的無非是「以『誠』行『行』」和「以『行』成『誠』」的「誠」與「行」兩者的辯證關係，但他萬變不能離其「孫」，最後總是要和孫中山的思想理論達上聯繫才罷。於是有人歌之曰：「總裁發揚光大國父『知難行易』之遺教，首倡『力行』哲學，教人篤行實行，亦即硬幹實幹；復明白指示『力行』之效，乃以國父『知難行易』學說為其基點，而從『能知必能行，不知亦能行』之認識上出發。不但此也，總裁更秉其天賦之英明，大聲疾呼而續一語曰：『不行不能知』。」[50]以此為視之為蔣氏的理論大發明與對孫中山理論的發展。

　　為什麼說「不行不能知」呢？蔣介石解釋說：「因為我們都是後知後覺，我們除了基本的革命大義以外，所知的實在有限，因此我們一方面固然應當

竭力求知,同時還應該從『力行』中去求『真知』,凡是我學問經驗中認為已經獲得的知識,如果不是經過實行而證明為有效,就不能斷定所知者為真知。所以我們一切的事業,必須實行而後始有真知,也唯有能行而後能知。」

由此,我們可知蔣介石對孫中山理論的繼承與發展,關鍵一點就在於他加上了一個「不行不能知」。表面上看,這裡似乎包含有「實踐出真知」的意思,但蔣的本意卻不然,在「行」與「知」的關係問題上,他把『行』的層次提高到了一個新階段,加以特別強調,實際上是對孫中山理論的一個反修改,從而為其政治服務。

蔣介石十分堅定地說:「這個『行』的精神,就是革命精神!」[51]

蔣介石對中國古代封建傳統及其儒學思想的推崇,也反映在他對歷史人物的偏愛上。在中國歷史上,蔣介石最崇拜的歷史人物是曾國藩、胡林翼、戚繼光等人,他們有一個共同的特點就是生於亂世而最終成為匡世扶傾的幹才,而他們同時又都是中國封建傳統的衛道者與忠臣孝子,所信奉的是孔孟儒學人生觀與價值觀;其中如蔣對曾國藩的崇拜,便是典型的例證。

曾國藩是晚清的名將與功臣,在鎮壓太平天國運動期間,他靠組織湘軍為清政府效力而揚名,最後剿滅了足以威脅清王朝的太平軍,立下了顯赫戰功,成為清廷重臣。同時,曾國藩在清末亂世之際,有感於政治廢弛,主張以理學經世,以實學砥礪,畢生崇尚程朱理學,又兼取各家之長,是一個典型的孔孟儒學的衛道士,同時又領兵治政,自創體系,開辦洋務,扶大廈於將傾,現儒將之風度,成為蔣介石一生崇拜的對象。

蔣介石對曾國藩的崇拜達到了近乎膜拜的地步,他長期熟讀《曾文正公全集》,並將曾國藩的義理之學、經世思想及治兵用人之道編為曾氏語錄攜帶於身,時常對照檢查自己。他還下令將《曾胡治兵語錄》頒發所轄各級軍官,要他們遵照辦理。在他的眼裡,曾國藩是德才智兼備的完人,在思想及行動上都是值得效法而終生受用不盡的。故而蔣的塾師毛思誠在《蔣介石年表》中曾記述說他「尤喜讀王陽明、曾文正、胡文忠三集,手未暫釋,」其「所學的曾國藩的精神……為其以後終生的精神食糧。」[52]

從蔣介石對王陽明的『知行合一』的哲學和《大學》的迷信，結合他對孔孟及其他中國傳統典籍的喜好、對曾國藩之類中國古代封建思想與統治的捍衛者、即為儒學知識分子所崇拜的「修身齊家治國平天下」的樣板人物的全心推崇分析，我們可以看出他受舊的封建思想理論影響之深。相比之下，他對孫中山的革命思想乃至於三民主義理論的興趣也遠不如前者，蔣介石反覆強調孫中山對古代儒家思想的繼承性與統一性原因也就在於他更推崇後者。

蔣介石對孫中山三民主義理論及其哲學思想的儒學化闡述，並不僅限於「力行理論」一點，而是全方位的。這與他的世界觀及人生觀有本質的聯繫。正如前述，蔣介石從小所受的中國傳統的封建思想教育根深蒂固，並未因為他後來投身於反清革命而有根本的改變。這從他主政中國的幾十年內醉心於獨裁統治和最終實行「父子相傳」等行動中已得到在在的證明。而更加突出的是蔣介石的言行不一，總其一生中的所作所為，其違背中華優良傳統與儒學道德訓誡的例證比比皆是，不可勝數。

（二）言行不一的蔣介石

蔣介石具有極強的個人自信和權力慾，他的一生是追逐權勢的一生，他為了實現當中國的「帝王」的夢想，極善於運用權術，甚至於為了達到目的而不擇手段。因此，他常常說的一套做的卻是另一套。他要求別人仁愛寬厚、信義和平，「養天地正氣，法古今完人」，還以基督徒的「良心」相標榜，但他自己卻言行不一，甚至今天與過去的所做所為都不同，常常表現出無信無義及寡廉鮮恥。其核心只有一個，即服務於自己的根本利益。

1921年12月5日，蔣介石在偕新婚之妻陳潔如自滬赴港的航程中，他曾在得意忘形之中自承：經「反覆思考，終於下定決心，要成就三件事情，」一是要得到陳潔如為妻；二是「要贏得我們領袖孫中山的信任，以便將來成為他的繼承人」，最後是「要成為中國唯一的軍事領導人，並且要將全中國統一於一個中央政府之下。」他絕不為他人「做嫁衣」，而是要開創自己的基業。他還坦承「我很有野心」[53]。1926年3月26日，他又在日記中寫道：「政治生活全係權謀，至於道義則不可復問矣。」[54]

六　其他篇

　　綜其一生之作為，從早年為「龍頭大哥」陳其美兩肋插刀，親手暗殺與他毫無怨仇的光復會領袖陶成章，並混跡於上海幫會；到後來在廣東十多次以「脫隊」來要挾孫中山；利用「中山艦事件」、「廖仲愷被刺案」進行反共排斥異己；發動「四一二」血腥政變；軟禁「黨國元老」胡漢民；用「銀彈」收買閻馮桂系軍隊將領；成立「中統」、「軍統」特務組織，以軍警特為鷹犬，用暴力暗殺對付反對派，直到後來自食其言長期囚禁張學良；殘殺楊虎城全家，最後在臺灣搞掉孫立人、白崇禧……蔣介石的種種劣跡在在說明了他的口是心非，心狠手辣與陰謀權術。這與他在公開場合所大聲疾呼的「四維八德」形成了多麼鮮明的對比！

　　蔣介石的所作所為使他的說教顯得那樣的蒼白無力。

　　所以，總而言之我們可以說，在哲學、心理、思想及人生觀、世界觀理論方面，蔣介石並不是一個具有獨立性的創造者，而是一個趨於守舊的被動的接受者，他所做的工作，自始至終都是在闡述別人的和過去的東西，並希望用這些千年陳規來訓導現代中國人的思想與生活。他所需要的是其中對他有利的封建統治思想與方法，而對另一些出於人生基本道德規範的標準，他自己卻不願和不能以身作則。

　　但是，人類歷史已發展到了20世紀，如果這些過時的封建思想儒學規則還有一點點可以維繫社會生存於不墜的生命力，那麼清王朝和封建制度也不至於垮臺，國民黨的反封建革命也就失去了意義。這一點，蔣似乎沒有想到。他一輩子所大力提倡的這些封建思想和進行復古實踐的結果證明，他錯了，這使他統治下的中華民國成為了一個短命的朝代。

【注】

[1] 蔣介石：《科學的學庸》，《先總統蔣公全集》，第一卷，中國文化大學出版部，1984年版，第91頁。

[2] 蔣介石：《科學的學庸》，（臺）《先總統蔣公全集》，第一卷，中國文化大學出版部，1984年版，第91頁。

[3] 蔣介石：《科學的學庸》，（臺）《先總統蔣公全集》，第一卷，第96頁、第95頁。

[4] 蔣介石：《科學的學庸》，（臺）《先總統蔣公全集》，第一卷，第96頁、第95頁。

[5] 蔣介石：《科學的學庸》，（臺）《先總統蔣公全集》，第一卷，蔣介石：《為學辦事與做人的基本要道》（1935年2月1日），（臺）《先總統蔣公全集》第二卷，第949頁。

[6] 蔣介石：《大學之道》，轉引自易君左《總裁思想體系之研究》二史館藏檔七六二 1612。

[7] 蔣介石：《為學辦事與做人的基本要道》（1935年2月1日），同前注出處。

[8] 蔣介石：《為學辦事與做人的基本要道》（1935年2月1日），同前注出處。

[9] 關於王陽明的思想，可參考《王陽明全集》，上海古籍出版社，1992年版。

[10] 蔣介石：《哲學與教育對於青年的關係》（1941年7月），《蔣總統言論選集》，臺北中央文物供應社，1977年版，第154頁．

[11] 參閱 Loh：The Early Chiang Kai_shek，P121-122.

[12]《蔣介石年譜初稿》二史館編，中國檔案出版社，1992年12月版，第197頁。

[13] 江南《蔣經國傳》，中國友誼出版公司，1993年10月版，第16頁。

[14] 汪榮祖、李敖《蔣介石評傳》，青海人民出版社，1999年版，第42頁。

[15] 陳鼓應《蔣介石的第一次暗殺事件》，轉引自李敖所著《蔣介石其人》，人民文學出版社，1994年版，第17頁。

[16] 蔣介石《先妣王太夫人事略》，二史館藏書。

[17]（臺）董顯光《蔣總統傳》，二史館藏書。

[18] 蔣介石《與展堂、精衛書》，載（臺）《蔣主席名著全集》第四集，復興出版社，1947年版，第1205頁。

[19]（臺）《先總統蔣公思想言論總集》，卷十，演講，第602-603頁。

[20] 同上出處，卷十二，演講，第357頁。

[21]《蔣介石年譜初稿》二史館編，中國檔案出版社，1992年版，第197頁。

[22] 江南《蔣經國傳》，中國友誼出版公司，1993年版，第16頁。

[23] [美] 陸培湧《蔣介石的思想追求》，載《現代亞洲研究》第4卷第2期（1970版）第232頁。

[24] 轉引自河陽等著：《蔣介石揭密》中共中央黨校出版社，1994版，第322頁。

[25]（臺）《先總統蔣公思想言論總集》，卷十，演講，第483頁。

[26] [美] 柯偉林：《蔣介石政府與納粹德國》，中國青年出版社，1994版，第223頁。

[27] 蔣介石：《中國建設之途經》，《先總統蔣公全集》，第一冊，中國文化大學出版部，1984年版，第577頁。

[28] 蔣介石：《總理遺教概要》，《蔣總統著作全集》，第 14-15 頁。

[29] 蔣介石：《中國之命運》，《蔣總統著作全集》，第 166 頁。

[30] 蔣介石：《中國之命運》，《中國法西斯主義資料選編》（一）中國人民大學中共黨史系 1987 年編印，第 105 頁。

[31]《中華民國訓政時期約法》《中國國民黨歷次代表大會及中央全會資料》（上）第 97 頁。

[32] 蔣介石：《中國之命運》，《蔣總統著作全集》，第 166 頁。

[33] 蔣介石：《革命哲學的重要》，《中國現代思想史資料簡編》，第 3 卷，浙江人民出版社，1983 年版，第 586 頁。

[34] 蔣介石：《革命哲學的重要》，《中國現代思想史資料簡編》，第 3 卷，第 587 頁。

[35] 蔣介石：《政治的道理》，（臺）《蔣總統著作全集》第 107 頁。

[36] 蔣介石：《政治的道理》，（臺）《蔣總統著作全集》第 187 頁。

[37] 蔣介石：《為學之目的與教育之要義》同上出處。

[38] 所謂「內聖外王」的含義，指的是在儒學家們在個人品德修養達到至高的「內聖」基礎之後，能夠有機會來運用他的這種底蘊與才幹去經邦濟世，幹一番事業，達到「外王」的目的。它是儒學家思想中的至高的境界，也是歷代封建知識分子們所刻意追求的目標。

[39] 轉引自河陽等《蔣介石揭密》，中共中央黨校出版社，1994 版，第 288 頁。

[40] 蔣介石：《二十五年元旦告全國軍民同胞書——國民自救救國之要道》，（臺）《先總統蔣公全集》第三冊，第 3150 頁。

[41] 蔣介石：《自述研究革命哲學經過的階段》，秦孝儀主編：《總統蔣公思想言論總集》，第 10 卷，臺北中央文物供應所，1984 年版，第 544 頁。

[42] 蔣介石：《革命哲學的重要》，《中國現代思想史資料簡編》，第 3 卷，第 593 頁。

[43] 蔣介石：《自述研究革命哲學經過的階段》，《總統蔣公思想言論總集》，第 10 卷，第 537 頁。

[44] 蔣介石：《革命哲學的重要》，《中國現代思想史資料簡編》，第 3 卷，浙江人民出版社，1983 年版，第 588 頁。

[45] 易君左：《總裁思想體系之研究》，二史館藏檔七六二 1612。

[46] 蔣介石：《三民主義之體系及其實行程序》，轉引自易君左《總裁思想體系之研究》。

[47] 蔣介石：《行的道理》，轉引自易君左：《總裁思想體系之研究》，同上出處。

[48] 蔣介石：《行的道理》，同前注出處。

[49] 蔣介石：《三民主義之體系及其實行程序》，同上出處。

[50] 易君左：《總裁思想體系之研究》，二史館藏檔七六二 1612。

[51] 蔣介石：《為學辦事與做人的基本要道》（1935 年 2 月 1 日），轉引自易君左《總裁思想體系之研究》二史館藏檔七六二 1612。

[52] 毛思誠《蔣介石年表》，二史館藏檔。

[53] 陳潔如著《蔣介石陳潔如的婚姻故事》，（臺）《傳記文學》1992 年 2 月號。

[54] 王德勝《蔣介石年表》，（臺）世界書局，1982 版，第 106 頁。

宋子文、陳嘉庚與新馬華僑戰時捐款

載《宋子文與戰時中國（1937-1945）》，復旦大學出版社

在民國歷史上，宋子文是一個十分著名的人物，他的角色定位，可以用一個新的「財閥」概念來界定，即他是一個擁有政治背景，在財界極具權力影響的政壇巨擘。然在政治上，宋子文卻始終是一個溫和派人物，他對戰爭、屠殺抱著厭惡的態度，並為此與軍人出身的蔣介石產生過多次的矛盾與衝突。

抗戰爆發前夕，宋子文在關係國家存亡的西安事變中挺身而出，扮演了在蔣介石與張楊之間、國共兩黨之間的特殊的中間人角色，發揮了不可替代的特殊作用，促成了事變的和平解決。但蔣介石認為經過西安事變的考驗，表明宋子文在政治觀念上有同情中共的傾向，故後來在對日戰爭開始後，他沒有讓宋子文在政壇上發揮更大的作用，只是在為抗戰斂聚財力方面，蔣介石利用了宋子文的影響與專長。

1937 年抗戰爆發後，國民政府軍政開支驟增，為緩解財政危機，於該年 8 月決定發行救國公債 5 億元。當時財政部長孔祥熙訪問歐洲未歸，在國難當頭之時，宋子文受命主持了救國公債的勸募工作。[1] 他為此傾注了很高的熱情，投入了大量的精力，也取得了不小的成績。這段經歷，雖然在他的一生中，並不算是顯赫的功績，但從所遺存的許多相關檔案資料來看，宋的這項工作及其成績，的確是值得一書的。他在募集抗戰捐款方面與宋慶齡當時

的努力，具有同樣的作用。他們以在野之身，運用其影響力，為救國奔波，做出了突出的貢獻。

一

宋子文受任救國公債的勸募工作後，擬定了他的工作方針和基本原則。他計劃由一些具有一定社會地位和影響的人士出面，組成遍及全國各地的勸募機構，以收廣泛之效。他的設想，得到了宋慶齡的全力支持，她擔任了該機構的常委。

1937年8月24日，救國公債勸募總會正式成立，宋子文任會長，陳立夫為副會長。總會初設於上海福開森路393號，不久即遷至杜美路70號。房東出於愛國之情和仰慕宋子文、宋慶齡的聲望，無償提供了辦公處所。該會常務委員中，除宋慶齡外，還有孫科、李石曾、劉尚清、何東、胡文虎、張伯苓、施肇基、顧維鈞、郭泰祺、俞鴻鈞、杜月笙、宋漢章、曾養甫、徐新汝等政界、實業界的知名人士。救國公債勸募總會隨即在全國各省市都設立了分會、支會以及勸募隊，具體辦理勸募事宜。

救國公債勸募總會首先大力宣傳購買救國公債的意義。1937年9月1日，發表了《告全國同胞書》，宣稱「現在全國四萬萬同胞大家都有一顆赤心，要貢獻給國家，大家都有一腔熱血，要共同來救國……政府已經決定發行五萬萬元的救國公債，而且已經開始募集……購買救國公債，就是直接把力量貢獻給政府的一個最好辦法」。目前國家「經濟建設和國防建設都還不夠，所以人民的生命財產，還不能有適當的保障……只有把自己的財產先貢獻出來，使政府能夠進一步充實經濟建設和國防建設！……到了將來政府把公債本息付還的一天，就已經是自己的生命財產有了充分保障的一天，那才是大家安居樂業的時候」[2]，在當時外敵入侵國難當頭的情形下，這些通俗達理的宣傳在民眾中收到了實際的效果。

宋子文隨即公布了認購救國公債的具體辦法。勸募總會連續在《大公報》、《新聞報》等新聞媒介上刊登了廣告，宣布中央、中國、交通、中國農民、中南、鹽業、大陸、金城等數十家銀行及郵政匯業儲金局為救國公債

收款處，除了現金外，外幣、硬幣、匯劃款項及未到期存款亦均可以購買救國公債。

為了打消人們的其他顧慮，宋子文決定率先做出表率，他在公債發行之初便認購了 5 萬元，相當於救國公債發行總額的萬分之一。[3] 在宋的帶領下，中國銀行各級行員紛紛以不低於月薪的數額認購了公債，僅中國銀行總管理處的員工便認購了 14 萬元，而中行集團則認購了 1000 萬元。宋子文直接控制的金融、實業機構，也以各機構的名義認購了巨額救國公債，總額達 2000 萬元，即相當於公債發行總額的二十五分之一。[4]

宋子文與中國銀行等機構率先認購巨額救國公債之後，得到了各界人士乃至廣大民眾的熱烈支持，帶動了中國國內外認購救國公債的高潮。發行一個月，救國公債的認購總額已達 2.4 億元。而在勸募總會開支方面，從宋子文到所有常委、委員純盡義務參加勸募工作，不支薪俸和津貼，各報登載救國公債勸募廣告也不收任何費用。在上海工作期間，勸募總會工作開支僅占到公債收入的萬分之一，真正做到了廉潔高效。

1937 年 11 月 12 日上海淪陷後，救國公債勸募總會遷往武漢，歸財政部管理，納入孔祥熙的權力機關繼續工作。宋子文的職責脫離了直接的捐款收支運作，主要在於聯絡各地分支機構，向財政部捐款支援抗戰。他在捐款人、財政部、各地中國銀行之間充當聯絡人，居中協調，說明情況，處理矛盾，發揮了重要的作用。

救國公債發行後，得到了海外華人的積極響應，尤其在南洋新加坡馬來亞地區，反應極為熱烈，在全球華僑捐款額中占有相當的比例。

在國民革命的歷史上，海外華僑向來是一支極其重要的依靠力量。從孫中山從事反清革命活動開始，直到中華民國建立，因為歷史的關係，孫中山一直把海外華僑當做是革命的主力軍。雖然他們不能全體回國參戰，但各地華僑同胞，本一腔愛國熱情，為了祖國的強大與民族的復興，出錢出力，毫不遲疑，甚至不惜毀家紓難，支援中國國內革命，湧現出許多可歌可泣的英雄事跡。當日本侵華，中國國內掀起抗戰救亡高潮之時，海外華僑又一次站到了愛國運動的前列，他們在世界各地紛紛成立救亡組織，愛國輸將，掏出

六　其他篇

自己的血汗錢，支援祖國抗戰。其中南洋新加坡、馬來亞地區的華僑，在愛國僑領陳嘉庚的組織領導下，在認購救國公債支援祖國抗戰方面，表現出了極大的熱情與犧牲精神。就全球華僑抗戰捐款而言，「南洋方面，占十之八」，其重要意義，自不待言。[5]

這一時期，宋子文的勸募總會在新馬地區救國公債的發行推廣方面，與南洋僑領陳嘉庚進行了密切的聯繫與合作，取得了較大的成績。在中國第二歷史檔案館館藏檔案中，保藏著宋子文、陳嘉庚就新馬華僑的戰時捐款與救國活動完整的來往函電，總數百餘件，其中有許多是宋、陳兩人的親筆批簽。這些檔案文電的字裡行間，充分反映出新馬地區華僑為國捐輸支援抗戰的歷史事跡，讀來十分令人感動。同時，這些文電也從一個方面，反映了宋子文與陳嘉庚兩人為抗戰大業所做的歷史貢獻，這段歷史是他們政治生涯中光彩的一章。

二

自1937年8月救國公債開始發行後，新馬地區華僑在陳嘉庚的領導下積極行動起來，踴躍捐款，支援祖國抗戰。他們在新馬地區各地很快成立了各級救國公債勸募分會組織，召開大會，舉行各種宣傳活動，號召華僑人人認捐，盡力輸將。

在這當中陳嘉庚和當地的勸募委員、華僑知名人士率先認購，造成了模範作用。根據檔案中蔣介石致陳嘉庚等人的嘉獎電所載統計，救國公債發行後，一次認購大額公債而受表彰的僑界人士就有：梁南15萬元；陳嘉庚10萬元；陳延謙10萬元；葉玉堆10萬元；張玉才10萬元；葉祖意10萬元；陳振賢5萬元；李偉南5萬元；林金殿5萬元；許生理5萬元；莊來福5萬元；來興5萬元；曾江水4萬元；[6] 為此蔣介石於1938年1月27日分別致函上述人員給予表彰。[7]

令人特別感動的是，陳嘉庚代表新馬華僑在捐款時提出，他們匯往祖國的捐款不要兌換公債，而是單純的捐款，為了挽救祖國抵抗強敵，他們不圖

任何回報，因此請宋子文的救國公債勸募總會轉告財政部，切不要兌換公債回寄，否則就是對他們的輕視。言之切切，愛國熱情躍然紙上。

1938 年 1 月 21 日，宋子文在致陳嘉庚函中寫道：「頃又奉十二月十六手書，備審吾兄領導僑胞踴躍捐輸，至深敬佩。承示全馬特別捐至年終約有一千萬元左右。月捐每月計有七十餘萬元，尤見僑胞愛國之熱忱。且適合蔣委員長感日通電海外各地，繼續輸將之旨，望吾兄努力勸促，多多益善，以資國家長期之抗戰。至函囑轉知總會，勿再寄債券及變更辦法四條各節，均已轉達財政部，請其函覆吾兄，並請逕與接洽……再自淞滬淪陷後，勸募總會停頓，交通梗阻，郵遞滯緩，海外僑胞未明中國國內情況，仍有寄函匯款至京滬各地者，因經此變亂，不無稽誤之處。弟抵港以來，深知僑胞盼復之殷，敦促經管機關，從速清查核覆，一面由蔣委員長暨財政部通電海外。關於二十七年一月一日起，國外部分捐債各款委託中國銀行主持辦理，弟復通電奉達計荷鑑及，尚祈將經過情形向僑胞釋明，以免誤會而慰其翹望也。」[8]

24 日陳嘉庚又致宋子文一函，詳細說明了新馬地區華僑愛國捐款情況：

「全馬義捐，不接受公債，分兩種：（甲）特別區預計至本年底，約有一千萬左右（年終多半可以結束）；（乙）（月捐）全馬預算，月有七十餘萬元，至寇平為止。因近遭土產跌價市景惡轉，加以募債分其餘力、南京失守等，影響甚巨。能否達到預算，未敢確定。全馬分十二區，每區成立一籌賑會，然間省二、三處意見各殊，或用個人名義逕匯捐款，惟義捐性質則一。各區雙十節曾在吉隆坡開聯合大會，議決任何社團或個人，不得接受公債。除公布外，並已呈報政院，暨由王外長轉陳鈞察。

昨接檳方電告，謂總會寄債券於檳埠及麻坡等處之個人捐款，深慮厚此薄彼，將引起糾紛，且其中小數給債票，甚難支配，故即電請知照總會制止再寄。已寄出者，速予追回。至前囑募債二千萬，根（限）上述環境，恐難如願，大約至多千三四百萬元可募，而此邦政府復限制每券最低須百元票面，須貼印稅叻銀四角五分，如五元十元票面亦同此稅費，似損失太重，茲略變更辦法……以便轉慰僑望。」[9]

27日，宋子文致電陳嘉庚轉馬來亞救國公債勸募分會，對馬來亞華僑義捐月捐一律不換公債的愛國之舉，給予了高度的評價：

「新加坡陳嘉庚先生轉馬來亞自由公債各勸募分會鑒：查捐款雖有可換發公債之規定，但據聞馬來亞去年雙十節，在吉隆坡開僑民代表大會，已決定義捐月捐一律不換公債，愛國熱誠，至為欽佩，自應照辦，以副僑胞盛意，而資長期抗戰之接濟，希既轉達為荷。」[10]

然而陳嘉庚與新馬救國公債勸募分會的這項決定，並未得到全部捐款人的一致贊同。有人認為既是購買就要有公債債券，起碼要收取收據才算落實。而陳嘉庚等許多激進愛國派對此不能理解，他們要求宋子文、中國銀行及財政部方面不予理睬。對此宋子文在感動之餘仍持有「按章辦事」的立場，令中行方面對需要者仍發給收據與公債。

1938年3月4日宋子文致電陳嘉庚說：「惟近來各地僑胞來函，多以未接收據或未見債票，失其信仰，時有煩言，因此均存觀望，行將中斷，影響於海外接濟頗巨。……如何補救，俾使海外債捐各款，不致停頓之處，均祈貴部注意。」[11]

除此之外，在整個義捐活動中，雖然也有少量問題出現，如新加坡勸募分會委員林炯軒、王吉士等6人，對陳嘉庚認為他們在分會內只有發言權而無表決權的做法有意見，曾電請宋子文調解；[12] 又如新加坡救國公債瓊幫委員會對廣東瓊山公債勸募支會扣留新僑吳淑眷屬勒索500元捐款事電請宋子文干涉等等[13]，這些問題的解決都得到了宋的幫助。然檔案中記載更多的是新馬華僑愛國捐款的生動例證。

新加坡東方實業有限公司經理陳振傳，原籍福建思明，義捐公債國幣5000元，並要求將債券全數轉贈中央政府作慈善公益費用，「其仁心熱腸，彌可佩矣」。陳振傳寫信給陳嘉庚表示「此抗戰期間，出錢出力乃國民天職」，他還建議成立「馬來亞華僑救濟中國殘廢傷兵義金委員會」，專項資助抗日受傷致殘將士。這一建議得到了陳嘉庚等人的認同，很快在馬來各地區成立了相關組織，並決定號召華僑捐出所購買的公債券，作為救濟祖國殘廢傷兵義金。

5月26日，陳嘉庚致函宋子文報告說：「此間同僑，鑑於祖國戰地前線將士英勇殺敵，殘廢負傷，在所不免。弟前日曾倡組獻贈債券，業已先後以『馬來亞華僑救濟祖國殘廢傷兵義金委員會』名義提出辦法各條，並用馬聯通訊處發出第二十二、二十三各號通告，及僑界聞風興起連日獻金成績債券收到數目，印稿、剪稿附函送請參閱。」[14]宋子文聞訊回電道：「臺端領導僑眾，迭輸巨款，茲又倡議籌組馬來亞華僑救濟祖國殘廢傷兵義金委員會，倡導僑眾獻贈債券，關懷祖國惠及殘廢，良用感佩。斯項工作，政府因應付全面抗戰，故現時尚未計及。我兄能在後方倡議於先，將來各地僑胞定能相繼於後，成績定卜可觀。附來尊擬辦法甚妥，請即照此手續辦理，一俟集有成數，存儲銀行，將來再俟政府定有辦法統籌支配，以副僑胞熱忱。即希分別察轉為荷。」[15]

「馬來亞華僑救濟祖國殘廢傷兵義金委員會」在陳嘉庚等的熱心推動下成立，該會委員名額分配，以各區所購公債數量為基準，凡購債滿五十萬元之區域推舉委員一人，多購則遞增。委員會委員訂為30名，新加坡為9名，雪蘭莪4名，霹靂4名，柔佛3名，檳城3名，馬六甲1名，森美蘭1名，彭亨1名，丁加奴1名，吉蘭丹1名，吉礁1名，玻璃市1名。[16]委員會成立後，立即開展了工作，並收到了效果，5月26日，已向中國銀行新加坡分行交捐所購救國公債4020元，同時還有下列組織和個人，登報聲明，捐出所構救國公債作為「殘廢傷兵義金」使用：源春公司10000元，老闆張金榮個人追加50元；廣有成綢布莊陳炎林100元；顏金程等二人215元；柔佛南益樹膠有限公司史聯對320元、洪于諒210元、黃玉華110元、李偉才55元，共695元；溫州會館同仁95元等；僅5月22日一天就共收義金款5055元；25日收款5345元；26日又收款10177元。[17]由此可見，該委員會的成立和將華僑所購救國公債轉為捐獻性質「殘廢傷兵義金」籌款工作，是卓有成效的。

新加坡香汕郊、金果行、醬園三郊委員會11月14日致函香港中國婦女慰勞會、紅十字會，函中寫道「敝會同仁鑑於前線軍士在冰天雪地中忠勇抗戰，後方救援工作責無旁貸，爰集捐款五千元：（一）四千元作為寒衣二千

件之代價；（二）一千元係捐助傷兵醫藥費。附呈匯票一紙，請代轉負責機關核收，以資公布而昭大信。」[18]

1938年2月21日，陳嘉庚接到廣西軍李宗仁總司令、白崇禧副司令、黃紹省主席來電稱：「廣西省健兒數十萬眾出發前線抗敵，近因春時多雨，缺乏雨具，艱苦之狀不可形容，非速設法購備，必至削弱抗戰力量，特欲請吾僑捐助雨衣二十萬件，膠鞋二十萬雙。」陳嘉庚接信後，當即在馬來亞各區華僑籌賑祖國難民會聯合通訊處通告第十三號上撰文寫道：「此次暴日侵我，慘無人道。凡我黃裔，莫不敵愾同仇。而廣西省地方之貧、人口之少，赴前線殺敵者男女總計達三十萬眾，幾占我各前線人數四分之一。無論質量與既立功績，皆遠非他省所能及。豈不大可感佩耶？自抗戰發動以來，我全馬十二區僑胞各組織籌賑祖國難民會，公決所有捐款既該交行政院，以歸統一而便支配，故凡省當局之自行要求者，皆不便加以接受。……然李白總副司令此番來電欲請捐助雨具一節，情形特殊……新加坡區會鑑念及此，不忍推動，又不便抽撥月捐義捐致違前議，爰變通辦理，另向熱心家捐籌，除雨衣南洋不能製造外，先認購膠鞋五萬雙……擬趕就近日運去，惟缺額尚多，謹徵求我全馬各區僑胞，共起協助。」[19]

1939年3月29日，宋子文接陳嘉庚來電，報告英屬新加坡總督頒布了限制海外籌賑活動的有關條例，「對抗戰捐款工作不無影響，僑胞難免因此懈弛」，後又報告「現此間當地政府著全馬來亞各籌賑會註冊，其條件雖苛，然以庚所知，似可照舊進行，前途並無多大阻撓。各籌賑會當局間有危疑震懼者，庚亦已屢發文告，加以申釋鼓勵，唯註冊之後，對於帳目，當地政府或有時要來查詢，故新加坡籌賑會不便將賑款別匯及作別種開支以動搖統籌統匯之原則」[20]。陳建議應由蔣介石或孔祥熙來電，「鼓勵英法荷暹緬各屬努力募集藉資觀感」，宋子文隨後回電陳嘉庚：「查每外僑胞除購買救國公債外，其義捐月捐亦殊踴躍，熱心毅力，至堪敬佩。業將各地一年餘捐輸情況陳報蔣委員長，奉電深為嘉慰。經由委座微日電達，計荷鑑察。值茲戰事正殷，端賴後方源源接濟，還祈繼續努力，歷久不懈，裨益於抗戰前途殊匪淺鮮。」同日，蔣介石應宋子文之請專函陳嘉庚，嘉獎之餘，要求他們繼續努力。電文道：「新加坡。中國銀行密譯送南洋華僑籌賑祖國難民總會陳嘉

庚兄：溯自抗戰軍興，已歷二十一月。海外僑胞節衣縮食，踴躍捐輸，先事購買救國公債，繼則義捐月捐，其愛國熱忱，殊堪嘉尚。現在第二期抗戰方殷，必須資源有持久之力量，始克獲最後勝利。仍冀各僑團振發以前之精神，繼續努力，源源匯寄，俾裕軍用。並希轉知各屬僑團查照為荷。蔣中正。微。」[21]

從這件事情的處理結果我們可以看出，當時國民政府最高階層對與陳嘉庚新馬華僑界的重視。

除了募集捐款而外，新馬僑界的支援抗戰行動還擴大到了直接招募青年回國參加抗戰。1939年7月，陳嘉庚電告宋子文，應西南運輸處及後方勤務部函電之邀，在南洋地區徵募駛車修機等人才數千人歸國服務，「庚以運輸重要，極力鼓吹，計由安南入口往昆者七批，由仰光入口者一批，合共二千二百人。此外尚欠三四百人，大約須多一個月乃能募足。至所募機工，荷屬僑胞不上百人，其餘概屬馬來亞僑胞，而新加坡除第六、第七兩批未計外，以前五批共占六百一十三人，每人包費至昆及應辦出口手續、制服、零用及其他等費約四十餘元，合計則為叻幣三萬四千四百九十七元零七仙，新加坡籌賑會已另列清單隨函寄呈，並將該款作為寄匯義捐性質，記入行政院臺帳，俾免此間查帳員有所干涉，想此項徵募開支，亦屬國家公務之一，此間奉令辦理，暫由義捐撥付，再請政府追認，諒不至有乖理法。」

7月24日宋子文回函說：「關於尊處代西南運輸處及後方總務徵募機工費用，囑函達行政院追認，作為義捐性質，掣給收據，以後續報，亦照此辦理等由。茲已函請行政院查照辦理矣。」[22] 此事順利進行，實賴陳嘉庚與新馬華僑的踴躍報名與盡力而為，這說明新馬華僑愛國抗戰活動上升到了一個新的階段，他們對祖國抗戰的貢獻進入了直接參戰的新階段。

據陳嘉庚致宋子文函電統計，到1937年12月底止，新馬地區華僑共募債款230萬4190元（內中國銀行經收149萬4205元，華僑銀行經收80萬9985元）；[23]1938年2月12日，又收捐款國幣184萬765元；[24] 到1938年6月，新馬華僑每月認捐國幣20萬至30萬元，7月起至10月常月捐款上升為50萬元，[25]11月時前後已匯回月捐款一項就達230萬元，[26]7月間還

另匯中行義捐款 12 萬元。[27] 新馬華僑捐款是按外匯匯率每百元國幣為新幣 30 元所捐的，其原則也是由陳嘉庚與宋子文電商所定。到是年 10 月 10 日南洋各屬華僑籌賑祖國難民會代表大會召開之時，陳嘉庚代表新馬僑界宣布：「今後常月捐義款，總計每月約近四百萬元，尤當分別依其自定標準，努力求其實踐。」標誌著新馬地區華僑愛國捐款達到一個新的高潮，他們對祖國神聖抗戰作出了巨大的貢獻。[28]

為此，蔣介石與宋子文聯名致電陳嘉庚，對他及新馬華僑所表現出的愛國精神給予了高度評價，並希望再接再厲支持祖國抗戰：

「嘉庚先生大鑑：征電敬悉。海外月捐增加長期抗戰力量所關至巨，各僑胞愛護祖國夙具熱忱，尚祈登高一呼，積極倡導。轉請馬來各地僑團努力促進，藉收宏效。除分電各埠籌賑會負責人外，特電洽照。蔣中正、宋子文。齊。」[29]

是年春夏，為慰問新馬華僑愛國捐款，陳嘉庚等擬邀請中國國內著名京劇藝術家梅蘭芳率團來新馬地區演出，並承諾擔負全部費用，但梅蘭芳此時正困居上海孤島，被敵偽監視中，南行演出本無可能，宋子文回電陳嘉庚，告之梅劇團南行確有困難，對此表示遺憾。[30]

為總結新馬地區華僑愛國捐款運動的成績，激勵僑界再接再厲，掀起捐款新高潮，新馬救國公債勸募分會決定採納華僑莊西言的建議，在這年國慶日舉行南洋各屬華僑籌賑祖國難民會代表大會，號召更多華僑投入捐款愛國支援祖國抗戰。9 月 13 日，陳嘉庚致電宋子文，報告了新馬僑界準備召集大會的消息：「弟此次承孔院長電令，籌備南洋各屬僑領集星開會，共商加強籌賑效率，團結全僑力量，以為祖國抗戰後盾。現經訂本年雙十節舉行，所擬通啟及大會會議秩序單均附呈一份，仰即賜照，並盼不吝箴言，用匡不逮。尤所祈禱。」9 月 26 日得宋子文覆電，對會議即將召開表示祝賀：「接展本月十三日公函暨附件等，備念如是。臺端熱忱救國，夙所欽儀。所擬雙十節在星召開南洋全僑大會，集思廣益，自可增強籌捐效率，有裨於抗戰前途誠非淺鮮，所有會議情形尚祈隨時函告，尤所盼禱，專復。」[31]

南洋各屬華僑籌賑祖國難民會代表大會於1938年10月10日上午10時在新加坡開幕，開幕式上推舉了臨時主席，宣讀了各部代表姓名及各方寄來的文電，並為全國死難將士人民默哀三分鐘。陳嘉庚在大會上發表了熱情的講話，來自新馬各地的代表報告了救國捐款的募集情況以及有無換領公債券的情形，並通報了附近尚未進行籌款的地點，準備開展進一步的工作。大會決定：通電擁護國民政府抗戰到底，通電慰勞前線受傷將士、人民。

大會持續六日，於結束時，發表了充滿愛國熱情洋溢民族精神的《南洋各屬華僑籌賑祖國難民會代表大會宣言》，文中寫道：

「南洋各屬華僑籌賑祖國難民會代表大會，建議於荷屬華僑莊西言，經中國國民政府行政院孔院長同意而召集。大會目的在謀組織領導機關，增籌賑款，推銷公債，以救濟中國抗戰中之難民，並協助政府完成建國大業。……各屬參加者有香港、菲律賓、爪哇、蘇門答臘、西里伯斯、波羅洲、安南、暹羅、緬甸、馬來亞等地代表，凡四十五團體，百六十八人。此華僑史上之空前盛會，蒙新加坡居留政府讚許，得於本年十月十日開幕。……

「中國立國五千年，夙以和平正義昭天下。不幸鄰邦日本，軍閥專橫，妄圖吞併中國以為征服世界之準備。民國四年二十一條件之提出，十七年濟南慘案之發生，特犖犖大端，世所共聞者。其他無理壓迫，非法要求，擢髮罄竹，難以具舉。二十年「九一八」，日本更挾其堅甲利兵，攫奪中國東三省，繼以占據熱河。翌年「一‧二八」，又不惜啟釁於淞滬。……乃侵略者野心未戢，變本加厲，轉鷹瞵為虎瞰，捨蠶食而鯨吞。去歲盧溝橋炮聲，蓋世界和平與國際盟約之喪鐘，中華民族與人類公理生死存亡之警號也。中國政府鑑於最後關頭已至，毅然發動全面全民長期抗戰。將以爭取領土主權之獨立完整，將以爭取國家民族之平等自由，故中國之抗戰，實為禦侮而戰，實為自衛而戰，實為維護國際盟約而戰，實為保障世界和平而戰，……大會同人，集議伊始，用首決議通電擁護國民政府及蔣委員長抗戰到底。

「同人於此，願更揭櫫數義，為我南洋八百萬僑胞告：

「其一，抗戰十五餘月，敵財消耗百萬萬元，敵兵傷亡七十萬眾，我之物質損失雖巨，敵之物質損失亦巨，我之國土，雖塗滿黃帝子孫之血，亦塗

六　其他篇

滿三島鬼夷之血。惟我有無限之資源足以支持，我有無窮之人力足為後盾，忍萬屈以求一伸，拚千輸以博一贏，艱苦奮鬥，義無反顧，否極之後，終有泰來。敵則資源有限，人力易窮，踵決肘見，百象不安，時間愈延長，危機愈逼近，墓由自掘，禍由自取，行鼠竄而敗，魚爛而亡耳。故當前領土之淪敵，無關大局，最後勝利之屬我，絕對可期。此種理勢，吾人必須認識，此種信念，吾人必須堅抱！

「其二，華僑素有『革命之母』之令譽，愛國精神，見重寰宇。『七七』以來，輸財紓難，統計不下一萬萬元，南洋方面，占十之八。此在道德的義務上，可謂已盡；而在國民的天職上，究有未完。蓋國家之大患一日不能除，則國民之大責一日不能卸；前方之炮火一日不得止，則後方之芻粟一日不得停。吾人今後宜更各盡所能，各竭所有，自策自鞭，自勵自勉，踴躍慷慨，貢獻於國家，使國家得藉吾人血汗一洗百年之奇恥，得藉吾人物力一報九世之深仇，而吾人之生存與幸福，亦庶幾有恃而無恐。大會開幕之日，……各代表所報告，今後常月捐義款，總計每月約近四百萬元，尤當分別依其自定標準，努力求其實踐。

「其三，南洋各屬華僑，山海修阻，雲天遙隔，聲氣欠溝通，感情失聯絡，常時猶病其不可，非常時更何能集中力量，效勞國家？大會同人，有鑑及此，爰議決組織『南洋華僑籌賑祖國難民總會』於英屬新加坡，其使籌賑購債之效率，得以增強；抗戰建國之功業，有所補助。是項組織實現，不特各屬籌款機關，可密切聯繫，而冶於一爐；即全南洋八百萬僑胞，亦可精誠團結，而化為一體。吾人既共成之，既共有之，則吾人必須養之育之，予之以生命，賦之以靈魂，俾能發揮活力，為國家用。敢假借此組織以遂個人之私圖者，固為吾人所不許；敢破壞此組織以快個人之私意者，亦為吾人所不容。

「其四，吾國豐於礦藏，吝於產品，故建設難以進步，貿易難以發達。今欲一面抗戰，一面建國，藉自力之更生，謀自強之不息，則開發礦藏，推銷產品，實不容緩。惟政府專力禦侮，未遑兼顧。海外僑胞，應速分負其責。南洋華僑籌賑祖國難民總會之設立，於此亦將加以注意，務使國產品深為僑胞所認識，永為僑胞所樂用，以振我工商業，而厚我經濟力。更擬組織公司，

開發祖國富源,維持難民生計。凡此加強戰時經濟機構,奠定戰後復業基礎;皆屬至急至要之圖,為中國內外同胞所當盡心盡力以求之者。

「其五,南洋各屬當地政府,平昔愛護華僑,不存歧視。此次吾國發動抗戰,各屬僑胞,本慈悲之懷,為救濟之舉,當地政府皆能深表同情,予以協助。凡我僑胞自願致其敬佩與感謝。然各屬環境不同,法律不同,我僑胞宜各順適環境,遵守法律,屏叫囂而尚沉著,崇理智而制感情,步伐必求其齊,路徑必取其正,使各方獲好印象,而利我進行。吾人須知:吾人之敵只有一個,敵以外皆吾人之友,吾人應以左手揮拳以擊敵,應以右手伸掌以握友;然後足以孤敵困敵,然後足以加速博取最後之勝利。

「以上五端,為吾人之態度,亦為吾人之方針。本此態度,循此方針,以求達目的,則在乎大會全體代表與南洋全體僑胞之共同努力。大會同人謹乘休會之時,更鄭重致意曰:惟精誠始足以言團結,惟團結始足以言力量。精誠充,則團結未有不固;團結固,則力量未有不宏。願我八百萬僑胞自今日起,充大精誠,固大團結,宏大力量,以為我政府後盾,則抗戰斷無不勝,建國斷無不成。鞠躬陳詞,幸相與勉之!中華民國廿年十月十六日。」[32]

會議開幕之日,國民政府主席林森發來題詞:「急難輕財,護茲祖國」;軍事委員會委員長蔣介石題詞:「財力增厚,即戰力增強。」宋子文及中國銀行亦於會議開幕日致電陳嘉庚,對大會成功舉行表示祝賀:「陳嘉庚先生並轉各僑團代表公鑑:大會開幕,僑胞愛國熱忱益為中外所景仰,各僑團有此集中領導機關,力量增加,進行一致,今後關於捐賑、匯款、宣傳、聯絡等工作,當易收宏速普遍之效,中國銀行向以服務社會為職志,南洋方面,現正推設分支機關,與僑胞同謀福利,所期益加淬礪,共濟艱難,抗戰前途,實多利賴,特賀。宋子文。」[33] 10月30日,陳嘉庚回函宋子文致謝:「宋會長勛鑑:敬啟者。本會國慶日在新加坡開南洋各屬代表大會,遠承關注,頒賜賀電,代表同人咸深感奮。經組織總機關於新加坡,謹函致謝,並奉大會宣言一份,藉供參考。尚祈時惠箴規,俾資楷模。至所感荷,專此。」[34]

三

　　總結宋子文與陳嘉庚及新馬地區華僑愛國捐款運動的關係，我們可以看出：

　　第一，宋子文在抗戰初期的救國公債勸募工作中發揮了重要作用。此時雖然他是以在野的民間組織負責人身分來發揮作用的，但從其取得的巨大成績來看，這種作用對於中國的抗戰大業，同樣有著至關重要的意義。

　　對於宋子文在這一階段中從事救國公債勸募工作的歷史和成績，過去學界研究很少，論著中多數語焉不詳，這在很大程度上是因為有關史料的缺乏所致。歷史研究的突破，大大小小的進展，端賴於新史料的發掘與公布。有關宋子文從事救國公債勸募工作的研究，也證明了這一點。從我們新發掘的這些檔案史料來看，宋子文在這項工作中，不僅以身作則，帶頭捐輸，而且投入了大量的精力，舉凡有關救國公債勸募事宜，無論是國內國外，還是數額多少，大到百萬，小到幾元，他都親自過問，親筆回覆函電，統計數額，調解矛盾，鼓勵嘉獎，甚至運用自己的特殊關係，把蔣介石、孔祥熙、林森等黨國要人運用起來，為抗戰募捐、籌集軍費、慰勞傷殘，做了許多默默無聞的工作。看到檔案中他經手的那麼多電函、簽批，可以想見，在1937年抗戰爆發後到1939年的兩年間，宋子文日理萬機，為抗戰籌款做了大量的工作，其中包括調解華僑界、中國國內外、各部門各方面的關係，甚至還直接組織華僑回國參加抗戰。他以自己的努力，得到了新馬華僑界的高度信賴，從陳嘉庚到各地募捐組織，一遇到問題，首先想到的是向宋會長報告，以求得解決。雖然蔣介石不信任他，但中外擁護抗日的民眾卻給他投了信賴的一票，這是宋子文一生中重要而又光彩的一頁。

　　第二，在祖國神聖抗戰大業中，新馬及南洋地區華僑在陳嘉庚的帶領下，踴躍捐輸，回國參戰，行動迅速，成效顯著。為了祖國，他們甚至不惜毀家紓難，捨棄生命，表現出了高度的覺悟和愛國精神，體現了華夏兒女的崇高美德。

從檔案中保存的來自世界各地華人成百上千件的有關愛國捐款的信函、文電、聲明來看，華僑們對日本侵華野心、戰爭暴行的深刻揭露與批判，對自己與祖國前途唇齒相依關係透徹的解讀說明，以及對自己的捐助對於祖國抗戰大業意義的認識，都是激昂言辭，字字珠璣，其情意之真切，動人心扉。或許有人以為這些都不過是愛國高調，但讀者分明可以從華僑同胞的這些高調的愛國言辭和他們高調的愛國行動中，體會到了他們對正在受難中的祖國，如兒女對父母般的孝心情感，這就是——只講貢獻奉獻，不圖回報，為了這份炎黃子孫血緣的愛，可以不惜付出自己的一切！有了這種精神，有了這種氣概，中國就不會滅亡，中華民族將不可能被征服。

第三，有關宋子文一生中活動的歷史檔案資料，還存在著比較大的發掘空間，有關的蒐集利用工作還有待繼續進行。雖然在史丹佛大學胡佛研究所、臺灣有關檔案機構內有著比較集中的宋子文日記等主要資料的收藏，但就宋氏一生所從事的內政外交諸多方面活動而言，記載他各種歷史活動的許多檔案資料還分散在中國海峽兩岸各檔案機構和國外相關機構裡，需要有興趣的研究人員花費大力氣，加以收集、整理和利用，這樣才能使宋子文研究向更加深入的方向發展。檔案館之館藏，猶如名山之寶，可以為辛勞者所獲，我們應當努力加以掘取，以此為基礎，才能登上學術研究的高峰。

【注】

[1] 康澤：《我在國共第二次合作談判中的一段經歷》，載全國《文史資料選輯》，第 71 輯，第 21 頁。

[2]《中國全面抗戰大事記》，華美出版公司，1938 年 9 月版，第 1-2 頁。

[3] 當時，宋子文作為中國銀行董事長，月薪為 1200 元，另有「公費」1000 元、膳費 60 元，5 萬元對他來說，相當於兩年多的工資。

[4]《申報》1937 年 9 月 2 日。

[5]《南洋各屬華僑籌賑祖國難民會代表大會宣言》，二史館藏檔三九七（1）3358。

[6]《蔣介石致陳嘉庚等嘉獎電》（1938 年 1 月 27 日），二史館藏檔三九七（1）3358。

[7]《蔣介石致陳嘉庚等函》（1938 年 1 月 27 日），二史館藏檔三九七（1）3358。

[8]《宋子文致陳嘉庚函稿》（1938 年 1 月 21 日），二史館藏檔三九七（1）3358。

六　其他篇

[9]《陳嘉庚致宋子文函稿摘由》（1938年1月24日），二史館藏檔三九七（1）3358。

[10]《宋子文致陳嘉庚轉馬來亞勸募分會電稿》（1938年1月27日），二史館藏檔三九七（1）3358。

[11]《宋子文致陳嘉庚電稿》（1938年3月4日），二史館藏檔三九七（1）3358。

[12]《林炯軒等致宋子文函》（1938年5月26日），二史館藏檔三九七（1）3358。

[13]《新加坡救國公債瓊幫委員會致宋子文函》（1938年2月25日）、《宋子文致曾養甫函》（1938年2月25日），二史館藏檔三九七（1）3358。

[14]《陳嘉庚致宋子文函》（1938年5月26日），二史館藏檔三九七（1）3358。

[15]《宋子文致陳嘉庚函稿》（1938年6月20日），二史館藏檔三九七（1）3358。

[16]《馬來亞各區華僑籌賑祖國難民會聯合通訊》（1938年5月22日），二史館藏檔三九七（1）3358。

[17]《總匯新報》（1938年5月26日），二史館藏檔三九七（1）3358。

[18]《新加坡三郊委員會請轉中國紅十字會等函》（1938年11月14日），二史館藏檔三九七（1）3358。

[19]《馬來亞各區華僑籌賑祖國難民會聯合通訊處第十三號通告》（1938年2月28日），二史館藏檔三九七（1）3358。

[20]《陳嘉庚致宋子文函》（1939年7月4日），二史館藏檔三九七（1）3358。

[21]《陳嘉庚致宋子文電》（1939年3月29日）、《宋子文致陳嘉庚電稿》（1939年4月5日）、《蔣介石致陳嘉庚電稿》（1939年4月5日），二史館藏檔三九七（1）3358。

[22]《陳嘉庚致宋子文函》（1939年7月4日）、《宋子文復陳嘉庚函稿》（1939年7月24日），二史館藏檔三九七（1）3358。

[23]《陳嘉庚致宋子文函摘抄》（1938年2月18日），二史館藏檔三九七（1）3358。

[24]《陳嘉庚致宋子文函》（1938年2月12日），二史館藏檔三九七（1）3358。

[25]《陳嘉庚致宋子文電》（1938年7月21日），二史館藏檔三九七（1）3358。

[26]《陳嘉庚致宋子文函》（1938年11月20日），二史館藏檔三九七（1）3358。

[27]《陳嘉庚致宋子文電》（1938年7月21日），二史館藏檔三九七（1）3358。

[28]《南洋各屬華僑籌賑祖國難民會代表大會宣言》（1938年10月10日），二史館藏檔三九七（1）3358。

[29]《蔣介石與宋子文致陳嘉庚電》（1938年6月9日），二史館藏檔三九七（1）3358。

[30]《陳嘉庚致宋子文電》（1938年5月22日）、《宋子文致陳嘉庚快郵代電》（1938年6月18日），二史館藏檔三九七（1）3358。

[31]《陳嘉庚致宋子文函》（1938年9月13日）、《宋子文致陳嘉庚函稿》（1938年9月13日），二史館藏檔三九七（1）3358。

[32]《南洋各屬華僑籌賑祖國難民會代表大會宣言》，二史館藏檔三九七（1）3358。

[33]《宋子文致陳嘉庚電抄稿》（1938年10月9日），二史館藏檔三九七（1）3358。

[34]《陳嘉庚致宋子文電》（1938年10月30日），二史館藏檔三九七（1）3358。

宋子文與「西部開發」

載《宋子文生平與資料文獻研究》，復旦大學出版社

1930年代國民政府的「開發大西北」是民國歷史上一次重要的西部開發嘗試。這次西北開發是在特定的歷史背景下進行的，在許多方面取得了一定的成就，因當時的客觀條件所限，其實施效果並不大，但卻可為我們今天的西部開發提供有益的歷史借鑑。

1928年，南京國民政府成立後，因國防戰略和經濟發展的需要，開始關注西部地區的開發。

1928年1月和1931年3月，國民政府分別成立了建設委員會和全國經濟委員會籌備處，為開發西北作了準備。1928年，南京國民政府確定了「開發西北、建設西北」的方針，並相繼派出西北科學考察團、西北實業考察團等進行實際考察。1930年，國民政府又制定了《開發西北計劃》，對西北的開發進行了整體規劃，擬定了具體的開發措施。1931年5月，國民會議第七次大會還通過了《開發西北辦理工賑以謀建設而救災黎案》等決議，確定了「以工代賑」的開發計劃。但這一時期正是蔣介石政府忙於軍閥混戰和「剿

共」內戰階段,根本無法集中精力於建設,因而其開發西北的種種計劃和決議大都是一紙空文,並無太多的實際效果。

　　1931年「九一八」事變後,隨著東北的淪陷,國破家亡,危險臨頭。蔣介石對日不抵抗和「攘外必先安內」政策破產,中國國內輿論強烈要求加強國防建設、積極備戰。與此同時,朝野之間許多愛國人士再次發出了「開發西北」的呼聲,「認為西北是中華民族的出路,要恢復中國版圖,必須以我民族發祥地的西北做大本營,要集中全力來開發西北」。[1] 這一時期,全國成立了30多家社會團體,如開發西北協會、中國邊疆協會、中國邊疆建設協進會、西北問題研究會、新西北社等等,致力於研究開發西北的具體事宜。一批關注西北的刊物,如《開發西北》、《西北研究》、《新西北》、《西北問題》等相繼創刊出版,宣傳論述開發西北的重要意義。社會呼聲觸動了國民黨上層及其要員,蔣介石、宋子文、何應欽、張學良、馮玉祥等都受此影響,紛紛表達了相似的意見。國民黨元老邵元沖就曾明確指出:「以今日之國勢而論,東北則藩籬盡撤,東南則警耗頻傳,一有非常,動侵堂奧,故持長期奮鬥之說,力主建設西北之,以保持民族之生命線……」[2] 軍政部長何應欽在其發表的《開發西北為我國當前要政》一文中也認為,「西北為中華民族搖籃,又是中國大陸之屏蔽。從國防考慮,從經濟考慮,從文化考慮,都需開發」。[3]

　　1932年3月,國民黨四屆二中全會通過決議,決定以長安為陪都,並定名為「西京」。並隨即成立了以張繼為委員長的西京籌備委員會和以褚民誼為主任的該會駐京辦事處,「西京市政建設實為建設西北之起點,建設西北之策源地」[4] 不久後,國民政府又頒布了《開發西北案》、《關於開發西北之各種決議應即速實行案》、《西北國防經濟之建設案》、《擬請提前完成隴海線西蘭段鐵路以利交通而固邊防案》、《促進西北教育案》等文件,逐步落實其「開發大西北」政策。該年12月間召開的國民黨四屆三中全會又通過了《邊疆建設決議案》,決定設立「西北拓植委員會」。

　　1934年4月,蔣介石派考試院院長戴季陶到西北視察交通、水利、農業和教育,為開發做準備。戴季陶在考察時表示了開發的部署和原則:「現在

中國整個之國防計劃，主力即全集中西北，則建設國防，自當西安始。關中之建設完畢，乃經營蘭州，而以甘肅為起點，完成整個中國國防建設。」[5]這一時期，中外人士爭相到西北地區進行考察、採訪、旅遊。中央銀行、中國銀行、交通銀行等公私營銀行財團，以及上海銀行附屬的中國旅行社等，都爭相到西北地區設立分支機構，擴展業務。6月間，全國經濟委員會也通過了《西北建設實施計劃及進行程序》，對西北的水利、公路、畜牧、農村建設等各個方面都作了一番籌劃。國民政府開發西北的計劃由此逐步深入。

但是，到1935年後，隨著全國幣制的統一和川、黔、滇等省地的政治「中央化」，國民政府遂將西南與西北相提並論。[6] 西南戰略地位的提升促使了開發西北熱潮的降溫。到40年代初，由於戰爭造成的西南交通線路的封鎖，國際援華陸路交通斷絕，而西北地區與蘇聯之間的陸空運輸仍暢行無阻，西北的戰略地位再次凸顯出來，開發西北的呼聲才再次高漲。

在國民政府大力倡導開發西北時期，民國政要宋子文在其中扮演了重要的角色，他曾先後擔任國民政府行政院副院長、代院長、財政部部長、全國經濟委員會常委，並兼任社會經濟、慈善機構多項職務，於是不可避免地參與了當局「西北開發」的計劃與實施工作。

就有關檔案記載來看，當時國民政府黨政軍經界許多大員都參與了「西北開發」工程，他們紛紛前往西部考察，提出設計與建議，有些報告與提議十分具體周密，例如楊虎城、邵力子、于右任、張學良等人的報告。其中，宋子文也以多種形式表達了他的意見。

關於宋子文與「西部開發」的關係，從他個人擬草的有關建議、提案或聯名批覆有關提案的情況以及處理有關西部發展問題的措施來看，特別是他1934年及1936年親自前往西北與海南島視察並設計有關甘肅、海南建設事宜等諸多事例來分析，我們完全可以了解宋子文對於西部開發的基本態度與具體設計。

在宋氏一生的思想與政治經濟活動中，有關西部開發只是其中的一小部分內容，與他在政治、外交、財政等方面為國家民族所做的工作相比，可能顯得微不足道。但是，作為民國時期一位著名的政治活動家和主管財政經濟

建設的大員，宋子文對「西部開發」的作為與貢獻，當然是其生平活動中的一項內容，不可忽視，它是有關宋子文研究中具有特殊意義與價值的一個方面。

因有關檔案材料的零散特點所限，我們無法探悉有關宋子文「西部開發」活動的全部內容，但已知的史實足以證明，宋子文是民國時期西部開發的積極倡導者和實施者。

一

1932年9月9日，國民政府以林森主席及行政院代院長宋子文領銜，轉發國民黨中央政治會議決議，對中政會委員陳果夫要求清理積欠教育經費與制定開發西北土地辦法的提議案，擬出了組織河套寧夏調查團、開展考察工作等三項辦法，令行政院等有關部門落實。這份文電說：

「案准中央政治會議函開，准陳委員果夫提議，查年來教育經費積欠過多，影響於教育之進步甚鉅，亟應設法清償，擬請以西北未開發之荒地作擔保，發行墾殖證券，分償各校積欠，並以證券之一部分，向銀行抵借現款，作開發西北荒地之本金。如此教育積欠既可清償，同時開發西北之計劃亦易於積極實施。謹擬辦法六項，請公決，等由。經本會議第三一四次會議決議，交教育、財政兩組審查，由朱委員家驊召集，嗣本會議第三一八次會議復經決議，關於陳委員果夫提議清理積欠教育經費與開發西北土地辦法一案，業經濟組會同審查，各等因在案。茲准教育、財政、經濟三組報告稱：奉交審查陳委員果夫提請清理積欠教育經費與開發西北土地辦法一案，遵經會同審查結果認為：（一）西北幅員遼闊，非先指定地點無從著手開發。故擬由中央劃定河套、寧夏為儘先墾殖之區；（二）殖邊應先根據當地實況，制訂計劃，方能進行。故擬由內、教、實三部，聯合銀行、華僑及學術界知名之士，組織調查團，限一月內成立出發，前往河套、寧夏切實考察，負責起草具體方案；（三）俟調查團計劃提出後，再行籌商發行公債辦法。是否有當，乞公決，等由，到會。當經提出本會議第三二二次會議討論，並經決議，由內政、財政、教育、實業四部聯合銀行、商會、華僑及學術界知名之士，組織調查團，由內政部主辦，余照審查意見通過。相應錄案，並檢附原件函達，請煩查照，

轉飭遵照辦理為荷，等由，准此。合行抄發附件，令仰該院轉飭遵照辦理。此令。」[7]

次月，兼任財政部部長的宋子文，依然關注這一提案的落實情況。10月7日，他與教育部部長朱家驊等聯名呈文行政院，對河套寧夏調查團的組織活動等進行了具體的籌劃與安排。文曰：

「案奉鈞院第三四零號訓令內開：為令行事：……計抄發陳委員果夫提議清理積欠教育經費與開發土地之辦法案一份。奉此，迭經內政部召集各部委派代表出席開會討論，當經擬定河套、寧夏調查團組織章程草案，並編訂河套寧夏墾殖調查團二十一年度臨時經費概算書，均經分別議決通過，紀錄在卷。是否有當，理合繕同上項章程草案暨概算書呈請鑑核，指令祗遵。謹呈行政院。計呈送河套寧夏墾殖調查團組織章程草案暨河套寧夏墾殖調查團二十一年度臨時經費概算書各一份。教育部部長朱家驊、財政部部長宋子文、實業部部長陳公博、內政部部長黃紹。

附：河套寧夏墾殖調查團組織章程草案

第一條 本調查團定名為河套寧夏墾殖調查團（以下簡稱本團）。

第二條 本團由內政、財政、實業、教育四部及銀行、商會、華僑、學術界各選派代表一人至三人組織之，其選派方法如左：

一、內政、財政、實業、教育四部代表由部令指派之；

二、銀行、商會代表由實業部商同全國銀行公會、全國總商會推派之；

三、華僑代表由僑務委員會介紹之；

四、學術界代表由教育部商同中華農學會、水利工程學會及其他農墾學術團體推派之。

第三條 本團設主任一人，由內政部代表一人擔任之，副主任一人，由實業部代表一人擔任之。

第四條 本團出發調查時得分組考察，各組設組長一人，由本團推定之。

六　其他篇

第五條本團為增進辦事效能起見，得向關係各部就職員中商調墾殖技術人員及辦事員各三人至六人。

第六條本團之任務如下：

一、實地考察河套、寧夏荒地及墾殖情況；

二、選定墾殖區域；

三、擬定墾殖計劃；

四、編制調查報告。

第七條本團調查期限暫定為三個月。

第八條調查員、技術員及辦事員舟車膳宿旅費概由本團供給，其規則另定之。

第九條本章程自呈准公布之日施行。」[8]

這份文件是宋子文參與落實西部開發工作措施的實際證明。

1932年12月14日，甘肅省政府主席邵力子電請國民政府從速設立西北工賑委員會，「特定工賑辦法，廣羅工程人才，專就陝甘兩省交通水利之急宜舉辦者，實行以工代賑，俾劫後遺獲延喘息」。25日，邵力子專電時任行政院代院長的宋子文，解釋其提議原因，並特請宋子文主持此項工作。電文曰：「弟提案動機，固由目擊陝甘遍地災民，急須舉辦工賑，尤因深知兄主辦水災救濟會成效卓著，極盼兄既造福東南，更拯救西北，故工賑會關鍵在仿水災救濟會辦法，必須兄親為主持，並集合中央之人才財力，切實進行。成規既有可循辦法，無難即定，惟希兄當仁不讓見義勇為，無任企禱。」[9]

次年1月11日，行政院祕書長褚民誼奉宋子文之命回電邵力子，「奉代院長諭：甘肅省主席邵力子電為西北工賑關係至巨請為擘劃主持一案，應交鐵道、交通兩部於附加項下撥給，等因。」[10]15日邵力子再回電褚民誼：「子文院長注意西北工賑，擬定辦理款項，至深感佩。惟弟建議原意，固因開發西北急須舉辦工賑，尤見於水災救濟會之成績優美，故請一切組織仿照水災

會，而更希望子文兄主持其事。現原案交中政會審議，尚未聞結果如何……其是否請子文兄主持，亦希公決。」[11]

邵力子之所以堅持希望宋子文主持西北工賑，是因為他對宋之為人和工作能力的敬佩。當時宋子文雖為行政院副院長，政務繁忙，但仍樂善公益及救災事業，他在主持 1931 年後連年大水災而圖救難民的水災救濟會的工作中，顯示了有效的領導能力，有力地推進了救災工作。這一方面或許是因為宋子文的家庭政治背景給他在與蔣介石合作時提供了有力的支持與保護，另一方面則更是因為宋的工作能力與他一貫的對於公益救災事業的熱心與全力以赴的精神。從宋子文對西北開發的關心與關注來看，他對邵力子之請求理當當仁不讓，但此期宋是在蔣汪合作的國民政府中以行政院長汪精衛的副手地位出現，對於能否主持西北工賑事宜，他只能取決於蔣汪二人的「公決」了。

1933 年 6 月 2 日，軍事委員會委員長蔣介石從江西「剿共」前線給行政院長汪精衛發電，內稱：「陝省政費積欠甚巨，本年糧賦已徵盡，復苦旱災，再不得雨，秋糧亦難下種，尤為可慮。職在京曾催政治會議速提西北工賑建設委員會案，並擬定棉麥借款大部分為經費，務乞鈞座主持以救陝災而定開發西北大計，等語。……惟中決必須積極主持，多方設法，所有西北工賑建設委員會之設置自屬不容再緩，此事關係重要，工賑委員會之組織及工賑建設之進行，請兄詳加擬定，並商催政治會議速予議決為盼。」[12]

1933 年 6 月 12 日，邵力子又致電南京國民黨中央政治會議，報告他去西安途中所見陝西災情，他寫道：「沿途視察及咨訪所得，深知陝省災情確屬慘巨，本年麥收既極旋薄，刻值秋禾撒種，旱象又呈，設使雨澤延期，秋收絕望，來日大難尤堪危慮。當此災頻年、公私交困之餘，關於救濟事業，無論治標治本，本省財力均屬為難，唯有懇請鈞會迅將西北工賑建設委員會決議成立，俾得負責主持，妥籌進行。……擬請俯准□訂美國棉麥之款，多予擬付，以便分頭改施工賑，剋期觀成，全陝民生更深利賴。……」[13]6 月 23 日，中政會開會決議：「以棉麥借款，雖擬劃分一部分救濟農村，然純屬於建設而非放賑，且緩不濟急，恐不能拯救陝災之迫切，惟中央必須積極主

持，多方設法，西北工賑建設委員會之設置，自屬刻不容緩，請催中央政治會議速予議決，特轉請核議等由到會，後經本會議第三六二次會議決議：交行政院擬議具體辦法。」此文件上並附有兩條批註為「電宋部長徵求同意後再議」及「奉院長面諭，已自行擬電宋副院長，俟宋副院長有覆電到再議。此件請議事科暫為保存」[14]。

6月27日，行政院長汪精衛致電正在南昌指揮「剿共」的蔣介石，文曰：「特急。南昌。蔣委員長賜鑑：中密。接養機贛電後，因須徵子文兄同意，故即電詢。頃得覆電謂：西北已成國家決大問題，亟宜根本注意，但辦法宜俟與兄及介兄面談等語，惟力子兄電陝西工賑亟須進行，委員會事能否待子文兄回，請酌復為荷。弟兆銘。」[15]

從上述文電來看，蔣、汪二人對於陝西工賑救災之事的態度是比較尊重宋的意見。而宋子文對此則十分重視，除批撥專款辦理外，還表示了必須親自與蔣汪面商西北救災與建設諸事的意見。這充分表明了宋氏對西北救災及開發的積極態度。

1934年4-5月，宋子文以常務委員身分代表全國經濟委員會前往西北視察。5月5日他抵達蘭州，與甘肅省主席朱紹良會見。他們討論了開發西北建設甘肅的有關問題，並議定了若干具體建設項目。9日，宋子文致電行政院院長汪精衛、立法院院長孫科、行政院副院長兼財政部部長孔祥熙，具體陳述了他的開發甘肅計劃：

「南京。汪院長、孫院長、孔部長勛鑑：弟抵蘭州後，與朱主席商洽甘省建設事項如下：（一）修築西（安）蘭（州）路甘省段公路；（二）修築全省緊要水渠；（三）公共衛生及獸醫之組織；（四）創辦畜牧計劃。以上議定各項均係依照經濟委員會常委會決定之西北建設範圍及經費內妥為支配。歌。印。」[16]

汪精衛收宋電後，即將此電批交行政院祕書長褚民誼，「除電復並抄送全國經濟委員會外，應交鐵道、實業、內政三部」辦理。[17]

宋子文的這次視察之行，在西北交通建設等方面取得了一定成績，更重要的是，它再次把人們的目光轉向了西北廣闊的土地，如宋子文所說：「西北經過許多厄運，人民痛苦的呼聲，竟沒有人理會，但最後是大不同了，中央的人紛紛到西北去，社會領袖也紛紛到西北，到西北去，已成一種『國是』了。」[18]

　　可惜的是，國民政府當局對開發西北的設計，後來因日本發動侵華戰爭而被迫中輟了。

　　抗戰中期的 1940 年 6 月，宋子文受命為蔣介石的私人代表，赴美洽商財經借款，他在美的工作範圍，由財經進而發展到外交，直到 1945 年 8 月完成了中蘇友好同盟條約的簽訂後，回國出任行政院長，宋子文在美居留了五年。在這期間，他與蔣介石及其他「黨國要員」有大量的電文往返，其內容豐富，極具價值。其中就有零星的有關中國西北開發的內容，也從一方面體現了宋子文的西北開發觀念和他所做的工作。

　　1940 年 11 月 30 日，蔣介石致電宋子文，囑其轉告美當局，要美方推動中美合作開發中國西部，文電中稱：「華西物資與寶藏，日人常稱為以後三百年雖用東亞全力開發此富源，亦不能完盡，可知其垂涎之切。我國以後經濟建設之基礎，與國防工業之建立，亦全在華西，川、康、滇、桂、黔、粵、湘、贛諸省皆在內。萬一中日恢復和平，其對我華西物資之開發，必爭先著，有所要求，故此時不得不先為之。所以我國戰後之經濟建設全賴美國，否則日本必先爭取，如此時中美對華西有一合作基礎，訂立條約，或即以我所提三萬萬美金為美國預付之資金亦可。如此則敵對華西之經濟不敢再有所覬覦。但此時要有整個計劃與設計，故須先催其派經濟、交通、軍事顧問來華切實進行也。希以此意轉告美當局從速推動為要。」[19] 雖然蔣介石的來電是要宋子文爭取美國支持當時中國的西部開發，提供合作，使日本不敢再對中國的西部資源存有野心，但這份電報同時也說明了即使是在抗戰期間，國民政府領導人也沒有忘記西部開發的設想。而宋子文接電後，雖然在相關資料中我們沒有找到關於這份電文的覆電，但一年後的 1941 年 12 月 1 日，宋起草了一份給蔣的擬電稿，內容為就關於開發甘肅與新疆油井一事報告蔣介石說：

六　其他篇

「美當局現介紹著名油井地質專家克拉普來華探勘石油儲藏量，以一年為期，連同助手三人薪旅、儀器等費，約美金六萬元，如需探井鑽機等，另加美金九萬元。」宋推薦說：「此人探井經驗豐富，又為美當局介紹，對保守祕密，可無問題。如能得其來華，於我國開發油井，不無裨益。」「應否照聘，祈電示遵。」[20]

這份電文說明，宋子文在 40 年代初駐美期間，仍在致力於西部開發事業。他對於西部開發的思想與實踐是有貫性的。

二

1936 年 12 月，時任全國經濟委員會常委的宋子文，還鄉海南文昌。這是宋子文第一次回鄉並視察海南島。除歸鄉探親外，宋此行的重要內容是規劃海南的建設與開發。

宋子文此行醞釀已久，但因天時地利條件不具備，遲遲不能成行。

海南當時是屬於廣東省管轄的地盤，被軍閥陳濟棠控制。1929 年，陳濟棠利用廣東軍政首腦李濟深與蔣介石的矛盾，取代李濟深獨攬了廣東大權，長達 8 年之久。此期陳濟棠、李宗仁分掌了兩廣實權。直到 1936 年 6 月 1 日，兩廣以抗日為名發動倒蔣事變，演變成內戰。蔣介石以砲彈與銀彈雙管齊下，對陳濟棠內部開展收買和分化。一個多月後，陳濟棠部內訌失敗，離粵赴港。而被蔣收買的陳濟棠部屬余漢謀，於 7 月 22 日進駐廣州，被任命為廣東綏靖主任兼第四路軍總司令，至此廣東又重歸蔣介石控制。「兩廣事變」解決後，南京國民政府明令取消西南政務委員會，「還政中央」，結束了廣東的半獨立狀態。

南京政府從陳濟棠手中接管了海南島。廣東撤銷了東、南、西北、中、瓊崖五個綏靖委員公署，將全省劃為九個行政督察區，瓊崖設為第九區行政督察專員公署，派黃強為第一任行政督察專員兼保安司令，並兼瓊山縣長。

這就是宋子文作為南京國民政府要員還鄉海南的歷史背景。

宋子文此次海南行，由於其特殊的政治背景與身分，受到了外界極大的關注，尤其受到旅居廣東與香港的海南人士的熱烈歡迎。同鄉們不僅是歡迎宋氏返鄉，而且對其發揮優勢作用於開發瓊崖實業、發展故鄉經濟抱有無窮希望，而宋子文也是在尚未踏上故土時，便開始熱情發表其對開發瓊崖的意見。

11月下旬，宋氏抵達香港。23日，香港瓊崖商會開會歡迎宋子文，席間宋發表了熱情洋溢的講話，他說：

「今天承各位同鄉的厚愛，非常感謝。兄弟雖然是瓊州人，但是從未回過家鄉，許多年來，時時想回去看看，因為沒有相當的時間，總未如願以償。今天得許多同鄉歡聚一堂，彷彿是已經回到瓊州，精神上覺得非常愉快。」然後宋說到了海南的悠久歷史文化，並指出其近代以來落後的原因：「在許多人心理中，以為瓊州是蠻荒瘴癘的地方，或者不值得一顧，其實我們把歷史看一看，瓊州的開化已是有一千多年的經歷，如唐朝的賢相李德裕、北宋的文豪蘇東坡、南宋的中興名臣李綱，曾因貶謫來到瓊州，而且在瓊州住得很久。還有我們鄉賢海忠介、邱文莊兩公，為明朝有數名臣，其學問品行，可以做我們的模範。現在一切事業，所以落後，都因為受地理上限制，不能和時代潮流一同進化。」[21]這種由地理條件限制所造成的落後，是交通問題，這正是後來宋子文要全力建設海南交通的認識基礎。

宋子文論述說：「瓊崖面積有九萬多方里，土地肥沃，礦產豐富，如樹膠、咖啡，椰子尤為唯一特產，其他物品，亦應有盡有。若能儘量開發，實在是我國的一個富源。譬如臺灣開化還在瓊州之後，自從日本經營以來，不過四十多年，已成為繁庶之區，如果我們把瓊州開發起來，其地位在南洋之重要，自不待言。」

宋子文告訴諸位同鄉：「兄弟在時間上事務上，如果可以分身，擬回故鄉一行，實地考察，做初步設計的張本。更希望與各位同鄉，共同努力，為桑梓謀幸福，為黨國闢富源，建設一個新瓊州。」對於瓊崖的開發，「全國經濟委員會早已注意，曾經遴派專門人員前往考察。最重要的是，首先注意

交通，而交通最感困難的，是沿海缺乏深水的口岸，但亦未嘗不可以人力來補救。在經濟上，將來自以發展島內至出海港之交通為首要。」

在講話中，宋子文還把海南開發與臺灣的開發做了比較。當時臺灣在日本人的霸占經營之下，臺灣經濟向殖民化快速發展。孫中山在1912年曾說過：「甲午之役，臺灣割讓於日，日人經營十年之久，自鐵道開設，行政、教育制度整理以來，昔者磽确之區，今變為膏腴之府，旅行臺灣者，不勝今昔之感焉。」同年，孫中山在其發布的《瓊州改設行省理由書》一文中又寫道：「夫臺灣一島，其幅員與瓊州相等，自日本經營之後，每年歲入數千萬。倘瓊州改為行省，數年經營之後，其收入必有可觀，無庸疑也。」時間又已過去40餘年，所以宋後來12月3日在故鄉文昌對鄉親發表講話時說：因為是頭一次來到瓊崖，不僅僅是來遊故鄉，而是各位長官「對於瓊崖都是抱著實行總理國防經濟建設遺訓而來。瓊崖的開發，自總理提倡以來，更有無數的繼續主張，都以為瓊崖有天賦富源，而瓊崖人民最有魄力，既然能開發自己家鄉，但是直到如今，還未實現。」這表達了他要實現孫中山開發海南遺訓的決心。

11月26日，宋子文抵達廣州。瓊崖旅省同鄉會四千餘人聚會廣州中山紀念堂，歡迎宋子文、宋子良兄弟。主席陳策致歡迎詞後，宋子文講了話。他說：開發瓊崖計劃有二：（一）由海口至內地及礦山，應有健全鐵路。（二）開放投資。

宋氏在廣州、香港關於海南開發的論述為他的返鄉之行做了濃厚的鋪墊，對此當時的報章輿論進行了多方報導。11月28日《中央日報》香港訊稱：「粵省瓊崖，遠處南疆，地居熱帶，氣候溫暖，土地肥沃，森林礦產，蘊藏之富，實為華南各省之冠。且四面環海，魚鹽等業尤為富裕。近數年來，島上治安，日臻鞏固，各地華僑，前往投資舉辦各種實業者，先後接踵，瓊崖前途之發展，必無限量。此次宋子文南來，聞對開發瓊崖，負有重要使命。」中央社11月29日香港電稿亦稱：「宋子文夫婦偕貝淞蓀、鄭鐵如，廿九日晚十時乘佛山輪赴省，將會同曾養甫等赴瓊視察，開發富源。」

宋氏返鄉隨行者除了親屬，還有廣東的軍政要員、穗港的銀行家及鐵路專家曾養甫等，這是宋子文計劃在海南修建鐵路的實際準備。

12月2日上午，宋子文、宋子良兄弟一行14人分乘三架飛機，從廣州飛往海口，上午10時30分，宋子文等抵達海口。當日，在海口市中山紀念堂舉行了海南各界歡迎大會，宋子文及廣東綏靖公署主任余漢謀相繼演講，闡述開發瓊崖之意義。宋子文說：「父親囑咐，做不成人，不能回去文昌認祖宗，見父老。現遵父之囑，兄弟第一次回故鄉，與父老兄弟眾鄉親見面，非常高興。」午後，宋在地方官員陪同下視察海港。[22]

3日，中央社自海口發出《宋子文余漢謀乘飛機環遊瓊島》的報導：「宋子文、余漢謀、曾養甫暨偕來人員，三日由黃強、陳章陪同，乘機凌空環遊瓊島一週，視察五指山及沿海榆林、清瀾、新英各港形勢，並接見第九區保安副司令王毅、瓊崖商會主席唐品三、禁煙委員雲瀛橋、督學韓國清、六師校長白學初及各界代表，諮詢地方情形甚詳。」

當天下午，宋子文回到老家文昌。在雲龍樓前的廣場上，出席歡迎大會的鄉親們早已在等候著，主樓和廣場四周，掛滿三角彩旗，五彩繽紛，氣氛隆重而熱烈。當宋子文等人在陽臺上出現的時候，會場上響起熱烈的掌聲。縣長楊柱國介紹貴賓後，請宋子文講話。

宋子文感慨地說：「各位父老兄弟姊妹：兄弟雖是瓊崖人，但是從來未回過家鄉。今天到文昌，得與各位同鄉見面，真是平生最愉快的事情，同時對於故鄉抱有無窮希望。」感慨地說：「今天承大會寵招，原定二時到達，因沿途耽擱，到文昌時已遲，勞各位同鄉辛苦等待，十分抱歉。所以耽擱的緣故，為是乘飛機環繞全島一週，且飛越五指山觀察形勢，多費了時間，但因此回想到從前意欲環繞全島一週，並登五指山，非一兩個月不能完成，今天三個小時竟可如願達到，由此可以證明從前所辦不到的，現在必能辦到；從前非常困難的，現在輕而易舉，是開發瓊崖最確當最良好的一個比喻。」

然後他既轉而陳述開發建設海南的大計，如開鐵礦、築鐵路、建設清瀾港等，宋子文說：他的父親宋耀如曾向孫中山提出「十年之內在中國建設二十萬里鐵路」的計劃，可惜志未竟成。宋子文決心繼承父志，決定投資3000萬元修建環島鐵路。

六　其他篇

宋子文講到瓊崖人含辛茹苦，遠涉重洋求生路的情景：「我們瓊崖人很像歐洲愛爾蘭人，在家鄉無容身之地，只有向外以血汗換衣食，此種不甘坐以待斃、奮鬥冒險的毅力，便是我瓊崖人真正魄力」，「瓊崖既賦有天然的富源，又蘊有毅力的民族，何以至今不能發展？」

宋子文根據自己的觀察與思考，提出開發瓊崖的三大障礙：第一是治安問題，第二是政治問題，第三是交通問題。

就交通問題，宋子文說：「我們知道開發任何區域，最大關鍵，首須解決交通問題。瓊崖沿海，現無海港建設，腹地更無鐵路運輸，兄弟此次與余總司令、鐵道部曾次長、宋廳長、黃專員，幾度討論，已將交通基本計劃，定有辦法，且瓊崖的開發，與全國國防上、經濟上，有重大聯繫，用各省的財力，來幫助完成交通計劃，一定可以辦到。」

最後，宋子文滿懷信心地說：「兄弟相信，在中央與余總司令、黃主席暨各位長官領導之下，加以全國經濟力量的幫助，並以我數百萬同鄉開發南洋的魄力，移到本鄉，共同合作，在此三五年內，成績一定可以超過從前三五十年的進步；我更相信，在最短時期內能夠實現總理開發瓊崖的遺訓。兄弟是瓊崖一份子，從前雖抱著開發願望，還是僅憑一種理想，今天實地到了故鄉，覺得腦海中有無限的感動。在奉行總理遺訓之下，和瓊崖同鄉、全國同胞所渴望之中，無論何時何處矢以全力，追隨各位之後，以底於成。」[23]

歡迎會下午四點多鐘結束，宋子文一行直接驅車返海口。因為那時文昌無電無自來水，是沒有條件接待宋子文住宿的。車隊回到海口，夜幕已降臨。

「在宋子文回文昌的同時，在他的祖居昌灑古路園村一帶的群眾，也陸續到他的韓姓墓地拜祭、參觀，熱鬧一番，祝賀宋子文回鄉。文昌縣的國民黨政府，為了紀念宋子文的回來，便將縣城的第一小學改名為『子文小學』。」

4日早上，宋子文等離開海南飛廣州。他在海南停留的時間比計劃提前結束了一兩天。宋氏兄弟歷史性的回鄉之行就此結束。12月6日，宋子文偕隨員應邀前往廣西視察。

宋子文的海南返鄉之旅，其意義早已超過了單純的懷舊念祖之情，而在海南開發歷史上留下了濃重的一筆。他關於開發建設海南的思想，在此行中得到了比較全面具體的闡述，對此我們可稍加歸納。

宋子文的開發海南思想源於孫中山的國家建設藍圖。

早在1918年，孫中山在其謀劃《建國方略》時就提出了開發海南的思想，他曾用筆在中國西南鐵路圖南端畫了一條線，直抵與瓊島一水之隔的海安。這便是孫中山《建國方略》的第60幅插圖。孫中山說，應該有一條鐵路「於化州須引一支線，至遂溪、雷州，達於瓊州海峽之海安，……於海安再以渡船與瓊州島聯絡。」他勾勒出以火車、渡船連接海南與大陸交通的最初設想。[24]

孫中山又在《建國方略》之《實業計劃》中寫到；「海南固又甚富而未開發之地也。已耕作者僅有沿海一帶地方，其中央猶為茂密之森林，黎人所居，其藏礦最富。」他並期望「全島悉已開發」。

在此前後，孫中山多次提出海南建省問題，並陳述其理由在於鞏固海防、啟發天然富源、文化政策、中國國內移民殖民、便宜行政等等。這些都是民國時期最早開發海南的書面計劃，但在軍閥割據統一未成情況下，這些設想不能付諸實施。

由於孫中山的積極倡導，海南島豐富的資源逐漸引起國人的注意。一時間，海內外官方的、民間的有識之士以及學者、華僑團體等紛紛對海南島進行調查和考察，發表許多開發建設海南的言論，這就是宋子文所說因「總理提倡」而造成的局面。

《建國方略》中將海口港列為中國十六大港之一，榆林港列為十五大漁業港之一，而無關於清瀾港的論述，也沒有將洋浦港列為中國未來的大港之一的內容。儘管《建國方略》中沒有寫到清瀾港，但是清瀾港的開發確實是此時的一個熱點。「清瀾為瓊崖最良好最適中最合時代之商港」，清瀾築港後，有往來之便利，不特增加瓊崖商務繁榮，來瓊遊歷者，必增加無數。「如

六　其他篇

此則瓊崖商港有海口清瀾、軍港有榆林、環島鐵路、黎境公路，四通八達，可成為一新瓊崖矣。」

按照宋子文的計劃，隨後應成立瓊崖鐵路工程局，以臨高縣馬裊港為起點，經澄邁、瓊山抵海口，再出文昌經加積、陵水而至榆林作為首期東線道路，全長361公里；二期西岸線經福山、和舍而至那大，全長67.2公里，統稱環島鐵路。其後，調用四個測量隊奔赴海南，對馬裊港至海口段進行了初步勘測。宋子文甚至準備將浙贛鐵路拆下來的舊鐵軌，運來海南建鐵路，以節省經費。[25]

過去曾有人說，宋子文此次回鄉，是想把海南的豐富礦藏攫為己有。他藉回鄉祭祖之名，攜同礦務專家，來回海南勘察。只以時機未成熟，又無適當的人合作，未曾著手。[26] 從史料及史實來看，這種說法應是沒有事實根據的。

12月13日，宋子文一行到達上海。當天，宋子文收到張學良自西安給他的信，告之「西安事變」發生，宋立即投入到營救蔣介石的緊張工作中。

宋子文本人對此次家鄉之行十分滿意，並且當時在中國國內造成了很大的反響。

12月5日，宋在廣州接受中央社記者採訪，發表遊瓊感想：「略謂此行匆匆兩日，但印象甚佳，且承地方當局暨各界人士供給許多資料，藉作發展瓊島實業之參考尤可珍貴。瓊島物產豐富，屬吾國唯一熱帶區域，交通除有輪船外，復有民航飛機與省城聯絡，今後若對島上交通先予發展，則開發經營，殊無若何困難。瓊崖十六縣同鄉，在省港及海外各地者頗不乏人，深盼咸以各人經驗與資力，返鄉參加開發事業。本人為瓊人一分子，自當盡力協助。在瓊蒙地方當局暨原籍父老殷殷招待，尤為可感。」

12月14日他又在上海中國銀行接見新聞界發表了談話，宋子文在說明蔣介石在西安「絕對安全」後，仍然不忘對記者談起了赴粵桂視察之經過。他談到此行曾往海南島視察，以該島有熱帶物產，開發後可挽不少漏卮，

至於開發計劃之最要者為：（一）開闢海南港，（二）建築鐵路，約需費二千五百萬至三千萬元。

　　宋子文視察海南，讓海南迎來歷史上最受看重的時刻。時人對宋子文視察海南的評價與期望都很高，一時間出版了不少的有關文章與著述。如潘瀛江的《對全國經委會常委宋子文先生返瓊的希望》、王少平著的《菲島瓊崖印象記》等等。張維漢在其所著《海南島》一文中寫道：「瓊島今日地位之重要，已非昔比，自宋子文先生飛瓊視察以後，已引起全國人士之注意。……嗟呼！東北已失，白山黑水，已非我有，今瓊島得失，實為我國之生死關頭，及今不圖，必將貽噬臍之悔也乎。」這些輿論確實反映了宋子文視察海南所帶來影響的熱烈程度。

　　香港海南商會會長周成泰，是宋子文在回海南之前提議香港瓊商組織的海南先遣考察組成員之一。1936年11月間，周成泰帶領香港考察組抵達海南，他們日夜兼程，從海口出發西行，沿途經過金江、那大、八所、三亞、陵水、萬寧、嘉積、文昌等地環島進行考察，草擬了一個環島鐵路策劃報告，準備在宋子文來到海南時當面匯報，以便決策。在宋子文離瓊後，周成泰和考察組人員，仍然在三亞工作了一段時間，後因時局變化，修環島鐵路一事停辦。周成泰回憶說：「遵循孫中山先生的三民主義和《建國方略》行事，宋子文甚至對『方略』中有關開闢海南島清瀾港的論述都記得很清楚。」

　　宋子文還鄉海南之行，在另一方面又刺激了海南改特區的輿論再次泛起。軍政部次長陳誠也認為「瓊崖關係兩廣及國防甚巨，有設特區必要」。同時，廣東省主席余漢謀正式申請在瓊崖劃置特區，直接由中央管轄。

　　1937年5月3日，國民政府行政院舉行了第一次「瓊崖劃設特區討論會」，由參謀本部召集內政、外交、實業、交通、軍政五部開會並提出：

　　（一）瓊崖劃區制度問題，以行政系統應屬於廣東省政府，國防建設應屬於中央；

　　（二）瓊崖設特區，長官以軍事資歷最深人充任；

第一點內政、實業兩部主張直隸中央，第二點未加研究。財政部報告：瓊崖財政情形，歲入八十九萬餘元，歲出一百二十四萬餘元。內政部又專門報告了民國二十一年（1932年）海南島籌設特區之經過。

會議討論的結果，其一是令實業、交通、鐵道三部會同全國經濟委員會，商擬瓊崖各種經濟建設及海港建設之初步計劃。

這次會議之後，5月下旬行政院、軍委會及內政、外交、財政、實業、交通、軍政等各部召開聯席會議，又再行討論瓊崖設立特區事宜。經過反覆斟酌商討，並徵詢廣東省政府意見後，由各部門會同全國經濟委員會參照青海、寧夏、西康等先例，就海南設特區後的行政、鐵路、公路、航運、商港、航空、水利、實業等方面提出了較為翔實可行的計劃。至於行政問題，各方均認為瓊崖設特區，行政長官應以軍事資歷最深人員充任，以突出其軍事位置之重要。[27]

廣州《中山日報》1937年5月11日發表社論《開發瓊崖之三種力量》，文章說：「我國政府久有開發瓊崖之計劃，最近中央尤為積極進行，實業部次長程天固日前率領京粵有關係機構之長官及專家十一人飛瓊崖視察」，「中央政府之開發瓊崖事業，確具絕大決心，集中資本，廣攬人才，並限期完成鐵道之建築及港灣之開闢，此乃國人周知之事實。」[28]

1937年6月10日，鐵道部部長張嘉致函全國經濟委員會祕書處，報告有關海南島開港及修築鐵路進展情況：該島環海鐵路路線，現正由測量隊實地施測，尚未完竣，其詳細計劃，應俟全部路線實測完竣後，方能規劃編制。

該函所附《瓊崖鐵路計劃書》內容為：「（一）路線經過地點：本路擬自那大起，經馬裊港、瓊山、文昌、嘉積、萬寧、陵水，以達榆林港為止，共長約四百五十公里。查那大為礦產及森林出產區域，馬裊（即新興港）、榆林兩港，擬與鐵路同時興築，作為陸海吞吐港埠，其餘諸地，均屬本島人口繁密及出產豐富之區。（二）路線測勘情形：路線經過，除馬裊、榆林兩港外，計有竹絡嶺隧道一處，長約五百公尺；南渡江、合口溪、陵水溪大橋三處，各約長三百公尺；龍滾河、太陽溪大橋兩處，各約長二百公尺。全線地勢，崗丘起伏，平原較少，惟工程尚不十分艱巨。（三）工程計劃：軌距，

採用標準軌距 1.435 公尺。鋼軌，採用每碼重三十五磅輕軌，正側線合計長五百公里。枕木，採用本島所產硬木，共需七十萬根。橋梁，採用鋼筋混凝土正式建築。海港，馬裊港築防浪堤一處，停船碼頭一處，榆林港築停船碼頭一處，兩港均可同時停泊五千噸海輪六艘。」

實業部為此提出了設立廣東鐵路股份有限公司的計劃，「予以在瓊崖境內築路開港及開發實業之特權」。此後不久，在《國民政府特許廣東鐵路股份有限公司條件》中對此項業務權利進一步作了說明。至於資金籌集，「資本暫定國幣五千萬元，第一期先繳半數，由鐵道部擔任一千萬元，廣東省政府擔任五百萬元，余則招募商股，商股予以相當保息。」另與交通部合作提出了瓊崖公路建設、水利建設規劃。公路部分內容為：「查瓊崖全島公路，已築成環島省道及各縣縣道，共約三千餘公里，惟所成縣道幾大多偏集於該島東北部。為鞏固全島國防，普遍發展地方經濟起見，似宜積極促進開發西南兩部，構成東西南北連貫路線，聯絡海岸線與腹部交通，並增進已成公路交通效用。茲依據上述各原則，草擬該島公路建設初步計劃綱要如左：（一）完成環島省道之全線交通，所有局部地段未築橋涵，應儘先建築完全，並視實際需要，將原有各項工程，酌量改進，擇要加鋪路面，以利交通。（二）增築島南腹部各縣間聯絡公路，以開發黎地，並加展長，以構成東西南北連貫路線，及腹部重要產區與出口海港之聯絡。（三）就島北腹部原有公路，擇要改進加築路面，俾內地政治商業中心區域及原料產地，與海岸鐵道線及出口海港直接聯絡。（四）改進全島公路行車管理，整理商營公路，將環島公路全線先行集中管理，以資統一改進。」

1937 年，廣東省建設廳長楊澄波宣布瓊崖建設計劃，稱敷設環瓊鐵道之款，將向英國洽借，所有交通機構，及改造馬裊港之所需，由國府、省府、南洋僑團三方面分擔。不久，又宣布瓊崖建設資金以中國為主，一億元中，外資約占 40%。向英國所借款項，用於購訂機械材料。

在此前後，鐵道部還派遣外籍顧問斯德利勃，偕同上海英商合盛洋行金姆魯等 60 餘名專家，到海南島勘察一月有餘，並派杭甬鐵道曹家段工程處主任張海萍為瓊崖鐵道籌備主任，專司測量、製圖、設計事務。

1937年2月1日，中華棉產改進會在南京舉行第五屆常年大會，擬具開發瓊州島植棉計劃，呈送全國經濟委員會。計劃中分析海南島之溫度、濕度、土質等氣候地理條件，為發展海南島的植棉業提供了科學依據。不久，上海永安公司經理、永安紗廠經理郭順在考察海南後也決定投資，在海南西北新壚購地2萬畝，試種棉花。

2月15-22日，國民黨中央在南京舉行第五屆三中全會，確定了與中國共產黨重新合作共同救國的方針。在這次會議上還討論制定了《瓊崖建設計劃大綱》，內容共七項：（一）開發機構之設置；（二）交通建設：分航道、鐵路、公路等；（三）農林建設：設立國營農場、林場及農林教育機構；（四）水利建設：河渠之開鑿、河道之疏濬以及建築堤防、水井、貯水池等；（五）農村建設：關於土地分配、農村教育之普及、合作事業與副業之獎勵、封建勢力之剷除、修築道路、衛生設備等；（六）黎民教育；（七）國防建設。[29]

直到七七事變前的半個月的6月18日，宋子文又率領財政金融官員及專家陳行、貝祖貽、戴銘禮等一行10餘人到港轉抵廣州，整頓粵桂金融及計劃開發海南。宋子文對記者發表談話稱：此來除規劃開發瓊崖，並指示整理粵金融計劃，徹底解決粵糧食供應問題。[30]

這一切，都是在日本加大侵華步伐，戰爭形勢日益緊張的情況下進行的。由此可見，宋子文的海南之行和他的全力推動，在引起國人關注開發海南島方面所帶來的影響之大。

王少平所著《菲瓊遊記》一書中曾總結說：「廿五（1936）年宋經委長到瓊視察以後，政府對於建設海南，頗見積極。故馬裊港，已實行測量開為商港，而環海鐵路，其起點亦在斯地，將來落成，水陸交通，均臻便利，成為南中國之最良商港，海南島之中心要地矣。」[31]

1937年7月7日，中國抗日戰爭全面爆發。海南改特區以及諸項建設事業遂告中止。

及至抗戰勝利後的 1946 年 1 月 22 日，擔任行政院長的宋子文抵穗視察災區，27 日，他再次偕張發奎、羅卓英、陳策等飛瓊崖視察。但時隔不久，國共內戰全面爆發。

隨著國民黨敗退臺灣，民國時期的海南乃至西部開發諸事便進入了歷史。孫中山所擬的宏偉建國藍圖，歷史性地交由中國共產黨領導全國人民繼續完成。

三

宋子文在民國時期的西部開發中扮演了重要的角色，他運用自己的智慧和影響力，為中國西部包括西北和西南的開發建設事業，做出了他的貢獻，具體表現為：其一，他是遵照其父的理想與孫中山的思想投入西部開發的事業，特別在海南建設方面，他有著強烈的責任感與使命感；其二，他運用自己的政治地位和社會影響力，大聲疾呼，總結歷史，宣講意義，對西北與海南的開發，喚起了國民黨高層人士、有關當局與各相關方面的重視和社會輿論的關注；第三，他親自深入當地調研，籌劃和主持了海南、甘肅等地的多項交通與建設事業規劃，聯合金融、財政、交通等專業人士，尊重科學，切實制定開發建設方案，實際推進了各地的開發與建設。即使在他居美活動期間，在繁忙的外交工作之中，他也沒有忘記聯絡外援投入西部開發事業，可見其心繫此念之深。

中國西部開發歷史上，宋子文與許多民國名人一樣，留下了規劃與建設的思想財富，但他還有著自己的特點和獨到之處，特別是他對於規劃海南開發的貢獻。在宋子文一生的政治與社會活動中，這是不能遺忘的重要一頁。

【注】

[1] 朱銘心：《九一八與西北》，載《西北問題》1934 年第二卷第一期。
[2] 邵元沖：《西北建設之前提》，載《建國月刊》1936 年 2 月第 14 卷第二期。
[3] 何應欽：《開發西北為我國當前要政》，載《中央週報》1932 年第 199 期。
[4]《籌建西京陪都檔案史料選輯》，西北大學出版社，1994 年版，第 5 頁。
[5] 戴季陶：《中央關於開發西北之計劃》，1932 年 4 月 21 日。

六　其他篇

[6] 李雲峰等：《抗日時期的國民政府與西北開發》，載《抗日戰爭研究》2003年第3期。

[7]《國民政府關於陳果夫提議清理積欠教育經費與開發西北土地辦法致行政院訓令》（1932年9月9日）

[8] 中國第二歷史檔案館館藏檔案二（2）33。

[9]《朱家驊、宋子文等擬具〈河套寧夏墾殖調查團組織章程〉致行政院呈文》（1932年10月7日），中國第二歷史檔案館館藏檔案二（1）2710。

[10]《邵力子請宋子文主持進行西北工賑電》（1932年12月25日），中國第二歷史檔案館館藏檔案二（2）34。

[11]《行政院致鐵道、交通二部關於在附加項下撥款辦理西北工賑箋函》（1933年1月11日），中國第二歷史檔案館館藏檔案二（2）34。

[12]《邵力子請中央速定設立西北工賑委員會辦法並請宋子文擔當其事電》，（1933年1月15日），中國第二歷史檔案館館藏檔案二（2）34。

[13]《蔣介石為設立西北工賑委員會等事致汪精衛電》（1933年6月2日），中國第二歷史檔案館館藏檔案二（2）34。

[14]《抄邵委員力子原電》（1933年6月12日），中國第二歷史檔案館館藏檔案二（2）34。

[15]《國民黨中政會議決由行政院籌設西北工賑委員會函》（1933年6月23日），中國第二歷史檔案館館藏檔案二（2）34。

[16]《汪精衛為籌設西北工賑委員會事致蔣介石密電》（1933年6月27日）中國第二歷史檔案館館藏檔案二（2）34。

[17]《宋子文致汪精衛電》（1934年5月5日），中國第二歷史檔案館館藏檔案四二二（3）152。

[18]《諸民誼致實業部電》（1934年5月9日），中國第二歷史檔案館館藏檔案四二二（3）152。

[19]《中央日報》（南京版）1934年4月28日。

[20] 吳景平郭岱君編：《宋子文駐美時期電報選》，復旦大學出版社，2008年3月版，第53頁。

[21] 吳景平郭岱君編：《宋子文駐美時期電報選》，復旦大學出版社，2008年3月版，第139頁。

[22] 此節內容及所引資料參考《1936，宋子文還鄉海南的前前後後》，載《海南日報》2009 年 4 月 13 日及《海南百年鐵路夢》載中國經濟網，http://big5.ce.cn/ztpd/xwzt/guonei/2004/jdzg/ydpl/jdyk/200406/25/t20040625_1153037.shtml。

[23]《1936，宋子文還鄉海南的前前後後》，載《海南日報》2009 年 4 月 13 日。

[24]《1936，宋子文還鄉海南的前前後後》，載《海南日報》2009 年 4 月 13 日。

[25] 前引《海南百年鐵路夢》。http://big5.ce.cn/ztpd/xwzt/guonei/2004/jdzg/ydpl/jdyk/200406/25/t20040625_1153037.shtml。

[26] 前引《海南百年鐵路夢》。http://big5.ce.cn/ztpd/xwzt/guonei/2004/jdzg/ydpl/jdyk/200406/25/t20040625_1153037.shtml。

[27]《1936，宋子文還鄉海南的前前後後》，載《海南日報》2009 年 4 月 13 日。

[28]《1936，宋子文還鄉海南的前前後後》，載《海南日報》2009 年 4 月 13 日。

[29]《1936，宋子文還鄉海南的前前後後》，載《海南日報》2009 年 4 月 13 日。

[30]《1936，宋子文還鄉海南的前前後後》，載《海南日報》2009 年 4 月 13 日。

[31]《1936，宋子文還鄉海南的前前後後》，載《海南日報》2009 年 4 月 13 日。

[32]《1936，宋子文還鄉海南的前前後後》，載《海南日報》2009 年 4 月 13 日。

從六個事件看民國外交突發事件應對的成與敗

載中共中央黨校《中國黨政幹部論壇》

民國時期是中國歷史上自然災害和內政外交事件頻發的多事之秋，由於國力的衰弱與日本帝國主義的侵略，民國時期曾先後發生了多起外交危機和外交突發事件，國民黨政府從當時的條件、環境和自身的需要出發，對這些涉外突發事件主動或被迫地採取了一系列的應對措施，最後導致了事件處理的不同結局。這些突發事件的發生，有其特殊的歷史與國際背景，國民政府當局的應對方法也極具歷史特徵。殷鑑不遠，這些經驗教訓對我們今天仍有一定的參考作用。

事件回放

一、濟南事件

六　其他篇

　　1928年4月，南京國民政府決定繼續進行二期北伐。5月1日，北伐軍佔領濟南。就在蔣介石率軍準備繼續北進時，意外的事情發生了：駐濟日本軍隊忽然向北伐軍發起全面攻擊，佔領全城，並大肆屠殺中國軍民，製造了震驚中外的濟南慘案。

　　面對日本的出兵，中國政府進行了抗議與交涉，[1]但中國政府的所有努力，都沒有取得成效。5月3日，日軍部隊在濟南各處製造流血事件。瘋狂的日軍「遇中國人，不論兵民，即開槍射擊，一時屍體滿街」。[2]由於部分中國軍隊奮起抵抗，日軍就更肆無忌憚，而且不顧國際公法，闖進外交部駐濟南交涉署，殘殺國民革命軍總司令部外交特派員蔡公時等17人，更用大砲轟擊北伐軍駐地和濟南市民，製造了駭人聽聞的濟南慘案。據調查，在這次慘案中，中國軍民死亡3254人，受傷1450人。[3]

　　面對突如其來的慘案，當時中方在濟案發生後所採取的應對之策，主要在兩個層面進行：一是蔣介石在濟南採取避戰措施，與日軍就地交涉；二是由國民政府進行外交交涉和全面應對。

　　慘案發生後，蔣介石即派外交部長黃郛到日軍司令部進行交涉，不料黃郛因拒絕日方無理要求，竟被拘禁18個小時。4日晚，日軍用飛機和大砲向濟南城內轟擊，向北伐軍發起總攻，限令城內守軍一小時內繳械離城。面對福田的蠻橫態度和日軍在濟南城對中國軍民的瘋狂屠殺，蔣不得不放棄在陣前與福田交涉的打算，要求國民政府「立即向日本政府提出嚴重抗議，並以此事實宣告全世界」。[4]

　　濟南慘案發生後，國民黨中央和國民政府委員會連續召開會議，決定北伐繼續進行，濟案由外交部繼續提出抗議，嚴重交涉。同時制定了一系列應變指導方針，比如，國民黨採取了指導各地民眾團體遊行抗議、組織抵制日貨活動等行動，甚至組織軍隊也參加遊行示威。[5]在上海、南京等地就成立了對日經濟絕交委員會。

　　6月8日，國民革命軍佔領北京，北洋政府統治結束。此後濟案的交涉由國民政府外交部與日方進行，歷經多次變化，直到1929年3月中日雙方

才達成協議。該協議內容沒有追究日方的軍事責任,而只決定了兩個月內,日軍從山東撤軍和共同組織中日調查委員會另行調查雙方損害問題等事項。

濟南事件由此結束。

縱觀濟南事件中日交涉過程,我們可以看到:國民政府與蔣介石對事變的應付之策只想妥協退讓,完成第二次北伐。先採取的是就地解決方法,不行則訴諸外交解決,輔以內部動員抵制日貨等民眾運動。但這種一味地妥協退讓的交涉方式,使得日軍越發肆無忌憚,濟南一度為日軍所占,中國人民遭受到巨大的生命財產損失。國民政府這種做法,既不能獲得公正解決的結果,又讓中國國內民眾覺得失去了尊嚴,自然引起了民眾的不滿。特別是從此開啟了南京國民政府對日妥協外交的大門,使得日本今後在中國大地上一再重複上演類似的突發事件。

二、中村事件與九一八事變

1928年國民政府宣布統一全國後,日本加快了侵華步伐,他們不斷派出間諜在東北各地活動,為發動侵華戰爭做準備。

1931年2月,日本參謀省情報科情報員、陸軍大尉中村震太郎等四人潛入中國禁區黑龍江興安屯墾區獵取情報,被中方駐軍第三團關玉衡部捕獲,當場搜出地圖等證據。中村在受審時武力抗拒,與中方軍人搏鬥,被打死。駐軍考慮到如與日方交涉,軟弱的當局最後將會屈服,情報將會被日方取走,隨即決定將日諜全部處死。

關玉衡將情況和證據向在北平的東北軍副總司令張學良作了報告,但他卻沒有向瀋陽東北長官公署主持政務的參謀長榮臻報告。

8月初旬,日本駐瀋陽領事向東北長官公署提出抗議,要求中國方面調查,9月上旬,中國政府被迫承認了處死中村等人的事實。

在東北方面,由於張學良與榮臻也沒有對此事及時通氣,更沒有研究應變的對策,榮臻沒有心理準備,以致日領詢問時,榮以不明真相含糊其辭。日本軍部趁機大肆製造輿論,在軍事上咄咄逼人。於是,張學良向榮臻指示了對中村事件的方針:「俟該事件充分調查後,根據事實,決與圓滿公平解決,

並充分地努力，使兩國國交不發生阻礙。」這一目的在日本蓄意挑釁之下是不可能實現的。

中村間諜罪行確鑿，中方代表據此與日方據理力爭。在確證面前，日本領事的態度頓時大變，轉而提出要中方道歉、處罰責任者、賠償損失和保證以後不再發生類似事件的四項解決條件。中方以請示為由拖延之。

事實上，日本外交談判不過是掩蓋戰爭準備的手段，在此期間，日本軍方決心用軍事手段占領東北，已經悄悄完成了侵略中國東北的軍事部署。

1931年9月18日夜，日本關東軍藉口南滿鐵路遭到破壞，突襲東北軍瀋陽北大營，進而出兵侵占了中國東北全境，製造了震驚中外的「九一八」事件。

對於南京國民黨政府來說，「九一八」事件是一起典型的遭受外敵入侵國土淪陷的重大突發事件。

「九一八」事件後，蔣介石確立的應付原則仍本一貫的妥協方針，可概括為「忍」、「韌」、「拖」三個字，即軍事上不抵抗——「忍」；外交上不屈服——「韌」；不絕交，不宣戰，不與日本直接交涉，不簽喪權辱國的條約，盡力拖延與日本直接攤牌的時間——「拖」；同時訴諸國際聯盟，將事件國際化，爭取國際同情，希望透過國際干涉，迫使日本撤兵。

具體運作，則分為以下幾個層面：

一是加強對外宣傳，控制中國國內輿論；二是調整運作機制，成立專門決策機構來應變；三是對日本方面只提抗議、提要求，不與之進行談判；四是在軍事上忍耐的前提下，將日本侵華真相訴諸國際聯盟，希望西方列強主持公道，壓迫日本撤兵。

日本對此採取反誣手段，顛倒黑白、混淆是非，亦向國聯申訴中國挑起事端。從1931年9月到次年秋，國聯多次召集會議聽取雙方陳述，並曾派以英國李頓伯爵為首的調查團到東北實地調查。在得知事件真相後，國聯多次作出決議，要求日本從中國撤兵。但日本拒絕執行，反而迅速占領東北全

境。後來乾脆宣布退出國聯,使南京國民黨政府依靠國聯迫使日本撤兵的計劃完全破滅。

國民黨對應日本製造的中村事件與「九一八」事件方法成敗因素,有幾點值得注意的內容是:

1. 戰前的日本是一個極富侵略性的國家。近百年來,他對中國的基本政策就是盡一切可能來破壞中國安定統一,阻止中國富強,其做法就是不斷在中國製造內亂和矛盾,破壞其政治與民族團結,欲陷其於永久的一盤散沙狀態,以利其侵略蠶食。所以,對於中國的在野派反對勢力,不論其是孫中山的革命黨還是北洋軍閥,他們都給予庇護、支持、援助,而絕非出於同情中國革命。日本為了國家的利益,無視國際組織、國際法與已訂立的條約,一旦迴避不了,就作片面解釋,矇騙不了則耍起流氓手段,宣布退出國聯,欲讓中國「有冤無處申」。日本還特別注意輿論宣傳,凡是有利本國的就大力宣傳,凡是不利本國的就迴避或歪曲,以矇蔽本國民眾,在國際上混淆視聽。如中村間諜案中因事實確鑿,日本心虛,便在其控制的《盛京時報》等報刊上或不提原因,或歪曲事實真相,純係淆惑世人聽聞,企圖推卸其間諜活動的責任,並在日本國內掀起戰爭狂熱。

2. 就中國而言,當時在蔣介石「攘外必先安內」的政策指導下,國民黨當局上下對日本的侵略行為忍氣吞聲,一味忍讓,出了事怕事,越怕越出事。如中村事件中,本來中國方面事前已向駐東北各國領事發了照會,不許外人進入禁區,有言在先。事件發生後,中村間諜罪行確鑿無疑,中方本可以透過輿論將日本的間諜行為昭告天下,爭取主動,占據話語權,但東北當局始終將事捂著,開始時不承認,當事實掩蓋不住了,才承認處死中村的事實,還一廂情願地要「以鎮靜與穩慎的態度,希望和平解決」。在想法和行動上都十分被動。蔣介石中央也不敢向日本提出抗議,反要將行使正當職權的關玉衡「進行軍事審判,予以嚴懲」,想以「自虐」來換取日本的讓步,「與虎謀皮」的結果客觀上適得其反。

3. 在處理外交突發事件中,東北地方當局內部及其與南京國民黨中央上下之間缺乏通氣與協調。如中村事件中,關玉衡及時向張學良作了報告,但

是張既未向國民政府報告，也未向在瀋陽代理副總司令職務的榮臻等通氣，更沒有準備應付的辦法。待到日方提出抗議後，瀋陽方面的榮臻與在北平的張學良及南京的蔣介石對此事件的看法與說法各異，使日本有漏洞可鑽。九一八事變後，南京與東北聯繫也不順暢，中央忙於核查事件情況，對日應付總是慢一拍，陷於被動。

三、藏本事件

1934年6月8日，日本駐南京領事館副領事藏本英明外出失蹤，引發了中日關係的又一場危機。

藏本英明，時年42歲，任日本駐南京總領事館副領事。6月8日晚，剛回到陰陽營住宅不久的藏本英明，對太太說他有事要出門，並交代不要等待。次日上午9時30分，國民政府外交部突然接到日本駐南京總領事館的通知：領事館副領事藏本英明失蹤，請速代為調查。

為防日方再度利用這一事件發難，汪精衛迅速訓示首都憲警機關：「盡全力訪查，務期藏本失蹤事有一著落，以維中日睦鄰邦交。」

隨後，自9日至11日，首都警察廳派出憲警分頭出動，往各處查訪，戴笠主持的特務處也奉命派出人員到處尋訪。

為了尋找藏本，中方出動人力之多、查訪範圍之廣、搜尋程度之細密，狀況空前。但蔣汪政府的重視和努力，並沒有得到日方的肯定。因為他們本來就是「醉翁之意不在酒」，其意在於把事情搞大，最終為全面侵華找藉口。

12日，日本外相廣田弘毅在內閣會議上正式向中國政府發出了威脅。作為中國行政最高負責人的汪精衛又驚又怕，全無主張，只是對憲警拍桌訓斥，一再斥責他們查訪不力。

日方面對中國政府的軟弱，決定採取更加強硬的態度。除輿論宣傳的大肆鼓噪外，日本更以付諸「採取斷然處置」的行動來激化事態。對於日方的恐嚇與無理要求，南京政府既不敢批駁，更不敢拒絕，只是一味忍讓。南京憲警包括戴笠特務處偵探們都傾巢而出，集中力量搜查藏本。6月13日凌晨，藏本被找到。

藏本活著回來，形勢有利發展中方，日方慌了手腳，焦思苦慮如何來掩蓋藏本失蹤的內幕。藏本失蹤後，日方曾一口咬定他絕不會自殺，而今人找到了，卻說其出走是為了自殺。中國輿論界出於義憤，紛紛撰文揭露日方顛倒黑白的伎倆。

15日上午藏本在日警監護下被送回國內。

「藏本事件」是在日本帝國主義發動侵華戰爭前出現的一件外交突發事件，國民政府當局在應付這一事件時，表現出了慌亂、緊張和無奈，事後又一味地迎合日方的無理狡辯，態度軟弱，使人覺得可欺，這更使日方膽大妄為，其中的歷史教訓值得汲取。

四、成都事件

成都事件發生於1936年8月。當時蔣介石已在國民黨在五屆二中全會上提出了對日本侵略的「最後犧牲」說，採取了比較強硬的態度，該事件處理的結局反映了國民黨當局對日本侵略態度的轉變。

1935年12月，日本侵略者製造了「華北事變」後，加快了侵略步伐。處於大後方的四川，在1935年1月蔣介石派賀國光率南京政府參謀團進入之後，便被確定為將來抗戰的基地，積極經營之。

日本為侵略中國，在華重要地方均設有領事館，並派有偽裝成商人、旅遊者、探險者的諜報人員，蒐集與侵略戰爭有關的各類情報，而各地領事館則是日本特務的聯絡點與情報彙總地。為蒐集四川的情報，擴張在成都的勢力基地，日本政府於1936年6月未經與中國協商，藉口「保護僑民」，擅自宣布在成都設立領事館。

岩井英一於1936年7月19日離開東京來華，8月17日乘船到達重慶，打算率兩名日警乘飛機到成都，造成設領的既成事實。

日本蔑視中國主權的行徑激起四川人民的憤慨，他們集會遊行，發表「告民眾書」，還向蔣介石的重慶行營、省市政府請願，強烈反對日本設領事館。24日下午，成都群眾湧入日人下榻的大川飯店，痛毆了4個日本帝國主義分

子。日本人渡邊恍三郎、深川經二被打死，其餘二人被打傷，由軍警搶出，群眾與警察亦有多人受傷。此即「成都事件」，亦稱「蓉案」。

事件發生後，南京政府明令主管機關迅速處理。9月8日和10日，日本透過駐南京總領事向中國外交部長張群提出了下列條件：

與日本締結防共協定；

在華北設立特種制度；

徹底禁止「排日」；

政治、軍事各機關聘用日本顧問；

與日本締結關稅協定，降低稅率；

福岡與上海之間建立航空聯繫；

成都開埠，中日合作開發四川經濟。

可以看出，這些要求基本與成都事件毫不相干，而是8月11日日本政府制定的《對支（中國）實行政策》和《第二次北支（華北）處理綱要》有關內容的具體化。

從9月14日起，中國外長張群與日使川樾進行會談。張群主張就事論事談成都事件，不要與其他問題混為一談；川樾則認為「蓉案不難解決，但僅解決蓉案，仍不能緩和日方空氣，須先解決若干政治問題，始可商談蓉案」。在23日第三次會談中，川樾堅持提出的七條要求，張群則針鋒相對提出五條對案：要廢止中日所簽的《塘沽協定》，取消冀東偽組織，日方必須停止包庇對華走私，華北日軍及日機不得任意行動及飛行察東與綏北。雙方互不相讓，中日會談陷入僵局。

同年11月14日，由於發生了關東軍進犯綏遠的事件，中日談判中輟，12月又發生了西安事變，中國內部形勢出現了重大轉折，中國停止內戰，準備抗戰；日本則加快了全面武裝侵華的步伐。由於日本專注於準備武裝侵華，成都事件拖延下來。

成都事件是在全國抗日高潮日益高漲、中國抗日民族統一戰線將要形成的情況下發生的，與前期發生的中村事件等多起中日外交突發事件的背景有所不同。事變中，中方應變態度明確，打破了日本將事件處理擴大化的企圖。日本強行在成都設立領事館無理，成都人民出於義憤毆死日人可以理解，國民政府對日態度強硬應該，特別是蔣介石對日本明示「外交事項應由外交部辦理，外交部之方針即政府之方針。」使日本在外交上無計可施。

五、盧溝橋事變

1937年7月7日發生的盧溝橋事件，是一次嚴重影響中國歷史進程的涉外突發性事件。事件本身是駐紮在北平市郊的日軍藉口士兵失蹤要求進入宛平城搜查而蓄意挑起的，中國守軍嚴詞拒絕了日軍的要求，結果發生了交火衝突，進而引發了中日全面戰爭。

盧溝橋事件爆發後，面對日軍的蓄意挑釁，國民政府與冀察當局認為此次事件不比往常，是日軍有計劃的侵略行動，於是，採取了一系列措施，從外交與軍事方面來應對這場危機。

首次，在外交方面，國民政府在與日本的交涉中，採取了前所未有的強硬立場。其次，中方認識到事變的嚴重性，丟掉幻想，做好了全面的應戰準備。當年7月8日起，各地援軍奉調北上到石家莊、保定一線抵抗日軍，10日，蔣介石下達了全國總動員令。[6] 中國全民抗戰開始。

從國民政府外交與軍事上的應對措施我們可以看出，蔣介石與國民政府在盧溝橋事變發生後，對日本的侵略本質有較清醒的認識，對日本蓄意擴大侵略的意圖判斷準確，蔣介石多次表達了抵抗侵略的決心，還向北平地方當局明確表達了中央的處理方針，不斷提醒、督促其做好軍事準備，同時在宣示原則的基礎上也對其對日交涉給予了必要的諒解，使日軍分化拉攏的圖謀破滅。

由於戰略判斷準確，其所採取的應變措施，從政治、軍事、外交、內政各方面全面動員，準備抗戰，使國家體制轉入戰時軌道，其所採取的「應戰而不求戰」的方針，雖然還有所保留，但總體上來看，其應變方針是正確的。

六、沈崇事件

　　1946 年 12 月 24 日平安夜晚上，在北平發生了一件涉外突發事件。北京大學先修班女生沈崇在由王府井走到東長安街時，突然被美國海軍陸戰隊伍長威廉斯·皮爾遜和下士普利查德綁架到東單廣場，在這裡，沈崇遭到皮爾遜的強姦，隨後被市民發現一起送到警察局。

　　事件發生後，當局並未對其嚴重性有足夠的認識，當時他們對事件的處理本能地確定為以下目標：1. 就沈崇案件本身與美方交涉，爭取對肇事美軍士兵繩之以法；2. 對洶湧而來的學潮設法加以監控和平息；3. 對學潮背後中共及民主黨派的政治攻勢實行反擊，試圖化解這場突如其來的政治危機。

　　基於以上目標，在具體做法上，一是控制輿論宣傳；二是加速對美交涉，爭取懲辦肇事者以平民怨；三是試圖對學潮與反美運動加以控制；四是對中共發動政治反攻勢。

　　國民黨當局應對方針，表面看已比較周全，但在當時社會不穩、對國民黨當局不利的大背景下，因人心向背的原因，加上當局的工作基本上是浮於表面，因此並沒有收到實效。

　　而中共的群眾基礎工作則收到了很好的效果，全國學潮不僅沒有減弱，反而不斷擴大。加上美方決策當局試圖包庇罪犯，遲遲不做最後裁定，最後竟然推翻有罪判決，更加激怒了中國民眾。工人、市民加入抗議行列，知識界也支持學運，造成了全國性反美反政府運動，甚至後來連國民黨的一些大員出面也表態支持學生。

　　北平市長何思源對南京《中央日報》記者稱，他自己年事已長，若在青年，也將參加學運；上海市長吳國楨稱，應付此事，應以民主作風；重慶的黨政軍聯合會議竟決議准許學生遊行，報刊報導說：各地學生遊行秩序亦佳。這一切，說明了當時人心向背，南京政府對此似乎已束手無策。

　　沈崇事件的處理效果從國民黨方面來看總體是失敗的，其結果是客觀上助長了全國性的反對國民黨政府高潮的到來，當局應對方法失措重要原因是

對客觀形勢估計不足分析錯誤，應對方法在於治標不治本，另加上手法拙劣，效果適得其反。

歷史啟示

綜觀上述頗具代表性的六件民國外交突發事件，我們可以從中得到以下歷史啟示：

處理外交突發事件，要在對世界大局和中國外交角色具有全面清醒認識的基礎上，首先確立處理方針和目標，盡力化解事件負面效應，爭取事件處置的最好結果。儘管所謂外交突發事件特徵在於「突發」，但從本質上來看，正如毛澤東同志在《矛盾論》中所闡述的那樣：「外因是變化的條件，內因是變化的根據，外因透過內因而起作用。」任何事件的發生，總有發動的一方和發生的原因，形式上突發的背後往往存在必然發生的因素。因此，我們必須對全球大局和中國各個時期的外交重點領域和任務、對外矛盾焦點等有明確的分析和認識，在此基礎上才能做到心中有數，有備無患。要根據不同階段外交的戰略目標，制定好應付外交突發事件之預案，做到切實可行。要注重培養精通國際法律與外交業務的專業人員，組織參謀團隊，針對各種不同類型的突發事件，提供及時可行的應對方案，供決策參考。而作為各級決策者和外交系統具體執行人，在執行交涉處理過程中，應沉著應對、審慎決策，既要避免以情緒化、簡單化措施來應對外交突發事件，又要防止消極請示等待，推卸責任，以免錯過處理事件的有利時機。要善於整合利用國內各方力量，統一協調指揮，共同應對危機，做全面的努力。同時，還要爭取國際輿論及有關國家、國際組織、同盟的支持，爭取主流輿論同情，搶占輿論先機，削弱孤立對手，並要充分汲取歷史的教訓，立足於自己，切不可盲目地完全依賴外部力量的介入與干涉，對此應有清醒的認識。

任何外交事件的處理應對，都必須以國家實力為後盾。「弱國無外交」。對於外交突發事件，當然應該憑藉國力處理應對，國力強大也是在國際上確立地位、爭取外援的基礎。正如鄧小平同志所教導的那樣：「發展才是硬道理」，從扼制、減少到有效處理外交突發事件，強大的國家實力才是根本的依靠。所以，我們必須致力於國家建設，全面提高綜合國力。

随著近半個世紀來人類科技水平的快速提升,世界經濟得到空前的發展。中國改革開放後的飛速進步,使其國際地位不斷上升。今日之中國,其綜合國力與國際地位較民國時期已有了翻天覆地的變化,中國已自立於世界強國之林。

反觀民國時期,中國積貧積弱,在國際舞臺上沒有地位。當時國民政府是想要改變這種落後狀況的,但帝國主義列強要保住其在華殖民利益,不想讓中國翻身,因而竭力阻止。野心勃勃的日本更是公然出兵侵略中國,欲徹底吞併之。當時一切外交突發事件,皆源於此。而今,儘管我們已經實現了民族獨立、自由和初步的繁榮強盛,但是,由於各種內外因素的存在,外交突發事件出現的可能性將長期存在,對此我們必須有充分的思想認識和準備。從這個意義上看,今天我們回顧民國時期外交突發事件的歷史,總結和研究其經驗教訓,是很有必要的。

在全球化進程不斷加速的今天,「地球村」正在步步「變小」和「整合」,各國之間的政治、經濟交流頻繁,文化加速融合,民族與宗教問題的全球化、國際化已成趨勢。在這樣的大環境下,外交問題變得日益多樣化、複雜化。事實說明,今天的國際形勢比半個世紀前更複雜、更嚴峻、更難應對,這就需要我們站在更高的高度、從更廣的角度來看待和處理外交問題。

【注】

[1] 朱漢國主編:《南京國民政府紀實》,合肥,安徽人民出版社,1993年版,第56頁。

[2]《濟南五三慘案親歷記》,中國文史出版社,1987年版,第28頁。

[3] 楊天石主編:《中華民國史》第二編第五卷,中華書局,1996年版,第683頁。

[4] 黃沈亦雲:《濟案交涉》,蔣永敬編《濟南五三慘案》,第264頁。

[5] 中國第二歷史檔案館編:《中國國民黨中央執行委員會常務委員會議錄》第四冊,廣西師範大學出版社版,第195-197頁、第223頁。

[6]《蔣介石致各行營、綏署及各省市灰電》(1937年7月10日),見《抗日戰爭》軍事(上)第二卷,第60頁。

《蔣介石日記》原本與毛思誠作類抄、年譜比較初探——以 1926 年 7 月為例

本文為臺北《蔣中正日記》與民國史研究學術討論會論文，發表於《蔣中正日記與民國史研究》（上冊），臺灣世界大同出版有限公司

蔣介石日記是研究民國歷史的第一手資料，其重要性與學術價值不言而喻。在中外學者爭先恐後發掘這一史料寶庫的時候，我們不應忘記，最早摘錄利用蔣介石日記作為史料來撰述蔣介石個人歷史活動的，是他早期的祕書毛思誠。

1927 年至 1939 年間，毛思誠為給蔣介石編修《年譜》等個人傳記資料，收集保存、抄錄整理了一批蔣介石的日記、來往函電、家書公文等文獻，後來依此著有《蔣公介石年譜初稿》（1888-1926）（即《民國十五年以前之蔣介石先生》）一書。因此而形成的數據，如今也已形成了另一類的蔣介石個人檔案。[1]

蔣介石日記有手稿原本、分類抄本和仿抄本、引錄本等幾種類型，後三種原本的衍生品，在中國第二歷史檔案館都有收藏，其中仿抄本從內容到格式都和手稿本相仿，而日記的「分類抄本」是主體，這些由毛思誠所作的「類抄本」，其基本內容均已為毛編入其所著《年譜》中。「日記類抄」與《年譜》成稿後，經過了蔣介石親自審閱刪改，價值更為珍貴。實際上，這是蔣介石為他準備公之於世的日記做了一次內容修訂，以判別日記中哪些內容是可以公開的，而哪些內容必須保密刪去；哪些文獻可以和值得保存，哪些文檔可以捨去。從這個意義上來看，「日記類抄」與《年譜》的蔣改版檔案，比較其日記正本，具有不同的價值與意義。

在蔣介石日記的有關研究中，對比日記原本內容與毛氏抄本及其所著《年譜》一書中的相關記載，其內容文字的異同比較及蔣介石修刪內容的研究，是一項非常有趣而極有意義的工作，它不僅可以對照補充日記原本因年代久遠原件腐壞而造成的內容缺漏，而且可以從毛思誠摘錄內容時的取捨改寫、蔣介石審閱時的刪改增批中，窺見當事人的心理狀態和其欲達到的目的。

知非文集：民國初年祕辛研究
六　其他篇

　　由於蔣日記與毛抄本、年譜總體篇幅過於龐大，難以在一文中詳細比較說明，本文擬以蔣介石日記1926年7月的內容為主，先將三者做一試行比較，得出初步的結論，以供商榷研討。之所以選擇1926年7月，是因為必須兼顧藏於美國史丹佛大學胡佛研究院的蔣日記原本與二史館的毛抄本及年譜三方檔案的兼備與重合及其他有關檔案資料的完備，還要注意同時期日記類抄共9個種類數量的最大化，因為這9類內容並非每日每月都有。這樣才能做出具有代表性的對比研究，得出相對準確的結論。

　　1926年，是蔣介石個人歷史上的重要年份，這一年，蔣氏已進入國民黨領導階層。3月，發生了「中山艦事件」，7月13日，蔣介石就任國民黨中央常務會議主席，27日，率軍開始北伐。當時，他表現出還在國民黨內左右派立場之間搖擺，一面聲稱「謹守總理遺策」，一面準備與中共及蘇俄反目。據蔣介石自述當年歷史言：

　　「我總理為集中革命勢力而容共，為聯合以平等待我之民族而聯俄。余雖未受共產黨洗禮，而謹守總理遺策，凡屬共產黨員，借為他山之助，精神彌見團結，而於本黨同志視如一家人，不以姑息為愛，形跡因之轉多落寞。在本黨同志尚有若干人諒解者，而共產黨員則一致以我為仇敵，蘇俄顧問為之悵。本黨跨黨者盲從之，挑撥離間把持侮弄，曲盡其能事，務陷余於絕地而後已。雖經苦心調解，悉力排除，罷黜蘇俄黨員政務官，驅逐惡化分子王懋功，卒難衝破難關。變亂於以爆發，遂有三月十九日中山艦之事。當是時倉猝定難處置，非常事非獲已，余甘受擅專罪名而以非常處置。事平後查辦附逆軍官，撤回嫌疑客卿，精衛於時出走，余亦遯居孤島，黨事暫告停頓。然余終以聯俄為總理政策，不可不維持之，因與鮑羅廷切商兩黨協議事項，制止西山派在粵開偽第二次全國代表大會，並取消孫文主義學會與青年軍人聯合會，不偏不倚，誓為三民主義信徒（屹然砥柱中流）（括號內黑體字句為蔣介石後加改之內容，下同。——本文作者），特（乃）黨內情勢凶險不可以測像（益加嚴重），演至北伐進行時而益烈（真有不可收拾之勢）。六月六日國民政府軍事委員會任余為國民革命軍總司令，嗣於七月九日就職，舉行盛大授旗典禮，即日下動員令。二十七日余出發韶關。八月十一日抵長沙。二十七日如蒲圻，時汀泗橋已攻克，（後軍勢頗見進展，惟）第二師師

長王柏齡指揮無能,攻南昌大挫,乃決心獨擋江西一面,冀以退避名位,(塞忌疑者之口)。其時退出軍隊之共產分子,懷恨圖報復,而鮑羅廷又深嫉本黨勢力擴張,反動派鄧演達、徐謙等則在中央執行委員會、國民政府委員臨時聯席會議儘量鼓煽。直屬內外軍官率多同床異夢,革命軍萬歲之喊聲與反蔣倒蔣之口號回應和,前後方鬧成一片。身為眾矢之的,無地可以避死。非奮我大無畏精神,與橫逆決鬥,殺出一條血路,成功安可企哉!九月七日,江西開戰。十九日,余由長沙詣醴陵萬壽宮、祥符觀、箬溪各處,輾轉鏖抄,在塗家埠消滅孫□□力,南昌城中之敵猶死守(頑抗,於是),督師進攻三簿始克,損失甚巨。……幸江西迅定,否則東南大局不堪設想矣。數月以來,軍事與政務日趨泯棼,本黨與共產黨態度亦日益顯明。中央黨部與國民政府由粵遷鄂,各方迎汪之空氣甚盛,余亦力促其出山,以應革命之怒潮,以分個人之政治責任。」[2]而毛思誠為其所作之《蔣介石先生四十以前年譜》,則記其1926年行蹤如下:

「廣東內部既肅清,國民革命軍亦編制就緒。是年始,計劃出師北伐。至六月六日,國民政府軍事委員會始任命先生為國民革命軍總司令,先生乃於七月九日就職。在先生被任為總司令之前,廣州曾發生重要事變,即三月二十日所謂中山艦事變是也。汪精衛因此離職出國,共產黨之陰謀因此未能即逞。國民革命軍之中心勢力未被摧毀,北伐之阻力遂消滅。至其事變之關鍵所在,不外乎俄黨跋扈陰狠,肆其包圍鼓惑之技,將謀不利於國民政府也。汪精衛離粵後曾致先生一書,先生以汪書有『弟已厭我,使我不得不去』等語,即復一書解釋之,列舉數事,茲錄其略,以見當時俄顧問跋扈之一斑。……(原信略——本文作者)讀此書可見當時先生處境之艱苦矣。是年五月,中國國民黨舉行第二屆第二次中央執行委員會,先生提出「黨務整理案」,其要點三:(一)凡他黨黨員加入本黨者,對於總理及三民主義不得加以懷疑或批評。(二)跨黨分子不得在國民黨各高級黨部中喧賓奪主,壟斷要職。(三)凡屬於國民黨黨籍者,不許在黨部許可以外,有任何以國民黨名義召集之黨務集會,並不得別有政治關係之組織及行動,或未准予脫黨以前擅自加入其它黨籍。此案當經大會通過,國民黨容共限度乃漸分明,共

黨勢焰為之稍戢,北伐之出師準備亦以次完成,七月九日開始動員。至是,先生年已四十,參加革命運動亦二十一年矣。[3]」

以上這兩件史料雖都是出自蔣氏政治立場的觀點,但從中我們可以知道,在 1926 年內蔣介石大致做了些什麼,以及這一年在蔣介石的歷史上具有何等重要的意義。

因蔣介石日記原本以及其早期與後期抄本現分藏大洋彼岸及海峽兩岸,有關這一課題更大範圍和更深層次的研究,還待海峽兩岸、中外史學界的共同努力。

一、毛思誠「日記類抄」與「年譜稿」的由來及其價值

毛思誠（1873-1940）,原名裕稱,字彩宇,號勉廬,浙江奉化溪口鎮岩頭村人,與蔣介石的原配毛福梅家同村。毛思誠早年考上秀才,在村上設學館教書。1902 年,因榆林村陳春泉介紹,15 歲的蔣介石前往就讀,毛思誠便做了蔣介石的老師,結下師生之情。此後毛思誠一直從事教育,曾先後執教奉化龍津學堂、鎮海培玉學堂、寧波府中學堂、衢州省立第八師範、浙江第八師範等學校。

毛思誠曾於文中披露早年的蔣介石「以講舍為舞臺,以同學為玩物,狂態不可一世」,[4] 但隨從他學習以後,因蔣已娶毛福梅為妻,因此在岳丈家所在地表現有所改變,「為時雖不長,但師生頗為相得。」[5] 這才有了以後的著述之緣。

1925 年 4 月,他應校長蔣介石之邀,到廣州出任黃埔軍校祕書處少校祕書兼校史編纂委員會委員,時年已 52 歲。次年,蔣又派他轉任廣東潮陽縣長,因不習做官,8 個月後辭歸。1927 年後,毛思誠歷任國民革命軍總司令部中校祕書、總司令辦公廳文書科上校科長、中央第一編遣區辦事處文書科上校科長（少將級）、國民革命軍戰史編纂委員會常委、國民政府主席辦公室祕書等職。1934 年 7 月任監察院監察委員,1936 年 9 月任國民政府臨時高等考試監試委員。[6]

1937 年七七事變爆發後，64 歲的毛思誠以年事已高辭歸故里，1940 年 7 月在奉化病逝。

毛思誠是一個典型的舊時代中國知識分子，工文能詩，恪守傳統道德，擅長寫作。蔣介石將自己的手卷、日記、畢業文憑、公牘等 44 部個人檔案資料一併交由他保管整理，並囑其代草個人傳記年表。「先生（指蔣）以緘藤數具，親付收藏，檢其所儲者，手卷也、日記也、公牘也、其餘雜存也。反覆披覽，悉外間所不克具，而為歷來珍祕之故楮，驚喜如獲至寶」。[7]1931 年，毛思誠為蔣介石編成集其文牘書翰而成的《自反錄》6 卷，其後又編有《民國十五年以前之蔣介石先生》、《蔣介石大事年表》，另著有《評註國文》、《性靈詩》等。1985 年，毛思誠所遺這些數據、手稿等 182 件檔案，在歷經「文革」劫難後，由其孫毛丁捐獻國家，入藏南京中國第二歷史檔案館。

中國第二歷史檔案館藏毛思誠作《蔣介石日記類鈔》（1919-1931 年），係毛為編撰《蔣介石年譜》而分類摘錄蔣介石日記的抄本，是目前中國大陸唯一保存的一份蔣氏日記檔案，共分為「黨政」、「軍務」、「雜俎」、「文事」、「學行」、「家庭」、「旅遊」、「身體」、「氣候」等 9 類，約 26 萬字。[8]

《蔣公介石年譜初稿》（即《民國十五年以前之蔣介石先生》）一書是毛氏的代表作，共 13 冊，採用編年體編纂，按年月日先後分為 8 編，依次敘述蔣氏出生至 40 歲（1926 年北伐開始時期）的生平要略。書中首冊附有蔣介石的照片及墨跡，書後並附蔣氏家庭及外家各傳志全文，文中夾插介紹有關事件背景文字及附錄有關文稿，詳錄了蔣介石早年比較完整的歷史。該書「旁引諸多同志事跡及電牘，以資參證」、「所印極少」，並經于右任、陳布雷、吳稚暉等修訂，於 1937 年 3 月正式出版時，改名為《民國十五年以前之蔣介石先生》，編為 20 冊印行。該書出版前，經過蔣介石本人逐頁審定，刪改了不少的內容。當時因原稿內容涉及蔣氏個人隱私，原件均被標上「祕密」字樣，其內容依據蔣介石日記及其他個人檔案編成，的確是記錄蔣氏前半生歷史的重要數據。

六 其他篇

　　《蔣公介石年譜初稿》原稿13冊，現存於中國第二歷史檔案館。1992年，由該館萬仁元、方慶秋主編，將《蔣公介石年譜初稿》對照《民國十五年以前之蔣介石先生》，逐一校勘，註明改動處，更名為《蔣介石年譜初稿》，由檔案出版社出版發行。[9]

　　毛思誠作《蔣介石日記類鈔》和《蔣公介石年譜初稿》，都是以蔣介石日記原本為基本素材，分類摘錄編輯而成，與日記原件相比，其中的改變有三類：一是毛思誠在分類摘錄《蔣介石日記類鈔》時有所取捨及文字改動；二是蔣介石在審定《日記類鈔》和《年譜初稿》時所做的原則性刪改；三是蔣介石後來的祕書陳布雷等人校定時所做的文字梳理工作。

　　本來，自蔣介石日記原本在美國史丹佛大學胡佛研究院檔案館公開提供查閱後，中國第二歷史檔案館所藏類抄本、年譜稿作為其衍生品，利用價值似乎應該下降，但中外的學者們，本著認真鑽研的態度和好奇的心理，對其抄本的興趣反與日俱增。實際上，經過對比勘校，我們也的確可以看到它另外一方面的價值，即毛思誠《蔣介石日記類鈔》及其所撰《蔣公介石年譜初稿》底本，比較其與正本之不同點，其價值意義大致包括以下三個方面：

　　第一，毛氏抄本與年譜，其內容不是原本簡單的照錄與重複，而是經過了編輯、增刪再加工後的作品，其價值更高。

　　第二，蔣介石日記正本，因保存年代久遠，紙張損壞，許多字跡已經模糊缺漏，難以辨認。但我們對照日記抄本與年譜，就可以做到基本上的補齊與還原，這對提高日記原本價值，具有重要作用與意義。

　　第三，在這些改動中，以蔣介石對於其日記特別是黨政、軍務、家事類內容的親筆整段刪除與改寫最為顯眼，它體現了蔣氏在其日記即將公示前的政治因素考慮與自我隱私保護觀念，反映出蔣氏的思想變化，因此極具研究探討價值。

　　毛氏抄本與《年譜》的編輯加工者主要是蔣介石本人、毛思誠以及于右任、陳布雷、吳稚暉等少數人員。因他們在國民黨內的地位，使得日記的改抄本與《年譜》內容更具價值。這種價值具體體現在加工後的產品與原本相

比，已有許多的不同，除了糾錯改誤補漏等技術性改進外，重要的是能夠反映出當事人在事後再回顧時，立場觀點已發生的變化，更重要的是蔣介石自己在親筆修改日記時，他的感覺與考慮應對問題的思路，比當時的第一觀感反應要更為冷靜和成熟，這便更能體現他真實的為人與面貌。

在這些改動當中，于右任、陳布雷、吳稚暉等人對校訂年譜稿所做的工作，主要是文字的梳理與糾錯，另加上一些對於年譜稿寫作提煉要點的建議等。如1926年7月7日毛抄本日記「軍務類」頁眉上有批：「『詣』字上空一格、『點』字上空一格」；9日頁眉上有批：「『晚』字上不空」；11日頁眉上有批：「『憲』字上空一格」。[10] 毛著《蔣介石先生四十以前年譜》稿本「1926年」起始頁上有眉批：「敘述第二次東征不能以三四語了之」[11]。而1926年8月15日年譜稿存錄蔣介石在株洲對第十二師官兵訓話稿中，頁眉上方有毛筆加批：吳「『賊』字皆改為『佩孚』二字」，[12] 表示出一種對人物評價回歸客觀的態度等等。從這些批註的字跡來看，顯然不是蔣介石的手跡，應為出自於于、陳、吳三人之手。當然，他們不會也不能對日記內容進行原則性的修改。

因此，值得關注的就是毛思誠與蔣介石兩人對日記的修改和刪增的內容。

二、毛思誠「日記類抄」改動及其年譜稿取捨之分析

當年毛思誠為了編寫蔣介石年譜時的方便，仿照蔣介石所喜愛的《曾文正公日記類抄》體例，對蔣日記分為9類做了摘抄，9類名目的確定自然也是毛和蔣的選擇。其中，「政治類」與「軍務類」為其主體，內容也最多，記載的是蔣氏的公務活動；「學行類」、「家庭類」最引人注目，記載了蔣氏的思想活動與家事感情糾葛，最富有可讀性，對了解蔣介石的品行很有價值；「文事類」、「身體類」記載其讀書寫作與健康狀況；「旅遊類」、「氣候類」為客觀的記錄；「雜俎類」是內容不能明確分類者的綜合。

蔣介石對毛氏所作抄本非常重視，除逐一審改外，他還命其將其中「學行類」「此冊請即另抄一本寄下以備常覽」[13]，以增加其自在身心修養過程中的參考警示作用。所以，在二史館毛抄本中，「學行類」有兩本，[14] 一本

是被蔣改過的比較雜亂的草稿本，另一是毛又抄成的較為工整的正式本，兩者內容基本一樣。

從本文所附1926年7月的蔣介石日記原本、抄本與年譜三種文本的對比表中，我們大致可以看出，毛思誠在為蔣做日記分類抄本時，基本上是尊重蔣介石日記原文的。但是也並非隻字不改地照抄，而是加上了他自己的一些潤色和修正。據楊天石先生的研究：「毛的做法是首先摘抄蔣的日記原文，然後加以文字潤色，並不改變蔣的原意，所以還是可信的。但是，仍有少數地方，毛思誠為了將蔣的形象顯示得更完美些，有些改動和原文相差較遠。例如，蔣早年比較激進，主張將資本家『掃除殆盡』，毛思誠就改為『如不節制資本』。又如：九一八事變後，蔣日記曾有『以忍耐不屈之精神維護領土』的說法，但毛思誠卻修改為『以堅強不撓之氣概吞壓強虜』。這一改，蔣的形象『完美』了，但也就不真實了」。[15]

以1926年7月1日日記為例，這天蔣介石因上午工作時「打電話不應」，又犯了脾氣，「躁激非常」。於是在日記中大書「極恨國人無心肝，所部無血心，每生亡國之歎！如何能使一般餒弱殘夫振奮有為？無雷廷霹靂之威，何以能消散陰霾沉霧！」[16]對此激憤之言，毛思誠在當日「軍務類」抄本中改寫為「國人、所部無血心，每生亡國之歎，何能使一般餒弱殘夫振奮有為？無雷廷霹靂之威，何以能揭散陰霾沉霧耶？」，又在當日「雜俎類」中抄到：「上午打電話不應，躁激非常，極恨國人之無心肝也。」[17]，其語氣已見和緩些，但後來又被蔣再次修改，他先刪去了「國人」二字，變為「所部無血心，每深敗亡之懼，如何能使一般荼疲病夫振奮有為？無雷廷霹靂之威，何以能擊散陰霾沉霧耶？」[18]最後，到了《年譜》正式出版本中，此段內容改定為：「公嘆：國人無心肝，所部無血性，不自求進步，而一般萎靡若此，若非濟之以猛與嚴，何能復興民族，完成革命？不施雷霆霹靂之威，陰霾何由擊散乎？（何以消散陰霾？）（此句為蔣所改──本文作者注）」[19]。

從這一節內容的幾次改動來看，毛思誠作類抄時是要把蔣介石的衝動與激憤之言「磨平」，蔣介石自己事後再改日記時是要把內容「拔高」，於是，本來生動形象而反映出真實情感的日記，最後就變成了富有官書特徵的說教

之言,一聲「公嘆」、幾分嚴謹之中,卻完全失去了原文中「極恨」的色彩與意義,一個血氣方剛又急性暴躁的蔣介石,就此變成了深沉善「耶」的政客,一點「革命精神」也就此消失得無影無蹤了。

　　毛思誠當時手中占有許多蔣介石的資料,除了日記外,還有蔣的手稿、文作、公函、雜記等等,所以,他針對日記所載蔣的行蹤,在年譜中逐日補入相關文稿,使抄本內容更為豐富。但對於蔣日記,他在分類抄寫時,雖連枯燥的天氣情況也專冊抄寫,卻忽略了蔣介石每日在日記前後必寫的警示與自勉部分。

　　1926年前後,正是蔣介石仇恨英帝國主義最甚的階段。前一年的6月23日,廣州租界的英國軍隊悍然開槍射擊為支持香港工人大罷工舉行遊行的中國群眾,打死50餘人,傷170餘人,是為「沙基慘案」。「事件發生後,蔣介石在日記中寫道:『國勢至此,不以華人之性命為事,任其英賊帝國主義所慘殺,聞之心腸為斷,幾不知如何為人矣!自生以來,哀戚未有如今日之甚也。』他自黃埔赴廣州途中,覺得一路景色淒涼,天空『頓呈不可思議之紅灰色』。第二天,他在發病高燒中仍集合士兵講話。第三天,他在日記提要欄目中寫下:『如何可以滅此橫暴之陰(英)番?』自此,他逐日在日記中書寫『仇英』標語,總計約近百條。」[20] 在1926年7月的日記中,每日開頭都有「社會記事」一欄,蔣介石總以強烈的憤慨心情寫下「陰(英)番可殺!」、「陰(英)番必滅!」、「我滅陰(英)寇!」、「陰(英)番何日可以驅逐?」、「陰(英)番搗亂!」等口號,既是抒發仇恨又以之自勉。7月21日,因英僑拒絕中方檢驗貨物,廣州工人糾察隊扣留英商兩名及其船舶,港英當局隨即報復,派兵占領深圳車站,引發了廣東國民政府與英方的又一輪衝突。蔣介石在當天日記中記到:「蠻番不問理由,即將我深圳車站派兵占領,事之可恥孰甚於此!」次日再記:「得陰(英)番占領深圳之報,不勝憤激,乃與鮑顧問磋商應付諸事。」[21]「沙基慘案」及其後來的對英鬥爭對他的刺激實在太深,以致十多年後到了抗戰時期,在與英國結為反法西斯同盟之後,他對英人仍絕無好感,不斷批評之。

六　其他篇

除了「社會記事」外，毛思誠在類抄中對日記前部之「提要」及後部每日自警之句，如「色念疑慮忿怒愧悔諸過未改。靜敬澹一，發強剛毅諸箴未守也」等也未抄錄。其實，這些日記前後的內容雖有重複，但非天天都寫，且內容也有變化區別，可見其是有針對性的，反映出蔣的心理變化，具有研究參考價值，棄之實在可惜。[22]

1926年7月的日記類抄，包括有「黨政」、「軍務」、「雜俎」、「文事」、「家庭」、「身體」、「氣候」幾類內容。「氣候」類除書記每日星期幾及天氣、溫度外，別無他事，故不錄於附表，而「學行」、「旅遊」兩類7月空缺，概因為當月正為北伐軍興，蔣介石無暇旅遊，至「學行」，一般記載蔣的自省、感悟與思想動態，比較重要，故特錄其8月主要內容於附表中，以饗讀者。其中既有他對辦事猶豫、動手打人的反省，也有他對午睡時不良習慣的愧悔，更有他為自己加勉的決心，實為生動。

透過閱讀毛抄本，我們可以發現，實際上，毛思誠把蔣日記分作9類摘抄似乎是個吃力不討好的選擇，因為蔣介石每日作記，基本上是按照時間順序來記事議論的，而毛思誠卻要把每天原本順暢的記錄打亂，分別抄為9類，除了需要反覆閱覽原文外，如何斷句也是件費神之事。常常原本中的一句話，因涉及兩方面，就需要斷開或重複抄，所以完全照抄原文是辦不到的，必須有毛的再加工。除前引1926年7月1日「極恨國人之無心肝」一例外，又如當月30日，蔣介石記到：「下午休息後看鄧文儀由俄來信，其中以土地制度重要。土地制不外土地國家外[化]（即歸國有）與土地社會化（即歸社會分配），如太平天國制是也。余復之，記事。其言軍隊為青年人民之學校，余深慚有意而所不及也。」[23] 毛思誠在當日類抄「黨政類」中抄錄到：「下午，看鄧文儀由俄來訊，其中以土地制度為重要。土地制度不外土地國家外[化]即歸國有與土地社會化即歸社會分配，如太平天國制是也，余復之。」[24] 又在同日「軍務類」中抄錄到：「鄧文儀由俄來訊，有言軍隊為青年人民之學校，余深慚有意而所不及也。」[25] 此皆為一事分抄兩處，也挺麻煩。此種分類復抄情況多了，毛思誠自己也記不住，故而重複抄寫就在所難免了。如1931年2月1日的日記，毛思誠在「家庭類」中抄錄到：「上午與愛妻往謁

譚組公靈，以其今日誕辰也。」[26] 同日在「雜俎類」中又抄到：「晨起禱告後與愛妻往謁譚組公靈，以其今日誕辰也。」這真是難為了毛祕書。

此外，類抄中還存有另一些問題，如「軍務類」的內容比較龐雜，並非單純軍事，包括一些感想、觀察，甚至非軍事的宣傳、組織工作等等。如前引7月1日打電話引發的憤慨之言；北伐出師時與蔣緯國「含淚而別」之感慨等等，統統歸入了軍務類。這也難怪，因為當時作為北伐軍總司令的蔣介石，總是以軍務為工作主體的，他的基本活動，都與軍務有關，連主持同學會演講，也是軍務，因該會乃為黃埔同學會也[27]。但這同時也說明了毛氏作類抄時選材標準並不太細膩，只是聊作參考罷了。

總體來看，毛思誠的分類抄本基本在內容上是忠實於蔣介石日記原本的，沒有什麼原則改變。字句的修訂和內容分類的鑑別選擇，雖有若干特色或可視為存在某些問題，也不影響對日記原意的了解。只是類抄本被多次審改，特別是蔣介石或于右任等人常常在毛氏舊改字跡上再次改塗，致使頁面較亂，閱讀辨別較為費事。但無論如何，在填補蔣日記原本缺漏字方面，毛抄本仍不失為最好的依據。

至於毛思誠在利用分類抄本寫作蔣介石《年譜稿》時的內容變化，一是基本用其黨政、軍務兩類日記的內容，逐一補充附入了蔣介石相關的講演稿及文字稿，並增加了一些人事任免、命令部署、軍事動態、來往交際的記載，凡無存稿的還註上了「稿未留」的說明；二是對其文事、身體、旅遊、雜俎等，擇其要而錄入，每日氣候雖有專本類抄，但也捨去未錄；三是對其家庭類，則刪去幾乎全部與宋美齡、陳潔如、姚冶誠有關的蔣氏情感生活的記錄，只留下其中能夠公開的內容。如1926年7月2日記：「傍晚，緯國省親抵粵。」而略去了同日類抄中有關宋美齡、姚冶誠的記載。[28] 而同樣記一事，在年譜稿中也在文字上改為平敘，改寫了含有貶義的內容。如7月26日日記原文與抄本所記「為戰費事，子文吝刻，使人難堪。」一語，到年譜稿中則改為「與宋部長切商軍費。」[29] 由此可見，《年譜稿》比較類抄的內容要比類抄比較日記原文的內容改動更大，其選材原則與目的是能夠公開和為蔣介石書存正面的歷史。

三、蔣介石審閱「日記類抄」與「年譜」時的刪改分析

正如楊天石先生的分析，蔣介石寫日記時是不準備公開的，所以他在其中記載了許多隱私，但他也知道毛思誠的抄本除了備份之用外，是要用來寫年譜出版的，故他對抄本和年譜稿本在百忙中進行了認真的審改。從目前校勘的情況來看，蔣介石對其日記抄本與年譜初稿的原則性刪改主要集中在政治與家事、個人言論品行等幾方面的內容。分析其情況與緣由，可歸納為以下幾點：

一是因為政治背景時過境遷，個人立場發生變化，蔣介石對自己過去的講話、文稿中的內容不再認可，需要全刪或全改，以便「與時俱進」。

如1926年8月15日年譜稿存錄蔣介石對第十二師官兵訓話稿中，原有以下一段他痛斥吳佩孚和帝國主義「討赤」口號的文字，其內容口吻非常革命、慷慨激昂，讀來令人拍案叫絕，茲附錄如下，供鑑賞：

「吳賊（佩孚）所資為號召者，厥為『討赤』。夫討赤，乃帝國主義者用以對抗全世界被壓迫民族，破壞全世界革命聯合戰線之口號也！『赤』為何意？蘇俄之白黨與赤軍，以赤幟表示其革命民眾之赤血，換得其國家獨立自由之代價也。解放人類之痛苦，保障人民之利益，以民眾為基礎，而推翻其帝制之白黨，反對國際帝國主義，實行廢除國際不平等條約，而為世界十二萬萬五千萬被壓迫人類謀解放者也。帝國主義口中之所謂赤化者，實則革命之民眾化耳！……以民眾化之國民革命軍，擁護多數被壓迫之人類，即使云赤，何嫌何疑！」[30]

但諸如這樣充滿革命激情的文字，卻被蔣介石在審改時以紅筆一圈悄然刪除了，其原因不言自明，這時的蔣介石已經變了，他已不再反帝親俄，甚至，他已經不再「云赤」，甚至還率領「討赤」的隊伍，親自向中共紅軍作戰了！於是，當年蔣氏所發表過的這類相似於共產黨革命的「左傾」言論，自然必須刪除。

二是因為蔣氏個人婚姻的變化，他與宋美齡的美滿結合，使其在對外宣傳中必須避諱乃至完全隱匿他過去與陳潔如、姚冶誠的關係。

《蔣介石日記》原本與毛思誠作類抄、年譜比較初探——以 1926 年 7 月為例

　　1926 年前後，正是蔣介石的婚姻關係最複雜的時期。當時他的正式妻子是陳潔如，但與過去的「侍妾」姚冶誠關係未斷，與宋美齡（1927 年 12 月 1 日結婚）正處熱戀的時期，正所謂處於情感糾葛階段。在他的日記中，既有與陳關係的大量記述，又錄有與姚氏的來往，更有許多他傾慕宋熱戀宋的表白。這時，他與陳潔如（1921 年 12 月 5 日結婚）剛結婚五年，按常理應仍是感情較好之時，實際關係卻已處於「亦愛亦憎」的動搖狀況。

　　關於蔣介石與陳潔如此期的關係，可以下的一段毛抄本「家庭類」日記中的有關內容摘要來說明。

　　1925 年

　　4 月 11 日：潔如不見來，殊勞跂盼。

　　4 月 20 日：近日不滿意於潔如，亦愛亦憎，情思繚亂。

　　4 月 26 日：下午，攜潔如赴汕。途次為情魔纏絆，憐耶？惱耶？殊無已時。

　　4 月 30 日：下午，與潔如遊西湖，途中又生氣。我為此碧玉，幾病神經矣！

　　5 月 28 日：夜由汕頭搭船往海豐，睡至三時，浪入船中，錦衾盡濕。此為潔如之物，不勝牽念。

　　6 月 6 日：近日思念潔如，疼忿交並，留捨莫決，……女子情漓，英雄心醉，何其痴也！何其痴也！

　　6 月 15 日：今日精神疲倦，時時欲睡。又為潔如事發怔忪，特電緯國母子（指姚冶誠與蔣的次子蔣緯國——本文作者注）來粵。

　　6 月 16 日：為潔如事痴想良久。男女問題，令人不解決如此，其奈之何？

　　6 月 26 日：今日潔如逗港，不能到省垣，殊雲霓之望。

　　6 月 28 日：今日潔如未到，暴性大肆。

　　7 月 29 日：今日傭人誤進藥物，隨吸一口，遷怒潔如，噪鬧鎮[整]日。

　　8 月 1 日：下午，又與潔如糾纏。

六　其他篇

8月15日：今早下床，發火氣。近日性躁而僻，潔如耐心侍奉毫無奧怒之態，亦可恕其既往矣。

11月16日：候潔如不來，恨極！

11月27日：上午，聞冶誠到汕，心殊怦怦，恐潔如不悅也！

1926年

1月1日：晚，宿於辦事處，與冶誠、緯兒同床。

2月13日：下午，同緯國母子等往遊魚珠炮臺。

2月15日：今潔如受屈，余心覺不安。

2月18日：晚，與潔如同觀平岡烈士墓基。

6月20日：潔如仍是一女孩子，不知治家之道，無奈她何。[31]

從以上的日記中我們可以看出，蔣介石此時對陳潔如「亦愛亦憎」的感情糾葛，其原因基本上是出於陳的某些不成熟和蔣對她的愛仍在、憎又生。實際上，此時蔣對陳還是相當有感情的，故而仍對她「殊勞跂盼」、「不勝牽念」、「情思繚亂」、「何其痴也」、「殊雲霓之望」，以至「潔如受屈，余心覺不安」等等情感一再出現，而蔣自己也檢討道「近日性躁而僻，潔如耐心侍奉，毫無奧怒之態，亦可恕其既往矣」，「遷怒潔如，噪鬧鎮[整]日」，這說明蔣對兩人矛盾之產生，也負有一方面的責任。而「我為此碧玉，幾病神經矣」、「為情魔纏絆，憐耶？惱耶？」、「亦愛亦憎」、「男女問題，令人不解決如此，其奈之何？」皆表明了蔣對陳的矛盾心理。而他應對的方法卻是「特電緯國母子來粵」，還「與冶誠、緯兒同床」，此豈非火上澆油之舉，無礙乎要「心殊怦怦，恐潔如不悅也」。最後他的結論是「潔如仍是一女孩子，不知治家之道，無奈她何？」

在此複雜情況下，又因宋美齡的出現，使蔣陳關係瀕於破裂。於是，在蔣介石1926年7月後的日記中，對陳潔如的記載更是恨多愛少了。

從日記內容來看，蔣介石對宋美齡是真心愛慕的，這事發生在他與宋、陳之間者，不外乎就是天下被演繹過無數遍的男女情感之變，也很似蔣過去

從姚到陳感情遷移的再現。而宋與陳之間從外貌、學識、品行、修養到家庭背景的巨大落差，必然成為引起這種改變的原始動因。因為有了宋，對陳的愛就有了改變，從愛憐漸變為挑剔，直到橫豎看不順眼。

1926年7月中，蔣介石在日記裡已對宋用盡溢美之詞，表達出無限的愛慕，「下午美齡將回滬，心甚依依」。[32]及至婚後，蔣在日記中依然一直對宋恩愛有加，「晚，愛妻明日欲回滬，彼此無限繾綣，甚不願捨。夫妻日久更愛，信矣。」[33]而對陳潔如則由愛憐、不滿，漸變為指責、批評乃至厭惡，「潔如治家無方、教育幼稚，不勝怨恨」，「以潔如無了[聊]，心甚懊悶，致函規之讀書治家。」（毛抄本改為：「以潔如不諳家事，心甚懊悶，馳函勸令讀書」），「得潔如書，知其遷賃月租七十二元華屋，不勝憤恨，奢靡趨俗，（此句為毛抄本所加。——本文作者）招搖敗名，年輕婦女，不得放縱也。」[34]甚至發展到自我懷疑和慨嘆：「潔如膠執驕矜，豈余有不德乎？」（毛抄本改為：「潔如膠執性成，豈余有不德乎？」）[35]但不久他還記錄著：「潔如晚到南昌，住署西洋房，余入室。」[36]

不僅如此，此時被蔣介石稱為「緯國母」的姚冶誠也在7月的日記中再次出現了。

蔣介石次子蔣緯國為日本女子所生，自小由蔣交給他的「侍妾」姚冶誠撫養，原因是蔣要把離異後的姚氏定位為「緯國母」，以明確他與姚「非配偶」的關係。1925年11月底和1926年7月2日，姚冶誠帶著蔣緯國兩次來廣探望蔣，說明他們的聯繫依舊頻繁。日記中存有這年7月姚氏再次來粵的記載如下：

蔣介石在1926年7月2日日記中又一次記載道：「晚傍回黃埔，以緯國母子來粵也。」，[37]毛思誠在當日家庭類抄中記道：「傍晚回長洲，以緯國母子來粵也」，[38]其後，蔣介石在審閱時將此句刪去了[39]。於是，到了《年譜》正式出版時，僅剩下了「傍晚，緯國省親抵粵」[40]這一句話。在此，日記原本、抄本與年譜三種版本內容的變化，非常生動形象地向讀者展示了三者的關係和改動的情況。

六　其他篇

這樣，包括前引日記及抄本中幾乎所有的有關陳潔如、姚冶誠的記錄，在年譜中全數都被蔣介石親筆刪去了。[41]

至於蔣介石刪去有關陳、姚二位記錄的動機，不必多言，這大概是作為一個政治家和男人的必然選擇。

對於自己與三位女性之間的感情與生活糾葛，蔣介石也感到了麻煩與厭倦，他曾在日記中寫道：「總理之物質建設完全以國為家，奈何余時時以家為計也，可恥。改之。」[42]

毛思誠在抄本中對蔣介石家事的記錄，實際上已經改寫得充分和緩化，但本著紀實的態度，仍有記錄；而蔣介石在審改時，對有關陳潔如、姚冶誠的絕大部分記錄都以毛筆塗抹或紅筆勾圈毫不猶豫地刪去，少數留存的（如對陳潔如所犯錯誤的指責）也是符合他意圖的內容，讓讀者理解他的「休陳」的緣由。這樣一來，從出版後的《年譜》上來看，一個個人生活情感世界比較清潔完美的蔣介石就此「誕生」了。

三是蔣介石對自己性格缺點的掩飾，以維護自己的正面形象。

在蔣介石日記中，一個重要的內容就是自我檢討與反省。除了前述日記中每天必寫的「社會記事」、文後自警之句外，他對於自己性格中的暴躁、多疑、色慾、憤懣及打罵下屬等行為，多有記錄及反省。如7月23日記：「以戴立夫……令余為難，不勝怨恨憤激，怒辱（使）其不堪，暴躁暴橫已極，不改必敗也，切戒之」；28日又記：「轎夫貪懶，傭人無用，司令部辦事紊亂無狀，行軍次序紛亂，不勝躁急。憤怒蠻罵（不勝躁急憤怒）（括號內黑體字為毛抄本所改——本文作者注）。」對於這類記錄，毛抄本中也做了和緩處理，蔣對此是首肯的，但到了《年譜》裡有關這些也已全然不見了蹤影，原因還在於在正式出版品中為蔣掩飾性格缺點以維護其正面形象的需要。當然，蔣介石能在日記抄本中記錄和保留自檢缺點並日日自戒的內容，也是需要勇氣的。可惜的是，看了蔣的日記，給人一強烈的印象就是，他日日自檢自責，但卻不斷復犯，「他也曾設法改正，例如立誓做到『四不』，即『口不罵人，手不打人，言不憤激，氣不囂張』。又立誓作到『四定』，即『體定、心定、氣定、神定』。還曾提出『三要』，即『謹言、修容、靜坐』，但是，

收效不大,暴躁狠蠻,幾乎成為他的終身『痼疾』。」[43] 真可謂積習難改秉性難移也。

　　對於毛思誠所著《年譜稿》,蔣介石非常認真地進行了全文審閱,然後在封面上親筆寫下了「閱」字,以示認可。由於前面對毛抄本日記已進行過改刪,毛思誠就此也知曉在年譜中應迴避哪些內容,於是,蔣對《年譜稿》的再改動相對已不是很多,皆以紅筆標明。總體來看,他主要是對一些文中的用詞進行了改動,不涉及原意的修改。值得指出的還是因政治局勢變化,他把原文中「吳賊」改為了「吳佩孚」或「北洋軍閥」;[44] 將「電詁各徵收官吏」附文及「電何應欽拿辦抗拒公債之方文雄」、「電催何應欽並轉陳楚楠、李鈺變賣海灘濟餉」等不宜公開的有搜刮斂財催餉之嫌疑的記錄文件刪去;[45] 將在株洲對第一、二師官兵訓話中追加上了「當時共產黨對第一軍竭力詆毀使之軍譽頹敗,(冀逞其報復之意)(括號內字句為蔣介石後加改之內容——本文作者注)」,「還有一般反動派專造本軍謠言,說是第一軍官兵如何如何……」等反共言論。[46] 這些改動,基本上為出自政治因素的考慮,也是《年譜》本身的政治化性質所使然。

　　總的來看,蔣介石對抄本與年譜的審改保留了基本的史實,並做了相應的刪、改、增,其出發點是基於政治的需要與考慮。現在,我們對於這每一類記錄的改變,如政治、思想、言論、婚姻、家事等等,都可以繼續依據專門的分類,結合各專題的史實研究,再進一步進行細化深入的探討,這對於相關歷史研究具有重要的推進作用,或將產生具有全新結論的觀點,成為「尋找真實的蔣介石」的前提與史料基礎。

　　這就是我們今天研究蔣介石日記及其抄本、年譜版本之異同的價值意義之所在。

附表:

1926年7月蔣介石日記、抄本與年譜內容之比較表

說明:

六　其他篇

因日記抄本分為 9 類，內容間續，本兼顧原則，以 1926 年 7 月為主，照錄如下。其中日記原本藏於美國史丹佛大學胡佛研究院檔案館，分類抄本及年譜稿本藏於中國第二歷史檔案館。

凡該日無抄錄內容之類別及「天氣類」不錄。

被蔣中正親筆刪除的內容以【】號標出，增、改後內容以 { } 號標出。

日記原件因年代久遠，多有腐朽，許多處字體難辨，本表中已依抄本復原其可確認的內容。

「學行類」、「旅遊類」本月無內容。

《蔣介石日記》原本與毛思誠作類抄、年譜比較初探——以1926年7月為例

日期	日記原本	毛思誠分類抄本	毛撰《年譜稿》本
1926年7月1日	社會記事：陰霾可殺 上午批閱文件，打電話不應，躁激非常。極恨國人無心肝，所部無血心，每生亡國之懼。如何能使一般餒弱殘夫振奮有爲？無雷霆霹靂之威，何以能消散陰霾沉霧！中十時往國民政府紀念□□□□畢，往第三軍官學校參□□□□。二時後回寓，會客、休息、閱報，□□□□回寓記事。 □□□□□□□□□驕矜諸過未改。靜敬澹一，發強剛毅諸箴未守也。	（黨政類）上午十時，參加國民政府成立周年紀念。 （軍務類）上午批閱檔。【國人】所部無血心，每〈深敗亡之懼〉，如何能使一般〈荼疲病夫〉振奮有爲？無雷霆霹靂之威，何以能〈擊〉散陰霾沉霧耶？〈上午詣〉第三軍官學校參加畢業典禮。 （雜組類）上午打電話不應，躁激非常，極恨國人之無心肝也。	上午，國民政府成立一周年紀念畢，旋參第三軍官學校畢業典禮。 任命陸福廷爲總司令部交通處長，姜師望爲第一軍政治隊隊長。 成立野戰衛生處，組織病院〔凡三所，定名第一、二、三後方病院〕及野戰救護大隊，並設立衛生材料庫。 公嘆：國人無心肝，所部無血性，不自求進步，而一般萎靡若此，若非濟之以猛與嚴，〈何能復興民族，完成革命？〉不施雷霆霹靂之威，陰霾何由擊散乎？〈何以消散陰霾？〉
2日	□□□□排事□事，往醫牙科，往□□□□訪鮑顧問談至下午二時半回寓。余甚以其對黨意見爲不然也。以本黨有歷史、有主義，不可強勉也。餐後會客，往訪嘉倫將軍與靜江兄。傍晚回黃埔，以緯國母子來粵也。 色念愧怍疑慮諸過未改。靜敬澹一，發強剛毅諸箴未守也。 美齡將回滬，心甚依依。	（黨政類）上午，往訪鮑羅廷，談至下午二時半回寓。余甚以其對黨意見爲不然也。以本黨有歷史、有主義，不可勉強也。 （家庭類）上午往訪美齡，下午美齡將回滬，心甚依。傍晚回長洲。【以緯國母子來粵也】 （方括號內爲蔣親筆塗抹去的內容，下同。——編者） （軍務類）上午排定辦事日程，辦事。 （身體類）上午就醫牙科。	上午醫牙。 會鮑羅廷，談至二時半，公終以「其對黨意見爲不然；蓋本黨有歷史、有主義，豈可任意矯誣之耶？」 傍晚，緯國省親抵粵。

知非文集：民國初年祕辛研究

六　其他篇

3日	社會記事：陰番必滅 上午巡行平岡先烈墓、舊營盤之經理大隊、大陂地之補習班炮兵隊工兵隊，乃至本校再至分校，回歸司令部。經理大隊漫無紀律，各處宣傳多是CP，心甚不口口。擬誓師詞。下午在校辦事，晚回司令部，批閱檔，至十二時後睡。 口口口口口念愧悔疑慮諸過未改。靜敬澹一，發強剛毅諸箴未守也。	（軍務類）上午巡行平岡先烈墓、舊營盤之經理大隊、大陂地之補習班炮兵隊工兵隊，乃至本校再至分校，回司令部。經理大隊漫無紀律，各處宣傳多是CP，｛心滋不悅也｝。下午在校辦事，晚回司令部，批閱檔，至十二時後睡。	派總監部主任參謀黃振興，率一部分職員出發韶關。 上午，巡視平岡公墓及大陂地之補習班、炮兵隊、工兵隊，至舊營盤之經理大隊，見其漫無紀律，各處宣傳，多是CP，心滋不悅，旋由本校赴分校。
4日	社會記事：陰番必滅 口口口口口口口口辦公。九時後到中央執行委員全體會議，議出師宣言、訓令黨員及誓師典禮案。下午會客，會議整理兵工廠案。寫孔夫人等信，往訪孫老夫人及子文弟。晚會客，與靜兄談天記事。 躁急色念虛偽忙迫愧慮諸過未改。靜敬澹一，發強剛毅諸箴未守也。	（黨政類）上午九時後，出席中央執行委員全體會議，議北伐出師宣言、訓令黨員及誓師典禮案。 （軍務類）上午辦公，下午會議整理兵工廠案。	上午，開中央執行委員會全體會議，議出師宣言、黨員訓令及誓師典禮案等案。 下午，開軍事委員會，議決整理兵工廠案。
5日	社會記事：陰番必滅 上午批閱文件，致學生信，往訪包顧問，到全體中央會議。下午與靜江、組安先生談商政治委員會歸併中央委員會常務會議，而彼則欲常務會議歸併於政治會議。夜，會議卒，以常務會議存在而政治會議歸併也。下午口口口口口會議，十二時後睡。	（黨政類）上午，參與全體中央會議。下午，與靜江、祖安先生談商政治委員會歸併中央委員會常務會議，而彼則欲常務會議歸併於政治會議。夜，會議卒，以常務會議存在而政治會議歸併通過也。 （軍務類）上午批閱檔。	上午，續開中央全體會議，通過任公為中央黨部軍人部部長。（有任免所轄革命軍及軍事機關黨代表之權。—毛注） 下午，公與張、譚商談政治委員會歸併中央委員會常務會議，而彼等則欲常務會議歸併於政治會議。夜會議，卒以常務會議存在，而政治會議歸併通過。 任命鍾奇為入伍生第一團參謀長，邵企雍為炮兵大隊長，楊德良為炮兵團第二營長，許康為該團第三營營長。 覆趙恒惕電，勸其改圖討賊。

《蔣介石日記》原本與毛思誠作類抄、年譜比較初探——以1926年7月為例

6日	社會記事：陰番必滅 上午六時半點驗第二團畢，參加中央全體會議，選余為常務委員會主席。下午，開中央組織部登記會議。 四時□□□□□。見中山艦來電，風浪大接械船不能到達目的地，沉沒二艘。用人不良，準備不周，中國不負責任，思之痛心。另派船去接，不知能順利否，甚念。為此憂悶忙碌半天。晚與靜兄談天，批閱。午夜睡。 慚惶忿怒色念念怕煩灰散疑慮諸過未改。靜敬澹一，發強剛毅諸箴未守也。	（黨政類）上午，中央全體會議選余為常務委員會主席。下午，開中央組織部登記會議。 （軍務類）上午六時半點驗第二團畢，見中山艦來電，風浪大接械船不能到達目的地，沉沒二艘。用人不良，準備不周，中國{人多}不負責，思之痛心。另派船去接，不知能順利否，甚念。為此憂悶忙碌半天。晚批閱至午	上午六時半，點驗第一軍第二團。 中央全體會議推選公為常務委員主席（張人杰以足疾辭一毛注）。北伐期間，仍請張代理。 下午，中央執行委員會組織部，會議登記辦法，公演講。 組織總司令部於河南士敏土廠，分參謀、副官、秘書、軍務、訓練、軍需、審計、交通、軍械、軍醫、軍法、海軍、航空、徵募等處，暨政治部、兵站總監部。 俄艦運械抵粵。公閱中山艦來電：風浪滔天，接械船難駛近，中流沉沒二艘。自恨用人不當，準備不周，另派船往替，憂惶者竟日。 唐生智率本軍會同第四、第七兩軍，分四路進兵攻葉。李品仙任第一路，取湘鄉、湘潭，第四軍之張發奎師葉挺團助之，何鍵、劉興任第二路，乘漣水盛漲，衝險突進；第七軍胡宗鐸、鍾祖培部任第三路，襲寧鄉、益陽；周斕師及第四軍陳銘樞師任第四路，出湘東茶陵，直逼醴陵。
7日	社會記事：我滅陰寇 上午辦事，第七團士兵毫無紀律且無儀容，見之忿恨，大加申斥。至十一時回寓。為接械事忙碌愁悶，以風大小船不能出口，該艦又大不能進來，時日延久恐被洩漏也。宣傳會。下午會客，對政治大隊訓誡，□□組安先生，晚宴客，十二時睡。 □□□□□□□□□□悔疑慮諸過未改。靜敬澹一，發強剛毅諸箴未守也。	（黨政類）上午，詣組織宣傳會。 （軍務類）上午辦事，詣組織宣傳會。點第七團士兵名，{紀律儀容俱無可觀}大加申斥。為接械事忙碌愁悶，以風大小船不能出口，而該艦又大不能進來，時日延久恐被洩漏也。下午對政治大隊訓誡。 （頁眉上有批：「詣」字上空一格、「點」字上空一格。—編者）	上午，點驗第七團士兵，既無紀律，又無儀容，痛斥之。 通令各軍各立兵站、病院一所（約容五百人。—毛注） 公為接械事異常焦灼，以風大船小，不能出口，而俄艦巨大，又不能進口，時日稽延，恐被洩漏也。　主席組織宣傳會。 下午，訓誥政治大隊（稿未留）。

659

知非文集：民國初年祕辛研究
六　其他篇

8日	社會記事：陰番可殺 上午點第四十團名，訓誡畢。□□□□□□□□□為玉龍辦事糊塗不遵命令，忿恨非常，痛斥不止。嘗以為國人性情餒弱糊塗，不自研究進步，只有亡國。若不振之以猛與嚴，尚有濟乎！與鮑顧問談天後外交與土地問題，訪朱軍長後往黃埔與緯兒散步解愁。晚九時睡。 忿恨色念恍惚愧悔怠惰諸過未改。靜敬澹一，發強剛毅諸箴未守也。	（家庭類）下午牽緯兒散步。 （軍務類）上午點第四十團名，訓誡，下午為玉龍辦事糊塗不遵命令忿恨非常痛斥一番，嘗以為國人性性餒弱，不自策勵進步，甘滋為亡國奴狀態，不振之以猛與嚴，尚有濟乎？	上午，點第四十團名，並訓誡之。(稿未留) 下午，會鮑羅廷，談外交與土地問題。 是日周斕（第八軍教導師—毛注）、李品仙（第「八軍第三師—毛注）兩師，擊敵渡易俗河。
9日	提要：本日就總司令職並誓師 社會記事：陰番可殺 五時卅分起床，同緯兒由黃埔回省。閱報，九時就國民革命軍司令職。在東校場誓師，群眾到者約五萬餘人。吳敬恒先生代表黨部、譚延闓先生代表政府致訓詞，授印旗。□□□下午休息後閱報，批閱，晚公宴，十二時散席回寓。□□□□□□□□□紀念怠惰疑忌諸過未改。靜敬澹一，發強剛毅諸箴未守也 今日不見總理親授印旗及訓誡而使我領導革命悲痛惶恐之至。	（軍務類）上午九時就國民革命軍總司令職。在東校場誓師，群眾到者約五萬餘人。吳敬恒先生代表中央黨部、譚延闓先生代表國民政府致訓詞，授印旗。晚公宴，十二時散席。(頁眉上有批：「晚」字上不空—編者) 今日不見總理親授印旗及訓誡而使我領導革命〔悲感曷其痛極！〕悲痛惶恐之至。	廣州東校場，舉行國民革命軍總司令就職典禮，國民政府委員會主席譚延闓給印，中央黨部代表吳敬恒授旗，委員孫科奉總理遺像，各致勳詞，公謹受宣誓畢，校閱、演講。總指揮李濟深、警衛司令錢大鈞、司禮張治中，參加者合民眾五萬餘人，發宣言通電。夜宴會。 公曰：今日不見總理親授旗印及訓誥，而{乃}使我{負}領導革命{之責}，悲痛惶恐之至。 是日夏鬥寅師（鄂軍第一師）渡河，進占湘鄉。

660

《蔣介石日記》原本與毛思誠作類抄、年譜比較初探——以 1926 年 7 月為例

10日	社會記事：陰番必滅 □□記事，□□□□□□□團花名，憲兵教練□□□□□□。下午休息後會客，與靜江、組□□□□□□□常務會議及政治會議名單。政治委員會不取消而停止，歸併政治會議也。會客，批閱檔，晚會客嘉倫同志，報告其飛機及器械到齊。今日見潔如，治家無方，毫無教育。又見上海僞黨部評論整理黨務案，以余爲眾矢之的，不勝沉悶忿激，而終日憂驚。 慌忙愧悔疑慮諸念過皆未改正。靜敬澹一，發強剛毅諸箴未守也。	（黨政類）下午，與靜江、祖安二兄會議中央常務會議及政治會議名單，政治委員會不取消而停止歸併政治會議也。【批閱檔。嘉倫同志報告其飛機及器械到齊】。（括弧內之文字爲原稿中刪去部分，下同。一編者注）今日見上海僞黨部評論整理黨務案，以余爲眾矢之的，不勝悶煩。 （家庭類）晨五時半起，攜緯兒由黃埔往省垣。【今日以潔如治家無方教育幼稚不勝怨恨。】 （軍務類）上午點驗第四團花名，憲兵教練所畢業訓話。加倫將軍報告飛機及器械到齊。下午批閱檔。（頁眉上有批：「憲」字上空一格。一編者）	上午，點第四團士兵名。憲兵教練所舉行畢業式，公施訓話。（稿無查） 下午，與張、譚審定中央常務會議及政治會議名單，政治委員會不取消，但停止會議，歸併於政治會議也。 覆何應欽庚電請示各節。 晚，嘉倫將軍{來見。}報告飛機及各軍器到齊。 公以上海僞黨部抨擊整理黨務案，集矢於己，不勝鬱憤。 是日午後三時，各軍占領長沙。 袁祖銘聯合賀龍，進據常德，圖攻鄂西。
11日	社會記事：陰番必滅 五時後起床，即點驗第五、第六兩團，至正午畢。下午訪泳安、嘉倫諸同志，接唐孟瀟總指揮昨日午後三時占領長沙之報。五時往長洲休息，晚早睡。	（軍務類）五時後起床，即點驗第五、第六兩團，至正午畢。接唐孟瀟總指揮昨日午後三時占領長沙之報。	晨五時，點驗第五、六兩團，至正午畢。 電覆唐生智，已與袁、彭代表儘量接洽。 野戰衛生處全部開赴韶關，隨軍推進。

661

知非文集：民國初年祕辛研究
六　其他篇

12日	社會記事：陰番必滅 □□□□□□□□□平在校主紀念周講演後，即往省垣總司令部紀念周畢，理事。蔣鼎文團長失卻貳萬元餉項，不勝疑慮。下午□□後會客，往靜兄處會議關於中央常務會議、政治會議人員問題及解決罷工，會議北京關稅會議之對付方法。余以關稅會議爲賣國條件，決心與吳佩孚宣戰，通告中外。晚辦公，九時後睡。色念疑慮忿怒愧悔諸過未改。靜敬澹一，發強剛毅諸箴未守也。	（黨政類）上午，詣校主紀念周講演後，即往省垣主總司令部紀念周。 下午，詣靜江兄處會議關於中央常務會議、政治會議人員問題及解決罷工，會議北京關稅會議之對付方法，余以關稅會議爲賣國條件，決意與吳佩孚宣戰，通告中外。 （軍務類）上午理事。蔣鼎文團長失卻二萬元餉項，深致疑慮。晚辦公。	早起，電覆唐生智賀捷。 電覆李宗仁賀捷。 致電陳銘樞，張發奎慰勞。 答謝潮州分校致賀電。 覆孫傳芳電。（稿無查） 上午，主中央軍校紀念周，講演後，即回省垣主總司令部紀念周。 下午，詣葵廬，複議中央常務會議、政治會議委員，及解決罷工，並對付北京關稅會議。
13日	社會記事：陰番必滅 五時後起床，改正講演稿。九時後往中央黨部開常務會議，就主席職，至十四時半始閉會。回寓改正稿件，七時方畢。晚入浴後往子文及靜江兄。十一時後回寓睡。潔如膠執驕矜，豈余有不德乎？ □□□□□□□□□麻煩怠怒忙迫諸過未改。靜敬澹一，發強剛毅諸箴未守也。	（黨政類）上午九時後，往中央黨部開常務會議，就主席職，至十四時半始閉會。 （家庭類）【潔如膠執性成，豈余有不德乎？】 （文事類）五時後起床，改正講演稿。下午改正稿件。	中央黨部開常務會議，公就主席職。 電話各徵收官吏。

662

《蔣介石日記》原本與毛思誠作類抄、年譜比較初探——以1926年7月為例

14日	社會記事：陰番倒亂 上午批閱檔，□□□開宣傳委員會議。決戰地民政、財政處置事項。下午休息後會□□□□□會客。晚主席同學會常務會議，以對汪之感想及事實為幹部言之。十二時睡。 色念忿怒專橫愧悔憂愁疑慮忙迫諸過未改。靜敬澹一，發強剛毅諸箴未守也。 受經濟束縛，苦痛憂患無已，人才缺乏，事事受窘。可嘆也！ 周公恐懼流言日，王莽歉恭下士時。三句不勝古今同轍之感，歷史與輿論皆非事實也。	（軍務類）上午批文件，開宣傳委員會議。決戰地民政、財政處置事項。下午往總司令部辦公。晚主席同學會常務會議，以對汪之感想及事實為幹部言之。【十二時睡。】 受經濟束縛，苦痛憂懼無已，人才缺乏，事事不能舉，尤可嘆也！ （文事類）讀「周公恐懼流言日，王莽歉恭下士時」之句，不勝古今同感，歷史與輿論皆非事實也。	上午，主席宣傳委員會，議決戰地民政，財政辦法。 公因〔前方〕情況變更，另定各軍集中地點。 呈請任命李濟深為國民革命軍總參謀長，鈕永建為總參議。舉陳果夫代組織部長。 任命蕭友松為入伍生部步兵第一團團長。（吳思豫辭職） 晚，主席黃埔同學會常務會議，【以對汪之感想及事實為幹部言之。】 公因軍事受經濟縛束，人才缺乏，事不能舉，二者深感痛苦。
15日	社會記事：陰番可殺 上午改正稿件，在中央黨部開政治會議。下午往總部會客辦公，與嘉倫商分配械件事。晚與岳軍談天，十一時後入浴睡。 色念□□愧悔憂患拙呆忙迫諸過未改。靜敬澹一，發強剛毅諸箴未守也。	（黨政類）上午，詣中央黨部出席政治會議。 （軍務類）下午辦公，與嘉倫商分配械件事。 （文事類）上午改正稿件。	上午，參與政治會議。電覆王天培策程前進常、澧。 與嘉倫將軍談分配軍械事。 是日國民政府代表與英人開解決省港罷工案會議。

663

知非文集：民國初年祕辛研究

六　其他篇

16日	社會記事：陰番可殺 上午改正講演稿。往訪嘉倫將軍，回寓會客。下午休息後批閱檔，往總部□□□會。十一時回寓睡。今□□□非常，色念疑慮愧悔謠佚諸過未改，靜敬澹一，發強剛毅諸箴未守也。	（軍務類）下午在寓批閱檔，往總部辦公。 （文事類）上午改正講演稿。	軍事委員會議決命李參謀長坐鎮廣州。 　下午，總司令部辦公。 　電准胡謙布防及剿匪辦法。
17日	社會記事：陰番必滅 上午批閱文件，往中央開常務會議，推靜江兄與組安兄為常務與政治會議代理主席。下午休息後與鮑顧問談政治軍事與黨務問題。晚宴客，十一時回睡。 色念□□□智忿怒愧悔驕橫諸過未改。靜敬澹一，發強剛毅諸箴未守也。	（黨政類）上午，詣中央黨部主席常務會議，推靜江兄與組安兄為常務與政治會議代理主席。 （軍務類）上午批閱檔。	上午，中央開常務會議，推張人杰為代理主席，譚延闓為政治會議代理主席。 【電獎胡宗鐸追敵勤勞。】 【電令何應欽拿辦抗拒公債之方雄文等。】
18日	社會記事：陰番必滅 上午會客辦公，十時後往黃埔休息。下午休息後與緯兒講笑話。晚早睡。	（家庭類）下午與緯兒講笑話。 （軍務類）上午辦公。 （身體類）上午十時後往黃埔休息，下	為賀耀組加入革命軍，電覆湖南省特別委員會。 電斥倪弼越級瀆請。
19日	社會記事：陰番必滅 上午批閱檔，主本校紀念周席並到歡送會講演約一時餘。下午會客，批閱檔，四時回省，在總部會客辦事。晚會子文，回寓後以傷風早睡。 忿怒□□□忌色念躁急諸過未改。靜敬澹一，發強剛毅諸箴未守也。	（黨政類）上午，主本校紀念周。 （軍務類）上午批閱檔。蒞歡送會講演約一時餘。下午批閱公牘、辦事。 （身體類）晚回寓後以傷風早睡。	上午，主中央軍校紀念周，並蒞本校歡送會講演。（詞稿略） 　下午，電獎袁、王、彭興師討吳【北伐】。 　電令胡謙剿辦陸豐會匪。 　晚，以傷風早睡。 　是日國民政府派蔣作賓為湖北宣撫使。

664

《蔣介石日記》原本與毛思誠作類抄、年譜比較初探——以1926年7月為例

20日	社會記事：陰番必滅 本日以傷風發熱精神困疲終日休養，改正講演稿及告華僑書。 □□忿恨□惡色念愧悔躁急諸過未改。靜敬澹一，發強剛毅諸箴未守也。	（身體類）本日以傷風發熱，精神疲疲，終日攝養。 （文事類）改正講演稿及告華僑書。	體發熱，精神困頓，屏紛攝養。 電唐生智，並轉前敵各將領，羅覲光已受改編。 電聞袁祖銘，中央已任彭、王為軍長。 中央軍校設兵器研究處，以方鼎英兼處長。
21日	社會記事：陰番必滅 上午會客辦事會議。下午看俄國共產黨史，撰我少年軼事。晚會客，十一時睡。 懶慢躁急愧悔念驕矜諸過未改。靜敬澹一，發強剛毅，諸箴未守也。 我政府與英夷於十五日正式開解決省港罷工案會議，而昨日陰番挑釁，特使小火輪至到華界破壞糾察隊檢查仇貨，糾察隊即將陰番二名及火船扣留。彼□番不問理由，即將我深圳車站派兵占領。事之可恥甚於此。	（黨政類）我政府與英夷於十五日正式開解決省港罷工案會議，而昨日英夷挑釁，特駛小火船至深圳華界詰責糾察隊檢查仇貨，糾察隊即將英虜二名及火船扣留，乃蠻番不問情由，即派兵占領我深圳車站，可恥孰甚。 （軍務類）上午辦事會議。 （文事類）下午看俄國共產黨史，撰述我少年軼事。	下午，看俄國共產黨史。 筆述少年軼事。 是日糾察隊因英僑拒檢貨，乃扣留其二商及船，【乃扣留其船舶及二商人，】港酋〔英〕遽派兵占領深圳車站。
22日	社會記事：陰番可殺 上午得陰番占領深圳之報，不勝憤激！乃與鮑顧問磋商諸事，到中央政治會議報告軍事、黨務、外交詳情畢，往航空參加開幕禮。下午到總部辦事。晚辦事，十二時睡。 猶豫客氣憂慮慌忙愧悔色念驕矜諸過未改。靜敬澹一，發強剛毅諸箴末守也。	（黨政類）上午，得英夷佔領深圳之報，不勝憤激，乃與鮑顧問磋商應付。 （軍務類）上午與顧問磋商諸事，到中央政治會議報告軍事、黨務、外交詳情畢，往航空處參加開幕禮。下午到總部辦事。晚復然。	上午，赴中央政治會議，報告軍事、黨務及外交畢，參加航空處開幕禮。 電知胡謙，已派營連長來惠。 電何應欽應付閩敵方略。 電覆惠州人民代表大會，已令胡師長痛剿。

665

六　其他篇

23日	社會記事：陰番必滅 上午批閱檔辦公。下午以戴立夫不得余命令而交代軍械庫長，令余爲難，不勝怨恨憤激，怒辱其不堪，暴躁暴橫已極，不改必敗也，切戒之。與鮑顧問就談革命方略及政治主張，彼以余言爲然，而獨以土地問題□□□念也。晚宴上海商人代表，十一時後睡。 躁急慢橫侮辱□□□□迫諸過未改。靜敬澹一，發強剛毅諸箴未守也。	（黨政類）下午，與鮑顧問談革命方略及政治主張，彼以余言爲然。 （軍務類）上午批閱檔，辦公。下午以戴立夫不得余命令而交代軍械庫長，令余爲難，不勝怨恨憤激，怒辱{使}其不堪，暴躁暴橫已極，不改必敗也，切戒之。	上午，電令胡謙，注意李克成部行動。 覆陳銘樞，餉款已電匯衡州。 下午，鮑羅廷就談革命方略及政治，甚以公言爲然，獨謂不應緩提土地問題。 公以戴任不得命令，交卸軍械庫長，而使有爲難，大動剛氣，既而悔之。【即交卸軍械庫長爲怪。】晚，宴滬商代表王曉籟等。
24日	提要：致溥泉信 社會記事：陰番可殺 上午辦公會客，往訪□□齊未晤，往訪古湘勤回寓。下午會客，與靜江、組安二兄談政治，□行方鍼□王盛二代表談總工會與工人代表□□□紛。工人代表在黨部要求扣留陳森不休，各常務委員無法來見余，後余准其將陳森隨傳隨到，始了事。晚來黃埔，與緯兒談天，早睡。 驕矜躁急侮辱愧悔色念忙迫諸過未改。靜敬澹一，發強剛毅諸箴未守也。	（黨政類）上午，與王、盛二代表談總工會與工人代表會起糾紛，工人代表在黨部要求扣留陳森不休，各常務委員設法來見余，余准令將陳森隨傳隨到，始了事。 （家庭類）晚來黃埔，與緯兒談天。 （軍務類）上午辦公。	上午，公劃廣東全省爲七警備區域，各區設一戒嚴司令，以何應欽等各就防地分任之。 覆張繼書，表明護黨苦衷。 電令胡謙，專任惠州防務。 電任何應欽爲潮梅驚（警）備司令。 下午，與張、譚二主席談政治方針。 調解總工會與工人代表會哄爭。

666

《蔣介石日記》原本與毛思誠作類抄、年譜比較初探——以1926年7月為例

25日	社會記事：陰番必滅 上午往烈士墓地觀察工程，回要塞部休養、整書。下午記事，回校整理函件，收拾一切，為出發之準備也。四時回省，在總部辦事□□登同未晤。晚應黨部與政府北伐出師公餞講演。略帶驕矜之意，戒之。 憂慮躁急色念氣侮辱愧悔諸過未改。靜敬澹一，發強剛毅諸箴未守也。	（黨政類）晚，應中央黨部與政府北伐出師公餞演講，略帶驕矜之色，戒之。 （軍務類）下午回校整理函件，收拾一切，為出發之準備。四時回省垣，在總部辦公。 （雜俎類）上午往烈士墓地觀察工程。 （文事類）上午整書。	上午，視察平岡墓工程。整理書籍函件。 下午，手書格言贈同志。晚，赴中央黨部與國民政府餞筵，演講。
26日	提要：聞石井兵工廠罷工 社會記事：陰番必滅 上午會客，寫同學會信。下午在總部會席辦公，囑託後方事務。為戰費事，子文吝刻，使人難堪。晚應子文宴，與鮑□□□天，靜江兄談天。二時後睡。 憂患愧悔疑慮色念躁急諸過未改。靜敬澹一，發強剛毅諸箴未守也。	（軍務類）下午在總部會席辦公，囑託後方事務。為戰費事，子文吝刻，使人難堪。聞石井兵工廠罷工。	上午，發留別本校全體官長學生書。 覆電唐生智，並告出發日期。 電唐、李、朱，令第三軍改道集中醴陵。 電令俞飛鵬、馮軼裴，即刻起解軍械。 下午，以後事務囑託留守人員。 與宋部長切商軍費。 電飭王、劉等嚴肅行軍紀律。電唐生智、李宗仁，令唐直接指揮各軍，並與美艦啓釁。 黃紹竑電告黔軍，王天培加入國民革命軍。

667

知非文集：民國初年祕辛研究

六　其他篇

27日	社會記事：陰番必滅六時起床會客整裝，七時半由東山寓中出發，八時半到黃沙車站。同志已來站鵠候多時矣。緯兒能送此行，心甚樂。而離別親友未免有感，含淚痛別，足證心裡之強健不如從前也。九時半開車，車中看俄國共產黨之建設，六時到達韶洲，各界來站歡迎已簇聚矣。□□讀共產黨之建設感言，寄果夫信。晚會議。	（軍務類）晨起整裝，七時半由東山寓啓程，八時半到黃沙車站。〈一般同志早已鵠候多時〉。緯兒來送此行，於心甚樂。而離睦親友未免有感，含淚而別，足證心裡之強固不如從前也。九時半開車，車次看書，六時到達韶洲，各界來站歡迎者已簇聚矣。晚會議。 （文事類）是日北伐啓節，在車中看俄國共產黨之建設完，撰共產黨之建設感言。	上午七時半，公自東山寓發軔，八時半，至黃沙上車。總部第二組人員同行，各界歡送甚盛，張、譚二主席親臨，次公子緯國亦候站，灑淚愴別。車次，看俄國共產黨建設篇。午後六時，到韶關。 電准李宗仁請濟餉款。 電商黃紹竑派船運送新兵。晚，撰共產黨建設篇感言。開會議。 黃紹竑電告袁祖銘加入國民革命軍。祖銘與王天培，因吳佩孚派唐瑞桐爲貴州宣撫使，王紹民籌辦軍務善後事宜，故決意貳之。
28日	社會記事：陰番必滅三時後起床整裝。本定四時由韶州出發，應副官辦事生疏，而其處長又病，遷延至六時催迫出發，方得起程。出北門經布頭，居民約五百家。午後三時始達盆頭村之東，乃一韶關對樂昌之防禦陣地也。駐於兵站，批閱檔，覆藹琳函，傷風又作矣。晚九時睡。轎夫貪懶，傭人無用，司令部辦事紊亂無狀，行軍次序紛亂，不勝蹙急，憤怒蠻罵。 色念愧悔諸過未改。靜敬濃一，發強剛毅諸箴未守也。	（軍務類）因天熱早行。三時後起床整裝。本定四時由韶州出發，應【因】副官辦事生疏，而其處長又患病，遷延至六時，催迫再三，方能起行。出北門經布頭，居民約五百家。午後三時始達盆頭村之東，乃一韶關對樂昌之防禦陣地也。駐於兵站，批閱檔。 轎夫貪懶，傭人無用，司令部人員辦事【紊亂】無狀，行軍次序紛亂，不勝蹙急憤怒。 （身體類）韶關軍次，傷風又作矣。	晨六時，公由韶關進發，出北門，經布(市)頭，午後三時，始達盆頭市之東，乃一韶關對樂昌防禦陣地也。駐節於兵站。 中央軍事政治學校第四期同學錄將完版，公預爲之序。

《蔣介石日記》原本與毛思誠作類抄、年譜比較初探——以1926年7月為例

29日	社會記事：陰番何日可以驅逐 　三時起床，本定四時出發，又遲延至五時方能起程。途中甚熱，轎夫皆病，只有步行約二十里。正午至樂昌城，途經八里碑及楊溪等處，土匪放槍示威，膽大如此，可恨也。下午休息後中餐，與嘉倫將軍談天，副官招待不周，斗室陋狹，行李遲緩，心甚抱歉也。傍晚閱城街，狹隘居密，城堞磚砌而高度約有丈口也。晚與建生談天，十時後睡。 　疏忽散漫躁急疑慮色念愧悔淡薄諸過未改。靜敬澹一，發強剛毅諸箴未守也。	（軍務類）三時下床，本定四時出發，又遲延至五時方能起程。途中甚熱，轎夫皆病，只有步行約二十里。正午至樂昌城，途經八里碑及楊溪等處，土匪放槍示威，膽大如此，可恨也。傍晚閱城街，狹隘居密，雄堞磚砌而高度約有丈五六。	晨五時，啓程，途中酷熱，與子皆痛，徒行二十里。午正，至樂昌城。 　下午，休息，與嘉倫將軍聚處，副官招待不周，斗室湫隘，行李在後，心甚抱歉。 　電唐生智，飭屬協助徵募員 　電令胡謙會剿惠屬土匪 　哺，閱城，磚建，高約丈五，街小戶稠，不成規制。 　晚，與白崇禧談。
30日	社會記事：陰番必滅 　七時後起床，以潔如無了心甚懊悶，致函規之讀書治家。十時後對行營人員訓話，以時間與空間（即地點距離）為辦事之原則，而其方法則分輕重緩急與先後也，組織系統範圍與統計亦為辦事方法之要素也。下午休息後看鄧文儀由俄來信，其中以土地制度重要。土地制不外土地國家外〔化〕（即歸國有）與土地社會化（即社會分配），如太平天國制是也。余復之，記事。其言軍隊為青年人民之學校，余深慚有意而所不及也。 　愧悔色念客氣怨恨機心諸過未改。靜敬澹一，發強剛毅諸箴未守也。	（黨政類）下午，看鄧文儀由俄來訊，其中以土地制度為重要。土地制度不外土地國家外〔化〕即歸國有與土地社會化即歸社會分配，如太平天國制是也，余復之。 （家庭類）【上午七時後起床，以潔如不諳家事，心甚懊悶，馳函勸令讀書】 （軍務類）上午十時後對行營人員訓話，以時間與空間（即地點、距離）為辦事之原則，而其方法則分輕重緩急與先後也，組織系統範圍與統計亦為辦事方法之要素也。 　鄧文儀由俄來訊有言軍隊為青年人民之學校，余深慚有意而所不及也。	上午十時，訓誥行營人員。 　下午，閱鄧文儀由俄來書。其言土地制不外土地國家化（即歸國有）與土地社會化（即社會分配，如太平天國制是也）。至言軍隊為青年人民之學校，公尤贊許，復之。 　是日，湖南省政府成立，唐生智為主席，兼軍事廳長，以馮天柱、劉岳峙、周鰲山、鄧壽筌、代理民政、財政、教育、建設廳長。 　吳佩孚令在湖南前敵各軍堅守防地，非有軍令，不許進攻。

669

知非文集：民國初年祕辛研究

六　其他篇

31日	提要：對總理失敬記大過一次 社會記事：陰番必滅 　二時前起床，早餐畢起程。由樂昌城北門行卅里至風門坳，其路闊度約有丈許，斜度並不大。由是坳行十五里至牛頸坳，相連路亦可行也。十時半到達九峰村，由樂昌至此約六十五里，其地有學校，學生皆俊秀，不如其它山中人也。戶口僅百餘家，惟沿途人煙頗密也。休息後對軍民聯歡會演講，看建國方略，記事。 　愧悔色念疑懼機心諸過未改。靜敬澹一，發強剛毅諸箴未守也。 　近日甚思研究土地問題有一解決之方也。	（黨政類）近日，甚思研究土地問題有一解決之法。 　（軍務類）二時前離床，早餐畢起程。由樂昌城北門三十里至風門坳，其路闊度約有丈許，斜度並不大。由是坳行十五里至牛頸坳，二坳相連路亦可行也。十時半到達九峰村，由樂昌至此約六十五里，其地有學校，學生皆俊秀，不如其它山中人也。戶口僅百餘家，惟沿途人煙參差不絕。休息後對軍民聯歡會演講。 　（文事類）在九峰村軍次看建國方略。	二時前，公出樂昌城北門，行三十里，至風門坳，復行十五里，至牛頭坳，十時半，至九峰村，約共六十五里。休息後，蒞軍民聯歡會講演。（稿未留） 　任命詹忠言為第一軍第四補充團團長。 　電嘉胡謙收復淡水。 　電飭廣東各縣長填具匪情報告表。 　公研究土地問題，欲得一解救之法。 　自三月至此，中央軍校陸續招收入伍生共一千餘名，編為第二團，以陳復為團長，陳聯璧為該團第一營營長，杜廷英為第二營營長，張鼎家為第三營營長。按部規定，凡本年七月三十一日以前入伍者稱為第五期，以後入伍者稱為第六期。
8月1日		（文事類）上午公平進發，途次看建國方略。及至耒陽憩息若干時，復看之物質建設完畢。此部方略全以經濟為基礎，而以科學方法建設一切，實為建國者必須之學。總理規劃在前，中正繼述於後，中華庶有豸〔望〕乎？ 　（學行類）動手打人，蠻狠驕橫〔自逞〕，毫無耐力，甚至誤打〔毆〕僚友，暴行至此極矣。	

23日			（學行類）處境之{實}難，憂無已時，然天下那{焉}有不憂而成之事？則憂亦常情也。	
24日			（學行類）下午假眠不成，愧悔交作，怯惴漸生。 辦事應有強毅精神，何以自餒為哉！德業不進，趨事遲鈍，是吾之憂{吾用憂}。	
26日			（學行類）上午寸衷鬱結，取《嘉言鈔》及《菜根譚》閱之。知天下之長而吾所處者短，則橫逆困窮之來，當少忍以待其定。曰：逆來順受，居安思危等條，{志爲之踔}氣爲之振，應{吾誓}以大無畏精神，做長期決{奮}門，順應環境，以破此當前難關也。將其計而就之，因其勢而導之，則天下【無】難事（何有哉？） 下午假寐不成，終未釋然於懷。	
27日			（學行類）今日愁悶之懷比前昨稍減，以適應環境心既決，可得逆來順受之法也。唯愧悔未絕，恍惚時現耳	

六　其他篇

【注】

[1] 毛思誠所著蔣介石《日記分類抄本》及《蔣公介石年譜初稿》等182件檔案數據，在1985年6月7日由其孫子毛丁捐獻給了中國第二歷史檔案館，現藏於該館特藏「蔣介石個人全宗」。

[2]《蔣介石三十二歲至三十九歲年譜稿》（1926年），中國第二歷史檔案館館藏檔案，三〇四一，62。

[3] 毛思誠著《蔣介石先生四十以前年譜》，封面上蓋有毛思誠印，並註明「祕密」字樣。中國第二歷史檔案館館藏檔案，三〇四一，33-4。

[4] 汪校芳：《訪毛思誠先生長孫毛丁》，資料出處 http://wangxiaofang1.blshe.com/post/13103/497799。

[5] 毛丁：《蔣介石〈自反錄〉及其編者毛思誠》，資料出處 http://wangxiaofang1.blshe.com/post/13103/497799。

[6]《毛思誠履歷》，中國第二歷史檔案館藏檔案，三〇四一，44。

[7] 毛丁：《蔣介石〈自反錄〉及其編者毛思誠》。資料出處 http://wangxiaofang1.blshe.com/post/13103/497799。

[8] 該館館刊《民國檔案》雜誌曾於1998-1999年分4期刊載了「蔣介石日記類鈔」中「黨政」（1919.6-1926.12）「軍務」（1919.1-1922.12）的部分內容，約5萬餘字。

[9] 萬仁元、方慶秋主編：《蔣介石年譜初稿》，檔案出版社，1992年版。該書現擬由北京九州出版社再版。

[10]《蔣介石日記類抄》（軍務類），1926年7月，中國第二歷史檔案館藏檔三〇四一，39。

[11] 毛思誠：《蔣介石先生四十以前年譜》（1926年），中國第二歷史檔案館藏檔三〇四一，33-4。

[12] 毛思誠：《蔣公介石年譜初稿》（40歲，十五年五月至八月），中國第二歷史檔案館藏檔三〇四一，33-3。

[13] 毛思誠：《日記類抄》（學行一），封面頁，中國第二歷史檔案館藏檔三〇四一，115。

[14]《蔣介石日記類抄》（學行類），中國第二歷史檔案館藏檔三〇四一，40、115。

[15] 楊天石：《蔣介石日記的現狀及其真實性問題》，載《找尋真實的蔣介石》，山西人民出版社2008年5月版，第3頁。

[16]《蔣介石日記》（原本），1926年7月1日，[美]史丹佛大學胡佛研究院檔案館藏檔：BOX5。

[17]《蔣介石日記類抄》（軍務類）、（雜俎類），1926年7月1日，中國第二歷史檔案館藏檔三〇四一，39。

[18] 同上出處。

[19] 萬仁元、方慶秋主編：《蔣介石年譜初稿》，檔案出版社，1992年版，第604頁。

[20] 楊天石：《蔣介石日記的現狀及其真實性問題》，載《找尋真實的蔣介石》，山西人民出版社2008年5月版，第20-21頁。

[21]《蔣介石日記》（原本），1926年7月21、22日，[美]史丹佛大學胡佛研究院檔案館藏檔：BOX5。

[22] 參見本文所附比較表中1926年7月日記原文每日首末部分。

[23]《蔣介石日記》（原本），1926年7月30日，[美]史丹佛大學胡佛研究院檔案館藏檔：BOX5。

[24]《蔣介石日記類抄》（黨政類），1926年7月30日，中國第二歷史檔案館藏檔三〇四一，39。

[25]《蔣介石日記類抄》（軍務類），1926年7月30日，中國第二歷史檔案館藏檔三〇四一，39。

[26]《蔣介石日記類抄》（家庭類）、（雜俎類），1931年2月1日，中國第二歷史檔案館藏檔三〇四一，112；三〇四一，36。

[27]《蔣介石日記類抄》（軍務類），1926年7月3、29、1、27、14日，中國第二歷史檔案館藏檔三〇四一，39。

[28] 萬仁元、方慶秋主編：《蔣介石年譜初稿》，檔案出版社，1992年版，第605頁。

[29] 見文後附表。

[30] 毛思誠：《蔣公介石年譜初稿》，（四十歲，十五年五月至八月），中國第二歷史檔案館藏檔三〇四一，33-3。

[31]《蔣介石日記類抄》（家庭類），1925年4月—1926年6月，中國第二歷史檔案館藏檔三〇四一，112。

[32]《蔣介石日記》（原本），1926年7月2日，[美]史丹佛大學胡佛研究院檔案館藏檔：BOX5。

[33]《蔣介石日記類抄》（家庭類），1931年1月11日，中國第二歷史檔案館藏檔三〇四一，112。

[34] 同上。

[35] 同上。

[36] 同上。

[37]《蔣介石日記》（原本），1926年7月2日，[美]史丹佛大學胡佛研究院檔案館藏檔：BOX5。

[38]《蔣介石日記類抄》（家庭類），1926年7月2日，中國第二歷史檔案館藏檔三〇四一，112。

[39]《蔣介石日記類抄》（家庭類），1926年7月2日，中國第二歷史檔案館藏檔三〇四一，112。

[40] 毛思誠：《蔣公介石年譜初稿》，1926年7月2日，中國第二歷史檔案館藏檔三〇四一，33-3。

[41] 參見本文後附對比表，1926年7月30日。

[42]《蔣介石日記類抄》（家庭類），1926年8月6日，中國第二歷史檔案館藏檔三〇四一，112。

[43] 楊天石：《找尋真實的蔣介石》，山西人民出版社，2008年5月版，第50頁。

[44] 蔣介石：《告海外僑胞書》，載毛思誠：《蔣公介石年譜初稿》，（四十歲，十五年五月至八月），1926年7月9日，中國第二歷史檔案館藏檔三〇四一，33-3。

[45] 毛思誠：《蔣公介石年譜初稿》，1926年7月13、17日，8月5日，中國第二歷史檔案館藏檔三〇四一，33-3。

[46] 同上出處，1926年8月15日。

辛亥革命與南京

載南京市社科聯《學習與傳播》、南京市地方志編委會《南京史志》

一、辛亥革命發生的歷史背景

1840年發生的鴉片戰爭，一般認為是中國近代史的起點，這次歷時兩年多的戰爭，最終以清廷的戰敗，在南京簽訂了中英《南京條約》而結束。但是對於清政府來說，這才是風雨飄搖、命運多舛的開始。飽受了屈辱的南京，在中國走向近代化的過程中，也似乎因此注定了會承擔不平凡的使命。

整個19世紀的後半葉，清政府就一直忙於應對各個列強的強取豪奪，雖然這一時期清政府也開始了「自強」、「求富」的「洋務運動」，並取得了一定的成績，但這並不能從根本上改變它腐朽和虛弱的本質。到了19世紀末，在以慈禧太后為代表的守舊派殘酷鎮壓了「戊戌維新」運動後，即宣告了改良派夢想的破滅。一批熱血青年轉而主張以暴力革命徹底推翻由滿人把持的清政府，建立類似法國和美國的共和政體，孫中山、黃興、宋教仁、蔡元培這些人都是革命的中堅分子，他們組成了興中會、華興會、光復會等革命團體，在各地開展革命活動。

1905年8月20日，孫中山成功聯合興中會、華興會、光復會等革命團體，在日本東京成立了第一個全國性的革命政黨——中國同盟會，提出了「驅除韃虜、恢復中華、創立民國、平均地權」綱領，並以《民報》作為其機關刊物進行理論宣傳，他們的主張深得民心，迅速在全國各地組建了組織網絡。

二、孫中山及其反清革命志士的起義

從1895年至1911年間，興中會、同盟會等先後發動了十次反清革命起義，而其他革命組織自立軍、光復會等也發動了多次起義。其中，孫中山先生還親自參加了1907年12月廣西鎮南關起義，他不僅到陣地為傷員包紮，還親手發炮轟擊敵軍，他慨言道：「反對清政府二十餘年，此日始得親發炮擊清軍耳！」鎮南關起義後因砲彈不得補給而告失敗。

革命黨人發動了一系列的反清起義，但因內外條件的不具備，先後遭到了連續的失敗。孫中山等人在失敗面前毫不氣餒，他們決心在廣州發動一次更大的起義，以此推動全國革命形勢的發展。

1911年4月27日下午5時30分，同盟會領袖黃興率800名敢死隊員在廣州起事，分四路攻打兩廣總督衙門、小北門、巡警教練所和南大門。黃興率隊攻入總督衙門，決心生擒兩廣總督張鳴岐。不料張越牆逃遁。由於清軍人數眾多，起義隊伍又得不到接應，各路隊伍雖與清軍展開激烈巷戰，徹夜相攻，但都先後失敗。黃興僥倖脫險。30日凌晨，趙聲、胡漢民率200增援部隊抵達廣州城外，但是大勢已去，遂返回。起義失敗後，廣州革命志士

潘達微收殮犧牲的革命黨人遺骸72具，葬於廣州郊外的紅花崗，並將紅花崗改為黃花崗，史稱「黃花崗72烈士」。這次起義因而也稱為「黃花崗起義」。

其後，孫中山在《黃花崗烈士事略》序文中高度評價了黃花崗之役：「是役也，碧血橫飛，浩氣四塞，草木為之含悲，風雲因而變色，全國久蟄之人心，乃大興奮。怨憤所積，如怒濤排壑，不可遏抑，不半載而武昌之大革命以成。則斯役之價值，直可驚天地、泣鬼神，與武昌革命之役並壽。」

孫中山的描述，生動地表現了在反清革命鬥爭中，青年志士們為挽救中華民族的危亡，不惜拋頭顱灑熱血捨身救國救民的革命精神與氣概。

三、辛亥武昌起義的爆發

黃花崗起義失敗後，革命黨人決定把目標轉向長江流域，在以武漢為中心的兩湖地區發動一次新的武裝起義。

在武昌起義爆發之前，1911年（宣統三年）5月，清政府以「鐵路國有」之名，將民間所有的川漢、粵漢鐵路築路權收歸「國有」，馬上又出賣給英、法、德、美4國銀行團，此舉激起湘、鄂、粵、川等省人民的強烈反對，各地紛紛組織「保路同志會」，進而掀起了「保路運動」。運動在四川省尤其激烈，參加者數以十萬計，清政府下令鎮壓，激起四川人民更大的憤怒，民眾將各處電線搗毀，沿途設卡，斷絕官府通訊。9月25日，老同盟會員、後來成為中共「延安五老」之一的吳玉章與同盟會員王天杰、龍鳴劍等人領導榮縣獨立，榮縣成為全中國第一個脫離清王朝的地方政權，此舉把「保路運動」推向高潮，成為武昌起義的先聲。

清廷為撲滅四川的人民起義，派出大臣端方率領部分湖北新軍入川鎮壓，致使清軍在湖北防禦力量減弱，革命黨人遂決定在武昌發動起義。

1911年9月14日，文學社和共進會在同盟會的推動下，建立了統一的起義領導機關，聯合反清。9月24日，兩個革命團體召開聯席會議，決定10月6日發動起義。革命黨人的活動被湖北當局察覺，嚴加提防，再加上同盟會的重要領導人黃興、宋教仁等未能趕到武漢，起義延期。

10月9日，革命黨孫武等人在漢口俄租界配製炸彈時不慎引起爆炸。俄國巡捕聞聲而至，搜去革命黨人名冊、起義文告等，祕密洩露。湖廣總督瑞澂下令關閉四城，四處搜捕革命黨人。情急之下，革命黨決定立即於10月9日晚12時發動起義。但武昌城內戒備森嚴，革命黨人無法取得聯絡，當晚起義計劃落空。

新軍中的革命黨人自行聯絡，約定以槍聲為號於10月10日晚發動起義。10月10日晚，新軍工程第八營的革命黨人打響了武昌起義的第一槍，奪取位於中和門附近的楚望臺軍械所，吳兆麟被推舉為臨時總指揮。繳獲步槍數萬支，炮數十門，子彈數十萬發，為起義的勝利奠定了基礎。

此時，駐守武昌城外的輜重隊、砲兵營、工程隊的革命黨人亦以舉火為號，發動了起義，並向楚望臺齊集。武昌城內的29標的蔡濟民和30標的吳醒漢亦率領部分起義士兵衝出營門，趕往楚望臺；爾後，武昌城內外各標營的革命黨人也紛紛率眾起義，並趕向楚望臺。起義人數多達3000多人。

10月10日晚上10點30分，起義軍分三路進攻總督署和旁邊的第八鎮司令部，並命已入城之炮8標則在中和門及蛇山占領發射陣地，向總督署進行轟炸。起初，起義軍沒有一個強有力的指揮，加上兵力不夠，進攻受挫。晚12點後，起義軍再次發起進攻，並突破敵人防線，在總督署附近放火，以火光為標誌，蛇山與中和門附近的砲兵向火光處發炮轟擊。湖廣總督瑞澂打破總督署後牆，從長江坐船逃走，第8鎮統制張彪仍舊在司令部頑抗。起義軍經過反覆的進攻，終於在天亮前占領了總督署和鎮司令部。張彪退出武昌，整個武昌已在起義軍的掌控之中。

漢陽、漢口的革命黨人聞風而動，分別於10月11日夜、10月12日光復漢陽和漢口。起義軍掌控武漢三鎮後，湖北軍政府成立，新軍協統黎元洪被推舉為都督，改國號為中華民國，並號召各省民眾起義響應，敲響了清王朝封建統治的喪鐘。

武昌起義勝利後的短短兩個月內，湖南、陝西、江西、山西、雲南、浙江、貴州、江蘇、安徽、廣西、福建、廣東、四川等省市，先後獨立；關內十八省中只剩下甘肅、河南、直隸、山東四省尚屬清廷。

四、南京的光復與中華民國臨時政府的成立

1. 南京的光復

清末，清廷在南京設有兩江總督府，駐重兵於南京防守江南要地，除滿族騎兵外，另有巡防隊、水師共萬餘兵力，另外還駐有新軍第 9 鎮步兵隊第 18 協（團）。當時南京城內也是風雨欲來之勢，不僅社會上人心思變，對清廷失去信心，連新軍也軍心動搖，武昌起義消息傳到南京更是火上澆油，局勢已有一觸即發之勢。

駐南京的新軍第 9 鎮士兵，多為江南陸軍師範與將備學堂的畢業生，學識水平相當於中學以上，因讀過新學，對國家危局與清廷本質有一定認識，具有革命的思想基礎，其中五分之二以上都加入了興中會、同盟會、光復會等孫中山及其他革命首領領導的組織，暗中形成了地下組織網絡，成為革命的主要力量。其第 18 協革命黨領導人為林述慶。

林述慶，福建閩侯人，時任第 18 協第 36 標第一營營長，與國民黨人黃興、宋教仁、歐陽振聲都有聯繫，成為好友。孫中山委託黃興等在上海組織中部同盟會機關部，林述慶加入同盟會，並發展盧祥麟、沈家煒、陳鳳安等一批軍官士兵加入組織，擴充了革命力量。當時除了這些革命黨及其受影響者已占新軍一半以上外，其他新軍部隊也有同情革命之勢。

新軍是以漢人為主訓練組建的，當時在客觀上受到滿清統治者的歧視與排斥。

自清朝開國以來，執行的是不平等的民族政策，已歷兩百多年。在清代，滿族貴族自然是錦衣玉食良田萬頃，而一般的旗人也有無功之俸祿，八旗子弟腐朽不堪，都成了紈褲子弟，只知道鬥鳥喝茶賭博，八旗部隊已無戰鬥力。清朝統治者鑑於 1860 年以來對外屢戰屢敗喪師失地，被迫學習西方的堅船利炮，派袁世凱在天津開始「小站練兵」，在各地逐漸成立了以漢人為主的新軍武裝，掌握新式武器，但他們要用漢人又不放心，故採用了許多限制與防備措施。例如，控制士兵的彈藥，平時都不配發槍彈，以免肇事。而新軍官兵與同城駐守的旗兵也是矛盾重重，互相看不慣，旗兵認為新兵掌握新武

器，想法激進，都是腦後有反骨，而新軍則因旗人民族歧視與壓迫政策，國家面臨絕境，早已心懷不滿，普遍心態是準備一拚。

武昌起義發生後，清廷兩江總督張仁駿十分緊張，他不願附和革命，曾表示：「我世代受清朝厚恩，怎麼可以反叛？你們自己選擇吧，我回故鄉去。」時掌握軍權的江寧將軍鐵良，令新軍統制徐紹楨，將其所部駐城內之17協及馬、炮、工兵與輜重部隊一律移駐城外百里的秣陵關，以防他們鬧事，並收繳了他們的子彈，每人只發三粒，同時調他們認為比較可靠的江防軍張勛部鎮防營王有宏等入住城內。此舉激發了新軍的義憤。林述慶趁機煽動代理17協協統沈同午等，約集同志祕密協商，最後他們公推林赴滬與總部接洽起義日期，決定響應武昌革命起義光復南京。由於當局防範嚴密，新軍協統、標統等軍官有所畏懼，紛紛稱病不出。營隊官召集各營營長開會，決定立即派人去各營遊說，同時派人去上海領取子彈。

9月17日夜，駐鎮江新軍於峴涼山集合宣布起義，公推林述慶為鎮軍都督，並立即圍攻鎮江，清廷鎮江都統無力抵抗而自殺，各道府縣官吏紛紛潛逃，次日午後旗兵投降，巡防炮臺守軍響應起義。19日，17協新軍各標營向南京前進，由秣陵關進攻雨花台，三面包圍了江防軍陣地，清軍統領張文生有作戰經驗，放革命軍進入，正面猛轟，兩面夾擊，使革命軍3000餘人死傷過半，退卻中又遭追擊，敗退龍潭。南京城內雖有蘇良斌所率四五百人響應起義，但被江防軍張勛部鎮壓，清軍殘殺平民百餘人。革命軍向鎮江撤退途中分兵占領了龍潭、溧陽。

上海同盟會派柏文蔚率炸彈隊援軍來南京增援新軍，編為鎮軍第一師，負責收容潰散士兵，此舉加強了革命軍兵力。

當時清廷南洋海軍奉命鎮壓革命，派出十餘艘兵艦由上游下駛，被林述慶下令沿江炮臺開炮阻止。新軍又派出許崇灝登艦，說服海軍首領宋文翽起義，調轉炮口，並任命宋為海軍司令。革命軍還說服了揚州鹽務緝私徐寶珊「徐老虎」所部倒戈投向革命，所部編為鎮軍第二師，以徐為揚州軍政分府防守把守揚州，另派淮安籍的臧在新率領以韓恢為排長的部隊前往收復淮安，

編為淮安混成旅。淮揚地區光復後，鎮軍編為三個支隊，由許崇灝、柏文蔚與劉君成分別統率。這樣，南京周邊地區大都光復。

中部同盟會機關總部決定派第9鎮統治徐紹楨為聯軍總司令，與林述慶會商，指揮起義軍陸海聯攻南京，務期占領這塊東南要地。當時南京城擁有突出的戰略地位，是將起義成功的東南地區與還在鏖戰的武漢聯繫起來的要點，如攻下南京則革命形勢大好，如攻不下就會被清軍各個擊破。於是革命黨人決定全力進攻南京，志在必得。為此，他們決定派周邊各光復各省義軍調兵會攻南京，以期成功。

當時江蘇附近起義各省新軍各派一支部隊會攻南京，隊伍有：蘇軍劉元潔一部，浙軍朱瑞部一支，滬軍黎天才部兩營及滬軍洪承典部等。

林述慶認為江北浦口戰略地位重要，要先攻克。他派柏文蔚、季競成為正、副司令率軍由十二圩渡江占領儀征、六合攻占浦口，總司令徐紹楨率部向南京進發，在抵達堯化門時，又派人帶五萬銀元去幕府山炮臺運動守軍起義，炮臺守軍張文山率水師二營起義，提出：革命軍要派兵保護他們，於是林又派黎天才部去占領炮臺。當時滬報載：黎天才部攻占了幕府山炮臺，實際戰鬥只是很短時間，守軍江防軍周幹臣因天黑，搞不清虛實，率部棄炮臺逃走，張勳派部反攻，大戰一晝夜未能取勝。

徐紹楨率軍攻擊孝陵衛，與清守軍王有宏部戰鬥兩晝夜，革命軍有退卻不支狀，王大喜，他穿著清廷賞賜的黃馬褂騎馬衝鋒在前，當時他的官銜是記名提督，賞穿黃馬褂，平時一直穿著顯擺，戰時便成為顯眼的目標，革命軍士兵集中射擊，王身中百餘彈死在陣前。革命軍擊斃敵首，士氣大振，反攻大獲全勝。張勳聞之為王之死捶胸大哭。

孝陵衛戰後，徐紹楨命令組成敢死隊攻占南京城制高點紫金山天堡城。張勳派江防軍三營、旗兵一營，附20門大炮60挺機槍守之。敢死隊衝上山，被全部打死。後革命軍又編軍衝鋒，血戰兩晝夜，清守軍彈盡撤退。占領天堡城後，革命軍架炮轟擊太平門、富貴山江防軍據點，張勳親自上陣指揮，但江防軍已喪失戰鬥士氣，除雨花台之外，各處漸漸戰敗。

當時傳聞革命軍發過三炮，一轟張勳指揮部，二轟北極閣，三轟太平門城樓，對戰事造成了大作用。

張人駿、鐵良在北極閣上大本營用望遠鏡察看戰況，一砲彈飛來，當場血肉橫飛，打死幾名衛隊，北極閣也坍塌一角，二人魂飛魄散，被衛士背下山，躲進日本領事館，次日由日輪送往上海。

張勳一看主將跑了，灰心喪氣，加上南京商會為維持市面不致糜爛，也出錢要他撤退。當天半夜，他就率衛隊及餘部3000人逃走，渡江到浦口，又被柏文蔚部截擊，大敗，餘兩千人逃往徐州。他走後，部將張文生等也放棄雨花台，率殘部退往蘇北。這樣，清朝軍放棄了南京。

當時張勳曾向主持清廷的袁世凱求援，袁說部隊已調武漢，無法援助南京，可相機放棄該地，保住實力扼守徐淮，以為屏障，使革命軍不能北上，所以張勳逃北是遵袁之命。隨後，袁給張軍補充了糧彈並批准其擴編為40營，組成了「辮子軍」。12月，清廷革去張人駿兩江總督職，改以張勳擔任，他在蘇北鎮壓各地起義軍多支，殺人無數，次年又率軍反攻南京，出任長江巡閱使，成為革命軍大敵。

張勳走後，巡防營餘部由美國傳教士馬靈與革命軍交涉，開太平門投降。

12月12日，南京光復，革命軍從朝陽門等入城，其中蘇良弼部在旗人居住地燒殺，死傷無數，旗人紛紛改服易裝，並給女孩纏足，以圖自保。鎮軍派出執法隊鎮壓亂兵並收容旗人，集中在都統衙署內給予保護。

當時武漢戰鬥革命軍失利，袁軍馮國璋火燒漢陽，黎元洪派人向南京求援，林述慶答應了黎天才之請求，並將投降的江防軍4000人歸他指揮，編為第二師馳援武漢。

徐紹楨、林述慶光復南京後，派代表黃家濂到上海歡迎孫中山歸國來寧主持革命，孫中山令徐節制南京，並獎勵光復南京部隊士兵每人金質獎章一枚，當時南京商會也出款十餘萬慰勞革命軍，被林扣留，告發到徐處，每人才發了三元。

六　其他篇

勝利後，徐紹楨命林述慶為北伐臨淮軍總司令，北上討伐張勳，以柏文蔚為第一軍軍長，徐寶珊為第二軍軍長。但當時南方臨時政權決定與袁世凱進行南北和議，下令中止北伐。林述慶不同意和議，1912年被迫辭職下野，後南方政府任命柏文蔚為安徽皖軍都督，率部去皖駐紮，鎮軍宣告解散。

後來，1912年袁世凱上臺後，封林述慶為陸軍中將加上將銜，10月，去北京出任國民黨名義理事，袁總統府的顧問。1913年2月，他發起「國事維護會」，反對袁世凱獨裁。宋教仁被刺後，他公開發表「此仇不報非丈夫也」的言論，為袁記恨，其後，林又在北京與黃興通氣討袁，並返回老家福建活動反袁，最後被袁世凱總統府祕書長梁士怡「宴請」，次日發高燒便血不止，暴死。當時日本醫生初步診為中毒而死，後又被迫聲明診斷錯誤。一代英雄就此死於袁世凱之暗殺。

2. 中華民國臨時政府的成立

武昌起義之後，清政府的統治分崩離析，組建革命政權迫在眉睫。當時，孫中山遠在美國，黃興客居香港，革命黨人一時群龍無首，只好暫推湖北新軍統領黎元洪出任湖北軍政府都督。10月11日晚，宣布中國為「共和的中華民國」，廢除清王朝年號。但革命中心及未來首都地點尚未確定。

隨著各省各地區軍政府的相繼建立，迫切需要組建全國統一的共和臨時政府，武昌與上海兩地都堅持將自己設為籌建臨時政府的會議地點。11月30日，共有11省代表23人在漢口英租界舉行了第一次會議，湖南人譚人鳳被公推為議長，決議在臨時政府成立之前，由湖北軍政府代行中央軍政府職權。

會議期間，江浙聯軍光復南京，消息傳來，聯合會即議以南京為臨時政府所在地，各省代表於7日內齊集南京，俟有10省以上代表報到，即召開臨時大總統選舉會。

同時，江浙地區的革命黨人在南京光復3日後，由陳其美等人領銜，邀集各省在滬代表舉行會議，決定臨時政府設於南京，公推黃興為大元帥，組織臨時政府。同時舉黎元洪為副元帥兼任鄂軍政府都督，仍駐武昌。漢方代

表對此並不滿意，要求黎元洪以都督名義電請取消。不過漢陽失守和南京的光復，在籌建政權競爭中為上海方面增加了有力的砝碼。

14日，各省代表聚於南京舉行會議。儘管選舉大總統已是刻不容緩，但是會議始終未做出最後定論。黃興以種種理由拒絕就大元帥職，無奈之中，代表會只得推黎元洪任大元帥，黃興副之，但黃興還是不從。21日，黎元洪致電接受大元帥名義，並委黃興代行大元帥職權，黃興推脫不過，正要就職，即傳來孫中山回國消息，於是他決定去南京接孫出任革命政府元首。

武昌起義時，孫中山正在美國北部科羅拉多州的丹佛城。這天早上，他在飯館吃飯，看到報紙新聞：「武昌被革命黨占領」。孫中山十分驚喜。為了辦理外交，爭取外國同情，他並未立即回國，而是從美國又跑到英國，又從英國來到法國，積極奔走活動，準備募集美金一千萬、兵船十艘帶回國支援革命。最後卻因為各種原因沒有實現願望。直到12月25日，他才東歸抵達上海，他對記者稱：「我沒有帶回來一個錢，帶回來的僅是革命精神而已。革命的目的不達，無和議之可言。」隨後，立即和同盟會的主要負責人討論組建臨時政府的相關事宜。同盟會決定分別向各省代表示意，選舉孫中山為臨時大總統，並由馬君武著文在《民主報》上披露。

此時袁世凱軍隊在鄂亦停止進攻，並派祕密代表祕密與革命軍代表協商，如舉袁為臨時總統，袁可設法使北方軍人協助，勸清帝退位。南方代表團對袁的代表說：「到寧協商後，再可奉告。」當時，南方代表團對袁在北京是否真正贊成共和仍存疑問，認為非先設政府，舉出臨時總統，清廷不會退讓，袁在北方亦難著手。故在南京組織臨時政府與袁贊成共和，兩事並不妨害。孫中山了解情況後，覆電稱：「袁如贊成共和，情願將所得之臨時大總統退讓與袁，以促共和早日實現。」並一面電知袁之代表：在寧組織臨時政府，實助袁在北方促清帝退位，易為著手。

孫中山的回國，使難產的大總統選舉，一下子出現轉機。各省代表團在南京開會，選舉林森為議長，決定《中華民國組織法》為組府依據，以各省代表團員組成臨時參議員為立法機關，定各省無論代表幾人，均只有一票選舉臨時大總統，共17省代表與會。

六　其他篇

29日上午9時，17省代表共45人再次齊集江蘇諮議局，開始就選舉臨時大總統進行表決。候選人分別是孫中山、黎元洪和黃興三人，最後孫中山以16省選票當選為中華民國臨時大總統。

1912年1月1日，孫中山來到南京。晚上11時，中華民國臨時大總統就職典禮正式舉行。孫中山宣讀了誓詞，宣告中華民國政府正式成立，陸軍部總長黃興，海軍部總長黃鐘英，外交部總長伍廷芳，內務部總長程德全，實業部總長張謇，教育部總長蔡元培，財政部總長陳錦濤。孫在會上講話時百感交集：「予三十年如一日之恢復中華，創立民國之志，終於得以實現。」中國歷史上第一個共和制的國家政權，與南京一起載入史冊。

孫中山就臨時大總統後，通電全國，並希望由袁世凱派代表議和。袁覆電派唐紹儀為全權代表，中華民國派伍廷芳為全權代表，在上海召開和平會議。議決清帝退位後，優待清室、滿人及蒙古王公辦法。清帝退位後，優待費每年400萬兩，八旗兵丁若干兩，蒙古王公仍照清廷時襲爵如故。數次爭論，幾乎決裂。然中經北方陸軍將領段祺瑞等領銜通電贊成共和，清帝見大勢已去，卒於2月12日發詔退位，南北宣告統一。

南京臨時政府的成立，雖然一開始就處於不穩定的狀態，可是他是中國歷史上第一個共和國政府，不僅給獨立各省樹立了共和的旗幟，也宣判了封建帝王制度的垮臺。

此後，孫中山先生按照原定密約，向臨時參議院提出辭職。他在辭職咨文中又提出了三項附加條件：（1）臨時政府地點設於南京，為各省代表所議定，不能更改；（2）辭職後，俟參議院舉定新總統到南京就職之時，大總統及國務院乃行解職；（3）「臨時政府約法」為參議院所新定，新總統必須遵守頒布之一切章程。

隨後，臨時參議院再開臨時大總統選舉會，於民國元（1912）年2月15日選舉袁世凱為臨時大總統，決議袁世凱必須到南京就職，以南京為國都。袁表面允至南京就職，暗中唆使第3鎮曹錕駐京津部隊鬧兵變，袁藉口留京鎮撫，不能南下，乃派國務院總理唐紹儀代表南下，提出國務員名單，請求參議院通過。後袁於3月10日宣誓，北京政府於是宣告成立，南京政府機

構被迫移至北京。南北政府統一以後，孫中山離開南京，在南京設留守府，以黃興為留守，最後被唐紹儀接收。

五、南京在辛亥革命中的歷史地位

古城南京在中國近代歷史上擁有特殊的地位，在辛亥革命中成為中國第一個共和政府的誕生地，其歷史地位表現為：

第一，南京的光復從軍事上呼應了武昌起義並奠定了東南革命大局。

武昌起義敲響了清王朝統治的喪鐘，為封建統治體系在中國腹地打開了一個缺口，並在全國燃起燎原烈火。武漢戰鬥革命軍失利的時候，黎元洪派人向南京求援，林述慶派出第二師馳援武漢，在實際上支援了武昌革命。

南京光復後，革命勢力完全控制了長江下游地區。江、浙、滬連為一片，不僅鞏固了上游湖北的獨立，而且推動了長江沿岸安徽、江西及其他省區的獨立，對於革命勢力奠定東南造成了重要的作用，從而將反清革命推向高潮。

第二，南京在政治上成為全國革命的中心。

南京是清兩江總督駐節之地，南京光復，對清政府的打擊來得更為猛烈。同時，南京在武昌和上海兩地之間，革命的成功對溝通各省更為便利。中華民國首都定都南京，各省代表雲集於此議建共和政府，南京在政治上已成為全國中心。

第三，中國的共和體制在南京誕生。

1912年1月1日，孫中山在南京宣誓就職，定國號為「中華民國」，以中華民國為紀元，五色旗為國旗，建立了中央政府機構。

在孫中山的主持下，3月11日，臨時參議院頒布《中華民國臨時約法》，按照西方資產階級的民主制度和立法、行政、司法「三權分立」的原則，在中國建立一個實行議會制和責任內閣制的資產階級共和國。

南京臨時政府頒布了一系列有利於推行民主政治和發展資本主義的政策和法令。如：命令各省官廳焚毀刑具，廢止刑訊；取消清朝律令中各類「賤

民」條令；保護華僑；禁止買賣人口；廢除主奴身分；通令剪辮子；禁止賭博、纏足、吸食鴉片；鼓勵興辦工商業，振興農墾業，獎勵華僑在中國國內投資；提倡普及教育，刪除舊教科書中的封建內容。這些政策法令，移風易俗，革故鼎新，促進了民族資本主義的發展和民主觀念的傳播。

第四，六朝古都由此名垂青史，開創歷史新紀元。

中華民國南京臨時政府的成立，標誌著中國歷史上第一個資產階級共和國的誕生，其不僅結束了二百多年的清朝統治，也結束了綿延兩千多年的中國封建帝制。

六朝古都由此名垂青史，辛亥記憶成為南京歷史上的光彩一頁。

本書作者簡介

馬振犢

1983 年 8 月畢業於南京大學歷史系，進入中國第二歷史檔案館工作。先後在編研部、《民國檔案》雜誌社、利用部，歷任編輯、史料組長、副主編、主編，利用部主任。1998 年 12 月被評為研究館員。2001 年 9 月任副館長。

現兼任：南京大學「中華民國史研究中心」客座研究員；

浙江大學「蔣介石與近代中國研究中心」客座研究員；

南京師範大學「南京大屠殺史研究中心」客座研究員、碩士生導師；

揚州大學社會發展學院檔案專業指導委員會副主任；

中國現代史學會理事；

中國檔案學會常務理事、檔案整理與鑑定專業委員會主任；

中國近現代史史料學會副會長；

江蘇省歷史學會副會長；

江蘇省海峽兩岸關係研究會理事；

江蘇省中國近現代史學會副會長；

「南京大屠殺史」研究會副會長；

南京歷史學會理事；

南京民國史研究會副會長；

南京市江寧區政府歷史文化顧問；

江蘇省警察博物館、江蘇省禁毒展覽館專家委員會委員；

水利部黃河水利委員會《民國黃河史》編寫組特邀顧問。

研究方向：

國民黨史、國民黨特務活動史、中日戰爭史。

國家圖書館出版品預行編目（CIP）資料

知非文集：民國初年祕辛研究 / 馬振犢 著. -- 第一版.
-- 臺北市：崧博出版：崧燁文化發行, 2019.07
　　面；　公分
POD 版

ISBN 978-957-735-733-5(平裝)

1. 中國史 2. 文集

617　　　　　　　　　　　　　　　　108003642

書　　名：知非文集：民國初年祕辛研究
作　　者：馬振犢 著
發 行 人：黃振庭
出 版 者：崧博出版事業有限公司
發 行 者：崧燁文化事業有限公司
E - m a i l：sonbookservice@gmail.com
粉 絲 頁：　　　　　網　址：
地　　址：台北市中正區重慶南路一段六十一號八樓 815 室
8F.-815, No.61, Sec. 1, Chongqing S. Rd., Zhongzheng Dist., Taipei City 100, Taiwan (R.O.C.)
電　　話：(02)2370-3310　傳　真：(02) 2370-3210
總 經 銷：紅螞蟻圖書有限公司
地　　址: 台北市內湖區舊宗路二段 121 巷 19 號
電　　話:02-2795-3656　傳真:02-2795-4100　網址：
印　　刷：京峯彩色印刷有限公司（京峰數位）

　本書版權為九州出版社所有授權崧博出版事業股份有限公司獨家發行電子書及繁體書繁體字版。若有其他相關權利及授權需求請與本公司聯繫。

定　　價：950 元
發行日期：2019 年 07 月第一版
◎ 本書以 POD 印製發行